Peter W. Cardon

【美】彼得·W.卡登 【中】张昊民 著　　马君 张恒阳 编译

商务沟通

培养互联世界中的领导者

Business Communication

Developing Leaders for a Networked World, 2E

（第2版·改编版）

格致出版社　　上海人民出版社

这本书献给我生命中的这些人：父亲、乔、史蒂夫、戴维以及约翰。你们分别以商务人士、教师、教练、治疗师和志愿者等不同的角色为社区贡献自己的力量。你们为我树立了爱岗敬业、奉献他人、回馈社会的榜样。谢谢你们！

——彼得·卡登

前言 网络时代提升领导力

　　欢迎来到商务沟通的第 2 版,这门学习课程将会为今日的互联世界培养输送一批优秀的领导者。本书通过作者的实践以及以案例为基础的教学方法,更易于学生阅读,并加深对文章内容的理解与感悟。在这个瞬息万变的商务沟通环境中,学生们能够更好地找准自己的定位,理解为什么信誉在有效和高效的商务沟通中是必不可少的。本书所介绍的结果导向的综合解决方案,为人们提供了一个观察商务沟通领域的全新视角,这种视角既包含了传统的观点,同时又兼具现代理念,使老师在教授基本沟通原理的同时,紧跟文化和技术日新月异的步伐。通过本书的学习,学生们能够彻底掌握基本概念,并且可以随时随地来锻炼他们的沟通技巧,从而把自己培养成互联世界的领导者。这种综合解决方案遵循了以下中心原则:结果导向;立足信誉;基于传统的前瞻视野;商务聚焦;全程参与;精选内容。

结果导向

　　在美国全国范围内,教师和学生都在不断提到一个重要问题:在整个学习过程中,商务沟通这门课程如何进一步将学生塑造成未来的商业领袖呢?虽然没有一个解决方案,但是我们看到新的学习技术和创新的研究工具,不仅可以时刻将学生的注意力集中在课程教材上,同时也可以让导师知晓学生的技能和理解水平。

　　包括麦格劳-希尔 Connect 在内的交互式学习工具,正在上千所高校开展实施,用以提高教学效果和学习效率。就像麦格劳-希尔 Connect 中的 LearnSmart 这种自适应性学习程序一样,通过加强与课程的关联性,并采用最新的技术,这些工具能够最终提高完成本科以上学历的学生人数比例,并且将他们打造成未来的商业领袖,从而实现学生大学生涯的成功。

立足信誉

　　由于事业的成功取决于管理和蕴含在商务关系中的劳务工作,因此这本教科书将信誉(或者说是信任)作为贯穿本文的中心原则。建立相互关系的一些要素,比如个人信誉、情商、懂得倾听等,在本书中,自始至终都扮演着重要的角色。在当今的互联世界中,信誉被认为是一个重要的领导者属性。

我认为，作为一本商务沟通教科书，将信誉问题作为第1章，真是令人耳目一新同时也是非常必要的。因为在当今的商业世界中，诚信是至关重要的！

——乔治·盖坦（Jorge Gaytan）博士，北卡罗来纳农工大学

作者很巧妙地将传统的商务沟通内容以一种现代的方法传授给学生，让学生全神贯注，乐在其中。

——朗达·G.亨德森（Ronda G.Henderson）博士，中田纳西州立大学

基于传统的前瞻视野

这本书遵循了近几十年里建立的商务沟通核心原则。但是这本书却超越了传统的文本，因为它包含了随着通信技术的增强而带来的最新的沟通实践，同时它还扩大了对日益重要的商务沟通主题的覆盖面，比如：人际沟通（第2—4章）；社交媒体与技术（第7—8章）；危机沟通与公关（第17章）；口头交流（贯穿全书）。

这是一个很大的优势，因为人际沟通的技巧是几乎每一个工作岗位上都必备的技能，而且是学生所学的商务沟通工具的重要组成部分。基于这一主题的第17章，是这本书一个积极的卖点。

——安妮·芬斯通（Anne Finestone），圣莫尼卡社区学院

技术小贴士

每一章都包含了一页技术贴示，关于如何将最新技术应用到沟通当中。这些贴士鼓励学生尝试新的技术，其中很多技术就算是现在一些技术娴熟的学生都极少使用。这些小贴士为课堂上的互动提供了基础。

重视技术是必不可少的，这篇文章相当广泛地涵盖了所有最新领域。

——泰瑞·冈萨雷斯-克雷斯曼（Terri Gonzales-Kreisman），德尔加多社区学院

商务聚焦

基于商业案例的学习研究方法，可以让学生更好地了解到沟通是如何建立专业人士之间的桥梁的。它可以帮助学生来想象他们将如何通过沟通来达成工作目标，并且构建丰富和有效的工作关系。每章以一则短小的商业案例开篇，并且不同于市场上任何其他书籍的是，作者将案例贯穿整个章节并编写进模板文件中，让读者被每个商务信息背后的故事所吸引。它提出了这个学科领域一些具有代表性的商务问题，包括来自金融、运营、营销、人力资源和商务信息系统

的实例。除此之外,作者提到的这些案例所反映的问题在这个领域内是比较知名的,包括一些历时长达 5—10 年的疑难症结,以及一些有过大量资金投入的项目。

> 我喜欢作者在每一章节中使用开放的案例来说明关键点,并把读者带回到"问题"或者
> 关注的焦点上的这一手法。
>
> ——莉萨·M.奥洛克林(Lisa M.O'Laughlin),三角洲学院

沟通知识问答

每一章都包含了一个研究与本章主题相关联的特定沟通类型的著名商务专家的采访。这些配置文件以一问一答的形式,提供商务专家关于章节内容的最新个人观点。这些访谈可以作为课堂讨论和书面作业的有效载体。

全程参与

这种基于案例的教科书以一种引人注目、基于研究、主动有趣并且具有实践性的方式讲述了一个个有效沟通的故事。书中商务交流的术语在章节之间多次出现,以通俗易懂的方式相互穿插,这种平滑的转换毫无突兀之感。这本书为不同水平的学生(包括基础薄弱的、中等水平的、优秀的)提供了挑战自我的机会以及让自己变得更卓越的空间。每一章都有有效沟通的详细列表和具体范例,同时还为学生考虑到了不同的商务背景情况。

为什么这很重要?

每一章的开头部分都会以令人信服的理由告诉读者,此部分内容对事业上的成功至关重要。前几段是为了吸引学生的兴趣和注意力。

本章小结

本章小结用图形和列表的方式,视觉化地呈现给大家,让学生快速注意到重点章节内容,并且在学生将规则方法应用于口头和书面沟通时,为学生提供了帮助与参考。

随堂练习

每一章都包含了 15—25 个随堂练习,包括了讨论练习、测评练习和应用练习,来帮助学生在商务交流中培养专业知识。

> 这样的课堂练习、测评练习、自我评估练习和应用练习为学生的学习过程提供了一个
> 竞争优势,因为他们用多样的方法进行批判性思考。
>
> ——迈克尔·肖(Michael Shaw)硕士,蒙大拿州立大学
>
> 用图形化的方式对本章做一个总结,我相信它比单个小段落更能有效地让读者获得主
> 要观点。
>
> ——苏珊·E.霍尔(Susan E.Hall)博士,西佐治亚大学

精选内容

　　本教材的内容是围绕传统商务交流的主题，如日常信息、说服性信息、负面信息、报告和演示等进行组织开展的。除了基础知识，它增加了教师们希望并且需要在他们的课程中出现的独特的、现代化的主题。这些独特的内容包括了以下几个方面：

关于信誉的开篇章节

　　许多老师都意识到诚信是高效和有效沟通的关键因素。这本教科书从一场关于信誉的讨论开始，并将这一话题贯穿整本书。

　　　　无可媲美的是——这是我第一次看到一本商科教科书以关于信誉的章节开篇，做得非常棒。

　　　　　　　　　　——本尼·J.威尔逊三世（Bennie J.Wilson III），得克萨斯大学圣安东尼奥分校

重点关注了人际沟通

　　这本书中有三章内容是关于人际沟通的（第 2、3、4 章），实现了许多商务沟通授课老师想要扩大人际沟通内容覆盖范围和为学生配备职场中有价值的沟通技巧的愿望。这本书还用了一个完整的章节（第 4 章），而不仅仅是一章中不到 10 页的内容，来讲跨文化交流。许多商务沟通的教学老师和学生都被商界中这个日益重要的话题所吸引。

　　　　这是一个区别传统教材的关键因素：本书真正专注于人际沟通以及人际关系如何在商务世界里扮演重要角色，这是它的明确优势所在。

　　　　　　　　　　——梅利莎·汉考克（Melissa Hancock），得克萨斯理工大学

扩大技术覆盖范围

　　关于未来的通信技术，本书采用了一种更有远见、更可靠的视角。虽然几乎所有的教科书都考虑到社交媒体的使用，但是它们只关注了涉及营销和客户关系的社交媒体活动中很小的一个方面。相比之下，这本书拥有更广泛的关于使用社交媒体的观点，包括了团队沟通以及与外部合作伙伴的沟通。它帮助学生做好充分的准备来适应包含网络通信在内的不断变化的职场沟通，它还满足了学生们提高在线专业形象，并以此建立个人信誉度的需要。

　　这本书用了整整两章来描述沟通和技巧。其中一章重点分析了根据不同的沟通对象选择不同的沟通渠道的策略。它为学生提供了越来越重要的避免数字过载的能力，同时还提供了使用电子邮件、短信、电话沟通和视频会议的小贴士。另外整整一章都在描述社交媒体。虽然学生们可能大都是"数码族"，但是他们中的大多数并不熟悉如何用社交媒体进行商务沟通。本章帮助学生使用博客、维基、论坛和其他社交工具来达成工作目标。它同时还帮助学生们创建策略来提升他们的职业声誉。此外，每一章中都包含大约一页技术小贴士，来详细解释某一个特定的技术（例如，网络电话、视频会议等）。

由于一本教材永远难以跟上沟通技术日新月异的步伐,所以本书重点讨论了沟通技术的原理,来延长一版教科书的周期。因此,与其他商务沟通的教材相比,这本教材对沟通技术的覆盖面更广,更具战略性,更专注于商务沟通(而非营销)。

本文的分析以及应用的技术是非常现代的。

——丹尼尔•麦克罗伯茨(Daniel McRoberts),中北技术学院

关于危机沟通与公关的最后一章

在充斥着社交媒体并且处处要求公开透明的时代,商务专业人士越来越希望了解公共关系的原则,甚至从早期的职业生涯开始,就有这样的诉求。这些技能可谓是职业生涯的增高剂。这一章(其他一些商务沟通书中也存在)就满足了人们的此部分需求。

紧跟时代潮流

    本书是《商务沟通：培养互联世界中的领导者》的第 2 版（改编版），通过提供结果导向的沟通技术、基于案例和前瞻性的文本内容帮助商科学生提升专业信誉，从而更好地适应未来的职场生活。

    在一个日益网络化的世界中，学生比以往任何时候都需要更好的人际交往能力；比以往任何时候都需要更好的团队合作技巧；他们需要更好的写作技巧，特别是适应新技术的写作能力；同时，他们还需要更强的演讲技能。本书从以下几个方面来提升商科学生的这些能力：

    习惯其他人的沟通方式。第一版讲述了有关情商的内容，这一版增加了新的内容，来帮助学生适应他人沟通的风格和偏好，具体部分如下所示：

- ➢ 动机价值观和相关的沟通方式[基于力量部署清单（SDI）：学生可以采取的有价值的评估方式]；
- ➢ 内向型和外向型的沟通偏好；
- ➢ 非语言沟通的一般形式与相关意义。

    在团队中进行成功有效的沟通。第一版讲述了有关团队沟通的内容，这一版在原来的基础上，提供了更多的内容，具体如下：

- ➢ 团队章程和团队评估；
- ➢ 虚拟团队协作；
- ➢ 团队写作与联合创作。

    根据不同的沟通对象，使用不同的沟通方式。这一版本讨论了不同的沟通工具（传统的和现代的），并且讲述了如何运用它们来达成商务沟通的目标。在这个版本中，用了不少的篇幅来描述通信工具，具体如下：

- ➢ 博客；
- ➢ 短信沟通；
- ➢ 电话沟通；
- ➢ 视频会议。

    撰写有效的商务信息。这一版本继续重点关注了商务沟通中的日常商务信息，有说服力的消息和坏消息等。此版本还扩大了以下几种信息类型的覆盖范围：

- ➢ 企业网站和社交媒体平台上的公关信息；
- ➢ 用以提升品牌和组织利益的博客专栏；
- ➢ 专业技能领域提升个人品牌的私人博客。

    强化演示技巧。本版提供了一个关于演示的新案例，重点介绍如何与观众产生联系，并影响他们。

致谢

谢谢所有的评论者以及其他为本书出版提供宝贵建议的商务沟通老师。根据这些评论者的建议，我已经做了许多的改变，并不断更新，以满足当今商科学生的需求。每一位评论者都站在商务沟通最佳实践的前沿。因此，我要再次感谢他们为帮助改善这本教科书所提出的建议和投入的时间。此外，我还要特别感谢 Jennifer Loney 和 Lynda Haas 自始至终的支持。

我要诚挚地感谢许多贡献他们精彩想法的企业领导人、专家、商务沟通的学者与老师，以及我的同事和朋友。我要特别感谢重复审查本书第一个版本的评论者和其他的同事们，感谢他们的努力付出。每一轮的评审，评委们都提供了优秀的、有影响力的反馈来改进和完善本书内容。感谢每一位为本书的发展做出贡献的商务沟通领域的专家！

同时我也要感谢麦格劳-希尔出版社的全体编辑和营销团队，是他们的辛勤付出让这本书的出版变成可能：Kelly Pekelder、Anke Weekes、John Weimeister、Michael Gedatus、Christine Vaughan、Srdj Savanovic、Joni Thompson，以及所有出色的麦格劳-希尔出版社的代表们。他们将本书的内容与设计打造得如此精彩，与这些极有天赋并且技术娴熟的专业人士合作很愉快。当我和麦格劳-希尔签约的时候，我很自豪能与这样一家备受尊敬的出版社合作。和他们一起合作 5 年后，我内心越发敬重，因为我可以看到他们对出版学习材料的专注、用心，对很多学生的人生产生了实际的影响。

我想感谢我的家人。我的妻子 Natalie 是一位美丽优雅的女士。她和我经历着一段精彩的旅程，她珍爱这本书，并把它作为我们旅程的一部分。我的女儿在很多方面激励鼓舞我。Camilla 用她那发现美的双眼，用她对惊奇事物的感知，以及用她对创造的乐趣给了我很多灵感。Audrey 通过她对幸福的恣意表达、对快乐的感知，以及对人们的博爱给了我很多启示。我也非常幸运能拥有世上最好的父母。他们理解并支持我。我爱他们，也希望能成为像他们一样的人。

最后，我还要感谢几个帮助我，并影响我选对事业方向、获得成功的人。首先，我要感谢我的论文导师 James Calvert Scott 对我的指导与帮助。他为商务沟通的研究与教学奉献了几十年的时光，并且为了我的进步成长无私地投入成千上万个小时。没有他的帮助，我是不可能成为商务沟通协会的一员的。其次，我要感谢南卡罗来纳州大学服务零售及体育管理学院的前院长 Pat Moody，以及南加利福尼亚大学管理沟通中心的前主任 Lucy Lee。这两位女士是我为之工作过的最能激励人并且最细致入微的领导。她们对我的事业有着持续长远的影响。

彼得·W.卡登

副教授

南加州大学马歇尔商学院

Twitter：@petercardon

Facebook：facebook.com/cardonbcomm

Web：cardonbcom.com

LinkedIn：www.linkedin.com/in/petercardon

给同学们的一封信

亲爱的同学们：

你们也许会好奇为什么要学一门关于商务沟通技巧的课。不管怎么说，你们的一生都处于沟通中。而且你们已经学习了很多商务的基础技能，如会计、财务、运营、营销等。所以，为什么还要学沟通呢？沟通的技巧到底有多重要呢？

根据史上最成功、最知名的投资者沃伦·巴菲特所说，**有效的沟通技巧可以使你的终生收入增加 50 万美元**，可以使你的赚钱能力提升 50%。这是如何做到的呢？商界有许许多多普通的沟通者，很少有非常突出的。正是那些极少数突出的沟通者拥有更多的专业的机会（职业机会）。

沃伦·巴菲特是伯克希尔·哈撒韦（Berkshire Hathaway）公司目前的首席执行官及主要股东，这家上市集团公司旗下拥有很多附属公司，比如 Geico（美国第四大汽车保险公司）、Fruit of the Loom（全球著名的内衣品牌）、The Pampered Chef（厨房用具品牌）、See's Candies（美国西部历史最悠久最著名的糖果和巧克力食品公司），以及冰雪皇后（Dairy Queen，全球连锁冰淇淋巨头）。他管理的企业在全球范围内有超过 23 万名员工，有 88 位 CEO 直接向他汇报。

巴菲特卓越的成功可以追溯到他年轻时对商业的热情。6 岁的时候，他就开始存钱。还是个小男孩的时候，他就送报纸，在棒球场卖爆米花和花生，并且开始了二手高尔夫球业务和弹球机业务。他定期阅读金融刊物，比如《巴伦周刊》（Barron's）。12 岁的时候，他就上交了人生第一笔个人所得税 7 美元，并且很机智地扣除了与报纸投递相关的开销——他花在自己自行车和手表上的 35 美元。11 岁的时候，他用 120 美元购买了第一支股票。

然而，尽管他有对新兴商业的独特见解，但是他自己承认在社交方面比较欠缺，缺少人际沟通的技巧。他不明白一些非正式谈话的重要性，并且经常得罪他周围的人。当他由于自己糟糕的面试而被哈佛商学院拒收的时候，他的生命开始出现了转折。他知道自己的商业知识与经验远远超越了同龄人，但是，他的人际沟通技巧与他在商业中的超群表现严重不匹配。

正如他的女儿后来所说的："从前，一个略微笨拙的青年叫沃伦·巴菲特，在他 20 岁的时候，站在一群人面前对他们讲话，都能把他吓得半死。后来他发现了戴尔·卡耐基（Dale Carnegie）关于公开演讲的课程，正是这门课程改变了他的一生。他不仅仅增长了在众人面前讲话的勇气和技巧，还学会了结识朋友、激励他人。沃伦把接受卡耐基的教育视为生命的转折点，并且认为这是他有史以来获得的最重要的文凭。"

总之，糟糕的沟通技巧阻碍了巴菲特的早期事业。但是，他把自己的弱点转变成了自己的强项，并且把卓越的沟通技能运用到他富有远见的天才投资中。现在，他被广泛赞誉为世上最优秀的商业领导者与管理者之一。

商务界的人士关于沟通技巧的需求问题都发表了哪些看法呢?

在一项大型调研中(调查了 63 个国家的 2 092 家公司的 2 825 位招聘人员),从调查列表上 18 个具体的商业技能选项中,研究者发现,对于商科学生来说,商务沟通技能是最重要的技能。令人吃惊的是,"学术上的成功"排名第 11,"多年经验"排名第 13,"以前工作经历中的职位"排名第 14。

沿着这些主线,在最近的一项《华尔街日报》调查中,商学院的招聘人员从重要性的角度,为商科毕业生列举了 20 项技能。"沟通与人际关系技能"排名第一,89％的招聘人员认为这个技能非常重要;像"工作实习经验""核心课程的内容"这些排名就要低很多。《华尔街日报》的作者得出了以下结论:

> 这些天,招聘人员的理想目标是那些表现出有希望成为善于表达的领导者的学生,但这样的[学生]被证明是非常罕见的。在所有招聘人员记录的抱怨中……"沟通技巧"排在列表的第一位……招聘人员表示,他们相信任何一个从商学院毕业的学生都拥有扎实的知识,比如会计、营销、战略和其他商务方面的基本知识。但是,区别在于,最受欢迎的学校和毕业生是那些拥有沟通和领导力等"软技能"的,而这些又恰好是课本中难以教授的。

为什么与工作经验、学术成就以及商务知识相比,沟通技巧显得越来越重要呢?

我可以提供一些解释:(拥有)卓越的沟通技能相对较少,因此更加有价值;从企业的角度来看,沟通技巧比一些操作技能和商业诀窍更难传授;而且对于一些好的商业想法,只有当它们被有效地沟通和表达后才能发挥作用。

雇主们期望商务学生拥有与他们课程相关的功能性、技术性技能。同时,雇主们也知道,如果商务专业的学生缺少这些功能性、技术性的技能和知识,是可以通过培训和日复一日的商业实践来弥补的。相比之下,培训员工来提升他们的沟通技巧将更是一个挑战。

理解沟通技巧的价值不一定能转化为有效沟通,很少有专业人士采取战略和具体措施,来提高他们的沟通表现。从某种程度上,这是因为提升沟通技巧向他们提出了独特的挑战。具体是哪些挑战呢? 具有讽刺意味的是,可能你人生的交际经历本身就是一项挑战。最根本的挑战在于你有一些根深蒂固的习惯。一些是有用的,而其他的却不是。无论在哪一种情况下,你的交际习惯都是自然且本能的。吸收更多有效的沟通策略可能就会显得不自然,所以你可能需要更持久和自觉的努力来替代你之前不那么有效的习惯。参加一个商务沟通课程,可为你的这一转变创造条件。

同样,沟通在商界有着独一无二的地位。年轻的专业人士必须要精通商务用语,从而在沟通中可以展现出专业自信的口吻,或者不断调整自己的沟通内容和方式,来适应他们的听众(可能是一个老板、一个同伴、一个客户,或是一个求职者)。他们必须学会正式而又不失友好的态度,特别是从领导或管理的角度来进行沟通时。

许多商务专业的学生拥有的第三大挑战是,在学校里,他们已经从论文的语境和报告写作中学会了一些写作技巧。然而,大多数文章的写作焦点都是聚集在社会问题或者个人兴趣角度。而相比之下,商务写作关注的是企业的需求,以及顾客、客户和同事间的逻辑。它关注的是完成这项工作。同时,有不少的学术论文从抽象的角度讨论事物,但是商业写作一般都是专注于具体的行为和任务,它更具有行为导向性。

这封信的关键信息是什么?

关键信息就是,现在的公司正渐渐地把沟通等其他软技能作为雇用和提拔员工的决定性因素,甚至将其作为高级的商业技能标准。对沟通技能的学习与锻炼将会毫无疑问地帮助你实现你的职业理想。

彼得 · W.卡登

副教授

南加州大学马歇尔商学院

目　录

▶ 第三篇　商务信息的原则

▶ 第四篇　商务信息的类型

▶ 第一篇　认识商务沟通 ◀

1

建立商务沟通的信誉基础

学习目标

学习本章后，你应该掌握以下几点：

1.1 解释商务沟通信誉的重要性。

1.2 描述能力、关怀和品格如何影响沟通者信誉。

1.3 定义和解释商业道德、企业和个人价值观。

1.4 解释评估商务沟通道德的 FAIR 方法。

为什么这很重要？

在大多数商务场合中，别人基于你的**信誉**（credibility）对你的所作所为做出判断。诚信是行为诚实和为人守信的合称。诚信之人会在工作中追求卓越，关心同事和上级，拥有崇高的职业道德、企业和个人价值观，努力兑现诺言。信誉是别人相信或信任你的程度。在本书中，对"信任"和"信誉"两个词不加以区别。

商务沟通发生于所有的工作中，信誉对商务关系来说一直很重要。[1]近年来，随着相互依存、以知识为基础的工作场所的出现，其重要性更加凸显。[2]研究职场信任问题的斯蒂芬·M.R.科维（Stephen M.R.Covey）曾说：和大多数人所认为的相反，信任不是一种虚幻的品质，而是一种可培育的资本，是新全球经济中的关键领导能力。[3]

信誉的重要性不言而喻。正如总部在中国香港地区的利丰集团主席冯国经（Victor K. Fung）所说："来自不同文化背景的卓越领导者一致认为，信誉是一个好的领导者必须具备的。信誉有多个来源，包括能力和取得的成就，以及人际交往技能和特质。"[4]

在这一章，我们讨论建立信任的途径，并且关注信誉的三个组成部分：能力（competence）、关怀（caring）和品格（character）。[5]首先，你会阅读一个关于选择导师的小故事。每个潜在导师都有不同理由的信誉。

本章案例：你将选择谁做导师？

涉及人物：

路易斯（Luis）　　萨莉（Sally）　　汤姆（Tom）

情景：

假设你一个月前被雇用了。公司有这样一个惯例，在入职后的 6 个月内为新员工安排一个导师。导师对你的晋升机会、任务项目和整体职业生涯发展有重大影响。你将从新同事中挑选导师，通读下面你对同事的印象，做出最终选择。

路易斯已经在公司工作一年了，他幽默风趣、善待他人、诚实友善、乐于助人。路易斯和公司的每个人都保持很好的关系，但他有时会犯一些低级错误，有几次快到最后期限时，他做了草率的决定。

萨莉已经在公司工作三年了，她有"明星员工"的美誉。因此，她被分配了最重要的项目。同事们都知道她恪守信用，但是对别人期望过高，过分挑剔。一位同事向经理抱怨，"萨莉从来没有给我锻炼的机会，从头到尾她一人包揽。"

汤姆已经在公司工作四年了，他的绩效考核评级很高。他忠实于团队成员，竭尽所能来确保团队成功。最近，他的同事因为错过最后期限而失去了一个客户。当老板问及原因时，汤姆为了保护同事，说客户首选竞争对手的服务。

任务：

路易斯、萨莉和汤姆像大多数人一样，既有优点又有缺点。当你阅读这一章时，你会发现他们在某一方面缺乏信誉。现在，你将选择谁来做导师？

后信任时代的信任状况

你受信任或有信誉吗？这是你沟通时应该考虑的首要问题。商界中经常会出现信任危机，因此，你的首要目标应该是获得来自同事、客户、顾客和其他联系人的信任。[6]

过去十年间的商业丑闻导致公众对企业及其高管的信任降至历史最低点。如图 1.1 所示，公众对企业高管的信任度较低。[7]

公众也越来越不信任企业。接受调查的高管人员中，约 85% 认为公众对企业的信任呈下降趋势。来自 20 个国家受调查的民众中，约 62% 表示，他们对企业的信任在 2008 年和 2009 年的经济危机之后已经下降。[8]

公司内部同样存在信任赤字。各项调查显示，员工往往不相信自己的领导。仅有 51% 的员工信任高管，36% 的员工认为公司领导行事诚实和正直。此外，约有 76% 的员工在过去的一年里目击到非法或不道德行为。[9]作为未来的经理和领导，你会经常发现自己管理着那些不信任领导的员工。

学校考试作弊行为可以预测工作场所作弊现象。可悲的是，最近的研究发现，作弊非常普遍，以至于一些人称之为"全球作弊文化"。高中生中，80% 的好学生承认曾经作弊，50% 的学生不认为欺骗是错误的。其他关于高中生的研究发现，70% 以上的学生曾有严重作弊行为，50%

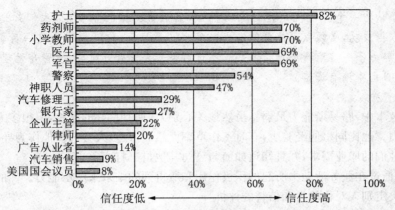

注:基于美国成年人所认为的从事上述职业的人员在诚信方面"非常高"或"高"的百分比。

图 1.1　不同职业受信程度概览

的学生曾从网上抄袭作业。在美国一项由超过 5 万名本科学生参与的研究中,70% 以上的学生承认曾有严重作弊行为,近 80% 的学生表示互联网剽窃不是一个严重的问题。[10]

在一项匿名调查中,52% 的教育系学生、63% 的医学院学生、63% 的法律系学生承认曾通过作弊来获得研究生资格。更令人震惊的是,这一比例在商学院学生中达到 75%。

沟通专家迈克尔·马兰斯基(Michael Maslansky)称这为"后信任时代"。在**后信任时代**(post-trust era),公众认为企业经营违反了公众最佳利益,多数员工对领导和同事持怀疑态度。马兰斯基说:"前几年,销售人员、企业领导和像我这样的沟通者想要拥有信任是相当容易的,我们视沟通为一个相对简单的过程。但如今信任消失了,事情发生了变化。"[11]

企业领导不可信赖的论断不一定公平。比利时化工公司 Solvay 董事会前主席丹尼尔·詹森(Daniel Janssen)解释了这个窘境:"如今,大公司高管被视为自私自利的。不过我认为,这种观点是片面的。许多高管相当慷慨,不只顾个人利益,而是出于集体利益工作。但有一点不可否认,资本主义也有其黑暗和贪婪的一面。"[12]

能力在建立信誉中的作用

能力(competence)是指完成任务,解决问题,执行工作所需的知识和技能。大多数人基于一个人的成就来判断其能力。

惠普现任 CEO 惠特曼在她的回忆录中谈及了她如何在组织内获得信誉、展示能力:"我只关注结果,你必须做好分配给你的任务,必须创造和体现个人价值。"[13]

人们通过多种方式来提升能力,如通过研究和观察,最重要的是实践和现实世界的经验。如果你尚无实践经验,寻求实习机会和就业机会将有助于你培养能力。

你如何沟通也直接影响别人对你能力的评价。本书强调与能力相关联的两个特点,即对行动的关注和对成果的强调。

对行动的关注意味着你抓住商机。惠特曼强调此行动导向的工作办法:"无所作为的代价远远大于犯错误的成本。作为领导者,你不需要完美,但你不能胆怯。"[14]她还强调了成果的重要性:

　　我不认为一个公司仅需宣称它有价值,然后说:"请相信我们,我们知道什么是最好的。"要取得成功,必须以可衡量的结果来确定一个目标,你必须瞄准这一目标。努力是重要的,但努力不一定取得成功。有些人不计后果来寻求晋升机会,当晋升无望时,他们会惊讶,觉得自己本该有资格。[15]

　　在开篇故事中,路易斯能力最弱。虽然他关心别人,拥有良好的品格,但很多人会质疑他完成任务的能力。他比同事们经验少,有时工作草率。然而,很多人会选择他作为导师,因为路易斯能够发现他们的职业需求,并且知道如何与公司其他员工打交道。

　　总之,你通过在业务活动中所起的积极作用和所得到的结果来展示能力。你的沟通方式和行动结果将决定别人对你能力和信誉的评价。

关怀在建立信誉中的作用

　　如果你的同事和客户,甚至是顾客知道你关心他们,他们会更信任你。甘地曾说:"若一个人的动机被怀疑,他做的一切都无用。"这句话也适用于商务场合,人们不信任那些不关心他人利益或对自身以外事物不感兴趣的人。在商务世界,**关怀**(caring)意味着理解他人利益,培养团队感,展示责任感。关怀是企业领导及管理人员最重要的能力之一。

理解他人利益

　　惠特曼在担任 eBay 首席执行官的时候,深刻认识到了解他人需求的重要性。她说,买家和卖家喜欢 eBay 是因为它将彼此的愿望相连——这个平台或将人们的相关需求聚在一起,或是通过电商去实现致富的梦想。

　　你获得信誉的能力在很大程度上取决于你关心他人需求的程度。此外,关心他人需求会帮助你成为一位领导。然而,只有不足一半(42%)的员工认为他们的经理关心他们。更有甚者,少于三分之一(29%)的员工认为他们经理只关心员工是否获得新技能。[16]

　　有效的沟通者通过与他人联系来获得信任,即设法去理解他人的需求、意见、感觉及愿望。沟通的每一个方面,都依赖于这种"他人导向"。

案例 1.1　马云关心加班员工

　　2017 年天猫"双十一"购物狂欢节期间,阿里巴巴的员工常常需要加班。为了关心辛苦加班的员工,阿里巴巴不仅为员工准备了品种丰富的"壕餐",包括各种海鲜、烤串、椒盐虾、点心、水果、饮料等,还准备了 3 000 条棉被以备加班员工使用,达到 KPI 的员工能够领到 5 000 元的加班费。此外,阿里巴巴董事局主席马云也亲临工作现场,慰问鼓励一线员工。马云能够充分理解员工在加班期间吃饭休息以及奖励的需求,并且通过这些加班福利表示了对员工的关心。这不仅能够增强员工的团队精神和干劲,也让马云获得员工的信任和拥戴。

评述:

　　只有理解他人的利益和需求,用关怀打动他人,才能获得更多人的信任。

培养团队感

企业领导之所以能晋升到他们的位置上,与他们的团队感和团队合作精神密不可分。梅雷迪思·阿什比(Meredith Ashby)和斯蒂芬·迈尔斯(Stephen Miles)最近采访了几百名有杰出成就的企业领导者,让他们回答一些问题,诸如:"对于企业领袖来说,有哪些棘手问题?""如何识别、吸引、培养和留住最优秀和最聪明的员工?"

> 大多数 CEO 把鼓舞、影响、指引、激励、辅导和发展员工视为他们主要的责任。"控制"一词很少被提及,相反,他们着重强调团队导向的重要性。企业领导的作用是建立和授权一个团队,而不是命令。事实上,他们中的一些人在讨论组织的成功时,使用的词是"我们",而不是"我"。与依据个人成就思考相反,他们中的大多数倾向于依据团队成就思考。[17]

在本书中,你会看到以"我们"和"你"为导向的沟通技术,而不是以"我"为导向。当我们不再谈论"我的需要"而是"我们的需要"或"你的需要"时,信任就会产生,帮助你想出解决问题的办法,实现互利共赢。

展示责任感

责任感意味着我们有义务满足别人的需求。它涉及**利益相关者**(stakeholder),即社会中所有与我们商务活动相关的群体。

在加州大学洛杉矶分校商学院开学典礼讲话中,美泰公司首席执行官罗伯特·埃克特(Robert Eckert)谈到了信任,特别是管理者建立信任所需的责任感。他是这样说的:

> 你们是未来的商业领袖。你们的领导风格影响下属……当踏上工作岗位时,你们的首要责任应该是建立信任,不只为自己,也为你们的团队、上司、消费者、股东……今天起你们将开启生活的新篇章,我相信你们每一个人。[18]

因此,责任感涉及对利益相关者的一种责任,对员工和顾客的一种义务。通过在沟通中植入责任感,你会收获来自他人的信任和好感。

在开头的故事中,萨莉在关怀方面做得最差。虽然她善于完成工作和沟通,但她常无视他人利益,甚至对同事的成长漠不关心。然而,很多人会选择她作为导师,因为他们能向最优秀的人学习,并且有机会参与重要项目。

品格在建立信誉中的作用

品格(character)是指一种坚守对利益相关者的承诺和保持高道德水平和伦理价值观的信誉。品格在商务关系尤其是长期合作关系中一直很重要。如今,在日益开放透明和相互依存的工作场合中,它变得更加重要,特别是对领导者来说。嘉信理财(Charles Schwab)的前任主席和

联合首席执行官戴维·波特拉克(David Pottruck),这样说道:

> 21 世纪的领导与过去的领导截然不同。互联网使世界各地的人们手中握有真正的权力,人们可以去做他们真正喜欢的工作,几乎没有什么组织忠诚度。为了提高忠诚度,领导者需要营造一种令人信服的文化氛围使得人尽其才。文化、品格和沟通,是当今领导力的基石。[19]

品格是建立信誉的核心。在一项研究中,企业高管被问及在工作场合中,信任的最重要决定因素是什么。如图 1.2 所示,与品格相关的特征中,诚实、道德行为和交换信息的意愿名列前茅。[20]

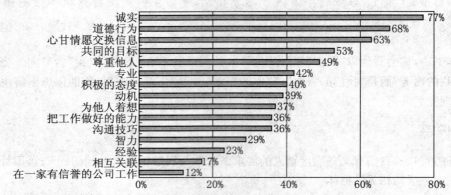

资料来源:经由经济学人智库允许的数据。版权所有。

图 1.2　工作场合中信任的决定因素

在下文中,我们关注与品格密切相关的四个主题:商业道德、企业和个人价值观、开放和诚实的沟通,以及商务沟通中的公平。

商业道德

道德(ethics)是指导个人或群体行为的准则或道德原则。[21] **商业道德**(business ethics)是商业活动中普遍被接受的信仰和原则。商业道德指遵守法律,保护机密或专有信息,避免利益冲突和滥用公司资产,避免接受或提供不适当的礼物、酬金和娱乐活动。[22]

对于公司的沟通来说,近几年商业伦理主要强调透明度。**透明度**(transparency)是指与利益相关者分享所有相关信息的程度。正如"透明国际"(Transparency International)组织对其的定义,透明度"是一项原则,它可以让那些受行政决定、商业交易或慈善工作影响的人,不仅知道基本事实和数据,也了解机制和运作过程"。公务员、管理人员及受托人有义务处事公开、可信及得到公众理解。[23]

近几年,也许是由于公共丑闻的曝光,美国公司的雇员在其公司内能观察到更有道德的行为,而且大体上认为其上司是有道德的。例如,最近"伦理资源中心"(Ethics Resource Center)对美国各地 3 010 名员工进行的调查中,80% 的员工说他们对高管有关公司发展情况的信息披露感到满意;74% 的员工相信高管将信守承诺;89% 的员工表示高管积极鼓励员工做正确的事。另外,82% 的员工认为如果高管被发现违反本组织的道德标准,他们将受到惩罚。[24] 在可预见的未来,透明度将持续成为与沟通相关的主导商业道德。

你可能需要分析某一道德困境。你会意识到,做出正确的选择并不总是那么容易。在这种情况下,法律和道德准则没有提供一个明确的答案,此时,透明度是关键:决策需要公开、记录在案,并且要得到团队和重要利益相关者的一致认同。

当雇员观察到不道德行为时,他们常常难以启齿。原因有四个:(1)他们想当然地认为这符合标准;(2)他们想当然地认为这问题不大;(3)他们认为这不是他们的责任;(4)他们想忠于组织。

当你观察到不道德行为时,要敢于指出,这是你的工作职责。当你维护了团队或组织利益,从长远来看,你会得到回报。

案例 1.2 百度高管吃回扣 395 万元获刑 7 年

2012 年 1 月至 2013 年 6 月,某文化公司以加入"百度联盟"的形式与百度公司进行合作。在此期间,马某利用其担任百度公司联盟发展部总经理的职务便利,收受该文化公司关某、张某以转账形式给予的钱款共计 395 万余元。

据介绍,通过百度搜索关键词,搜索结果中会显示百度联盟广告,用户点击一次就会产生一份广告费。根据点击量,百度会与相关公司按比例进行广告费分成。文化公司刚与百度合作时,得到的分成比例是 30%,后来上调至 45%。这期间,关某将广告费分成利润的 20% 给马某作为好处费,这笔钱转入了马某亲戚的账户内。2012 年 1 月,马某升任百度联盟发展部总经理后,把文化公司的分成比例调高至 50%,而马某的好处费也涨到了利润的 30%。

北京海淀法院审理认为,马某身为百度公司相应岗位上的工作人员,在经济往来中利用职务便利,收受回扣,财物与职位之间具有对价关系,其行为已构成非国家工作人员受贿罪。因此,法院判处马某有期徒刑 7 年。

评述:

贪污受贿,置国家法律和商业道德于不顾,最终不仅信誉扫地更受到了法律的惩罚,损人害己。

企业和个人价值观

企业价值观(corporate value)是公司提倡和遵循的价值观。人力资源管理协会(Society for Human Resource Management, SHRM)将企业价值观作为商业道德的本质,并将商业道德定义为"组织价值观、准则和守则",强调"面临困境时,要在边界范围内行动"。[25]

大多数组织已有自己的书面**行为守则**(code of conduct)或道德守则。eBay 的信任文化体现在其商业行为守则中(见图 1.3)。

个人价值观(personal values)与企业价值观是品格的重要组成部分。联合利华首席执行官保罗·波尔曼(Paul Polman)对企业价值观的重要性进行如下阐述:

> 如果你的个人价值观与公司的价值观一致,从长远来看,你可能比那些不一致的人会更成功。因为如果不一致,你就需要在上班时做一个人格分裂的演员。[26]

开放和诚实的沟通

关于诚信在美国商业文化中的作用,塔马·弗兰克尔(Tamar Frankel)在书中提到过诚信我们以最高的伦理和法律标准来经营公司业务。此商业行为守则强调了一些你需要知道的法律和政策。

自从皮埃尔·奥米迪亚(Pierre Omidyar)成立 eBay 以来,我们一直信守一些核心价值观:

- 我们相信人性本善;
- 我们承认并尊重每一个人是独一无二的个体;
- 我们相信每个人都需要有所贡献;
- 我们鼓励人们"己所不欲,勿施于人";
- 我们相信诚实开放可以激发善意。

这些原则支持我们的基本宗旨:

我们在全世界开拓新的社区,以商务为基础,靠信任来维持,用机会来激发。这些价值观与这个目的帮助 eBay 成为一个特殊的公司。此守则可以帮助我们实现这一宗旨。它不只是一套规则,而是带有目的性地对原则的声明。我们以易于阅读的方式来阐述它。

当然,没有一个行为守则可以覆盖所有情况。我们不仅要阅读这封信,还要代表公司在所有交易中践行本守则的精神。

我们是一个不断发展的公司,通过行动来不断塑造企业文化。我们希望利用这种文化来提升企业信誉和道德行为现状。请帮助我们实现这一目标。

——约翰·多纳霍(John Donahoe),董事会主席兼 CEO

资料来源:eBay 的商业行为守则,http://investor.ebayinc.com/documentdisplay.cfm? DocumentID=649。

图 1.3 eBay 的商业行为守则

的滥用,包括卫生保健欺诈、保险欺诈、支票欺诈、消费者欺诈、身份盗窃和学生作弊:

以诚信为本的目标不仅不会削弱竞争力,反而有利于打开竞争渠道。诚信经营鼓励通过优势来竞争,禁止作弊。诚信带来更优质的产品和服务。如果企业不通过欺诈来竞争,他们可以更成功地获得和留住客户。[27]

弗兰克尔关于体制层面诚信的观点也适用于个人层面。长远来看,诚实不仅有利于塑造个人品格,还对个人能力的提升有促进作用。

商务活动不允许诚信缺失,不诚信的代价是毁灭性的。首先,如果缺乏对业务问题开诚布公的沟通,员工会以为企业的财务状况不佳。其次,不诚信会导致员工士气较低。近六成员工说,他们因为缺乏信任而离开组织,关键原因是缺乏沟通与诚信。[28]最后,不诚信会导致被解雇。在某些情况下,不诚信会摧毁职业生涯,甚至招致刑事指控。

一些企业高管和经理认为小小谎言并没有太大影响。然而,丹尼斯·S.雷娜(Drs. Dennis S.Reina)和米歇尔·L.雷娜(Michelle L.Reina)博士在其《工作场合中的信任与背叛》(*Trust and Betryed in the Workplace*)一书中提出轻微程度的不诚实同样具有破坏性,那些逐渐侵蚀信任、形成背叛的行为是随着时间推移而积累起来的一件件小事。[29]

如今,多数组织文化走向坦诚和开放。然而,你也会发现自己在很多情况下被要求保密。在某些情况下,出于法律方面的考虑,保密是必需的,比如有关医疗记录、内幕信息等。当苹果推出 iPhone 时,雇员在数月内都得保持沉默,他们甚至不能和家人谈论工作。事实上,在

iPhone 发布前,许多苹果员工甚至不能对其他部门的员工谈论某些 iPhone 的功能。[30]

案例 1.3 老干妈商业机密泄露案

2016 年 5 月,老干妈公司工作人员发现本地另一家食品加工企业生产的一款产品与老干妈品牌同款产品相似度极高。2016 年 11 月 8 日,老干妈公司到贵阳市公安局南明分局经侦大队报案,称疑似公司重大商业机密遭到窃取。经过警方的侦查,最终锁定了老干妈公司离职人员贾某为机密泄露者。

2003 年至 2015 年 4 月,贾某历任老干妈公司质量部技术员、工程师等职,掌握老干妈公司专有技术、生产工艺等核心机密信息。贾某在其任职期间,与老干妈公司签订了竞业限制与保密协议,约定贾某在工作期间及离职后需保守公司的商业秘密,且不能从事业务类似及存在直接竞争关系的经营活动。

2015 年 11 月,贾某以假名做掩护在本地另一家食品加工企业任职,从事质量技术管理相关的工作,并将在老干妈公司掌握和知悉的商业机密用在该企业的生产经营中,并进行生产,企图逃避法律的约束和制裁。

贾某违反了权利人有关保守商业秘密的要求,给商业秘密的权利人造成重大损失,最终遭到刑事处罚。

评述:

贾某用假名在另一家公司工作,并且泄露原来公司的商业机密,毫无个人信誉可言。不仅自毁职业生涯,且最终遭受刑事惩罚。

商务沟通中的公平

一般来说,别人对你品格的认知主要取决于你的沟通。而且,你的同事和客户将通过你是否公平来评判你的沟通。

因此,在沟通中,你应该充分考虑你对他人是否公平。对于日常沟通,你可以迅速得出结论。对于重要的、较复杂的,甚至会引起争议的沟通,你应该花时间来寻找实现公平的最佳方式。你可以考虑跟你的上级、同事和其他你信任的人来商讨这个情况。惠特曼基于她在 eBay 的经验来解释这一原则:一个企业的品格,正如一个人的品格,是长年累月的积累。在某些时刻,我们需要在选择并不清晰明朗的情况下做出最好的决定。但随着时间的推移,我们用来做出这些决定的逻辑、推理和道德指向,是构成真实自我的本质以及我们的品格。[31]

评估沟通的一种方法是使用 FAIR 测试(见图 1.4)。FAIR 测试可以帮助你检查在沟通中以下四方面做得如何:提供事实;动机、推理和信息的透明度;评估利益相关者的影响;表现出尊重。通过回答图 1.4 中的问题,你可以确保你的沟通对自己和他人是公平的。

在开头的故事中,汤姆在品格上最差。虽然他绩效水平高并且展示出对周围人的承诺,维护他们的利益,但他有时候是不诚实的。因为这个原因,很多人不信任他。然而,有些人会选择他作为导师,因为他们相信汤姆会为他们的利益着想并帮他们获取重要项目。

你的沟通符合 FAIR 原则吗?

事实(Facts,你的沟通有多真实?)
● 你有没有正确地提出事实?
● 你有没有提出所有相关的事实?
● 你有没有提出任何误导性信息?
● 你有没有以合理的方式来利用事实得出结论和建议? 受众会同意你的推理吗?

透明(Access,你的动机、推理和信息有多透明?)
● 你的动机是否明确或者他人是否察觉到了你的隐藏议题?
● 你有没有充分披露你是如何获得信息并用它来证明自己的观点?
● 你有没有隐藏任何提出声明或推荐的信息或真实原因?
● 你有没有给利益相关者提供参与决策过程的机会?

影响(Impacts,你的沟通如何影响利益相关者?)
● 你是否考虑过你的沟通如何影响所有利益相关者?
● 你是否考虑过你的沟通如何帮助或伤害他人?
● 你怎么才能更好地了解这些影响?

尊重(Respect,你的沟通是否展示了对他人的尊重?)
● 你有没有承认他人的固有尊严和自我价值?
● 你的沟通对象会认为你的沟通是尊敬的吗?
● 一个中立的旁观者会认为你的沟通是尊重他人的吗?

图 1.4 道德商务沟通的 FAIR 测试

高度信任、沟通便捷可以推动工作成果

建立信誉使沟通更容易、更具影响力。大量研究表明,高信任关系带来更高效和更卓越的工作成果。[32]在沟通的便利性方面,信誉可以减少他人对你的阻力和误解,增强合作意愿:

> 在低信任的工作环境中,人们往往对他人行为持消极看法;在高信任的工作环境中,人们往往认为他人是善良的,并进行积极设想。[33]

在高度信任的关系中,因为个人倾向于认为他人是善良的,沟通就更简单有效。[34]正如管理学家斯蒂芬·R.科维博士所说:

> 盲目追求修辞的恰当或意图的清晰是没有意义的;如果缺乏信任,就没有成功的基础……不可否认的是,沟通比个人言行更有说服力……一些人让我们足够信任,因为我们了解他们的品格。无论他们是否能言善辩,是否拥有人际关系技能,我们都会与他们成功合作。[35]

企业领导和经理的信誉度高,在很大程度上会提高企业绩效。最近一项对 32 000 名员工进行的研究检验了员工参与度和盈利能力之间的关系。**参与度**(engagement)衡量了员工与他们的工作发生情感联系的程度以及他们花费额外精力来帮助组织实现目标的意愿程度。研究表明,员工参与度高的公司盈利是低的公司的三倍。企业领导者的信誉是员工参与度的一个关键影响因素。例如,在员工参与度高的公司中,77%的员工说他们的经理言行一致,而在低参与度公司中,仅有29%的员工说他们的经理言行一致(见表1.1)[36]

表1.1 领导的信誉对员工参与度的影响

	高参与度公司 员工认可度(%)	低参与度公司 员工认可度(%)
员工对领导所做的工作有信心(能力)。	79	16
高层领导重视员工幸福感(关怀)。	74	18
高管层在培养未来领导者方面做得很好(关怀)。	65	17
管理者言行一致(品格)。	77	29
管理者指导员工提高业绩(关怀)。	73	21
企业诚信经营(品格)。	84	27

资料来源:Towers Watson, *2012 Global Workforce Study*:*Engagement at Risk*:*Driving Performance in a Volatile Global Environment*(New York:Towers Watson,2012)。基于2012年对全球大中型组织中32 000名员工的调查。

案例1.4 1985年海尔"砸冰箱"事件

1985年4月,时任海尔厂长的张瑞敏收到一封用户的投诉信,投诉海尔冰箱的质量问题。于是,张瑞敏到工厂仓库里去,把400多台冰箱全部做了检查之后,发现有76台冰箱不合格。张瑞敏让检查部门搞了一个劣质产品展览会,通知全厂职工来参观。在如何处置这些劣质冰箱的问题上,一些责任者和中层领导认为应该内部处理分给自己的员工。然而张瑞敏认为留下劣质冰箱就代表以后还是可以生产这样的不合格冰箱。于是,他顺手拿起一把大锤,把一台劣质冰箱砸得稀巴烂,然后把大锤交给责任者继续砸,转眼之间,76台冰箱全部销毁。张瑞敏说:"有缺陷的产品就是废品,以后海尔的产品不分一、二、三等品、等外品,所有产品只分合格品、非合格品,非合格品不能进入市场,要再进入市场,就追究生产者的责任。"

砸冰箱这件事给海尔全体员工思想上造成了强烈的震撼,员工们的生产责任心迅速增强,在每一个生产环节都精心操作,"精细化,零缺陷"变成全体员工发自内心的心愿和行动,使企业奠定了扎实的质量管理基础。

评述:

海尔领导者张瑞敏的信誉意识带动整个公司形成了良好的诚信经营氛围,并且在很大程度上提高员工的工作参与度,也让海尔成为一流的企业。

如何提高沟通技巧

本书旨在提高你在各种职业背景下的技能,有助于你成为一名值得信赖的高信誉沟通者。你可能会觉得自己只擅长某些沟通技巧。例如,相比于写作技巧,你可能对演示技巧更有信心,反之亦然。不管你目前的技能水平如何,本书将帮助你提升沟通技能,为你职业生涯中继续提高沟通能力提供方法。

第1章关注沟通者的信誉，因为信任问题是沟通的核心。如果你被大家认为是不诚信的，本书剩余部分所涉及的技巧和技能对你都是没有多大用处的。后面的章节将关注一些核心原则，如人际沟通过程、情商、积极倾听、团队精神和跨文化交流。这些章节也提出了关于书面沟通的重要原则。例如，我们讨论以倾听为中心的沟通方法，这是有效写作的关键。

本书还涉及关于计划和准备书面信息的章节：日常邮件、有说服力的信息、电子邮件和负面信息。你将了解如何进行业务研究、撰写业务报告、演讲、制作简历和准备面试。

阅读本书时，你需要经常思考，并尝试将所学运用于实际中，想象自己在商务环境中进行沟通，评估你的优势和劣势。在职业生涯中，如果你有意识地注意沟通技巧并且持之以恒，终会取得回报。[37]

沟通知识问答

与商务专业人士的对话

梅尔文·华盛顿（Melvin Washington）曾在安海斯-布希和 ARA Services 担任 20 余年的高级管理职位。他曾管理数百名操作和供应物流的员工。目前是哈佛大学市场营销学教授。

彼得·卡登：在工作场所中，信任有多重要？

梅尔文·华盛顿：不论是内部沟通还是外部沟通，当人们信任你时，他们会积极倾听和回应。当你有诚实守信的美誉时，人们就会听你的。他们可能不同意你所有的建议或策略，但他们的回答必定是客观和诚实的。

经商类似于一项团队活动，团队成员彼此信任。在安海斯-布希的时候，我负责预测多个细分市场中数百种产品的销售量。分销商相信我能提供正确的信息，为每个区域提供足够的产品。同样，我依赖和信任销售团队，相信他们能为我提供准确的信息，使我能够正确地预测未来的销售。可靠的信息是成功的关键。换句话说，我们彼此信任来一起完成企业目标。

信任的一个方面是保密。如果你不能保守公司机密，可能无法获取信任。如某一员工的绩效考核在公司中名列前茅，然而她不能被信任，因为她不知道如何保密，因此许多员工拒绝与她共事。最终，她不得不离开公司。

彼得：与顾客和客户打交道时，信任有多重要？

梅尔文：在商业世界，顾客和客户是我们的衣食父母，信任维系着我们的关系。顾客相信我们能胜任工作，并且为他们的利益着想。作为商务沟通者，我们在建立和维护这种信任时必须要谨慎。事实上，如果客户和顾客不信任我们，很多时候他们也不会对我们诚实。

在我担任销售代表时，有一个目标顾客拒绝与我沟通。他不愿意销售我们的产品，即使我们的产品热销。问及原因，他说我们公司过去的一个销售代表缺乏信誉，曾经允诺给他一些奖励以促销产品，但从未落实。因此他宁愿不赚钱也不愿与我们合作。

彼得：对领导来说，信誉有多重要？

梅尔文：领导的信誉说的是他们是否值得信任并遵守承诺的问题。员工更愿意追随那些真正关心下属的领导。许多管理者在商务关系建立初期被大家信任，但随着时间推移，他们的诚信遭到质疑。

本章小结

学习目标 1.1：解释建立商务沟通信誉的重要性。

在商业世界，人们经常面临信任赤字。在后信任时代，人们对彼此持怀疑态度。通过建立信誉，同事、客户、顾客和其他人将更为积极地回应你的沟通。

学习目标 1.2：描述能力、关怀和品格如何影响沟通者的信誉。

有效商务沟通的核心是**信誉**。它反映了你的能力、关怀和品格。

能力关乎你完成任务的技能和知识。别人会通过你的成就来判断你。

关怀表明你尊重他人利益，培养归属感，展示责任感。

品格表明你坚持高水准的价值观。你值得信赖去做正确的事。

学习目标 1.3：定义和解释商业道德、企业和个人价值观。

商业道德是商业社会普遍认可的行为的信仰和原则。企业价值观是一家公司提倡和遵循的价值观。个人价值观是个人优先考虑的和坚持的那些价值观。

学习目标 1.4：解释道德的商务沟通的 FAIR 方法。

FAIR 测试

事实（Facts）：你的沟通有多真实？

透明（Access）：你的动机、推理和信息有多透明？

影响（Impacts）：你的沟通如何影响利益相关者？

尊重（Respect）：你的沟通是否展示了他人的尊重？

关键术语

商业道德	企业价值观	后信任时代
关怀	信誉	利益相关者
品格	参与度	透明度
行为守则	道德	
能力	个人价值观	

讨论练习

1.1　章节回顾问题（学习目标 1.1、1.2、1.3、1.4）

用一至三段话来回答以下问题：

A. 解释在商务沟通中建立信誉的重要性。

B. 解释信誉的三个组成部分：能力、关怀和品格。它们是如何相互关联的？

C. 定义和解释商业道德、企业的价值观和它们之间的关系。

D. 解释评估道德商务沟通的 FAIR 测试方法。

E. 描述信誉是如何影响沟通的效率和效果的。

1.2 沟通问答（学习目标 1.1、1.2、1.3、1.4）

阅读与梅尔文·华盛顿的沟通问答，对以下每一个问题写一个一至两段话的回答：

A. 关于能力在建立信誉中的作用，梅尔文·华盛顿提出了什么观点？

B. 关于关怀在建立信誉中的影响，他提出了什么观点？

C. 关于品格在建立信誉中的影响，他提出了什么观点？

D. 你认为他的哪一个评论或者经验具有洞察力或者帮助？为什么？

1.3 品格和规则（学习目标 1.2）

美国联邦储备委员会前主席曾说："规则不能取代品格。"用一至两段话来解释他这句话是什么意思？

1.4 透明度（学习目标 1.3）

正如丹尼斯·S.雷娜和米歇尔·L.雷娜博士在他们的《工作场合的信任与背叛》这本书中所说的："一些领导人认为他们只需要告诉员工为了完成工作，他们具体需要做什么。这远不符合事实真相。"[38]用一至三段话来解释这句话的意思。为什么领导者需要提供关于他们活动和决策的信息，即使员工并不直接受影响？

1.5 从互联网收集商业道德的信息（学习目标 1.3）

阅读至少三篇来自著名杂志或者其他来源的关于信任及道德的博客或者文章。选择一个你感兴趣的话题，用四至五段话来总结关于那个话题的关键结论。可以考虑以下选项来收集信息：

- 伦理资源中心（www.ethics.org）；
- 商业伦理研究所（www.ibe.org.uk）；
- 公司合法性和伦理协会（www.corporatecompliance.org）；
- 《商业道德》（*Business Ethics*）杂志（http://business-ethics.com）；
- 国际商业道德研究所（www.business-ethics.org）；
- 关于信任的爱德曼公司网站（www.edelman.com/trust）。

1.6 观看对企业高管关于企业价值观的采访（学习目标 1.2、1.3）

至少观看三个企业高管谈论企业价值观的采访视频。用四至五段话来总结你学到了什么。考虑以下选项来收集信息：

- 去 CNBC 的在线视频部分（www.cnbc.com，选择 Video 导航链接），搜索关于企业价值观和企业文化的对于 CEO 的采访。
- 去 YouTube 搜索如企业价值观、核心价值观和企业文化等关键词。选择业务主管和经理谈论企业价值观的视频。选择 5 分钟或更长时间的视频。
- 观看梅格·惠特曼和拉吉夫·杜塔（Rajiv Dutta）谈论建立 eBay 的企业价值观：www.businessweek.com/managing/content/mar2009/ca20090327_626373.htm。

1.7 了解企业公民意识（学习目标 1.3）

近年来，企业越来越关注它们的社会责任。很多公司把它们用来帮助和回馈社会的行为称之为企业公民意识。从至少三个可靠的杂志或者资源上学习企业公民意识。用四至五段话来总结你学到的内容。考虑以下选项来收集信息：

- 波士顿学院企业公民研究中心(www.bcccc.net/index.cfm? pageId＝2053)；
- 《福布斯》关于企业公民意识的特别部分(www.forbes.com/leadership/citizenship/)；
- 世界经济论坛关于企业全球公民意识的特别部分(www.weforum.org/en/initiatives/cor-poratecitizenship/index.htm)；
- 圣塔克拉拉大学马库拉应用伦理研究中心(www.scu.edu/ethics/)。

1.8 确定构建企业公民意识的具体办法(学习目标 1.3)

选择一个公司，分析它的企业公民措施。用四至五段话来解释该公司主要的企业公民意识倡议以及它们是如何反映出其核心价值观的。一般来说，你可以在一家公司的网站找到企业公民的网页，通过内部导航标题如"关于我们""公司概述""公共关系""媒体"，等等。如果你不确定你想要了解哪个公司，你可以考虑以下几个：

- 波音(www.boeing.com/companyoffices/aboutus/community/)；
- 花旗集团(www.citigroup.com/citi/citizen/)；
- 埃森哲(www.accenture.com/us-en/company/citizenship/Pages/index.aspx)；
- IBM (www.ibm.com/ibm/ibmgives/)。

1.9 商业道德和变化的价值观(学习目标 1.3)

戴维·波特拉克,嘉信理财的前主席和联合首席执行官,对于道德与法律做出了如下解释：

在嘉信理财,我们正在不断寻找新的方法来表达我们的价值观,而不损害价值观。例如,我们基于"没有利益冲突"的原则建立公司。许多年来,我们这样定义这一原则："我们不会给予投资建议",因为我们将给投资建议等同于销售热门股票从而使经纪佣金最大化的老牌做法。当我们发现我们的客户需要我们的建议时,我们意识到我们的商业模式,一种不按照销售额来支付给经纪人佣金的模式,使我们可以提供意见,继续避免冲突。我们改变了为客户提供他们想要的东西的做法,专家意见是"客观、简单、不受任务驱动"的,在同一时间,我们加强了我们对价值观的承诺。我们觉得这是一个高度负责任的变化。[39]

用三至五段话,讨论你认为企业和个人价值观是否可以或应该随时间而改变。针对波特拉克的话进行讨论。

测评练习

1.10 比较两个人的信誉(学习目标 1.1、1.2)

考虑两个人——一个你信任的人和另一个你不信任的人。这些人可以是你目前的同事或过去的同事。在以下方面比较他们：(a)能力；(b)关怀；(c)品格；(d)沟通的开放性；(e)沟通的便捷性。写四到五段话,最后用几个一般性陈述来总结信誉对沟通的效率和效果的影响。

1.11 评估信誉(学习目标 1.1、1.2)

考虑四个人:(a)一个缺乏完整的可信度的人,因为他或她缺乏能力;(b)一个缺乏可信度的人,因为他或她缺乏关怀;(c)一个缺乏可信度的人,因为他或她缺乏品格;(d)一个有完全信誉的人。比较和对比这四个人在工作场所的沟通效果。

1.12 评价一个沟通活动(学习目标 1.1、1.2)

选择你参与的两个沟通事件(面谈、电子邮件交流,等等):一个事件中,你在别人眼里有信誉;另一个事件中,你没有信誉。如果可能的话,选择在工作场所发生的沟通事件。回答关于这两个事件的以下问题:

A. 提供每个沟通事件的概述;

B. 从沟通便捷性与目标完成度等方面来解释每个事件的结果;

C. 解释为什么在某一种情况中,其他人认为你有信誉,而在另一种情况中,其他人不认为你有信誉;

D. 对于那些你有较少信誉的情况,想想你如何能更好地建立信任,写下三种你可以做到的方式,以防此类事件发生。

1.13 评价个人的可信度(学习目标 1.2)

考虑一个具体的职业情境,对以下问题做出回应。或者你可以使用你所参加的专业的或学生活动。理想情况下,你会选择一个富有挑战性的有关合作问题的职业情境。

A. 在这种情况下,别人有多信任你?

B. 在别人眼中,从能力、关怀和品格来看,你有多可信?

C. 你认为你在哪些方面被不准确地认知了? 为什么?

D. 你曾经以哪些方式做过打破信任的事?

E. 你遵守你所有的协议吗? 请作出说明。

F. 为了更好地建立信誉,列出三件你需要去做或应该做的事。

1.14 应用 FAIR 测试(学习目标 1.4)

选择一个最近的沟通事件(面谈、电子邮件交流,等等),这个事件是你参与过的、观察过或听说过的。如果可能的话,选择一个发生在工作场所且涉及一个具有挑战性的伦理问题的沟通事件。用关于道德商务沟通的 FAIR 测试来分析这个沟通事件。测试的每个方面至少要写一段话:(a)事实(你的沟通有多真实?);(b)透明(你的动机、推理和信息有多透明?);(c)影响(你的沟通如何影响利益相关者?);(d)尊重(你在沟通时对对方有多尊重?)。有关 FAIR 测试的详细信息,请参阅图 1.4。

应用练习

1.15 个人使命宣言和行为守则(学习目标 1.3)

写下你自己的使命宣言,包括行为守则。请考虑以下步骤:

● 找到几家你欣赏的公司。使用行为守则宣言来帮助你形成你的个人陈述。

● 访问一家职业生涯发展网站。这些网站通常包含有关创建个人陈述的文章和博客。例如,请参阅以下内容:

- 兰德尔·S.汉森（Randall S. Hansen）所写的"创建个人使命宣言的五步计划"
  （www.quintcareers.com/creating_personal_mission_statements.html）；
- 罗杰·康斯坦茨（Rodger Constandse）所写的"撰写个人使命宣言"（www.time-thoughts.com/goalsetting/mission-statements.htm）；
- Nightingale-Conant 网站所写的"使命宣言范例"（www.nightingale.com/example-mission-statement/）。
- 访问专业从事使命宣言的顾问网站。通常情况下，这些网站提供免费的资源以创建你自己的宣言。在某些情况下，您将需要创建一个用户名和密码，但在线帮助是免费的。例如，请参阅 Franklin Covey 公司的分步指南（www.franklincovey.com/msb/）。
- 利用公司使用的资源库来创建行为守则宣言：
  - www.ethics.org/resource/why-have-code-conduct；
  - www.ibe.org.uk/nine-steps-for-preparing-a-newcode/103/52。

1.16　职业抱负声明（学习目标1.3）

当被问及"你对年轻人的职业生涯建议是什么？"的时候，HCL 科技，一家以印度为中心的价值 50 亿美元的 IT 服务公司，其前首席执行官维尼特·纳亚（Vineet Nayar）是这样说的：

> 当你走出大学时，你很生疏。你有能量。你想要尝试。你想要学习。你抱有希望。你有激情。你想成为奥普拉·温弗瑞。你想要成为史蒂夫·乔布斯。你想要成为比尔·盖茨。你想成为这个，成为那个。慢慢地，随着时间的推移，你失去梦想。当你慢慢变老，你每天看着镜中的自己，你欺骗自己说你很好。也许在大学结束时，你应该将你的职业抱负诚实地写下来，并把它放在一个盒子里，我称之为魔术框。每过一两年就拿出来看看。不要让任何人主宰你的生活。在我心中，这一点非常非常重要。你应该主宰你的生活。[40]

想想纳亚的话对你来说意味着什么。描述你最大的职业抱负，解释在未来你想要成为什么样的人。写下这些宣言，五年、十年或更多年后回过头来看，看你的事业目标取得了什么进展。

▶ 第二篇　人际沟通的
　　　　原则 ◀

2

人际沟通与情商

学习目标

学习本章后，你应该掌握以下几点：

2.1 描述人际沟通的过程及有效沟通的障碍。

2.2 解释情绪绑架是如何阻碍有效人际沟通的。

2.3 解释自我意识是如何影响沟通的。

2.4 描述自我管理对沟通过程的影响。

2.5 解释并评价积极倾听的过程。

2.6 描述何为高效提问并明确其提高倾听和学习能力的方式。

2.7 理解并掌握非语言沟通的策略。

2.8 确定人们的常见沟通偏好以及激励程度对其影响。

2.9 解释外向型性格和内向型性格是如何影响人际沟通的。

2.10 描述礼仪在有效人际沟通中的作用以及工作场所中出现的常见不礼貌现象。

为什么这很重要？

在一项关于事业成功所需技能的调查中，人们普遍认为人际交往能力是最重要的。最近对在职人士的盖洛普民意测验的结果显示（详见表 2.1），[1] 多数调查对象认为"与人打交道的技能"是最重要的。

表 2.1 决定成功的技能

技　　能	百分比	技　　能	百分比
1. 与人打交道的技能	87%	3. 基础计算机应用能力	65%
2. 批判性思维的技能	84%	4. 写作能力	57%

（续表）

技　　能	百分比	技　　能	百分比
5. 基础数学	56%	9. 高等数学	23%
6. 高级计算机应用能力	44%	10. 文艺技能	23%
7. 体力	33%	11. 历史知识	19%
8. 科学知识	27%		

资料来源：From "Which Skills Hold the Secret to Success at Work?" by Linda Lyons, www.gallup.com/poll/9064/Which-Skills-Hold-Secret-Success-Work. aspx. Copyright © 2003 Gallup, Inc. All rights reserved. The content is used with permission; however, Gallup retains all rights of republication. * Percentage of American adults who rated skills as "critical" or "extremely important" to career success.

BAE 系统公司的前总裁和 CEO 琳达·赫森(Linda Huson)也这样认为：

　　我发现许多来到这里的商学院应届毕业生，想在一夜之间就经营好这家公司。但是，他们常常不能接受在企业工作中遇到挫折，并且他们的人际交往能力很差。所以我认为，在商学院的教学过程中，应该更多的关注他们的实际需求和人际交往技能。……我们可以教给他们书本的知识，却无法教予他们其他的商务技能。[2]

这一章将对人际沟通进行简要介绍，并且对有效沟通的基础——情商进行分析。

阅读以下 Eastmond 网络公司关于预算缩减的简短案例，通过该案例和本章的学习，你将会更加深刻地理解有效和无效人际沟通的含义。

本章案例：在 Eastmond 网络公司中的艰难决定

涉及人物：

拉蒂莎·杰克逊 (Latisha Jackson) 暑期实习生	杰夫·布罗迪 (Jeff Brody) 人事总监	莉萨·约翰逊 (Lisa Johnson) 财务经理	史蒂夫·崔 (Steve Choi) 暑期实习生
● 作为暑期实习生被聘用来推进公司的福利项目 ● 工商管理和健康教育双学位	● 过去五年一直是 Eastmond 公司的人事部的总监	● 在目前的职位上已工作 3 年 ● 精通于制定预算和财务预测	● 作为暑期实习生被雇用 ● 人力资源管理专业

情景 1：预算缩减

最近，杰夫·布罗迪雇用了拉蒂莎·杰克逊作为暑期实习生来帮助推进公司的一个福利项目。在拉蒂莎面试期间，杰夫提到他最近在一个商务网站上看到关于福利项目为公司节省资金的帖子，他说："总裁要求我们给出一些可以提高士气的低成本方案。我认为，如果我们可以为福利项目投入较小的成本——大概每位员工每年约 200—300 美元——而如果这能大大提高员工的士气，那么这是值得的。"

通常，公司员工福利项目关注营养、运动、压力管理、疾病预防甚至包括生活质量等方面。因为拉蒂莎主修过企业管理和健康教育两个专业，所以她对这份实习很感兴趣。另外，她还曾经教授过伦巴舞课程,对身体健康方面也很感兴趣。

与此同时,她还收到一个销售实习的录用通知,这份实习可以支付她每小时 15 美元的工资以及额外奖金,但是她拒绝了,而选择以较低的工资接受了这个自己感兴趣的工作:推进所在公司的福利项目。她认为自己这次做了正确的选择,事实上,她对之前的暑假实习也曾抱有过很大希望,但之前的实习让她很失望,因为公司最终没有兑现承诺。

在拉蒂莎工作的第一个星期,总裁告诉杰夫,他需要尽快地缩减部门 10%—15% 的预算。另外,总裁还要求他避免任何不必要的工作。

刚刚接到这个消息,杰夫就看到拉蒂莎进入了办公大厅,他知道她对福利项目十分感兴趣。但是现在,福利项目已经变成公司的遗弃项目。他不愿告诉她这个福利项目的实际情况,因为她可能会因此而被分配去做其他工作。

杰夫进入拉蒂莎的办公室说:"拉蒂莎,我能占用你几分钟时间吗?"

"当然",她回答道,"请进。"此时,杰夫内心十分希望这次沟通能愉快进行。

情景 2:绩效评估中的变化

Eastmond 公司每年对员工进行一次绩效评价,杰夫可以看到这些匿名的调查结果,他发现,员工其实并不喜欢这样的绩效评价。他们认为绩效评价既不公平也不能真正帮助他们进步。杰夫与多名人力资源主管进行沟通,发现很多公司实行的都是持续绩效评价,并且取得了很大成效。因此,为了帮助公司将年度的绩效评价转化为持续的绩效评价,他寻求了以下员工的帮助:莉萨·约翰逊,财务经理;史蒂夫·崔,实习生;拉蒂莎·杰克逊,实习生。

任务:

1. 克服沟通的障碍。
2. 管理情绪以参与到积极的沟通中。

理解人际沟通的过程

人际沟通是一种本能,通常情况下,我们成年后已经有过成千上万次的人际互动。对其习以为常的我们却很少思考人际沟通的组成要素,及其对我们沟通质量的影响。但是,我们必须清楚地认识到,这些基本要素可以帮助你提高人际沟通以及和别人高效合作的能力。如图 2.1 所示,**人际沟通过程**(interpersonal communication process)是在两个人或更多人之间发出和接收语言和非语言信息的过程,包括同时的、相互的信息交换,以达到当事人交流和分享想法初衷的目的。[3]

人际沟通中的每一个人都扮演着编码和解码信息的角色。**意图**(meaning)是指人们想要与其他人沟通的思想和感受。**编码**(encoding)是指把初衷转变为语言和非语言信息的过程。**解码**(decoding)是指把别人的信息转化成想法的过程。

在人际沟通的过程中,沟通者编码和发送信息的同时也接收和解码对应的信息。当沟通者 A 想表达一个观点时,他把这个观点编码成口头的(比如语言)和非语言的(比如手势、表情)信息。沟通者 B 同时解码这个语言和非语言信息从而理解 A 所要表达的观点。口头沟通过程中虽然通常是轮流讲话,沟通者 A 和沟通者 B 轮流交替发送信息,在面对面的沟通中,非语言沟

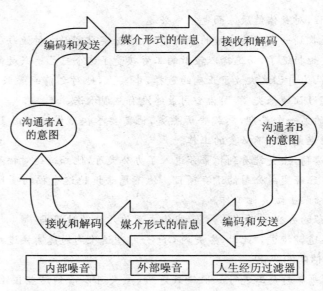

图 2.1　人际沟通过程

通通常却是持续不断的。另外,编码和解码信息的过程是连续不断地发生的。人际沟通的一个目标是达到**意图共享**(shared meaning)——人际沟通的当事人对彼此表达的观点、思想、感受具有一致的看法。在实际的沟通过程中,有很多因素阻碍着我们交流想法,包括外部噪音、内部噪音、人生经历等。

　　噪音(noise)会干扰信息的传递,有四种噪音会影响信息传递的质量:物理噪音、生理噪音、语义噪音、心理噪音。**物理噪音**(physical noise)是外部噪音,会干扰信息的接收,包括附近的干扰声音以及妨碍沟通的一些物理屏障。物理噪音也可能存在于传输媒介当中,如电话通信或者视频电话会议中。而其他三种噪音则都是由沟通者内部因素所导致。

　　生理噪音(physiological noise)是指由生理因素所导致的信息干扰,比如听力问题、疾病、失忆等。沟通者可能由于生理缺陷而影响其表达信息的能力,比如口吃、疾病或者是其他暂时或永久的损伤。

　　语义噪音(semantic noise)发生于沟通者对相同的词或短语理解不一样的时候。例如,两个人对"可接受的利润率"可能有不同的理解,一个人心中预期可能是 10%,而另一个人可能理解为 20%—30%。尤其是当词或短语带有强烈感情色彩的时候,语义噪音是很难避免的。例如,对于"裁减人数"的理解,财务主管认为它带有积极的色彩,他会把这个词理解为节俭和明智的现金管理方式。但是,工会负责人可能认为它带有消极色彩,他会认为公司是无情的、背信弃义的。在几乎所有的商务情景中,人们都会遇到蕴含多种含义的词和短语。

　　心理噪音(psychological noise)产生于人际沟通过程中双方态度、观点和情感经历的不同。在很多情况下,这种噪音的产生基于当前的对话情景——参与对话的人或对话内容,例如,人们可能通过之前的经验来判断当前的谈论内容("他是不可靠的""她是斤斤计较的""他们不会在管理者面前偏向我们"),这些感受都会影响他们编码和解码信息的过程。在很多情况下,心理噪音会有很多来源,他们可能对任务的截止日期感到紧张,可能因为失去一个客户而感到难过。日常复杂的商务活动可能会由于各种各样的原因产生心理噪音。在接下来的情商这一部分,我们会重点关注有效控制心理噪音的方法。

　　所有发出信息的编码和接收信息的解码都是通过**人生经历过滤器**(filter of lifetime experiences)完成的。这个过滤器通常基于沟通者的人生经历。当人们有更多共同的经历时,沟通就会更畅通。[4]例如,如果两个业务经理在同一个社区长大,都获得工程学位,并且在同一家公司工作,他们就很有可能具有共同的沟通背景——相同的价值观和经历,这会大大减少他们对话中的噪音。然而,成长于不同时期、不同环境或文化中,具有不同教育背景,工作于不同公司的两个人则更有可能对他们接收到的信息过滤出不同的结果。因此他们会更有可能遭遇噪音,并且不一定能很好地解决这些噪音。

　　图 2.2 中杰夫和拉蒂莎之间的简短对话形象地展示了人际沟通的过程。它说明了人在沟通的过程中是怎样编码和解码信息的。

杰夫·布罗迪坐下,调转了方向,叹了口气。拉蒂莎·杰克逊调低了收音机的音量,但是杰夫仍然可以听到收音机里的天气预报。 "拉蒂莎,你的工作做得很好。"他耸了耸肩膀继续说道,"虽然我也很不情愿,但是我们现在为了削减预算,不得不放弃福利项目。我们没有额外费用去创建新项目。" 拉蒂莎很震惊,"我觉得福利项目已经在进行了,而且我们都知道这将对公司员工非常有益,又不会花费过多的费用。难道公司不考虑这些吗?" 杰夫说道,"不要反应过激啊,这不是在乎与否的问题。公司需要生存。我们也不想让任何人离开。" "你是说我不会再在这里实习了吗?" "你当然会继续在这里实习,"他激动地说,"我们会为你安排其他的项目,今天下午我就会找个时间和珍还有你谈一谈。我们会为你分配一些新的任务。" "好,"拉蒂莎说,"无论你做什么,下午我都会去见你。" 当杰夫起身离开,拉蒂莎很难掩饰她的失望。杰夫也很难掩饰他的失落,因为拉蒂莎并不理解他的处境。	**杰夫编码:**谢谢你出色的工作。不巧的是,你需要做其他的工作。 **拉蒂莎解码:**杰夫认为其他的项目更重要。这只是个借口。 **拉蒂莎编码:**这个项目可以帮助我们员工并且会节省资金。你难道体会不到吗? **杰夫解码:**拉蒂莎认为我不在乎福利项目。 **杰夫编码:**我当然在乎,我是在尽我最大的努力保住所有人的工作。 **拉蒂莎解码:**杰夫认为他必须通过解雇人来节省资金 **拉蒂莎编码:**我会失去这份工作吗? **杰夫解码:**她不信任我。 **杰夫编码:**你很有天赋,我们想为你安排另一个重要的项目。 **拉蒂莎解码:**杰夫可能想帮助我,但是他不清楚我能为公司做什么。 **拉蒂莎编码:**你让我做什么,我就做什么。 **杰夫解码:**拉蒂莎不想做别的项目。	**物理噪音:**天气预报广播开着。 **心理噪音:**杰夫担心他部门的预算缩减。他也担心这会让拉蒂莎失望。拉蒂莎很失落,并且对目前这个项目已不抱希望。 **生理噪声:**杰夫由于缺少睡眠很劳累。他对于工作也很紧张焦虑。 **语义噪音:**杰夫对于"生存"的理解是中性的,他把它理解为公司从一个时期进入另一个时期的正常过程。拉蒂莎则把"生存"理解为危机恐慌的意思,她把它看成了坏消息的借口词。

人生经历过滤器:拉蒂莎因为之前的经历,已经对管理者不再抱有希望。比如,在她上一个实习期间,她的主管承诺会为她安排感兴趣的项目,而她最终做的却是往数据库里输入个人记录这样的琐碎工作。而杰夫已经经历过公司的起起伏伏,在公司低迷时期,他总是努力保护他的员工并且想办法应对危机。他发现每一次危机中,站在公司角度宏观统筹往往才会有积极的结果。

图 2.2　简短对话中的人际沟通过程

图 2.2 简短对话中的人际沟通过程也显示了噪音因素和过滤器,并且揭示了他们是怎样干扰意图共享的。在这个对话中,沟通双方都假定对方是个善良的人,他们都希望坦率地与对方交流,而且他们都想帮助彼此,但是,却由于各种噪音而不能完全理解对方的意图。实际上,很多商务沟通远比此更具有挑战。

情绪绑架

管理有效人际沟通的能力取决于情商。**情商**(emotional intelligence)包括理解情绪、控制情绪以达到沟通目的、理解他人以及把握好与他人的关系。[5]高情商的管理者在感染他人、解决冲突、展示领导能力、团队合作和变革管理方面表现更突出。[6]另外,研究发现情商会在商业推理和战略思考中带来更多产出。[7]情商的缩写 EQ,代表的是"emotional quotient"(情绪商数),是相对于智力商数(intelligence quotient,IQ)或智商来说的,这两个词在这本书中都会提到。

近来,EQ 已经被证明是预测工作表现的最好方式。工作中大约 90％的高效率职具有高 EQ,然而只有 20％的低效率员工具有高 EQ。每位高 EQ 的人平均每年比低 EQ 的人多赚 2.9 万美元。[8]

情商在很多商务情境中发挥着重要作用,尤其是在紧张的情境下。最近的一项研究表明,在 200 个常见职位中,企业决策者的压力程度居于第二位(仅仅在消防员之后)。[9]情商有助于一个人能力的形成,它包括清晰地、积极地与人沟通;能克服演讲前的紧张;有勇气告诉别人坏消息;能积极面对挫折和失败;能激励团队成员朝共同目标前进等。简而言之,情商可以使商务人士清楚地思考他们的经营目标,而不受其个人情感因素的影响。

案例 2.1 娱乐圈少有的"零差评"艺人

黄渤,1974 年 8 月 26 日出生于山东青岛,中国内地男演员,毕业于北京电影学院表演系配音专业。其早年曾有过驻唱歌手、舞蹈教练、影视配音等多种工作经历。丰富的人生经历,使他具备了优于其他演艺新人的专业素质及超高的情商。

他知道对方需要的是什么,然后给予对方。综艺节目的主持风格各有不同,形式也各异,如《康熙来了》比较活泼搞笑,《小燕之夜》喜欢寓教于乐,《沈春华 lifeshow》注重与现场观众互动等。节目里,黄渤对主持人的需求领会得很快,能够根据对方的要求给出快速的反应。同样是宣传《痞子英雄》的电影,他在《康熙来了》对赵又廷使用调侃的姿态,在《小燕之夜》就是比较正经的称赞。这一点还表现在他对人际关系的维护上,如他在北极拍戏时,从永冻层取冰融解成水,送给刘烨,因为他知道刘烨讲究这类生活品质。

值得夸赞的是他能够非常得体地拒绝别人的要求。如周星驰找他演《西游降魔记》的孙悟空时,开始他不想演,因为至尊宝的角色已经深入人心,自己再努力也只是事倍功半,便说道:"您这座山太高了,我翻不过去。"在谈到他排演话剧《活着》,是否要借鉴葛优的表演时,他表示葛优的电影版是珠玉在前,自己不可能在他的风格上突破,所以只能按自己的路子走。可见,他对于说话的分寸感拿捏得恰到好处。

评述:
黄渤凭借着其超高的情商,即使不是大银幕的赢家,也会是人生的赢家。

在如今日益严苛的商务环境中,公司领导者越来越看重情商。理查德·安德森(Richard Anderson)是达美航空(Delta Air Lines)的CEO,他是这样看待情商的重要地位的:

> 我认为沟通越来越重要,人们确实必须拿捏好表达所用的词。……你不仅要有商务技能,还必须有足够高的情商。无论是在公司内还是在公司外,仅仅成为一个精于计算的人是不够的,你必须要借助一定的情商来帮助你明白什么是正确的。[10]

接下来,将介绍一些提高情商的技巧。通常,提高情商需要通过有意识的努力,需要注意你的感受以及与他人之间的互动。提高情商的方法包括:反省情感和行为、坚持记日记、在社交场合练习人际交往能力等。[11]

在这个部分,我们首先关注情绪绑架,然后讨论情商的四个方面——自我意识、自我管理、同理心和关系管理。最后,我们将分别针对这四个方面提出相应的对策来帮助你在工作中提高人际沟通能力。

一些人可能会想为什么情商对商务人士如此重要,尤其是在金融、会计等职位中。归根究底,商务决策的能力大都是以逻辑和理性为基础的。情商的重要性是由于人类这样一种特殊的生理过程:人们在进行思考之前,首先会有潜在的情感加工。所以进入大脑的信号都首先经过大脑边缘系统——产生情感的地方,然后再进入到大脑的理性区域(如图2.3)。[12]

换句话说,你在理性分析外部进来的信息之前首先会先感受到它。另外,边缘系统的一个功能是保护,当进来的信息具有威胁性时,大脑的这个部分会产生"战斗或逃跑"反应。例如,人们会经历**情绪绑架**(emotional hijacking)——一种情绪控制我们的行为,以至于做出不假思索的反应的情形。情绪的影响会持续很久。[13]

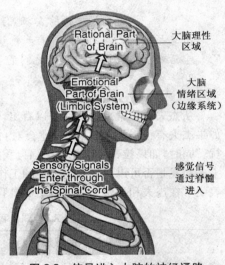

图2.3 信号进入大脑的神经通路

情绪绑架会阻碍你进行有效的人际沟通。它会导致一些不必要的行为:你可能会误传你的意思,混淆事实,表现出失落或愤怒,当你想说话时却保持沉默,不能倾听别人甚至让你脱离你最感兴趣的工作圈子。

在杰夫和拉蒂莎的对话中(见图2.2),他们两个人都有出现情绪绑架的情况。拉蒂莎存在之前上司让她失望的经历,当预感到工作要丢掉的时候她表现得很惊慌。她的所有想法都受产生于边缘系统的情绪的影响。同时,杰夫也存在情绪绑架,他容易变得很激动。因为他认为拉蒂莎不信任他,不理解他的动机。另外,几分钟之前与公司总裁的谈话让他一直很有压力,因为领导要求必须裁减掉不必要的工作活动。

自我意识

根据常使用于商务领域的情商测试,情商可以分为四个部分:自我意识、自我管理、感情移入和关系管理。本节将基于此来深入分析一些统计数据。[14]

　　自我意识(self-awareness)是情商的基础,它包括准确地了解情绪的产生及其影响沟通的过程。一位著名的研究人员把自我意识定义为"持续地关注自己的内部状态"。[15] 自我意识强的人能更好地了解他们的情绪,明白什么会让他们感到满足,什么会让他们产生愤怒。在情绪产生的同时去了解它是一件很困难的事情。事实上,研究表明只有 36% 的人可以在情感产生的时候认识到它们。[16]

　　自我意识在紧张、不愉快的状态下尤其重要。自我意识强的人能够在他们经历强烈的甚至是痛苦的情绪时进行自我反思,可以在情绪产生时快速识别它。[17]

　　强烈的自我意识包括能快速处理激起"战斗或逃跑"反应事件的能力。我们称那些可以导致情绪强烈反应的事件为触发事件(triggers)。[18] 当你能够意识到自己的情绪变化时,你就能调整你的人际沟通方式来避免情绪绑架导致的情绪失控行为,这些失控行为可能包括把责备别人当作防卫机制,或者在紧张的时候压抑自己。

　　阿黛尔·林恩(Adele Lynn),一位在工作表现与情商领域的权威专家,是这样看待情商的积极意义的:

> 　　你一定遇到过这样的人,他们从不会试图从错误中吸取教训,或者他们看不出一段经历与另一段之间的联系。自我意识会帮助你避免这些,但是这建立在不断学习的基础上。生活经历与之前不断学习之间的联系是我们建立智慧的基础。这就是一年经历 30 次和 30 年经历一次的本质区别。[19]

　　从杰夫和拉蒂莎的对话可以看出,强烈的自我意识可以帮助他们管理自己的感受和想法。如果杰夫有很强的自我意识,他会对自己说:"她不信任我并且认为我满不在乎,这让我很困扰。"同时,如果拉蒂莎也是有很强自我意识,她会对自己说:"我感到很害怕也很困惑,杰夫似乎不关心我是否可以胜任有挑战性的工作。我想我过去的经历影响到了我对杰夫的评价。"表 2.2 表明了在杰夫和拉蒂莎的对话中弱自我意识与强自我意识的不同。

表 2.2　弱自我意识与强自我意识的想法的对比

弱自我意识的想法	强自我意识的想法
杰夫:拉蒂莎需要学会相信别人。她这样对我是不公平的,她需要理解我的处境。	**杰夫**:我对于她不相信我的动机这件事很困惑。通常,我觉得别人不相信我的动机是对我的不尊重。有时,这种情况下我会大发雷霆。
杰夫忽略和偏离了他自己的真实感受,转而去关注他自以为的拉蒂莎对他的误解。	杰夫意识到了拉蒂莎的话让他感觉不被信任、不被尊重,并且他也意识到了在这种情况下他可能会说出让他后悔的话。
拉蒂莎:这很可笑。杰夫曾向我保证让我开展福利项目。他怎么能这么快就食言?	**拉蒂莎**:我感到很害怕也很困惑,杰夫似乎不关心我是否做了自己感兴趣的工作。在其他工作上我也有过这样的感受。我想我过去的经历可能影响到了我对杰夫的评价。
拉蒂莎对杰夫的话反应过激了,因为她没有意识到是她之前那些失望的经历影响了她对杰夫的评价。	拉蒂莎意识到了她对杰夫的感受是受到了之前相似经历的影响。她知道她应该慎重,不能让之前的事情干扰她做出草率的评价。

　　接下来,在表 2.3 中,你可以学到一些提高自我意识的方法。同时,这个表格也包含自我管理、同理心、关系管理等信息。

表 2.3　情商的内容、对人际沟通的影响，以及提高情商的策略

情商的内容	对人际沟通的影响	提升的策略
自我意识	**弱自我意识** • 意识不到自己的情绪状态及其对沟通的影响。 • 意识不到情绪绑架的触发事件，作出审判性的、草率的或是不公正的评论。 • 不了解自己在交际中的优点和弱点。 **强自我意识** • 能意识到自己的情绪状态及其对沟通的影响。 • 能意识到说错话的触发事件和相关的趋势。 • 有很强的沟通技能。	• 持续跟踪你的感受和心情；当它们产生时，尝试着去了解你的感受。 • 思考你对情绪的反应：愉快、愤怒、自我怀疑、挫折。 • 反思某些特定情绪是如何改变或扭曲你的想法的。 • 识别出你的触发事件，并制定计划去有效地控制它们。 • 反思自己的优势、弱点和价值观。
自我管理	**弱自我管理** • 不能控制冲动的情绪。 • 频繁地发泄情绪而没有一个积极的心态。 • 把工作沟通的大部分时间花费在闲聊、八卦以及与工作无关的事情上。 • 当感受到威胁时，做出防御的反应。 **强自我管理** • 控制与工作目标不一致的冲动。 • 在解决问题和提升关系的同时讨论挫折。 • 把工作沟通的大部分时间花费在解决与工作相关的问题上。 • 当感受到威胁时，争取逐步缓解紧张气氛，并自主解决问题。	• 放松自己以使头脑清醒。 • 探索克服冲动的策略。 • 关注下次应该怎样提升，而不是纠结于目前失败造成的失落感。 • 当你有消极情绪的时候，努力用积极的情绪面对它。 • 与你信任的、具有有效自我管理能力的同事沟通。 • 有时候可以把问题留在第二天解决。 • 不断练习自我对话，练习时想象你自己能有效地应对人际关系问题。
同理心	**低同理心** • 不能认真地倾听他人。 • 只谈论对自己重要的话题。 • 拒绝工作时顺便帮助别人。 • 和同事一起工作时表现得太自我。 **高同理心** • 尝试理解他人的感受、视角和需要。 • 将谈话导向自己与他人都感兴趣的话题。 • 适当地主动帮助他人并给他们提出建议。 • 对别人的努力、观点、成功表现出兴趣。	• 学会换位思考：考虑他人的感受。 • 在商务沟通和商务会议上兼顾他人的反应。 • 倾听他人，即使你不同意他的观点，也不要随意打断或评价他。 • 注意他人的非语言动作。 • 努力提出有价值的问题。 • 考虑小组动态和每位小组成员的反应。 • 在谈话中，持续关注对方。 • 努力去了解别人。
关系管理	**弱关系管理** • 仅仅关注自己手头的工作而不注意关系的建立。 • 为了避免讨论中的分歧而一直保持沉默，或者对他人的不同意见保持沉默。 • 给他人提出的反馈和建议过于模糊。 • 忽视他人反馈和建设性批评意见。 • 厌恶谈话中的异议。 • 只在自己方便的时候回复他人。 **强关系管理** • 与他人建立亲密的合作关系。 • 积极回应不同的意见。 • 给他人提出直接的、建设性的反馈和建议。 • 接受他人的反馈和建设性的批评。 • 谈话中善于接受不同意见。 • 在他人方便的时候回复对方。	• 参加与工作相关的社会活动。 • 关注工作群体中每个人的技能、兴趣、爱好、生日和其他重要的日期。 • 定期与同事联系。 • 花时间讨论重要问题。 • 和别人打招呼时恰当称呼对方。 • 信守承诺。 • 实现更有效的合作。 • 培养面对困难的勇气。 • 在会议上及其他沟通场合，畅所欲言地说出你的建议；或者鼓励那些很少大胆提出建议的人去说出他们的想法和感受。

自我管理

　　自我管理（self-management）是"利用你对情感的认识来保持清醒并且准确地指导你的行为"。[20]它可以克制、暂停当前的冲动以实现长期目标。优秀的自我管理者知道如何控制积极和消极的情绪来实现个人和公司的目标。[21]

　　大多数强烈的情感都会对有效沟通和交际行为产生消极影响。比如，愤怒是一种强烈的情感，对我们的健康有很大的威胁。大多数人在激动的情绪下都有口头攻击别人的冲动。尽管强烈的情绪本身往往只能持续几分钟，但是它们的影响会持续很久。例如，当你生气的时候，肾上腺素和大脑皮层兴奋所导致的应对威胁的低强度反应会持续数小时或数天。个人往往会忽视这种低强度反应，但是他们仍然会持续一段时间的消极情绪。另外，研究表明，愤怒容易诱导更加负面的情绪，所以，人们在愤怒时更易被激怒。自我管理能力强的人意识到他们可能会在生气时更易被激怒，就会在这段时间努力提升自己的自我意识水平。[22]

　　人们其实是可以迅速控制消极情绪的。例如，一个尝试去接受并理解缓和信息的人可以立刻消除愤怒。**缓和信息**（mitigating information）包括他人对某种举止行为的合理解释。表2.4展示的是强和弱的自我管理以及运用缓和信息的例子。

表 2.4　弱和强自我管理的想法对比以及缓和信息的运用

弱自我管理的想法	强自我管理的想法
杰夫：如果拉蒂莎对我有敌意，我就把她转到其他人那里去，所以我现在没必要担心她的情绪。	**杰夫**：拉蒂莎这样反应可能是因为她太在乎这个对公司员工有帮助的福利项目了，她希望福利项目继续下去是可以理解的。
杰夫对拉蒂莎的评论做了最坏的打算，因此放任内心挫败感的增强。他考虑到了最极端的行为。	杰夫假定对拉蒂莎的反应有一个积极的解释（缓和信息），这或许就可以消除他伴随拉蒂莎的情绪而可能产生的失落情绪和愤怒感。
拉蒂莎：我没有能力改变任何事情，杰夫可能会把我安排到其他项目上去，我又被困在了一个没有希望的实习上。	**拉蒂莎**：我要向杰夫表达我想在有意义的项目上工作的愿望。我们可以讨论如何把我在福利项目上的方案运用到其他项目上。我们也可以讨论一下，即使在预算缩减期间，我又如何推进福利项目。
这个思想过程反映了她的悲观情绪。拉蒂莎认为这个公司不存在其他能替代福利项目的选择，也不认为其他任务能符合她的兴趣。	这个思维过程反应的是乐观情绪。拉蒂莎考虑了如何接近杰夫，和他积极地讨论对她和公司两全的选择。

　　很多商务人士的共同错觉就是发泄消极的情绪可以消除愤怒。大量研究表明发泄只能得到暂时的满足，很少能消除愤怒，尤其是将发泄作为一种报复行为的时候。这是因为从生理角度来看，发泄会持续地唤起大脑对愤怒的感觉。所以，发泄是最不能消除愤怒的策略之一。[23]

　　通常我们会运用其他的策略来处理强烈的愤怒情绪。这些策略包括暂时让自己离开引起愤怒的情景，出去散步、深呼吸，或者是享受娱乐（例如，看电视、看电影、阅读）。把失落、愤怒、敌对的感觉写下来也可以帮助你认识自己的情感、理性地回顾整个事件、重新评估这些感受。

但是,通常当你一直回顾愤怒时,这种冷静下来的方法是无效的。[24]

自我管理不仅仅是控制愤怒情绪,它还包括对自我怀疑、担忧、失意、失望、紧张这些消极情绪作出积极有效的回应。它也包括在经历愉悦、得意时可以舒缓情绪的能力。简而言之,自我管理可以帮助你避免潜意识反应对商务目标和职业目标的危害。[25]

弱自我管理与强自我管理的主要区别在于是**乐观主义**(optimism)还是**悲观主义**(pessimism)。乐观主义者会把失败看成可以改变的事件,他们把失败视为暂时的挫折,并从中积累经验。相反,悲观主义者会把失败看成他们无能的象征。他们纠结于过去而不是展望未来。在被束缚或失意的情况下,乐观主义者会制定行动计划,而悲观主义者则关注于这种情况的永久性和他们对于挫折的无能为力。一个研究表明,在保险推销员这一职业中,乐观的推销员会比悲观的推销员多销售 37% 的份额,另外悲观的推销员辞职的可能性是乐观的推销员的两倍。[26]

同理心

情商的前两个方面主要是解决确定和管理情绪的问题,后两个方面——同理心和关系管理,主要包括理解他人和有效地管理你与他人之间的互动。**同理心**(empathy)是指"准确地理解他人的情感并领会在他们身上真正发生了什么的能力"。[27]同理心也包括愿意帮助他人培养工作责任意识并建立职业目标。[28]在本章,我们将重点关注两个能帮助你培养同理心的沟通技巧——倾听和视读非语言沟通。

积极倾听

很多研究表明,倾听是最重要的沟通技能之一。[29]例如,美国一项对 7 674 名从 2000 年到 2010 年毕业的商学院校友对商务成功中最重要的沟通技能的排序(如表 2.5 所示)调查显示,倾听技能位列第二,仅次于与人广泛合作的能力。他们认为倾听技能比演讲能力、写作能力以及其他各种沟通技能都重要。[30]

表 2.5 所有重要的沟通技能(基于 2000—2010 年商科毕业生)

技　　能	比　　例	技　　能	比　　例
1. 与人合作的技能	93%	9. 写作能力	69%
2. 倾听技能	**90%**	10. 会议管理	68%
3. 影响别人的能力	89%	11. 给予积极反馈的能力	65%
4. 待人公正且圆滑	87%	12. 管理组织纲领	65%
5. 管理期望	80%	13. 谈判能力	65%
6. 领导技能	78%	14. 跨文化敏感度	52%
7. 演讲能力	74%	15. 指挥能力	45%
8. 人际关系技能	70%		

Note:Percentage of employees who rated skill extremely or very important to their current job.
资料来源:From *Alumni Perspectives Survey*, 2009—2010. Reprinted with permission of Graduate Management Admission.

倾听需要努力。它比单纯的听要复杂得多。它需要一个人全身心的投入。事实上,优秀的倾听者能对他人做出身体上的回应。研究表明,优秀的倾听者的大脑活动能模仿说话者的大脑活动。在有些情况下,倾听者的大脑会在说话者大脑活动之前作出反应。换句话说,最好的倾听者能预知到说话者是怎样思考和感受的。[31]

近年来,管理学和语言学的学者越来越强调"**积极倾听**"(active listening)这个概念。创造性领导能力中心的迈克尔·霍庇(Michael Hoppe)把积极倾听定义为"一个人去听和理解的意愿和能力,它的核心是一种智慧……包括寻找和发现共同点,并把它们联系起来,创造新的机会"。[32]霍庇把积极倾听分成六种技能:(1)集中注意力;(2)保留评价;(3)做出反应;(4)明确问题;(5)概括;(6)分享。

集中注意力

首先,把你所有的注意力都放在对方身上,让他们能很自在地、有足够时间去完整表达自己。当别人对你讲话时,你应该尽力从他们的视角理解他们。迈克尔·马蒂厄(Michael Mathieu),YuMe视频广告公司的CEO提到,公司经理应该集中注意力与他们的交流对象进行沟通:

> 与人们保持联系并沟通。精力一定要集中,否则这将会影响你未来的发展。而事实上,大多数的人不能在每项任务不出错的情况下完成多项任务。[33]

集中精力需要非语言动作。你的肢体语言包括:适当的眼神沟通,它能表现出你想努力理解别人的意愿;身体向前倾,保持一个开放的身体姿势;端坐;时不时地点头以表明你在听;适当的微笑;注意讲话者的肢体动作;避免注意力分散,例如接听电话或查看手机;保持安静舒适的交谈氛围;为了听完别人的讲话,必然需要在交流过程中适当休息片刻。[34]在下面的"视读非语言沟通与建立亲密关系"小节,你将学习如何与别人进行非语言沟通。

保留评价

人们只有在他们认为安全的情况下才会与你分享自己的观点和感受。保留评价在紧张、情绪亢奋的情景下尤其重要。而只有展现出学习者的心态,而不是评判者的心态时才能让沟通的对方感觉舒服并愿意完整地表达他们的想法。

在**学习者心态**(learner mind-set)下,你应该以开放的心态去聆听对方的观点和想法。在聆听之前你也不需要做出决定,当你有不同观点时,应该尝试去与对方找到共鸣。在学习者的心态下,有不同的观点是正常现象,并且可以得到解决。[35]

在**评判者心态**(judger mind-set)下,人们在仔细倾听别人的观点、想法和经历之前会先有自己的观点,评判者把不同的观点看得很严重,几乎不可能与对方找到共鸣,除非对方改变观点。评判经常包括因不同意见而处罚他人。在一些极端的情况下,评判者心态甚至把不同的观点归因于别人品质的问题,并给他们贴上"不受欢迎"的标签。比如,评判者会把像"她没有创造性""他是不可靠的"这样的情绪带入会谈中。因此,评判者心态会扼杀很多有效的沟通。[36]

案例2.2　我为企业献一计

2017年广西大锰锰业集团有限公司积极响应铁投集团"我为铁投发展献一计"的号召,结合创新发展、转型升级、提质增效等工作,以"保稳定、促转型、谋解困、快发展"为目标,在全公司上下深入开展谏言献策活动,广大员工以主人翁精神积极献计献策,收到不少有价值、可实施、

2 人际沟通与情商 • 035

投入少、见效快的"金点子"。如梧州新华电池公司员工谭诗显提出的《新华电池 B 品电芯利用建议》，将企业产出使用的 B 品电芯组装为电动自行车的 A 品电芯，年增收约 800 万元。这样既有效解决企业 B 品电芯处置问题，又为企业增加经济效益。

除技术创新以外，员工们在企业管理方面也提出不少宝贵建议，如《关于时间管理、情绪管理、奖励管理的建议》《深挖潜力、保值增效、团结队伍的建议》等。广西大锰公司总经理黄大忠充分肯定"献一计"活动的成效和广大员工的主人翁精神。他表示，公司要在此次活动的基础上，建立和完善员工献计献策活动的常态化、长效化机制，形成开放包容、干事创业的良好氛围，促进企业持续健康发展。

评述：

广西大锰锰业集团有限公司积极创造一个开放包容的组织氛围，在这里每位员工都可以敞开心扉表达自己的想法，进一步推动企业发展。

保留评价并不是意味着你对所有听到的观点都表示同意，也不是意味着你不能批判别人的观点。而是你有义务去倾听他人完整的表述。它是一种感恩于别人对你敞开心扉的心态，尤其是在你不同意他们的观点时。妮基·利昂达基斯（Niki Leondakis），金普顿酒店（Kimpton Hotels）的首席运营官，在下面分享了她是如何在职业生涯中从评判者心态转变为学习者心态的：

> 当我还是一个年轻的管理者时，由于我对复杂情境的焦虑，我通常习惯于以最快的速度处理它们。但我急功近利的处事方式使得别人容易对我产生防御心理。所以，尝试去倾听他人的想法并了解其存在价值，对于改善这种局面很有帮助。相反，如果人们一开始就感觉到自己存在于被评判的局面时，那么他们就很难敞开心扉并倾听对方。[37]

你可以试图创造一个这样的环境：在这里，每个人可以敞开心扉表达自己，而你可以带着**学习者陈述**（learner statements）的心态去倾听。在有效的学习者陈述下，你可以明确地表示你渴望听到不同的观点，并且可以这样说："我有不同的视角，所以我明白你是怎样看待这个问题的。"相反，持有**评判者陈述**（judger statements）的人会让对话就此终止，以此表明他们不愿意再听下去。[38]

我们可以回顾一下人事总监杰夫·布罗迪的做法，他希望把年度绩效考评转变为持续的绩效考评。在下面，你会看到杰夫和财务经理莉萨·约翰逊关于这方面的一段对话，其中莉萨不相信持续的绩效考评是经济且实际的。从表 2.6 中的这个对话中，你可以了解到持有学习者心态和评判者心态的表述有什么区别。

表 2.6　持有学习者陈述与持有评判者陈述的表述方式对比

评判者的陈述	学习者的陈述
莉萨：你仅仅在简短的沟通后就得出结论，为什么不关心花费问题？	莉萨：我不是很了解连续绩效评价反馈系统，你从其他人那里了解到了什么？
这个陈述暗示杰夫不关心花费，并且不愿意了解更多。这可能会导致对方的防御行为。	这个陈述是中立的，表明了她有了解杰夫的想法和经历的意愿。在这种情况下，莉萨可以以一种积极的方式提出一些棘手的问题。

（续表）

评判者的陈述	学习者的陈述
杰夫：我花费了很多时间和人力资源总监进行沟通，并了解到如何才能在保证员工积极性和提高生产力之间权衡，你难道不觉得人力资源专业人士比仅有财务背景的人更了解这些吗？	杰夫：我已经从人力资源总监那里了解到一些关于连续绩效评价系统的信息，……我还需要了解一些财务方面的信息。那么，基于我告知你的信息，你对这个系统的成本—收益是怎么看的呢？
这个表述传达出"我是对的，而你是错误的"这样的信息，它让倾听者感觉到自己是无能的，这恰恰引发了倾听者的防御心理。	这个表述表现了讲述者的学习者心态，并且使得沟通双方可以继续进行交流与合作。

做出反应

积极的倾听要求你能对别人的观点和情绪及时做出反应。为了确定你是否真正明白别人的意思，你应该不断改述你所听到的信息。如表 2.7 所示，为了有效的倾听所做出的反应往往是以这样一些表达方式开始："好像你这样认为……""所以，你对……不满意"，或者是"让我确认一下我是否理解了……"[39]

表2.7　有效反应的表述

各类做出反应的表述	举　例
对我来说好像是……	莉萨：对我来说你好像认为我们应该用连续的绩效考核来代替年度的绩效考核，因为连续的考核可以提高员工的士气和绩效。
所以，你对……不满意	杰夫：所以，你对这种转变不满意，除非我们仔细评估所有花费，对吗？
坦率地说，你认为……，是吗？	莉萨：坦率地说，你认为即使我们不清楚所有的花费也应该做出这样的改变，是吗？
让我确认一下我是否理解了……	杰夫：让我确认一下我是否理解了你的观点，你是说我们能通过……来更好地了解花费吗？

明确问题

明确问题包括自己是否清楚地明白了别人所表述的意思。它要求你反复思考是否理解了他人的观点，并适时要求他们进一步详细阐述各自的观点。它还要求倾听者努力把他人表述的各种想法联系起来，这样才能更好地理解他们是怎样得出结论的。如表 2.8 所示，一个好的、清晰的问题应该以开放的、学习者的心态来表述，比如"你对……的想法是什么？"或者"你能解释一下……吗？"[40]

表2.8　明确问题的表述

各类有效明确问题的表述	举　例
你对……有什么想法？	莉萨：你对其他更有效地实施年度考核的方式有什么想法？
你能重复一下……吗？	杰夫：你能重复一下你刚刚说的关于评估连续考核费用的问题吗？
我不明白……	莉萨：我不明白为什么目前我们年度考核出现问题就要舍弃，你知道其他的公司在比我们更有效地运用年度考核吗？
你能解释一下……吗？	杰夫：你能解释一下你是怎样计算出连续考核费用的吗？
你在……上扮演的角色是什么？	莉萨：在帮助我们理解员工对目前考核过程的看法时，史蒂夫和莉萨分别扮演着什么角色？

概括

概括的目的是重申主题,它会帮助你明确他人所要表达的主题。如果你要表明你已经明白沟通的主题,你可以用这样的表述来开头:"所以,你的主要意思是……"或者是"听起来你的要点好像是……",具体如表 2.9 所示。[41]

表 2.9 概括的表述

各类有效概括的表述	举　例
所以,你的主要意思是……	杰夫:所以,你的主要意思是推进连续考核是不经济的且不现实的。这个过程所需要的软件和时间会远远超过我们在年度考核上的花费。并且,它很难让所有的员工都参与进来。对吗?
听起来你的要点好像是……	莉萨:听起来你主要想表达以下几点:在你调查的几家公司中,持续反馈系统都可以提升员工的士气,你接触到的这些公司的情况使你认为评估软件的费用是很容易的,但是评估员工们投入的时间就不容易了,对吗?

分享

积极的倾听还包括积极去表达你自己的想法和感受,如果你完全不分享你的观点,你的同事就不知道你的真实想法。有时候,不分享会被看作是不诚实的表现。"创造性领导能力"中心的迈克尔·霍庇曾说:

> 成为一个积极倾听者并不意味着成为一块海绵,被动地吸纳向你传达的信息。当你拥有自己的观点和情感的时候,你就是沟通中一个积极活跃的部分。但是,积极的倾听往往需要首先理解别人,然后再被别人理解。[42]

另外,商务人士经常会使用一个术语"沉默即同意"。换句话说,很多的组织文化希望员工能表达自己的观点。如果你什么也不说,它们就认为你是同意的。因为给别人充足的空间去完整表达他们的观点可能并不容易,再加上一些倾听者不愿意表达,所以这会传递给别人一个信号:他们已经同意了。积极倾听的一个关键因素是允许别人完整地表达自己在工作方面的看法。

有效倾听的障碍

积极倾听并不容易,尤其是在特定的公司文化背景且时间有限的时候。[43]接下来,你将看到一些有效倾听的障碍,同时,请思考哪些障碍对你来说最具有挑战性。

缺少时间

大多数情况下,紧迫的最后期限使管理者并没有足够的时间去倾听。另外,在与他人沟通的时候,管理者常常会专注于其他项目的进展。也就是说,管理者在沟通时充斥着内部噪音。但是,优秀的管理者明白,随着时间的推移,倾听是会带来收益的,所以他们每天都愿意花一些时间去倾听。

缺少耐心以及集中注意力的时间

耐心和注意力集中的时间都是可以通过有意识的、持续的努力来提高的。高水平自我意识的沟通者经常反省:我给别人足够的时间去表达他们自己的想法了吗? 在什么情况下或者对什么人我最没耐心? 当我没耐心的时候什么策略可以帮助我集中注意力?

领导者形象

一些领导和管理者认为倾听太多是犹豫不决的表现,这会威胁到他们的权威。为了维持指挥—控制的领导方式,他们常常说得多,听得少。尤其是现在的组织结构日益扁平化,这种做法很难奏效。但是,对于一些商务人士来说,这种强硬的领导形象很难克服。

案例2.3 EMC"秘书门"事件

2006年4月7日晚,EMC大中华区总裁陆纯初回办公室取东西,到门口才发现自己没带钥匙。此时他的私人秘书瑞贝卡已经下班。陆试图联系后未果。数小时后,陆纯初还是难抑怒火,于是在凌晨1时13分通过内部电子邮件系统给瑞贝卡发了一封措辞严厉且语气生硬的"谴责信"。陆纯初在这封用英文写就的邮件中说道,"我曾告诉过你,想东西、做事情不要想当然!结果今天晚上你就把我锁在门外,我要取的东西都还在办公室里。"(事实上,英文原信的口气比上述译文要激烈得多)。

面对大中华区总裁的责备,瑞贝卡选择了更加过火的做法,罗列出六点理由对其谴责表示不平。如"你无权干涉和控制我的私人时间,我一天就8小时工作时间,请你记住中午和晚上下班的时间都是我的私人时间。""第四,从到EMC的第一天到现在为止,我工作尽职尽责,也加过很多次的班,我也没有任何怨言,但是如果你们要求我加班是为了工作以外的事情,我无法做到。"同时,她将回复邮件转发给了"EMC(北京)、EMC(成都)、EMC(广州)、EMC(上海)"。这样一来,EMC中国公司的所有人都收到了这封邮件。事件不断发酵,邮件被数千人转发。陆纯初随后提出了辞职。秘书瑞贝卡也被解雇,并难以在外企圈子中找到工作。

评述:

陆纯初过于强硬和单一的领导风格,激怒了秘书瑞贝卡,从而导致事件的产生并不断发酵至无法挽回,也致使公司的利益遭受损失。

通信技术

科学技术的不断发展为人际沟通创造了更新、更好的机会。但是大多数通信技术因为缺少丰富的视觉和非语言暗示让倾听变得更加困难。通常,使用手机和电子邮件这样的通信工具能促进一个以聆听为中心的沟通方式,同时也是对面对面沟通的补充。不过,过于依赖通信技术有时会适得其反,减少有效倾听。

对消极信息的恐惧

组织一旦出现消极信息时,管理者就有责任找出解决办法,并且需要提升员工士气。而充分地倾听员工和客户的反馈却让工作变得复杂。聪明的商务领袖和管理者认识到他们有时候甚至需要一些消极的、令人不愉快的消息来实现组织变革。总的来说,如果你不倾听,可能会忽略员工那些有损公司利益的行为。[44]

防御心理

我们每个人都会本能地进行自我保护。通常,在工作场所中,别人对我们的评论会让我们对自己产生质疑,这些评论包括我们的表现、能力、对别人的关心程度,甚至是履行承诺的能力。当感受到威胁时,我们通常会变得具有防御性,换句话说,我们被情绪绑架了。这种情景下,首先,他人通常能感受到自己被当作了威胁。因此,这会引起交流中所有参与者的自我保护,会削弱彼此的信任。这种不断循环的消极情绪会阻碍充分、真诚的沟通。甚至在有些情况下,人们会为了保护自己去攻击别人。第二,他们会把注意力从讲话者身上转移到倾听者(作出防御性评论的人)身上。这种关注点过早的转移是一种以自我为中心的策略,也会干扰倾听的过程。

图 2.4 展示了两种对一些棘手的言论的表达方式:防御型与非防御型。为了避免出现防御行为,需要高水平的自我意识和自我管理。它需要你在一个专业的环境中去明确让你感到威胁的触发事件。它也需要你明白怎样去管理自己的情绪,以保持自己作为积极倾听者和问题解决者的角色。

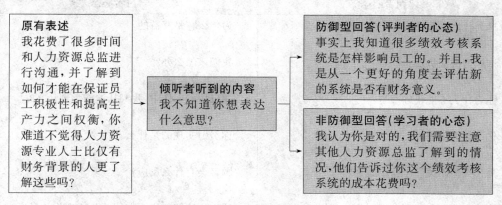

图 2.4 防御型和非防御型回答

"我也是"的表述

当你听别人分享他们的观点和经历时,往往也会想一些你自己相似的观点和经历。这一般会引发"我也是"的评论。在进行分享时,我们会用自己的故事去回应别人的故事。但是,有时候这会把你的注意力从别人身上转移到你身上。为了有效地倾听,不要过早地将注意力从别人的故事中转移出来。

不适时地提出建议

作为领导者,你的工作经常是告诉别人去做什么以及怎么做。在竞争日益激烈的工作环境下,给别人提建议是值得鼓励的,并且是有价值的。但是,在沟通中,不成熟的或是严厉的建议可能会突然终止对话,甚至激起反抗情绪。当建议提出得过早时,你会给别人想要结束会谈的压力。如果你给别人提出过多的建议,你就挑战了别人的自主权。为了更有效地倾听,应该给别人充足的时间去充分地表达他们自己,而不是你教别人应该怎么做。

评判

评判是最糟糕的非倾听行为。它不仅会干扰并终止目前的对话,还会留下挥之不去的阴影。一旦人们展示出了一种评判者的姿态,别人可能以后再也不愿意与他们沟通。那些认为他们的领导是评判者的员工可能会这样说:"他对我说的一点都不感兴趣"或是"她自己已经下定决心了"。[45]

问合适的问题

聆听需要一系列的沟通技巧。其中一个重要的技巧是问合适的问题。在最近的一次对 2 181 名会计师的调查中,最受欢迎的人际沟通技巧就是倾听,在 1(不重要)到 5(至关重要)的评分中,倾听一项得到 4.51 分。之后依次是:和顾客沟通时提合适的问题(4.22)和与管理者沟通时提合适的问题(3.97)。排在之后的 14 个技能都是一连串与陈述有关的技能,比如有效地组织陈述(3.86)、与听众建立亲密关系(3.59)、保持眼神沟通(3.58)。也就是说,提问题的能力比陈述技能更重要。[46]

积极的问题反映的是学习者心态,消极的问题反映的是评判者心态。积极的问题可以创造出一种学习的氛围。但是,积极的问题并不在于其本身,而在于它激发了其他的观点。表 2.10 中列举了反映了评判者和学习者心态的问题。[47]

表 2.10 反映评判者心态和学习者心态的问题

评判者心态	学习者心态
这为什么不管用?	为什么它是有益的?
谁该为混乱负责?	我们该怎么办?
你为什么不能正确回答?	在以后的工作中,我们从这能学到什么?
你不能尝试更好的方法吗?	你努力实现的是什么?
为什么你不关注于帮助顾客?	顾客会有什么反应?
你确定这个方法可以达到你的目标?	这个方法能怎样更加快速地达到你的目标?

为了提出能促进学习的问题,在设计问题和组织语言的时候一定要注意以下几点:第一,好的问题应该是开放式的,相反,封闭式的问题只需要简单地回答"是"或"否";第二,以学习为中心的问题的基本类型包括:建立融洽关系型问题、漏斗型问题、探索型问题和解决方案导向型问题。表 2.11 所示的是各种类型问题的实例。[48]

表 2.11 有效问题的种类

问题种类	举 例
建立融洽关系型	你对人力资源会议进行了怎样的安排? 你在上一个会议中了解到了什么? 当你真诚地问这些问题的时候,你就会把提问者和倾听者紧紧联系在一起,这对于打破目前商务沟通的僵局非常有利。
漏斗型	你为什么认为我们需要调研员工对绩效考核的想法? →我们可以搜集员工对连续考核系统的看法,你怎么看? →怎样的调查问题可以帮助我们了解员工对连续考核系统的想法? →你能跟我详细地说一下你从调查问卷中获得了什么吗? 这些问题把一个问题分解为几个可管理的部分,从一个宏大的、开放式的问题开始,然后逐渐地进入到明确的、战略性的问题。一旦把大的问题分成很多小的问题,提问者和倾听者更有可能产生共鸣,从而找到解决问题的方法。
探索型	你多久接到一次对年度绩效考核过程的投诉? 管理者关心的是什么? 为了让这个考核过程更加公平,员工有什么想法? 你听到过管理者和员工谈论如何解决这个问题吗? 除了频繁的考核,对于员工的抱怨,你认为还有什么原因? 关于原因、结果、员工抱怨的这类问题,应该从各个角度去思考。这个提问方式可以有效地找到根本原因以及解决方法。
解决方案导向型	我们怎么能知道哪个软件供应商可以提供最有效的绩效考核功能? 你认为怎样能确保员工互相提供连续的反馈? 有哪些好方法可以让绩效考核公正、公平并且有益、有效果地进行? 这些问题是明确如何解决问题的基础,解决导向型的问题是开放的、友好的。

　　建立融洽关系型问题（rapport-building question）试图在人和人之间建立一种纽带。这样的问题能打破僵局，帮助人们以放松的心情进入分享兴趣的沟通中。它们往往是一些非正式的话题。譬如对于当前工作计划、兴趣和一些经历的问题通常是最合适的。但是，在下一章关于团队沟通的一节中，你会发现，建立融洽关系型问题需要把握好时间，在这上面花费太多的时间可能会适得其反。

　　漏斗型问题（funnel question）是一个从一般到特殊的提问过程，它们倾向于逐步地解析商务问题，从而小组可以分块地处理并解决它们。这种问题一般以一个广泛的、开放式的问题开始，然后逐步过渡到具体的、封闭式的问题。

　　探索型问题（probing question）倾向于从每个角度去分析商务问题，然后揭示其根本原因。这样的问题可以全面考虑到各项因素，因此会有一个可靠的结论。探索型问题经典的例子是丰田公司的"五个为什么"分析法，他们鼓励员工去问至少连续五个问题来了解公司的生产质量问题。最后，这个方法演变成为了世界级的质量标准，全世界的企业都在效仿丰田公司的这一方法。

　　解决方案导向型问题（solution-oriented question）关注于如何解决商务问题，它们关注于应该做什么来完成商务目标。解决方案导向型问题是维持学习者心态时最困难的问题类型。几乎所有人都对"我们应该做什么"有强烈的先入之见。在需要共同开发解决方案的情境下，通常以开放的、解决方案导向型问题为起点。

避免错误的问题

　　不是所有的问题都是积极的。一些糟糕的问题通常会使沟通陷入评判者心态，并且会导致更少的倾听。消极的问题包括引导性问题、伪装表述、反复盘问型问题。表 2.12 展示了相应的实例。

表 2.12　适得其反的问题类型

问题类型	举　　例
引导性	你难道不认为员工参与和生产力应该是我们关注的重点吗？ 我想你认为这是个可以把花费控制下来的好主意，对吗？ 这些问题意味着让倾听者同意或接受提问者的观点。很多倾听者会抱怨倾听他人的观点会给他们带来压力。并且这个方法也不利于引导学习性沟通。
伪装表述	为什么你坚持以费用而非效益为重点？ 你难道不认为你仅仅通过关注几个密切联系的合作者意见就妄下结论了吗？ 这些都不是真正的问题。它们是对你墨守成规的一种表述。这种揭露缺陷的提问方式将会导致倾听者变得具有防御性和/或拒绝分享他们的想法。许多倾听者将伪装表述视为狡诈且被操纵的，因为这些问题经常试图让倾听者承认自己的错误。
反复盘问	刚才你说年度考核不奏效，因为它的考核频率不够高。但是，上个星期，你说我们年度考核真正失败的原因不是它的频率而是因为它没有涉及设定目标。所以，导致年度考核不起作用的真正原因是什么呢？ 这种反复盘问的问题会让大多数倾听者保持防备，它会把沟通从学习转到争辩上去。

　　引导性问题（leading question）倾向于引导别人转换到你的思考方式上。这些问题经常被视为是不诚实的或被操纵的。在销售行业中，习惯于问消费者引导性问题是众所周知的。事实上，一些销售训练项目甚至建议销售员去使用引导性问题以建立消费者对产品和服务的渴望。但是，最近的研究表明，即使对于销售来说，最好的问题还是致力于了解顾客真实需求的开放性问题。[49]

　　伪装表述（disguised statement）是以问题的形式存在的。当伪装表述去揭露别人的缺点时，往往会终止学习性沟通。

　　反复盘问型问题（cross-examination question）倾向于揭露别人曾经的言行不一。同伪装表述一样，当反复质疑别人的可靠性时，也会立即终止学习性沟通。

视读非语言沟通与建立亲密关系

　　据大量调研数据显示，在面对面的商务场合，包括会谈、会议和磋商中，非语言沟通约占60%—80%。[50] 手势、表情、语气和其他非语言信号可以传递很多信息，比如：严肃或讽刺、热情或冷漠、在乎或不关心、专注或厌倦等情绪。然而，与口头交流相比，非言语交际的意义不那么确切，它几乎是在本能的、潜意识的条件下被人们理解。人们很少有意识地去尝试提高他们理解他人非语言沟通的能力。

　　在对非语言沟通的研究中，最权威的学者是非语言研究中心的戴维·吉文斯（David Givens）。他已经花费了数十年的时间来观测工作场所的非语言行为。他观察到："非语言信号甚至可以比书写的备忘录、文本信息和电子邮件更有力地去表达激励或恐吓、同情、忠诚、愤怒和恐惧等情感。"[51] 他发现人们可以学着去视读这些非语言沟通行为，他把**视读**（sight-reading）定义为"对非语言沟通的智能分析……它是通过对非语言行为的敏锐检测来预测对方的意图和心情的一种行为"。[52]

　　在本节中，我们重点关注那些可以通过各种方式传达信息的非语言信号。当你阅读这个部分时，你将学习到如何在非语言沟通的情境下有效实现倾听：（1）理解他人非语言信号的含义；（2）为了使沟通的对方感觉更舒服，你应该向其传递友好的非语言信号。

　　学习视读

　　研究表明，人们不善于掩饰他们的感受——几乎所有的人都是通过非语言行为来表达他们的真正情感。但是，研究也表明大多数人不能连续有效地解码别人的非语言信号。换句话说，非语言信号常出现在面对面的沟通中，但是很少被人正确解读。[53]

　　最近，马尔科姆·格拉德威尔（Malcom Gladwell）在他的书《眨眼之间：不假思索的决断力》中阐述了很多关于视读专家如何快速地理解非语言行为的研究。例如，在一个内科医生和病人的研究中，研究者录下了他们之间上百次的互动，他们发现在 40 秒的视频片段中，通过医生的声调和音高，就可以准确地预知医生是否被投诉，结果显示，那些声音传达出冷漠、敌意、歧视的医生果真会被投诉。[54]

　　日常生活中，你应该密切关注各种非语言信号，尝试着去理解它们的意思。并且应该在一定的评价标准上去理解以避免得出死板的结论。在提高视读水平的过程中，你可以参考以下建议：[55]

- 每天练习。每天花 15 分钟时间去观察生活中的非语言行为，并试着去理解与你互动频繁的人所传递的非语言信号。
- 注意保持一致性。当非语言信息与语言信息不一致时，倾听者本能地会把重点放在非语言信号上。
- 不要孤立地视读。如果你只是简单地观察单个行为，你会很容易误解非语言信号所表达的意图。例如，胳膊交叉着放在胸部、跷二郎腿、双拳紧握、用手指人等肢体动作，可能释放的都是对方开始防御的信号。但是，单独来看，这些信号也可能包含其他意图。双臂交叉放在胸部还可以是御寒的表现，跷二郎腿也可能只是一个比较舒服的坐姿而已。因此，试着把各种非语言信号放在一起去解读，可能会帮助你更好地解码这些信息。

● 结合具体情境去视读。利用目前的情况来帮助理解非语言信号。在争论中用手指指着对方可能表达的是指责,而在销售展示中用手指指别人可能是为了引起对方注意。

注意非语言提示

视读是在你与别人沟通时解码别人发给你的非语言信号的过程。为进行积极倾听和对话,向他人传递正确的非语言信号十分重要。理论上,你可以使用非语言信号来传递你的各种情感,比如真诚、感兴趣、肯定,以及你对他人的尊重等。

传递非语言信号时,你应该让你与对方的肢体语言保持**同步**(synchronizing),这样一来,你们之间的沟通会显得更自然。你可能经常发现别人比你更善于传递非语言信号,在这种情况下,你需要比平时更善于表达,以此来迎合对方喜爱的沟通风格;或者,你可能发现别人并不善于传递非语言信号,在这种情况下,你则要减少你的非语言沟通行为。[56]

当你努力与对方保持同步时,你应该尝试去表达与沟通情境相符的各种情感。对于大多数商务沟通情境,你应该尽力去表达一些积极的、自然的情感。在某些情况下,你可能要表现出伤心和失落,以表达你对他人遭遇挫折的同情。人们自然地模仿另一个人的情感和你所表达的感情都能影响到他人。例如,研究表明,经常看到笑脸的人会通过改变自己的面部肌肉来模仿这种心情。相反,当人们看到一个愤怒的脸,他们通常会轻微地改变面部的肌肉来表现出生气的样子。丹尼尔·戈尔曼(Daniel Goleman)博士把这种自然地模仿非语言信号的行为称作情绪协调(coordination of moods),他补充到"情绪协调是建立密切关系的基础"。[57]

在接下来的这部分,我们将关注各种肢体及其动作所表达的非语言信号,在阅读时,请思考你在日常生活中所常用的非语言信号并思考你是如何通过观察某一种肢体语言来更好地理解他人的。

眼睛

眼睛是心灵的窗口,它可以传递丰富多彩的情感。这就是很多顶尖扑克选手都戴墨镜的原因之一,因为不经意的一个眼神就可能释放出他们下一步行动的信号。

一般来说,使用眼神沟通的人可能更易于跟他人建立情感联系并且引发彼此的共鸣。当然,强烈的注视和深深的凝视可能会让别人感到不舒服。因此,你应该注意别人把什么眼神视为视觉侵扰,以及当进行面对面的眼神沟通时,如何才能消除不愉快的情绪。[58]

眼球不经意的运动也会折射出多种情感。例如,放大的、扩散的瞳孔表现出的情绪是兴奋;相反,缩小的、收缩的瞳孔表现出的是冷漠。注意,极端散大的瞳孔是绝对不必要的——他们也可能表现出愤怒之类的极端情绪。[59]

另一个无意识的眼球运动是**共轭侧向眼球运动**(conjugate lateral eye movement,CLEM)。CLEM是一种眼球的快速侧向移动。它表现的是对方在对你的观点进行思考,而且通常是积极的。然而,更长时间的侧瞥往往会让人感觉不舒服。因此,能否很好地区分快速侧瞥以及长时间侧瞥的能力可以帮助你洞悉别人对你的看法,以及你们的沟通是否进行得愉快。[60]

你还可以通过观察别人的眨眼来观察别人是否愉悦。人类平均的眨眼率是每分钟20下,高频率的眨眼通常表示的是痛苦,所以你可以据此来判断对方的舒适程度。如果对方回避眼神沟通有时可能表明对方无把握、紧张甚至是在撒谎。同理,轻微地眯眼经常与怀疑相联系。[61]

你应该避免用你的眼睛表现出你的不同意见。当人们迅速转移目光来表明不喜欢或无兴趣的时候,这传达了对他人和他人的观点强烈不满的信息。这种行为叫做**视觉终止**(visual cutoff),它会快速地结束对话。同样的,强烈的一瞥表现出对别人和别人观点的不满。[62]

当你视读别人的眼神时,一定要结合情境具体分析。仅仅根据别人的眼神来判断别人是否撒谎是不可靠的,虽说说谎者通常不敢直视你,但在现实中,撒谎成性的人却可以面不改色。[63]

微笑和点头

在人际沟通中,你应该多微笑来表现得活泼一些,而点头可以表示出你对对方的想法感兴趣或者同意。[64]诚恳的笑容往往更容易赢得他人的信任。研究表明,积极的情绪表达,比如微笑,可以增强顾客的满意度甚至可以培养出忠诚顾客,不过前提是你的微笑是真诚流露。[65]另外,微笑还可以表达很多消极情绪,比如讽刺、嘲笑、害怕、尴尬和被迫屈从等。[66]

手和胳膊

在商务行为中,最能表现出友谊、友情、分享意愿、开放、好客、祝贺的象征符号是握手。握手可以使人们产生情感联系,并且帮助人们快速地建立亲密关系。通常,握手应该持续 2—3 秒钟。握手时应注意以下几点:坚定地握下去,但力度要适宜;应配合眼神沟通,以此来加强通过握手建立的感情纽带。

当你握手的时候,请记住手掌与地面呈 90 度笔直状,这样可以体现出在沟通中双方是平等的。当你手掌朝下时,握手则表现出你是强势的一方。但通常,我们应该尝试用握手来表现出对别人的尊重和平等。[67]

通过手和胳膊做出的各种手势来创造一个开放、吸引人的讨论氛围。伸展开来的手掌可以像握手一样发出积极和欢迎的信号。伸展开来的手也可以缩短人们之间的身体距离,增加情感联系。就像非语言沟通专家戴维·吉文斯所说的:"在商务沟通中,那些伸出手的人比那些缩着手、把手藏在口袋中、叠在膝盖上或藏在桌子底下的人更有优势"。[68]

有时候手和胳膊的某些动作也可能导致不友好的沟通气氛。通常,手掌向下的手势比较不受欢迎。拍桌子是手掌向下的极端形式,用来表示强调、信心与肯定。但是,如果这样做得太频繁,会让别人感到不舒服,从而使他们不愿意说出自己的想法和感受。[69]

有些手势可能表示不舒适或紧张。把手放在脑后通常代表着不确定或矛盾。大多数自我碰触的姿势(例如,玩头发、摸脸、啃指甲、摩擦或捏皮肤)都代表着焦虑、困惑和不确定。[70]

有些手势可能表现的是防御心态。把手放在口袋里、握拳的手势、用手指着对方和其他烦躁不安的姿势展现出的都是对方自我保护的心理。把手放在臀部上、肘部叉开的姿势通常表现的是极度防御,甚至是攻击的姿态。当孩子看到他们的父母这样做时,很可能意味着自己要挨打了!

有趣的是,手势在某些特定的环境下,比如对方身体不适时,可能很难让人识别。对董事会的研究表明,当参会者的手有"生理损耗"时,包括伤疤、干燥、粗糙、指甲未修剪等,会影响公司高管对他们的手势的正确理解。也就是说,在手出现诸如不整洁等问题时,会干扰他人对你手势的解读。[71]

碰触

碰触对方,如握手,可以在双方之间建立一个紧密的纽带及亲密关系。它可以在陌生人之间建立起继续交谈的信任感。碰触这个举动已经在与顾客的互动中被广泛运用。例如,研究发现,服务生触摸顾客的手或肘部会额外获得 22%—36%的小费。另外一个有趣的实验则揭示了碰触是如何影响信任感的。在这个研究中,钱被故意放在公共场所,一部分人已经发现了它,研究者扮演成陌生人,然后接近这些人,问他们有没有看到钱。在这种互动中没有任何的触摸,发现钱的那些人会承认他们看到了钱并归还的占 23%。当研究者问他们的同时并与他们的胳膊发生几秒钟的触碰,68%的人归还了钱。当然,在同一实验中,触摸超过三秒钟时会产生消极的反应。[72]相较于世界上其他文化,在北美文化中人们通常不喜欢被碰触。但是即使是在这些不喜欢碰触的环境中,他们也常常会使用简单的碰触比如握手来和他人建立联系。[73]

关系管理

关系管理（relationship management）是"通过对自己和他人的情绪的认识来成功地管理互动的能力"。[74] 本节，我们将介绍关系管理的两大原则：适应沟通中别人偏好的风格；在办公室保持礼貌。在每一小节，我们会给出很多有效进行关系管理的建议。

适应他人偏好的沟通风格

人们在沟通时会呈现出各种各样的偏好。在这一部分，你将从性格的两个维度——动机价值观、外向性—内向性水平来了解一个人的沟通偏好。

以动机价值观为基础的沟通偏好的差异

很多沟通风格都与动机和价值观密切相关。关系认知理论（Relationship Awareness Theory）[75] 解释了在相对平稳的动机和价值观的基础上，为什么人们的沟通方式各不相同。人类有三种主要的动机：培养动机（在模型中标注为蓝色）、指导动机（在模型中标注为红色）、自主动机（在模型中标注为绿色）。一个人的**动机价值观体系**（motivational value system，MVS）是这三种主要动机的有机整合，它指的是这三种动机各自指导行动的频率。MVS 可以被描绘成一个三角形，如图 2.5 所示。图上的点表示一个人所有的动机的综合（箭头描绘的是人在冲突的情况下的反应，我们在本章不讨论这个问题）。

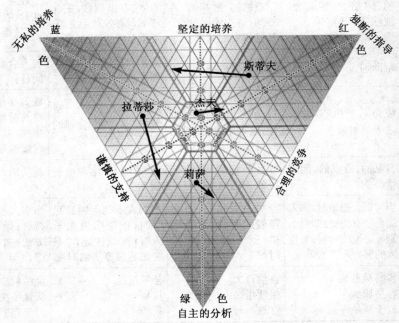

图 2.5　动机价值观体系的 SDI 三角显示图

具有**蓝色动机价值观体系**(blue MVS)的商务人士经常被动机引导着去保护他人、帮助别人成长并考虑别人的最大利益,大约30%的经理与蓝色动机保持一致;具有**红色动机价值观体系**(red MVS)的商务人士常常关注于如何利用组织的人员、时间、金钱和其他资源来实现组织目标,大约46%的商务经理符合红色动机;具有**绿色动机价值体系**(green MVS)的商务人士经常担心商务活动是否全面考虑、是否有正确的过程来实现目标。大约16%的商务经理完全符合绿色动机。**中心点**(hub)是指三种动机均等发挥作用的商务人士,在商务人士中大概占43%。[76]

关系认知理论的一个重要原则是每一个动机——培育的、指导的或是自主的——都有自身的优势,但是,当这些优势被误用时,可能就会变成缺点。

在表2.13中你可以看到各种情况下蓝、红、绿和中心点的不同。请你花几分钟时间看这个表,然后观察不同动机价值观体系的人在以下方面的不同:他们偏爱的工作环境、让他们感到满意和回报的事情、引发他们冲突的事情、他们明显的优势是如何被看成缺点的。思考哪种风格最适合你,或者哪种风格最不适合你。在表2.14中你可以看到一些与各种动机价值观相对应

表2.13 动机价值观体系

	蓝色 (利他的和培育的)	红色 (独断的和指导的)	绿色 (分析的和自主的)	中心点 (灵活的和综合的)
主要的关注点	保护、成长、关心别人的利益	任务的完成;使用时间、金钱和其他资源来实现目标	保证事情被仔细考虑过;良好的秩序是否已经建立;自力更生和依靠自己	灵活性;集体的利益;集体归属感
偏好的工作环境	开放的、友好的、有益的、体贴的;被需要、被感激;确定他人发挥了最大潜能	不断变化的、竞争的、创造性的、进步的、革新的、口头激励的;个人进步发展的潜力	清楚、有逻辑性、精确、有效、有组织性;关注于如何有效利用资源;寻求可能的选择	友好的、灵活的、社会性的、有趣的;取得共识,鼓励互动
感觉最好的时候	帮助别人	给别人提供指导	追求自己的利益而不需要依靠别人	与人合作,以实现共同目标
感觉获得奖赏的时候	成为一个热心、友善之人的时候	用力量和充满野心的行动获得成绩的时候;领导和指引别人的时候	同别人以公平的、清楚的、有逻辑、合理的方式工作的时候	成为小组成员,在需要的时候可以听从或指挥,并且知道什么时候遵守规则
人们避免被感觉为……	自私的、冷漠的、无同情心的	容易被骗的、犹豫不决的、能力不足	过度情绪化,剥削别人	屈从别人、专横的、孤立的
冲突的触发事件	当与别人竞争时,别人比自己有优势的时候;别人冷漠的时候;对他人的努力表现迟缓	当别人太宽容,不会辩驳的时候;没有提供一个明确的奖赏的时候	当别人不把问题当回事时;把帮助强加于人时;在做决定时不考虑客观事实的时候	当别人不考虑其他选择时;做事坚持一种方法;做事的时候保守、不灵活
过度的优势	容易被欺骗 容易屈服 过于顺从	自信自大 生硬粗暴 好战	公平过度 挑剔 死板	灵活但空泛 犹豫不决 过于宽容

资料来源:Elias Porter, *Strength Deployment Inventory* (Carlsbad, CA: Personal Strengths Publishing, 2014); Tim Scudder and Debra LaCroix, *Working with SDI: How to Build Effective Relationships with the Strength Deployment Inventory* (Carlsbad, CA: Personal Strengths Publishing, 2013). You can learn more about this inventory at personalstrengths.com.

表 2.14　与不同价值观的专业人才共鸣的词和短语

MVS	动　词	名　词	修　饰　语	短　语
蓝　色	感觉、感激、关心、帮助、感谢、参与、支持	满意、幸福、人们、合作	思考的、忠诚的、真诚的、尊重的、可能的	照顾每个人的利益；关注每个人
红　色	竞争、共赢、领导、挑战、控制	实现、结果、成功、表现、目标、优势	有挑战的、有回报的、热情的、明确的、快速的	美梦成真；掌管；努力争取
绿　色	思考、分析、评估、确定、组织	过程、原则、标准、计划、责任、细节	公平的、谨慎的、精确的、客观的、正确的、有效率的、有风险的	不慌不忙；回答正确；保证公平
中心点	头脑风暴、共同决定、玩乐、实验、开会	选择、灵活、团队合作、有趣、一致、妥协	平衡的、开放的、灵活的、友好的、包含的、坚定的	让我们一起工作；让我对它进行实验

的短语。当然，所有的人都会经常使用这些词。你可以通过注意人们使用这些词的频率来认识他们的动机价值观。

在图 2.6 和图 2.7 中你可以看到两个简短的对话。对话表明了具有蓝、红、绿和中心点动机价值观的人在沟通上的差异。在第一个对话中，杰夫（中心点）与莉萨（绿色）交流，他们谈论的是把年度绩效考评转变为连续的绩效考评。杰夫作为中心点的一个优势是灵活。但是莉萨在这种情况下却认为他是空泛的、犹豫不决的，因为他在做决定的时候表现得太灵活了。莉萨作为绿色体系的一个优势是细致和谨慎。但是当杰夫对他的观点表现出热情时却感觉莉萨很挑剔和死板。

杰夫解释道："莉萨，我希望你、斯蒂夫和拉蒂莎能一起帮助我改善连续绩效考核系统。我们现在的年度绩效考评已经过时了。"

莉莎沉默了几秒钟，说道："我认为我们应该退一步考虑，你有没有花时间仔细地比较年度考核和连续考核？能和我分享一下这方面的信息吗？"

杰夫吃惊于莉萨并没那么热情，毕竟，莉萨偏好连续的反馈模式，并且给每个人提供了很多信息。杰夫说道："嗯，我认为这是不需要动脑的事，我已经和很多对连续考核系统有成功经验的人力资源主管谈过，到目前为止还没听到过负面消息。我想我们应该收集更多信息来确定我们这样做是否正确。也许我们可以开展一项员工调研，或者是公司如何执行绩效考核的行业调研，我们也可以召开一个有关绩效考核的会议，针对我们应该采取什么措施与他人进行沟通？"

莉萨回应道："我们现在应该先考虑新系统的问题，然后再考虑收集信息，最后再看这个新体系是否比年度考核更符合我们的状况……"

杰夫编码：让我们一起工作来改善绩效反馈系统。

莉萨解码：杰夫急着快速做决定，并且认为会得到我的支持。

莉萨编码：这可能是个好主意，但是先要弄清我们的重点。

杰夫解码：莉萨不喜欢这个提议，我不知道出什么问题了。

杰夫编码：我想和你一起工作，并且想办法如何推进工作。在这里可以学会如何选择。我想要你投入进来。

莉萨解码：杰夫并不清楚他想要达到什么目标。

莉萨编码：让我们先评估这个决定是否可行。

杰夫解码：通过网上调查获得员工对考核系统的看法这个策略太谨慎而且又耗费时间。

图 2.6　中心点和绿色之间的对话

在接下来的对话中(图 2.7),拉蒂莎和斯蒂夫谈论的是如何通过一个网上调研来得到员工对绩效考核系统的看法。拉蒂莎作为蓝色体系的一个优势是她能够考虑到别人的需要和感受。但是在这个情况下,斯蒂夫认为她缺少主动性。斯蒂夫作为红色体系的优势是行动专注、愿意去作积极的改变。但是在这种情况下,拉蒂莎认为他是争强好胜的、专横的。

斯蒂夫:我们应该在这几天之内集中精力完成问卷调查。如果我们可以很快地得出结果,杰夫和莉萨一定很惊喜。只要你准备好问题并且把链接发给员工,我们就可以开始数据收集与整理了。	斯蒂夫解码:让我们快点得出结论。
	拉蒂莎解码:斯蒂夫太专横了,他从不考虑员工的想法与感受。
拉蒂莎:我感觉我们应该首先询问员工的意见,以此来决定应该在问卷调查中设计什么问题。这样,员工就会有参与感,会更加配合。	拉蒂莎编码:首先,让我们思考如何在这个过程中考虑员工的意见。
	斯蒂夫解码:拉蒂莎只需要负责就好了,按照她说的做法会花费太多时间。
斯蒂夫:你不必担心员工怎么看待我们。给他们发问卷表明我们尊重他们的意见。如果你不太想做这部分工作,我可以帮你做。	斯蒂夫编码:不要让任务变得太复杂。
	拉蒂莎解码:斯蒂夫太独断了,他根本不明白员工的重要性。
拉蒂莎:斯蒂夫,在这个过程中,更高的员工参与率是有价值的,当我们收集信息的时候,员工需要的是一种合作伙伴的感觉。	拉蒂莎编码:我们真的很需要更多的员工来参与。
	斯蒂夫解码:拉蒂莎可能不知道怎么自己去做调查问卷。

图 2.7 红色和蓝色之间的对话

基于内、外向性格的沟通偏好的不同

商务人士的内外向水平在工作场所交流中扮演重要的角色。通常,内、外向性格的人在很多方面都有不同。**内向型人**(introvert)趋于从自己的想法、感受和内心中获得更多的激励和力量。**外向型人**(extrovert)趋于从外部资源,例如互动中,获得更多的激励和力量,外向型人在社会互动中精力旺盛,并且感到更有力量。内向型人通常是安静的、自制的、深思熟虑的。而外向型人则是坦率的、有魅力的、冲动的。内向型人在不熟悉的人和环境中经常感到不舒服,而外向型人喜欢认识新的人、进入新的环境。同样地,内向型人在公开演讲和会议发言中会感觉不适,而外向型人更可能在公开演讲中享受与观众的互动,并且会在会议上频繁地发表评论。内向型人通常喜欢一对一或小组的沟通,而外向型人更喜欢在更大的群体和社会事务中沟通。内向型人只在理清他们的思绪后发言,而外向型人经常想到什么就说什么,利用演讲作为表达他们想法的方式。内向型人通常不喜欢闲聊,而喜欢延伸的、有深度的沟通。而外向型人通常喜欢活泼的、形式各样的沟通,也包括闲聊。内向型人更喜欢自己完成工作,而外向型人更想组建小组完成工作。[77]

在过去的十年,各方面的研究已经证明,内向型人不善于领导的观点是错误的。无论是外向型人还是内向型人都可能拥有很多领导品质。公司要想在当今日益提倡合作的环境中生存,就必须找到一种把内向和外向型人的优势都挖掘出来的方式,值得指出的是,研究表明,当前三分之一到一半的商务人士是内向型人。请你花几分钟去阅读表 2.15 和表 2.16。表 2.15 显示的

是内向型人和外向型人的优势,思考如何利用这些优势来实现目标。表 2.16 则介绍了内向型人如何与外向型人一起更有效地工作。

表 2.15 内向和外向的职业人员的优势

内向职业人员的优势	外向职业人员的优势
• 提出有思想、重要的问题 • 借鉴别人的观点 • 给别人空间去创新 • 提高洞察力来处理不确定情况 • 在会议中可以改善倾听环境 • 偏好在小范围工作环境中沟通 • 在需要毅力的工作任务中令人印象深刻 • 善于反省 • 提出客观的分析和建议 • 维持纪律的模范	• 直截了当、有魅力地陈述观点 • 获得别人的支持 • 组织人们去创新 • 在不确定的情况下可以激发自信 • 在会议中主持重要的谈话 • 在较为隆重的社交场合与潜在的客户和其他相关群体沟通 • 给未来的伙伴留下深刻的第一印象 • 行动迅速获得优势 • 在缺少可靠信息的情况下敢于行动 • 在竞争的环境中表现出色

表 2.16 与内向型人和外向型人一起有效地工作

内向型人如何更有效地和外向型人一起工作	外向型人如何更有效地和内向型人一起工作
• 要确定外向型同事有充足时间与小组成员互动。 • 在谈话中参与闲聊和一些轻松的话题。 • 比平时更流利地说话。 • 更多地提供个人信息。 • 在回应问题时表达自己的偏好。 • 给他们更多的机会去和别人互动。 • 电子邮件的内容要简短。 • 告诉人们他们很害羞或者说话的时候不舒服;请求别人发言。 • 对外向型人的优点表示欣赏。 • 与外向型人组队来取长补短。	• 要确定他们内向的同事有充足的时间来准备演讲或会议。 • 允许谈一些深入的话题。 • 要经常暂停,并且允许长时间的沉默。 • 用更少的时间来谈论个人兴趣。 • 坦率表达对立刻讨论事情的偏好。 • 给他们更多的独处机会。 • 电子邮件的内容可以详实点。 • 告诉人们他们很难不分享自己的观点;当他们说得太多的时候请求别人提醒他们。 • 对内向型人的优点表示欣赏。 • 与内向型人组队来实现互补。

技术小贴士

手机

手机改变了商务沟通的方式:大多数商务人士至少携带一部手机用来打电话、发短信、上网、安排时间等。多数情况下,对很多经理和领导来说,手机渐渐地成为服务沟通的中心。下面请仔细阅读手机使用的指南:

尽量当面讲话。使用手机的最大优势是可以便捷地打电话、发短信、发电子邮件和发送其他信息。对于很重要的商务事宜,如果可能的话就见面商谈,在一个丰富的、面对面的环境中你能更容易影响别人,他们更有可能说"好的"。

在会议中不使用手机。当和别人谈话的时候,如果你用手机同时处理其他事务,这会暗示你没有集中所有精力在他们身上,从而影响你们之间的交流。年轻的商务人士更可能在会议中使用手机,但绝大多数 21—30 岁之间的商务人士可能会要求你决不能在开会的时候打电话或发短信。绝大多数超过 31 岁的商务人士可能要求你甚至不应该在与别人开会的时候用手机来看时间。

如果在开会的时候你需要使用手机,请调至静音模式。如果在开会的时候一个必须要接的电话打进来了,安静地离开并致以歉意。必要时需要得到他人的允许。

谈话态度愉快、热情。虽然别人看不到你,但你的非语言行为还是能通过你的声音反映出来。注意这些:端坐或站立,深呼吸、发音清楚、做手势,甚至是微笑,就像是在别人面前一样。这些非语言动作会帮助你提高沟通效率。经常听自己的录音,并不断进行反思,从而可以使你说得更加专业、更加富有激情。

通话前要理清思绪。像其他形式的商务谈话一样,提前想清楚你要讨论的关键点。写一些关于这些观点的便条,甚至是计划一个议程。并且,要让别人知道你要通话多久。

提前告知他人你的手机使用偏好。告诉和你一起工作的人,你希望多久接到回复电话、什么时间通话合适、对比其他类型的沟通渠道(例如电子邮件、面对面)你喜欢通过手机接到什么类型的信息。反过来,也要问对方的偏好。

迅速地、专业地处理你收到的语音邮件。24 小时之内回电话。并且要确定你的语音信箱是否已满,否则别人发信息你会收不到。

保持礼貌

案例 2.4 廉颇的无礼

渑池会结束以后,蔺相如因为"完璧归赵"有功,为赵国做出了突出的贡献,被封为上卿,位于廉颇之上。廉颇很不服气地说道:"我乃赵国将军,有攻城野战的大功,而蔺相如只不过靠能说会道立了一点点功,可是他的地位却在我之上,况且相如本来是个平民,我感到羞耻,在他下面我难以忍受。"并扬言:"我遇见相如,一定要羞辱他。"相如听到后,不与他相会。相如每到上朝时,常常推说有病,不愿和廉颇去争位次的先后。没过多久,相如外出,在邯郸城回车巷远远看到廉颇。廉颇命车夫把车驾到路中,丝毫不给蔺相如空隙。蔺相如却掉转车子回避。

评述:

尽管廉颇对相如恶语相向,但蔺相如依旧保持礼貌,不与其正面起冲突,体现了尊重他人的良好品格。

情商在商务沟通中的一个重要产物是礼貌。礼貌是一种尊重别人价值的表现。它包括致力于取得诚实、开放、尊重的对话的行为,肯定别人的价值等行为。你应该设法在工作场所中保持礼貌的沟通,尤其是在你不同意别人观点的情况下。即使当别人对你不礼貌的时候——礼貌地回应可能会逐渐改善这样的状况,并且体现出你的姿态。

相反,无礼是"对别人粗鲁和冷漠,这种方式是违反尊重的规范"。[78] 在本节,我们首先关注非礼貌行为的影响。然后讨论工作场所中非礼貌行为的类型和原因,并提出保持礼貌的方法。

社会和工作场所中的非礼貌行为

很多美国人认为社会中的不文明行为越来越多。美国最近做了一项关于 2 000 多人受到过何种程度的不礼貌和粗鲁行为的调查[79]，研究结果显示如下：

- 79％的调查对象认为缺少尊重对于社会是个严重的问题，我们应该尽力解决它。
- 88％的调查对象说他们有时会遇到粗鲁和失礼的人。
- 73％的调查对象相信在过去美国人对待彼此更尊重。
- 37％的调查对象说他们受到粗鲁的影响以至于想要搬到其他的社区。

调查对象普遍指出零售商店是一个缺少尊重的地方。例如，46％的调查对象表明他们曾在商店中被粗鲁对待过。在年薪达到 75 000 美元或更高的群体中，57％的人在过去受到过糟糕的服务。尽管顾客在经历了不愉快的服务后可能并不会说什么，但这将对商店造成严重的后果。[80]

在办公室同事之间的互动沟通中，非礼貌行为也是普遍存在的。大约 39％的调查对象说他们有粗鲁的或不尊重人的同事。每 10 个调查对象中超过 3 个（31％）说他们的主管是粗鲁或不尊重人的。大约 30％的调查对象说他们在工作场所中经历过粗鲁的行为。绝大多数调查对象承认他们自己也是粗鲁的；61％的人同意这个表述："我很忙、时间紧迫，所以我才表现得那么没有礼貌，我对此感到后悔。"就像这个研究的调查对象总结的那样，在日常生活中，很少有人可以指望自己能一直对别人有礼貌。但不礼貌行为所导致的社会成本的积累——就怀疑、愤怒甚至是狂怒来说——都是相当大的。[81]

工作场所中的非礼貌行为研究最权威的专家是克里斯蒂娜·皮尔逊（Christine Pearson）和克里斯蒂娜·波拉奇（Christine Porach）。在过去的十年，他们已经在北美数百个组织中调查了非礼貌的本质和影响，他们发现一个星期内大约有 1/4—1/2 的员工经历过非礼貌言行，结果显示，非礼貌行为会对组织绩效带来毁灭性的影响。非礼貌行为侵蚀着组织文化，并且会逐步升级为冲突。它不仅会降低个人的生产力、绩效、动力、创造力和助人的行为，还会降低工作满意度、组织忠诚度和领导力的影响。[82]在遭遇非礼貌的行为后，员工通常会有以下表现：

- 一半的人花费工作时间担心以后与不礼貌人的互动。
- 一半的人考虑换工作。
- 四分之一的人故意降低生产率。
- 大约 70％的人向朋友、家人、同事倾诉自己的不满。
- 大约 1/8 的人选择离职，每个岗位的离职费用估计为 50 000 美元。

公司的花费并不总是那么容易确定。但是，有些公司已经开始倡议文明行为，它们率先对不礼貌言行所造成的损失进行估价。例如，思科公司（Cisco）最近开始了全球文明计划，公司确定了其由于不文明而造成的损失每年约为 7 100 万美元，这是一笔由于员工生产力下降、离职和旷工而造成的损失。[83]

你不久就将处于商业领袖的职位。不礼貌言行的最大成本是它会花费商务领袖的时间。在一项调查中，商务领袖花费他们 13％或者一年中 7 个星期的时间来处理员工之间的争吵。[84]

工作场所不礼貌言行的类型和原因

人们几乎会在方方面面表现出对他人的不尊重和粗鲁。表 2.17 包含了常见的工作场所中不礼貌行为的类型。[85]通常，一个人忽视其他人，没有表现出基本的礼貌，没有意识到别人的努力，没有尊重别人的时间和隐私，没有意识到别人基本的价值和尊严的行为，就是不礼貌的行为。在你阅读这个表的时候,思考你有没有经历或出现过这些不礼貌言行,这些行为可能会使人们感觉被轻视,也会减少同事之间的共同管理和合作。

表 2.17　不礼貌言行的常见类型

工作场所中不礼貌言行的常见类型	工作场所中不礼貌言行的常见类型
忽视别人 　不及时回复电话或邮件 　把别人的工作成绩归功于自己 　当别人与你打招呼的时候不予回应 　隐瞒重要的信息 　不邀请同事参与重要的决定 　无理否决别人的决定 　不承认别人的存在 　让一些同事失去工作的社会功能	**对别人没礼貌** 　不使用礼貌的基本用语,像"请"和"谢谢" 　使用专横跋扈的语气、表情或言语 　在邮件中表现出一种强势的姿态 　频繁地打断别人 　没有恰当地使用诸如"先生""女士"之类的称谓 **不尊重别人的努力** 　忽略别人的观点或努力 　提供模糊、模棱两可的反馈意见 　无厘头地责备他人
不尊重别人的时间 　扰乱会议 　中断会议或要求立即开会 　没有预先通知就设定最后期限 　发送太多的电子邮件 　把所有的邮件都标为重要 　在周末或下班后给同事打电话 **不尊重别人的隐私** 　在公共区域占用太多空间 　吵闹(尤其是在小隔间或公共区域) 　讲具有攻击性的笑话 　问侵犯别人私生活的问题 　发送私人的或敏感的邮件	**不尊重别人的尊严和价值** 　不友好地跟别人打招呼 　通过电子邮件传达消极消息 　在背后议论别人或八卦别人 　当面批评、训斥别人 　对别人做有降低其身份、损其人格的评论 　攻击别人的性格 　因政治、宗教或其他信仰攻击别人 　对别人摆臭脸或沉默以待 　对别人进行辱骂、叫喊 　攻击别人的性别、种族或者性取向 　骚扰别人

表 2.17 中的最后一类——不尊重别人的尊严和价值,是最严重的不礼貌行为。很多这种行为涉及直接攻击别人的身份和价值。口头辱骂甚至是像怒视这样的非语言表达形式,都可能发出一个强烈的信号表明你不尊重别人。即使你本意并非如此,但对别人的性别、宗教信仰、性取向开玩笑也可能使你的工作氛围恶化。

当然,不同性格和文化的人对于表 2.17 列出的行为的敏感程度不同。世界是在逐渐联通的,在商务领域尤其如此。一个逐渐联通的世界可能把很多人从持久的、相对公平的旧环境中剥离,并且创造一种我们都未知的形式。

保持有礼貌的沟通

研究如何提高社会和工作场所的文明礼貌行为的专家福尼(Forni),提出了以下八条指导原则:[86]

1. 在生活中学着放慢步伐,培养耐心。
2. 聆听同情的声音。
3. 保持积极的态度。
4. 尊重别人。

5. 在争论中克制自己。

6. 了解你周围的人。

7. 注意细节。

8. 询问，而不是吩咐。

你可能已经在日常生活中遵照了这些原则。但是，工作场所中还会出现新的挑战。激烈的竞争和紧迫的期限所产生的压力可能使你坚持这些原则变得更加困难。并且，随着你领导地位的提高，这些压力会迅速增加。通过一系列的努力去建立情商可以帮助你即使是在紧张的压力下，仍能保持尊重会谈的态度。

保持高情商状态并且在沟通中保持尊重的态度的一个最好的方式是了解你周围的人并且让工作人性化。它会帮你培养各种类型的工作关系，让你即使是在困难的情况下也会把沟通变得更加容易。但是，这可能会花费一些时间。思考弗莱保险经纪有限公司（Willis Group）的前主席和首席执行官约瑟夫·普拉姆利（Joseph Plumeri）的评论：

> 我花费 25%—30% 的时间给同事打电话，询问他们是否存在家庭问题、是否完成了一笔大订单、是否可以带来一个新的客户或留住一个老客户，仅仅两分钟的通话或者手写笔记，对我的工作来说却发挥着重要的作用。[87]

案例中的杰夫和拉蒂莎都不可避免地面对一些不愉悦的情境。在关于人际沟通过程和情商的这个部分，你可以看到他们怎样有效处理这样的情境。如果杰夫和拉蒂莎都致力于一直保持礼貌，沟通则会更有效地进行。值得一提的是，致力于保持礼貌可以帮助他们培养情商。

沟通知识问答

与商务专业人士的对话

沙恩·斯托厄尔（Shane Stowell）是 RHR 国际有限合伙企业的委托人，这个公司是一个商务咨询公司，致力于促进高层管理人员的评价、选择和发展。在加入 RHR 之前，斯托厄尔管理过很多公司，并且获得了心理学博士学位。

彼得·卡登：对于升职来说人际沟通技能有多重要？

沙恩·斯托厄尔：为了成为一个成功的商务领袖，你必须在你的职业生涯中早一些学习人际沟通技能。但是，很多商务人士认为不需要过早准备这些技能，随着职业生涯的发展，这种技能会逐渐培养起来。现今，假设两个人有一样的教育背景，并且智慧相当，他是否具有出色的人际沟通技能将可能决定他的升迁。

彼得：雇用者怎样评价人际沟通技能？

沙恩：现今，人力资源部门和招聘主管都会使用非常复杂的方法来更好地了解应聘者，以实现高质量的招聘。他们会通过多重面试来了解的人际沟通风格。在网站上，他们试图了解你的视野和性格。在面试中，他们会设置特定情境，来观察你是否可以在复杂多变的环境中，应对和处理问题。最后，他们根据心理测试和评估手段来发现你的性格特点以及你与组织的核心价值是否吻合。

彼得：雇用者在意情商吗？情商是以何种方式产生更好的绩效？

沙恩：成功的组织想要确定你是否可以帮助组织实现长远发展。在当今全球的商务大环境中，无形的领导技能：智慧、自我意识、洞察力、诚实、成熟、刚毅和恰当的时候示弱都是非常重要的技能。情商是所有这些"软"领导技能的核心。意识到在互动中你是怎样影响别人的和别人是怎样影响你的，是你应该学习的一项技能。

彼得：面临如此多的沟通渠道，您对行政人员和管理人员如何选择正确的沟通渠道有什么建议？

沙恩：清晰的信息表达、尊重别人的时间、积极合作、倾听技巧仍然是所有沟通的基础。建议大家尽量找到可以更多激发人际互动的形式。例如，如果让我在电话会议和视频会议之间选择，为了最大限度地锻炼情商，我会选择视频会议。

本章小结

学习目标 2.1：描述人际沟通的过程和有效沟通的障碍。

在图 2.2 中你可以看到人际沟通过程的例子。

学习目标 2.2：解释情绪绑架是如何阻碍有效人际沟通的。

人们在产生动机之前会有情感体验。所以进入大脑的信号都首先经过大脑边缘系统——这里是情感产生的地方，然后再进入到大脑的理性区域。

学习目标 2.3：解释自我意识是如何影响沟通的。

详见表 2.2、表 2.3。

学习目标 2.4：描述自我管理对沟通过程的影响。

详见表 2.4。

学习目标 2.5：解释并评价积极倾听的过程。

有效倾听的障碍		非倾听行为
● 缺少时间 ● 缺少耐心以及集中 注意力的时间	● 领导者形象 ● 通信技术 ● 对消极信息的恐惧	● 防御 ● "我也是"的表述 ● 提建议 ● 评判

详见图 2.4。

学习目标 2.6：描述和证明有效提问可以提高倾听和学习水平。

有效问题的类型	适得其反的问题类型
● 建立融洽关系型 ● 漏斗型 ● 探索型 ● 解决方案导向型	● 引导性问题 ● 伪装表述 ● 反复盘问

详见表 2.11 及表 2.12。

学习目标 2.7:阐明视读其他人的非语言沟通的策略。

发展视读能力的策略
● 坚持每天练习。 ● 注意保持一致性。 ● 集群视读,而非孤立地视读。 ● 结合具体情境视读。

学习目标 2.8:确定基于动机价值观的常见沟通偏好。

详见表 2.13,它展示的是每个 MVS 所关心、偏好的工作环境,以及其他的偏好。在表 2.14 中你可以看到与每个 MVS 的人产生共鸣的词或短语。在图 2.6 和图 2.7 中可以看到不同 MVS 的商务人士之间的对话。

学习目标 2.9:解释外向型和内向型性格是如何影响人际沟通的。

详见表 2.16,其中你可以看到与内向型人和外向型人一起有效工作的策略。

学习目标 2.10:解释礼仪在有效人际沟通中的作用以及工作场所中常见的不文明行为的类型。

指导原则:(1)在生活中学着放慢步伐,培养耐心;(2)聆听同情的声音;(3)保持积极的态度;(4)尊重别人;(5)在争论中克制自己;(6)了解你周围的人;(7)注意细节;(8)询问,而不是吩咐。详见表 2.17。

关键术语

积极倾听	人际沟通过程	生理噪音
蓝色动机价值观体系	内向型人	探索型问题
共轭侧向眼球运动	评判者心态	心理噪音
反复盘问型问题	评判者陈述	建立融洽关系型问题
解码	引导性问题	红色动机价值观体系
伪装表述	学习者心态	关系管理
情绪绑架	学习者陈述	自我意识
情商(EQ)	意图	自我管理
同理心	缓和信息	语义噪音
编码	动机价值观体系(MVS)	意图共享
外向型人	噪音	视读
人生经历过滤器	解决方案导向型问题	漏斗型问题
乐观主义	同步	绿色动机价值观体系
悲观主义	触发事件	中心点
物理噪音	视觉中止	

讨论练习

2.1 章节回顾问题(学习目标 2.1—2.10)

A. 获得意图共享的障碍是什么? 请根据人际沟通模型描述这些障碍。

B. 列举 10 个生活中常见的容易被误解的短语,选择由于年代不同、职业不同、文化不同或其他类型的不同而产生语义噪音的短语。

C. 为什么情商在商务沟通中如此重要?

D. 情商的四个维度是什么? 试阐述每种维度所需的三种沟通能力。(见表 2.3)

E. 你认为提高情商的五个策略是什么? 并阐述理由。(见表 2.3)

F. 解释乐观和悲观情绪是如何影响自我管理的。

G. 相较以倾听为中心的方式,人们常使用以信息为中心的方式进行沟通,请举例说明。

H. 在沟通中,评判者心态有哪些表现形式? 学习者心态又有哪些表现形式?

I. 积极倾听包括六步,你认为哪一步是最重要的? 并予以说明。

J. 领导者形象是怎样成为积极倾听的障碍的? 举一些具体的例子。

K. 你认为主管对消极消息的恐惧是他们积极倾听的障碍吗? 请举例予以说明。

L. 课堂上常说:"世上没有不好的问题。"在工作场所中,你在何种情境下会赞同/反对这种说法? 你是如何看待这种说法的?

M. 商务人士可以使用什么策略来理解他人的非语言信号? 你觉得对非语言信号的理解是否可靠,请予以说明。

N. 在本章中,动机价值观系统解释的是什么? 请阐述每种沟通风格的优缺点。

O. 请阐述内外向型人合作的最重要的策略是什么?

P. 思考表 2.17 中列举的不礼貌行为的常见类型。你认为在日常生活中,哪五种类型的不礼貌行为是最普遍的? 并结合实际举例说明。

Q. 你认为怎样才能营造一个礼貌的、坦率的文化环境? 请举出你能做的三件事,并予以说明。

2.2 沟通问答(学习目标 2.2—2.5)

阅读本章的"沟通知识问答"部分,回答下列问题:

A. 沙恩·斯托厄尔如何看待情商在决定职业成功和获得进步中扮演的角色?

B. 根据斯托厄尔所说的内容,在工作场所中,良好的人际交往技能有何价值?

C. 公司一般会用什么方法来评估员工的人际沟通能力和情商水平?

D. 在选择人际沟通渠道时,他认为有哪些重要的原则?

2.3 员工的个人部分(学习目标 2.2、2.3、2.4、2.10)

为了回答"你是怎样雇用员工的?"这个问题,德国杜塞尔多夫的消费和工业产品公司汉高集团(Henkel)的首席执行官卡斯珀·罗思德(Kasper Rorsted)这样说:

我会问"你是谁、为谁工作过、你曾经取得过什么成绩、在你的职业生涯中有过什么样的失败和错误",目的是为了了解应聘者的基本特点。"你年轻的时候在冰淇淋店工作过吗?你有姊妹吗?你有兄弟吗?你为什么现在住在这里?"询问这些问题,目的是了解应聘者的价值观。

接着,我经常会问这个问题:"如果你赢得 1 000 万美金你会做什么?你会离开吗?你会退休吗?你想做慈善工作吗?你会留下来吗?"

我从来不看大学的成绩,而是关注他们做过什么、工作之余做过什么、如何利用他们的时间以及他们曾经经历过哪些让他们不太满意的个人和职业经历。

我一般会关注这样一类人:职业中一直表现很优秀,从来没有经历过任何的挫折且一直生活在熟悉的环境中的人。

另外,我还想了解:他们会跟迎面而来的陌生人说"再见"或"你好"吗?他们会跟清扫楼道的人打招呼吗?对我而言,个人部分与专业部分一样重要。因为,我认为一个优秀的领导者比优秀的管理者需要更多优秀的特质。[88]

阅读上述材料后,回答以下问题:

A. 罗思德说,对于一个应聘者,他更希望了解个人特质,而不是专业水平,这些特质是什么?

B. 罗思德所指的员工的个人特质为何与情商相关?又为何与礼仪相关?

C. 罗思德指出他想知道人们是怎样对待挫折的,这与情商有什么关系?

D. 从人际沟通、情商或礼仪方面来思考,用二至三段话来阐述如何区分优秀的领导者和优秀的管理者?

2.4 倾听与关心(学习目标 2.5、2.6)

比尔和梅琳达盖茨基金会的山田忠孝(Tachi Yamada)曾说:

一位叫马塞尔·塔奇曼(Marcel Tuchman)的医生给我们上过重要的一课。他是我见过的最富有同情心的人。我从他身上学到很多,例如,谈话时把手机关闭,这样可以在交谈时免受外界干扰。对于收到的邮件,我会在另外合适的时间去处理它。分秒必争,因为我认为如果在这一分钟内没有百分之百的投入,那么这一分钟就等同于浪费。[89]

基于以上内容并结合自身的经历,回答以下问题:

A. 你认为山田忠孝的这句话"如果在这一分钟内没有百分之百的投入,那么这一分钟就等同于浪费"是什么意思?请结合实际予以解释。

B. 什么类型的电子工具和通信工具可以转移谈话时的注意力?通过哪些原则可以确定这些工具没有影响到谈话?

C. 你认为保持善良是商务中倾听和沟通的重要原则吗?善良是可以培养的吗?如何培养?

2.5 礼貌和自信(学习目标 2.1—2.4、2.10)

思考三种需要高度自信的商务(或学校中的)情境。描述你在情境中如何保持自信和礼貌。

测评练习

2.6 描述你对电影或电视情节中的一个误读（学习目标 2.1）

思考一个最近你看过的电影或电视情节。选择一个可能会造成误读的片段，最好是发生在工作场所中的对话。基于这个对话，思考以下问题：

A. 简述这段对话。

B. 结合本章所学：编码、解码、物理噪音、生理噪音、心理噪音、语义噪音和人生经历过滤器，分析为什么这段对话会被误读？

C. 给出至少三项促进意图共享和避免受众误读的策略，简述可以减少噪音、适应你和对方的过滤器的策略。

2.7 思考你最近一次出现误读的对话（学习目标 2.1）

回想最近你与别人之间开展的一段容易误解的对话，选择一次发生在工作场所或学校的深入的对话，基于这次对话，思考以下问题：

A. 用一段话总结这次对话。

B. 结合本章所学：编码、解码、物理噪音、生理噪音、心理噪音、语义噪音和人生经历过滤器，分析为什么会误读？

C. 给出至少三项促进意图共享和避免误读的策略，简述可以减少噪音、适应你和对方的过滤器的策略。

2.8 分析一个发生在学校或工作中出现情绪绑架的情景（学习目标 2.2）

回忆最近你在学校或工作中看到的情绪绑架的情景，结合这个情景思考以下问题：

A. 简要解释发生了什么？主要人物是谁？他们做了什么？你自己或他人的经历均可。

B. 解释情绪绑架的原因和特征。例如，解释这种情绪是什么？什么原因导致的？

C. 解释情绪绑架的影响。它是怎样影响互动的？它是怎样影响绩效的？

D. 阐述怎样能避免或减少情绪绑架？

E. 列举在这种情况下，会有哪些有效的和无效的自我意识和自我管理的想法。

2.9 确定你的触发事件（学习目标 2.2）

用三至五段话阐述三种导致你情绪绑架的触发事件。对于每个触发事件，提出一到两个可以让人冷静下来并进行积极谈话的建议。

2.10 评估你的情商（学习目标 2.3—2.9）

通过回答以下几项内容对自己的情商进行评估，并制定一个计划来提高你的情商。选择一个工作或学校中的情景，结合表 2.3 中的内容进行思考。

A. 反思自己在自我意识方面的优缺点。分别描述自己表现出弱自我意识和强自我意识的情境，并选择两种策略来提高你的自我意识水平。

B. 反思自己在自我管理方面的优缺点。分别描述自己表现出弱自我管理和强自我管理的情境，并选择两种策略来提高你的自我管理能力。

C. 反思自己在同理心方面存在的优缺点。分别描述自己表现出弱同理心和强同理心的情境,并选择两种策略来提高你的同理心。

D. 反思自己在关系管理方面的优缺点。分别描述自己表现出弱的关系管理和强的关系管理的情境,并选择两种策略来提高你的关系管理能力。

2.11 描述与高情商的人进行沟通的技巧(学习目标 2.2—2.9)

回想一些和你一起工作过的高情商的人。至少描述两种他们运用的沟通技巧,并且这些技巧要展现情商的四个维度:自我意识、自我管理、同理心、关系管理。另外,试用二至三段话描述他们处理挑战性的工作时的表现。

2.12 分别描述一个优秀的倾听者和一个糟糕的倾听者的倾听过程(学习目标 2.5、2.6)

回想在学校或工作中和你一起工作过的两名同事,一位是优秀的倾听者,另一个则是糟糕的倾听者。描述并对比这两个人的积极倾听的能力包括:集中精力、保留评价、做出反应、明确问题、概括、分享。解释你是如何辨别他们在认真倾听或者没有认真倾听。列举两到三个优秀的倾听者所具有的特征。

2.13 评估你的积极倾听能力(学习目标 2.5、2.6)

思考在高压环境中或忙碌的时候如何进行有效倾听。解释自己在以下几种积极倾听技能中的表现:集中精力、保留评价、做出反应、明确问题、概括、分享。对于每种技能,结合实际说明你表现得如何? 应该如何提升?

2.14 撰写倾听日志(学习目标 2.5、2.6)

选择一段时间(一周、两周、一个月),每天坚持记录以下内容:今天你使用了哪些倾听技巧? 今天你最难忘的沟通情境是什么? 反思你是否积极倾听了? 解释你对于以下几种倾听技能的执行情况:集中精力、保留评价、做出反应、明确问题、概括、分享。回顾今天你接收和传递的非语言信号。分析你的提问是否有效?

2.15 评估别人的非语言动作(学习目标 2.7)

选择一段时间(一周、两周、一个月),每天坚持记录以下内容:今天接触到的非语言信号有哪些? 运用所学:眼神接触和运动、微笑和点头、其他面部表情、手势、姿势和接触等具体技巧分析这些非语言信号。

2.16 描述一个电影或电视中的非语言信号(学习目标 2.7)

回顾最近你看过的电影或电视节目。选一个包含有趣的非语言沟通的场景——最好发生在工作场所中。基于这个场景,回答以下问题:

A. 用一段话描述这个场景。

B. 分析非语言沟通。解释不同的身体部分,像眼睛、嘴、肩膀、胳膊、手,是怎样发送非语言信号的?

C. 描述在工作场所中你是如何模仿或杜绝非语言信号的,以及为何这么做。

2.17 评估你和他人的动机价值观体系(学习目标 2.8)

分析哪一个 MVS 最适合你。然后,在你的实际生活中找出符合其他三种 MVS 的三个人(可以是家人、朋友、同事、同学或者其他人)。描述他们为什么属于该类别,并解释你如何更有效地与这三种人沟通。

2.18 分析工作中一个不礼貌的情境(学习目标 2.10)

回想一个你在工作中或学校中遇到的不礼貌情境,并用一两段话进行描述。然后,用二至三段话分析这件事中的每个人是怎样诱发这个不礼貌事件的。试结合所学(噪音、触发事件、情商等方面)对这个情境进行分析。

2.19 评估你的礼貌程度(学习目标 2.10)

回顾本章中的表 2.17,思考不礼貌的各种类型:忽视他人、没有礼貌地对待他人、浪费他人的时间、不尊重他人的隐私、不尊重他人的尊严和价值。然后试着用三到四段话来描述你在职业生涯中最有礼貌的三个方面,以及你应该如何避免无意间产生的不礼貌行为。

应用练习

2.20 阐述在工作环境中如何避免信息误读(学习目标 2.1)

以个人或小组为单位,分析如何避免工作中的信息误读。根据以下内容:噪音、触发事件、编码和解码,并结合你在实际工作中的经历,举例说明你遇到的信息误读的情境以及应该如何避免。

2.21 阐述为什么情商是人际沟通的基础(学习目标 2.2—2.9)

以个人或小组为单位,做一个 5—10 分钟的演示,阐述为什么情商是人际沟通的基础。描述情商的四个维度。然后结合你在实际工作中的经历,举例说明。

2.22 倾听训练(学习目标 2.5、2.6)

三个人一组,用 2—5 分钟,每个人轮流进行角色扮演。角色分别是:提问者、倾听者和观察者。提问者选择一个话题(例如,职业兴趣、选择所读专业的理由、目前在工作中或学习中遇到的挑战),通过提问来引起对话。观察者会当场记录提问者的问题、倾听者的表现、其中的非语言沟通技巧的有效程度等内容。完成这个练习后,观察者需要进行 3—5 分钟的总结。

2.23 阐述如何在工作场所保持礼貌(学习目标 2.10)

以个人或小组为单位,用 5—10 分钟时间,阐述如何在工作场所保持礼貌,并结合你在实际工作中的经历,举例说明。

3

团队沟通和高难度谈话

学习目标

学习本章后,你应该掌握以下几点:

3.1 解释高绩效团队沟通的原则。

3.2 描述并演示筹划、运行和跟进会议的方法。

3.3 解释虚拟团队有效沟通的原则。

3.4 描述高效的小组写作的策略。

3.5 解释处理高难度谈话的基本原则。

为什么这很重要?

所有类型的组织都逐渐认识到团队合作能够产生更多的创造力和更好的业务成果。可以预料,在你的职业生涯中,你将在团队中花费大量的时间。事实上,大约54％的专职人员有1/3的时间都是在团队工作中度过。另外34％的专职人员表示他们在团队中花费大约一半的工作时间。然而,只有3％的专职人员称为了适应团队工作他们接受过相关培训。[1]

如果你能够领导团队并能为团队作出贡献,你将得到许多工作机会。事实上,优秀的团队成员常常会不断提高对自己的要求,向更好的方向发展。在团队中工作除了能让你获得许多职业好处,还能让你不断感受到激励。它帮你和同事们建立联系,你们可以互相学习,分享各自的想法,共同庆祝团队取得的重大成就。在团队中工作会存在一些困难,它会要求你放弃一些个性。当团队成员在一起工作不顺利的时候,大家心情都会很低落。然而,在理解高效的团队合作、纪律和努力工作的原则后,你会很容易在团队中获得成功。在你阅读这一章时,思考如何才能改善你的团队沟通能力并提高团队合作的效率。

本章案例:Prestigio 酒店团队的倾听与沟通

  涉及人物:

  南希·杰弗里斯(Nancy Jeffreys):营销总监　　　山田基普(Kip Yamada):营销专员

市场营销团队为会议做准备

市场营销团队即将召开双周会议。团队成员打算讨论如何开展即将进行的市场调研、评估正在进行的改进顾客服务的进展情况、研究如何通过博客和维基百科来改善团队内部沟通，并制定情人节营销活动计划。

南希和基普因为以前的分歧而心存不满

最近几个月，南希和基普都在尽量回避对方。问题的起因要从基普擅自向十名商务旅客退款约 4 000 美元说起。这些商务旅客投诉说，几个月以来，酒店都按照标准价格向他们收取费用，而不是酒店网站上广告的折扣价格。但是酒店这样收费并没有错，是旅客自己没有看到网站上"折扣只能在周末使用"的小字。基普退款是因为他觉得这些旅客是常客，他们应该得到特殊待遇。

当南希得知基普在没有事先与她商讨的情况下擅自给予旅客退款，她很愤怒。她把基普叫到办公室，并责备基普没有提前跟她说一声。基普唐突地回复道："Prestigio 作为一家著名的酒店，我们的顾客服务就应该是这样的！"并离开了她的办公室。从那以后，南希就开始向同事抱怨基普没有从酒店经营的角度处理这件事，基普则抱怨南希没有为酒店客人着想，因此导致酒店业务正在流失。

任务：

1. 如何使营销团队在一起有效工作，并实施一种团队成员均认可的营销方法？（见团队沟通部分）

2. 南希和基普应如何处理他们的分歧，并再次实现有效的合作？（见高难度谈话部分）

高效的团队沟通原则

团队有多种形式。有些团队是非常正式的、一直都存在的，并冠以名称（如营销团队）。有些团队则是临时组成的，以完成某个项目或活动（如项目小组、委员会）。团队最常见的功能就是处理特殊项目、完成特定部门的工作、制定创新的内部制度、提供创新的顾客服务、开发新产品、参与员工发展，并缩短顾客获得产品和服务的时间。[2]

案例 3.1　京东的团队例会

在京东 APP 上的很多页面都是由采销的部门来负责，每个采销小团队都配置平面设计师，每天早上开 20 分钟的团队例会，要求每个人汇报昨天看到哪一个头条跟我们卖的什么东西有关系，如何利用。经过讨论，小组长把主题定下来，让平面设计师做出促销页面，做完页面以后，小组领导开始进行内部汇报，内部汇报的逻辑叫 ABC 原则：你是 C，想要推动某件事，需要跟 B 汇报，他同意你就可以做，同时你要抄送给 A，但是 A 不用给你做任何回应。出问题了，ABC 共同担责，以减少 C 的压力。用这种方式，不管组织多大，都可以快速完成任务。所以，早晨的创新想法，上午做完图，下午页面就可以挂在 APP 上。

评析：

专注于工作重点的例会将直接促进绩效和目标的达成，而喊口号、扯皮、跑题的例会只会浪费时间。

最近的一次调查显示,商务人员认为无效沟通(66%)是团队效率的最大障碍。其他主要障碍还包括缺乏有效的章程及目标(56%),缺乏透明度和对角色的理解(47%),士气低落(44%),生产效率低(42%),以及缺乏信任(36%)。同样,当排列团队中最令人沮丧的方面时,商务人士列举如下:没有有效利用会议的时间(54%),团队成员之间存在无效沟通(50%),缺乏问责(47%),有些成员不能完成任务(44%),以及在会议上准备不足(41%)。[3]这些因素都和沟通能力息息相关。

如果你的团队遵循团队沟通的基本原则,他们会表现得更好,而这些基本原则依赖于一个重要方法——以倾听为中心。团队工作是工作绩效中被研究得最多的方面之一,数以百计的研究支撑着以下几点原则:

团队首先应该注重绩效。优秀团队最基本的特点就是专注于实现高水平绩效。确保你的团队有追求卓越的紧迫感和方向感。[4]团队谈论工作重点是其专注于实现高绩效的一种表现。在一个高绩效团队中,团队成员每100句陈述中,会有60—70句直接与工作相关,包括目标、协调、角色、任务说明以及其他与项目相关的问题。这100句陈述中,团队成员大概会说出15—20句支持的话语,意在表示友好和鼓励。同时,他们只用10—15句的陈述来进行基本社交。[5]相反,低绩效团队中的团队成员做出的与工作相关及支持性的表述要远远少于高绩效团队。取而代之,他们更多的是使用社交语言,来帮助团队成员巩固社会联系,而非解决工作问题。

团队要经历四个阶段才能达到高绩效。[6]几乎所有高绩效的团队在他们达到最高绩效水平之前都经历了四个阶段。在最好的情况下,工作团队大约需要6—7个月的时间达到这个水平(见图3.1)。[7]通常情况下,当团队经历以下几个阶段时,领导者会减少命令而改用协商的方式:

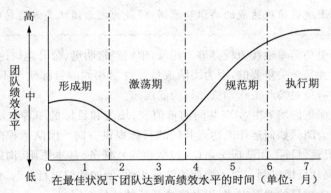

图 3.1 高绩效团队发展阶段

资料来源:改编自 Susan A. Wheelan 的《建立有效的团队:给团队成员与领导者的指导手册》(加利福尼亚州千橡市,Sage,1999 年)。这已被数以百计的研究团队开展的学术研究证实过。

(1)**形成期**(forming,第1、2个月)。在团队组建阶段,团队成员专注于使其他成员接纳自己并避免冲突。在某些方面,这个阶段是蜜月期,团队成员在这个阶段了解彼此。

(2)**激荡期**(storming,第2、3个月)。在激荡期,团队成员就如何开展工作提出自己有竞争性的想法。这个阶段通常是最低效的,因为团队成员尝试厘清不确定的角色、目标和责任。

(3)**规范期**(norming,第4、5个月)。在规范期,团队会形成一个包括角色、目标和责任的工作计划。

（4）**执行期**（performing，第 6、7 个月）。在执行期，团队朝着目标有效地运作。团队已经发展到一定的水平，成员能够将分歧与冲突转化为今后行动的共识。

高效的团队会围绕价值观、行为规范和目标形成自己的工作文化。组织和团队通过不断尝试变得更加团结、高效。**团队文化**（team culture）是指对价值观、规范、角色、职责和目标的产生达成的共识和承诺。[8]通常在规范期，团队会迅速形成这样一种共识和承诺。只有在执行阶段，这些共识和承诺才会促成高绩效。

案例 3.2　龚毅红的高效团队管理方式

巴斯夫亚太区域技术采购副总裁龚毅红，在她 28 年的职业生涯中，一直从事化工行业的项目管理以及大型复杂的项目集管理，对于跨文化、跨地域的团队管理有着独特的见解和体会。根据她的经验，在短时间内把分散的人群组建成一个富有执行力的团队，需要识别出不同文化在深层次结构中存在着的共性。在跨文化交流的过程中，达成完全共识虽不现实，但形成有限共识是可以追求的成果。

如何识别出有限共识，并把其发展成团队文化呢？龚毅红采取团队建设公开征询的方式来识别出项目团队的共同价值观。团队建设活动中，提供给每个人与文化背景、项目管理、价值观等有关的 50 个词组，要求大家背对背从 50 个词组里挑出最认可、最重要的 20 个词组，然后依次从 20 个中选 10 个，10 个中选 5 个，最后从 5 个中选 3 个。龚毅红透露了一个细节，起初 50 选 20 并不太困难，而到 5 选 3 时，好多人都陷入了纠结。"我们把得票率最多的三个词语作为项目的价值观和文化，分别是：尊重、公平、透明。大家的共识是：今后无论是何国人员，从事何种岗位、何项工作，团队必须以这三个词为基准来评估它的有效性。"

评述：

团队建立初期围绕价值观达成的共识和承诺，将成为之后团队高效运转的基石。

高绩效团队会避免简单地按流程办事。相反，他们经常明确、公开地讨论共同的价值观、规范和目标。这个过程是至关重要的，因为团队成员往往给相同的目标赋予不同的含义，公开讨论有助于团队成员避免对彼此工作动机和行为的误解。

高绩效团队确保他们培养并实现共同的价值观、规范和目标的一种方法就是创建团队章程。团队章程能够为团队如何运作以达到共同的目标提供方向。团队章程的要素通常包括宗旨或使命宣言、价值观、目标、团队成员角色（包括领导）、任务、基本原则、沟通协议、会议协议、决策规则、冲突解决和反馈机制。对于短期团队或小组，例如学校项目运营，你应该确保你的章程中还包括每个团队成员的联系方式，以及完成任务的最后期限。[9]

在图 3.2 中，你可以看到由 Prestigio 营销团队制定的一个简短的团队章程，它包含了许多常见的团队章程要素。当你制定团队章程时，你应该将其视为你和团队成员之间一项重要协议。并且，你的团队应时常评估该团队章程并对其进行修改，使其更好地满足团队的需要。

高效的团队经常见面。团队表现不佳大多是因为他们没有在会议上花足够的时间。频繁的会议是建立关于角色、目标和责任等共识的必要途径。（具体见下一节关于管理会议的内容。）此外，会议能敦促团队成员按时完成任务。不常见面的团队也许永远也达不到执行期这一阶段，或者会从执行期倒退到低产阶段。而高效团队会优先安排会议和行动。他们通过最初的一系列会议来定下基调，并为整个项目的高绩效表现打下基础。

Prestigio 营销团队章程

使命宣言: 我们为 Prestigio 酒店进行市场营销,来提升客户服务水平、财务业绩成果和可持续发展能力。

价值观: 工作突出、创新、诚信、分享及协作、专业成长。

目标: (a)成为本区域商务会议选址时首屈一指的度假胜地;(b)实现 12% 的年收益增长率;(c)保持95% 的商务旅客满意度,85% 的参会人员满意度。

团队成员角色/职责

团队成员	职位	职责
安德烈娅·加西亚(Andrea Garcia)	总经理	监督所有的营销活动
南希·杰弗里斯	营销总监	领导对非会议客人的营销活动
芭芭拉·布鲁克希尔(Barbara Brookshire)	会议中心主任	领导对会议客人的营销活动
山田基普	营销专员	针对商务旅客开展活动
杰夫·安德顿(Jeff Anderton)	营销助理	进行市场调研和分析
凯莉·张(Kailey Chang)	营销助理	构想活动的主题并负责宣传

沟通协议
- 我们将每周两次在团队博客中发布项目的进展、提供建议和分享相关经验。
- 我们将在 4 小时内回复成员信息(电子邮件、电话)。
- 认可每个团队成员想法的价值。我们会立即、直接并以尊重的态度讨论每个成员之间观念上的差异。

会议
- 我们将在每个月的第一个和第三个周三的上午 10 点举行会议。
- 我们的成员轮流主持会议。主持人要确保所有人参与会议议题。
- 主持人应确定会议议程。在每次会议的前两天,即周一前,主持人应多方沟通确保议程的顺利执行。主持人应该在每次会议前一天也就是周二中午前,以博客帖子的形式发布最终确认的议程安排。
- 每次会议我们将轮流做笔记。
- 记录员应在会议结束后的下周二前将会议记录发布到团队博客。记录员将为所有行动项目建立日程安排。

决策

我们的目标是达成共识。如果我们没有达成共识,根据总经理、营销总监和会议中心主任的多数投票做最终决定。

信息反馈
- 每次重要的营销活动后,我们将评估每个团队成员的表现。
- 每年的六月和十二月,我们将评估团队绩效与沟通情况。
- 我们致力于专业成长,通过互助来达到我们的目标。

图 3.2 Prestigio 营销团队章程

高效的团队会接纳不同的观点和冲突。 高绩效团队能容纳冲突。他们认为意见有分歧是很自然的,并认为这是提高创造力和推动创新的途径。因此,他们鼓励彼此分享自己的想法,即使这些想法与自己的不同。

~~~~~~

案例 3.3 腾讯的 COE 企业文化

在腾讯 COE 企业文化与员工关系部运营着员工沟通平台,如乐问、BBS 等。平台里经常会有很热的帖子爆出来,曾有一个同事在平台里吐槽用腾讯的财付通买一个相框的经历,他当时用截屏、段子手的写法，把一系列体验非常差的情感全部表达了出来。他说财付通这个产品体验太差了，发出后，很多员工都讨论这个产品的问题，大家不会介意指出一个内部产品或者管理方面的问题。在这个问题被指出来之后，马化腾回复了那个帖子，他说："财付通是很烂。"当时所有人跑到马化腾那里回复留言："老大原来真的在这个论坛上活着"，并在上面签名留念。更可贵的是问题的抛出总会引来相关责任人的重视，COE的核心任务就是在员工吐槽后，一定要让他们得到及时的反馈和帮助。为此他们专门邀请有经验的达人帮助解答问题，尽量将员工普遍关注的问题让高层、业务部门的负责人去看。并以最快速度回应问题，解决漏洞。

评述：

开放式交流环境让员工"敢"说话，不同观点碰撞会促进问题的发现和解决。

能够给团队带来新观念的一种方法就是接纳多样性。越来越多的研究表明，多样性会带来更多的商业收益。多样性有两种形式：先天和后天。**先天多样性**（inherent diversity）包括年龄、性别、种族和性取向等特征。**后天多样性**（acquired diversity）指通过经历获得的特征，比如客户服务经验、零售经验或工程经验。同时拥有两种多样性被称为是拥有**二维多样性**（2-D diversity）。具有二维多样性的公司实现市场份额增长的可能性比其他公司高出45%，开拓新市场的可能性比其他公司高出70%。以下行为有助于促使后天多样性的产生：(1)确保每个人都能接收到信息；(2)保障团队成员发表新奇想法的权利；(3)给团队成员一定的决策权；(4)共享信用；(5)提供有用的反馈；(6)将反馈贯彻落实。总之，这些行为能推动创新，并营造"大声说话的文化"氛围。[10]

确保团队的创新力需要纪律，因为团队文化可以轻松地促进群体思维。在过去十年中，企业越来越鼓励团队合作以及建立开放的工作环境，在这样的环境下，团队成员在一起工作的时间更长。然而，要想让团队运行得更好，大多数团队成员需要独立的工作时间免受他人打扰。最具创新力的团队能够平衡团队工作与独立工作的时间，从而捕捉更多思想上的差异。[11]

案例3.4 谷歌的"20%时间"工作方式

谷歌的"20%时间"工作方式，允许工程师拿出20%的时间来研究自己喜欢的项目。语音服务（Google Now）、谷歌新闻（Google News）、谷歌地图（Google Map）上的交通信息等，全都是"20%时间"的产物。国内互联网公司腾讯、阿里的员工工作时间，上级安排的也就40%，30%由其他的平级伙伴安排，还有30%留给用户、客户找到你，自行安排时间。微信红包的诞生就得益于这种"433"的时间安排。腾讯的产品经理，在闲聊时想到很多人春节没法回家发红包，于是觉得可以在微信上解决。他有了想法后，找了几个平时认识的程序员，用两周的下班时间做出了发红包的程序。

评述：

独立的工作时间能让创新源泉充分涌流。

在本章的最后一节，我们将进一步讨论处理观点差异及冲突的原则。在这里，对于团队成员如何容纳和回应不同观点，我们提出两点原则：分离和联合。**分离**（disassociation）是一个过程，专业人员接受对他们想法的批判，而没有固执己见、充满防备。另一方面，**联合**（association）是指在人们和他们想法之间存在的心理纽带。既然大部分会议和团队沟通的目的是增强对角色、目标和责任的认同,提高团队的目标意识,那么团队成员应该在会议或团队沟通结束时寻求联合。一般情况下,高绩效团队都会经历分离和联合的反复循环。也就是说,他们在最初的讨论阶段不一定能够接受新的分歧观点,然后在他们致力于建立共同目标和相关行动项目时,会将自己的想法与新的观点有机融合,达成共识(参见图 3.3)。[12]

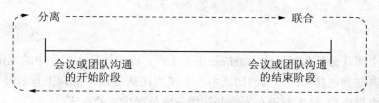

图 3.3　团队沟通中分离与联合的循环

高绩效的团队能发现彼此的沟通风格和偏好。要想使团队沟通变得成功而且高效,一种有效的方法就是评估所有团队成员的个性和沟通风格。在进行评估之后,团队成员通常会相互分享他们的结果(参见第 2 章图 2.5 中的例子)。这类评估的好处就是能够根据成员的风格和偏好进行明确的沟通交流。

高效的团队会提供大量积极的反馈,并经常对他们的表现进行评价。高绩效团队成员持续为彼此提供反馈,其中大部分是积极的。他们也许会衡量个人和团队绩效的各个方面,也许会评估个人在项目、计划或特定时间段的表现。许多团队会在每个会议上花时间简要地评价他们的表现。有效评价的几个关键点如下:(a)过程应是积极的、受目标驱动的、极少惩罚的;(b)过程中应有明确的期望;(c)所有的团队成员都应该参与。[13]

你会注意到,在 Prestigio 营销团队章程中(见图 3.2),列举了几个提供反馈的方法。其中一种方法就是每年开展几次团队评估。在图 3.4 中,你可以看到关于团队评估的简短示例。团队评估通常关注成果、沟通气氛(包括解决冲突)、问责、承诺和信任等方面。

Prestigio 团队评估

在 1(从不)到 5(总是)的范围内打分评估你的团队

我们的团队……	1 (从不)	2 (很少)	3 (有时)	4 (经常)	5 (总是)
专注于高绩效。	1	2	3	4	5
设定高目标、高标准。					
遵循团队章程。					
给每位团队成员一次参与的机会。					
进行公开、坦率的谈话。					
召开高价值的会议。					
建设性地处理意见分歧。					
一起开发创新的解决方案。					
帮助团队成员专业地成长。					
彼此信任。					

图 3.4　Prestigio 营销团队的团队评估样本

　　高效的团队会有一种共同的目标感。这种目标感增长了团队的士气、谈判能力和责任意识。因此,高绩效团队经常讨论他们的目标,也注重加强社交联系,表达对彼此的关心。[14]

会议管理

　　会议是一个团队分析和听取他人想法的主要平台。因为团队在工作中的地位日益突出,越来越多的员工参与到项目和跨部门的团队中。会议为团队提供了协调工作以及提高效率的机会。一旦会议取得成功,就能够振奋人心并让团队成员产生新的想法。[15]

　　以解决问题为目的的会议能够带来极高的投资回报率。例如,北电网络(NorTel)评估了一个系列会议的投资回报率,这个系列会议共包含了 12 场为期 2 天的子会议,该系列会议以降低制造成本为目的。该公司总共投资 50 万美元,但计算表明,得益于在会议期间开发的解决方案,公司节省了 9 100 万美元。[16]

　　然而,会议有许多需要权衡的地方。比如,会议会占用大量的时间。在调查了 150 位金融管理人员后发现,他们平均每周在会议上花费 7.8 个小时,这样一年下来,就花费了他们 2.3 个月的工作时间。十年前金融高管们平均每周在会议上花费 6 个小时,一年共计 1.8 个月。[17]

　　低效的会议不仅浪费时间,还会制造分歧、削弱士气、降低效率。[18]因此,能够召开高效会议的管理者可以帮助他的团队更有成效地工作,而这样的管理者往往会获得更好的职业发展机会。[19]当你准备好牵头并参与一项会议时,要考虑一个成功的会议包含的所有阶段:为会议做准备,开展会议,并跟进会议。

案例 3.5　京东的高效会议方法

　　开会,是每位职场人士的"家常便饭",如何让会议开得高效、理性呢? 京东采取了如下妙招:

　　1. 会议室"三三三"原则:

　　(1) 内部会议要求会议核心内容不超过三页 PPT;

　　(2) 会议时间不超过三十分钟;

　　(3) 决策会议不能开超过三次;

　　(4) 同一问题超过两次会议决策不了,就上升一级做决策,三次会议必须解决问题。

　　2. 会议室"停机坪":

　　京东会议室有个神奇的物件——用于放置手机的挂墙收纳袋。上面标着序号,开会前所有人将手机放进里面,等开完会再拿走。

　　科学研究表明,手机是和会议内容抢"关注率"的大"敌人",为防止会议"低头族"蔓延,京东行政在 30 人以上的会议室内都放置"停机坪",为的就是提高会议效率。

　　评述:

　　彼得·德鲁克认为,世界上只有两类会议——如果没有办法做到富有成效,那么开会纯粹就是浪费时间。打造高效会议,需要对会议的全过程进行管理。

筹划会议

高效会议的召开始于计划。对于例行会议，你应该花 30—60 分钟的时间做准备。[20] 对于特别重大或非常规性的会议，你可能需要花费几个小时或几天的时间来计划。

基本问题

筹划会议需要策略布局、时间安排和人员协调。至少，你需要考虑以下问题：[21]

- 会议的目的是什么？期望的结果是什么？
- 谁应该参加？
- 会议何时召开？
- 与会人员应该扮演什么角色？他们有怎样的职责？
- 有哪些议程？
- 有哪些材料应在会议之前分发？
- 我应该在何时、以何种方式邀请他人？
- 我需要关心什么后勤问题（预定房间、获取设备、印刷材料等）？

当你考虑这些问题时，要记住你的目的，确保你的计划致力于预期结果的实现。同时，想想如何安排才能提高效率。一般来说，你应该避免在一天中效率最低的时候（通常是下午）召开会议，特别是头脑风暴的会议。通常情况下，大多数员工上午效率最高（见图 3.5）。[22] 在一周之内，周二被认为是最有效率的一天（57% 的员工是这样认为的）。相比之下，周五效率最低（只有 3% 的员工认为周五他们最有效率）。[23]

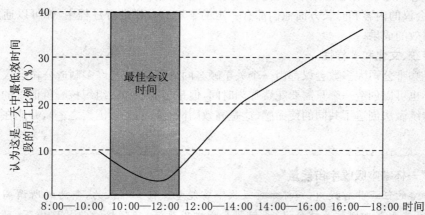

资料来源：改编自 Accountemps，"Accountemps Survey：Employee Output Is Weakest Late in the Day," August, 17, 2010, retrieved November 20, 2010, from http://accountemps.rhi.mediaroom.com/least_productive。

图 3.5 工作日中最低效时间部分

此外，考虑你应该提前发放的材料。通常，你应该在会议开始前对与会人员提一些要求以帮助他们做好准备。尽可能早地把材料分发给大家，这样他们才有充足的时间做好准备。

当你筹划时，需要考虑会议的类型。会议可以大致分为协调会议和解决问题会议。**协调会议**（coordination meeting）主要专注于讨论角色、目标和责任。**解决问题型会议**（problem-solving meeting）通常要用到头脑风暴来解决特定的工作问题。在现实中，几乎所有的会议都需要协调和解决问题。然而,协调会议通常包括许多项目议程,对每个项目都提前分配了合理的时间。相比之下,解决问题会议涉及更多的流程性问题,不容易被划分成一系列议程,也不容易给其分配时间。对于特别困难的问题(例如,转型期的兼并问题),有些团队承诺会在每天的同一时间召开会议,并且只有当他们明确知道当前问题的时候,才会预先制定议程。[24]

制定和分配议程

议程是会议的结构。对于大多数会议来说,提前准备和分发议程会让每个会议参与者了解预计的流程并早做准备。[25]

大多数议程应包括涉及的项目、时间框架(可选择)、目标、角色和所需的材料。为了更有效地开展会议,你可以让其他人参与议程的制定。例如,至少提前几天,要求会议参与者提出他们希望会议包含哪些议程。通常情况下,你应该至少提前一天分发最后的议程安排。提前分发议程项目并让团队成员参与议程的制定,会增加与会人员的认同感。你也可以考虑分配角色。例如,你可以指定某人为主持人、记录员(会议记录)、计时者或其他角色。[26]

当你制定议程时,要注意议程的排序,这样它才能像其他书面交流一样实现你所期望的点到点般流畅的交流。此外,考虑把那些最重要的议程部分安排在靠前的位置。这样一来,如果会议时间超过预期,你会被迫搁置一些议程,但是你已经解决了需要优先解决的议程。[27]图 3.6 是 Prestigio 营销团队的议程。

进行高效会议

如果你已经计划并准备好了会议,那么在实现会议目标这一事件上,你已经迈出了成功的一步。在理想状态下,你已经给予了会议参与者明确的预期内容——在会议召开之前他们应该做什么,在会议的内容和时长方面他们都有一定的了解。会议进行过程中,你可以通过以下几点来取得有效的成果。

创造传统、文化和多样性

星巴克咖啡公司大多数会议都由一个关于顾客的故事开始。[28]许多制造公司会议由安全故事引出。你也可以创造一个只需要花费片刻时间,但是却能够加强组织核心价值观的传统。这种类型的传统做法创造了共同的使命感(这是高效团队合作的关键因素之一),并能在会议开始时引人入胜。[29]

案例 3.6 "一杯咖啡吸收宇宙能量"

爱喝咖啡的任正非曾提出:一杯咖啡吸收宇宙能量。任正非认为,华为的所谓高端技术人才、干部一定要多参加国际高端会议,多与别人喝咖啡交流,在轻松愉快的环境下,可以听到世界最高端人才的讲话。向上是大喇叭口望着的星空,吸收宇宙能量;向下是喇叭口传达给华为的更多员工,培育未来的土壤。这两个锥形体连接在一起就是一个拉法尔喷管,拉法尔喷管就是火箭的发动机,产生强大的动力,火箭就上天了。这样,华为的未来才会像火箭发射器一样。事实上,"一杯咖啡吸收宇宙能量"已经成为华为特殊沟通的法则,不仅体现在高端人才、干部身上,更体现在华为的基层员工、助理、普通职员、秘书、业务员、主管等职员身上。如今华为的办公区域,经常可以看到同事之间坐在一起喝着咖啡,聊着工作上遇到的问题、难题,还会传送一些经验等。

评述:

通过喝咖啡进行简短的沟通和思维碰撞,有趣且有效。咖啡沟通法也成为华为的沟通习惯。

设定预期并遵循议程

花一些时间来解释一下会议的目的和你希望完成的目标。你可以制定一些基本规定,比如你希望哪些人参加,花多少时间来进行评论,或者如何处理意见分歧。基本规定可能涉及安排主持人、计时者和记录者。它还可能涉及使用手机和其他潜在干扰会议氛围的电子设备的协议。你也可以指出哪些问题需要保密且不能在会议之外进行讨论。[30]

对于大多数会议来说,应将讨论的重点放在议程项目上,并遵守已分配的时间。如果与会人员感觉到会议是非结构化或不在进度表内的,一些人可能会对会议不感兴趣或恼怒。[31]

Prestigio 营销团队

会议议程

日期:11 月 9 日　　　　　**开始时间**:上午 10 点　　　　　**结束时间**:上午 11 点

目的:

1. 讨论实施市场调查的计划,调查我们本地竞争对手的:(a)网上团队定价;(b)客户满意度水平情况。
2. 讨论一月开始的"工作人员 & 服务计划"的进展情况。
3. 检测提高我们营销团队博客和维基参与度的几种方式。
4. 完成情人节促销活动计划。

预期成果:

在下个月(截至 12 月 15 日)前制定行动计划。在 12 月 15 日会议上,我们将制定年度营销计划,其中提高客户满意度和定价是优先事项。

议程项目 1:网上团队定价(20 分钟)
- 网上群体定价调查结果总结(杰夫)　　　　　　　　　　　5 分钟
- 网上会议群体定价的行业标准(芭芭拉)　　　　　　　　　5 分钟
- 小组讨论调查结果和方案选择　　　　　　　　　　　　　10 分钟
- 制定行动计划　　　　　　　　　　　　　　　　　　　　5 分钟

议程项目 2:提高顾客满意度(20 分钟)
- 外部网站顾客满意度调查总结(杰夫)　　　　　　　　　　5 分钟
- 小组讨论调查结果和方案选择　　　　　　　　　　　　　10 分钟
- 制定行动计划　　　　　　　　　　　　　　　　　　　　5 分钟

议程项目 3:企业的社交软件
- 讨论提高维基和论坛使用率的目标(安德烈娅)　　　　　　5 分钟

议程项目 4:新的促销活动
- 情人节酒店促销活动(南希)　　　　　　　　　　　　　　5 分钟

总结行动计划　　　　　　　　　　　　　　　　　　　　3 分钟

参与者:安德烈娅·加西亚,南希·杰弗里斯,芭芭拉·布鲁克希尔,**山田基普**(记录者),杰夫·安德顿

图 3.6　会议议程样本

鼓励参与和表达想法

每一次会议都应该有一个主持人。**主持人**(facilitator)应从中立的角度,让每个人参与交

流,并确保恰当讨论每一项议程。主持人应该对与会人员的发言做出反应,询问发言人自己是否理解到位,向其他成员做出解释并总结发言,但是不进行个人评判,让每个人都参与讨论。有时候,这可能需要使用精确的语言比如"我想每个人花 2 分钟来……"对于常规会议,主持人往往是组织者。[32]

为了推动会议正常进行,主持人保持中立是至关重要的。如果其他人认为主持人倾向于支持特定的立场和观点,那么他们就不太愿意表达自己的真实想法,当主持人是地位更高的权威人物时,尤其会出现这种情况。

确保会议"安全"需要每个团队成员都做出有意识的努力。在调查的近 250 万员工中,只有15％的调查对象认为团队在一个安全双赢的环境中运作,17％的人认为工作团队中存在相互理解和创造性的交流。[33]作为会议的领导者,既要鼓励辩论,又要及时处理任何被视为不利于团结的言论。鼓励讨论但避免争吵的艺术需要时间来锻炼培养。在会议中,它需要你在开始时鼓励不同意见,但在最后要进行总结。研究表明,在会议期间有更多不同意见的团队会作出更高质量的决策。通过对所有可获得信息和选项的开放讨论,团队往往能做出最好的选择,并忠诚于最终的决定。[34]

在解决问题的会议上,领导者必须建立一种讨论加辩论的模式。一般而言,第一个焦点是一致确定出现的问题。然后,焦点切换到该问题的历史表现及其现在的影响。第三,与会者应该考虑到如果问题不能被解决,原因是什么和未来会造成怎样的后果。最后,团队应该准备好使用头脑风暴的方式来解决问题。[35]

建立共识和行动计划

会议的主要目的是建立行动计划。当所有想法都被陈述后,团队必须评估各种选择方案,并制定行动计划。对于重要的决策,团队应该尝试围绕决策方法来建立共识,优先考虑如时间期限、资金来源等因素。你会发现很难在重大问题上建立共识,可以尝试着从小方面建立共识开始。[36]

结束会议

你应该优先考虑按时结束会议。会议结束前,总结一下已经完成的议程。在短短几分钟内,你可以回顾一下团队通过了哪些行动项目。确保这些行动项目中每一个角色和任务分配都是清晰的,并建立问责机制来进行后续追踪。[37]

会议结束后(甚至是那些并非由你主导的会议),你应参考以下几点对自己的表现进行评估。[38]

- 有多少信息、分析和解释是我提供的?
- 我有没有传达我的想法,即便想法与他人冲突?
- 我是否参与了时间安排的实施? 我是否满足截止日期的要求?
- 我是否对决策过程有贡献? 还是我只是随波逐流?

对付难对付的人

不可避免地,你的团队中会存在不太合作的成员。他们可能会一直表现出消极的态度,拒绝参与,打断别人,做不相关的评论,对其他参与者或他们的观点表现出不可一世的态度,或者以自我为中心发表冗长的看法。阻止这种行为最好的办法之一就是为领导层提供明确的议程、会议目标和角色分配。如果问题仍然存在,就将该成员拉到一边进行单独交谈。在讨论了破坏性的行为,并解释了该行为会如何影响团队绩效之后,考虑提出如下明确的、有礼貌的,但很坚决的要求:"在下次会议上,请给别人更多的时间来表达他们的观点。"[39]

会议后续跟进

通过分发会议纪要(作为一份备忘录,抑或是团队博客或维基中的一部分,通过电子邮件、企业内部网的会议文件夹进行传播)来跟进会议。会议纪要应包括日期时间、出席成员、所作决策、讨论要点(可选)、已知问题(可选)、行动项目和截止期限。你也可以将那些被邀请却缺席的成员名单与指定的角色(例如,记录员)纳入会议纪要中。会议纪要将记录你的团队完成的议程。图 3.7 提供了一个会议纪要的样本。

Prestigio 营销团队

11 月 9 日会议纪要

日期:11 月 9 日 　　　　　**开始时间:**上午 10 点 　　　　　**结束时间:**上午 11 点

议程项目 1:网上团队定价

*讨论:*杰夫在会中提出了与会人员关于顾客购买互联网服务的调查结果。该组成员一致认为,互联网服务购买率太低,低收入人群的较少使用意味着他们较高的价格敏感度。

行动项目	责任人	完成时间
● 制定并进行调查,确认与会客人购买网络服务时愿意接受的价格。	芭芭拉,杰夫	12 月 15 日
● 进行价格敏感度评估并找出相关收入的影响。	芭芭拉	12 月 15 日

议程项目 2:提高顾客满意度

*讨论:*杰夫展示 Prestigio 酒店和当地其他三家竞争对手的客户满意度排名情况。小组成员一致认为与竞争对手相比,我们的顾客满意度排名有所提高。我们最关心的是卫生状况、商务中心和会议室这三个方面。

行动项目	责任人	完成时间
● 制定改善商业中心设备和家具的计划。	安德烈娅	12 月 15 日
● 制定改善卫生状况和会议室的计划。	南希,安德烈娅	1 月 15 日

议程项目 3:企业社交软件

*讨论:*安德烈娅鼓励大家经常登录新的企业社交平台,在上面共享文件,使用维基软件,并留意共同项目的进展。

行动项目	责任人	完成时间
● 使用维基与另一个营销团队成员合作完成一个共同项目。	营销团队全部成员	12 月 15 日

议程项目 4:新的促销计划

*讨论:*南希介绍了她的情人节促销计划,其中包括专门为迎合本地夫妇及情侣而设计的特价及广告宣传活动。

行动项目	责任人	完成时间
● 与广告代理商洽谈电视和印刷广告活动的细节。	南希,基普	12 月 1 日

与会人员:安德烈娅·加西亚,南希·杰弗里斯,芭芭拉·布鲁克希尔,**山田基普**(记录员),杰夫·安德顿

图 3.7　会议纪要样本

如果你是团队领导,确保你的团队成员遵循行动项目计划。在会议期间不能够解决的问题要及时跟进。如果每个参与者都知道你在继续跟进,他们会认为会议是重要的。假如你不跟进,团队成员极有可能认为会议是在浪费时间。

同样,作为一个团队的领导者,你很可能会召开在线会议。随着科技进步和团队的分散化,在线会议越来越受欢迎。面对面会议的原则也同样适用于在线会议。然而,在线会议也面临着其他的挑战,我们会在技术小贴士中讨论这一主题。

技术小贴士

在线会议

商务人员越来越多地使用在线会议,其目的是:可以将分散在不同地点的工作团队成员汇集起来;营销人员和客户代表可以向顾客和客户进行产品和服务的展示;可以给员工提供培训的机会;也可以为制造商和供应商提供一个平台来解决质量问题;提供许多其他的机会。

在线会议让你在一个真实的、多媒体的形式下举行会议。通常当出现以下情况的时候,更应该开展在线会议:当人们相距较远的时候,当团队规模较大(25 人及以上)的时候,当你在面对面会议上会容易情绪化或紧张的时候,当你已经与与会人员建立信任的时候,或者当议程比较常规的时候。但是当信任尚未建立或讨论敏感话题,如坏消息或重大变革时,应考虑进行面对面会议。

了解会议软件的功能以及它的局限性。有许多在线会议软件平台,包括商业类的 WebEx 和 GoToMeeting,以及平台内部开发的软件。这些软件平台包括多种功能,如视频通话、图片和绘画窗口、屏幕共享、虚拟休息室、即时投票、电子邮件、图表、幻灯片、电子白板、讨论板、共享文件夹,以及各种在线资源。你要了解每一种工具,并对它们进行测验,确保能够通过它们来实现会议的关键目标。

虽然在线会议提供了日益丰富的沟通环境,但它很少能像面对面会议那样建立连接。你经常会遇到缺乏视觉线索的问题,从而不能够建立信任和密切联系。此外,与会人员很容易从会议中分散精力,可能会去忙自己办公室中的其他事情。所以,在指导或监控与会人员上,你将面临更多的困难。另一个问题是,许多与会人员可能不知道如何使用会议软件。同样,也可能会遇到技术故障。不过,你可以通过使用会议软件的一些功能克服这些障碍。你的工作就是了解如何自如地使用这些功能,这样你就能很好地驾驭它们从而保证会议的效率。

准备。通常情况下,你应该像面对面会议一样来举行在线会议,准备阶段包括大致相同的过程:准备一份议程,鼓励每个人表达自己的想法,创建行动项目等(见团队沟通章节中高效会议的讨论部分)。因为在许多情况下会使用到会议软件,因此你就需要花费额外的时间进行规划协调并保证大家的参与度。可以考虑分配角色,如安排素材提供者和主持人等。同时,对于重要会议,你应该进行排练,确保会议开始前各个细节都布置到位。

商讨如何记录并分发会议讨论内容。通常情况下,面对面会议结束后会有记录员记录的项目行动计划或会议纪要。这份书面文件可以以某种特定的形式分发给团队中的每个人,并将其作为实现重要目标和实施行动项目的一种提示,并最终成为会议跟进情况的检测标准。相比之下,在线会议通常涉及多种类型的媒体,因此你要计划好如何记录会议内容,并在稍后发送给与会人员。

在虚拟团队工作

组织越来越多地依靠虚拟团队来完成项目、行动和各种其他任务。这些虚拟团队一般由各种不同办公室（包括家庭办公室）的团队成员组成，他们几乎完全依赖于虚拟技术与彼此合作。最近的一项调查显示，跨国公司中约有80%的专业人士在不同地点进行团队工作。事实上，这些专业人员中64%的人会与其他国家的团队成员合作。在那些虚拟团队中，大约46%的人从来没有见过他们的队友，另有30%的人每年大约只见一次面。[40] 在现实中，几乎所有的团队，甚至包括位于同一个办公室的团队，都是依靠虚拟技术进行大量的沟通的。

创建虚拟团队是因为其成本更低、更方便，并且可以将不同办公室的专家聚集在一起。许多时候，虚拟团队比同一地点的、现场的团队（我们称之为传统团队）更高效。然而，虚拟团队也存在不少弊端。相比于传统的团队成员，虚拟团队的成员更可能遇到以下挑战：队员会感到孤立，不能感受到和其他成员是互相关联的，无法获得非语言信息，存在管理冲突，决策及表达意见时也会存在问题（内向的人在虚拟团队中普遍能更舒适地发表意见；性格外向的人通常更习惯在传统团队中表达观点）。虚拟团队还面临许多更复杂的问题，比如时区差异、语言差异和通信技术问题等。[41] 除了遵循在传统团队中有效工作的原则外，在虚拟团队中开展工作还需考虑以下建议。[42]

专注于在虚拟团队的每个阶段构建团队信任

相比传统团队，虚拟团队成员彼此之间建立信任更具挑战性。建立团队信任的一种方式是培养成员使其具备受欢迎的团队成员特征。虚拟团队中的专业人员列出以下几个虚拟团队中最重要的特征：愿意共享信息、积极主动地参与、有合作精神。[43] 通常情况下，你可以在虚拟团队的整个生命周期内采取行动，以加强你的可信度，并通过专注于提升能力、关心他人和增强品质

表3.1 维持虚拟团队生命周期内的信任

项目阶段	信任要素	促进信任的关键行动
形成期	能力	● 对别人的职业成就、优势和弱点提出问题并回答
	关怀	● 对团队成员表现出兴趣 ● 表达与队友合作的愿望
	品格	● 对团队绩效做出承诺 ● 讨论团队章程里的共同价值观
规范期	能力	● 在早期可交付成果中表现突出 ● 为初次会议做好准备
	关怀	● 分享信息，为队友提供帮助，与队友保持联系 ● 对队友的要求做出及时回应
	品格	● 履行团队章程中的承诺
执行期	能力	● 优秀地完成所有的任务
	关怀	● 在临近最后期限的压力高峰时，鼓励和支持队友来一起完成任务
	品格	● 确保所有的团队成果对团队成员和利益相关者都是公平的

的方法帮助建立团队内部信任（有研究表明，与传统团队相比，虚拟团队往往较少经历激荡期）。[44] 在表 3.1 中，列举出了系列策略，这些策略可以用来在虚拟团队的每个阶段显示自己的能力、关怀和品格，以建立和维护团队内部的信任。[45]

尽可能组织见面

有效的、长期的虚拟团队在项目一开始会组织见面，以帮助团队成员建立融洽的关系。这种开端可以帮助团队成员完成形成期和规范期棘手的工作。不仅仅是因为这些阶段的团队合作更适合由大多数专业人士亲自实地完成，而且这些会议可以给团队成员更多在一起的时间来明确表达和商讨团队目标、价值观、责任心、沟通协议，以及团队章程的其他元素。

彼此相互了解

在团队中，尤其是在虚拟团队，成员间相互了解十分重要。尤其在早期形成期和规范期，虚拟团队成员应安排足够的时间来建立与彼此的联系。这种稳固的社交关系会在后期产生卓有成效的团队协作成果。在整个项目的实施过程中，虚拟团队应该在虚拟环境中寻找自发沟通交流的方式，甚至是社交活动。在同一地点工作的同事往往依赖于非正式、闲聊的对话让彼此更加了解，并能在轻松的环境中讨论新机会。高效的虚拟团队也会找到虚拟闲聊的方式，让团队成员们能经常自发地互动。有许多工具可以帮助虚拟团队做到这一点（我们会在第 8 章中讨论其中一些工具）。

使用协作技术

在过去的 25 年中，虚拟团队主要依靠电话、电话会议和电子邮件来交流。少数虚拟团队也会使用视频会议。在过去的 5 年里，越来越多的社会协作工具开始出现，使虚拟团队成员能更有效地进行沟通与合作。然而，众多的协作技术给许多专业人士带来了挑战。事实上，43％的虚拟团队成员面对如此多选择时感到"困惑和不知所措"。[46] 虚拟团队成员应安排时间讨论使用哪些通信技术并对使用这些工具感到不太自信的团队成员进行培训。

选择一个积极的团队领导

虚拟团队绩效的主要障碍是缺乏经常性的沟通。团队领导们应该保证经常接触和沟通，以确保团队朝着目标前进。许多虚拟团队使用的策略是定期轮换团队领导。这有助于激励团队，并避免团队领导斗志燃尽。这一策略也有助于培养团队成员的领导能力。

进行有效的虚拟会议

虚拟团队的专业人士报告说，召开虚拟团队会议的主要挑战是没有足够的时间来建立联系（90％）。他们还列举了以下几个主要挑战：需要快速做出决定（80％）；不同的领导方式（77％）；不明确的决策规则（76％）；缺乏参与（75％）。[47] 要想使你的虚拟会议更高效，可以考虑以下建议：[48]

- **以社交聊天作为会议开端。** 虚拟团队专家基思·法拉奇（Keith Ferrazzi）建议使用"5 分钟"战略，即把会议的前 5 分钟用于每个人轮流分享他或者她正在做的某件事情。
- **以一个有争议的问题开端。** 以有活力且生动的谈话打开会议局面会使虚拟团队成员更容易接受并融入会议。
- **多问"你怎么看"这样的问题。** 虚拟团队也许比传统团队更能从多样化中获益。确保你的团队能捕捉到所有团队成员的观点。

- **确保每个团队成员参与其中。**确保团队成员使用虚拟技术时感觉舒适并且可以直言不讳。确保所有的团队成员有机会分享他们的观点。可以考虑在讨论中使用轮流发言的规则。
- **准确地表达观点。**大多数虚拟团队比较关注会议的效率,你需要提前准备并在恰当的时机准确陈述你的观点。
- **实时记录。**在实时虚拟会议中,你可以及时做记录,特别是那些与决策有关的信息,这样与会人员可以在会议中评论并纠正信息。这种做法有利于更准确地回顾会议,对团队成员更有价值,更有利于完成行动项目。
- **关注你的队员,避免出现多任务情况。**90％的虚拟团队成员承认他们在虚拟团队会议中开展多重任务。[49]新的协作工具让团队成员可以在一次在线会议期间参与多个谈话。此外,大多数虚拟团队在会议期间大量地使用即时通信工具如短信等进行报告。在许多情况下,这种允许私下谈话的方式有助于会议更高效地运行。但是,这样也存在一些风险。首先,这可能会分散你的注意力。其次,它可能导致小群体的出现。[50]因此,要确保你对队友给予充分关注。
- **尽可能地使用视频。**使用视频有很多好处。首先,它允许虚拟团队成员更好地了解对方的语言和非语言暗示。此外,这种实时的对话会促成更快的决策。最后,进行视频会议使虚拟团队成员不太可能会被分配到多种任务。大多数虚拟团队成员认为视频通信是最有效的方式,但使用率却较低。在对虚拟团队的一项最新调查中显示,72％的人相信视频会使团队沟通更有效。然而,只有34％的虚拟团队成员使用视频进行沟通。[51]

小组写作

在你的职业生涯中,你会有很多机会与他人一同创建和编写商业报告和其他文件。在如今工作场所中,强调团队概念的一个原因就是小组写作变得越来越普遍。许多新技术使这个过程比以往任何时候都更容易、更高效。然而,由很多成员一起去完成一个长篇幅的、精准的、连贯的文件是具有挑战性的。如果你正在和团队成员或其他小组成员一起写作,可以参考以下提示。

马上开始

很多写作成果不够优秀,主要障碍之一就是开始得不够快。在接近最后期限时才开始工作是很少能成功的。尤其当接近尾声时,如果团队的许多成员对写作项目的方向持有对立观点,那就会更麻烦。

在规划阶段一起工作

在第 5 章有关编写商务信息的内容中,我们将讨论写作的三个阶段:计划、起草和审阅。对于所有重要的写作,规划是最重要的阶段,在这个阶段,你要仔细考虑客户需求,你的想法既要引人注目,又要具有说服力,并考虑如何形成信息框架,让其发挥最大影响力。小组写作中计划将显得更加重要。在小组一起计划时,应制定明确、具体的宗旨和目标,一起厘清和界定基本的问题和难题,考虑要优先寻找哪些特定信息,确认各模块的负责人,并委派人员来研究和撰写。

一般来说,在授权人员独立开展工作前,你应该花大量的时间和队友在一起工作(一个学生团队的写作项目需要至少 1—2 小时)。当团队成员在规划阶段独立工作时,他们常常会朝不同的目标和方向工作,既浪费时间,又消耗精力。

确保你们的角色和贡献是公平的

在这个过程的早期阶段,你的小组应该清晰地讨论每一个人的角色,以及对他的期望,确保每个人分配的任务和奉献的时间是平等的。你需要考虑把这项放在团队章程中。

保持灵活性和开放性

作为一个小组,在写作项目的过程中,保持开放性至关重要。当你开始收集信息并起草初步调查结果和结论时,你可能会意识到早先关于目标、方向、主要观点和角色的决定并不坚定或充分。小组应不断重新评估是否需要修改原来的计划,而不是保持沉默,埋头向错误的方向前进。

经常见面讨论,确保写作内容反映小组的观点

你可以单独完成许多需要协作的写作工作。然而,随着写作项目的推进,你需要做出一些艰难的决定。如果没有针对项目方向和内容进行实时谈话,你会很难做出这些决定。

跟大家讨论如何将文件编辑到一起

当你起草自己文件的时候,邀请所有的团队成员一起讨论你打算使用的技巧和方法,可以商量出一致的意见。有些人更喜欢使用可以共享的离线文字软件来处理文件(如 Microsoft Word 这样的程序)。有些人则喜欢基于云技术的文件(如 Google Drive 这些程序),这样所有小组成员都可以实时编辑文件。注意要使用相同版本的软件(这样有些成员就不会在编辑同一份文件时使用不同版本)。与团队成员讨论如何使用注释以及如何跟踪文档中的更改痕迹。同时,制定改写另一个人作品的规则。大多数程序能够查询原始版本的文件。然而,改写别人的作品,却不提前告知对方,这会让他们感到不悦。

最后,请确保你的小组成员清晰知道每一轮修订的目的。一般来说,首先你应该将重点放在你们想法的亮点上,以及这些想法如何与受众的需求相匹配,据此进行修订。然后,你们应该关注各个章节内容汇集在一起是否流畅。接下来,你应该考虑如格式、阅读的方便性、语言结构等问题。

考虑由一位小组成员单独来润色最终版本,并确保得到大家的一致同意

许多团队都有效地使用了这个策略。确保你选择的人适合这个角色。同时,也不要认为这项工作仅仅是这一个人的责任。考虑让整个小组一起投身到这个过程中,这样当你指定的写作者润色文档时,每个小组成员都提供了自己的想法,并对修改内容予以肯定。

管理高难度谈话

商务专业人士经常在日常生活中遇到高难度谈话,特别是在团队中工作以及与他人合作时。高难度谈话经常伴随着忧虑、紧张,甚至是恐惧等情绪。哈佛谈判项目的道格拉斯·斯通

(Douglas Stone)、布鲁斯·巴顿(Bruce Patton)和希拉·汉(Sheila Heen)已经花了30年的时间去训练商务专业人士应对高难度谈话。他们是这样定义高难度谈话的:

> 当我们感到脆弱或谈话与我们的自尊密切相关时,当迫在眉睫的问题十分重要但结果却不确定的时候,当我们十分关心正在讨论的内容或参与讨论的人员时,你就有可能体会到什么是高难度谈话。[52]

高难度谈话常常与观点分歧、意见冲突和负面信息等相关。常见的高难度谈话的类型包括:接受负面绩效评估、想法被拒绝、批评同事、向领导反馈、纠正某人错误以及处理办公室政治。[53]

许多人倾向于回避高难度谈话,因为他们想避免伤害别人的感情,避免冲突,或者有其他原因。许多商务专业人士认为,在发生冲突的时候保持诚实可能会适得其反,影响到他们的职业生涯。然而,事实并非总是如此。那些采用及时、真诚和替他人着想的方式来应对高难度谈话的企业管理者通常能够获得成功。一个研究小组在与企业客户合作了近30年后得出结论,最有影响力的人是那些能有效处理高难度谈话的人:[54]

> 事实证明,你不必在诚实和有效之间做抉择。你也不必在坦诚和你的职业生涯之间做选择。那些经常参与重要沟通并能完美处理的人都能很好地表达有争议甚至有风险的意见,并让众人能接受这些观点,他们的老板、同事和下属不需要有所防备,也不可能因此而生气。[55]

在这一节中,我们简要介绍了工作场所中处理高难度谈话基本的、可靠的原则。你会注意到这些原则的核心就是用学习者心态来积极聆听。接下来你会看到一些运用这些原则的例子(见表3.2和图3.8)。这些例子涉及开头案例中的基普和南希。基普和南希因为过去给商务旅客退款的事件而产生了分歧,因此对对方有着强烈的不满。他们尽可能地躲避对方,糟糕的工作关系造成了工作效率的下降,也使他们的工作团队处于不太愉快的氛围中。

表3.2 低效和高效处理高难度谈话的方法

方　法	低效的例子	高效的例子
展开对话	南希:我想重提一下几个月前你错误处理旅客退款的那件事。对于以后我们该如何避免这种问题,我有一些想法。 这样的对话以责备开始。更糟的是,这使得对话的框架以南希为中心。	南希:基普,让我们谈谈几个月前给商务旅客的退款是如何处理的。首先,我要为我在没有倾听你想法的情况下就严厉地跟你讲话而道歉。从那以后,我觉得我们的工作氛围很不好。我想我们可以用一种更好的方式来相处以确保我们在同一个立场上,并且找出避免误导顾客的方法。 　　当你授权退款时,我从来没有听过所有的细节。不介意的话,你能否告诉我当顾客不愉快时,你采取了什么措施来解决他们的问题? 这种方法是有效的,原因有几点。南希为她刻薄的话道歉。她表达自己的初衷:为了更好地工作和找到解决的办法。南希表达出她想讨论事情的解决办法,并会考虑她和基普两者的观点(共同意见)。她诱导基普说出自己的想法。

（续表）

方　法	低效的例子	高效的例子
委婉地反对	南希：看，你显然超越了你的权限。你退还了 4 000 美元，但你只有退还 500 美元的权限。虽然计算机系统是以每一个顾客为基础的，但这并不意味着你有权决定巨额退款。你一定要提前告诉我，并得到我的批准。 南希不认为基普的解释和感受有任何价值，这导致基普处在一个被动的局面，并可能会导致他的反感。南希不断使用"你如何如何"的陈述，使用了责备的口吻。	南希：谢谢你告诉我你的感受。我能够感受到你关注了客人的利益，并在为我们 Prestigio 酒店的发展作长远打算。我想解释一下为什么我觉得你应该在决定退款之前和我商量。我们一起组织了这个周末活动，我想你很清楚这一政策。在预约系统中，我已经授权给给每个旅客退还 500 美元。但是，当你因为同一个理由给多个旅客退款时，我想这么大的退款你应该提前跟我讲一下。我认为你退还了近 4 000 美元是越权行为。 南希理解了基普的感受，并认同了他的观点。她使用各种"我如何如何"的陈述方式解释了为什么她觉得他越权了。
避免夸大的以及不是/而是的表述方式	基普：我永远无法在顾客问题上和你讨论，你总是遵循定价策略，即便客人没法知道哪些东西产生了消费。你永远不试着去理解客人的想法。你的做法不是在工作，而是在浪费我们的钱。 基普反复用诸如"永远不"和"总是"这样的词夸大南希行为的频率。他用不是/而是的方法评价南希的做法并不奏效。	基普：我很犹豫要不要与你沟通顾客问题。我认为你有时候对客人态度强硬，即使他们的投诉合法。有几次，在你拒绝了客人的要求后，他们就没来过我们酒店。在那几次的情况下，我都同意他们的理由，理解他们为什么对产生的花费不知情。最后，我认为当我们拒绝退还客人觉得不公平的收费时，我们会失去这些客户。 基普陈述了他挫败的真实感受，并解释了他的观点。通过使用"有时"和"我认为"这样的词语，他避免了和南希较量谁的做法正确。

　　南希：基普，让我们谈谈几个月前给商务旅客的退款是如何处理的。首先，我要为我在没有倾听你想法的情况下就严厉地跟你讲话而道歉。从那以后，我觉得我们的工作氛围很不好。我想我们可以用一种更好的方式来相处以确保我们站在同一个立场上，并且找出避免误导顾客的方法。

　　当你授权退款时，我从来没有听过所有的细节。不介意的话，你能否告诉我当顾客不愉快时，你采取了什么措施来解决他们的问题？　　　　　　　

　　基普：嗯，我认为你反应过度了。对于我没有在发出退款前得到你的许可，你很不高兴。但是我认为我是在我的权限内工作。在我们的预定系统中，我已经被批准有 500 美元的退款权限。所以，在系统里面，我的权限很明确，我觉得没有必要得到你的允许。并且，我觉得你甚至没有给我时间来解释。

　　但那并不是整个事情的始终。我很犹豫要不要与你沟通顾客问题。我认为你有时候对客人态度强硬，即使他们的投诉合法。有几次，在你拒绝了客人的要求后，他们就再也没来过我们酒店。在那几次的情况下，我都认可他们的理由，理解他们为什么对产生的花费不知情。最后，我认为当我们拒绝退还客人觉得不公平的收费时，我们会失去这些客户。

　　南希：谢谢你告诉我你的感受。我承认当时我不应该呵斥你。我能够感受到你关注了顾客的利益，并在为我们 Prestigio 酒店的发展作长远打算。我想解释一下为什么我觉得你应该在决定退款之前和我商量。我们一起组织了这个周末活动，我想你很清楚这一政策。在预约系统中，我已经授权你给每位旅客退还 500 美元的权利。但是，当你因为同一个理由给多个旅客退款时，我想这么大的退款你应该提前跟我讲一下。我认为你退还了近 4 000 美元是越权行为。

南希展开高难度谈话

基普的想法

南希的想法

基普：所以，你觉得我越权了，是因为我累积退还了超过 500 美元的金额，即使是给了不同的顾客。是不是？

南希：是的。现在，我认为关键是要弄清楚我们以后该如何一起更好地工作。我觉得有以下几个问题。首先，我们需要确保能立刻听到对方的意见，而不是让怨恨激化。我觉得如果我听了你的解释，这个问题可能就已经解决了。其次，我们应该讨论该如何处理重大客户投诉。最后，也是我认为最重要的，我们应该重新评估什么是一个合理的投诉，以及在什么情况下我们提供退款。我想我们观点不同是没关系的。基普，你对我们在以后如何处理这种状况有什么建议？

基普：对，我认为在几种基本情况下我们应该退款给客人。比如……

——南希和基普继续讨论共同的方法和解决方案。——

> 南希和基普
> 的共同想法

图 3.8 高难度谈话的样本方案

接受对话困难的现实并假设别人是善意的

大多数人会避免参与那些让人不舒服或不愉快的谈话，尤其是当我们感觉到谈话进展不顺，当情况对我们而言有弊无利时。因为这些原因，高难度的对话往往是对人们情商的挑战。[56] 职场中的成功人士无法避免开展一些高难度对话，那些经常用自己的技能和智慧来解决工作难题的人，最终会促进自己和他人工作绩效的提升。

尝试着接受高难度对话的方式之一就是把冲突视为机会。[57] 也就是说，各种观点和竞争思想的相互交流反映了沟通的开放和坦诚。如果没有冲突，员工可能不会表达自己的真实观点。通常情况下，如果大家知道他们可以大胆提出反对意见并且会很安全时，他们往往会更加尊重彼此。

要想让一场困难的对话和平结束，请听从问题解决公司（Prescription Solutions）首席执行官杰奎琳·科斯高夫（Jacqueline Kosecoff）提出的建议：

> 设定积极的初衷。这是一种让沟通保持高水平的方式。也许有些人会被误解，或者他们自己误解了某些内容，这时候你就需要返回到之前发生误解的地方，寻找前后谈论的内容与当时的语境，这样才更有可能去化解一场误会。如果你善于倾听，事情就很容易被解决。此外，还会在互相之间产生更多的信任和尊重。[58]

站在学习的立场上，用谦虚的态度来聆听别人的故事与想法

在本章开头，我们区分了判断者和学习者的不同心态。在情感上，面对高风险的对话时，用学习者心态来聆听这段对话，往往会产生富有成效的结果。你可以通过拒绝当旁观者来达到这个结果。[59] 由于高难度的谈话通常涉及未解决的问题，所以每个人都应该参与到过程中来，共同理解问题，并寻找解决方案。如果采用旁观者的立场，那就意味着你将不能了解其他参与该话题的人的想法。在敏感的情况下，其他人就会拒绝你尝试解决问题的方案。

采用学习的立场，就意味着要理解别人，你会尝试着去倾听他人进行人际沟通的成功案例，或者他们对商业成功与失败事件的看法，并接受他人的思维模式和行为方式。在高难度的对话中，要学会邀请别人来描述他们对有争议的事件的看法和感受。当人们有机会来分享他们的看法时，他们往往会减少对改变的抵触，更多地去赞同别人的看法。与他人分享彼此的故事将会促进对事件和情感的共鸣，同时会产生对工作关系与商业可能性的新视角。[60]

让所有人都参与到高难度对话中来分享他们的观点的一个主要好处就是"收买他们"。研究表明,当每个参与的成员都分享了他们的想法时,他们往往会更服从于团队的最终决定,即使他们自己的想法并没有被采用。如果他们一直保持沉默,则更倾向于不服从组织的决定。[61]

保持冷静并且克服噪音

很少有商务人士会提前为高难度对话做好准备。由于在这种对话环境中,人们的情绪往往会高涨,所以他们经常会处理不好这样的事情。与会者会面临各种内部噪音,这将会妨碍他们理性的思考:他们会对自己与他人意见碰撞产生的结果感到紧张,他们常常也会为不能建设性地表达所有的想法和情感而感到无能为力。

在这些艰难的对决中,高情商至关重要。自我意识是基础。当你感到愤怒或者在为自己辩护时,你需要问自己"我真正需要的是什么?"以及"我的感觉如何影响我对问题的回应?"通过有意识地问自己这些问题,你会重新回到自己大脑的理性轨道上。这种逐步化解的生理威胁会让你的回应更理性。

当你特别注意自己的情绪、意识与目的的时候,你也必须注意到那些你交谈对象的情况。他们可能也会遇到类似的情绪。你要运用积极的倾听技巧来体谅他们并表现同理心。如果某人愤怒了,就把这当作是一个机会。不要针锋相对,而是用合理的、理性的方式帮他开导内心的愤怒情绪。可以考虑让你的交流对象坐下来或者为他提供一份饮料。当你总结他们的想法和感受时,你就缓和了他们激动的情绪,并使谈话更加具有建设性和理性。[62]

找到共同点

寻找共同点似乎很容易,但是当你感觉受到攻击,情绪失控的时候,寻找共同点就会变得很难。找到共同点,会在两个方面帮助你和同伴。情感上,它会拉近你们的距离,甚至还可能产生情感依附。理性上,它可以帮助你分析手头的问题,这种方式可能会帮助你们找到双方都能接受的解决方案。你们可以在事实、结论、感受、目标和价值观等许多领域找到共同点。

委婉地表述不同意见

高难度的谈话包含了不同的观点。要想创造一个学习型的谈话而不是互相提防与批判的谈话,那就要寻找委婉的方式来表述不同观点。如果不同意见表述得当,别人就不太会持反对态度。通常,你可以通过证实别人的看法与感受的方式,以及使用"我"的主观表述方法,来委婉表达自己的不同意见。**证实**(validate)别人的看法意味着你体会到他们的观点与感受是可信的、合理的。但是它不代表你就同意他们的看法。**"我"的主观表述方式**(I-statements),往往以"我认为、我觉得、我相信"开头。在有不同意见或者困难的对话中,"我"的主观表述方式可以软化你的意见,让它听起来更有说服力,更加灵活,减少责问语气(见表3.2的例子)。

避免夸大以及"不是/而是"的表述方式

当你处理高难度谈话的时候,避免使谈话过分简单化。通常,你所遇到的是复杂的商业和关系问题。同时,如果简化你的想法,你常常会在无意中使他人产生提防心理,因为实际上你破坏了他们的想法或者挑战了他们的权威。

以下两种方式是两种过于简单化地解决高难度沟通的方式：采用夸大的方法，或者采用"不是/而是"的表述方式。如果你发现自己使用太绝对的词汇，比如"永远""绝不""最"或"最坏的"，你可能就夸大了你的想法。如果选择其他的词汇，你就更有可能准确阐述你的观点，同时也是对别人观点的肯定。采用"不是/而是"这种表述方式，在大多数商务沟通中是无效的，因为在处理有困难的对话的时候，使用这种表述方式往往会使人们误认为谈话内容非对即错。如果用"我是对的，你是错的"来解决对话中的困难，就注定了这场沟通会以失败告终。可以参照表3.2 中夸大与"不是/而是"的沟通方法。

通过分享彼此的看法开始一段对话，并以找到解决办法为目的

开始一次高难度的谈话是有压力的，你可能会回避这个问题，因为你很紧张，不知道谈话会如何影响你和他人的工作关系，或者你担心这会对你的职业生涯造成损失。好的开端显得至关重要，一段高难度对话的开场部分为建立谈话框架和方向以及解决问题提供了良好的机会。在对话开始的时候，可以考虑阐明你的本意——你真诚地希望理解彼此，并且找到一个对大家都适用的解决方案。处理高难度对话会出现的一种障碍就是参与者中会有人用不公平的心态来评判别人的动机。表明你的意图能够防止他人不公正地判断你的动机。见表3.2 开始一段对话的例子。[63]

当你开始一段高难度对话时，采用一种共通的相互学习的方式，先倾听别人的想法，然后再分享自己的看法，最后再达成共识。[64]当你邀请别人先来分享他们的观点和对实践的看法时，他们就会意识到你对问题和合作的诚意与兴趣。通过阐述你自己的观点，别人能够看到现实的另一面，并且会理解和认同你。最终，你们会达成共识。这一**共识**（shared story）是将你们的经验、观点以及目标组合起来，用于解决工作问题的一致方法。这种从"你的看法"到"我的看法"再到"一致看法"的过程需要花费大量的时间，但这是值得的。图3.8 提供了这一过程的简化案例。

沟通知识问答

与商务专业人士的对话

彼得·厄南德斯（Peter Ernandes）是诺斯洛普航天公司的国际供应链经理。他最近在普华永道有了一个新职位。

彼得·卡登：你在领导团队时承担怎样的角色？

彼得·厄南德斯：我是诺斯罗普·格鲁曼公司国际供应链的经理。依靠我带领的跨职能团队的技能来准确评估业务机会，并且针对新的业务伙伴，组织正式的沟通来表达我们的期望和条件，这些都构成了我工作中的挑战。

彼得：为什么在当今的职场中，团队是如此的重要？

厄南德斯：团队在当今社会任何职场环境中都起着支柱的作用，因为当今工作环境是不断变化的。解决这个问题的唯一办法就是合理地改变责任依附和合作关系。我同时也认为，如果一个团队的成员只是实地合作，这样的团队模式是一种衰退的表现。这是因为，使用工具与技

术来促进彼此之间的沟通至关重要。

彼得：让团队高效运转有哪些关键要素呢？

厄南德斯：在推动团队成功的关键因素中，首先也是最重要的，是一定要认识到团队是由人组成的，而不是机器或软件组成的。文化、经验和个性，可以说是一个团队产生分化的因素。然而，同样是这些差异，如控制得当，经常会促成最有成效的结果，这种有效性甚至超过了一套完美代码所创造的产出。尊重和沟通是我之前提到的承诺的重要组成部分。如果一个团队开始的时候就能认清每个团队成员的差异，这就创造了一个开放的对话环境。只要有可能，我都会将这个基础作为我对团队的期望。

彼得：你是如何确保会议的效率和乐趣的？

厄南德斯：打造一个有趣和高效的环境取决于团队的成熟度。在我看来，新组建的团队更高效，刚开始的时候他们会早早地开始任务，并且会经常见面开会。这就促成了下面两种事：(1) 每一个成员都会有时间来评估他人的长处与缺点；(2) 对于意外事件会有时间来进行调整。挑战往往会在成员初次和彼此打交道的阶段出现，因为团队成员在表达他们对手头工作的"真实"看法时会犹豫不决。这个阶段的沟通是至关重要的，以确保所有的成员都致力于同一个目标，并且知道如何完成手头的任务。考虑到团队的新奇与任务的新鲜，快乐并不难创造。

当一个团队成熟后，环境也发生了变化。对于各种任务，彼此间学会了互相信任，而且很少需要事先沟通。但是，这并不是说团队之间不需要开会沟通。有些会议是必要的，我会将会议时间加长，留一部分时间给个人，让他们互相比较，相互追赶。我也尽我所能地去推动场外会议，这样他们就可以在开会时享用食物和饮料。总结下来，所有的团队都是互不相同的，因此对于某组成员来说是高效的方法并不一定适用于其他方案或安排。

彼得：你使用什么沟通工具来帮助你的团队达成他们的目标？

厄南德斯：对于有效合作而言，沟通工具是必不可少的，然而，工具需要根据情况来决定是否使用，而不是作为一个即插即用的模板。我用过各种各样的工具，比如 Google Hangouts、Prezi、SlideShare，以及 Google Drive。我感觉，当这些工具被正确使用的时候，它们都非常有效，并且可以营造促进有效沟通的合作环境。但是我会根据时间和地点选用这些工具。因此，熟悉多种沟通工具并了解哪种更适合你的团队或观众，是你需要在职业生涯中一直磨炼的基本技能。

彼得：你会给年轻的商务人士哪些总结性的建议来帮助他们培养技巧，从而提高团队沟通的有效性呢？

厄南德斯：在制定策略让沟通按照我设定的方式有效进行时，我会用上我生活中的经验。我是在吵闹混乱的环境中长大的，所以我知道沟通最有效的形式就是学会倾听，并且在合适的时候提出可能被大家认为是"有价值"的意见。所以，第一个建议就是多听少说。第二，无论何时参与团队讨论，这都是学习的机会。很多时候，我们忙于手头的任务，从而不能给自己留有时间来反思和回味所学的内容。如果年轻的商务人士可以花一定时间来反思自己的经历，他们就会发现自己在进步，并学会使用各种工具，不管从外在讲，还是从内在讲，都会帮助他们成长。

本章小结

学习目标 3.1:解释高绩效团队沟通的原则。

高绩效团队的特点
• 团队应该首先把绩效放在首位。 • 团队通过自然阶段达到高绩效水平。 • 高效的团队围绕价值观、规范和目标建立工作文化。 • 高效的团队经常碰面开会。 • 高效的团队包容不同观点甚至是冲突。 • 高效的团队会找到每个人的沟通方式和偏好。 • 高效的团队会有大量的积极反馈,并经常对自己的表现进行评价。 • 高效的团队有共同努力的目标。

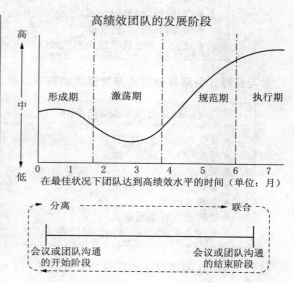

学习目标 3.2:描述并演示筹划、运行和跟进会议的方法。

一项议程所包含的内容	会议记录中所包含的内容
• 议程项目 • 时间框架* • 期望产出结果 • 角色 • 会议所需材料 　* 其他备选事项	• 日期和时间 • 参会团队成员 • 会议角色 • 关键决定 • 讨论要点 • 未决问题 • 行动项目与期限 　* 其他备选事项

见图 3.6 与图 3.7 的会议议程范例。

学习目标 3.3:解释虚拟团队有效沟通的原则。

虚拟团队沟通原则
• 专注于在虚拟团队的每一个阶段构建团队信任。 • 有需要时要亲自见面。 • 彼此相互了解。 • 使用相互协作的技术。 • 选择一个积极的团队领导。 • 进行有效的虚拟会议。

学习目标 3.4:描述高效的小组写作的策略。

描述高效的小组写作策略
● 即刻开始。 ● 在规划阶段一起工作。 ● 保证你们的角色以及贡献是公平的。 ● 保持灵活性与开放性。 ● 保持持续的准时会面,并确保写作内容反映团队的观点。 ● 大家讨论如何将文件编辑到一起。 ● 选择一个组员单独来润色最终版本,并确保得到大家的一致同意。

学习目标 3.5:解释处理高难度谈话的基本原则。

处理高难度谈话的原则	处理高难度对话的步骤
● 接受对话困难的现实。 ● 想象别人最好的一面。 ● 采取学习的态度。 ● 保持冷静并克服噪音。 ● 寻找共同点。 ● 委婉地表述不同意见。 ● 避免夸大以及"不是/而是"的表述方式。	● 开一个好头。 ● 倾听别人的想法。 ● 讲述自己的见解。 ● 达成共识。

见表 3.2 中在困难对话中低效和高效表述的示例。见图 3.8 困难对话的例子。

关键术语

后天多样性	先天多样性	联合	共识
"我"的主观表述方式	激荡期	协调会议	规范期
团队文化	分离	执行期	二维多样性
主持人	解决问题型会议	证实	形成期

讨论练习

3.1　章节回顾问题(学习目标 3.1—3.5)

A. 研究表明,在理想情况下,大多数团队在 6—7 个月的时候达到团队高绩效水平。那么一个学生团队为了完成某个项目应该如何在短短几个星期或几个月时间里达到团队绩效的峰值呢?

B. 团队可以通过哪些途径形成共同目标? 从你的经历中举例说明。

C. 解释如何制定并执行一项议程才是有益的。有没有一些情景中,议程是没有用的? 请解释。

　　D. 解释你认为虚拟团队最重要的三个策略。

　　E. 解释你认为有效的小组写作中最重要的三个策略。

　　F. 解释通过用一致认可的观点来总结一个困难的对话意味着什么？

3.2　沟通问答（学习目标 3.1、3.2）

　　A. 为了开展更多的团队合作，彼得·厄南德斯提供的理由是什么？

　　B. 关于如何使团队高效合作，厄南德斯说了哪些关键点？你认为哪一点是最重要的？为什么？

　　C. 关于团队不同阶段的沟通特点，他都说了哪些内容？

　　D. 关于如何选择正确的沟通工具，他提出了哪些建议？

　　E. 你认为厄南德斯给出的最好的建议是什么？为什么？

3.3　在会议中发言（学习目标 3.1、3.2、3.5）

Calvert 集团的芭芭拉·J.克伦席克（Barbara J.Krumsiek）最近谈论到她所在组织开展过的会议的形式：

　　　　我认为对那些更讲究礼貌的人来说，可能事实上会有一些难以相处的地方。我以为我们都是礼貌的，但是我们也是直言不讳的。我不喜欢有人在会议后还跟人说："你敢相信有人说了那个吗？"所以我试着用举例的方式向他们解释，如果你发现你在会后说了那句话，或者摇头表示不赞同，或者懊悔自己没有说些什么，又或者认为其他人说的一些话确实有问题，那请你下次在会议上就直接讲出来。当我第一次来到 Calvert 集团的时候，这种情况经常发生。我有一次就收到一位员工的邮件，抱怨某人在会议中讲的某些事。我直接回复他们："我是不会读这些邮件的，因为我没有看到你在会议上对此提出质疑。所以如果你在会议上发表了评论，会后也给我发了邮件，那么我就会来解决这个问题。"其实，我会后没有必要去处理类似邮件，因为只要大家在会议上提出并解决了这个问题，那就可以了。[65]

基于克伦席克的讲述，回答以下问题：

　　A. Calvert 集团对会议提出了哪些期望？

　　B. 克伦席克说了哪些会议中关于直接与礼貌的特征？这是否意味着会议是不文明的？

　　C. 克伦席克是如何处理其他队员的抱怨的？

　　D. 从克伦席克的说法中你可以运用哪三个原则来解决你在团队沟通中的问题？

3.4　在会议上进行头脑风暴（学习目标 3.1、3.2、3.5）

苏珊·多彻蒂（Susan Docherty）是通用汽车的前总裁及总经理，她介绍了她本人以及她的团队在会议中是如何进行沟通的：

　　　　我喜欢和团队成员在办公室围坐着进行头脑风暴。我喜欢用一个大的白板来写下创意，因为当你把想法说出来的时候，你就在鼓励团队其他成员也把他们的想法写在白板上。虽然说起来你能包容多种观点，但是实际做起来的时候却完全是另一种情况。当别人来到我的办公室，他们会觉得自己是受欢迎的。我的大门敞开着，他们随时可以分享他们的想法。渐渐地，他们开始理解，我作为一个领导，想要的是团结协作。我不知道所有问题的答案,也不能提出最好的想法,我也不想有。这块白板为我们呈现出了很好的想法,而不至于被埋没在邮件中,或者被埋没在我们桌上的一堆文件里。它使每个人都能够知道我们要做的事情。人们都会在白板上画一个属于自己的标记,然后在旁边写下自己的名字,并在那里写下我们将要深挖出哪些内容。很多时候,当我们在板子上写下某些事情后,我们一群人将会围绕这个主题开展工作。[66]

基于多彻蒂的讲述以及你自己的经历,回答以下问题:

A. 你将会使用哪些策略来让你的会议更加可视化? 让会议变得可视化会带来哪些好处?

B. 你可以用哪些策略来让会议更加具有包容性?

C. "每个人都知道我们要做的事"意味着什么? 你有哪些方法可以使上述现象在团队合作中发生?

3.5 在困难的对话中,以友好的态度还是以朋友的姿态处理(学习目标 3.5)

汉高是一家消费品和工业产品公司,总部在德国的杜塞尔多夫,卡斯珀·罗思德是汉高首席执行官,最近他谈到了第一次成为领导者的经历:

我第一次成为领导者是在 1989 年,那时候我才 27 岁,从一家数码设备公司的一名销售被提拔为销售经理。那时候我管理 20 个人。他们当中除了两人比我年轻,其他都比我年长。当你还是 27 岁时,你是缺乏经验的,所以也不知道害怕。我也不知道我应该去了解些什么。6 个月后,当我要解雇某一个员工的时候,我才意识到严重性,接着就突然从阳光的一面变成了严肃认真的一面。我记得大概有一个星期我都没有睡好。被我解雇的人他是有家庭的。

所以我从那件事中得到了一个教训,从那以后我非常清楚地告诉自己友好并不代表是朋友。我在这家公司中成长,我了解每一位同事。但是从那以后,我必须向其他人开诚布公地指出他们工作表现的不足。我一直都很友好,但是我再也没成为其他人的朋友。每次我们举行派对的时候,我往往最先离开。[67]

基于罗思德的讲述,回答以下问题:

A. 你认为罗思德所说的他一旦成为一个领导并且必须和别人展开一段有难度对话的时候,他是"友好的,但不是朋友"是什么意思?

B. 你同意他所认为的友好与朋友是相互对立的观点吗? 你认为和别人成为朋友会让职场上诚实沟通变得更困难吗? 请解释。

C. 当一个人成为领导或者主管时,他该如何为那些必须要经历的困难对话做准备呢?

3.6 评价一个优秀团队的绩效(学习目标 3.1、3.2、3.3、3.5)

想想最近你参加的团队或小组。用以下几种方式来评价你们小组的绩效:

A. 你的团队是如何预先设定目标的?

B. 你们团队是如何建立规范、价值观、角色和职责的?

C. 你的团队发展到不同阶段(形成期、规范期、激荡期和执行期)中的哪个阶段?

D. 你们的会议都很高效吗? 请解释。

E. 你们团队成员的参与度怎样? 请解释参与和不参与的原因。

F. 你们的团队都是如何解决观点分歧的?

G. 如果你要从头开始一个项目，你会提出哪三条建议来提高团队的绩效表现？

测评练习

3.7 评价一个优秀团队的写作项目（学习目标 3.1—3.5）

回忆最近一个你参加的团队或者小组，从以下几个角度来评价你们团队的表现：

A. 你们团队设立的写作计划是怎样的？

B. 你们的团队在这个项目中是如何设立角色的？设立这些角色的理论依据正确吗？

C. 你们团队在项目过程中有改变过方向吗？你是否想过要改变，但是最终没能改变方向？描述你们团队在项目进行阶段的灵活性是怎样的？

D. 你们会议的效果怎么样？请解释。

E. 所有团队成员的参与度如何？解释下参与和不参与的原因。

F. 你们团队是如何处理观点分歧的？

G. 如果你要从头开始项目，为了得到一个更好的结果，你会给你的团队提出哪三条建议？

3.8 描述一部电影或电视节目中的一段高难度对话（学习目标 3.5）

回忆一部你最近看的电影或是电视节目。选择一个包含了幽默但有难度的对话场景。最好选择一段发生在职场的场景。基于这样一个场景，完成以下练习：

A. 用一段话来概括这个场景内容。

B. 分析这段高难度的对话。解释场景中的人物如何有效运用沟通原则。

C. 描述总结你从这个场景中学到的可以运用到职场中来解决高难度对话的两个策略。

3.9 评估最近发生的高难度对话（学习目标 3.5）

回忆近期发生的高难度对话。最好是选择一个发生在职场或者学校中的对话。基于这段对话，回答以下问题：

A. 用一段话来概括这段对话内容。

B. 从假设别人是最好的、保持冷静、寻找共同点、委婉地表达对立观点、避免夸大以及"不是/而是"的表述方法，以及分享彼此的想法（包括共同的想法）等方面来评估你和别人的表现。

C. 如果让你重新来处理这段对话，你会选用哪三种方式。

D. 如果你再次遇到这种对话，你会提出哪三个问题来培养组员学习的心态？

3.10 创建团队章程（学习目标 3.1）

为你正在从事的团队项目建立一个团队章程。运用以下一些类目：宗旨或者使命描述、价值观、目标、团队成员角色（包括领导）、任务、基本原则、沟通协议、会议协议、决策规则、冲突解决机制以及反馈机制。只要你和团队成员认为是正确的，你都可以随意添加。

3.11 创建一个团队评估机制（学习目标 3.1）

为你正在从事的团队项目建立一个评估机制。你可以用评分方式或者开放式问题的方式，或者两者同时使用。考虑包含以下几个条目：以结果为导向、沟通氛围（包括解决冲突）、责任、承诺和信任。只要你和团队成员认为是正确的，你都可以随意添加。

应用练习

3.12　编写一项议程(学习目标 3.2)

　　为你最近参加过的或者即将参加的会议写一份议程(可以是工作议程或者学校的一份议程)。如果有必要,你可以自由编写细节。用一些常用的议程条目来准备这份议程,包括时间框架、预期目标、与会成员的角色以及所需资料。

4

跨文化沟通

学习目标

学习本章后,你应该掌握以下几点:

4.1　描述文化智力的特征、对全球商业领袖的重要性,以及提升文化智力的方法。

4.2　解释主要的文化维度和相关的沟通方式。

4.3　说出并描述在跨文化沟通过程中商务礼仪的主要类别。

为什么这很重要?

　　生活在经济全球化时代,你可以和全世界的人一起工作和交流。几十年前,这种现象还很罕见,但是现在,全球商业联系日益密切,在商务场合中,你有机会接触各种文化。例如,你有可能因为工作需要出国。但更普遍的是你有可能在不同的文化背景中工作,比如:和印度的工作团队进行合作,通过视频会议或邮件和中国的顾客或供应商联系,或者在你的家乡与不同文化的人工作。而且这些可能性都极大!

　　在全球化的科技和文化力量的推动下,不同国家和地区间的商业联系越来越密切。科技通过即时沟通、在线交易以及资本流通等方式缩短了世界各地人与人之间的距离。此外,商业标准和交易平台的趋同,使得商业贸易更加便捷。而且,许多非西方国家的高管在美国、澳大利亚和西欧的一些商学院接受培训,使得全球商业文化趋于相同。[1]

　　本章对民族文化进行对比。本章所选的国家是美国最重要的贸易伙伴之一。就贸易额而言,中国(包括中国台湾)、加拿大、墨西哥、日本、英国和德国等国占主导地位。(见表4.1,美国最重要的贸易伙伴。)当然,你可能会与来自其他国家的商务人士、客户或顾客合作。商务规程、公司运营和行业发展都会受到贸易沟通频繁的国家文化的影响。日产汽车公司和雷诺汽车公司首席执行官卡洛斯·戈恩(Carlos Ghosn)解释了跨文化工作和有效沟通的必要性:

表 4.1 美国最重要的贸易伙伴

国 家	总贸易额 (十亿美元)	贸易额占比	国 家	总贸易额 (十亿美元)	贸易额占比
中 国	675.0	17.5%	法 国	77.3	2.0%
加拿大	632.4	16.4%	巴 西	71.7	1.9%
墨西哥	506.6	13.2%	沙特阿拉伯	70.8	1.8%
日 本	203.7	5.3%	印 度	63.7	1.7%
德 国	162.1	4.2%	荷 兰	61.9	1.6%
韩 国	103.8	2.7%	瑞 士	55.2	1.4%
英 国	100.0	2.6%	意大利	55.2	1.4%

注释:基于 2013 年美国统计局的贸易数据。
* 中国数据包括中国台湾和香港。

　　全球化背景下,工作团队被分散在世界各地。如果你是领导者,你必须处理分布在不同国家的事务,比如越南或中国,所以你必须进行跨文化工作。你必须知道如何激励那些与你想法截然不同的员工,必须做好准备应对文化背景不同和思考问题方式多元化的工作团队。[2]

　　阅读下面关于卡洛斯·戈恩的案例。你将会从他和其他企业高管的案例中获得启示。[3]

本章案例:卡洛斯·戈恩在日产公司的跨文化工作

涉及人物:

卡洛斯·戈恩:日本日产公司和法国雷诺公司的董事长兼首席执行官

- 担任过许多管理职位:1978—1985 年,米其林法国公司;1985—1989 年,米其林巴西公司;1989—1996 年,米其林美国公司;1996 年至今,法国雷诺公司;1999 年至今,日本日产公司。
- 精通六国语言:阿拉伯语、葡萄牙语、西班牙语、法语、英语和日语。
- 出生在巴西,成长于黎巴嫩,大学就读于法国。
- 业界认为戈恩是"新一代的无国界的全球经理人的缩影……这些高管会多国语言,在世界各地工作过,而且似乎不受时差影响。"[4]

他的经历

1999 年 3 月,卡洛斯·戈恩临危受命,接手处境艰难的日本汽车制造商日产公司。该公司欠下 230 亿美元的债务,国内市场份额已经连续 27 年处于下降状态,出售的 46 种产品中的 43 种都是不盈利的,连续 7 年亏损。许多人认为有"成本杀手"之称的卡洛斯可以凭借其领导能力解决这个危机。然而,许多业内分析师对此提出怀疑,他们不确定一个外国人能否在日本的工作环境中顺利开展工作。

　　然而仅仅过了 18 个月,日产公司就恢复了盈利能力,并且持续每年盈利。5 年后,公司还清了 230 亿美元的债务并且实现了 70 亿美元的盈利。现在日产汽车公司的经营触角遍布世界各国。卡洛斯把成就归功于跨文化工作的能力。

思考题：

- 在进行跨文化的有效沟通时需要保持什么样的态度？
- 商学院的学生与其他国家员工共事，能学到什么？需要准备什么？
- 文化维度理论如何帮助企业员工进行跨文化工作？
- 拥有全球化心态的公司有什么优势？
- 全球化领导者的价值观是什么？

培养文化智力

企业的发展离不开进行跨文化管理的企业管理专业人员。有些公司比如可口可乐公司，出口销量远远大于在国内的销量。第 2 章介绍了有关情商（EQ）的内容，即在人际交往中管理情绪的能力。类似地，**文化智力**（cultural intelligence，CQ）是衡量你与其他文化背景的成员在一起工作的适应能力，它和 EQ 有点类似，但是和 IQ 不一样，CQ 可以经过长时间的培训、体验和有意识的努力进行培养和提高。[5]

有着高 CQ 的企业管理人员可以理解文化之间的不同点和相似点。**文化**（culture）包括共同的价值观、规范准则和其他一些有着共同的生活背景和交流方式的群体行为。文化可分为不同类型，如国家、组织和团队文化。本章讨论跨文化交流原则。这些原则往往比其他类型的文化更持久。国家文化的规范和价值观通过共同语言、历史传统、学校以及政治经济制度灌输给年轻的成员。

当和其他文化的成员一起工作时，文化智力高的企业管理人员擅长统一目标，互相讨论，解决分歧，并产生互利结果。他们了解新市场并且能够制定全球营销计划和供应链管理计划。当高文化智力的人遇到不熟悉的情况时，他们会相应使用各种技能，具体技能详见表 4.2，本章也会对各项技能进行讨论。[6]

表 4.2 职场文化智力

高文化智力的特征	高文化智力的特征
● 尊重、认识并欣赏文化差异。 ● 对其他文化拥有好奇心和兴趣。 ● 避免不恰当的刻板印象。 ● 调整时间观念，并表现出耐心。 ● 解决语言差异并取得共识。	● 了解文化维度。 ● 建立信任，并表现出对不同文化的共鸣。 ● 用学习者的心态处理跨文化工作关系。 ● 建立合作和创新的混合文化。

发展文化智力不仅仅要与其他文化背景的员工保持良好关系，还需要提高技巧和知识。在本节中，我们重点关注文化智力的以下几个特征。

尊重、承认、欣赏文化差异

文化智力建立在对其他文化承认和尊重的基础上。这意味着，你可以把其他文化看作是对管理企业和职场关系的合法和有效的观点。当戈恩第一次从法国到日本入职日产公司时，就已经证明了这个观点：

那些试图将一种文化强加到另一种文化中的人，只会加速它的毁灭。不同国家生活经验告诉我必须兼备人性化与专业化。从一开始，我就告诉员工："你们不是传教士。你来这里不是改变日产公司，而是和日产的员工一起解决问题，使日产公司变得更好。我们必须适应他们，而不是他们适应我们。"[7]

近年来，许多公众和教育活动都把关注点集中在融合多样性上。在本书中，我们将**多样性**（diversity）看作是职场中多种文化团体的共存。具有高文化智力的商务专业人士将多样性视为一种道德要求，并将其作为实现更高绩效的手段。大量的研究已经验证了在工作场所中文化多样性的作用。这些研究表明，文化多样性有利于改进决策。[8]日产在其网站上明确地陈述了以下内容：

在日产，我们坚信多元化是一种力量的源泉……日产致力于多样化，以确保我们满足顾客的各种需求和实现所有利益相关者的利益。每一位雇员将会尊重多元化并且充分利用它……我们相信，接受和利用这种文化的多样性将给我们带来竞争优势。[9]

对其他文化保持好奇心

作为一名大学生，你生活的这个舞台，给你提供了独一无二的机会来获得跨文化沟通的经验。例如：出国留学、学习外语、在校园里结交留学生朋友，以及对某种文化有兴趣继而去了解它等。[10]

出国留学

亲身体验可能是了解另一种文化最好的方法。你可以让自己沉浸在另一种生活方式中，近距离观察和体验另一个文化群体的成员如何交流、工作、往来和处理情绪。当被问及"你对年轻毕业生最好的职业建议是什么？"时，Capri 资本合伙有限公司（Capri Capital Partners）的联合创始人和首席执行官昆廷·E.普里莫三世（Quintin E.Primo III）这样回答：

离开这里，离开这个国家。这就是我告诉所有人的内容——放心走。我不在乎你去哪里，放心走。因为这个世界正在发生变化。如果你只懂一种语言，你几乎没有成功的机会。如果你不了解伊斯兰教，当你需要去挖掘某个尚未被开发的市场，那里有 16 亿到 18 亿的穆斯林时，就会遇到困难。所以你必须走出去，离开你舒适和安静的家，离开你们的安全地带，进入一个你不知道结果是什么还带有风险的领域。这一切都会使你对世界文化有一个更广泛的了解，你会更清晰地了解世界如何看待我们的文化，以及我们文化具有的价值和魅力。没有什么比这个更重要。我不在乎你在哪个商学院读书，我不在乎你的成绩是好或坏，你必须离开你原来的国家。[11]

作为新生，大多数大学生表达了留学的渴望。然而，在大学里只有 3％—5％的大学生确实做到了出国留学。[12]所以，如果你想要出国留学，提前做准备。现在就制定计划。此外，考虑和选择对你的职业生涯发展最重要的地点和项目。通常情况下，企业招聘人员评估留学项目至少是要历时一学期的项目，包括商业技能的培训和语言学习。同时，企业招聘人员对那些在具有重要战略意义业务合作关系的国家参加留学项目的学生印象会更深刻。大多数学生选择在西欧和澳大利亚留学，但是招聘者更看重的国家是中国、日本、巴西、墨西哥和印度。当然，这要根据不同的学科和行业来划分。例如，如果你想进入时装设计行业，在意大利或法国的经历对你来说将是非常宝贵的。

当你出国留学后,尽你所能学习你所需要适应的文化。但是,避免偏见并保持灵活。当你到达你选择的目的地后,要完全地敞开心扉、融入其中。就像戈恩谈到的融入日本文化一样,"在来日本之前我并不了解日本,因为我不想有太多先入为主的想法。我想通过和当地的日本人相处来了解日本。"[13]

学习一门语言

虽然英语被认为是全球商业语言,但是学习另一种语言对你有来说有很多益处。它帮助你理解外国人的思维方式。它能帮助你欣赏其他文化的丰富内涵,培养你与他人之间最大的好感。你会发现你和他人的交流更加顺畅,你不再只依赖英语这一门语言。

已经掌握六种语言的戈恩,对于学习多国语言的原因和好处这样评价到:"学习语言成为我的一个爱好。学习语言的最好方法是理解人们和文化之间的联系。"[14]当然,学习语言需要花费很长的时间。此外,它需要强迫自己处在真实的但有时不舒服的情境中。戈恩曾决心在巴黎学习期间学习英语。所以,他会每个月两次去邀请住在法国的美国人一起吃晚饭顺便练习英语。[15]

在校园里和留学生交朋友

你的大学可能有成百上千的留学生。这为你提供了一个难得的机会去了解全球文化。相比在其他国家旅行,通过帮助留学生你可以了解更多关于其他文化的内容。此外,你可以帮助这些学生让他们有宾至如归的感觉。你可以从留学生那里收获很多,因为他们面临着生活和适应新的文化的挑战。在你以后的工作中,你有可能和留学生进行合作。

对其他文化保持兴趣并且经常去学习它

每个文化都有自己的复杂性。你应该对一种文化深入了解。一旦你这样做,你可以更快地适应和了解其他文化。获得深入了解的最好方法之一是保持好奇——提出问题并寻求其他文化背景的人如何看待这一问题的答案;他们的理由和解决问题的方法;他们如何看待工作、时间和世界等。[16]你可以通过以下方法去了解感兴趣的文化:[17]

- 看电影、电视、纪录片、新闻和其他有关文化的视频。现在人们越来越容易接触到其他文化的视频。你可以从视觉和听觉多方位来体验文化。
- 学习一个国家的商业文化。许多网站提供全球商业新闻的文本和视频,例如:《彭博商业周刊》、美国全国广播公司财经频道、《时代周刊》、电影《国际交换生》(*Foreign Exange*)和国际商务教育与研究中心(IBER)网站。
- 参加和特定文化相关的课程和活动。抓住大学提供的很多机会,例如选修关于国际和跨文化主题的课程,参加由国际演说家主持的座谈会。
- 通过在线交流和其他国家的人交朋友。尝试去认识国外的朋友,通过电子邮件、网络闲聊和网络电话进行交流。国际交流的一个最常见的方式是通过网络电话,比如 Skype 等。网络电话的具体内容可以阅读本书中关于网络电话的技术小贴士。

避免不恰当的刻板印象

当戈恩搬到日本时,他挑选了来自法国雷诺汽车公司的大约 20 名高管组建了一个团队。当他挑选团队成员时,他的标准是每个团队成员必须用开放心态接受日本文化:

> 尽管主管候选人都是有能力的,但是,如果他没有完全开放的文化思想,他就不能进入我的高管团队。我希望不同文化背景下的员工能够进行真正的对话。[18]

我们会自然地形成刻板印象或概括性印象，来试图定义我们不认识的人的态度和行为，尤其是那些不同文化背景的人。刻板印象使互相交流变得复杂，因为人们会用先入为主的观点去理解他人的动机和价值观。例如，人们可能会认为税务会计师可信、专业、有能力、团结互助，并且注重细节。这种刻板印象促使人们去税务会计师事务所，认为专业人士会帮助他们。同样地，在不同文化背景下工作的人通常会形成一种刻板印象，即这种文化的成员是如何沟通和处理问题的。这些刻板印象可以是有成效的，不过它们只是一个起点，它们很灵活，而且大部分是积极的。[19]

案例 4.1 刻板印象的负面影响

人们在电视的影响下，往往对未曾深入接触的外国人有着片面的刻板印象。例如，人们认为德国是纪律之邦，德国人的时间观念十分强，因而每个德国人都会守时；同时认为法国、意大利、希腊、西班牙等国家崇尚自由散漫，因而这些国家的人时间观念并不强烈，每个人都不喜欢守时。事实上，是否守时和个人有着很大的关系，并不是每个人都符合刻板印象特征。当人们形成刻板印象后，都是用先入为主的观点去定义外国人的价值观和行为。在和法国人接触过程中，人们若首先将对方定义为"不守时的人"，从而在约谈时迟到，可能会激起外国友人的负面情绪，使得交谈变得困难。

评述：

有时刻板印象会对跨文化交流带来不利影响。

刻板印象对文化交流可能造成适得其反的影响。在与其他文化成员交往时，人们倾向于形成两种类型的刻板印象：预计认知相似性和外群体同质性效应。[20]

预计认知相似性（projected cognitive similarity）是倾向于假定别人和自己有相同的规范和价值观。这种情况发生在当人们用自己的文化准则和价值观来解释他们看到的其他人的行为时。例如当一位美国人采访一位新上任的日本人时，日本人可能淡化自己的成就并且把功劳归于他工作的团队。这位美国采访者，基于美国文化视角，可能认为这个人缺乏自信、自主或主动性。相比之下，日本受采访者可能认为谦虚、礼貌和集体主义能展示日本文化规范和价值观。

外群体同质性效应（outgroup homogeneity effect）是倾向于认为群体的成员都是一样的。从心理上来说，这种方法最大程度地减少了了解其他群体的人所耗费的精力。实际上，这种方法往往会带来适得其反的效果。所有的文化都具有多样性——个体具有不同的背景、世界观、兴趣和生活方式。在本章，我们将介绍多样性的本质。

负面刻板印象可以很容易从当下流行文化中产生。研究表明，电视播放特定文化群体的行为，例如犯罪、暴力、落后，或不诚实行为等都会影响观看者，使观看者产生对这些文化的刻板印象。[21]同样，根据新闻中关于国家之间政治关系的报道，从一个政治的角度来认识他国的文化，往往也会导致负面刻板印象。

当你注意到不应该对其他文化成员形成负面或僵化刻板印象时，你应该意识到别人也可能对你产生刻板印象。很多与你交流频繁的人已经通过你的文化背景对你形成了一些印象并据此预测你的行为。其他文化成员经常基于新闻和流行文化（例如电影、电视节目、音乐）对美国人形成刻板印象。一般来说，世界各地的大多数人对美国人持有的看法不一（见表 4.3）。在一个国家中即使大多数成年人认为美国人不诚实或贪婪，但仍有人认为美国人是勤奋和具有创造性的。[22]

表 4.3 不同文化成员对美国人的看法

	勤 奋	创造性	诚 实	贪 婪	粗 鲁
加拿大	77%	76%	42%	62%	53%
中 国	44%	70%	35%	57%	44%
法 国	89%	76%	57%	31%	36%
德 国	67%	56%	52%	49%	12%
印 度	81%	86%	58%	43%	27%
约 旦	78%	68%	37%	63%	64%
荷 兰	84%	69%	46%	67%	26%
俄罗斯	72%	56%	32%	60%	48%
西班牙	74%	53%	45%	58%	39%
英 国	76%	64%	57%	62%	35%

注:灰色阴影表示在一个国家中的大多数成年人对美国人持负面看法。白色部分则表示持正面看法。
资料来源:Pew Global Attitudes Project。经许可转载。

调整你的时间观念

　　大多数人在跨文化交流和工作中遇到的一种挫败感就是时间问题。这是因为人们拥有的一生的经历与他们特定的文化相关,这些经历形成了他们对在任何特定过程中发生的事情的期望。

　　高创造力的人较有耐心。当进行跨文化工作时,他们知道大多数任务需要花费很长的时间,因为需要更多的时间来互相理解和有效地合作。此外,许多跨文化工作项目要通过远程完成。信息的传递和组织决策过程也需要额外的时间。

图 4.1 不同文化的生活节奏

　　空客中国公司(Airbus China)总裁盖伊·麦克劳德(Guy McLeod)解释了为什么管理者到达中国后需要调整他们的工作节奏:"当人们刚到任的时候,他们想去改变一些东西。但是方向错了,前进就等于倒退。所以你需要做的就是耐心、耐心,还是耐心。这在中国虽然已经是陈词滥调了,但无疑是正确的。你需要制定一个长期计划,并且坚持下去。"[23]

　　同时,不同文化背景的人们时间概念是不同的。对某种文化来说是快节奏的,在另一种文化中可能就是慢节奏的。最近的一项研究表明,人们认为德国、日本和意大利这些国家是快节奏的,而如中国、巴西和墨西哥这些国家(或地区)是慢节奏的(见图 4.1)。[24] 当涉及对当前和未来的看法时,文化也有不同的认识(在接下来的版块中将会讨论有关"未来导向"的内容)。因此,你需要调整时间观念以便有效地协调和其他文化成员之间的相处。

　　关于时间方面,你最后需要考虑的是如何调整来适应当地的工作与生活节奏。你需要时间来习惯和适应与其他文化的成员一起工作。当去一个新的国家旅行或工作时,你应该分配时间去调整。戈恩提到他和他的家人搬到日本时面对的一些困难:

　　语言障碍是巨大的。当你第一次去日本,你的行为很受限制,因为你感觉需要依赖别人去做一切事情。……文化不同导致习俗不同。……然而,随着时间的推移,我们找到了方向。[25]

管理语言差异

英语越来越被视为世界性的商业语言。尽管英语对商业活动至关重要,但仍有许多商务人士的英语能力是有限的。当开展跨文化商务交流时,需要考虑以下几点建议:[26]

- 避免对别人的沟通能力妄下定论。首次或短时间内的沟通和交往并不能反映他们真正的语言水平。
- 表达清楚并且放慢语速。很多人说话速度快,要确保你的每个词语发音要清晰,并且放慢你说话的速度。
- 避免使用俚语和专业术语。俚语和专业术语对其他文化背景的人来说会很陌生。尽可能多地使用通用语言。
- 给彼此时间来表达自己。当与那些非英语母语国家人沟通时,需要有足够的时间来沟通、相互理解,从而使他们能更精确地表达自己的想法和创意。
- 根据需要使用翻译。在某些情况下,你需要依靠翻译。花一些时间提前了解翻译的能力和偏好从而促进交流。在翻译中,关注与你沟通的人而不仅仅是翻译的内容。也就是说,要关注沟通的对象。

戈恩针对克服语言障碍提出了以下几个观点:

> 在一个自发交流的环境中你有时无法操控局面;当你使用翻译工具时,可能会造成信息的失真;与同事交流或会见客户时,你实际上是在用自己预期的方式进行沟通。但不管怎样,当你用心沟通时,文化差异就可以促进创新而不会引起争议。[27]

理解文化维度

本节介绍一项关于文化准则和价值观的最新研究。这项研究基于对 62 个国家的大约 20 000 名商界领袖和经理的调查和访谈。[28]

文化可以分为八个维度。**文化维度**(cultural dimensions)是一种相当持久的相关文化的规范和价值观,分别是:(1)个人主义与集体主义;(2)平等主义和等级主义;(3)自信;(4)绩效导向;(5)未来取向;(6)人本导向;(7)不确定性规避;(8)性别平等主义。通过理解这八个维度,可以很好地了解特定文化背景下,潜在动机和目标是如何影响人们行为的。

几十年来,文化不断发展,文化维度变化最迅速的是个人主义和集体主义。随着经济的繁荣和发展,个人主义呈上升趋势。

我们结合相关的交流实践来描述文化的每个维度,主要关注在不同文化背景下行为的差异,因此我们对每一个文化维度都提供了排名,这些排名包括美国和北美的十大贸易伙伴。[29]

个人主义和集体主义

大多数跨文化沟通学者认为个人主义和集体主义是最具影响力的文化维度。这个维度指的是独立和依赖程度。**个人主义**(individualism)强调相互独立而不是相互依存,强调个人目标而不是组织目标,并且认为选择比责任更重要。相反,**集体主义**(collectivism)重视相互依赖而不是相互独立,强调组织目标而不是个人目标,并且认为责任比选择更重要。

个人主义者认为自己独立于其家庭成员、朋友、同事。他们追求自己的梦想和目标,即使这意味着需要牺牲与家人和朋友在一起的时间。他们建立的友谊和关系主要基于共同利益。当他们的利益得不到满足时,他们会选择退出。决策往往是基于个人的需要。[30]

而另一方面,集体主义认为自己和他们的家庭成员、朋友还有组织之间是密不可分的。他们致力于实现集体目标,并且将其当作责任和义务,即使可能需要牺牲自己的理想和抱负。他们注重关系的永久性。他们也倾向于在基于家庭关系、同学关系和熟人关系的网络间保持互相联系,共同工作。[31]图4.2显示了社会中个人主义和集体主义的国家(地区)排名。中国的集体主义排名最高,荷兰的集体主义排名最低。而被视为高度集体主义的日本则排在中等位置。表4.4显示了个人主义和集体主义的文化沟通特征。

一般来说,北美和西方国家的个人主义远远超过亚洲、拉丁美洲等国家。然而,一些国家的个人主义在增强,比如日本。一般来说,随着一国人民生活水平的提高,个人主义日益加剧。

社会中的集体主义	
中国	82
韩国	77
墨西哥	74
中国台湾	68
中国香港	64
巴西	58
意大利	53
日本	43
法国	41
美国	26
德国	24
英国	21
荷兰	11
社会中的个人主义	

图4.2 不同文化中的个人主义和集体主义

表4.4 高度个人主义和集体主义文化的沟通特征

高个人主义	高集体主义
● 关注个人奖励和目标	● 关注团体奖励和目标
● 强调机会和选择	● 强调责任和义务
● 在团队决策中花费更少的时间	● 在团队决策中花费更多的时间
● 在工作以外的时间里和同事交流较少	● 在工作以外的时间里和同事交流频繁
● 在社交网络中建立松散和暂时的网络关系	● 在社交网络中建立紧密和持久的网络关系
● 通过直接交流高效完成工作任务和成果	● 通过间接交流建立和谐的人际关系

组织中的集体主义	
日本	98
韩国	97
中国	68
荷兰	65
英国	49
中国台湾	48
美国	43
法国	43
中国香港	34
德国	30
墨西哥	29
巴西	29
意大利	18
组织中的个人主义	

图4.3 公司中的个人主义和集体主义

社会中的规范和价值观与组织中的规范与价值观有主要的区别。所有公司都倾向于同时推崇个人主义和集体主义。例如,鼓励自主和个人责任是个人主义价值观。鼓励团队合作和团队激励是集体主义价值观。许多强调个人主义的公司近几十年来逐渐开始重视团队精神。因此,像美国这样高度个人主义的国家在组织内展示了许多集体主义特征。图4.3显示了不同国家(地区)组织中个人主义和集体主义排名。在很多情况下,这些排名不同于社会规范和价值观。

戈恩能在日本社会的集体主义心态中处理工作是他在日产汽车公司取得成功的关键之一。[32]他通过成立跨职能团队来制定解决方案和目标。戈恩表示:"日本工业最引人注目的是其团队合作能力。……而在法国,人们不善于团队合作。从另一方面说,日本社会中人们非常适应团队工作。"[33]

在组织中表现出极高的集体主义更倾向于拥有以家庭为中心的文化。许多亚洲组织采用这种以家庭为导向的经营方式来运营一家公司。西门子(中国)有限公司总裁厄恩斯特·贝伦斯(Ernst Behrens)说:"中国人,或者说一般的亚洲人的就业情况与我们在欧洲的理解完全不同。对我们来说,公司是很重要,但公司主要是作为一个就业基地。中国公司更像是一个家庭。大家会认为:'我将我自己奉献给西门子公司。公司必须照顾我。'"[34]

图 4.4 显示了即使是被认为拥有高个人主义文化的美国和高集体主义文化的中国,二者也有重叠的部分(由各自曲线的交点封闭的三角区域)。换句话说,中国的一些个人的行为比一些美国人的个人行为更加具有个人主义。然而,总的来说,大多数的中国人比大多数美国人更重视集体主义。此外,一种文化中的规范演进通常会反映大多数人的价值观。即便在同样的文化中,也有很多不同的地方。美国的一份研究表明,个人主义和集体主义在地域上有很大差异,西部山区最具个人主义色彩,南部腹地最具集体主义色彩。[35]文化存在多样性,你不太可能去改变别人(外群体同质性效应)。

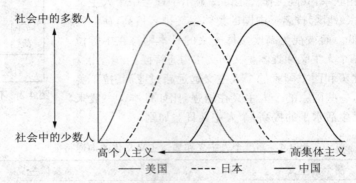

图 4.4　美国、日本和中国的个人主义和集体主义情况

平等主义和等级主义

所有的文化都形成了权力分配的规范。在**平等主义**(egalitarian)文化中,人们倾向于平等地分配和分享权力,缩小地位差距,减少因更高的权力地位而赋予的特权和机会。在**等级主义**(hierarchical)文化中,权力距离较大,唯领导马首是瞻,认为领导拥有特权和机会是理所当然的。权力倾向于向顶层集中。

在平等主义组织中,领导者们避免用指挥和控制的方法,而是用吸引参与和开诚布公的管理方式来领导工作。能力比权力更重要,并且鼓励各种级别的人去发表他们的观点,领导的地位象征是不被鼓励的,组织中的最高和最低收入差距非常小。相反,在等级主义组织中,领导者们通过利用他们的权力要求员工遵从他们的政策和决策,不允许员工公开挑战领导,领导的地位是被大家所认可的。组织的最高层和最低层的收入差距极大。[36]图 4.5 展示了平等主义和等级主义的国家(或地区)排名。表 4.5 展示了和平等主义以及等级主义相关的具体沟通表现。

等级主义	
韩国	78
法国	77
德国	67
意大利	66
英国	56
巴西	55
日本	55
墨西哥	47
中国	44
中国台湾	43
中国香港	40
美国	39
荷兰	9
平等主义	

图 4.5　不同文化的等级主义和平等主义

绩效导向

绩效导向(performance orientation,PO)用来描述"组织鼓励和奖励创新、高标准及绩效提升的程度。"[37]在所有文化维度中,社会各

表4.5 平等主义和等级主义文化沟通特征

平等主义	等级主义
● 集体决策	● 个人决策
● 具体情况具体分析	● 看重地位
● 下属可以公开向领导提出不同意见	● 下属服从领导
● 下属对领导犯的错误不承担责任	● 下属维护领导
● 可以直接和领导打交道	● 不直接和领导打交道

图4.6 不同文化的绩效导向

业尤其是商务行业,对绩效导向最为重视。然而许多文化尚在发展绩效导向。[38]从某种程度来说,高绩效导向和低绩效导向文化之间的区别在于"生活是为了工作"还是"工作是为了生活"。

在亚洲远东地区、西欧和北美的文化中,绩效导向特别高。例如,在高绩效导向的专业人员看来,低绩效导向的员工不重视结果,缺少责任感甚至有拖延症。相比之下,低绩效导向人员往往认为高绩效导向人员缺乏耐心,甚至沉迷于短期的结果。

一些持有中等绩效导向的国家,例如中国和印度,在工作文化中迅速形成了绩效导向。这些国家主要是在最近几十年开展了经济改革,实现了惊人的经济增长。这些国家中越来越多的企业运用规则和政策来促进创新、改良和问责制度。图4.6显示了绩效导向的国家(或地区)排名。表4.6区分了高、低绩效导向在交流实践中的差异。

表4.6 高、低绩效导向在交流实践中的差异

高绩效导向	低绩效导向
● 强调结果而不是关系	● 强调关系而不是结果
● 在会议和交流中优先考虑可衡量的目标	● 没有目标衡量机制
● 认为反馈是改进的必要前提	● 认为反馈是主观、令人不快的
● 公开谈论物质激励问题	● 不主张物质激励,认为这种激励不恰当
● 重视责任感	● 重视忠诚
● 希望能紧急沟通并强调最后期限	● 时间自由,认为过分强调最后期限是固执的

高绩效导向的特征是竞争和纪律。这样的属性通常是通过教育体系进行灌输的,正如戈恩解释他在耶稣会教育系统中的成长环境一样:

> 在他们的教育理念中,纪律是非常重要的,竞争也同样重要,甚至设置了专门的评分体系来鼓励互相竞争。耶稣会是世界上第一个跨国的大型组织。……我从耶稣会教徒身上学到了很多,毕业之后,随着工作中竞争的出现,我对纪律和组织有了更深刻的认知。[39]

未来导向

未来导向(future orientation, FO)用来描述为了实现未来的需求,甘愿牺牲当前利益的程度。低未来导向的文化(或当前导向的文化)倾向于享受现在及自然发生的事情。他们不

太担心未来，往往避免为了实现未来的目标而制定计划或做出牺牲。相比之下，高未来导向的文化对未来的生活充满向往，他们仔细制定计划并愿意为了未来的目标牺牲当前的需求。[40]

案例 4.2 海尔集团的高未来导向

海尔集团自成立以来，一直强调未来导向，注重企业的可持续发展。当许多企业将"经济利益最大化"作为目标时，海尔放眼未来，协调消费者利益、企业利益和环境利益，将环保观念作为指导思想，提出"绿色设计、绿色制造、绿色营销、绿色回收"的长期战略经营模式，推出多款绿色低碳精品，如不用氟利昂的变频空调、静音洗衣的卡萨帝复式大滚筒、日耗电仅为 0.78 度的卡萨帝冰箱等。在实施"绿色经营"战略过程中，不可避免地会因增加或改善环保功能使得研制经费增加，因使用新的绿色原料、辅料等使得资源成本增加，但当前利益的损失并未阻挡海尔长期战略的执行。海尔对公司未来的发展充满信心与向往。

评述：
海尔集团关注长远发展，是高未来导向的公司。

在未来导向的社会中，许多组织制定长期战略和商业计划。此外，他们使用这些战略和计划来指导他们的短期业务活动。反之，在当前导向的社会中，组织不太可能制定明确的长期战略和商业计划。此外，他们在长期计划中很少关注短期活动，即使这些短期活动正在发生。组织的未来导向程度可以很好地预测财务业绩。高未来导向的文化中，人们广泛地为危机和不可预见的突发事件制定计划，而低未来导向的人们在危机发生时才去应对。[41] 图 4.7 显示未来导向的国家（或地区）排名。表 4.7 区分了高、低未来导向在交流实践中的差异。

自信

在不同的文化中直率的表达方式各有不同，因而会导致沟通不畅，误解对方动机，以及产生强硬的感受。用**自信**（assertiveness）这一文化维度来衡量直率的水平，是相对合适和有效的。[42] 通常，北美和西欧在商务情境下是最坚定且自信的，而亚洲人相对不那么自信。"实事求是""开门见山"和"不粉饰"是高度自信的象征。

高未来导向	
荷兰	91
德国	74
英国	69
日本	68
美国	59
巴西	46
韩国	46
中国香港	45
墨西哥	38
法国	37
中国	34
中国台湾	32
意大利	15
低未来导向	

图 4.7 不同文化中的未来导向

表 4.7 高、低未来导向文化在交流实践中的差异

高未来导向	低未来导向
• 强调对未来的控制和规划	• 强调对当前业务问题的控制
• 更关注内在动机	• 更注重外在动机
• 在会议中经常讨论长期战略	• 在会议中很少讨论长期战略
• 使用灵活和恰当的语言	• 使用死板而强硬的语言
• 经常提到长期奖励和激励	• 经常提到短期奖励和激励
• 鼓励使用深谋远虑的方法解决问题	• 优先考虑已被证实正确和常规的方法来解决问题

高自信文化的成员往往认为低自信文化的成员胆小、缺乏热情、没有责任感,甚至是不诚实的,因为他们隐瞒或修饰自己的意见。另一方面,低自信文化的成员常常认为高自信文化的成员粗鲁、莽撞、自私,甚至不文明。[43]

特别是,商人在想知道问题的答案是肯定还是否定时,会更加注意对方的自信水平。在不自信的文化环境下,答案往往是模糊的,人们需要从字里行间找寻答案。就像空客中国公司总裁盖伊·麦克劳德说的那样:"在欧洲或美国,'是的'的意思就是'是的',所以我们可以朝着一个共同的目标一起工作。在这里,'是的'并不总是意味着'是的',同样'不'并不意味着'不'。……别人在问及中国时,我给出的其中一条建议就是:一切都有困难,但是一切皆有可能。"[44] 图 4.8 显示自信度高和低的国家(地区)排名。表 4.8 区分了高、低自信度在交流实践中的差异。

高自信	
德国	92
中国香港	82
美国	80
荷兰	77
法国	76
韩国	70
墨西哥	66
巴西	62
英国	60
意大利	52
中国	26
中国台湾	21
日本	21
低自信	

图 4.8　不同文化的自信度

表 4.8　高、低自信度在交流实践中的差异

高自信文化	低自信文化
● 强调直接和明确的语言	● 强调间接和含蓄的语言
● 对沉默感到不舒服并且很快用说话代替沉默	● 将沉默视为交际或尊重
● 优先解决问题而非对他人表示尊重	● 优先对他人表示尊重而非解决问题
● 表达更多的情感	● 很少表达情感
● 使用强硬,甚至支配性的语言	● 使用温柔和令人愉快的语言
● 强调公平并使用竞争性语言	● 强调平等并使用合作性的语言
● 重视对思想和情感的自然表达	● 按照一定原则和规矩来表达思想和情感

案例 4.3　雷军与董明珠的 10 亿赌约

2013 年 12 月,在央视"中国经济年度人物"颁奖典礼上,小米公司董事长兼首席执行官雷军主动向格力电器董事长兼总裁董明珠发起挑战,"小米如果 5 年内营业额击败格力,董总输我 1 块钱就行了。"但董明珠却霸气回应"1 块钱不要再提,要赌就赌 10 个亿。"于是一个令全国人民瞩目的赌约就这样诞生了。雷军和董明珠作为知名企业的领军人物,能在公开场合立下豪言壮语自然是离不开他们的自信。虽然随着时间的推移,两人对于这场"世纪豪赌"逐渐看淡,但也各是信心满满。在赌约即将到期前,两人接受媒体采访时,董明珠表示"明年就见分晓了,我对格力有信心,而且已经确认过,格力领先小米。"而雷军更是侧面回应:"小米公司非常年轻,其营业收入突破 1 000 亿元人民币,仅用了七年时间。"这场自信的赌约,不失为一种特别的营销方式,不仅提升了雷军和董明珠个人的影响力,也扩大了小米和格力两个品牌的知名度。

评述:

在商务情境下自信的谈吐更有可能带来有利的影响。

高人本导向	
日本	57
中国	55
美国	49
荷兰	40
墨西哥	30
中国台湾	29
巴西	26
英国	25
韩国	24
中国香港	23
意大利	20
法国	17
德国	1
低人本导向	

图 4.9　不同文化中的人本导向

人本导向

人本导向(humane orientation，HO)是"组织或社会鼓励和奖励个人成为公平、无私、友好、慷慨、有爱心和善良之人的程度。"[45]在高人本导向文化中，人们认为他人是可以信任并受别人喜爱的，关注点延伸至所有事物，包括朋友、陌生人和自然。人们互相之间提供社会支持，反对各种形式的不公平、不善良和歧视行为。公司和股东强调社会责任，领导者被要求是慷慨和富有同情心的。

案例 4.4　海底捞的高人本导向

海底捞作为餐饮业的神话，一直强调"让员工当家做主，以服务争天下"。对待员工，海底捞给予充分的爱与尊重：每一位员工都能得到公平、丰厚的奖励与福利；给员工住的公寓提供 24 小时的热水、空调、能上网的电脑；集体租住的员工能够享受免费的家政服务；建立寄宿制学校，为员工的子女提供免费的上学机会；管理层与员工之间以"哥、姐"相称；即使是普通服务员，也有权赠送顾客点心或免掉顾客的部分费用；实行"员工奖励计划"，给优秀员工配股等。因此，在海底捞，每位员工都把自己视为公司的主人，他们有着满满的劳动热情和创新激情。

评述：

海底捞在鼓励、奖励员工方面公平、慷慨，对待员工友好、尊重，公司内部塑造了高人本导向文化。

在低人本导向的文化中，自身的快乐、舒适和自我享受是人们首先追求的价值观，然后才是展示自己的慷慨和仁慈。人们将自己对物质、财富和社会支持的追求拓展到了与自己的朋友和家人的关系中。社会成员独立解决问题，公司和股东重视财务利润，领导者不需要慷慨和富有同情心。[46]图 4.9 展示了人本导向的国家(或地区)排名。表 4.9 区分了高、低人本导向在交流实践中的差异。

表 4.9　高、低人本导向文化在交流实践中的差异

高人本导向	低人本导向
● 交流中表达问候、欢迎、关心和赞美	● 在正式交往场合中表达问候和欢迎
● 认为花费时间去讨论感受是非常重要的	● 认为花费时间谈论感受导致效率低下
● 愿意帮助他人	● 只有当别人要求时才会帮助别人
● 经常用微笑和其他非语言信号表达对别人的欢迎	● 不经常用微笑和其他非语言信号表达对别人的欢迎

戈恩享受在美国和日本工作期间的经历：

那些年也许是我职业生涯中最重要的几年。我不得不学习如何成为一名美国的首席执行官,这和成为一名巴西类型的老板或者一名欧洲的首席执行官是完全不同的。……我在美国接受了非常丰富的教育,包括营销、竞争和文化融合。……美国有一个很好的学习环境来教你如何了解顾客、掌握营销手段和交流方式。[47]

他同样感激在日本期间接触的日本人:

> 日本人非常有礼貌,对别人的感受很敏感。他们永远不会跟你说令人不快的话。当他们不赞同你时,他们会保持安静。但是当他们认可你时,他们会告诉你。……但在任何情况下,即使在我来的最初的几个月,我都幸免于严厉的批评和负面评价。这有很大帮助。我不需要让我的工作变得困难重重的人。[48]

不确定性规避

不确定性规避(uncertainty avoidance,UA)是指社会成员在不确定、异常、出乎意料或惊奇的情况下的感受。在高不确定性规避文化中,人们对于不确定的事情感到不舒服,同时追求秩序井然、一致、结构化和正式的程序。在高不确定性规避的文化中,人们常常强调秩序和一致性,即使这意味着牺牲尝试和创新。他们希望得到明确指示,并以指令和规则的形式精确地规划出来。高不确定性规避导向的人喜欢结果明确和风险最小的任务,他们反对变化以及打破规则。[49]

在低不确定性规避文化中,人们对于不确定性感觉舒适。事实上,他们甚至可能以此为乐,因为他们喜欢涉及不确定结果、计算风险、解决问题和实验型的任务,他们甚至有可能在过程中得到更快的成长。他们经常把规则和程序视为创新的阻力。低不确定性规避文化成员更容易和其他组织的人快速建立信任,而且在交往中更倾向于非正式的互动。他们很少反对挑战,不希望建立规则来约束行为,更愿意打破规则。[50]图 4.10 显示的是不确定性规避的国家(或地区)排名。表 4.10 区分了高、低不确定性规避在交流实践中的差异。

高不确定性规避	
德国	97
中国	74
荷兰	74
英国	69
法国	67
中国香港	46
美国	45
日本	42
墨西哥	42
低不确定性规避	

图 4.10 不同文化的不确定性规避

表 4.10 高、低不确定性规避在交流实践中的差异

高不确定性规避	低不确定性规避
• 通过法律合同记录协议	• 依靠他们信任之人的话语而不是合同安排
• 期望有序的沟通:会议中会做详细的记录以及文件结论	• 期待非正式交流:很少关心文档和会议记录
• 决策制定要以正式的政策、程序和规则为基础	• 当与他人讨论工作决策时,不被正式的政策、程序和规则束缚
• 以书面形式确认	• 以口头交流确认
• 在大多数人际关系和业务交流中表现得很正式	• 在大多数人际关系和业务交流中不拘礼节

性别平等主义

性别平等主义(gender egalitarianism)反映了社会中男女角色的分工。高性别平等主义的文化下,男性和女性在职业角色和领导职位上地位相当,女性也具有决策权。在低性别平等主义文化中,男性和女性的社会角色大不相同。一般来说,女性在职业上的决策影响力更小,但在家庭决策方面影响力巨大。[51]

传统上,女性在职场上处于劣势地位,然而近几十年来,女性获得了越来越多的发展机会,地位也不断提高。当戈恩到达日产公司时,公司只有1%的女性经理。他制定了一个提高女性经理数量的计划。现在,日产的经理中有7%是女性,目标是到2017年,这一比例将达到10%。

案例4.5 阿里巴巴的性别平等主义

2018年1月,挪威女首相索尔贝格造访阿里巴巴,与马云深入探讨关于环保、公益以及男女平等的话题,而重点则在于男女平等这个话题。挪威作为全世界男女平等关系排名第三的国家,甚至以法律的形式要求女性同男性一样服兵役;在阿里巴巴整个集团中,女性领导者及女性工作者所占比例达到50%,这表明双方对于追求男女平等有着相同的努力。阿里巴巴CFO、现任蚂蚁金融服务集团董事长彭蕾向首相分享了诸多关于阿里在追求男女平等上的经验:阿里内部的升职机会平等地开放给所有有着适合条件的男女员工,不存在歧视女性员工的现象;阿里的员工在处于相同职位和等级的情况下男性和女性员工薪水基本相同;阿里鼓励招收女性员工,对于怀孕和带孩子的女员工给她们配置孕妇休息室和哺乳师等。这些经验事实都充分体现了阿里在男女平等上的追求和对女性的关怀与照顾。

评述:

在商业领域性别平等需要整个社会继续努力,对女性员工更加关怀能够营造一个良好的商业氛围。

性别平等主义不仅关系到为男性和女性提供均等的职业机会,同时也影响到男性和女性在沟通中的习俗。受成长环境影响,戈恩习惯于让女性先走。然而,依据日本的传统习俗,男性应首先进门和电梯。[52]表4.11区分了高、低性别平等主义在交流实践中的差异。

表4.11 高、低性别平等主义在交流实践中的差异

高性别平等主义	低性别平等主义
• 提供男性和女性平等的职业机会	• 向男性提供更多专业的领导职位
• 希望男性和女性有相同的沟通和管理风格	• 认为男性和女性有不同的沟通方式
• 避免注重性别的礼仪	• 关注性别上的礼仪差异

世界各地的商业价值观

在此之前,我们已经讨论了规范或文化的内容。GLOBE团队还调查了商业人士的价值观,或者他们喜欢什么样的工作文化。表4.12表明不同的文化氛围下,人们优先参考何种价值观来做出自己最喜欢的职业选择。由于全球化的快速推进,世界各地的商业文化价值观日渐趋同,商业文化的融合速度远远高于其他社会文化。

表 4.12　世界各地工作文化倾向的优先顺序

巴　西	中　国	法　国
1. 绩效导向	1. 绩效导向	1. 绩效导向
2. 未来导向	2. 自信	2. 人本导向
3. 组织集体主义	3. 人本导向	3. 集体主义
4. 人本导向	4. 不确定性规避	4. 未来导向
5. 集体主义	5. 集体主义	5. 组织集体主义
6. 不确定性规避	6. 未来导向	6. 不确定性规避
7. 自信	7. 组织集体主义	7. 自信
8. 等级主义	8. 等级主义	8. 等级主义
德　国	中国香港	意大利
1. 绩效导向	1. 绩效导向	1. 绩效导向
2. 人本导向	2. 未来导向	2. 未来导向
3. 集体主义	3. 人本导向	3. 集体主义
4. 组织集体主义	4. 集体主义	4. 人本导向
5. 未来导向	5. 自信	5. 组织集体主义
6. 不确定性规避	6. 不确定性规避	6. 不确定性规避
7. 自信	7. 组织集体主义	7. 自信
8. 等级主义	8. 等级主义	8. 等级主义
日　本	墨西哥	荷　兰
1. 自信	1. 绩效导向	1. 绩效导向
2. 人本导向	2. 集体主义	2. 人本导向
3. 集体主义	3. 未来导向	3. 集体主义
4. 未来导向	4. 不确定性规避	4. 未来导向
5. 绩效导向	5. 人本导向	5. 组织集体主义
6. 不确定性规避	6. 组织集体主义	6. 不确定性规避
7. 组织集体主义	7. 自信	7. 自信
8. 等级主义	8. 等级主义	8. 等级主义
韩　国	英　国	美　国
1. 未来导向	1. 绩效导向	1. 绩效导向
2. 人本导向	2. 集体主义	2. 集体主义
3. 集体主义	3. 人本导向	3. 人本导向
4. 绩效导向	4. 未来导向	4. 未来导向
5. 不确定性规避	5. 组织集体主义	5. 自信
6. 组织集体主义	6. 不确定性规避	6. 组织集体主义
7. 自信	7. 自信	7. 不确定性规避
8. 等级主义	8. 等级主义	8. 等级主义

注：在几乎所有的工作文化中绩效导向是最有价值的维度。
　　在所有工作文化中等级主义是价值最低的维度。
　　人本导向在很多文化中都有很高的价值。
来源：依据 GLOBE 对 62 个国家（或地区）商业经理人的研究数据。

你会发现几乎所有的文化都重视绩效导向。另外,所有文化都将等级主义放在商业文化价值观的最末位。换句话说,在一个平等、鼓励参与的工作环境中,全世界的商业人士普遍着眼于绩效。此外,几乎所有的文化都重视人本导向,因此可以证明,尽管沟通的结果十分重要,但大多数文化中的成员都期盼高绩效导向的沟通变得更加人性化。当你开展跨文化商务沟通时,应当注意这一发展趋势。

技术小贴士

在线电话

商务人士经常使用在线电话或视频以实现更加低成本和便捷的交流。在线电话使用 VoIP(Voice over IP, IP 承接语音)技术让人们通过网络进行交流。著名的在线通话软件包括 Skype 和 Vonage。

Skype 是企业最常用的网络电话系统。Skype 目前有超过十亿用户,这对于国际交易而言是特别重要的。由于便宜(个人计算机之间免费使用网络电话)和方便,它成为商务国际长途电话。此外,许多商务人士的手机没有开通国际漫游功能,因而使用 Skype 显得更为便捷。当拨打网络电话时,需要考虑以下几点:

理解在线电话的局限性。通常情况下,在线电话的音频和视频质量很高,但它不如固定电话的性能稳定。网络中断、通信拥堵带来的带宽问题,甚至电力故障都会威胁电话质量。大多数在线电话使用的软件与在线会议有重合之处,如视频会议、文档传输和屏幕共享。它们虽然很方便,但是由于带宽限制,可能会降低音频质量。因此,拨打重要电话之前,需要测试设备并意识到设备的限制。

注意那些与你共享工作空间的人。如果你在隔间或开放办公室工作,使用网络电话可能会分散你同事的工作注意力。因为网络电话一般很响亮,主要有以下两个原因:首先,对方的声音是外放的。其次,你讲话的声音会超过使用手机讲话的声音。

花时间设置摄像头,使你自己在视频时看起来专业,且工作区域整洁。大多数在线电话允许视频。如果可能的话,充分利用这个功能在你的谈话中添加非语言暗示。花时间设置摄像头,可以帮助你在视频中通过一种吸引人的方式来展示你的形象,而不是从一个奇怪的角度来显示你的形象。另外,要注意你的工作空间。长时间的在线视频通话,和你对话的人一定会注意到你周围的工作环境。有些人会根据你保持桌面和办公空间的整洁的情况来判断你的专业性。

建立和维护跨文化的工作关系

到目前为止,我们首先关注了文化智力,主要是与理解其他文化相关的内容。在本节中,我们专注于和其他国家的人士建立信任,并共同创造成功的过程。这一过程中需要采用全新的方式与对方进行交流和工作。

建立信任和产生共鸣

在任何商务关系中，信任是跨文化工作关系的关键。在其他关系中，你可以通过能力、关怀和品格来建立你的信誉。但当跨文化工作时，这些方面需要更多的时间来展示和传达。来自不同文化背景的人可能会对相同行为作出不同的解释，因此要明白不同的文化中信誉是如何建立的。相似地，可以通过让其他文化背景的人展示信誉，向他们学习如何展示能力、关怀和品格。

商务人士经常通过职位联系来获取别人的信任。在低信任的国家或地区（见图 4.11 和图 4.12）开展跨文化工作，往往会比较复杂。中国、加拿大、美国、荷兰和沙特阿拉伯被认为是社会信任度高的国度，它们的公民更习惯于信任。相比之下，墨西哥、巴西和法国，被认为是低信任度的国家。[53]

高信任度社会	
中国	53
荷兰	45
日本	41
加拿大	40
美国	38
德国	34
英国	30
意大利	29
韩国	29
西班牙	27
墨西哥	19
法国	19
巴西	9
低信任度社会	

对公平竞争高期望	
日本	57
中国	55
美国	49
荷兰	40
墨西哥	30
中国台湾	29
巴西	26
英国	25
韩国	24
中国香港	23
意大利	20
法国	17
德国	1
对公平竞争低期望	

注：成年人中认同大多数人是可以信任的比例（%）。　　注：成年人中认同大多数人是公平的比例（%）。

图 4.11　不同文化对信任的看法　　**图 4.12　不同文化对公平竞争的期望**

建立信任的一种方式是展示同理心。通过 30 年的跨文化工作经验以及 10 年领导日产公司的工作经历，戈恩强调了它的重要性："我认为跨文化领导力的基础之一是同理心。我会说尽管在今天这个词不是很受欢迎，但是你还是要深爱你所处的国家和它们的文化。并试着了解它的优点，不要一直关注缺点，并确保你希望表达同理心的人与你有相同的意见。"[54]

表达同理心不仅仅是表达你的关心，也包括在商业目标和商业能力方面，理解其他文化下的成员个体。正如你所读到的，跨文化的信任和信誉建立在不同的层次水平上，其中主要的是共享商业利润。

采用学习者的心态

建立稳固持久的跨文化关系需要保持学习者的心态。在这种心态下，你期望其他文化成员拥有独特的知识和解决问题的方法,这将有利于共享商业利益。你会希望在决策的整个过程中成为全面合作伙伴。刚来到日本时,戈恩就曾提到:"在这样的环境中工作生活,我一定会被当地的文化同化的。当我签约去日本时,我告诉自己日本将成为我的一部分,就像日产公司也会成为我的一部分一样。但是同化并不意味着你失去你的个性和本源。"[55]

尽管在戈恩去日本之前对日本的文化了解不多,但是他对于日本汽车产业的创新深怀敬佩:

> 通过开发车间的管理系统,日本在汽车行业留下了不可磨灭的印记。……"精益生产"由此在丰田诞生。丰田的竞争对手乃至全球的汽车公司都或多或少地模仿使用了该生产方式。……在理论方面,日本不是冠军。他们善于从简单、务实的观察中尝试创新解决方案。我并没有发现日本创造了很多理论方法。[56]

身处其他文化工作时,学习者心态的反面就是评判者心态。在跨文化的工作关系中,评判者心态经常被称作为**民族优越感**(ethnocentrism)。这也是一种信仰,坚信自己的文化是优越的——能够提供更好的方法来解决问题或者处理工作关系,并且对概念化工作有更好的储备知识。在所有的人际关系中,尤其是跨文化关系中评判者心态是有破坏性的,因为大多数人对于他们的文化都拥有强烈的自尊和自负感。[57]

培养合作与创新的混合文化

跨文化工作时,人们通常采用一种独特的沟通和合作方式。这些实践结合了每一种文化的各个方面。最后,这些实践、规范和价值观形成了包含不同文化的各种元素的**混合文化**(co-culture)。当你从一种文化形式转变到另一种文化形式时感到舒适,说明你的跨文化工作关系已顺利创建。要达到这样的效果需要有创造新事物的心态,一种你会将其他文化结合到实践中并做到最好的信念,反之亦然,就像戈恩解释的:

> 在跨境并购或联盟中,文化差异可以被视为一个障碍或者催生新事物的种子。从一开始我就提到,我认为文化差异是一个契机,会对我们之前的经营方式实现改革。在你开始前说这个是危险的。我到日产公司已经有 15 个月了,在来到日本 6 个月之后我才开始这项复兴计划,可以说今天文化差异更多地是被看作是异花授粉,有助于我们对目前的事务进行改革创新而不是作为放弃或反对的借口。这正是我们努力在做的——复兴日产。当法国雷诺公司的人来到日本,面对日产严峻的形势,我们没有精力来无止尽地争辩和讨论到底采用哪一种方法或程序更合适。[58]

高文化智力的商业管理者认为发展有效的混合文化需要创新。这也是经验丰富的管理层选择能够掌控未知局势的人员进行国际合作的原因。正如直接集团(Direct Group)亚洲区前总裁艾科·拉瑟格伯(Ekkehard Rathgeber)所述:"我的信念是:如果你选择了错误的培养对象,无论对其进行多少培训也无法使其成才。你需要找到这样一个人,他意志坚定并且能够处理中国每日发生的未知事件。……这个人必须对新事物充满激情和包容性而不是固守原有的文化和模式。"[59]

　　创造混合文化需要摒除各个组成文化中部分的准则和价值观。戈恩就剔除了日产公司中不适应企业需求的日本文化。例如,他采用了业绩计薪而非工龄计薪的方式,并且打破了经连会供应商网络(日本企业间传统的合作方式是基于所有权的共享以及彼此间的忠诚)。然而,这些改变都与日产的商业利益相联系,通过跨职能团队(CFT)的集体主义方式实现,并且适应日本企业的各种工作偏好:[60]

> 　　我知道如果仅仅将这些变革强加于企业上层,一定会失败。反之,我决定将跨职能团队作为变革计划的中心。通过实践,我发现这样做可以帮助垂直型管理模式下的管理者突破现有的职能和权责界限,找到真正的职责所在。……尽管在日产内部,人们认识到我们所做的并非为了追求企业新的飞跃而是保持企业已有的荣光,但是我们获得了员工的信任,原因很简单:我们尊重员工。……我们成功开拓并融合了日本人特有的强烈的竞争意识和社会责任感,也正是这种精神在早期时推动了索尼、丰田以及日产的发展。[61]

　　商业领导者们知道当企业文化中包含了各种文化和业绩成果,那么混合文化就已经形成了。戈恩解释了日产公司中的混合文化:

> 　　我们将所有的时间都花费在了合作协调上。我们正在融合不同的文化和经验。在我看来,这对未来是有好处的。日产正在形成能够有效适应新世界的文化。处于公司的高层,我们不能够再仅仅以日本或者法国的视角进行思考。……我确信如果当下通用汽车或者福特汽车公司遇到困境,那是因为他们太过美国本土化,大多数利润都在美国,未能成为真正的全球性企业。单就汽车工业企业而言,未来的赢家将会是那些真正做到全球化,能够根据各市场重要性分配权重的企业。未来将属于那些能够确保全球化品质而又不失去自身特性的企业。[62]

学习其他文化的礼仪

　　遵守其他文化的礼仪规范是获得良好的第一印象以及表达尊重的一种方式。这在接触潜在的合作伙伴或者客户时显得尤其重要。在考察访问中,你将参加各种会议、社交聚会——宴会聚餐、会议休息,还有不胜其数的闲谈。这些都是各文化成员在无顾虑的自由环境中互相交流认识的机会。

　　你可以通过许多途径去学习其他文化的习俗和礼节,在表 4.13 中,你将会看到巴西、俄罗斯、印度和中国(这四个国家通常被称为"金砖四国",因为它们对 21 世纪的商业发展具有重要的战略意义)的例子。[63]本表包括你出国出差前应该注意到的习俗和礼节,包括合适和忌讳的谈话话题、谈话风格、会议守时、就餐、接触及距离、商务着装、馈赠礼物等问题。

表 4.13　金砖四国的礼节和习俗

	巴　西	俄罗斯	印　度	中　国
恰当的谈话话题	私人话题、足球、天气、交通、文化事件	政治话题、俄罗斯文化和历史、艺术(如果你非常了解的话)、时事、书籍、电影	家庭和个人生活、政治话题、板球运动、电影、经济改革	中国历史、艺术、书法、中国美食
谈话中私人或禁忌的话题	政治活动、贫困、犯罪、安全、森林采伐、贪污腐败	私人生活、宗教、莫斯科和圣彼得堡的比较、将俄罗斯和发展中国家进行比较	宗教、巴基斯坦、贫困、贫民窟、社会等级	私人生活、死亡
严守和会议	会议时间很宽松而且经常推迟 10 到 15 分钟开始。	会议提前很久就安排好。时间安排很灵活。	会议提前很久就安排好。时间安排很灵活。	会议准时开始；准时参加社会活动。
就　餐	正餐(午餐和晚餐)是建立关系的重要部分。要特别注意的礼节：绝对不要用手去碰食物。在进餐前要先敬酒。	正餐(晚餐)经常被用来谈生意。座位安排要遵从社交礼节。双手应该总是放在桌子上。喝红酒是社交的一个重要部分。	饭局非常重要，由此向拜访者展示其热情好客。	饭局和宴会是建立关系必不可少的一部分。敬酒是饭局上一个非常重要的部分。很少有单独吃饭的场合；多人共同用餐会提供转盘(旋转托盘)。
接触和距离	频繁和长久的接触：握手、朋友之间的拥抱、女士之间问候时亲吻脸颊、挽手臂、交谈时站得离对方近。	为了问候和握手进行身体接触。	站在另一个人旁边的距离要比北美更近(2—2.5 英尺的距离)。	在问候时握手和轻微地鞠躬。很少有身体上的接触。在会议中人们经常紧挨着坐而不是面对面地坐。
谈话风格	活泼的、生动的、有表现力的、经常打断、大声的、自然的	镇定的、深思熟虑的、谨慎的、隐喻性和象征性的、冷静的、直率的	令人愉悦的、友善的、避免冲突的	谦虚的、保留的、情感表达谨慎、对不同意见比较委婉
商务着装	商务正装很重要，要时髦和时尚。对于女性来说，服装应该女性化。	有名的品牌、昂贵的套装。	男性：在休闲场合穿暖色调的套装并打领带。女性：宽松的套装。保守的着装很重要。	商务正装。避免花哨的颜色。
称　谓	只有在正式的场合才使用职称。	只有在关系很好后才可以称呼名字。	除非有另外的称谓，通常都称呼对方职称。	通常在工作场合称呼对方职称。
馈赠礼物	第一次见面通常是不准备礼物的。为饭局买单是个很好的选择。	礼物是受欢迎的。尽量避免便宜的礼物。巧克力、餐后甜点和红酒是不错的礼物。	赠送礼物是友谊的标志。避免昂贵的礼物和皮革制品。	在第一次见面时赠送礼物是常见的。赠送礼物时需要两手递交。尽量避免昂贵的礼物。

沟通知识问答

与商务专业人士的对话

尼普·帕特尔(Nipul Patel)每年花大约 9 个月的时间在美国经营他在印第安纳州拥有的餐馆和便利店。他每年大约有 3 个月的时间住在印度,管理自己的房地产公司,专注于各种风险投资收益。

彼得·卡登: 对于商业领袖来说,了解其他的文化有多重要?

尼普·帕特尔: 这是非常重要的。我们生活在一个相互关联的社会中。社交媒体(Facebook、Twitter、领英等)越来越多地连接了全球的文化。成功的企业领导者必须了解不同文化背景的人在开展业务时需要以及渴望得到什么。

彼得: 人们在美国和印度开展商业交流时主要有哪几点不同?

尼普: 一些差异已经逐渐缩小,但两者依然存在巨大的差异。美国的商业风气是采用一种基于契约的方法,甚至一个简单的租赁合同都有很多页文档,并且需要专业法律人士的修改。从印度的观点来看,这些基于契约的方法表现出了不信任。在我看来,它违反了开展业务过程中必需的公开性。在印度,大多数的交易是口头交易,有效沟通依然是开展海外业务的重要因素。我们正在与泰国和孟加拉国建立创业合作关系的过程中。我看到在印度和那些国家开展业务具有很多相似性。虽然在美国做生意的手续很复杂,但是它保护了买卖双方,信任是成功秘诀之一。同样,在印度,如果你没有得到这份信任,你就没有机会与人进行交易。

彼得: 商科学生现在可以通过哪些方法来提高他们对于其他文化的了解呢?

尼普: 商科学生应该尽可能多地去了解其他文化。我鼓励每一个有抱负的商科学生至少出国留学一学期。在国外学习可以让你体验到不同的文化,这和上一门或是两门外语课程是明显不同的,这对于学习其他国家的文化、传统、以及整体商业风气来说是非常重要的。

本章小结

学习目标 4.1: 描述文化智力的特征、对于全球商业领袖的重要性,以及提升文化智力的方法。

高文化智力的原则	
● 尊重、承认、欣赏文化差异。 ● 对其他文化保持好奇心。 ● 避免不恰当的刻板印象。 ● 调整时间观念,表现出耐心。 ● 管理语言差异以实现想法共享。	● 了解文化维度。 ● 建立信任,表现出对不同文化的共鸣。 ● 用学习者的心态处理跨文化工作关系。 ● 建立合作和创新的混合文化。

学习目标4.2:解释主要的文化维度和相关的沟通方式。

文 化 维 度
● **个人主义**强调相互独立而不是相互依存,强调个人目标而不是组织目标,并且认为选择比责任更重要。 ● **集体主义**重视相互依赖而不是相互独立,强调组织目标而不是个人目标,并且认为责任比选择更重要。 ● **平等主义**指的是平等地分配和分享权力,缩小地位差距,减小因更高的权力地位而赋予的特权和机会。 ● **等级主义**是指权力距离过大,唯领导马首是瞻,认为领导拥有特权和机会是理所当然的。 ● **绩效导向**是指鼓励创新,并对绩效提出高要求。 ● **未来导向**用来描述为了实现未来的需求,甘愿牺牲当前利益的程度。 ● **自信**用来衡量直率的水平,是相对合适和有效的。 ● **人本导向**是指鼓励和奖励个人公平、友好、慷慨和善良的一种文化。 ● **不确定性规避**是指社会成员在不确定、异常、出乎意料或惊奇的情况下的感受。 ● **性别平等主义**反映了社会中男女角色分工。

　　参考图4.2—图4.10中展示的这些文化维度的国家(或地区)排名。参考表4.4—表4.12展示的相关的交流实践。参考通过网络资源对62种文化进行的全面排名。

　　学习目标4.3:说出并描述在跨文化沟通过程中商务礼仪的主要类别。

礼 仪 和 风 俗	
● 合适的话题 ● 私人或禁忌话题 ● 守时和会议 ● 就餐 ● 接触和距离	● 谈话风格 ● 商务着装 ● 称谓 ● 馈赠礼物

　　参考表4.13列举的"金砖四国"礼仪和习俗的例子。

关键术语

自信	多样性	人本导向
混合文化	平等主义	个人主义
集体主义	民族优越感	外群体同质性效应
文化维度	未来导向	绩效导向
文化智力	性别平等主义	预计认知相似性
文化	等级主义	不确定性规避

讨论练习

4.1　章节回顾问题(学习目标4.1、4.2、4.3)

　　A. 当你选择去了解一种或多种文化时,你认为哪个最有利于你的职业生涯发展? 为什么?

B. 解释什么是文化智力。它和情商有什么相似和不同之处？

C. 在跨文化经营业务的情境下容纳文化多样性是什么意思？

D. 你如何了解另一种文化？请对你感兴趣的文化制定一个学习计划。

E. 刻板印象是如何变得富有成效或适得其反的？流行文化如何影响文化的刻板印象？

F. 你可以采用哪些策略来克服语言障碍？

G. 描述各种文化维度以及与之相关的交流实践。

H. 解释什么是混合文化。解释交流实践中的混合文化如何在商业环境中形成。

I. 基于你从卡洛斯·戈恩的评论里学到的和你自己的经历，你在试图去改变文化的某些方面时，该如何去尊重这些文化？

J. 思考你感兴趣的文化。描述你从这种文化中学习到的几件事，它们丰富了你的生活，增进了你的业务能力，提高了你的沟通技巧。

4.2　沟通问答（学习目标 4.1、4.2、4.3）

阅读这一章的沟通问答部分，基于尼普·帕特尔的言论和你自己的经历回答以下问题：

A. 帕特尔说了在印度做生意时信任的重要性。根据他的评论，你觉得在印度做生意怎么样？你能适应信任或不信任吗？

B. 针对想学习其他文化的商科学生，帕特尔提供了哪些建议？

C. 如果你在去印度旅行之前有一个机会可以和帕特尔交流，你会问他哪五个问题？

4.3　通过国际经历学习领导力课程（学习目标 4.1）

当万事达信用卡前总裁兼首席执行官罗伯特·W. 塞兰德（Robert W. Selander）被问："你学过最重要的领导能力课程是什么？"时他结合自己的国际经历做出了以下回答：

> 我有相当长的一段时间都生活在海外，在我早期的职业生涯里，我先去圣胡安，然后去了里约，之后去了伦敦，又去了比利时，在这些市场中开展业务。在很早的时候，我意识到大家的基本价值观大同小异，如每个人都想给孩子比自己拥有的更多的机会。世界各地都是这样的，很多商业业务也都是这样。更多的是相同的而不是不同，但我们往往只关注差异，也许会扩大或强调我们所担心的现实。我记得当我刚搬到巴西时，我用了两年的时间去学习西班牙语。我出去访问分支机构。我在花旗银行工作，负责消费者业务。巴西是一个大国，我住在里约像住在迈阿密一样，我去的分支机构像在丹佛，并不是每个人英语都很流利，而我的葡萄牙语也不好。当分支机构经理艰难地用英语向我介绍时，他话语刚落旁边的伙伴就知道他在说什么，而我还要尽力去理解经理对我说的是什么。当我想到那些我曾经去旅行过的地方，我想这也许是我遇到的最好的经理，但也很容易让我对他产生错误的判断，因为他无法像其他人一样用很流利的英文进行交流。我认为这是很重要的一课。这比起伟大的演讲和很高超的语言技能更容易让你陷入思考，比别人知识渊博不重要，特定的技能更重要。所以一些事听起来有点事后诸葛亮，但是当时我坐在那里时，对于我来说却是晴天霹雳。我认为这是另外一件对于我来说很好的事，不让外在假象分散了你对实质内在的关注。[64]

根据塞兰德的言论和你自己的经历回答以下问题：

A. 基于语言技巧哪些方式会让你对他人的能力判断错误？

B. 克服语言障碍的策略是什么？

C. 对于英语不好的人，你如何做一个很好的倾听者？

测评练习

4.4　评估你的跨文化刻板印象（学习目标 4.1）

思考你感兴趣的文化，回答以下问题：

A. 描述五种你曾经有偏见或刻板印象的文化。

B. 进行一些研究，验证你的观点。用文化专家写的书或文章，或者找一个其他国家的朋友或是有经验的人咨询你的这种偏见或刻板印象是否准确。

C. 报告你的发现。对于每个偏见描述出它的成因和准确度，解释某人产生这种认知、偏见以及文化刻板印象的方式意味着什么。

应用练习

4.5　对你所处社会的商业文化进行分析、解释和介绍（学习目标 4.2）

回顾 GLOBE 对你所处文化进行的八种文化维度的排名。也可以去浏览描述你们国家商务礼仪的网站（例如：www.executiveplanet.com）。假定你和一群来自其他国家的商务人士准备在你的国家做生意。此外，假定他们通过 GLOBE 排名了解了你们国家的习俗礼仪。做一个包括以下内容的介绍：

A. 解释五种驱动你们国家商业文化的标准以及价值观，每种至少给出一个相关的沟通实例。

B. 描述出 GLOBE 对于商务礼仪的排名及信息的准确度。

C. 解释涉及规则例外的三个案例。例如，如果你说绩效导向是主要的标准以及价值观，你可以解释新闻上的一些对绩效要求较松的案例。

D. 提供三个你从书上找不到的关于如何与和你有着相同文化的人一起有效工作的建议。

4.6　分析一个国家的文化维度（学习目标 4.2）

选择一个你感兴趣的国家从以下文化维度方面分析这个国家：

A. 个人主义和集体主义

B. 平等主义和等级主义

C. 自信

D. 绩效导向

E. 未来导向

F. 人本导向

G. 不确定性规避

H. 性别平等主义

最后，总结出你认为在和来自以上国家的人工作时交流的五个要点。

4.7　分析一种商业文化中的礼仪（学习目标 4.3）

选择一个你感兴趣的国家，去 Executive Planet 网站（www.executiveplanet.com）或类似关于跨文化商务礼仪对比的网站，阅读所有有关这个国家商务文化的信息，完成以下问题：

A. 写出这种文化最有趣的五个方面。

B. 写出在和当地文化的人相互交流时，五个你观察到的有关礼仪的方面。

C. 选择三个相关的文化维度（潜在的规范和价值观）并解释它对这个国家的商务礼仪有什么影响。

D. 列出五个你想对来自这个国家的人问的关于商务礼仪的问题。

4.8　阅读其他文化成员写的新闻故事（学习目标 4.1、4.2）

阅读三篇关于你感兴趣的国家的新闻报道，你可以很容易地找到你选的国家的线上英文报纸，也可以去这些网站：

● www.world-newspapers.com

● www.onlinenewspapers.com

● www.refdesk.com/paper.html

阅读完这些报纸后，按照下面要求记录每篇文章：

A. 文章信息：文章名字、来源（杂志名字）、日期/版本、页数、可用的网站地址。

B. 摘要：一个简短的文章摘要。

C. 文化课程：用一段话来描述文章中所列文化的一至两个特点。

D. 商务沟通的影响：解释哪几个方面会影响跟这种文化成员做生意。

4.9　阅读一篇关于全球商务的杂志文章（学习目标 4.1、4.2）

阅读杂志上有关全球商务的文章，也可以包括跨文化差异的文章。可以在下面的在线资源网站上找文章：

● www.businessweek.com/global-economics

● www.time.com/business

● edition.cnn.com/BUSINESS/

在阅读完三篇文章后，按照下面要求记录每篇文章：

A. 文章信息：文章名字、来源（杂志名字）、日期/版本、页数、可用的网站地址。

B. 摘要：一个简短的文章摘要。

C. 文化课程：用一段话来描述文章中所列文化的一至两个特点。

D. 商务沟通的影响：解释哪几个方面会影响跟这种文化成员做生意。

4.10　采访一名有国际经历的专业人士（学习目标 4.1、4.2、4.3）

采访你认识的和其他文化成员有广泛接触的人，花一两个小时了解这个人的经历，在以下10 个问题中任选 5 个问题向他提问并记录他的回答：

● 礼仪。

● 偏好的沟通渠道。

● 团队工作。

● 主持会议。

● 解决不同观点的方法。

● 谈判风格。

● 文化价值观和规范。

● 调整适应另一个国家的生活。
● 处理冲突或分歧。
● 信念。

4.11　采访一名留学生（学习目标 4.1、4.2）

采访一个你大学里的留学生，记录这个人在这 10 个问题中回答的 5 个问题的答案：

● 学生本人国家的商业贸易。
● 这个国家流行的娱乐方式。
● 文化中出现的变化。
● 适应饮食的挑战。
● 适应居住环境的挑战。
● 适应交通运输的挑战。
● 和美国人做朋友的经历。
● 与美国学生一起工作的经历。
● 和美国教授一起工作的经历。
● 对美国文化的评论。

列出三个你总结的和这种文化成员做生意时的建议。

▶ 第三篇　商务信息的
　　　　原则 ◀

5

创建有效的商务信息

学习目标

学习本章后，你应该掌握以下几点：

5.1 解释有效商务信息的目标及其创建过程。

5.2 在 AIM 规划过程中确定受众的需求。

5.3 在 AIM 规划过程中发展和完善商务观点。

5.4 在 AIM 规划过程中形成主要信息和关键点。

5.5 在商务信息中解释并使用积极的、以他人为导向的语调。

为什么这很重要?

一个人在职业生涯中将有无数次的机会与他人进行重要信息的沟通与交流。由于沟通会涉及大量的商业问题和不同的受众，所以每种情况都是独一无二，不可复制的。沟通中重要的原则是：只有一致的规划过程和积极的、以他人为导向的语调才能使信息变得有效。

本章首先解释了创建商务信息的过程，然后重点介绍最为关键的计划阶段，最后讨论语调。虽然本章重点关注书面沟通，但相关原则也适用于其他形式的沟通。

本章中，我们将以一个富有挑战性的沟通任务为例进行阐述，然而并非所有的沟通任务都需要如此严格的计划和准备，大部分是常规性的沟通。这意味着沟通的时间较短，来自信息接受者的阻力也更小。然而，即使是常规信息也要求将重点放在规划和语调上。当你将这些原则应用到沟通中时，你会发现沟通更加有效，更具影响力。

本章案例：在 Eastmand 网络公司中解释健康计划

涉及人物：

拉蒂莎	杰夫	莉萨
暑期实习生	人力资源总监	财务经理
● 人力资源部暑期实习生	● 已担任目前职位五年	● 已经担任目前职位三年
● 被分派到健康计划的研究中	● 在大幅削减预算之际，尝试开发出提高员工幸福感的方案	● 专门从事预算制定和财政预测工作

　　最近，杰夫要求拉蒂莎每周花十小时左右的时间制定一份健康计划，目的在于提高员工的士气和生产力。然而，由于公司正面临较多的预算约束，高管们对资源密集型的计划持怀疑态度。所以杰夫希望拉蒂莎关注健康计划的财务预算，并希望她在一个月内展示初步研究结果。

　　即便时间紧促，拉蒂莎感到有些忐忑，但是她很高兴有机会从事有关健康计划的工作，借此证明自己的能力。每周，她都要收集相关的信息，再跟人力资源总监杰夫讨论其他相似规模的企业过去几年实施健康计划的情况，以及约见一些健康计划的供应商。

　　这个项目最棘手的部分是制定健康计划的财务预算。拉蒂莎虽然进修过金融类课程，但缺乏实践经验。于是，她去见了财务经理莉萨，并向她展示了收集到的财务信息。莉萨同意花一些时间来估算这个健康计划潜在的投资回报。后来，莉萨通过电子邮件发送以下内容：

健康中心评估的财务影响

来自：莉萨

拉蒂莎，你好：

　　根据你提供的关于健康计划的相关信息，保守估算了 6 年的现金流量（我在附件中备注了所有的假设和更多关于现金流量估算的细节）。

现金流量估算表（单位：美元）

	第 1 年	第 2 年	第 3 年	第 4 年	第 5 年	第 6 年	总　计
节省的医疗成本	0	107 000	214 000	428 000	428 000	428 000	1 605 000
健康中心支出	130 000	130 000	130 000	130 000	130 000	130 000	780 000
净现金流	−130 000	−23 000	84 000	298 000	298 000	298 000	825 000

　　我认为健康计划所需的现金量很大。虽然在整个评估过程中我们有很多假设条件，但参考其他公司的成功案例，即使最保守地估计，我们在未来的 6 年也能获得 2∶1 的投资回报比率。一般来说，我们公司其他项目的投资，投资回报率大概维持在 1.7∶1 左右。而且，6 年之后，节省的医疗成本将会继续保持下去。

　　如果之后有任何我可以帮忙的地方，请告知我。

　　莉萨

　　附件：

　　健康中心 6 年的现金流量估算

任务：

1. 拉蒂莎如何解决杰夫和其他关键决策者的担心？（见"受众分析"部分）

2. 拉蒂莎应该如何组织她收集到的信息？（见"发展观点"部分）

3. 拉蒂莎如何使用恰当的语调？（见"设定信息的语调"部分）

4. 拉蒂莎如何组织她的信息？（见"构建信息"部分）

创建商务信息的过程

　　编写有效的商务信息包括以下过程:以一种能够将你的商业理念传递给受众的方式检验、开发和提炼信息。本节对此过程的解释有助于你形成卓越的商业思维。此外,它能够在工作关系方面促进合作,并提高工作效率。

　　开发商务信息的过程相当简单:计划、起草和审阅。我们在受教育期间可能接受过很多次类似的训练和教育。相信几乎所有的商业人士都接受过这个写作过程的训练,却很少有人对此擅长,因此,少有商业人士能够与他人进行良好的书面沟通,将这一过程形成习惯需要经过长时间训练。

　　图 5.1 描述了创建有效信息的阶段和目标。我们将在本章和下一章中关注这三个阶段(计划、起草和审阅)。值得注意的是,这些阶段不一定是连续的线性关系,常会出现互相交错的情况。

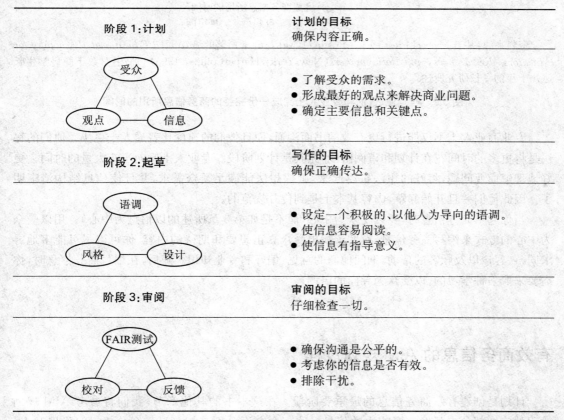

阶段 1:计划	**计划的目标** 确保内容正确。
受众 / 观点 / 信息	● 了解受众的需求。 ● 形成最好的观点来解决商业问题。 ● 确定主要信息和关键点。
阶段 2:起草	**写作的目标** 确保正确传达。
语调 / 风格 / 设计	● 设定一个积极的、以他人为导向的语调。 ● 使信息容易阅读。 ● 使信息有指导意义。
阶段 3:审阅	**审阅的目标** 仔细检查一切。
FAIR测试 / 校对 / 反馈	● 确保沟通是公平的。 ● 考虑你的信息是否有效。 ● 排除干扰。

图 5.1　创建有效信息的阶段和目标

　　然而,专业人士更倾向于将这些阶段细分开来。例如,他们习惯于在正式起草商务信息之前,分析受众的需求,想出解决问题的最佳观点,确定主要信息和关键点。而非专业和一般水平的人士通常跳过受众分析、寻找解决方法和组织信息这些计划问题,更倾向于立即起草或写作。因此,他们往往会以一种更缺乏条理、甚至杂乱无章的方式写作。所以,他们撰写的信息通常缺乏战略性和影响力。

学习专业的商务信息创建过程有利于提高沟通效率,产生更好的沟通效果。图 5.2 对比了非专业、普通和专业的商业人士进行计划、起草和审阅的时间。不足为奇的是非专业人士所花费的时间最少,因为他们在撰写沟通信息时,漫无目的并且态度敷衍,他们几乎不进行计划,也几乎不审阅信息就直接发送。[1]

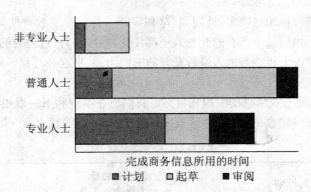

资料来源:基于 Michael Pressley 和 Christine B.McCormick 所著的 *Advanced Educational Psychology for Educators*, *Researchers*, *and Policymakers*(New York:HarperCollins,1995)一书中对数千商科学生长达几十年的专长研究所述。

图5.2　非专业、普通和专业人士完成一份完整的商务信息所用的时间

专业商业人士不仅能进行更有效的书面沟通,而且他们的速度比普通人士更快。他们的秘诀是将更多的时间花在计划和审阅阶段,尤其是计划阶段。专业人士倾向于花大量的时间去更好地理解商业问题,将好的想法拼凑起来,确保想法能满足受众需求,并且使信息结构清晰明了。因此他们一旦开始起草,内容基本上是到位并规范的。

当你起草商务信息时,要以受众为中心(而不是如第 3 章所述的以信息为中心)。用以受众为中心的方式来编写商务信息,有助于找出受众真正想要和期待的内容,你可以尽可能多地寻求同事、客户以及顾客的帮助,询问他们的意见、偏好和专业知识。随后,在编写商务信息时,你需要采取一种学习的、以受众为导向的语调。

有效商务信息的 AIM 规划过程

计划是创建有效商务信息的最重要阶段。在这本书的其他章节,我们将参考 AIM 规划过程的三个部分来开发有影响力的信息。这三个方面分别是指:(1)受众分析;(2)发展观点;(3)构建信息(见图 5.3)。简而言之,规划过程应包括分析受众的需求,产生满足这些需求的合理的想法,然后构建你的信息。在创建商务信息时,AIM 规划过程有助于我们进行全面、细致的思考,进而使信息更具影响力。

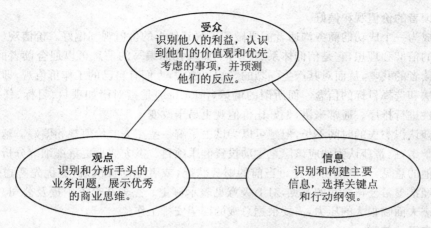

图 5.3　商务信息的 AIM 规划过程

受众分析

有效的商业信息传播者可以站在受众的立场，考虑受众的需求、偏好和价值观。他们想象读者接受信息后的想法、感觉和可能的回应，甚至对工作关系的影响。有效的商业沟通者经常采取以下行动来调整信息：辨别读者的利益和制约因素，考虑读者的价值观和偏好，估计个人可信度，预测读者的反应，并考虑二级受众。

确定读者利益和制约因素

对于很多信息来说，这是计划中最重要的一步。简单地说，当你提供给读者一些他们认为有价值的东西的时候，他们会做出回应。当你的读者从你们的沟通中得不到任何收获时，他们不太可能参与其中。

案例 5.1　罗辑思维的内容创业

当当卖书不挣钱，罗辑思维卖书却相当挣钱。电商企业需要支付很高的流量成本，而罗辑思维的微信公众号粉丝就有 1 000 万。罗振宇早期的定位很聪明：你身边的读书人。每天持续 1 分钟语音，既输入了内容，也保持和用户的高频互动。而罗辑思维卖书也顺理成章：身边读书的人挑选书给你。这是内容—电商的最好匹配。罗辑思维几年如一日输出高品质内容，其 60 秒的语音背后是大量阅读、思考、和人的交流，等等。在增加了"得到"之后，又聚集了一批能输出优质内容的作者。其付费内容模式的引入，最大程度地让用户知道自己在哪里被"消费"了，而且平台方会不断提供更好的体验，严选更优质的商品。这是一种长期"滚雪球"的模式，时间越长，用户的黏性就越强，通过口碑建立的护城河也就越强。

评述：

罗辑思维为读者提供了优质内容，读者收获了价值。

同样，要考虑你的受众面临的制约因素。有时候，读者认为你的信息是有价值的，但因为他们没有足够的时间、资源或权力做出某些决定，导致他们的回应不如你的预期。

在本章拉蒂莎的案例中，公司推行健康计划会有很多潜在的益处。首先，员工可以拥有更好的身体素质，而且从长远的角度来看，还可以为公司节省开支。这些也是人力资源总监杰夫希望通过这个项目实现的，在这样的情况下，拉蒂莎的挑战是如何表述健康计划来吸引杰夫的注意力。

考虑读者的价值观和偏好

想要成为一个成功的商务沟通者需要做到了解其他人的价值观和偏好。**价值观**（values）指个人持久的信仰和理想，它是信仰体系的核心。如果我们编写的信息可以迎合读者的价值观，就会引起读者的共鸣，从而对其产生强烈的影响。通常，人们有自己的工作价值观，即解决业务问题的方法和选择目标的信念。而所谓的**偏好**（priorities）是指对诸如项目、目标、任务等事情按其重要性进行排序。通常来讲，偏好比价值观更易于改变。

拉蒂莎认识杰夫的时间不长，但她可以尝试去了解一些杰夫的价值观和偏好。基于杰夫对员工们的承诺，拉蒂莎认为他应该愿意主动投资健康项目。杰夫似乎更重视细节分析和谨慎决策。根据他的意见，可能是由于公司当前的财务状况，或者他的价值观，他优先考虑效率和成本。他还经常参考公司总裁的意见，对上级意见表示尊重。杰夫在交流中提及公司总裁，这可能意味着杰夫面临很大的压力，需要根据总裁的期望安排工作。

评估自己的信誉

如第一章所讨论的，读者将不可避免地去评判你的建议、请求和其他信息，这个判断是建立在对你个人可信度的看法之上。如果你的可信度很低，就要考虑如何强化信息来弥补可信度。

许多新入门的商业人士都会面临这种状况：因为他们被视为新手，所以拥有相对较低的专业信誉。信誉需要时间的积累。但如果你清晰地认识到自己的优势、劣势和目标，可以大幅度缩短时间。最重要的是，你的声誉建立在为工作增添价值上。然而，作为一个新人要克服声誉的问题并不容易。以下是一个新入门的商业人士的案例：

> 当我的老板第一次聘请我时，我还是一个新手，因此他们经常忽视我的建议。当我更多地了解行业之后，获得了经验，想法日渐成熟。然而，我的老板继续忽视我的建议，即使他们意识到我的想法是正确并有深刻见解的。所以当我的老板仍然认为我是年轻的新手时，我怎样才能让我的老板听取我的意见和想法？[2]

改变你的声誉可能需要至少 6 个月。作为一个没有经验的新人想要突破声誉的困境，可以考虑以下选择：[3]

- 花时间跟你的老板谈谈。
- 如果你能胜任更高层次的工作项目，向你的老板提出请求。
- 确保你在专业方面和沟通风格上符合企业文化。
- 多参加会议以了解尽可能多的同事。参与要适当。
- 创建一个关于细分领域的专业博客。

作为一位新人，拉蒂莎承认杰夫有许多不信任她的理由。她只是一个还未毕业的商学院本科生，没有很多的商业经验，也只为杰夫工作了很短的时间，所以杰夫不能准确地判断她是否有能力把事情做好。但他还是比较看好她的，否则不会聘用她来制定一个如此重要的工作计划。拉蒂莎觉得可以通过在备注里加入一个可信的、专业的说明来提高可信度。所以她选择寻求财务经理莉萨的帮助。通过强调莉萨对于健康计划的预算和意见，拉蒂莎提升了自己工作计划书的可信度。毕竟莉萨作为财务经理，在（金融）领域内是专业且可靠的（在 Eastmond 有过可查的记录）。所以如果杰夫参考了健康计划的现金流预算，他会更容易相信拉蒂莎提供的信息。

预测读者的反应

在规划阶段，想象别人会如何回应你的消息。大多数商业活动都离不开职场关系网络，有时你的立场或观点可能触怒别人。在这些情况下，考虑你该如何建设性地表达你的观点。

案例 5.2 华为"自愿"的奋斗者协议

2010 年 8 月下旬，一份神秘邮件进入华为部分中高层干部的邮箱，"公司倡导以奋斗者为本的文化，为使每位员工都有机会申请成为奋斗者，请您与部门员工沟通奋斗者申请的背景与意义，以及具体申请方式。在他们自愿的情况下，可填写奋斗者申请，并提交反馈。"而"奋斗者协议"必须包含以下内容："我申请成为与公司共同奋斗的目标责任制员工，自愿放弃所有带薪年休假，自愿放弃非指令性加班费，自愿放弃陪产假和婚假。"在华为的部分员工看来，这封邮件所述的"自愿"，并没有想象中的那样简单。此外，一些自称是华为员工家属的人在网上纷纷留言，希望华为员工能够多一点时间陪伴家人。华为在海外的员工周文科觉得无助，"为了十几天的假期，放弃年终几万块的奖金，谁都会选择'自愿'申请当奋斗者。"结果是大部分默默地签署了这份协议，一些人选择了离职。

评述：

华为"自愿"的奋斗者协议未充分考虑员工的内心感受，一定程度上失去员工对企业的归属感与认同感，流失了一些优秀的员工。

在本章案例中，拉蒂莎相信杰夫会肯定她在健康项目工作中认真出色的表现，尤其是对于健康计划现金流的估算。即使他不认同，她认为杰夫也会尊重她的努力，并给她具有挑战性的任务作为奖励。

考虑二级受众

在大多数情况下，你应该预料到除了主要接受者之外，还有其他人也会阅读到你的信息。例如，你可能会复制你和客户之间的通信记录，将它发送给团队成员，这样他们就能知道项目的进展。或者，你的主要信息接受者会转发或者与他人分享你的信息。因此当你的信息会被所谓的二级受众查看时，在必要的情况下，你要相应地对信息做出修改。

拉蒂莎承认她对于开展健康计划的建议将影响组织中的每个人。因此，如果杰夫认为该计划可行并具有价值，那么毫无疑问，他将会与参与决策过程的其他人共享信息。

发展观点

想要提炼好的商务观点应做到以下几点：整理好业务问题并明确目标；收集尽可能多的相关事实；对事实暗含的意思做出合理的判断；使得复杂和混乱的商业信息变得清楚且富有价值。

优秀的商业思想家具有许多特点：首先，他们能够准确地识别和表达关键问题。第二，他们从各种渠道收集信息。第三，他们得出合理的结论和解决方案。第四，他们对商业问题的不同处理方法保持开放态度。这意味着他们可以持有反对意见，避免非此即彼的思维，并且不会排斥非传统的解决方案。最后，他们擅长通过与他人交流的方式来理解和解决复杂问题。[4]

商务人士使用许多方法开发他们最好的想法，包括写笔记、画图、头脑风暴、写大纲，或者在脑海中回顾想法。一般来说，对于复杂的问题，比如开放的案例，把想法以某种形式写下来是形成合理的理念的重要步骤。在本节中，我们重点关注三大领域：（1）识别商务问题；（2）分析商务问题；（3）明确目标。

识别商务问题

为了保持自身的竞争力和盈利能力，企业经常需要识别和克服经营中出现的问题。对商务人士最高的评价之一是称其为"问题解决者"。解决问题的第一步是识别商务问题。这涉及理解组织的商业目标和相关挑战，也涉及从不同的角度提出不同的问题。

案例5.3　方洪波：奔跑在时代前端的颠覆者

2012年的美的集团面临着家电下乡、以旧换新等优惠政策的到期，家电产能整体过剩，城市市场主要家电品拥有量趋向饱和等不利情况，规模化和价格战已经难以获得可持续发展的助推力，整体家电发展增速放缓甚至迎来了严冬。同年8月，方洪波接替何享健担任美的集团的董事长。当时的方洪波清楚意识到自己接手的是一个"虚胖"的美的——高速扩张期下的美的在2010年就过千亿，然而净利润却很低，各个事业部见到什么好卖卖什么，甚至很多订单做的都是赔本生意。在这样的情况下，要么转型，要么等死。为了让美的走回正轨，并成功转型，方洪波承担着巨大的心理压力，与团队交流意见，积极分解问题，无论是事业部还是组织架构，开始了大刀阔斧的改革，并且启动了美的创业46年以来最为剧烈的战略变革。变革后的美的在2017年8月，市值突破2 600亿元，登顶深交所上市公司，成为世界家电产业的领跑者。而执掌该公司的董事长兼总裁方洪波2017年年初被《财富》（中文版）评为"年度中国商人"。

评述：

从方洪波身上，我们可以看到其识别商务问题的能力。

在拉蒂莎的案例中，她接到了一个任务：分析健康计划将会如何影响Eastmond。这是一个典型商务问题。拉蒂莎可以通过各种提问来将问题分解：健康计划会如何影响医疗费用？医疗项目提供给员工何种好处？其他企业如何衡量健康计划的投资回报？健康计划如何影响工作效率、出勤率、士气、员工流动以及招聘等方面。

分析商务问题

分析商务问题一般包括揭露相关事实，得出结论和确定立场三个方面。**事实**（fact），是可以信赖的陈述，并且伴随着大量已确定的事情（大多数事情在商界并不完全确定），是可以客观观察到的。**结论**（conclusion），是基于事实的推理或演绎的陈述。**立场**（position）是你基于一系列结论采取的态度。在职场中，你经常会提出建议，这是立场的一种类型。

拉蒂莎通过收集各种事实来分析商务信息，并且基于这些事实得出了五六个有关企业健康计划的广泛结论（见图5.4）。例如，她得出结论，健康计划的投资回报是巨大的（倒数第二个结论），这一结论根据数个学术和企业研究得出，并且要点鲜明。一旦拉蒂莎开始写作，这种关于事实和结论的提纲会特别有用。

健康计划的分析

大多数美国人由于生活习惯问题导致健康状况不佳。

- 美国卫生局局长指出，大约75%的疾病是由不良的生活方式引起的。（美国预防医学研究所，2008）
- 68%的美国人都超重（体重指数为25或更高），34%的美国成年人是肥胖者（体重指数为30或更高）。（美国预防医学研究所，2008）
- 体重超重和肥胖导致患2型糖尿病、高血压、高胆固醇、冠心病、中风、哮喘、癌症，以及其他疾病的风险提高。（美国预防医学研究所，2008）

身体不健康的员工增加了雇主的健康医疗成本。

- 例如，与健康风险较低的员工相比，具有下列条件的员工与雇主的成本相关性明显更高：抑郁症（成本高70.2%）；压力（46.3%）；高血糖（34.8%）；体重超标（21.4%）；吸烟（19.7%）；高血压（11.7%）；锻炼（10.4%）。（美国预防医学研究所，2008）

大多数雇主会为员工提供健康计划。

- 大多数公司已经创建了健康计划。大约73％的大型企业,56％的中型企业和44％的小公司目前都创建了有效的员工健康计划。(美国预防医学研究所,2008)
- 企业由于各种原因实施健康项目。一项企业调查显示,最主要的原因是:(1)增加员工士气;(2)提高员工健康水平;(3)减少医疗费用;(4)减少工作中的事故;(5)减少缺勤率;(6)提高工作效率(8％)。(美国预防医学研究所,2008)
- 大中型的公司平均花费约2％的医疗费用在健康计划上。(美国全国健保企业组织,2010年)
雇主明显受益于为员工提供健康计划,包括降低医疗成本,降低缺勤率,表现出更高的生产力和士气。
- 56份关于企业健康计划的科学研究发现了以下的平均收益:
  - 病假缺勤率变化百分比:平均－26.8％
  - 医疗费用变化百分比:－26.1％
  - 工伤/残疾管理成本的变化百分比:－32.0％
- 减少缺勤的现象。(Chapman,2005)
- 生产力提高了2％—52％。(Chapman,2005)
- 最近,一项涉及3个公司200人的研究显示,当他们执行(健康计划)时,员工的生活质量、精神表现和时间管理会比原来改善15％。(Chapman,2005)
- 强生(Johnson & Johnson)公司的一项研究表明,参加过公司健康计划的员工的组织承诺(organizational commitment)更高,对管理、工作条件、工作能力/安全和薪酬/福利等方面会表现出更积极的态度。(Chapman,2005)
企业在健康计划上的投资回报率(ROI)是巨大的。
- 研究表明,通常健康计划的投资回报率为4—6美元:1美元。医疗费用是3.93美元(28项研究);旷工成本:5.07美元(18项研究);医疗费用、旷工成本和员工补偿:5.93美元(42项研究);医疗费用和旷工:5.81美元(56项研究)。(George,2008)
- 许多公司和组织已经报告了它们的健康计划的影响。例如,以下是关于若干公司健康计划的投资回报率:
美国东北电力公司:6:1;摩托罗拉:3.93:1;威斯康辛州教育保险集团:4.75:1;都彭(数据基于减少旷工数):1.42:1,基于减少旷工,花旗银行:4.56:1;美国银行:5.96:1;通用磨坊:3.50:1;沃肖县学区:15.6:1;辉瑞(数据基于健身)4.29:1。(George,2008)
- 参与健康计划可以节约成本。仅仅通过参加健身项目,公司可以节省数百美元。可口可乐称对于参加公司健身计划的人,每人节约了500美元。太平洋贝尔公司报告节约了300美元。保诚保险报告节约了262美元。(George,2008)
- 节省的费用在第3—4年到达最优点(George,2008)
- 医疗费用减少了20％—55％。(George,2008)
企业实施健康计划时要做出许多决定。
- 企业的健康项目是多样化的。成百上千的公司专门提供企业健康计划。许多公司,尤其是大公司,都开发内部的健康计划。服务提供的范围较广。大中型公司平均提供21个健康项目。
- 在实行健康计划的公司,最常见的激励措施有:保险费减少(34％);现金/奖金(20％);商品(19％);礼品卡(17％);其他奖励(17％)和健康账户的贡献(13％)。(Capps,2007)
- 对于健康计划,约45％的企业费用专门用于预防计划和健康生活方式计划,约43％用于疾病/疾病管理(发病后)。最常见的预防和生活方式计划包括员工援助计划(92％),现场接种流感疫苗(90％),压力管理(68％),年度体检等预防措施(68％),戒烟(66％)。最常见的状态管理程序包括护士热线、糖尿病疾病管理、冠心病的治疗、充血性心脏衰竭的管理和哮喘疾病管理。(美国预防医学研究所,2008)

图5.4　在观点开发期间对事实和结论的分析[5]

拉蒂莎还依赖于内部信息。她询问公司的财务经理莉萨健康计划在医疗费用和收入方面的财务影响(详情请见章节开篇案例)。在企业中,我们也会遇到类似于和同事还有他业务伙伴一起进行数据收集和数据分析的情况。

明确目标

当你在构建你的信息时,也要明确你的目标。你必须问自己:"既然我理解了这个问题,那我想实现什么?"明确你对各项工作的目标,可以推动你朝这个方向努力迈进。另一方面,还可以帮助你平衡各项工作之间的关系。

拉蒂莎仔细考虑过她对撰写健康计划的态度。她很明确自己想获得主动工作的机会。她对这个项目充满热情,并希望结合她对管理和健康方面的兴趣来获得经验。拉蒂莎也在思考她的利己主义思想是否太强烈了。但是,她感到很自信,因为这一举措对公司来说是好事:这对员工大有裨益,并且它可以为公司省钱。这是她的工作立场。

信息构建

一旦你完成了对受众的需求分析和整个信息内容的构思,信息的基本结构也就搭建好了。这包括主要信息的识别和构建,使用支持论点的逻辑,呼吁读者行动。你要解决的问题如下:

1. 构建主要信息

　a. 主要信息是什么?

　b. 如何用简单、生动的陈述(15 字或更少)概括信息的大意?

2. 建立信息的逻辑

　a. 你的论点是什么?

　b. 你想明确要求你的读者做什么(呼吁采取行动)?

　c. 你会怎样安排你的信息逻辑?

构建主要信息

构建主要信息时应从最重要的主题展示信息,关注受众的关注点和论据,并支持他们的关注点和论据。正如一位沟通专家所言:"对于一位管理者而言,没有一项沟通技能……比有效地构建问题来得更重要。"[6] 构建信息的目的是帮助读者从战略角度看问题。你可以通过使用信息的框架来创建一个独特视角,使得信息的接受者能够对其产生深刻的印象。

战略传播者在选定合适的信息框架之前会考虑备用框架。理想情况下,它应该是一个合乎逻辑并且生动有趣的描述。本书的标准是:信息的接受者阅读信息后还能否记得这个框架? 所以你在构建好信息框架后,可以尝试着检验信息:从现在开始的两个小时内,读者能否记住主要信息? 两天或两周后呢? 这个框架会使得读者更容易响应行动呼吁吗?[7]

创建有效框架的艺术,是指用 15 字以内甚至更少的简短、令人耳目一新的语句描述你的主要信息。美国沃尔玛前总裁和首席执行官爱德华多·卡斯特罗-赖特(Eduardo Castro-Wright)讨论了在组织内沟通的策略:

> 我在管理层工作已经 30 年了,我们非常清楚为世界各地的消费者做出的贡献。并且我们可以用 10 个词来描述完整的战略。[8]

当拉蒂莎思考如何表述健康计划时,她想出了以下三个选项来构建信息:

框架 A—创建健康计划是正确的选择。我们要对自己的员工负责。

框架 B—创建健康计划有利于削减成本、提高员工士气。

框架 C—健康计划能提高我们的盈利能力。

她认为每一个框架都是极具说服力的。框架 A 强调健康计划可以提高员工的身体素质,是关爱员工的体现,然而在目前的财务状况之下,这个信息框架不具竞争力,并且明显受到杰夫的预算限制。相反,拉蒂莎认为框架 B 和 C 是具有吸引力的。该公司需要削减成本,并且杰夫已经明确指出公司总裁对提高士气感兴趣。框架 C 强调健康计划可以提高公司的盈利能力,而盈利能力是一个更广泛的概念,是对财务表现的最终测量,不仅包括较低的费用,还包括增加收入。

在框架 B 和框架 C 之间做选择是很困难的。最终,拉蒂莎由于以下原因选择框架 C:首先,框架 C 具有较强的外部(从其他公司)和内部证据(从莉萨的现金流估计)。基于杰夫喜好简明、直截了当、以结果为导向的沟通,她认为这个框架是最适合的。其次,她认为盈利能力的概念强调了这个项目的投资回报率比其他框架要高。她想强调健康计划是一种资产而不是一种责任。

设置信息框架

大多数企业的论点采用**直接**(direct)或**演绎**(deductive)的方法。换句话说,就是通过陈述主要信息作为开始,其通常是立场或建议。然后,展示出支持主要信息的原因。大多数商务信息以行动呼吁结束。在许多情况下,行动呼吁比表明立场或建议更为详细和复杂。

图 5.5 说明了大多数演绎商务论点的框架。一般而言,读者通过泛读第一段,每个支持性段落的第一句和最后一个段落,可以获得信息要点——主要信息、基本原理和行动呼吁。事实上,事务繁忙的读者确实如此,他们会浏览信息来理解主要思想和影响。如果他们发现信息的价值,他们会回过头仔细地阅读整个信息。

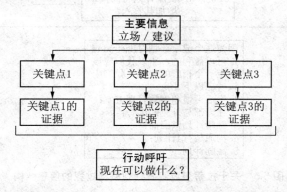

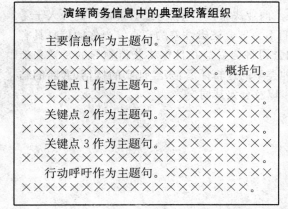

演绎商务信息中的典型段落组织	演绎商务信息的组成部分
主要信息作为主题句。××××××××× ××××××××××××××××××××××××× ×××××××××××××××××××××。概括句。 关键点 1 作为主题句。 ××××××××××××××××××××××××× 关键点 2 作为主题句。 ××××××××××××××××××××××××× 关键点 3 作为主题句。 ××××××××××××××××××××××××× 行动呼吁作为主题句。 ×××××××××××××××××××××××××。	**起始段** ● 主要信息为主题句。 ● 概括句作为总结句:我们应该做什么?(立场)因为关键点 1、关键点 2、关键点 3。 **主体** ● 每一个关键点的支持性段落。 ● 要点为主题句。 ● 大多数段落都是三到五句,字数控制在 40—100 字。 **结论段** ● 重申基本信息。 ● 包含行动呼吁及采取的具体步骤。

图 5.5　商务论点及相关段落结构的典型演绎框架

在接下来的章节中,我们将关注几种常见的商务信息。这些不同信息的框架可能与图 5.5 中所示的略有不同。对于某些信息,例如发送负面信息时(见第 10 章),你可以采用更**间接的**(indirect)或**诱导的**(inductive)方法。在该方法中,你首先需要提出支持你的信息的原因,其次是主要信息。然而在所有的信息中,构建和安排支持性观点来强调主要观点依然很重要。

设置各种文档的结构和外观时可以使用模板。关于强化各种类型商务信息的结构和外观的方法,请见技术小贴士。

图表会帮助你设置信息的逻辑性。拉蒂莎使用的框架C的逻辑主张健康计划能提高盈利能力,且会通过直接减少医疗费用和间接增加收入来达到。为了支持这一框架,她想制定一个方案以使健康计划能直接降低缺勤率和提高生产率,从而可以增加收入。通过图解(用图形表示她的逻辑)她能加速思考,并将想法更有效地转化为书面形式(图5.6)。

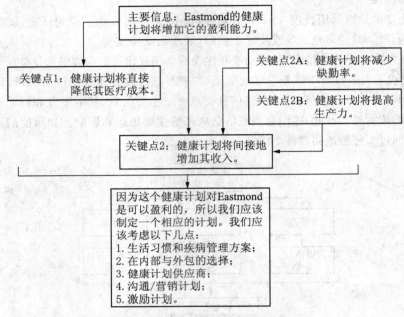

图5.6 关于拉蒂莎对健康计划解释过程的信息结构

当设置信息结构时,你要仔细检查其逻辑性。商业决策至关重要,经验丰富的商务人士希望依靠可靠的商务逻辑来支撑重要的决定。他们不会理会逻辑性差的观点。当你的信息具有强大的逻辑性时,你将会更有影响力,因为你的公司将会受益并且你将获得领导的赞赏和信任。[9] 为了确立合理的商业立场,请避免以下几种类型的逻辑矛盾:未经证实的概括、武断的结论、不恰当的类比、非此即彼的逻辑、歪曲的事实,以及夸大其词。

技术小贴士

使用模板

你将会接触到多种类型的商业信息,创建某些类型商务信息的格式和框架的一种方法是使用模板。模板可以帮助你组织信息,使其在视觉上具有吸引力。你可以在微软的网站和其他在线资源上搜索数以百计的模板,如备忘录、商务报告、求职信、简历和其他类型的商务信息。

使用模板时,要考虑以下建议:

● 选择能帮助你突出主要信息和关键点的模板。

● 避免使用太多格式的模板。讽刺的是,使用视觉设计过于突出的模板可能会使得读者的关注点偏离你的信息。

● 修改模板格式,使得模板中有你自己独特的设计。被频繁使用的模板会让人觉得没有新意,甚至有抄袭的嫌疑(尤其是 ppt 模板)。

避免未经证实的概括

如表 5.1 示例所示,低效的概括性论断没有事实支持,而更有效的例子提供了各种支持性事实。

表 5.1 避免未经证实的概括

低 效 的	高 效 的
健康计划能降低缺勤率,因为员工更少生病并且更具活力。	我们可以预测到健康计划可以降低缺勤率。56 份有关企业健康计划影响的科学研究综述表明,一旦这个健康计划被合理实施,企业的病假缺勤率将平均降低 27%。在我们的方案中,平均每个员工每年需要 7 天病假。假设我们的 200 名全职员工在病假上可以减少相应的比例,那么我们每年可以从员工身上额外获得约 380 个工作日。
没有任何支持性事实,这个宽泛的概论将会使很多读者持怀疑态度。	这句话充满自信地陈述了一个基于研究的预测,并展示了相应情境下的研究结果。

避免武断的结论

分析一个商业问题需要尝试找出原因和影响。例如,当你提出新的倡议时,你通常会说明可能引发的结果。准确预测信息的影响力很困难,所以要仔细选择你的语言和推理方式,避免说法太过武断。如果读者开始怀疑你的论断,他们会对你整个信息的推理越来越挑剔(见表 5.2)。

表 5.2 避免武断的结论

低 效 的	高 效 的
莉萨的计算表明,实施健康计划 6 年内 Eastmond 会节省至少 820 000 美元。	莉萨的初步估计显示,Eastmond 可以在未来 6 年通过实施健康计划节省约 820 000 美元。她强调,她的估计是保守的,是基于节省低、开支高的假设。她估计 Eastmond 在未来 6 年将节省大约 160 万美元的医疗保健费用,在这期间将花费大约 780 000 美元来运行和管理健康计划(见莉萨估计假设附件和其他细节)。
这个表述给健康计划武断地下了定论:至少节省 820 000 美元。这种说法必然让许多读者对此持怀疑态度。	该陈述根据事实、假设和结论得出了肯定的推论。该陈述起草仔细以避免堆砌孤立的结果。
由于缺人,去年我们拒绝了 2 份价值近 100 000 美元的合同,这在很大程度上是由于员工在其他项目上的低效造成的,归根结底是因为员工没有参与到健康计划中。	由于缺乏人员,去年我们拒绝了 2 份价值近 100 000 美元的合同。如果我们能使员工以他们最高水平的绩效工作,也许我们能够接受诸如此类的盈利项目。实施健康计划是提高生产力和赢得更多潜在合同的一种方法。
这个表述随便地描述了几个原因,几乎不可能令人信服。最不能让人信服的断言是,由于缺少健康计划导致公司拒绝了 2 份合同——缺乏强有力的证据。	这个表述没有将低生产效率作为公司拒绝项目的唯一原因。而是把健康计划看作可能提高生产效率的一个原因,可以为公司产生更多商业机会。这种语言是慎重且客观的。

避免不恰当的类比

当你试图厘清商业问题时,可以尝试与其他组织、人或事物进行类比。可信的类比可以支持你的观点。然而,不恰当的类比可能导致不准确的结论和建议。需要注意的是,你所做的类比应该建立在关联性和相似性基础之上(见表 5.3)。

表 5.3　避免不恰当的类比

低　　效　　的	高　　效　　的
由于许多公司,如可口可乐公司和英国保诚,已实施了健康计划,并因此降低了 55％的医疗成本,所以当我们开展项目时,也可以假设类似的节省金额。	在有关健康计划的研究中,与我们规模类似的小公司通常在 3 年内实现节省 20％—35％的成本目标。因此,在莉萨的估计中,她假设 Eastmond 在项目实施的第 4 年将实现节约 20％成本的目标。
这个表述中的类比不太恰当,因为它将一个较小的组织——Eastmond,与可以在人员、资源和方案选择方面采取不同方法的大型组织相比。因此身处小组织的读者会认为这个类比不合理。	这个表述是一个更可信的类比,因为它的类比对象是一个规模大小相似、资源和限制也相似的组织,读者更容易相信这种类比。

案例 5.4　喜利得的类比思维

国际知名电钻企业喜利得公司原先只是生产和销售电钻的制造企业,随着行业竞争的日趋激烈,喜利得为了在行业中站稳脚跟并获得发展,积极组织人员调查顾客的真正需求。通过抽象化识别到本公司顾客和汽车租赁行业的顾客具有相似需求之后,喜利得认为顾客需要的都是其产品的使用,这是自己公司与汽车租赁行业之间具有的表面相似性。喜利得进一步将汽车租赁行业作为类比的源行业,通过标杆管理法与汽车租赁行业进行结构相似性的对比识别,发现如下两点结构相似性:第一,顾客在使用电动工具时与汽车租赁行业的顾客在使用汽车时的目标是一致的,都是为了帮助企业完成工作,而不是将电动工具或汽车作为生产产品的原材料;第二,这两个行业的具体价值主张元素也具有本质相似性,包括顾客需求的个性化、产品维修和服务的便利性、灵活性和可靠性,等等。对以上结构相似性的识别和确认,使得喜利得公司下决心借鉴汽车租赁行业的商业模式要素,包括车队管理和汽车租赁服务模式,从而成功转型为服务供应商。

评述:

喜利得公司对源领域和目标领域在解决方案的表面相似性和结构相似性方面进行识别,体现出类比思维。

避免非此即彼的逻辑

批判性思维的主要特点之一是对多种解释和选项保持灵活性和开放性。在商务中,你会关注解决困难问题的同等有效的其他方法。此外,当他人认为你对其他观点持开放包容的态度时(包括他们自己的),大部分读者会更好地回应你。在表 5.4 列举的低效的例子中,信息声明称:健康计划是提高员工士气唯一的办法——这意味着我们要么提供健康计划,从而提高员工的士气,要么我们不提供健康计划,并保持原有低落的士气。在更有效的声明中,提供健康计划仍然被确定为增加员工士气的一种方式。然而,这种说法并不排除其他可以提高员工士气的方法。

表 5.4 避免非此即彼的逻辑

低　效　的	高　效　的
没有提供健康计划,员工将继续士气低落。	提供健康计划是提高员工士气的一种方法。
这个逻辑太绝对:如果没有健康计划,员工士气低落;如果有健康计划,他们将士气高涨。	这句话并不意味着健康计划是提高员工士气的唯一选择。读者会认为这个表述是有依据的、慎重的。

避免歪曲事实

歪曲意味着只呈现那些有利于你立场的事实。因此,为了维护你的可信度,在任何情况下都要避免歪曲事实。虽然歪曲事实可以带来短期的效益,但许多高管和经理在他们的虚假陈述被暴露时失去了一生的信誉。至少,当读者发现你歪曲事实时,他们将怀疑整个信息的推理和逻辑(见表 5.5)。

表 5.5 避免歪曲事实

低　效　的	高　效　的
许多研究已经显示:健康计划会使生产率提高 52%。	许多研究已经显示:健康计划将会提高生产率,生产率的提高范围在 2%—52%。
这个表述遗漏了增长范围的基数,暗示着更高的生产率增长量。	这个表述提供了生产率增长范围的基数,因此提供了完整的信息。

避免夸张

与歪曲事实一样,夸大其词会影响读者对你的整体可信度以及信息可信度的看法。所以注意不要夸大事实,如表 5.6 所示。

表 5.6 避免夸张

低　效　的	高　效　的
一个健康计划将彻底改善我们的工作环境,使其达到前所未有的水平。	一个健康计划可以显著提高士气,我们公司的总裁对这个问题非常感兴趣。
因为语言显得夸张和不可思议,许多读者会对这种说法持怀疑态度,导致一些读者质疑作者和整个信息的可信度。	这个表述表达出了自信,但不包含夸张、不切实际或过于野心勃勃的语言。

设定信息的语调

人们通常认为沟通的阻力有时在于信息的传递方式,而不是信息内容本身。作为一个沟通者,你的主要目标之一是以尊重和激励他人的方式表达你的信息。读者会基于信息的**语调**(tone)来判断信息——语调是读者基于作者对读者的态度及信息内容得出的整体评估。读者会基于你本人表现出来的积极性和关怀程度来评价你的信息。

在所有的商务信息中,商务沟通者一般都以传达积极性和关心他人的信息为目标。通过遵循本节的建议,你将更有效地使用这些语调来传达信息。本章的举例大多用句子表示(由于篇幅限制)。然而,语调贯穿于整个信息,应用这些原则将极大地改变信息的整体基调。

积极性

在工作场所中,积极的态度可以提高工作绩效,激发更多的创造力,为员工争先创优提供更多动力,有利于同事之间互帮互助,并对客户和顾客产生更多影响力。[10]可以肯定的是,在沟通中所持有的积极乐观的心态可以强烈地影响他人。你可以运用多种技巧以使信息变得更加积极。

展示敢作敢为、自信的态度

专注于你可以完成的工作,并表现出切合实际的乐观,如表 5.7 所示。同时,要注意不要夸大或设定不切实际的期望。

表 5.7　展示一种敢作敢为的、自信的态度

低　效　的	高　效　的
请让我知道你是否希望我继续执行计划。	我期待着制定一个详细的实施计划。
这个陈述是疲弱的——它表达了缺乏从事这个项目的热情。	这个陈述是强有力的。它表达了对于制定成功的计划的热情。
根据我得到的信息,如果一切都根据莉萨的分析发展,我认为健康计划可能会增加 Eastmond 的盈利能力。	根据莉萨·约翰逊从财务方面对现金流量的估计和其他企业健康计划的研究,我们可以确信 Eastmond 的健康计划能提高盈利。
这个陈述是合格的,但是有太多的无力的词——根据……,认为,可能。总的来说,这些词语显示了对这个项目缺乏信心。	这个陈述展示了对这个项目的信心,如果项目按照预期良好发展,那么项目将实现盈利,这毫不夸张。

专注于产品和服务的积极特征而非消极特征

强调产品和服务是什么,而非它们不是什么(见表 5.8)。

表 5.8　专注于积极特征

低　效　的	高　效　的
健康计划不仅限于健身计划。	健康计划是一个用来预防疾病的综合办法。
没有任何细节,这句话并没有提供任何关于健康计划的积极信息。	这句话有效地总结了健康计划的积极全面影响,是一个战略性的陈述。
健康计划并不是一项员工福利。	健康计划将是公司的一份资产,并且为公司带来较高的投资回报率。
这句话缺少积极的短语来表明它将带来的效果。	这种积极的表态有效申明了健康计划是公司资产的一部分。

在你的交往互动中使用委婉、有建设性的措辞

尽量避免将措辞集中在那些表明差异或对立,甚至敌对的关系和立场中(见表 5.9)。

表 5.9　使用委婉、有建设性的措辞

低　　　效　　　的	高　　　效　　　的
我愿意陈述我们应该坚持健康计划的论据。	谢谢您给了我几个星期,让我有机会为您提供一些关于健康计划对 Eastmond 有利的额外信息。
"论据"这个词是不必要的,它意味着争论和意见分歧。	这句话以致谢的话为开端来表达沟通的目的,这是团结的一种体现。
你将健康计划描述为一项福利是不准确的,因为健康计划实际上会为公司节省费用。	健康计划对员工来说就像是一项福利,它能够提高员工士气。但和大多数的员工福利不同,它会帮我们节省费用。
"你将健康计划描述为……"的表述方式立即建立了一个"我与你对立"的基调。	通过用中性词来说明健康计划的性质,这个描述就不会被视为对立。

关怀他人

对他人的关注,在商务沟通的各个方面都至关重要。它是你可信度的基本组成部分。在内容和形式上,你的信息应该表明你对听众是感兴趣的。因此,要避免任何以自我为中心的表达。要以使用邀请性的语气为目标——意味着你对读者的意见、感受、需要和渴求感兴趣。以下的指导原则将帮助你对其他人表现关注(在书中的某些部分也被称为"以他人为导向的语言")。

避免过于依赖第一人称

句子的主语经常是人们关注的焦点或重点。一般情况下,以读者为重点(第二人称)、与读者分享兴趣(第一人称),或眼前简单的商业问题(第三人称)。表 5.10 为选择合适的主语提供了指南。

表 5.10　正确使用人称

	合　适　的　情　景	例　　　子
第二人称	**当焦点在读者上时。**它特别适合于描述产品和服务是如何惠及顾客、客户和同事的。**避免**指出别人的错误,或陈述过于武断。	例:在你报名参加健康计划之后,你会获得预防保健工作室定期更新的信息和其他相关机会。 例:你可能会对莉萨的现金流分析感兴趣。她发现健康中心在 6 年内将节省大约 825 000 美元。
第一人称:我们	**当焦点放在共同的努力、利益和问题上时。**这个语气尤其适合公司内部的信息(如工作小组)。	例:如果我们可以让员工以最高的绩效水平工作,我们可能就不会被迫拒绝那些有利可图的项目。 例:我们可以进一步讨论健康计划会如何影响 Eastmond。
第三人称	**当希望得到理性和中性的分析时。**它非常适合用来解释经营理念、计划和报告。	例:健康计划将直接降低医疗保健成本,还可以通过降低缺勤率和提高生产率来间接增加收入。 例:计划实施将包括五个部分。
第一人称:我	**当涉及坏消息、不同的意见,甚至指责时,应当使用不具威胁性的动词(如认为、感觉等)。**这适用于可能会导致个人失望的情境。常用于口头交流。	例:我认为现在不是把重心放在健康计划上的最佳时间。 例:我认为你对健康计划的想法很有意义,但是公司并未处于对其投资的最佳时机。

通常,读者会通过完整的信息来感受语调。选择合适的、有影响力的语气——好或坏——会对整个段落或整篇文章产生影响。注意,在表 5.11 中,重复使用第一人称导致放大了以自我为中心的语调,而第二人称和以"我们"为主的第一人称的重复使用表达了以他人为导向的语调。

表 5.11　有效使用第一人称

低　效　的	高　效　的
我想尽快知道我们何时能见面。我想和你一起商讨预算,向你展示达到目标大概需要的数额。而且为了拟写这份计划实施方案,我还制定了时间表,我迫不及待地想展示给你看。	请让我知道我们方便见面的时间。到时候我们可以进一步讨论健康计划是如何影响 Eastmond 的。此外,如果你同意执行健康计划,我们可以讨论关于制定这个实施计划的时间表。
重复使用第一人称"我"可能被认为以自我为中心,不顾及别人,或者咄咄逼人。	重复使用第一人称"我们"很可能被认为是以团队为导向的和灵活的。
我已经成立了健康计划,这样你将有机会加入健身项目、健康研讨会、免疫注射、预防保健检查和疾病管理等项目。我尤其为自己建立的锻炼计划感到骄傲。根据我个人的经验,锻炼过后,我的工作效率会更高,而且心情会更轻松。还有,我想告诉你参加健康计划是有奖励措施的。例如,如果你报名参加健康计划,我保证你会得到每年 200 美元的优惠。	健康计划将为你提供许多项目来管理你的个人健康,其中包括健身、健康研讨会、免疫注射、预防保健检查和疾病管理选项。理想情况下,参与各种运动项目能缓解你的一些压力和忧虑。参与此计划,你将会获得多种奖励。例如,只要你尽快报名参加健康计划,你会得到每年 200 美元的优惠。
重复使用第一人称"我",会给人留下自私和虚伪的印象。	重复使用第二人称,使得所有的事情都是从读者获益的角度出发。

尊重读者的时间和自主权

商务繁忙且具备期限性。在许多情况下要求快速反应。如果沟通中顾全他人的时间和自主权,你会发现这比你讲话霸道和苛刻更有效(见表 5.12)。请记住,你可以用固执己见的语气进行口头表达,然而在书面形式上可能会显得咄咄逼人。

表 5.12　尊重时间和自主权

低　效　的	高　效　的
一旦你结束会议,请尽快打电话给我。	当你方便的时候请给我打个电话吧。
突然的、要求性的句子听起来给人以霸道的感觉。	使用礼貌用语"请",并考虑信息接收者是否方便(而不是你自己的),这样可以显示对信息接收者的尊重。
我们需要在星期一之前见面,商讨一下这个提案。如果你的行政助理为此拟定了时间,请尽快告知我。	我认为最好在星期一之前和你讨论一下这项提案,这样我们能把你的一些想法纳入到星期三要汇总提交的提案中。我在星期四或星期五的中午之前都有空。哪个时间对你来说比较方便? 我们可以在办公室见面,也可以电话交谈。
对某些读者来说,这些句子将理解为过于苛刻。以书面形式来说,这些陈述很容易被误解。	如上陈述关注的是告知一个最后期限来共同实现最终的结果,同时还尊重了信息接收者的时间安排。

肯定他人

"付出会有回报"是一个在商务中也适用的格言。对于他人的努力，表达你真诚的感谢和诚挚的认可（见表5.13），这将有助于你收获友情和提高他人对你的信任。总之，一定要确保不要将他人的工作成果占为己有。

表 5.13　肯定他人

低　　效　　的	高　　效　　的
健康计划还可能影响 Eastmond 的收入。	莉萨还帮助我了解健康计划可能将如何影响斯特蒙德的收入。
这句话意味着作者要为这一分析负责。	这句话暗示了莉萨在这个分析中是有帮助的。
我给了莉萨关于健康计划的信息，因此她能够提供数据分析计划，描述其对 Eastmond 的影响。正如我预料的一样，估算表明，在未来的六年里，Eastmond 将节省约825 000美元。	莉萨针对健康计划的资金估计结果显示：未来六年里，Eastmond 通过实施健康计划可以节省约825 000美元。
这些陈述肯定了莉萨，但暗示着真实的分析是由作者来做的。	这句话对莉萨花费时间产生的周密的、完善的工作成果给予了充分的肯定。

案例5.5　赞美的力量

赞美是一种力量。在我国四大名著之一的《三国演义》中，曹操就非常善于用赞美来激励自己的将领，如在许诸与李傕交战的过程中，许诸连斩二将，曹操当即手抚许诸之背，把他比作刘邦手下的猛将，激动地说道："子其吾之樊哙也！"又如当荀彧弃袁投曹之后，曹操见其才华出众，当即把他比作刘邦手下的谋士张良，盛赞道："比吾之子房也！"此外，在与关羽交战中，徐晃孤军深入重围，不仅取得胜利，而且军容整齐，载誉归来，秩序井然，曹操见此，当即把他比作汉朝名将，大加赞赏地说道："徐将军真是周亚夫之风矣！"其毫不吝啬的赞扬他人，使得他收获了下属的信任与支持。

评述：

曹操深知赞扬他人的重要性，一旦运用得当，一方面使人身心愉快，另一方面也为自己收获了友谊和信任，为后来的统一北方起到积极作用。

发送正确的元信息

元信息是与语调相关的概念，然而语调与作者的整体态度和感受有关。**元信息**（meta message）是整体的，往往产生在人们沟通获取信息之后。元信息是被编码和解码的内容、语调以及其他信号的组合。

在书面沟通和口头沟通中，考虑你发送的产生持久影响的元信息。在许多沟通过程中，如：对话、电子邮件交流、用户配置的文件内容、社交网站上的评论、会议中的讨论——你发送的元信息成为你信誉的基础。这些元信息形成他人对你可信度的印象：你的能力、关怀和品质。一些商务人士希望积极的元信息传达的内容包括"我在我的专业领域很擅长"（能力），"我希望你能在这个项目上获得成功"（关怀）和"我将遵守我们企业的行为准则"（品质）。

当一个信息的内容与语调、非语言沟通或其他信号产生冲突时，会产生混合信号。发送混合信号不仅令人费解，而且它也经常会导致负面的元信息。即使商务信息合理且正当，如果读者感到了自私或操纵的语气，他们可能会将元信息理解成"我跟你不是一路的"或"我是机会主义者"。在面试交流中，面试者可能应对自如，但仍需注意诸如不正式的着装会传达"我不重视这份工作"或"我不认同你们公司文化"的元消息。

注意图 5.7 中拉蒂莎最后的备忘录，是分析良好、积极和以他人为导向的。她希望备忘录在逻辑上和情感上可以吸引杰夫和其他阅读者。理想情况下，它将发送诸如："在重大项目上，我是可以被信任的"或"健康计划对公司有财务意义，并且我是推进这项工作的正确人选"的元信息。

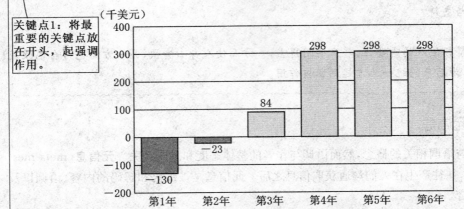

关键点2B： 健康计划可以增加收入

我们可以预期，健康计划将减少缺勤率。最近一份对 56 个企业健康计划的科学研究评述表明，病假缺勤率将平均降低 27%。在我们的公司中，平均每年每位员工需要 7 天病假。假设我们 200 名全职员工病假缺勤率按此比例降低，每年员工会增加大约 380 个工作日。**关键点2A：**

不难预测：健康计划将会提高生产率。许多研究结果显示，健康计划可以提高生产率，范围在 2%—52%。关于运动，最近一项研究发现，持续参加锻炼的员工，他们的心理表现和时间管理能力将会提高 15%。

通过减少缺勤率和提高生产率，健康计划将间接地增加收入。莉萨解释说，估计低缺勤率和高生产率的精确值是很困难的，但我们增加收入的可能性还是很大的。例如，她说，去年由于缺乏人才，我们拒绝了两个重要的价值近 100 000 美元的合同。如果我们的员工能以最佳状态参与工作，也许我们就有能力接受这些盈利的项目。

关键点2： **行动呼吁** —— 制定实施计划的相关建议

请你告知方便见面的时间。到时候我们可以进一步讨论健康计划对 Eastmand 的影响。此外，如果你认为这个健康计划可行，我们可以讨论实施计划，用以解决以下问题：

1. 生活方式（如营养、压力、锻炼）和疾病管理选项；
2. 内部与外包健康计划的优点和缺点；
3. 潜在的健康计划供应商；
4. 吸引员工买入健康计划的沟通和营销方式；
5. 促使员工全员参与的激励机制。

内附：健康计划 5 年财务影响的评估
抄送：莉萨

图 5.7　拉蒂莎证明健康计划合理的备忘录

注：加下划线是为了区分事实、结论、立场。参见图 5.6 中所示，已计划的信息结构如何匹配最终文档。

除了从语气和元信息两方面来审查最后的备忘录，还要花一些时间调整其逻辑和结构，用不同颜色区分事实、结论和立场。备忘录结尾附上了沟通问答结果，它提供了一些额外的见解，如提供专业商务人士的看法，指出了有效修正信息的方法。

沟通知识问答

与商务专业人士的对话

金·阿斯比尔（Kim Asbill）是阿斯比尔公关公司所有者以及 SCANA 的公关经理。她在公关领域工作了 20 多年，服务于许多不同企业和组织。

彼得·卡登： 编写重要的书面商业信息大概需要经历什么流程？

金·阿斯比尔： 首先是聆听。我会问很多问题，问题越多越好。有时我会头脑风暴，还有参加会议时准备一个问题清单。一些客户口头表达能力很强，他们会告诉你一些商务信息。这时你要记好笔记，试着重复和改述他们的话，可以表明你的理解。有些客户用很好的书面信息来回应。这种情况下，我通常根据自己对情况的了解来建立信息，并且使用书面文件来回复交流，一直到确认信息是正确的。

彼得: 在你的写作中,你采取何种策略来选择合适的语调?

金: 你必须了解你的听众才能找到合适的语调。当我在一家广告公司工作时,有一个客户是尼克儿童有线电视网络。我们组织了一个叫做"The Big Help"的活动,鼓励孩子们在他们的社区里做志愿者。对于这个客户,语调可以很随意和风趣。不用"儿童"(child)这个词,反而应该用"小孩"(kid)来替代。如果你写给一家银行或者电力公司,你的语气应该要更正式。你必须知道你的目标是什么。如果你是希望当地的餐馆能吸引更多的顾客,你应该使用更有说服力的语气。如果你在指导年轻妈妈们如何正确安装汽车座椅,你的语气应该配合循序渐进的过程。

彼得: 你认为商务写作正在如何改变?

金: 我认为数字媒体时代已经深刻地改变了商务写作。电子邮件率先改变了商业人士们的沟通方式。对于优秀的职场人士来说,电子邮件前所未有地重要。在科技发达的新时代,这些人士根据不同的受众选择不同的传统或数字媒介进行沟通的能力,是将他们与其他人区分开的因素。

彼得: 对于在商务中如何撰写有效的商业信息,你对年轻的专业人士有什么建议?

金: 写作。要坚持写作!下笔之前构思清楚、列出大纲、记住你的受众、越简单越好、阅读优秀文章。参加写作的研讨会,尤其是网络研讨会。把你的写作技巧献给你关心的组织。不要羞于请教别人来检验你的工作成果。永远不要停止学习!

本章小结

学习目标 5.1:解释有效商务信息的目标及其创建过程。

创建有效信息的阶段和目标

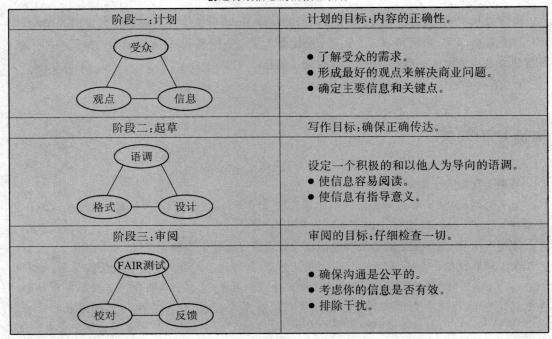

阶段一:计划	计划的目标:内容的正确性。
受众 / 观点 / 信息	• 了解受众的需求。 • 形成最好的观点来解决商业问题。 • 确定主要信息和关键点。
阶段二:起草	写作目标:确保正确传达。
语调 / 格式 / 设计	设定一个积极的和以他人为导向的语调。 • 使信息容易阅读。 • 使信息有指导意义。
阶段三:审阅	审阅的目标:仔细检查一切。
FAIR测试 / 校对 / 反馈	• 确保沟通是公平的。 • 考虑你的信息是否有效。 • 排除干扰。

学习目标 5.2：在 AIM 规划过程中确定受众的需求。

受众分析		
● 识别读者利益和限制因素。 ● 考虑读者的价值观和偏好。	● 评估自己的信誉。 ● 预测读者反应。	● 考虑你的二级受众。

学习目标 5.3：在 AIM 规划过程中发展和完善商务观点。

发展观点		
● 识别商务问题。	● 分析商务问题。	● 明确目标。

发展观点的例子（参照图 5.4）。

学习目标 5.4：在 AIM 规划过程中形成主要信息和关键点。

信息结构	逻辑测试	
● 构建要点。 ● 设置信息的结构/逻辑。	避免以下几点： ● 未经证实的概括； ● 武断的言论； ● 不恰当的类比；	● 非此即彼的逻辑； ● 歪曲事实； ● 夸大其词。

演绎框架示例（参照图 5.5）。

商业信息中的典型段落结构（参照图 5.6）。

学习目标 5.5：在商务信息中解释并使用积极的、以他人为导向的语调。

设定正确的语调	
显示积极性	显示对他人的关怀
● 显示一个敢作敢为、自信的态度。 ● 专注于积极的而不是消极的特征。 ● 使用委婉、有建设性的措辞。	● 避免过于依赖第一人称。 ● 尊重读者的时间和自主权。 ● 肯定他人。

关键术语

结论	演绎的	直接的
事实	间接的	诱导的
元信息	立场	偏好
语调	价值观	

讨论练习

5.1　章节回顾问题（学习目标 5.1、5.2、5.3、5.4、5.5）

A. 介绍一下商务信息的目标规划过程中的三个组成部分：受众分析、发展观点和构建信息。

B. 解释卓越的商业思维的一般性质,以及它如何适用于信息计划的开发观点阶段。

C. 讨论计划信息的受众分析阶段的基本考虑内容。

D. 描述商务信息框架的性质。

E. 解释商务信息中逻辑不一致的常见类型。

F. 讨论商务信息中积极的和以他人为导向的语调的重要性。

5.2　沟通问答(学习目标 5.1、5.2、5.3、5.4、5.5)

阅读金·阿斯比尔在交流问答部分的意见和建议,回答以下问题:

A. 阿斯比尔所说的写作信息的过程是什么?你会在写作方法里更好地融入哪两个策略?

B. 据她所说,语气的重要性是什么?她试着表达什么样的语气?

C. 她说商业写作在方式上正如何改变?你将如何适应这些变化?

D. 她的哪一个建议与你的写作最相关?并解释。

5.3　在工作中不该使用哪些语言?用文字显示信心(学习目标 5.5)

在《福布斯》杂志的一篇名为《工作时最差劲的话》的文章里,商业顾问和心理治疗师琳达·杜尔(Linnda Durre)列举了显示不自信的九个单词或短语[11]。据杜尔所说,这些短语会让别人觉得你不可靠和不可信。阅读这篇文章,请访问:www.forbes.com/2010/04/26/words-work-communicationforbes-woman-leadership-career.html。然后对下列句子做出回应,这些句子是摘自她的文章,请用四到五句话说明你是否同意或不同意她的观点:

A. "尝试"是一个模棱两可的词语。有人说:"好吧,我会尝试一下。"这是一种逃避。当他们对你所要求的事可能没有真正的意图时,他们只是在给你说好听的话。

B. "无论什么"——这是那些想忽略你和迅速摆脱你的人最喜欢用的词语……这对人来说是一种侮辱,也可以用于回应没有真正响应你的人。

C. "也许""我不知道"——有时人们会拒绝做出决定,并且拒绝的含义通常隐藏在这些词背后。有时在对峙的时候,人们声称不知道或用"也许"回应,只是为了避免陷入危险的处境。

D. "我会事后答复你"——当人们需要拖延时间或避免透露项目的进展时,他们会说"我会事后回复你",而他们通常都不会这么做。

E. "如果"——项目依赖于每个人的分工。那些使用"如果"的人通常喜欢玩责怪的游戏并且与自己打赌。他们喜欢假设条件而不是假设成功的结果。

F. "是的,但是……"——这是另一个借口。你可能会给你的团队成员一些建议或解决方案,而他们给你"是的,但是……"作为回应。他们并不是真正的想要答案、帮助或解决方案。

G. "我猜……"——这通常以一个微弱的、轻声细语的、耸肩的方式说出来。它的另一个企图是推卸责任——这是一个含糊的短语,当只有一半的人同意观点时,说话者就留有足够的余地来说,"嗯,我真的不知道……我只是在猜。"

H. "我们拭目以待"——有多少次我们听到父母这么说?我们知道他们在拖延时间,避免了一场争斗或冲突,或者直接说拒绝。

测评练习

5.4　评价拉蒂莎对健康计划的实施计划的提案(学习目标 5.2、5.3、5.4、5.5)

根据图 5.7 中拉蒂莎的完整信息,回答下列问题:

A. 这个信息框架的有效程度如何？你能提出任何变更吗？

B. 商业逻辑的有效程度如何？你能提出任何变更吗？

C. 语气的有效程度如何？你能提出任何变更吗？

5.5　评价一个商务信息(学习目标 5.2、5.3、5.4、5.5)

选择一个商务信息来评价。你可以从最近收到的商务信件中找，可以去一家网站选择一个给客户或店家的信息，或使用你的导师指定的信息。选择的信息至少包含三个或四个段落，以下列方式评估：

A. 事实和结论的撰写是否有效？

B. 这个信息是否对它的受众有针对性？你有什么建议使它更好地被受众接受？

C. 它在逻辑上有任何的不一致吗？请解释。

D. 该信息是否使用了一种积极的语调？以他人为导向的语调呢？用实例描述你的观点。

5.6　写作的自我评价方法(学习目标 5.2、5.3、5.4、5.5)

用表中列出的每个做法来自我评价。给每个做法圈出合适的数字。

在发送重要信息前，我……	1(极少/从不)	2(有时)	3(经常)	4(总是)
确保我收集了所有的事实。	1	2	3	4
仔细考虑这些事实意味着什么。	1	2	3	4
花点时间去思考我的受众想要什么和需要什么。	1	2	3	4
花时间想象我的受众会如何回应。	1	2	3	4
思考如何在一个短短的声明中捕获信息的核心。	1	2	3	4
详细列举出支持我的主要信息的论据。	1	2	3	4
检查信息的逻辑一致性。	1	2	3	4
确保语调是积极的(适当的)。	1	2	3	4
确保语调是以他人为导向的。	1	2	3	4
重读一遍信息以确保一切正确。	1	2	3	4

计算你的分数并考虑以下建议：

35—40 分：你是一个战略性的写作者。你几乎总是仔细地思考你的信息的强度和它对受众的影响。做得很好，请保持下去。

34—30 分：你是个细心的写作者。你在写作准备上有很多好习惯。找出你需要改进的地方。通过更多在这些方面的准备，在职场中你将成为一个强大的、战略性的作家。

25—29 分：你是一个有点细心的写作者。有时你对写作很小心。你偶尔会提出一些正确的问题，有关如何让你的信息迎合你的受众。然而，你并不坚持。请专注于为所有重要信息精心准备。

25 分以下：你是一个业余的写作者。你很少花足够的时间仔细思考你的写作信息。即使你有天赋且精明，在某些时候你对工作缺乏准备，会损害你的工作成果。请养成习惯，在准备阶段花更多的时间，来思考如何构建你的信息使之恰当地影响受众。

完成了简短的评估，写下你打算在写作准备上提升的三个方面。请描述你将采取什么具体步骤来提高和检验你的进步。

应用练习

5.7 避免逻辑错误(学习目标 5.4)

找出下列逻辑不一致的句子。解释这些不一致是否与未经证实的概括、武断的言论、非此即彼的逻辑、歪曲的事实,或夸大其词有关。然后修改句子以消除逻辑上的不一致。

A. 吉姆的老式汉堡在行业中提供了最佳的管理培训项目。

B. 培训由五个阶段组成:培训阶段的经理、二级副经理、一级副经理、餐厅经理、区域总监。培训会加速你的成功,你从一个阶段进步到下一个阶段,会花费少至 3 个月多至只有 2 年的时间。

C. 许多学员最终成为高级管理人员,表明实际操作培训比获得商科学位更好。

D. 最终,约 10% 的学员成为区域总监。这个精英团队的员工是那些有毅力和决心达到他们专业目标的人。

E. 由于只有 5% 的吉姆公司的员工被选定参加培训计划,你被选中参加这个计划显示出你有很大的领导潜力。

F. 我们鼓励你申请参加培训计划,这样你就可以避免待在同一个职位上而没有职业发展。

G. 餐厅经理每年大约赚 35 000—40 000 美元。在过去三年中,年薪以每年约 5% 的速度增长,远远超过在麦当劳或者汉堡王当餐厅经理的收入增长。所以当你达到餐厅经理的阶段时,你会比在竞争对手餐馆中工作有更好的经济状况。

5.8 表现出一个积极进取的、自信的语调(学习目标 5.5)

重写以下句子,使用更积极进取的、自信的语调。

A. 即使我没有任何管理经验,但我觉得我有很好的领导能力。

B. 我有很好的领导能力,而且如果我在培训项目中获得提高,我肯定可以提高盈利能力。

C. 我可能是一个很好的培训计划的候选人,因为我工作很努力。

D. 如果经济复苏,并且如果我们能够填补所有的管理职位,我们感觉明年的年利润将会增加。

E. 我们相信提高顾客服务是推动收入增长的一种方式。

5.9 专注于积极的特性(学习目标 5.5)

重写以下句子,使用更积极的语调。

A. 所有表现出忠诚和较强的领导能力的员工都有资格参加管理培训项目,即使他们缺乏高等教育。

B. 该培训不需要你去通过一种传统、务实的教育计划。

C. 你将以培训经理的身份参与训练,并且所做的事情将不仅是制作汉堡。

D. 那些在培训经理阶段没有表现出卓越领导能力的员工,将不会进入到下一阶段的培训。

E. 我们正在寻找不满足于一般顾客服务的个人。

F. 除非在 7 月 1 日前收到你的申请,否则你将失去参加的机会。

G. 在绩效考核中表现良好的员工有资格去申请该计划。

5.10 使用委婉的、建设性的措辞（学习目标 5.5）

根据以下句子，使用更积极的、建设性的语气进行重写。

A. 你可能不能参加管理培训课程，因为你没有工作足够长的时间来展现任何承诺。

B. 你认为你有足够的管理经验会使得你有资格，这是值得怀疑的。

C. 我认为如果你希望能成功，你必须重新考虑管理培训项目。如果你期望不用支付更高的薪水就得到优秀的管理者，这是不现实的。

5.11 使用适当的表达方式（学习目标 5.5）

改写以下句子，用第二人称、第一人称"我们"，或第一人称"我"实现更有效的语调。

A. 我很高兴能为你提供一个经理培训项目的名额。

B. 我肯定这个机会将会对你的事业有帮助。

C. 你必须在 7 月 1 日之前提交申请。

D. 我将会领导这个项目的第一次方向会议，然后我会把下午的会议交给我的同事。

E. 我已经提出了一些关于培训计划的想法，我想尽快和你见面讨论。我想我们应该重点讨论工资和福利，这将激励更多的员工申请这个项目。

5.12 尊重他人的时间和自主权（学习目标 5.5）

将下列每项重写两遍。第一次重写是假设你的写作对象是一个同行。第二次重写假设你的写作对象是一位下属。

A. 请在周五下午之前回复你可以参加面谈的时间。

B. 我想我们应该对经理培训计划的申请进行审查。请在周二上午 9:30 到我的办公室。

C. 我选择了五个最适合培训课程的申请者。你能给我发一封电子邮件，告诉我你是否同意我的选择？

D. 我们需要选择培训计划，但我正在忙其他项目，请本周五中午前自己先做出决定，之后交由我定夺。

阅读下面的案例，完成 5.13—5.15 的问题：学习 Eastmond 的压力管理方案

当杰夫回到办公室，他花了 15 分钟阅读拉蒂莎做的健康计划的提案。他发现该提案令人印象深刻且富含深刻见解。杰夫想如果有更多的员工像拉蒂莎一样有相同的内驱力、主动性和分析能力，Eastmond 会更成功。如果拉蒂莎在她的工作中一直保持这一水平的分析能力，杰夫肯定会雇她来 Eastmond 做全职员工。她对这一业务问题彻底和周到的处理表明，她可以在公司的入门级管理职位上表现出色。[12]

然而，杰夫还没准备好继续实施她的计划。他担心费用问题。虽然他相信预期的收益，但是在 Eastmond 看到回报之前，他担心最初的几年需要投入的资金。在拉蒂莎制定工作计划之前，他希望她能多做一些背景工作并研究一个更适度的投资。他特别感兴趣的是了解疾病管理计划会如何影响公司。

杰夫走近拉蒂莎并说明来意后，请她写一个与之前已经做过的相似的简短报告。

他说："我想让你把重点放在最大的问题上，就像有助于糖尿病或心脏健康的项目。也许我们可以帮助员工降低他们的胆固醇水平和血压。我们应该了解如何能使我们的投入得到最大的回报——重点讲述四或五个费用最高的健康问题并且以此作为出发点。同时，我想了解一个能将我们有限的投资用于疾病管理的最好办法。"

"如果你正在寻找一些最有效的干预措施，"拉蒂莎回答说，"我们应该从压力开始。相较于其他医疗保险项目，压力可能会导致更高的医疗保健费用并降低生产率。压力管理方案相当便宜,并且可以很快取得成果。"

"真的吗?"他说。"压力造成的损失比心脏病或糖尿病还多? 好吧,那么下一周或两周你将重点放在压力管理计划上怎么样? 并且写下你发现的东西。我们将从那里开始推进。"

拉蒂莎花了一周的时间学习了企业压力管理方案,了解到以下内容:

● 承受慢性、极端压力的人健康保健费用比没有这些压力的人要高 46%。

● 根据美国医学会的研究,压力对你的心脏不好,如同吸烟和高胆固醇对心脏的影响一样。

● 40% 的员工流失是因为压力。

● 减轻压力的方案会有重大的影响。在拥有 5 900 名员工的公司中,42% 的员工承受着中度至重度压力。事实上,80% 的医生看诊的都是承受着压力的员工。采用减压方案后,员工健康服务费从每年 740 万美元减少到每年 530 万美元。

● 有各种健康风险的员工会直接增加雇主的医疗保健成本。例如,与低健康风险的员工相比,员工有以下情况的会显著增加雇主的成本:抑郁症(高 70.2% 的成本);压力(46.3%);高血糖(34.8%);超重(21.4%);吸烟(19.7%);高血压(11.7%);运动(10.4%)。

● 根据美国卫生和公众服务部门报告,员工承受着以下风险因素:压力,44%;超重,38%;饮用酒精过度,31%;高胆固醇,30%;有心血管疾病,25%;不运动,24%;吸烟,21%;不系安全带,20%;哮喘,12%;糖尿病,6%。

● 一项研究表明,不同情况下每名员工每年的旷工费用如下:高压力,136 美元;体重问题,70 美元;吸烟,44 美元;高血糖,29 美元。

● 加拿大压力研究所的研究表明了企业压力管理方案的以下成果:工作压力,减少 32%;工作满意度,提高 38%;旷工,减少 18%;无法工作的天数,减少 52%;委屈,减少 32%;生产率,提高 7%;质量措施,提高 13%;工作投入,提高 62%。

● 当与广泛的健康项目一起实施时,压力管理项目是最有效的。

● 设置压力管理项目是具有挑战性的。其他疾病管理项目更容易从患者和如何治疗他们(例如,糖尿病、心脏病)的方向来设置。

● 大多数员工都不参加压力管理项目,除非有奖励。

● 压力管理可以通过在工作场所实施能缓解工作和个人压力的政策来实现。一些公司已经尝试弹性工作制,允许在家工作,以及儿童保健计划,允许员工照顾生病的孩子和其他激励措施来帮助员工减轻压力并实现高效工作。

● 压力管理也可以通过研讨会和专业培训来训练。

● 莉萨估计,聘请一个全职专业教练每年将花费大约 60 000 美元(工资加津贴和其他相关费用)。教练会举办研讨会,发放教育材料,并且还提供了一对一执教来缓解压力。教练也可以从事其他工作,如减肥、运动和改善饮食。假设 Eastmond 每年的医疗保险费减少 150 美元,莉萨估计可能会有 90% 的员工(约 175 名员工)参与基本的压力管理项目。她认为这个假设是合理的,在医疗保健和缺勤成本上,Eastmond 可以在每名员工身上节省约 500 美元。

5.13 通过在结论和建议中组织事实依据发展观点(学习目标 5.2)

假设你是拉蒂莎,并且你要写一个提案给杰夫,要求 Eastmond 公司实施压力管理项目。你可以使用她发现的任何事实,甚至在网上搜索(网上有很多关于压力管理的信息),但你的任务是让你收集到的事实有意义。组织这些信息进行分组,来支持三或四个主要结论(在类似于图 5.4 的格式中)。然后根据你的结论,写三或四个建议。

5.14　编写一个支持实施压力管理项目的提案(学习目标 5.2、5.3、5.4、5.5)

假定你是拉蒂莎,编写一个压力管理项目的提案,并使用完全合理的逻辑来支持你的结论和建议。

5.15　写一个提案以扩大健康计划的关注(学习目标 5.2、5.3、5.4、5.5)

假定你是拉蒂莎。你的结论是:虽然压力管理方案是有益的,但专注于压力管理而没有一个全面的健康计划则是目光短浅的,并且不太划算。使用完全合理的逻辑来支持你的结论和建议。

6

通过风格和设计提高商务信息的易读性

学习目标

学习本章后,你应该掌握以下几点:

6.1 描述和运用完整性、简洁性和自然处理等写作风格的原则提高易读性。

6.2 解释和运用导航设计提高易读性。

6.3 描述和运用审阅阶段的组成部分,包括 FAIR 测试、校对和反馈。

为什么这很重要?

在第 5 章中,我们主要专注于让你的信息与 AIM 规划过程一致。然后我们介绍了正式起草信息时语调的重要性。在本章中,我们强调另一点——起草商务信息时注重风格和设计。在这一点上,你的全部焦点应该是让信息更容易阅读。

简单来说,你的受众——无论是高管、经理,或其他专业人员,还是客户和顾客,他们通常专注于众多项目,并且对众多消息和信息感到不知所措。当你的信息易于阅读时,你的受众就更有可能仔细阅读并理解它们。[1]

本章的许多原则重在简化词语和句子,但是这并不代表过度简化和减少信息。你的信息应该包含最好的想法,并为之提供强有力的支持。如果你的信息阅读起来很困难,别人可能就不会考虑你的想法。

本章,我们将讨论四大目标。前三个目标与写作风格有关,包括完整、简洁和自然,最后一个目标是为文档设计快速导航。通过这一章,你会发现低效或高效的风格和设计元素的例子。这些例子直接来自本章案例。浏览斯蒂芬妮原始的、阅读困难的手册草案(见图 6.1),然后你可以理解本章上下文的例子。在本章最后,你会看到手册修订后的最终版本(见图 6.3)。

本章案例：推广 Sunrise 贺卡和鲜花店的特许经营

涉及人物：

斯蒂芬妮·乔根森(Stephanie Jorgenson)：店主和创始人

- 20 年前开始贺卡生意
- 已开设 32 家门店
- 计划开设特许经营店

情景：

20 年来，Sunrise 贺卡和鲜花店的成功远远超出了斯蒂芬妮·乔根森最初的预期。她的高端贺卡、插花和其他礼物吸引了越来越多的顾客。

近几年，斯蒂芬妮收到很多有关开放特许经营权的请求。由于她达不到快速扩张的市场要求，所以她认为特许经营将是一个不错的选择。

六个月前，她聘请了一位顾问帮助她谋划特许经营，提供基本战略和行动计划。她与高管团队一起确立了特许经营的基本条件。

斯蒂芬妮目前的计划之一是想制作一个关于特许经营的宣传手册来解释特许经营权的条件。斯蒂芬妮仔细考虑了手册的受众，希望他们资金雄厚并且志向远大，具有强烈的乐观主义精神并以顾客为导向。她认为顾客至上有助于商业成功。

就信息结构而言，她过去看过一些觉得模板不错的宣传手册。这些手册一般包含一些介绍性信息，包括公司总裁介绍、资金要求和申请程序。但她希望宣传手册能告诉特许经营权的申请者要详细说明自己的资金状况是否具有特许经营资格。

她计划在当年的产业博览会上发放宣传手册，此外还可以通过邮寄、公司网站、电子邮件发放宣传手册。

斯蒂芬妮起草了一份手册(见图 6.1)。几个同事看过后，都认为阅读起来很困难。

任务：

1. 斯蒂芬妮如何改进文档的写作风格，使潜在的加盟商更容易阅读？（参见"用完整性来提高易读性""用简洁性来提高易读性""用自然风格来提高易读性"部分）。

2. 斯蒂芬妮如何改进文档的导航设计，让潜在的加盟商迅速找到重要的信息？（参见"用导航设计来提高易读性"部分）。

用完整性来提高易读性

商务信息通常目标明确：招聘员工、改进服务，或者分配任务等。目标的完整性要求商务信息必须提供达到这一目标所必需的所有信息。你的同事、客户和其他联系人希望得到完整的信息，这样他们就可以立即按照你的信息行动，否则他们可能误解或者忽略你的信息。你可以采用以下策略来保证信息的完整性：(1)提供所有相关信息；(2)准确；(3)详细；(4)结构清晰，层次分明。

> 这个文档阅读起来很困难。文档中包含长篇段落和长句，流畅度很差。它没有帮助读者设计信息导航。大部分读者在试图了解如何申请特许经营权的时候会感到沮丧。

> 　　未来的 Sunrise 贺卡和鲜花店老板，你好！你想成为最令人兴奋的事业中的一员吗？为那些特别的人在特殊的场合提供特别的礼物。你想让你最大胆的梦想成为现实吗？拥有一家 Sunrise 商店的原因有很多，每天接待快乐的顾客，身处一条拥有众多忠诚顾客的业务线是很美好的事情。这些客户有涵养，欣赏卓越的工艺，并期望得到独创的高档贺卡和插花。我们的品牌是最受顾客认可的品牌之一，并且有积极的特性（如质量上乘和可靠性），我们的顾客将这些品质与他们人生中的特殊场合联系在一起。拥有一家 Sunrise 商店，你会获得一个提供盈利能力的品牌，并成为 Sunrise 家庭的一员。为了帮助你达到目标，我们将为你提供成功所需的产品和资源。我们还创建了一个店主和管理者的亲密小组，互相分享经营的诀窍，并且在最后，我们会为店主和管理者组织年度休假，为管理我们的商店提供协同解决方案和前瞻性的方法。
> 　　我们已经做了估算，你的初始投资额需位于 290 000—605 000 美元之间。初始投资成本包括以下项目：固定设备（60 000—90 000 美元）；仓储（80 000—190 000 美元）；店铺改进（20 000—130 000 美元）；零售设备（20 000—35 000 美元）；杂项费用（10 000—30 000 美元）；还有初始的特许经营费用（50 000 美元）。固定设备包括产品展示柜、储藏室组件，还有标志牌。仓储包括贺卡、礼物、鲜花和非 Sunrise 店物品。店铺改进包括地毯、电气、管道、照明等。零售设备包括销售点收银机及其软件，定价机和会计软件等。杂项费用包括各种定金、许可费用和促销费用等。你可以为你的新店选择合适的地理位置。
> 　　Sunrise 会考查你提出的开店地点，并且可能会根据我们过去成功的营销准则给你提供备选的商业位置。至于资金需求，你必须有 350 000 美元的最低净资产，你的最低无负担资产还将需要在 120 000—265 000 美元之间。你的资金不需要超过开设店铺初始投资的三分之二，但是你必须获得 170 000—340 000 美元之间的融资（假设你融资初始投资成本的三分之二）。你也需要证明贷款、价钱和抵押品。你也要证明，至少两年内你的外部收入不低于现在收入的 80%，表明当你开始经营时，财务足够稳定。你还将需要证明你的流动资产可用于"Sunrise 贺卡和鲜花"新店的投资和运营，并且该资金必须是个人资产；当前业务的资本也不能用于开新商店。Sunrise 不提供贷款。
> 　　Sunrise 将在企业规划方面提供协助，例如帮助制定营销计划、预算计划，并且如果你积极参与的话还将提供盈亏平衡分析咨询。预算计划将提供包括初始投资（建筑、设备、产品等）、营销成本、人员支出、保险和其他运行 Sunrise 商店需要的潜在费用，并且将对你选择的位置提供包括人口、交通模式、竞争者等分析。同时，也会给你提供零售销售额和收入的分析。
>
> 斯蒂芬妮·乔根森，店主和创始人
Sunrise 贺卡和鲜花店，LLC
Stephanie@Sunrisegiftcards.com，1-800-SUN-SET9

图 6.1　斯蒂芬妮原始的、难以阅读的手册

提供所有的相关信息

　　判断哪些内容与你想传达的商务信息有关是一个挑战。毕竟，提供太多的信息会分散读者的注意力，并使文档显得累赘。另一方面，如果没有提供足够的信息可能会让读者感到困惑，不知如何回应。提供全部的、但只相关的信息的关键在于战略性地计划、编写和审查信息。反复问自己哪些内容是必要的传达信息，这将有助于你达成这一目标。

案例 6.1　龙华公司的招聘广告

　　龙华公司为加强内部治安，在网上发布了一则招聘保安的信息，具体内容如下：

　　本公司拟招聘保安员四名，保安队长一名。

　　一、应聘要求：初中以上学历，年龄在 25—55 周岁。身体健康、五官端正、品德良好、责任心强、遵纪守法、无违法违纪记录。

二、工作待遇：保安员月工资2 600元，保安队长工资2 800元，提供工作餐。

三、报名电话：0634—5057020。

四、面试地点：龙华公司三楼308室。

招聘信息发出后，人力资源部门便做好了面试准备。然而龙华公司并没有迎来面试者。三天后，人力资源部的小王才发现，招聘信息虽然结构清晰、语言简洁，但是未明确说明龙华公司的具体位置、面试时间和面试时需准备的材料，相关信息的遗漏导致了此次招聘的失败。

评述：

商务信息应当提供所有的相关信息，重要信息的遗漏可能会给公司带来不必要的损失。

近期一项针对2 092家企业招聘负责人的研究表明，写作风格中最重要的是准确性(95％)，随后是清晰度(75％)，语言结构(59％)，简洁性(41％)，精确度(37％)和视觉吸引力(11％)。

在斯蒂芬妮的案例中，她的基本目的是吸引符合条件的个人来申请特许经营权。在有限的手册空间中，她需要完成几个目标来鼓励符合条件的个人提出申请：展示她对加盟商成功的承诺，描述基本的商业模式，并解释特许经营对资金的要求。只要她时刻记住这些目标，就可以确保手册里只包含必要信息。

准确

准确性是所有商务沟通的一个基本目标，因为你的同事、顾客和客户基于你的沟通做出决定。[2] 简而言之，准确的信息必须是真实的、精确的。准确性应注重事实、图表、数据和用词。错误计算、错误信息、不当用词和拼写错误都会导致商务信息的失真(见表6.1)。准确性会影响读者对你的信任。不准确的表达会导致读者对信息不予理会，也会降低他们对你的信任度。

表6.1　保证准确

低　　效	高　　效
你的店铺应该将大约每年销售额的 30％ 用于当地广告。	你的店铺应该将大约每年销售额的 3％ 用于当地广告。
一个错误数据(3％而不是30％)意味着承诺的费用比实际的建议高出十倍。	修订后的版本包含了正确的数字。
我们估计你需要的初始投资在 240 000—425 000 美元之间。初始投资成本包括以下部分：固定设备(60 000—90 000 美元)；库存(80 000—190 000 美元)；店铺改进(20 000—130 000 美元)；零售设备(20 000—35 000 美元)；杂项费用(10 000—30 000 美元)；初始的特许经营费用(50 000 美元)。	我们估计你需要的初始投资在 240 000—525 000 美元之间。初始投资成本包括以下部分：固定设备(60 000—90 000 美元)；库存(80 000—190 000 美元)；店铺改进(20 000—130 000 美元)；零售设备(20 000—35 000 美元)；杂项费用(10 000—30 000 美元)；初始的特许经营费用(50 000 美元)。
错误的计算导致其中一个数据少了 100 000 美元。	修订后的版本包含了正确的数据。

案例6.2　准确性的重要性

SF公司是一家有着良好经营业绩的上市公司，在企业扩张的过程中，为了节约时间和成本，公司董事会决定全资溢价收购另外一家有着相似经营业务的YF公司。为了抢占市场，董事会在搜集了基本信息后便加紧时间组成收购小组前往YF公司进行谈判，在谈判过程中，双方很快达成了初步的意向。然而在后续的双方财务核算过程中,双方的财务会计人员就一项大额复杂债务的核算结果始终未达成一致,这一度导致了双方的收购进度陷入停滞状态。经过双方仔细检查,发现原来是 YF 公司员工给的财务材料中有一个数据输入错误,因此双方核算用的基础数据不同。因为发生了这个意外,SF 公司方面对于 YF 公司给的数据进行了多次验算发现每次都没问题后,收购才正常进行下去。

评述:

真实准确的信息才是双方达成一致的基础,提供错误的信息会降低对方的信任度。

详细

在所有商务情景中,读者希望商务信息是精确的,而非含糊不清的。信息越详细,读者就越容易得到答案。如果描述得不详细,读者就会变得不耐烦,只是草草浏览一遍他们想要的信息。如果他们找不到自己需要的信息,就不太可能对信息做出你想要的回应。

案例 6.3 三野公司的信任危机

三野公司是一家汽车制造与销售公司,旗下有多款比较畅销的轿车品牌。2017 年 5 月,有多名消费者反映三野公司的某款轿车存在着一定的产品缺陷问题,会对消费者的安全造成不确定性风险,要求三野公司作出回应。

三野公司在接到了消费者反映的问题后表示在接下来的一段时间问题一定会得到解决。然而,过了几天后,消费者发现三野公司并没有任何动静,并没有相关人员来进行调查,问题依然存在。这时候消费者感觉受到了欺骗,认为三野公司所说的"接下来一段时间内会解决问题"太过敷衍,于是他们在各种渠道对三野公司发出了严厉的指责,三野公司也因此被消费者排斥,市场份额大幅缩减。

评述:

"接下来一段时间"的表述含糊不清,使得三野公司的可信度降低,陷入了更深的消费者信任危机。

详细程度也会影响读者对可信度的判断。详细的陈述会让你的读者相信你了解你们正在谈论的内容(能力);你没有隐瞒任何事(品质);你希望你的读者知情(关怀)。另一方面,模糊不清的表述会降低你的可信度。如表 6.2 中是关于不太详细和详细的写作例子。

表 6.2 保证详细

低　　效	高　　效
一经批准,新的 Sunrise 店铺可以**迅速**开张。	一经批准,新的 Sunrise 店铺通常可以在 3—12 个月内开张。
"迅速"这个词不够具体。	"在 3—12 个月内"这个短语更具体,并且避免歧义。
店铺的最小面积取决于其所在的位置。通常来说,在带状购物中心比在大型购物中心的最小面积**更大**。	店铺的最小面积取决于其所在的位置。在购物中心,最小面积应当约为 2 500 平方英尺。在带状购物中心,最小面积应当约为 3 400 平方英尺。
"更大"这个词不够具体。	描述了面积的具体数字,不同之处在于没有展开解释。

结构清晰，层次分明

在商务沟通中你应该理清你要表达的信息的逻辑关系，保证条理清晰、层次分明。信息结构越清晰，读者越容易找到他们想要的信息，也能轻松辨别你想表达的主要信息。如果信息逻辑不清、结构混乱，不利于读者接收信息，同时会让读者怀疑信息的可信度。

所以要在词汇的搭配、句子结构的选择和文章架构的安排上突出要表达的主题。例如，使用"虽然……但是……""不仅……还……"等带有关联词的句子结构，把要表达的主要信息放在后一个连词之后表示强调。信息的结构层次可以使用小标题来进行划分，具体小标题的使用可见下文导航设计中的"使用标题"部分。

用简洁性来提高易读性

简洁的信息易于阅读。但是，简洁并不意味着删除相关信息。它是指省略不必要的词，这样读者可以快速获取你的主要观点。

案例 6.4　失败的会议邀请

小张刚刚从名校的中文系本科毕业，应聘到了一家世界 500 强的公司做行政工作，主要负责文案与文档的编辑与处理工作。

对于这份工作，小张感到非常自信，因为她在学习期间多次获得过写作方面比赛的大奖，并且受到多位老师对其行文优美的夸奖。入职当天，小张就被主管分配编写一封邀请合作企业参加某个项目合作会议的电子邮件。小张为了表现自己，决心尽自己最大的努力来写这封电子邮件，邮件中小张用极尽优美的表达和很长的篇幅来称赞自己的企业是多么伟大，也称赞合作企业是多么的优秀，表达了对双方合作前景的看好，只在邮件最后才表达了会议的邀请。合作会议当天，公司发现合作企业并未到达会议现场，经过电话询问才发现对方并未仔细查看邀请邮件，原因是邮件篇幅太长，扫视一眼后未发现有价值的信息，忽略了最后的具体邀请信息。

评述：

在商务写作中，应该遵循简洁有效的原则，用最少的文字表达最多的内容。

本节介绍了简洁写作的策略，包括控制段落长度、使用短句、避免冗余、避免空洞的短语等。

控制段落长度

读者在开始阅读之前，会通过观察段落长度对商务信息的易读性作出判断。当看到较长段落时，他们就会草草浏览——搜寻特定字词和观点，而不是仔细阅读。长段落会使读者思维混乱，浪费读者时间。

商务读者不喜欢大段大段的文字。简短的段落更讨人喜欢且便于阅读。所以要尽量使文章的段落短小精悍,平均不超过 5 句话,电子邮件更要采用短小段落,平均每段不超过 2—3 句。

　　造成段落过长的主要原因之一是将多个主要观点或话题放在一段内。如果每个段落着重强调一个想法或主题,那么读者处理文章中的信息会容易得多。段落中包含多个观点会使读者混乱,更糟的是,读者可能会错过重要观点。每个段落强调一个想法或主题可以帮助控制段落长度,并且可以加强说服力(见表 6.3)。

表 6.3　控制段落长度

低　　　　　效	高　　　　　效
至于资金需求,你必须有 350 000 美元的最低净资产,你的最低无负担资产需要在 120 000—265 000 美元之间。你的资金不需要超过开设店铺初始投资的三分之二,但是你必须获得 170 000—340 000 美元之间的融资(假设你的资金是初始投资成本的三分之二)。确认贷款、价钱和抵押品是必需的。你将需要证明,至少两年内你的外部收入保证不低于现在收入的 80%,表明当你开始经营时,你的财务状况足够稳定。你还将需要证明你的流动资产可用于"Sunrise 贺卡和鲜花"新店的投资和运营,并且这个资金必须是个人资产;当前业务的资本也不能被用于开一家新店。Sunrise 不提供贷款。	最低资金需求包括 350 000 美元的净资产,包含在 120 000—265 000 美元之间的流动资产(这些资金必须来自个人资产,而不是来自当前业务的资本)。你需要证明这些流动资产能够用于投资你的 Sunrise 新店。你还需要证明,至少两年内你的外部收入保证不低于现在收入的 80%。 　　你需要提供不到初始投资成本三分之二的资金。如果可以的话,你将需要获得 170 000—340 000 美元之间的融资。确认贷款、价钱和抵押品是必需的。Sunrise 不提供贷款。
这段话字数较多,还包含过多的数据。	这个段落包含了相同的信息,但已经编辑得更简洁,并且将其分为两段。
是否有开一家 Sunrise 店的权利将根据以下条件判定:商业计划,选择区域的市场潜力,个人面谈和资金条件。运营一家 Sunrise 商店是非常有利可图的。一经批准,新的 Sunrise 商店通常可以在 3—12 个月之间开业。店铺的最小尺寸大小取决于其所在位置。在购物中心,最小尺寸应该约 2 500 平方英尺。在带状购物中心,最小尺寸应该约 3 400 平方英尺。目前,每家 Sunrise 商店的平均年利润为 153 000 美元,在 49 000—215 000 美元之间。利润水平取决于许多因素,包括选择合适的位置,市场需求,建筑面积和店铺有效管理。通常,经过前三年的经营之后,利润会变得相对稳定。	是否有开一家 Sunrise 店的权利将根据以下条件判定:商业计划,选择区域的市场潜力,个人面谈和资金条件。一经批准,新的 Sunrise 商店通常可以在 3—12 个月之间开业。 　　目前,每家 Sunrise 商店的平均年利润为 153 000 美元,在 49 000—215 000 美元之间。利润水平取决于许多因素,包括选择合适的位置,市场需求,建筑面积和店铺有效管理。通常,经过前三年的经营之后,利润会变得相对稳定。
这段有两个观点或主题:(1)授予开一家店铺的权利,(2)每家店的平均年利润。这个段落包含的字数较多。	修改后的段落被分为两个独立的、统一的段落。

在大多数方案中使用短句

　　如同较短的段落一样,短句让读者更容易理解你的想法。图 6.2 描述了一项由美国新闻学会(American Press Institute)组织的研究,[3] 测试读者基于句子长度的理解状况。当句子有 10 个单词或更少时,读者理解了近 100%。一旦句子长度达到了大约 20 个单词,他们的理解力降至约 80%。此后,理解能力迅速下降,最后,28 个单词的句子长度导致读者只能理解 30% 的内容。

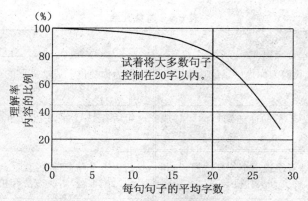

资料来源：图形改编自 Ann Wylie, "How to Make Your Copy More Readable: Make Sentences Shorter," *Comprehension*, January 14, 2009, 检索日期：March 3, 2012, from http://comprehension.prsa.org/?p=217.

图 6.2　理解率和句子长度

多长的句子才算简短,并没有硬性标准,只要句子的长度使人难以理解就过长。应用你的判断来使句子长度最小化(见表 6.4)。

表 6.4　使用短句

低　　　　效	高　　　　效
我们的品牌在顾客中是被广泛认可的,并且我们的品牌具有质量高、可靠性强的特点,而且我们的顾客将这些品质与他们人生中的特殊场合联系在一起。	对于我们的顾客来说,我们的品牌可以提供帮助他们庆祝特殊场合的优质产品。
这个句子包含较多字数。	这个句子只用了简短的一句话表达了相同的观点。
我们资深经理团队将用完善的方案来分析你所选择区域的人口、交通模式、当地竞争对手和其他因素来为您估计零售销售额和收入。	我们资深经理团队将用完善的方案来分析你所选择区域的人口、交通模式、当地竞争对手和其他因素。从这个分析中,我们将为您估计零售销售额和收入。
这个句子包含了较多字数。	低效的句子被分成两个短句。
近年来,Sunrise 在区域市场的纸媒和广播上积极宣传,而且 Sunrise 发布的多样化广告和宣传资料开发了极好的品牌认知度,你的店铺将直接从中获益,当然这也取决于你选择的店铺位置。	近年来,Sunrise 已在区域市场纸媒和广播上积极宣传。因此,Sunrise 品牌认知度是强大的。你的店铺将受益于 Sunrise 的区域广告和促销活动。
这个句子包含了较多字数。	低效的句子被分成三个短句。

避免冗余

一个减少字数使你的信息容易阅读的方法是避免冗余,冗余的意思是词语重复或短语表达同样的意思。例如,"过去的历史"这个短语,历史只能是过去的,所以没有必要用这两个词来表达。通过消除冗余,你可以减少整体字数(见表 6.5)。

表 6.5　避免冗余

低　　　效	高　　　效
<u>为了帮助你达到目标</u>,我们为你提供了<u>成功</u>需要的产品和资源。	我们为你提供了<u>成功</u>需要的产品和资源。
这句话有 28 个字。"为了帮助你达到目标"和"成功"是冗余的短语	这句话有 18 个字,减少了冗余。
我们<u>每年</u>为店主和管理者组织一个<u>年度</u>休假,<u>与其他人</u><u>分享和讨论</u>难题,解决方法和机会。	我们为店主和管理者组织一个年度休假,让他们分享和讨论难题,解决方法和机会。
这句话有 40 个字。"每年"和"年度"是冗余的,"分享和讨论"意味着与其他人一起,这使得"与其他人"是冗余的。	这句话有 37 个字,减少了冗余。

　　消除多余的词可以高效传达你的想法。通过将很多短语转化成单字的动词就可以减少字数的 30%—40%。修饰性短语本身并不是坏事。但是,过度使用会导致冗长和不清晰(见表 6.6)。

表 6.6　避免冗长的修饰短语

低　　　效	高　　　效
作为一家 Sunrise 店面所有者,为了你的利润最大化,你应该参加每年的年度休假。	参加年度 Sunrise 休假能帮助你实现利润最大化。
这句话有 35 个字。	这个对低效句子的修订版包含 22 个字。
在商业规划过程中,请记住在 Sunrise,我们一直在你身边。	请记住我们会帮助你制定商业规划。
这句话有 27 个字。	这个对低效句子的修订版包含 16 个字。

避免空洞的短语

　　许多短语只是简单地填补空白而没有任何实际意义。这样的短语在对话中是常见的,但是在书面信息中是没必要的(见表 6.7)。

表 6.7　避免空洞的短语

低　　　效	高　　　效
<u>不用说</u>,一个店铺的盈利能力取决于很多因素。	一个店铺的盈利能力取决于很多因素。
这句话有 21 个字。	这个版本包含 17 个字。
<u>恕我直言</u>,Sunrise 会基于我们的营销方案建议你选择其他位置。	Sunrise 会基于我们的营销方案建议你选择其他位置。
这句话有 29 个字。	这个版本包含 24 个字。

用自然风格来提高易读性

　　将写作风格与读者的思考和说话方式相匹配,读者就容易处理信息。简化信息加工的过程意味着你的读者不需要花费过多的精力去理解你的信息,这对于那些忙碌的、专注于其他工作挑战的读者来说尤其重要。

活用行为动词

　　作为一位商业作者,应尽可能使用积极乐观、行为导向的语气。事实上,工作交流的基本目的是培养行为。行为动词的使用更能体现行为的目标,使得文章更有生气,同时,它可以使沟通更加高效。商务沟通中常用行为动词如表 6.8 所示:

表 6.8　常用行为动词

常用行为动词
开展、影响、监督、整理、评估、改善、实施、指导、建议、计划、组织、讨论、参加、带领、处理、改进、推动、打算、建立、消除、表明、鼓励、提议、管理、引进、创办、推荐、解决、锻炼、分析、掌握、简化、帮助、执行、测量、培养、检查、预测、申请、安排、扩大、巩固、请教、证明、预定、委派、提高、协调、设计、批评、调查、描述、传递、修改、采取、估计、筛选、利用、搭建、启动、准备、产生、检验、维持、协助、更改、称赞

　　注意以下几点:第一,当使用行为动词时,人们可以更快地处理信息。第二,人们倾向于使用"主语—行为—宾语"的模式思考,因此可以通过使用这种模式提高读者的理解力;此外,若句子中缺少宾语或主语,读者可能会觉得困惑。第三,人们更易于处理简短的词汇。(见表 6.9)

表 6.9　恰当使用行为动词

低　　效	高　　效
经过我们的估算,你的初始投资金额的范围在 290 000—605 000 美元之间。	我们估计,初始时你将投资 290 000—605 000 美元。
这句话较冗长、多使用名词。	这句话较简洁、活用了行为动词。
Sunrise 是一家有着极好的顾客服务的公司。	Sunrise 公司提供优质的顾客服务。
这句话使用形容词表述。	这句话使用行为动词表述,更易于理解。

　　通常情况下,有两种修改方式可以更有效地使用行为动词。首先,名词可以转化为行为动词。比如:"你的投资金额"可以转化为"你将投资"。第二,形容词可以转化为行为动词。比如:"一家有着优质服务的公司"转变成"公司提供优质服务"。

恰当使用主动/被动句式

　　恰当使用主动/被动句式可以使沟通更加有效。参考以下例子:

主动句式：Sunrise 为每家店铺提供免费培训，最多三人参加。

被动句式：免费培训将提供给每家店铺，最多三人参加。

在主动句式中，执行者(Sunrise)明确，这句话使用了一个动词（提供），然后是宾语（免费培训）。在被动句式中，这句话以宾语（免费培训）作为开始，并且省去了执行者，缺乏明确的主语，有时不便于读者理解。

在写作中使用主动句式有很多好处。主动句式能够让人们更快地处理信息，因为大多数人是以这种方式思考的。它还强调了商业活动的方向。最重要的是，它明确了执行者（主语）。因为商业活动取决于责任心和合作，所以明确活动执行者的身份很重要（见表 6.10）。

虽然主动句式是大多数商务写作的写作风格首选，但是某些场合用被动句式会更好。使用被动句式可以表现中立、客观（见表 6.11）。

表 6.10　恰当使用主动句式

低效（被动句式）	高效（主谓结构）
营销计划、预算计划和盈亏平衡分析将会提供给你。	Sunrise 将为你提供营销策划、预算计划和盈亏平衡分析。
被动句缺少了执行者、缺乏行为导向语气。	这句话使用主动句式，明确执行者，更具行为导向的语气，更符合表达习惯。
有关所选区域的人口、交通模式、竞争对手的分析将提供给你，还有一个有关零售销量和收入估计的分析也将提供给你。	Sunrise 将分析你所选择区域的人口、交通模式、当地竞争对手和其他因素，并会为你提供有关零售销量和收入的估计。
这句话包含两套被动句式。它忽略了谁将制定这个计划，并且缺乏行动导向。	这句话明确地指出 Sunrise 将进行的行动。它是行动导向的，更便于阅读理解。

表 6.11　恰当使用被动句式

低效（主动句式）	高效（被动句式）
如果贵公司违反了约定，那我将终止与你们的合作。	如果约定被打破，那么公司之间的合作将终止。
这个主动句语气严厉，且合作双方地位显得不平等。	这个被动句式语气更为客观，双方地位更显平等。
一时间，总裁的失职将 Sunrise 公司推向了舆论的风口浪尖。	一时间，Sunrise 公司被置于舆论的风口浪尖。
这个主动句不仅陈述了事情，而且表明责任归于"总裁的失职"，表述上带有个人的主观判断，不便发表于公开场合。	这个被动句仅仅客观陈述了事情，未进行责任归咎，更适合公开场合下的沟通。

使用常用词汇

在商务沟通中不需要使用那些晦涩难懂、看似深奥的词语以突显文章的严肃性，应该使用常用、简单的词汇保证读者能够读懂。尽量选择短的、对话式的、熟悉的词。如果使用长的且不熟悉的词，读者处理信息缓慢并且会分心。他们甚至可能会觉得你不好接触、比较古怪，甚至傲慢（见表 6.12）。

表 6.12 　使用常用词汇

低　　　效	高　　　效
任务的失败使得 Sunrise 公司两部门之间产生了<u>罅隙</u>。	任务的失败使得 Sunrise 公司两部门之间产生了<u>嫌隙</u>。
"罅隙"一词晦涩难懂,含义深奥,不利于沟通的顺利进行。	"嫌隙"与"罅隙"同义,在不改变句子意思的情况下,方便了读者理解。
Sunrise 公司一向鼓励新员工<u>移樽就教</u>。	Sunrise 公司一向鼓励新员工<u>主动求教</u>。
"移樽就教"词语生僻,难以保证读者能正确理解。	相比于"移樽就教","主动求教"更常用,能够帮助读者快速处理信息。

语言风格保持一致

　　语言风格保持一致意味着在句子和段落中应该使用一致的语法模式。当你要描述一系列东西时,对每个特征使用相同的语法模式是非常重要的。例如,当你描述产品的三个特征时,统一使用"形容词""名词""动宾短语"或其他某种语法模式,读者能更自然并且快速地处理信息(见表 6.13)。

表 6.13 　语言风格保持一致

低　　　效	高　　　效
我们的顾客生活<u>精致</u>并且<u>购买高端产品</u>。	我们的顾客是<u>优雅</u>且<u>有品位</u>的。
"精致"与"购买高端产品"分别为形容词和动宾短语,前后语言风格并不一致。	"优雅"和"有品位"都是形容词。 或者 我们的顾客<u>欣赏精致的工艺品</u>并且<u>购买高端产品</u>。
	"欣赏精致的工艺品"和"购买高端产品"都是动宾短语形式。 以上两种表述的语言风格更为一致,语言更自然。
利润水平取决于许多因素,包括<u>选择合适的位置</u>、<u>市场需求</u>、<u>建筑面积</u>和<u>店铺有效管理</u>。	利润水平取决于许多因素,包括<u>地点</u>、<u>市场需求</u>、<u>建筑面积</u>和<u>管理</u>。
这四个因素分别为动宾短语、名词、名词、动宾短语,语言风格不一致。	这四个因素都是名词。 或者 利润水平取决于许多因素,包括<u>选择合适的位置</u>,<u>满足市场需求</u>,<u>租赁足够的存储空间</u>并且<u>有效地管理店铺</u>。
	这四个因素都是动宾形式。 以上两种表述的语言风格更为一致,语言更自然。

避免使用俗语与隐喻

　　在书面商务沟通中,要尽量避免使用俗语和隐喻。俗语和隐喻一般更适用于日常口头沟通,因为它们往往含义模糊,缺乏一定的准确性和正规性,使用不当会造成读者的理解偏差,甚至激起读者的负面情绪,破坏商务沟通的有效性(见表 6.14)。

表 6.14 避免使用俗语与隐喻

低　　效	高　　效
创新是引领发展的第一动力。为了组织的发展，Sunrise 公司<u>一不做二不休</u>。	创新是引领发展的第一动力。为了组织的发展，Sunrise 公司<u>坚持创新</u>。
俗语"一不做二不休"出现在正式的书面沟通中会产生违和感，且该俗语未能表现出公司坚持创新的积极态度。	这句话更能明确表达 Sunrise 公司对待创新的态度，不会误导读者。
张总、李总和王经理<u>"三个臭皮匠，顶个诸葛亮"</u>，成功实现了品牌的推广。	张总、李总和王经理<u>群策群力</u>，成功实现了品牌的推广。
某些俗语含义复杂，不恰当地使用可能会使"称赞"变为"贬低"。	这个句子更为有效地表达了集体智慧助力成功的意思。

用导航设计来提高商业信息的易读性

文档设计的首要目的是让你的信息更清晰明了。问问自己这些问题：我怎样才能快速地让读者看到我的主要观点和信息？我怎样才能确保读者能快速找到他们最感兴趣的信息？以下这些方法将帮助你改善导航设计，包括标题、强调、列表、空白、简化。

案例 6.5　简单明了的招聘信息

DR 集团实习岗位招聘

实习岗位：人力资源实习生（人事信息）

岗位职责：

1. 比较细致的流程性工作；

2. 文案文档处理；

3. 员工接待；

4. 临时安排的人力资源相关工作。

岗位要求：

1. 2018 届保送研究生或 2019 届本科毕业生，学校专业不限。

2. 每周实习能保证至少 4 天，至少实习 3 个月。

3. 学习能力强，能够快速上手人事流程处理工作。

4. 认真负责，有行政相关在校经验或实习经验者优先。

薪资构成：实习生 100 元/天，按照出勤天数，月底最后一天统一结算当月薪资。

工作地址：华北红星国际广场 DR 集团。

应聘方式：将简历及应聘岗位发送至邮箱×××@163.com。

评述：

这则招聘信息恰当地使用标题、黑体强调、编号等导航设计技巧，使得信息简洁易读。

使用标题

在信息丰富和复杂的文章中,标题可以帮助读者确定主要观点,并使读者快速找到感兴趣的信息。整个文档中的标题和副标题要保持字体风格和格式一致。保持标题风格一致的一个方法是应用格式标准化,这个功能在大多数文字处理程序中都有。例如,在 Microsoft Word 中,你可以设定标题级别为主标题和副标题(标题 1、标题 2 等)。你有很多可供选择使用的格式风格,软件可以帮助你确保整个文档的格式一致。

当你发表观点时,标题必须简明准确地表达出这部分的内容。例如,注意表 6.15 中高效栏中列举的标题"资金要求和融资"。相比之下,标题"申请特许经营的最低资金要求和融资规定"可能太长了。另一方面,如"最低要求"这样的副标题没有为读者提供这部分内容的确切信息。读者可能在第一次浏览"资金"要求的相关信息时错过这部分内容。你可以在第 11 章和第 12 章关于报告的内容中找到更多有关标题的信息。

表 6.15　使用标题

低　　　　效	高　　　　效
Sunrise 会最终审批你提出的地点,并且会为你提供建议地点。至于资金需求,你必须有 350 000 美元的最低净资产,你的最低无负担资产需要在 120 000—265 000 美元之间。融资不需要超过开设店铺初始投资的三分之二,但是你必须获得 170 000—340 000 美元之间的融资(假设你融资初始投资成本的三分之二)。确认贷款、价钱和抵押品是必需的。你将需要证明,至少两年内你的外部收入能达到现在收入的 80%,表明有足够的财务稳定性。你还需要证明你的流动资产可用于新店的投资和运营,并且这个资金必须是个人资产;当前业务的资本也不能用于开设一家新 Sunrise 商店。Sunrise 不提供贷款。	**资金要求和融资** 开设 Sunrise 新店要求有强大的财务实力和融资能力。 **资金要求。** Sunrise 的特许经营权拥有者要有良好的财务状况。最低要求包括总共 350 000 美元的净资产,其中无障碍流动资产在 120 000—265 000 美元。你还需要证明这些流动资产是个人的而不是其他当前业务的资本,并且这些资产可用于 Sunrise 店铺的投资。你需要证明,至少两年内你的外部收入保证能达到现在收入的 80%。 **融资。** 融资必须少于初始投资成本的三分之二。假设你融资的金额达到初始投资成本的三分之二,你必须获得 170 000—340 000 美元的融资。确认贷款、价钱和抵押品是必需的。Sunrise 不提供贷款。
这段话字数较多,并合为一段,许多读者很难找到关键信息。	视觉上,这些段落更有吸引力,更有魅力。这些标题能立即让读者确定内容的方向。

强调关键词和短语

当你想强调观点或短语时,可以使用粗体、斜体或下划线来吸引读者的注意力。通常应当节制使用这种格式,如果使用太多的特殊格式,主要观点就不突出。一般来说,只使用一种类型的格式来强调词或词组(例如只使用粗体或斜体,而不是粗体和斜体一起使用)(见表 6.16)。

使用项目符号和编号列表

你在商务写作中会经常使用到列表。当你将这些项目用符号或数字分开时,读者将更容易注意和记住这些项目(见表 6.17)。

表 6.16 强调关键词和短语

低　　效	高　　效
Sunrise 将与你一起努力来制定一个营销策划、预算计划和盈亏平衡分析。	*Sunrise* 将与你一起努力来制定一个营销策划、预算计划和盈亏平衡分析。
所有文字都是斜体、重点不明。	通过对某一短语进行斜体处理来强调这部分内容。
Sunrise 将会为每家店提供**免费培训**，至多三人参加。	Sunrise 将会为每家店提供**免费培训**，至多三人参加。
使用了两种类型的特殊格式（粗体和下划线），显得专横。	使用一种特殊格式（粗体）能充分强调这个短语。

表 6.17 使用项目符号和数字列表

低　　效	高　　效
为潜在特许经销商制作小册子，首先也是最重要的目标是，展示我们对特许经营商成功的承诺。为做到这一点，我们可以在宣传册的前面提供来自斯蒂芬妮温暖的开篇信。然后我们应该提供一些所有潜在特许经销商都感兴趣的基本信息，例如：初始投资成本和潜在利润，资金要求和融资，我们会参与开设一个新的特许经营店，还有申请过程等有关信息。还应该包括对他们开店之后获得成功的承诺。	为潜在特许经销商制作的小册子应该实现两个主要目标：(1) 显示我们对特许经营成功的承诺；(2) 提供有关成为一个特许经营商的基本信息。手册应包含以下部分： ● 来自斯蒂芬妮的开篇信。 ● 初始投资成本和潜在利润。 ● 资金要求和融资。 ● Sunrise 会参与开设一个新的特许经营店。 ● Sunrise 在开店后的支持。 ● 申请过程。
没有项目符号，并且包含太多项目，使读者很难记住。此外，读者还需要花费很长时间来设想手册的组成部分。	加上项目符号，可以让读者迅速处理信息并且了解手册的组成部分。此外，使用细目和项目符号能更清晰地区分手册的首要目标和组成部分。

合理地使用空白

空白是指页面上或屏幕上的空白处。空白可以直观地展示文章的组织结构和段落划分，突出重点，以更为精炼的文字展示观点。读者会根据文档中空白的多少对文档形成第一印象。如果文档文字较多，空白较少会看起来比较杂乱。另一方面，有太多空白的文档看起来不够充分。许多学生在大学中受到训练要使用双倍行距的文档。但是在工作中，双倍行距的文档很少见。

保持简单

视觉上的吸引力并不是大多数书面商务沟通需要考虑的因素。你的目标是让信息以一种易于阅读的方式呈现。当你设计文档时，首先关注的是要让读者容易阅读，避免格式标准化转移了读者对主要信息的注意力。参见图 6.3 中关于导航功能和空白的有效使用。

手册最初和最终版本的统计对照		
	最初版本	最终版本
段　　落	8	21
最长的段落	391 个字	224 个字
平均段落长度	232 个字	103 个字
平均句子长度	57 个字	34 个字

拥有一个特许经营的
Sunrise 贺卡和鲜花店

你好，未来的 Sunrise 店主！

你想拥有和经营最令人兴奋的一项生意——为顾客在特殊的场合提供贺卡和鲜花吗？

作为 Sunrise 店主，你将处于一项拥有忠诚顾客的生意中，他们欣赏精致和卓越的工艺。他们期望获得新颖、原创的高档贺卡和插花，且我们可以运送。对我们的顾客来说，我们的品牌可以提供帮助他们庆祝特殊时刻的优质产品。

当你拥有一家 Sunrise 商店，你就自动加入了一个提供盈利的品牌，并且你也成为了 Sunrise 家庭的一员。我们为你提供成功所需的产品和资源。我们还创建了一个店主和管理者的亲密小组，互相分享提高品牌和销售额的诀窍。为了实现这一目的，我们为店主和管理者每年组织休假，讨论和分享问题、解决方案和机会。我们一同追求成功。

在这本手册中，你会发现很多基本问题的答案，有关投资成本和潜在利润、资金要求和融资、Sunrise 参与你的营业，还有开店后对你们成功的承诺和申请过程等。

我会一直愿意当面回答你的问题并且解释运营一家 Sunrise 商店的美妙好处。请随时打电话或发邮件和我讨论你与 Sunrise 的未来。

斯蒂芬妮

斯蒂芬妮·乔根森，店主和创始人
Sunrise 贺卡和鲜花店，LLC
Stephanie@Sunrisegiftcards.com
1-800-SUN-SET9

初始投资成本和潜在利润

开设 Sunrise 店的初始投资成本与行业中的其他特许经营是可比较的，但是我们店的利润超出了行业平均的 20%—50%。

初始投资成本。 初始投资通常在 290 000—605 000 美元。下表显示了初始投资成本的范围。

	低	高
固定设备	$60 000	$90 000
仓　储	80 000	190 000
店铺改进	20 000	130 000
零售设备	20 000	35 000
杂项费用	10 000	30 000
初始的特许经营费用	50 000	50 000
总体初始投资	$240 000	$525 000
增加的运营资本	$50 000	$80 000
总体资本要求	$290 000	$605 000

*有关这些费用的细节信息可见我们的网站：*sunrisegiftcards.com/franchisees*。

潜在利润。 目前，每家 Sunrise 商店的平均年利润是 153 000 美元，在 49 000—215 000 美元的范围。利润水平取决于许多因素，包括地理位置、市场需求、面积和管理。通常经过前三年的运作，利润会逐渐变得相对稳定。

资金要求和融资

拥有一家 Sunrise 商店要求你证明你的财务状况良好且能为一个新业务融资。

资金要求。 Sunrise 寻找的特许经营商要有良好的财务状况。最低要求包括总共 350 000 美元的净资产，其中流动资产在 120 000—265 000 美元。你还需要证明这些流动资产是个人的而不是其他当前业务的资本，并且这些资产可用于 Sunrise 店铺的投资。你还需要证明，两年内你的外部收入至少能达到现在的收入的 80%。

融资。 你的融资不能超过初始投资成本的三分之二。假设你融资的金额达到初始投资成本的三分之二，你就必须要获得 170 000—340 000 美元的融资。确认贷款、价钱和抵押品是必需的。Sunrise 不提供贷款。

Sunrise 对特许经营店的参与

Sunrise 将帮助你计划你的 Sunrise 店铺经营，并帮助你找到实现目标的最佳地理位置。

商业规划。 Sunrise 将直接与你一起来进行营销策划、预算计划和盈亏平衡分析。我们团队有经验的经理将应用发展较成熟的方案来分析人口、交通模式、本地竞争对手，和你选择位置的其他因素。从这个分析中，我们将为你提供零售销售和收入的估算。我们的管理团队很乐意在你规划和实施的所有阶段帮助你。

位置。 欢迎你提出有关 Sunrise 特许经营店选址的建议。Sunrise 会最终批复你提出的地理位置，但可能会基于我们的营销方案建议你采用替代位置，我们的营销方案在过去的工作中很受用。店铺的最小面积应取决于地理位置。在购物中心，最小面积应该约 2 500 平方英尺。在带状购物中心，最小面积应该约 3 400 平方英尺。

Sunrise 对你成功的承诺

当你开店后，Sunrise 将为你提供培训、市场营销、顾客支持和产品来帮助你成功。

培训。 Sunrise 将为每一个新店中最多 3 人提供免费培训。培训包括为期 5 天的有关 Sunrise 商店运营的正式研讨会。最初培训包括 Sunrise 产品线知识、销售、库存管理、顾客关系、会计程序、销售技巧和信息管理。根据请求，我们允许现有店铺管理者长达一周的跟随学习。所有培训的行程费用由新店主自己负责。

广告/营销。Sunrise 已在区域市场纸媒和广播上积极宣传。因此,Sunrise 品牌认知度很强。你的店铺将受益于 Sunrise 的区域广告和促销活动(取决于你的位置)。此外,你可以获得 Sunrise 制定的所有广告宣传资料以供自己使用。你的店应该将大约 3%的年销售额用于广告。

客户服务/网站支持。Sunrise 免费热线电话为所有产品线的顾客集中提供服务。我们还为你的店铺提供一个可定制的网站,带有顾客预订和购买产品的内置功能。你的顾客也可以参与我们的消费者忠诚度计划。

产品。Sunrise 会为你提供许多高档贺卡和独特插花,这些只有在 Sunrise 店才能找到。同样,我们会用谈判价购买其他几种品牌的产品,并且我们有这几种产品在北美的专营权。

店主可以制定自己的订单并选择能最好满足顾客需求的混合产品。为了保持 Sunrise 零售商的地位,店主必须支持某些产品线,使用适当的标志,并遵守广告特价和 Sunrise 地区广告的宣传。简而言之,店主需要支持某个产品和营销组合,来匹配并增强 Sunrise 品牌。

申请过程

请考虑是否申请特许经营。若申请,请完成以下我们网站所提供的两份表格:个人财务信息汇报表和店主申请表。

你是否有资格开一家 Sunrise 店将从以下方面进行评判:商业规划、商铺位置的市场潜力、个人访谈和财务标准等。一经批准,新的 Sunrise 店通常可在 3—12 个月开业。

图 6.3　斯蒂芬妮的最终宣传册

技术小贴士

使用拼写和语法检查功能

大多数文字处理软件程序都包含拼写和语法检查这一功能,以帮助你避免拼写错误和语法错误。许多这样的程序,如 Microsoft Word,还有评估写作风格和易读性的工具。通常,这些工具并不是默认设置,你将需要手动选择。(在 Microsoft Word 中,你可以通过工具栏区域的设置来访问这些额外的工具。)

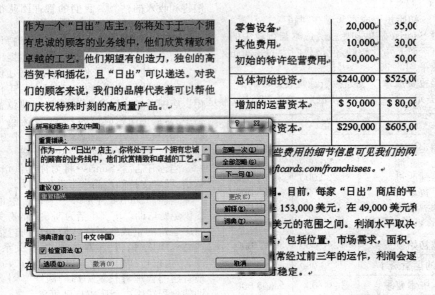

当你运行拼写和语法检查功能时,你可以一句一句检查文档的错别字,符号和其他问题。

一旦你完成检查,你将看到一个最终的可读性统计的估计。请记住,软件并不完美,但是它可以帮你优化写作风格。

你还可以使用字数统计功能,统计文档中的页数、总字数、字符数、段落数、行数等信息。

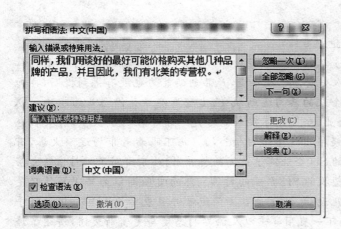 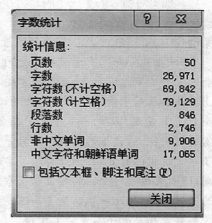

审阅信息

专业商务人士与普通商务人士所花的时间不同(参见图5.2)。专业商务人士花更多时间来计划和审阅,从而压缩起草时间。他们在起草前和起草后,花费大部分时间仔细思考信息将如何改变和影响其他人。

许多商务人士完成信息的起草时,急于把信息传达出去。这是人之常情。但在传达信息之前,必须仔细审核信息。在审阅阶段,需要完善信息,使其更成功,从而减少尴尬和犯破坏性错误的可能性。

审阅过程包括三个相互关联的部分:进行FAIR测试,校对,得到反馈(并非日常信息都需要)。从而确保信息的公平性和正确性,避免错误,从可信任的同事处获取看法。对于简短且常规的信息(1到4个段落),专业的商务人士可以在几分钟内检查公平性并进行校对。对于较长的、重要的信息来说,如业务提案或商业规划,审阅阶段可能需要数周或数月。

进行FAIR测试

第1章介绍了FAIR测试,可以确保商务沟通符合道德。当然,你会在计划和写作阶段考虑这些问题。同时,在审阅过程中你也可以花时间去思考全部信息是否符合事实标准,获取渠道,影响和尊重的程度。对于重要的信息——尤其是那些涉及复杂商业问题的,应该进行FAIR测试:

● 事实(Facts):你的事实有说服力吗?你的假设清晰吗?你避免了扭曲事实或其他的逻辑错误吗?

● 透明(Access):你是否为信息接受者提供了足够的有关决策制定和信息的获取渠道呢?你公开了你的动机吗?

- 影响(Impacts)：你有没有想过信息将如何影响各种利益相关者？你从道德、集体和法律的角度评价了信息对其他人的影响吗？
- 尊重(Respect)：你是否展示了对他人的尊重：他们的渴望、思想、感受以及幸福度？你表现出对他人的重视了吗？

案例6.6 年轻企业JX收购百年家族企业SH

SH企业是一家有着百年历史的手工制鞋类家族企业，它的多款手工鞋受到许多上流社会人士的追捧。近年来，企业的掌舵人史密斯已经年迈，产品创新能力也没有得到提高，再加上家族后辈对于手工制鞋不感兴趣，企业的活力逐渐缺失，史密斯有了关停企业的想法。JX企业是刚成立不久的一家手工制鞋企业，企业的掌舵人马丁是一个年轻的小伙子，有头脑也富有创新能力，旗下的几款手工鞋一经推出就迅速占领市场。马丁眼看着市场逐渐火爆，有了扩大规模的打算，再加上听闻著名的SH企业有了关闭的打算，因此亲自写了一封信给史密斯，诚心表达了对于他的尊重以及希望收购SH企业的打算。然而史密斯以为马丁写信只是为了羞辱他，因此一口回绝了马丁。几天后，马丁亲自上门道歉并且表示他是真心想要将手工制鞋发扬光大而不是为了炫耀。马丁一直用尊重以及谦卑的态度与史密斯交谈，讲述了许多关于手工制鞋未来的发展计划以及他的打算，最终他的态度打动了史密斯，企业也得以收购成功。

评述：

对待沟通对象应该保持尊重的态度，让他们内心感觉受到重视，商务沟通的有效性程度才能更高。

校对

校对包含了重读整个文档，以确保它是有影响力的并且是准确的。你可以考虑从不同的角度将每个句子重读几次，每次用不同的侧重点。第一遍时，把自己放在受众的位置，想象他们会如何回应。第二遍时，检查写作风格和语言结构的有关问题。

得到反馈

正如某一商务写作专家所说，确保你的沟通有效公平的最好的方法之一是得到他人的反馈：

让那些你信任的人进行测试阅读并得到他们的反馈。看看他们是否会觉得你的书面沟通对于观众和特定场合来说太过活跃或夸张？抑或过于冷淡？类似地，他们是否觉得你的语气太过冷漠或太过亲密？有没有出现冒犯他人的语句？如何进行更改以符合手中工作的要求？进行阅读测试并不是一件复杂的事，但是愿意去做这件麻烦事一定会让你的书面沟通更有效。

这项建议揭示了重要的一点：你信任的同事正在测试你的信息——试着模仿目标信息者会如何反应。当他人审阅你的信息时，他们可以提供见解，以使信息更好地被接收。在他们开始阅读之前，让他们思考观点的框架是否正确，商业逻辑是否成立，信息是否有预期的效果，语气是否合适等。在与罗纳德·斯科特（Ronald Scott）的沟通问答中，你将意识到更多商务写作清楚度、语气和准确度的重要性。

沟通知识问答

与商务专业人士的对话

罗纳德·斯科特（Ronald Scott）是南卡罗来纳州莱克星顿县的社区发展主任。他在社区监督所有开发条例，并且每年管理约 200 万美元，用于服务中低收入人群和社区的联邦街区资助项目款项。

彼得·卡登：写作技巧在职场中有多重要？

罗纳德·斯科特： 它们是至关重要的。我公司的员工会经常需要将复杂和专业性的语言用简单的措辞表述，来向居民或顾客解释。这要求他们抓住本质并将它们翻译成顾客可以理解的简单语言。在如今的职场上，拥有良好的写作能力是一个能脱颖而出的资本。雇主（老板）第一次评估你的写作技巧就是查看求职信或简历的时候，这两个文本可以彻底打动潜在雇主，或者完全使潜在雇主厌恶。

彼得：你花了多少时间在写作上？什么类型的写作？

罗纳德： 我花费大约一半时间在写作上。包括写邮件；为客户、居民和企业起草信件；给当地、州和联邦官员起草信件；审阅和修正员工准备的书面文件和报告；制定政策和程序手册；制定信件格式；编写经费申请和授权文档；编制预算文档和周期性预算报告。

彼得：商务写作有多正式？

罗纳德： 通常，商务写作是一种正式的沟通方式。最近，我的一个员工写了一封信给他熟知的顾客。在称呼后，他写道："你今天好吗？希望你过得不错。"虽然这种语言对于面对面交流是可以接受的，但是对于商业信函来说太过随便并且不合适。

彼得：什么样的写作错误在职场中是你最常见的？这些错误能造成多大的伤害？你能给出最近的一个例子吗？

罗纳德： 我们经常与大型企业进行有关大型项目的开发许可成本的交流。一些许可证费用可能会超过 50 000 美元。如果信件中评估许可费用少一个零，在企业准备预算时会造成很大的差异。最近，一个员工在给顾客寄信件时写道："你完成这项工作不需要建筑许可证。"但是他打算写的是："你完成这项工作时需要建筑许可证。"一个词的不同或缺失造成了很大的差异。为了与顾客保持一致，一些谈判是必要的。

彼得：在职场中的写作与学校项目写作有什么不同？

罗纳德： 商务写作要求你保持业务关系（即使提供坏消息时），建立和维护忠诚和士气，留住顾客/客户，并为自己和公司塑造一个正面形象。学术写作更关注主题，而不是读者的反应或培养与读者长期关系。当进行商务写作时，要确保我们不会因为错误的用语、不恰当的表达和情绪或缺乏同情心而妨碍商务活动和工作流程。

本章小结

学习目标 6.1：描述和运用完整性、简洁性和自然风格等写作风格的原则提高易读性。

用写作风格提高易读性		
完 整	简 洁	自然风格
● 提供所有的相关信息。 ● 准确。 ● 详细。	● 控制段落长度。 ● 使用短句。 ● 避免冗余。 ● 避免空洞的短语。 ● 避免冗长的介词词组。	● 活用行为动词。 ● 恰当使用主动/被动句式。 ● 使用常用词汇。 ● 语言风格保持一致。 ● 避免使用俗语与隐喻。

见提高写作风格的例子：表 6.1—表 6.14。

学习目标 6.2：解释和运用导航设计提高易读性。

用导航设计来提高易读性		
● 标题 ● 强调	● 列表 ● 空白	● 简单

见导航设计的例子：表 6.15—表 6.17。

学习目标 6.3 描述和运用审阅阶段的组成部分，包括 FAIR 测试、校对和反馈。

FAIR 测试：从事实、透明、影响和尊重几项来评估你的信息。

校对：让信任的同事审核你信息的有效性和准确性。

反馈：对于重要信息，让信任的同事提供有效性和公平性的判断。

讨论练习

6.1 章节回顾问题（学习目标 6.1、6.2、6.3）

回答下列问题：

A. 完整写作如何提高易读性？

B. 简洁写作如何提高易读性？

C. 自然写作如何提高易读性？

D. 文档设计如何提高易读性？

E. 你是否认为写作的完整性和简洁性两者是相互矛盾的？请解释。

6.2 沟通问答（学习目标 6.1）

基于罗纳德·斯科特在交流问答中的观点回答下列问题：

A. 斯科特是如何论述写作的重要性？他举了哪些例子来说明他的观点？

B. 根据斯科特的观点，用来确定你的写作是足够正式的，但不会过于正式的指导方针是什么？

C. 斯科特如何论述准确写作的重要性？

D. 学术论文和商务写作之间的区别是什么？

E. 斯科特建议年轻专业人士认真对待写作，你能从哪些方面来做到这样？

测评练习

6.3 分析一个企业信息（学习目标 6.1、6.2）

在 2010 年的头几个月，计算机公司中最大的两个公司：苹果和 Adobe，引发了一场引人瞩目的争端。Adobe 官员公开抱怨说，苹果不允许 Flash（Adobe 公司最成功的产品之一）在苹果公司的新型 iPad 上运行。他们甚至指责苹果试图垄断市场和从事非竞争性行为。苹果官方声称 Flash 已过时。在 4 月份，苹果首席执行官乔布斯发表了一篇长声明维护苹果公司之前的行为。具体信息可以登录下面网址查看：www.apple.com/hotnews/thoughts-on-flash/。

从以下几个方面来分析上述信息的易读性：

A. 识别和修改五个不完整的句子。

B. 识别和修改五个不简洁的句子。

C. 识别和修改五个不自然的句子。

D. 解释文档快速导航的三个设计策略。

E. 修改文档，试图使文档长度减半。使用标题和其他设计特点来增强导航。

6.4 确定个人要提高的方面（学习目标 6.1、6.2）

这一章你最需要做的工作是确定三个写作原则。对于每一个原则，写一段关于你为什么想要提高这一方面，以及你将如何去做的话。从以下写作原则中选择：详细、准确、控制段落长度、使用短句、避免冗余、避免空洞的短语、活用行为动词、恰当使用主动/被动句式、使用常用词汇、语言风格保持一致、避免使用俗语与隐喻、使用标题、强调关键词和短语、使用项目符号和编号列表、合理地使用空白。

应用练习

练习 6.5—6.11 的案例：供应链管理社团招募

你的同学是供应链管理社团的主席。他/她希望你能帮他/她修改这份起草的传单，来吸引更多的会员加入。

加入学生社团

你是否曾经想过加入学生社团？如果有，我们正在组织的宣讲会可以帮助你确定是否要加入我们社团。

我们在校内创办供应链管理社团（SCMC）的目的是为供应链和运营管理（SCOM）专业以及其他专业感兴趣的学生提供帮助，以便他们更广泛和全面地了解供应链管理的工作机会、职业道路、趋势和当前全球供应链管理的热点问题。每个学期，SCMC会组织工厂参观、小组讨论、教师互动、简历研讨会等活动，目的是让我们的成员能切身体会到全球供应链管理的现状和商界不断演变和发展的本质。

成为SCMC一员有很多理由。不用说，很多人是想得到经济方面的帮助，而SCMC已收到许多慷慨的捐款为优秀的SCMC学生提供奖学金。所有SCMC社团成员可以通过加入社团更好地推荐自己。SCMC有一个安置协调员专门寻找每一个你可以申请的工作，这些工作都放在SCMC网站上，在那里你可以随时随地查看。这些就业岗位分布在商业服务、消费品和服务、食品饮料、健康（医疗）、工业、公共部门、技术和通信等行业。同时，通过SCMC或者在ISM获得会员，认证的机会将触手可及。这个社团前途不可限量。SCMC的董事会成员，目前正在寻找新的机会，并且正在调查能为未来团体研讨会和认证方案提供资助的潜在资金，这些都是我们过去没有获得过的。

社团最受欢迎的就是丰富的活动安排。社团会一直不断地为SCMC社团成员安排工厂参观和供应链专业人士的演讲。这些活动给你机会去接触现实中的专业人士，从而会对你未来事业产生巨大的影响。作为社团会员最大的机遇是，你可以与SCMC杰出校友群接触，这给了你一个可以与已经在供应链管理方向工作的人交流的机会。

在这里你有很多机会学习特殊技能，因为社团成立了特别兴趣小组。例如，有一个特别兴趣小组专门学习各种全球供应链管理工具的软件。在软件组，你可以学习统计软件程序，如Windows的POM、Excel Solver、ProcessModel和SPSS以及学习绘图软件，如MapPoint。在这些特别兴趣小组获得的技能可以与其他在SCOM专业学习到的技能一起放在你的简历中。但这还不足以说明这些额外的技能能使你成为一个合格的供应链管理者。

供应链管理社团旨在帮助会员了解全球供应链和运营管理的关键和重要的组织功能，创建和经销产品和服务；质量检测和促进质量改进过程；同时创建灵活的、进步的、高效的业务流程和供应链。这一关键业务职能负责所有类型企业的短期生存、长期盈利能力和组织成长，例如大企业或小企业、制造型企业或服务型企业，甚至是营利性企业或非营利性企业。在当今经济全球化的背景下，全球供应链和运营管理的实力是大厂商、零售商和大公司的基准，如戴尔、沃尔玛、西南航空公司、丰田和美国银行。供应链管理在今天的商业世界是决定成功的基本能力，通过加入SCMC社团，毫不夸张地说，成功就在你的手中，因为许多大企业将需要你的服务。

供应链管理社团（SCMC）具有极强的实用性，你将拥有很多职业选择机会，在全球制造业公司中从事生产、采购、质量控制、分销（配送）和供应链管理；在服务型企业中做一般的运营管理和物流/供应链管理；在咨询公司做业务流程和质量改进顾问。事实上，即使你在追求其他职业，SCOM技能和能力可以使你成为更好的会计，更擅长财务分析，更擅长营销管理，甚至更擅长人力资源管理或为公司管理信息技术。

我们社团隶属于供应链管理协会（ISM），该协会成立于1915年，是世界上最大的供应链管理协会，并且是得到供应链专家们广泛认可的领域内最佳实践知识库。ISM网站的网址为：www.ism.ws/。

我们将于1月29日在办公楼中举行一个比萨派对，把你介绍给社团成员。本次会议还将提供许多有关加入我们社团的好处的信息。

我们所有的例会都是在商学院旁边的万豪酒店举行。通常会有一个演讲，由重要的行业专家发表。会议将提供晚餐，只需支付10美元。

将下列摘取自她草案的每句话改写成完整、简洁和自然的句子。句子是按照本章中的原则来组织的；然而，许多句子都包含了一些附加的风格问题需要你来改正。必要时可以做出合理的修饰。

6.5 详细（学习目标6.1）

A. 你是否曾经想过加入一个学生社团？如果有，我们正在组织的宣讲会可以帮助你确定是否要加入我们社团。

B. 我们将于 1 月 29 日在办公楼中举行一个比萨派对,把你介绍给社团成员。

C. 本次会议还将提供许多有关于加入我们社团的好处的信息。

D. 我们所有的例会都是在商学院旁边的万豪酒店举行。

6.6 准确(学习目标 6.1)

A. 供应链管理在今天的商业世界是决定成功的基本能力,通过加入 SCMC 社团,毫不夸张地说,成功就在你的手中,因为许多大企业将需要你的服务。

B. 所有 SCMC 社团成员可以通过加入社团更好地推销自己。

6.7 使用短句(学习目标 6.1)

把这些句子精简 50％以上。如果需要的话,使用多个句子。

A. 我们在校内创办供应链管理社团(SCMC)的目的是为供应链和运营管理(SCOM)专业以及其他专业感兴趣的学生提供帮助,以便他们更广泛和全面地了解供应链管理的工作机会、职业道路、趋势,和当前全球供应链管理的热点问题。

B. 供应链管理社团(SCMC)旨在帮助会员了解全球供应链和运营管理的关键和重要的组织功能,创建和经销产品和服务;质量检测和促进质量改进过程;同时创建灵活的,进步的,高效的业务流程和供应链。

C. 这一关键业务职能负责所有类型企业的短期生存、长期盈利能力和组织成长,例如大企业或小企业,制造企业或服务型企业,甚至是营利性企业或非营利性企业。

6.8 避免冗余(学习目标 6.1)

删除冗余并缩短这些句子。

A. 每个学期,SCMC 会组织工厂参观、小组讨论、教师互动、简历研讨会,目的是让我们的成员能切身体会到全球供应链管理的现状和商界不断演变和发展的性质。

B. SCMC 有一个安置协调员专门寻找每一个你可以申请的工作,这些工作都放在 SCMC 网站上,在那里你可以随时随地查看。

C. 社团最受欢迎的,也是学生最喜欢的就是丰富的活动安排。

6.9 设置有效的导航设计(学习目标 6.2)

A. 如果你要在这篇文档使用标题,你会如何组织各个部分? 你会使用什么标题?

B. 文档中的哪部分你会考虑使用项目符号或编号列表?

C. 你会考虑其他什么策略来使文档容易导航吗?

6.10 修改供应链管理社团的传单(学习目标 6.1、6.2)

修改整张学生社团传单。创建一个有效的传单来帮助宣传供应链管理社团。在保留所有相关信息的同时确保文档尽可能容易阅读。

6.11 将 Sunrise 手册转换成常见问题的文档(学习目标 6.1、6.2)

将 Sunrise 手册转换成一个常见问题文档。假设你将它放在 Sunrise 官网上的话。

问题 6.12—6.13 的案例:作为一个未来的 Sunrise 特许权所有者表示对 Sunrise 的兴趣

斯蒂芬妮最近在一个行业展览会给了珍妮·李(Jenny Li)一个特许经营手册。珍妮·李渴望了解更多关于 Sunrise 特许经营的机会。她写了下面的信来介绍她自己并描述她的资格。

> 亲爱的斯蒂芬妮，
>
> 　　很荣幸在一个花卉展览认识你。怀着极大的兴趣,我写下这封信来描述我真诚地希望成为一个特许经营商。我对这个机会感兴趣的原因有很多,并且我有资格成为你们的一个特许经营商的原因也有很多。我已经在花卉产业工作超过 12 年,并且具备各种能力,例如我最开始是一个鲜花快递员,然后我当上了花艺师,最后在过去的八年里我是商场一家花店的商店经理。在我担任店经理的期间,店主和数十名员工告诉我,我是带领这家店最合适的人,并且我们店的销量要高于其他的连锁店(在我所处的州和周围的三个州共有 18 家开在购物中心的花店)。我们店的销售额每个季度都有提高,并且在我 8 年的管理工作中只有两个季度是例外的。我的销售方法是很有前瞻性的,我认为让回头客保持快乐是我的店成功的关键,如果我能成为特许经营商,我会试图继续我的销售方法。我使用了很多营销技巧来获得顾客的关注。例如,我已经创建了一个 Facebook 群组,并且为这个群组的人推送特价产品。更不用说,我通过信件和电子邮件发送有针对性的优惠券给特定类型需求的顾客。没有其他方法可以代替(这个方法)了解你的顾客。我还经常在季节性时期举办许多大型的特别活动,多次获得插花奖项为我的店带来好评。我的插花甚至出现在我们地区一些电视花店广告上。这附近没有任何 Sunrise 商店,我从心底里相信,现在在这个地区进行投资是正确的。我毫不怀疑我的职业道德和对顾客的关注会给你留下深刻印象。不用说,顾客是上帝,并且我们需要以这种方式来对待他们。我有能力达到所有的资金要求。谢谢你,并希望很快收到你的回信。最重要的是,我爱顾客,我相信如果关心顾客,就会实现目标并达到成功的顶峰。
>
> 问候
>
> 珍妮

6.12　修改信息使其易读(学习目标 6.1、6.2)

用以下几种方法来分析信息的易读性：

A. 识别并修改 5 个不完整的句子。

B. 识别并修改 5 个不简洁的句子。

C. 识别并修改 5 个不自然的句子。

D. 解释使文档更快导航的三个设计策略。

6.13　修改信息的易读性和有效性(学习目标 6.1、6.2、6.3)

重写整个文档,确保信息易读且有效突出了珍妮拥有和运营一家 Sunrise 特许经营店的潜力。

　　使用下表[4]中粮食产业的统计信息回答问题 6.14—6.18。在某些情况下,你将需要仔细审查表中的信息才能得到正确的答案。

家乐氏公司(Kellogg Company)和通用磨坊(General Mills)的对比信息

	家乐氏公司(K)	通用磨坊(GM)
最畅销的谷物	Special K 麦片	Cheerios 麦圈
在谷物产业的市场占有率	34%	31%
员工数	30 900	33 000
总部	密歇根州巴特尔克里克	明尼苏达州明尼阿波利斯市
CEO 年薪	1 150 万美元	1 110 万美元
主要产品	即食谷物、饼干、烤面包糕点、谷物棒、冷冻华夫饼干和肉类替代品。	即食谷物、酸奶、即食汤品、速食晚餐、冷冻蔬菜、面食、烘焙混合物、冷冻披萨、零食。
新引进的产品	Special K 饼干、水果薯片和巧克力脆饼棒。Special K 的新口味,如肉桂山核桃、水果和坚果混合物和蓝莓。	巧克力麦片、Yoplait Delights 酸奶甜点、湾仔码头冷冻食品、贝蒂妙厨无谷蛋白混合甜点、新哈根达斯冰淇淋口味。

（续表）

	家乐氏公司(K)	通用磨坊(GM)
在北美的收入	总收入的 67.7%	总收入的 81.6%
全球收入	125 亿美元	148 亿美元
全球广告成本	11 亿美元	9.08 亿美元
沃尔玛的净销售额占比	44%	30%
媒体关注的负面新闻	由于潜在的沙门氏菌污染导致的产品召回	生产设施的氨泄漏
营养最低的儿童麦片(NPI 是一个衡量谷物营养的指标,范围是从 34[最差的]到 72[最好的],结果由路德中心出具)。	爆米花(NPI:35.8);果脆圈(NPI:38.0);苹果肉桂脆片(NPI:40.0)。	锐滋泡芙(34.0);Golden Grahams 全麦片(36.0);Lucky Charms(36.0);全麦加钙麦片(36.6);Trix(38.0);Count Chocula(38.0)。
酸奶销量	无	通用磨坊酸奶品牌包括 Yoplait、Trix、儿童 Yoplait、Go-GURT、Fiber One、YoPlus 和 Whips! 酸奶,销售额约 15 亿美元。

关于早餐谷物行业的统计数据：
● 约三分之二的谷物是促销的(折扣、优惠券)。
● 在美国,谷物的总体市场大约是 90 亿美元。
● 在早餐谷物行业平均毛利率为 40%—45%。
● 全球谷物市场大约是 287 亿美元。
● 电视上销售量最高的十种儿童麦片如下(公司和含糖量百分比显示在括号里):①全麦加钙麦片(GM;33%);②蜂蜜坚果麦片(GM;32%);③Lucky Charms(GM;41%);④可可泡芙(GM;44%);⑤Trix(GM;38%);⑥冻麦片(K;37%);⑦水果和可可 Pebbles(Post;37%);⑧锐滋泡芙(GM;41%);⑨爆米花(K;41%);⑩果脆圈(家乐氏;41%)。

6.14　使用上面的表格来检查校正下列事项,并在需要时改正。

A. 请将以下地址对应起来:通用磨坊,邮政信箱 1493,明尼阿波利斯市,MI。

B. 通用磨坊的 CEO 年薪要比家乐氏公司的 CEO 高大约 40 万美元。

C. 通用磨坊和家乐氏公司有近一半的净销售额来自沃尔玛,它们非常依赖单一零售商。

D. 通用磨坊有六种儿童类谷物的 NPI 值低于 40,而家乐氏只有三种。

E. 通用磨坊在广告方面的投入占总收入的约 8.1%,而家乐氏公司在广告方面的投入大约占总收入的 8.8%。

F. 家乐氏的儿童麦片是行业中营养最少的谷物。

G. 由于只有约四分之一的麦片不是因为某种原因促销的,所以谷物生产者必须不断推出新的、令人兴奋的折扣和优惠券。

H. 通用磨坊在去年酸奶的销售额达到 150 万美元。

I. 家乐氏公司一个最严重的负面新闻来自于一些生产设施的氨泄漏。

J. 美国谷物市场大约占全球谷物市场的 35.1%。

6.15　具体(学习目标 6.1)
使用上述表格中的信息修改下列句子,使它们更具体。

A. 通用磨坊通过电视向儿童推销远远超过其他谷物生产商。

B. 早餐麦片行业毛利率都很高。

C. 家乐氏公司和通用磨坊最近都经历过媒体对其负面新闻的关注。

D. 通用磨坊比家乐氏公司更依赖于北美市场。

E. 虽然通用磨坊和家乐氏公司有类似的混合产品，但他们每个都推出了几种其他公司不提供的产品。

F. 家乐氏公司和通用磨坊是最大的两大谷物生产商。

G. 家乐氏公司和通用磨坊近年来都推出了新口味的产品。

H. 通用磨坊的儿童麦片是市面上营养最少的。

I. 家乐氏公司的谷物包括三种 NPI 得分在 40 以下的儿童谷物：爆米花、果脆圈和 Apple jack's。

6.16 使用短句（学习目标 6.1）

修改以下项目使句子更短，更具可读性。

A. 通用磨坊以 15 亿美元的销售额在美国酸奶行业占主导地位，并且它销售各种品牌的酸奶，包括 Yoplait、Trix、儿童 Yoplait、Go-GURT、Fiber One、Whips! 和 YoPlus。

B. 这两个谷物巨头，家乐氏公司和通用磨坊，对他们现有的产品线并不自满，而是经常开发和推出新产品——毕竟，家乐氏公司最近推出了新产品，如 Special K 饼干、水果薯片和巧克力脆饼棒，而通用磨坊最近增加了新产品，如巧克力麦片、Yoplait Delights 酸奶甜点、湾仔码头冷冻食品和贝蒂妙厨无谷蛋白混合甜点。

C. 在美国，谷物总市场价值为 90 亿美元，占全球市场的 31.4%，这仅仅是一小部分且份额在逐渐减少。并且可以看到在金砖四国——巴西、俄罗斯、印度和中国，其市场正在强劲增长。

6.17 避免冗余（学习目标 6.1）

修改以下句子，删除冗余。

A. 家乐氏麦片的折扣券含有 10%—20% 的退款，这可以为你节省钱。

B. 家乐氏公司明显需要为沙门氏菌爆发寻求危机沟通，这是绝对必要的。

C. 请提前预订通用磨坊主持的博客会议，看看你要如何与其他企业博客联系与合作。

6.18 避免空洞的短语（学习目标 6.1）

修改下列每个句子，删除空洞的短语。

A. 不用说，通用磨坊犯了大家所说的最糟糕的错误，向儿童推销不健康的麦片。

B. 在我个人看来，在营养价值方面，家乐氏的儿童麦片在现实意义上优于通用磨坊。

C. 我想说明的一点是，父母通常不知道大多数的儿童类麦片有多不健康。

7

商务沟通中的邮件及其他传统工具

学习目标

学习本章后,你应该掌握以下几点:

7.1 选择沟通渠道时,要权衡不同渠道的丰富性、控制性和约束性。

7.2 应用原则有效地书写邮件。

7.3 如何有效地处理在线沟通过程中的情绪问题。

7.4 在工作场所中,如何通过短信进行有效的沟通。

7.5 如何对超量的数字信息进行管理。

7.6 有效的电话沟通和视频会议应该遵循哪些原则?

为什么这很重要?

近20年来,邮件一直是主要的书面商务沟通工具。在表7.1中,你可以看到,在最近的研究中,在协调工作的沟通渠道中,它的有效性名列第二。[1]即使出现了许多全新的通信工具,电子邮件仍然是沟通渠道的主要选择。[2]

在你的职业生涯中,写电子邮件可能会耗费大量的时间。一项研究表明,企业员工花费25%的时间从事与电子邮件相关的工作。然后,他们花费在会议和电话上的时间分别仅占14%和9%。[3]另一项研究发现,企业的员工用于阅读和回复电子邮件的时间平均每周约为14.5小时。[4]目前,商务人士平均每天收发约116封电子邮件。据估计,到2017年,商务人士每天收发电子邮件的数量将达到132封。[5]

本章中,我们首先讨论了选择沟通渠道时所应遵循的原则。接着,我们将关注点放在最常见的书面商务沟通渠道——电子邮件。最后,我们讨论了其他一些重要的沟通渠道,如短信、电话、组内讨论和视频电话。

表 7.1　在协调工作中最有效的沟通渠道

技　巧	商务人士使用的比例	技　巧	商务人士使用的比例
1. 安排会议	89	5. 文件共享	57
2. 邮件	**84**	6. 非正式谈话	45
3. 座机电话	75	7. 短信	41
4. 移动电话	72		

注：百分比基于将该种沟通渠道作为目前工作中行之有效或最有效方式的商务人士数量。

资料来源：Peter W. Cardon, Melvin Washington, Ephraim A. Okoro, Bryan Marshall, and Nipul Patel, "Cross-Generational Perspectives on How Mobile Phone Use for Texting and Calling Influences Work Outcomes and Work Relationships," presented at the Association for Business Communication Southeast Conference, Charleston, South Carolina, April 1, 2011.

本章案例：Prestigio 酒店采用邮件、短信和电话进行商务沟通

涉及人物

哈尼·佐格比（Haniz Zogby）：市场营销助理　贾克琳·佩哈（Jaclyn Peha）：技术服务实习生

情景 1：哈尼通过邮件与客户商讨协议的具体条款

哈尼正在帮助 Better Horizons 信用合作社举办一场年度金融知识展览会。她的职责之一是与本地企业签订赞助协议。来自于 Sunrise 贺卡公司的斯蒂芬妮·乔根森是她的客户，斯蒂芬妮今天早上打电话给哈尼希望对赞助协议做出一些调整，包括降低 10% 的赞助费以及细化一些展览事项，例如公司标志的位置和展位的大小等。哈尼希望马上对协议进行修改并将修改后的内容进行汇总发送给斯蒂芬妮。

情景 2：哈尼和贾克琳通过邮件缓解彼此之间紧张的关系

哈尼和贾克琳最近见面商量如何对网站进行修改。哈尼认为沟通非常顺利，她们在修改意见上达成了很多共识。然而，贾克琳却认为哈尼没有给她表达自己观点的机会。所以，她深夜写了一封邮件给哈尼表达自己的不满。现在，哈尼希望能够缓解她与贾克琳之间紧张的关系，并尽快完成对网站的修改。

情景 3：在工作中，贾克琳通过短信、电话与同事和顾客进行沟通

贾克琳的职责是为一些同事和客户提供技术支持，她通过短信和电话来帮助他们协调和安排会议。

任务：

1. 哈尼如何利用邮件与客户进行有效沟通？
2. 哈尼如何处理一封情绪化的邮件？
3. 贾克琳如何运用短信和电话与同事合作？

战略性地选择沟通渠道

你可以利用很多有效的通信工具和技术与同事、顾客以及其他人进行沟通。然而，选择过

多就会令人犹豫不决,不知该如何选择合适的**沟通渠道**(communication channel)——信息借以传输的媒介。有很多种沟通渠道可供你选择,例如电子邮件、电话交谈和面对面交流。每种沟通渠道都具备优缺点,本节将会进行探讨。

最近的一项研究中,公司代表需要了解公司在过去两年里,电子沟通、面对面沟通和书面沟通的使用量是否有增加、变更或减少。毫无疑问,绝大多数公司以书面方式进行沟通的频率正在下降(近50%)。办公室备忘录等沟通方式正逐渐被其他形式的电子通信方式所取代。同样,几乎所有公司(也有近80%)使用电子通信等方式进行沟通的频率都在增加。有趣的是,在大多数公司中(约55%),越来越多的人开始以面对面的方式进行沟通。[6]本次研究反映了当前的商业环境,即员工需要借助更多的沟通渠道——无论是当面沟通还是借助相应的技术——来展开合作。

所谓战略性地选择沟通渠道,即选择最能满足你工作目标的渠道。有时一个简短的电话或短信是明确会议时间最有效的方式。而有些时候,你需要通过面对面的沟通来澄清大家对项目的误解。每天或每周你都用到许多沟通渠道,如电子邮件、社交媒体、电话、面对面交谈。战略性地选择沟通渠道需要注意以下三点:丰富性、控制性和约束性。

丰富性(richness)包括以下两方面内容:即时性和可用线索的数量。**即时性**(immediacy)指的是对方回应和反馈的速度。在高即时性的沟通中,人们可以立即获得各种**线索**(cue),包括社交线索(轮流)、言语暗示(声音)和非语言暗示(手势、面部表情)。一般而言,面对面交流被认为是丰富程度最高的沟通方式,因为每个人都可以得到即时的口头和非口头反馈。高丰富性的沟通方式通常会获得更多的信任、更融洽的关系和更多的承诺。它通常是快速完成沟通目标、尽可能减少误差的最有效的方式。[7]

控制性(control)指的是沟通可以被计划和记录的程度,从而控制战略信息的发展。**计划**(planning)意味着沟通可以被起草、编辑、修改和排练,否则就是没有计划的沟通。**持久性**(permanence)指的是该消息可以被存储、检索和分发给其他人的程度。对于很多重要的沟通来说,控制性是最重要的因素。

约束性(constraint)指的是对协同和资源的实际限制。**协同**(coordination)与努力程度和时间相关,需要所有相关人员参与其中。**资源**(resource)包括资金、空间、时间和其他满足员工特定沟通需求的投资。由十名来自不同城市的员工所参与的会议约束性较高,需要广泛的协同和资源。

简单地说,沟通渠道可以分为口头和书面两种形式。在工作中,口头形式的沟通丰富性很高,但控制性却很低。换句话说,当人们面对面交谈时,他们会立即得到言语和非语言的反馈,他们能够快速理解对方的意图并做出相应的反应。然而,他们不能提前对此进行准备(低规划性),无法将沟通内容记录下来分发给他人或者供他人查阅(低持久性)。

在约束条件的限制下,根据不同的因素,口头沟通可以从低到高划分为不同等级。例如,想要处理好与其他办公室同事之间的交流沟通,可能需要进行适当的日程调整(协调),并花费一些额外的资金和时间。然而,如果同事的办公场所位于不同的时区,那么协调沟通就变得具有挑战性,为了更好地进行面对面沟通,公司和员工在出差和丰富面对面沟通方面要投入大量的金钱和时间。

案例7.1　沃尔玛公司的协调沟通

　　沃尔玛公司总部在美国阿肯色州本顿维尔市,而其门店数量达 8 500 多家,遍布全球十几个国家,不同的时区给协调沟通带来了一定的挑战性。

　　公司的行政管理人员为了通报公司的业务情况,每周都要花费大量的时间到各地商店与店面管理员进行面对面沟通。在任何一个沃尔玛商店里,都会定时公布该店的所有利润、进货、销售与减价的情况。沃尔玛总裁萨姆·沃尔顿在每次股东大会结束后,都会与妻子邀请所有出席会议的员工约 2 500 人到自己的家里举办野餐会,在野餐会上与众多员工聊天,大家一起畅所欲言,讨论公司的现在与未来。

评述:

在这种约束限制下,协调沟通的成本将大大加大。

　　与之相反,在工作中,书面形式的沟通往往丰富性较低,这主要是因为这种方式不能直接进行反馈并缺乏一系列的社交、语言和非语言线索。但是,这种表达方式还是存在一些可取之处。个人可以按照自己的节奏和日程安排来认真地修改信息(高计划和低协调)。此外,许多商务人士认为写作有助于深入思考商业问题。除此之外,写作的内容可以被永久记录,因而检索相关信息也就更加容易。总而言之,写作的约束性(资源和整合)比较低。

　　通过比较口头形式和书面形式的沟通,我们得出下面这一重要结论:沟通渠道的选择通常是一个权衡问题。没有所谓的完美沟通渠道。书面形式的商务沟通弥补了口头沟通的不足,反之亦然。

　　口头和书面商务信息的区别反映出同步和异步沟通的相对优缺点。**同步沟通**(synchronous communication)是实时发生的,参与这种交流的个人可以得到及时的回复和响应。**异步沟通**(asynchronous communication)并非实时发生,参与这种交流的个人可以自行决定何时关注和响应沟通。成功的沟通源于同步和异步沟通的结合。微博就同时兼具了同步和异步交流的功能。在同步沟通上,微博在信息接收和反馈速度方面表现较好,能够即时进行交流;在异步沟通上,通过微博也可以在一定时间内进行回复。这种同异步沟通相结合的交流工具能使沟通更加社会化、协作化。在过去的十几年里,学者阿尔文德·马尔霍特拉(Arvind Malhotra)、安·马克扎克(Ann Majchrzak),和本森·罗森(Benson Rosen)研究了数百个虚拟团队,总结出团队之间成功沟通的经验:[8]

　　　　最成功的虚拟团队领导者往往会建立一种同步和异步沟通相结合的模式。成功的虚拟团队会充分利用会议之间的空闲时间,以异步沟通的方式(通过使用电子讨论线程和保存的文档注释)生成和评估想法。通过异步工作,虚拟团队成员可以选择他们能参与工作做贡献的时间。这使得具有不同背景的团队成员可以彼此分享自己的想法和采纳他人的观点。领导者还可以通过异步沟通的方式消除语言障碍,因为他们发现异步沟通方式给使用不同语言的成员提供了时间来用非母语去分享他们的思维想法,而这在同步会议中还是有难度的,尤其是快节奏的音频会议。[9]

　　表 7.2 对不同沟通渠道的丰富性、控制性和约束性进行了概括。当然,沟通技术的发展也会影响沟通渠道的丰富性、控制性和约束性。例如,目前,大多数社交网站主要使用文字和图

片。当社交平台更广泛容纳和包含实时视频时,它们的丰富性就会更高。然而,丰富性提升的同时,对协调和资源的约束性也会相应增加。

表 7.2 多种沟通渠道的丰富性、控制性和约束性("×"代表主要的局限性,"√"代表主要的优势)

沟通渠道	丰富性 即时性 ＋提示	控制性 计划性 ＋持久性	约束性 协调性 ＋资源	适 用 时 机
书面沟通	×低	√高	√低	异步沟通的较好选择,适用于起草思考量大、精确度高的文件和信息。
口头交流	√高	×低	√低到 ×高	适用于那些需要建立融洽关系、讨论、头脑风暴、澄清以及即时反馈的情况。尤其适用于敏感或情绪化的环境。
异步沟通渠道				
电子邮件	×低	√高	√低	适用于一对一或一对多的商业信息往来。电子邮件这种沟通方式在私人和书面商业信息中占主导地位。
短 信*	×低到 √高	中间	√低	针对简短的、一对一或一对多的沟通。适用于进行快速公告和安排。不适合于重要或复杂商业信息的发布。
社交媒体	×低到 √高	√中到高	√低到中	针对团队和网络沟通,方便一站式的工作项目和会议信息、共享文件以及交流平台(见第 8 章)。
同步或即时沟通渠道				
电话交谈	√中到高	×低到中	√低到中	针对位于不同地区人员的一对一谈话,是一个可以迅速讨论和解释工作中存在问题的重要的沟通渠道。
会议电话	√中到高	×低到中	×中到高	针对团队沟通,由于很多团队参与者不在交谈中提供足够的信息,因此,通常要比一对一电话交谈效果差。
网 站/会 议 研讨会	√中到高	√中到高	×中到高	针对团队会议/销售演示,是一种比会议电话更丰富的互动形式,但通常由于技术要求需要更多的协调。
视频会议	√高	×低到中	×中到高	针对团队会议,这是一种比会议电话更丰富的互动形式,但通常需要更昂贵的设备及精心的安排和规划。

注:表中改编并采用自 Peam Kandolaps 的 *The Psychology of Effective Business Communications in Geographically Dispersed Teams*。

* 作为一个沟通渠道,短信并不能被简单地分类。在这张表中,发短信可以被认为是一种异步沟通方式。然而,许多人使用短信时更加口语化以便快速回复信息。所以,一些专业人士将短信归类为同步沟通方式。

当你在沟通过程中遇到模糊性和敏感性的问题时,通常会寻求更多样的沟通方式,如面对面交谈、会议沟通、电话沟通和视频会议。为了降低信息的模糊性,细化你所获得的信息以进行后续分析,你更倾向于采取控制性更高的沟通渠道。因此,信件、电子邮件、博客、维基、播客等其他异步沟通渠道的作用就会更加突出。

沟通渠道的选择会受到许多工作因素的影响。在某些情况下,公司会开发通信协议。例如,可以根据项目所处的阶段选择沟通渠道。一般来说,项目开始阶段通常采用面对面会议的沟通方式,为了满足建立信任、形成工作角色和项目早期阶段头脑风暴的需求,丰富的沟通方式显得尤为重要。在项目后期,更多的控制和较少的限制可以使业务人员完全按照自己的时间表工作,可以减少参加面对面会议。因此,工作人员可能更多地运用相关技术来进行沟通(如电子邮件、维基、电话、视频会议)。

此外,对于特定类型的业务活动,某些沟通方式可能更加正式、更加有效。通常情况下,书面形式的沟通更加正式。提案、协议、合同和其他类似的文件都是通过文字进行记录,因为这些文件内容往往是确定的,包含明确的专业术语。[10]接下来,我们将探讨各种基本的商务沟通工具,包括电子邮件、短信、电话、群组语音和视频通话。

案例7.2 专业术语在重要业务活动中的使用

宝信公司与盛宇公司签订的协议里写有如下条款:"乙方保护甲方的商标等知识产权,规范地使用甲方商标标识。乙方有义务协助甲方打假、市场监管。举报、举证假冒伪劣产品、审货以及其他不正当竞争行为。协同甲方与当地相关的执法部门进行协调、沟通。乙方只能在甲方授权的区域内开展业务,不得在其他区域销售商品,如未有其他分销商经营的区域,乙方如愿发展业务,必须向甲方申请。"在此条款中,包括知识产权、不正当竞争行为、授权等词都是专业术语,便于双方沟通,并避免产生歧义。

评述:

对于重要业务活动的沟通,采用专业术语的协议能使沟通更具规范性、更正式。

创建有效的电子邮件

在书面形式的商务沟通中,电子邮件是一种主要的方式。许多分析人士认为,在未来五年内,电子邮件仍旧是大多数公司最为主要的沟通工具。[11]一些前卫的公司正越来越多地采用社交网络平台(SNP)进行员工沟通(详见第8章)。但是,即使公司采用这些社交网络平台,员工还是继续使用这些与电子邮件具有相似功能的平台发送私人电子信息。此外,许多同事、客户以及其他和你有联系的人在未来很多年内可能更倾向于使用电子邮件系统。

电子邮件的书写不仅需要用到我们在第5、6章中讨论的写作原则和风格,还需要适应电子邮件的独特特点。在这一节,我们将探讨有效使用电子邮件时所应遵循的基本原则,包括确保邮件可读性的基本要素。此外,我们还将关注电子沟通中的情绪管理与礼貌问题。

使用电子邮件的目的要恰当

电子邮件的使用很简单、很方便。然而,在发送电子邮件之前,请确保这是达到工作目的的最佳选择。

电子邮件的丰富性比较低,这主要是因为缺乏面对面沟通过程中的语言线索、非语言线索和及时反馈。因此,电子邮件更适合用来传达程序化、任务导向、基于事实和敏感性较低的信息。[12]沟通专家艾伦·默里(Alan Murray)在《华尔街日报》发表的一篇名为《我应该使用电子邮件吗?》的文章中讲到:

为了避免误解,我们提出了一个简单的规则:电子邮件在转述事实或者表扬与鼓励对方时很有效。但却不应该用于惩罚、责骂或传递负面信息。如果你想要传递一些负面的信息,最好进行当面交流和沟通。[13]

电子邮件的约束性较低(成本低、不需要太多协调),但控制性较高(作者可以仔细思考,电子邮件可以被永久记录)。然而,由于电子邮件的丰富性较低,它不太适合敏感性或情绪性的沟通。此外,电子邮件在促进讨论方面没有太大的效果。

方便阅读

在任何形式的书面沟通中,确保阅读的便捷性都至关重要。对于电子邮件或其他数字信息而言,这一点甚至更为关键。简单地说,只有阅读方便,读者才有可能阅读你的信息。

案例 7.3　CookSmarts 的定期推送邮件

CookSmarts 每周会为用户发送包含美味食谱的邮件,为了让用户能快速找到自己想要的信息内容,每封邮件的主体内容只有菜单、厨房操作和技巧这三大版块,布局十分清晰,可以让用户一目了然邮件的主要内容,不需要客户仔细去寻找所需的内容在哪儿,阅读十分方便。

评述:

邮件内容阅读方便时,顾客才有可能阅读你的信息。阅读便捷性越高的邮件,越能帮助顾客快速处理邮件信息的内容。

对比图 7.1 和图 7.2 中低效和高效使用电子邮件导致邮件易读性差异的例子,阅读便捷性高的电子邮件能帮助读者快速处理信息。此外,你可以参考以下要点,对电子邮件进行修改以提高阅读便捷性。

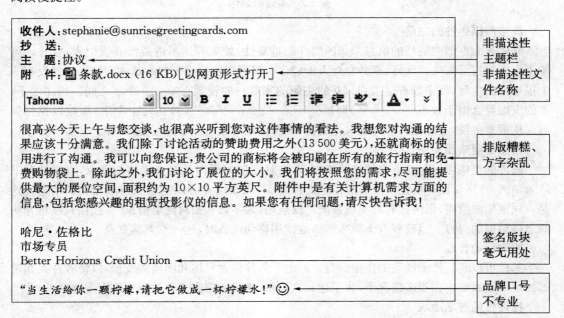

图 7.1　低效的邮件

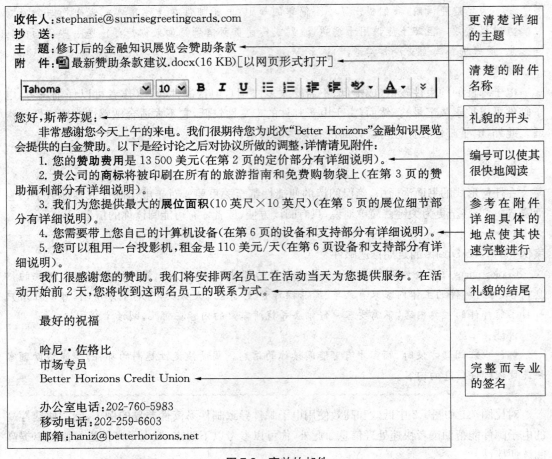

图 7.2　高效的邮件

简洁而描述性的主题

收件人会根据主题栏的信息来判断邮件的重要性,如果表述不清或没有吸引力,收件人可能不会立刻打开邮件。此外,商务专业人士经常会根据主题搜索先前的邮件。如果邮件没有一个描述性的主题,就很难被检索到。好的主题的字数一般控制在 5—10 个字之间。相比之下,差的主题要么由于太短(两三个字)而描述不清,要么由于太长(多达几十个字)而难以抓住重点。从根本上说,主题是对邮件的总体概括,就像标题与报纸、杂志的关系那样。

信息要简洁而完整

邮件的篇幅应该是商业文件的一半左右,并且三四句话内就要突出你的重点,理想情况下应为 30—50 字长度。要把最关键的信息放在开头,以便读者可以迅速获得最相关的信息。这是一项重要的策略,因为随着移动设备的广泛应用,大多数人面对泛滥信息时,往往只注重开头而忽略后面的内容。当商务人士越来越多地使用移动设备时,这一点尤其重要。

明确行动计划

邮件可以起到激励推动的作用。有效的电子邮件包含具体和明确的要求,以便收件人知道如何准确地回复。在很多情况下,为了达到这一点,你可以把方向性的问题放在主题栏。

描述性的签名版块

签名版块提供的联系方式要具体。如果收件人有需要,便于让对方通过更多沟通渠道与你取得联系。同时,这也有助于使你的形象更为专业。

合理使用附件

业务人员可以通过附件来共享在电子邮件窗口中无法显示的文件。附件信息一般很长,通常包括图片、图表、电子表格、数据库和许多其他类型的文件。然而,如果附件太大,就会占满他人的电子邮箱。此外,你还需要考虑这些文件是否适合作为共享网络文件在公司内部网或其他网络传播(如谷歌驱动器或 Dropbox)。

尊重别人的时间

由于电子邮件的便捷性,有些人会过度使用甚至滥用电子邮件。商务专业人士每周收发的电子邮件数量高达数百封,他们经常会有信息过载和对电子邮件感到疲劳的体验。因此在编写电子邮件前,你可以站在那些收到邮件的同事和客户角度,想象他们的时间压力和排着队等着他们回复的邮件。你尤其需要注意的是:收件人往往很讨厌那些用词拙劣、语意含糊的电子邮件。

在商务世界,时间是极其宝贵的。如果你的邮件用词专业、语意明确、便于阅读或者能够提供其他导向性的信息,那么这将极大地提升你的商业信誉。发送电子邮件时,为了显示你对他人的尊重,请参考以下几点建议。

谨慎选择收件人

在发送邮件之前,请先考虑你的同事或其他收件人需要花费多长时间来阅读你的邮件,为了阅读你发来的邮件,他们甚至会中断手头的工作。如果你是在请求信息或行动,你的同事更要为此花费时间。所以,请务必确保你的电子邮件与收件人是相关的。

提供时间表和选项

如果你在最后期限使用电子邮件协调任务,请提供时间安排和详细信息。如果你正在安排任务,请确保你已经提供了几个完成任务的时间段。通过清楚地提供最后时间期限安排,你可以减少往来的电子邮件数量,从而节省时间。通过提供选择,以便配合同事的日程安排。

注意优先级标志的使用

你会经常性地要求别人尽快回复邮件。如果你在电子邮件中频繁使用优先级标志,可能会惹恼你的同事,他们会觉得你好胜。事实上,一些专业人士更容易忽略带有优先级标记的电子邮件。如果你急需某样东西,请在主题栏中明确标出,或者用另外丰富的沟通渠道,如直接打电话来获得支持。

如果不能及时解决电子邮件中提到的问题请通知别人

如果不能及时解决电子邮件中提到的问题,请立刻回复邮件进行解释。你可能会使用诸如"我会在下星期二回复您的邮件"或"我会在下周解决这个问题"这类表达方式。

防范邮件链所导致的混乱与重复

邮件链是指一组在一群人中来回发送的邮件。邮件链中邮件数量和人员的增加会造成混乱。某位商务专业人士对此的抱怨如下:

我最大的抱怨之一就是不得不接收很多重复的邮件。公司往往会给每位员工发送企业电子邮件,项目经理又会对该电子邮件进行转发,"以防你没收到邮件"。然后部门负责人再次转发同样的邮件,"以防你没收到邮件"。通常一两个管理层会人员因为同样的理由被迫转发邮件。毫不夸张地说,我经常不得不删除五六封完全相同的电子邮件!如果你有因为"仅供参考"而转发邮件的习惯,请注意剔除已收到该邮件的人员。[14]

以下三大功能常常会形成邮件链:转发、复制、回复所有人。转发功能是指点击鼠标,就可以向其他人发送任何你收到的消息。同样,请确保你把信息转发给那些需要看到此电子邮件的人。此外,考虑原始发件人是否同意你对电子邮件进行转发;毕竟,他们没有给那些人发送原始电子邮件。同样,许多商务人士认为盲目使用复制功能会侵犯隐私。此外,转发和复制的简易性会导致其他一些问题。一旦你发送一封电子邮件,你就无法控制别人对此进行转发,这正印证了网络技术研究者托尼·迪罗姆尔多(Tony DiRomualdo)所说的:"不要说任何你不想要整个地球都知道的话。"[15]

许多商务人士使用复制功能让部门或工作单位的员工自由地进行沟通。当然,你的目的是为了保持透明度,使你的同事知晓决策的制定过程。但是,复制功能的滥用会导致信息过载。此外,给过多的人复制信息会淡化责任。当五六个人收到同一项任务时,反而会使每个人的任务变得不明确。给越多的人复制此信息,你就越不可能得到回应。同样,有些人会将同事之间的邮件转发给直系领导或者上司,开展一场微妙的权力游戏。[16]

与转发和复制功能类似,"回复所有人"这一功能也会导致邮件链的混乱。在超过四五个人参与的电子邮件会话中,不同的信息接收者可能会因为回复信息的不完全性而丢失一些重要信息。一些同事习惯单向回复,而其他人习惯回复所有人,这就导致电子邮件链变得特别混乱。博客和维基的优势是将信息公布在一个固定的位置,而不像电子邮件链那样混乱。

保护隐私和机密

不要传播敏感或机密信息,无论是有意还是无意。由于电子邮件发送便捷,地址栏中一个小小的错误都可能会导致破坏性的后果。举例来说,80%的营销和广告公司的管理人员都通过电子邮件犯过类似的错误,例如,发错工作邀请或者将机密的工资信息泄漏给公司的全体人员。[17]在你点击发送按钮前,请仔细检查地址栏是否正确。这只会花费你一点时间,但却是一个很好的习惯。

及时回复

大多数商务专业人士都期望邮件可以得到快速回复。当然,快速回复一封邮件意味着对另一封邮件的延迟回复。最近一项研究发现,几乎所有的商务人士都希望在一天之内得到对方的回复(见图 7.3)。[18]年轻的专业人士则更希望对方能够立即回复邮件。在所有年龄组的商务专

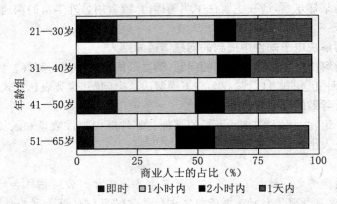

资料来源:Peter W. Cardon, Melvin Washington, Ephraim A. Okoro, Bryan Marshall, and Nipul Patel, "Cross-Generational Perspectives on How Mobile Phone Use for Texting and Calling Influences Work Outcomes and Work Relationships," presented at the Association for Business Communication Southeast Conference, Charleston, South Carolina, April 1, 2011。

图 7.3 恰当的电子邮件回复时间

业人士中，大多数人期待在1—2小时内得到对方的回复。如果你没有多次查看邮箱的习惯（在本章的后半部分我们将提到这一策略），请让别人知道给你回复邮件的恰当时间。

保持职业水准和适当的礼仪

电子邮件是一种很正式的沟通方式。许多商务人士特别厌恶"草率"的电子邮件。管理顾问贝弗利·兰德福(Beverly Langford)通过对数以千计的商界领袖的观察总结出他们对草率使用电子邮件的态度：

> 事实上，许多人似乎已经忘记了电子邮件是一种书面沟通方式，因而对待它时就少了审慎。在工作场所中，如果你的言论过于简洁或者欠缺思考，别人就会认为你态度轻率、不够专业。那些写电子邮件的人似乎忽略了他们的信息将会被接收。另外，在撰写邮件时，许多人似乎忽略了邮件的规范性。因为邮件很容易被转发，因此上述行为往往更具有讽刺意味。[19]

由于电子邮件比一份信息硬拷贝更容易被其他人看到，因此高标准显得尤为重要。在过去的几年中，经常会出现不太正式、古板的写作风格。如果你想在职业礼节和友好之间达到一个平衡，最好不要使用太过正式或太过随意的写作风格。具体建议如下：

用词不要过于随意

如果你的写作和排版过于随意，别人就会认为你不够专业。例如，不合理的使用小写字母或拼写不规范（如：嘿，barbara，你好吗？）；过度使用格式（例如，灰色的背景颜色，不常见的字体格式）；在签名栏提供附加信息（如最想要的报价）；全部大写输入（表示愤怒）。在数字化沟通中，即使是亲密无间的同事也可能曲解你的幽默与讽刺。此外，甚至有时觉得有趣的内容，也能让对方从你的核心信息上转移注意力。

使用与其他书面文件相同标准的拼写、标点和格式

在发送邮件之前，请仔细审查邮件的笔误、拼写、标点符号和语法问题。对于重要信息，在用文字处理软件处理前，首先考虑其组成因素，这将有助于提高文件的严肃性。此外，你将能够使用比电子邮件系统更可靠的拼写检查和语法检查功能。最后，你要确保不会发送不完整的信息。

问候与称呼

虽然这不是硬性要求，但在发送邮件时，你可以称呼一下收件人的名字并简短地问候一下对方。正如戴尔·卡内基(Dale Carnegie)最重要的关于人际关系的建议所说："名字在任何语言中都是最甜美、最重要的声音。"[20] 这个建议适用于大多数情况下，包括电子邮件。人们之所以在邮件中署名有以下几点原因。一些专业人士认为在类似的信件中使用的问候和名称过于正式。其他专业人士认为电子邮件等同于备忘录。事实上，大多数电子邮件的布局——收件人栏、发件人栏和主题栏等——与备忘录类似。而传统的备忘录要求省略个人问候和名称。

案例7.4 面对不同收件人的邮件

以下是朱女士的两封邮件。

发件人：Julia Zhu [Julia Zhu@betterhorizons.net]

时间：星期一，二月三日下午9:54

收件人：Jenny Xie[Jenny Xie@betterhorizons.net]

主题：Congratulations!

Dear Jenny,

Congratulations on your recent promotion to manager! ABC company made a wise decision. You have worked extremely hard and really deserve the promotion.

Please accept my best wishes for success in your new position.

Best regards,

Julia

发件人：Julia Zhu［Julia Zhu@betterhorizons.net］
时间：星期一，二月三日下午 9:47
收件人：Milie Hu［Milie Hu@betterhorizons.net］
胡晰女士：

恭喜您晋升为经理！您在工作中认真负责，获得了大家一致的好评。

我们相信您会在往后的职业生涯里更上一层楼，并且在不久的将来获得更大的成功。

祝您好运！

朱莉

评述：

邮件的开头要称呼收件人。这既显得礼貌，也明确提醒某收件人，此邮件是面向他的；在多个收件人的情况下可以称呼大家、ALL。面对不同国籍、不同岗位的收件人要有不同的称呼。例如：Dear ××、My dear ××、×先生、×女士、×经理等。

在最近的一项研究中，研究人员审查了两个不同组织使用的电子邮件。一个组织士气低下，而另一个组织士气高涨。研究发现，在邮件的开头，问候和名称存在与否是衡量企业环境的一个重要指标（见图 7.4）。[21]在士气低下的组织中，只有 20%的电子邮件包含问候，36%的邮件包含名称。与此相反，在士气高涨的组织中，58%的邮件含有问候，78%的包含名称。同样的情况出现在邮件的结尾部分。在士气低下的组织中，只有 23%的邮件包含礼貌结束语和称谓，而在士气高涨的组织中，这一比例高达 73%。

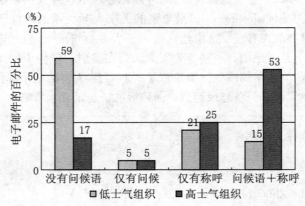

资料来源：Joan Waldvogel, "Greetings and Closings in Workplace Email," *Journal of Computer-Mediated Communication* 12, no. 2 (2007).

图 7.4　在低士气和高士气组织的电子邮件中，使用问候语和称呼的情况

问候语称呼的使用习惯有时会不同。通常情况下,蓝色和中心点的动机价值观体系(见第2章,那些具有最强人群取向的人)的专业人士对问候和名称有较强的偏好。如果你与拥有蓝色或者中心点价值观体系的人进行电子邮件交流,你会发现他们每封电子邮件的问候都十分正式。另一方面,如果你处于蓝色或者中心点动机价值观体系中,不要强求同事发给你的每封电子邮件都有问候和称呼。因为你的同事有可能把电子邮件视为备忘录,或者认为在电子邮件中来回过度使用问候和称呼是重复的,且没有必要。

管理情绪及保持礼貌

许多经理认为电子邮件中没有必要包含太多的个人情绪。他们认为通过电子邮件进行沟通时应该尽可能简短——客观、以任务为基础、直截了当。正如一位经理所说的那样:"使用电子邮件,没有必要进行善意回答以使每个人都满意自己的工作。"[22]

然而,即使是任务型的信息,完全避免情绪化也是不可能的。商务专业人士往往想唤起大家的工作热情或紧迫感。即使发件人并不打算传达情绪性信息,收件人也可能会经历情绪化的反应。

在缺乏面对面交流的情况下,电子邮件往往会引发中立或负面效应。**中立效应**(neutrality effect)是指接收者可能感受不到信息中所包含的正面情绪,他们可能会认为信息不带任何感情色彩。即使信息的发送者想要借此展示他的一腔热情,接受者解码信息时没有感知到这一情绪。[23]**负面效应**(negativity effect)意味着信息的接受者极易将中立性信息视为负面信息。[24]情绪感知的偏差可能会导致冲突升级、混乱和焦虑。[25]专业的商务沟通者应当注意这种趋势。

异步电子沟通会比面对面交流带来更多愤怒和沮丧的情绪。首先,人们更倾向于书面沟通。在某些情况下,网上的言论自由往往会导致冲突的增加。"[26]

由于异步电子沟通无法得到及时的回应,信息的发送者可能会比面对面沟通时更感到沮丧、愤怒。他们有时会想,信息接受者是不是故意逃避,甚至忽略他们。[27]随着信息间隔时间的增加,他们往往会更加愤怒和沮丧。[28]

如果对方回复的时间过长,信息发送者可能会对信息接收者产生怀疑。这时你可以打电话进行询问,而不是感到挫败。需要注意的是,他们有自己回复邮件的时间安排。如果他们回复邮件的速度一直很慢,你可以礼貌地提醒他们尽快回复。

第2章中,我们讨论了礼貌的重要性。礼貌在电子沟通中同样十分重要。网络环境同样要遵循工作规范,而**网络不文明**(cyber incivility)行为是一种不尊重、不考虑他人的表现。研究表明,"快节奏、高技术的网络环境可能会滋生更多的不文明行为,因为人们认为没有时间做到'文明',且电子沟通不需要进行礼貌互动。"[29]

令人震惊的是,在最近一项研究中,91%的员工声称他们的主管会有意无意地实施某些网络不文明行为。[30]**主动不文明**(active incivility)行为包括直接形式的不尊重(例如,居高临下、贬低和语言攻击)。**被动不文明**(passive incivility)行为包括间接形式的不尊重(例如,用邮件发送时间敏感型信息、不承认收到邮件以及不回复邮件)。有关研究表明,网络不文明行为会导致工作满意度下降、组织承诺度降低。主动的不文明行为破坏性最强。图7.5对这项研究进行了总结。有趣的是,男性和女性主管会产生不同类型的不文明行为。男上司更可能实施主动的不文明行为,而女上司则更可能实施被动的不文明行为。

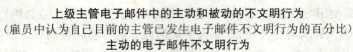

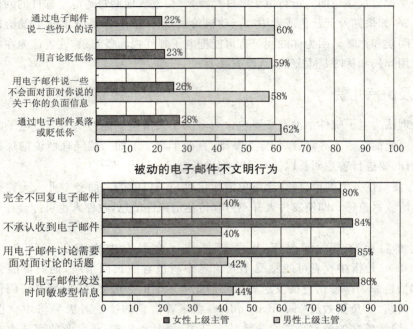

资料来源:信息基于 Vivien K.G.Lim and Thompson S.H.Teo，"Mind Your E-manners: Impact of Cyber Incivility on Employees' Work Attitude and Behavior," *Information & Management* 46（2009）: 419—425. Copyright© 2009.

图 7.5 上级主管电子邮件中的主动和被动的不文明行为

在电子沟通过程中,你难免会碰到一些不礼貌的行为。此时,你所要做的是避免事态进一步恶化升级。你可以采取以下步骤应对那些不文明电子邮件:重新解读电子邮件的内容、放松与化解情绪。**重新解读**（reinterpretation）电子邮件意味着对你最初的看法进行客观调整——更多地基于客观、事实,而非个人判断和评价。当人们苦恼时,往往会做出极端、主观、过度的个人判断。这一点说起来容易做起来难。很多人借助某些放松技巧来重新解读电子邮件的内容。**放松**（relaxation）包括释放、克服愤怒和沮丧的情绪,使你做出更理智的回应。人们使用各种各样的方法平息自己的愤怒,包括数数、深呼吸和苦中作乐。[31]

开篇案例中,贾克琳表达了她对与哈尼之间的谈话的失望之情。贾克琳是不明智的,因为她通过电子邮件表达了自己内心的愤怒（见图 7.6）,而哈尼也对此进行了回应（见图 7.6）。不管贾克琳对哈尼开发网站的意见是否正确,电子邮件决非是投诉或讨论情感问题的有效沟通方式。哈尼应该采取图 7.7 给出的方式做出更好的回复。

化解（defusing）情绪意味着要避免情绪进一步升级,消除紧张情绪,把重点放在完成工作目标上。当你收到一封不礼貌的电子邮件时,你可以采取一些行动来缓解局势、化解矛盾。首先,在你的回应中,把重点放在与任务相关的事实和问题上。第二,注重共同目标和协议。第三,表示你愿意通过面对面的交流解决问题。如果无法做到以上几点,可以尝试其他的沟通渠道,如电话、网络会议与视频。通过及时回复电子邮件来缓解局势仅仅是关系修复与强化过程中的一小部分。共享信息、加深合作仍需要后续会议不断推进。

Reply　Reply All　Forward　▾ ▪ 🗎 🖨 🗎 ✕ 🗎 ▴ ▾　❓

回复：问题

哈尼·佐格比

收件人：贾克琳·佩哈
抄送：克里斯蒂娜·拉索

　　假期结束后，我们需要谈谈这个问题。我本以为我们那天的谈话极具建设性，但很显然你表现得不坦诚也不专业。此外，请清空你的语音邮箱。我试过多次都无法联系到你。

发件人：贾克琳·佩哈［jaclyn@betterhorizons.net］
时　间：星期六，7月1日下午9:54
收件人：哈尼·佐格比［haniz@betterhorizons.net］

主　题：问题
　　哈尼，那天我们讨论网站问题的时候，你不给我机会说明我的想法，我不认为我们之间的对话是公平的。我想说的是，我十分赞同你的观点——吸引更为年轻的顾客群体。但要实现这一点，必须在我们的网站中插入社交媒体，使其更具交互性。你似乎只想得到最简单、最快速的解决方案。但是在我们开发网站之前，我们需要做出更多的准备。贾克琳

> 客观的：没有问候和名称。

> 对抗的：通过"我们需要谈谈"立即创造出一个我与你的对抗的交流方式。

> 防守/进攻：专注防守而不是理解贾克琳的观点。

> 控诉：贾克琳指责了哈尼。重复使用"你"增加了指责的语气。

图7.6　低效回复愤怒邮件的表达方式

Reply　Reply All　Forward　▾ ▪ 🗎 🖨 🗎 ✕ 🗎 ▴ ▾　❓

改进网站的会议

哈尼·佐格比

收件人：贾克琳·佩哈
你好，贾克琳

　　读完你发来的邮件，对于你觉得我们之间的对话不公平，我感到很抱歉。但同时，看到你为了网站能够更好地吸引年轻顾客如此尽心尽力，我十分欣慰。

　　当我们都在公司的时候，我们可以安排时间讨论一下有关网站的计划。你可以提出三个使网站更具互动性，并能连接到我们社交媒体平台的主要观点吗？

　　当我们见面时，我想要了解哪些资源可以支持你的想法。但与此同时，我们需要确保计划具有一定的商业意义。

　　你介意其他人参加我们的会议吗？你认为整个营销团队应该一起进行讨论吗？
　　祝你假期愉快！

　　哈尼

> 亲切的、私人的：使用贾克琳的名字并祝福。

> 认可：对贾克琳改进网站的想法表示称赞。

> 邀请：询问贾克琳的个人想法以及是否介意其他人参与决策过程。

> 不自我防卫：哈尼使贾克琳明确具有商业意义是讨论的一部分。她没有防守或恐吓（即使她处在上级的地位）。

> 重点在于沟通：哈尼暂时通过电子邮件化解了矛盾，但解决这些问题需要进一步沟通。所以，她将会议作为下一步流程。

图7.7　高效回复愤怒邮件的表达方式

你经常需要回复不公平或不合理的电子邮件。注意哈尼是如何通过没有人情味的、防守性和对抗性的态度让低效率的回复加深了问题的严重性。相比之下,注意她是如何通过避免防御性、关注共同利益和合理安排见面时间更有效地缓解这种境况。职业生涯中掌握化解不文明电子邮件的能力将带来以下好处:它将帮助你的同事和团队更好地完成任务;它会帮助你有效解决分歧;它将给你带来更多令人满意的工作经历。化解这种情况,需要高情商,特别是自我意识和自我管理的能力。

工作场所中的短信沟通

短信是目前最流行的手机功能。美国成年人使用短信的频率要高于互联网、电子邮件以及视频聊天。[32]对于公告、问题、计划确认书、快速提示、支持和祝贺的简短商务信息,短信和类似的工具(如 IM)是最理想的沟通方式。大多数商务人士认为,短信是一种非正式的沟通方式。

在工作场所中,短信是一种相对新颖的沟通方式,人们对此的态度褒贬不一。许多专业人士认为,在工作场所使用短信是冷淡的、无趣的、没有礼貌的、令人烦恼的、不合适的,短信不能够充分表达出信息发送者的意图。而另外一些商务人士则持与之相反的意见,他们认为在工作场所使用短信与同事沟通是温暖有情感的、美好的、有趣的、愉快的和有益的。所以,当你使用短信与同事或其他人进行沟通时,你需要注意以下几点。

评估元信息

第 5 章中,我们介绍了有关元信息的内容,但总体上别人往往从与你的沟通中获得想要的信息。由于不同的商务人士对短信的态度并不相同,因此你要仔细想一想他们会如何解读短信的内容。有些人可能将短信解码为"你并没有重要到需要我打电话给你",而另一些人则将短信解码为"我想让你随时了解消息,所以给你发短信"。

短信适用于简短信息的发布,不适用于会话

对于简短的商业信息,使用短信是最好的选择。如果问题复杂,最好直接面对面沟通或发送邮件,这样有更多空间来提供详细信息。一般而言,如果一个问题需要编写超过三四条的文本信息,那么最好通过电子邮件或电话进行沟通。

短信的语气要积极幽默

你要养成存储短信的习惯,尤其是那些直接明了、积极幽默的短信。短信在向亲近的同事表达支持、祝贺、称赞方面十分有效(见图 7.8)。短信的语气要根据收件人的风格而定,如果对方是一个风趣幽默的人,就可以使用轻松有趣的口吻进行交谈。其中一种风险是,由于注重简洁,让人产生了一种居高临下、唐突或冷漠的印象。同样,短信的语气过于随意会削弱信息的重要性。通常情况下,短信不适于传递令人不愉快的消息。

图 7.8　表明支持的短信

自主解决问题

许多像短信一样的沟通工具可以让商务人士得到快速的回应。不要过度使用这种方式来获取信息,特别是你自己就能轻易获取的。当专业人士频繁地通过短信或电子邮件问问题或分配工作时,他们将会被认为是索取者而非贡献者。

使用省略语、表情符号和缩略语时要谨慎

短信还附带一些有趣的功能,比如省略语、表情符号以及缩略语。直到你在工作场所知道别人发短信的方式时,你才可能会注意到自己在句子表达和语言习惯方面的错误。在图7.9中,哈尼使用短信告诉贾克琳商务用餐的地点。哈尼用的是完整的句子和标准的语言习惯,而贾克琳却使用了省略语和缩略语。贾克琳应该采取与哈尼风格相匹配的语言。另一方面,哈尼应该注意到,贾克琳喜欢用一些简短的语言,因此,为了取得更好的沟通效果,哈尼可以考虑使用一些类似的语言。

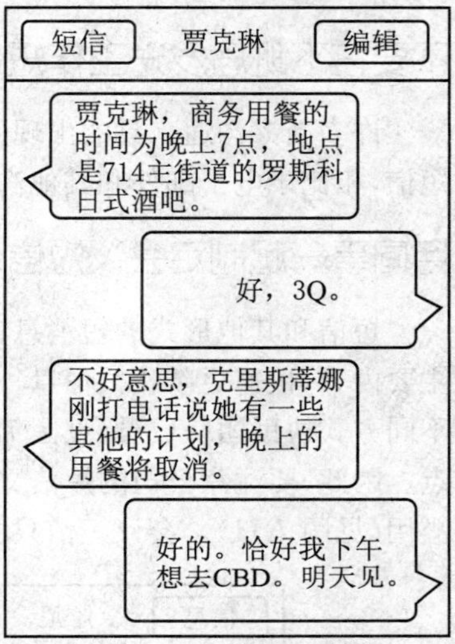

图7.9 不匹配的短信风格

不要讽刺和嘲笑别人

大多数人会在短信中开玩笑或者讲一些生活中的笑话。在工作场所讽刺别人或者讲笑话常常会招致他人的误解。

避免重新安排会议时间或地点

短信往往是确定会议计划的一种便捷方式,对于那些身处不同地点的人来说更是如此。当你要迟到时,它也是通知别人的便捷方式。虽然在个别时候通过短信改变会议计划很方便,除非万不得已,否则不要这样做。一些商务人士之所以被认为不靠谱,是因为他们经常在最后一分钟通过短信调整会议时间和地点。如果你不得不临时改变计划,你必须给对方打个电话。这不仅是礼貌的体现,也是调整、明确计划的有效方式。

关闭短信/电子邮件的通知声音

当你在公共区域工作时,这种通知声会令人分心,影响效率(我们将在下一节进行讨论)。

表明自己的身份

除了你经常联系的人之外,你不能确定其他收件人的通讯录中会保存你的电话号码,所以在信息的开头请简单地附上你的名字(例如:"嗨,我是贾克琳……"),这将避免很多误会。

清楚地结束短信交流

在一些短信交流中,因为交流不完整而变得尴尬。这时候需要发送信息表明这个短信交流已经完成(例如:"感谢回复。明天跟您见面聊。")。

不要在工作时间使用私人短信

由于沟通工具的便捷性，越来越多的商务人士把他们的私人生活带到工作场所中。大多数工作场所禁止工作时间进行私人沟通（包括短信），但这些规定难以被执行。你要严格遵守工作规范，避免在工作时间使用私人短信。这不仅能帮你赢得同事的尊重，还能体现你的专业素养。

不要在下班后发送工作短信

许多新兴沟通工具的出现使商务人士模糊了私人和工作时间的界限。下班以后发送工作短信，相比于电子邮件和其他沟通工具，更可能会扰乱他人的私人生活。

与同事一起制定会议短信使用规则

短信和其他形式的短消息在一些组织的会议中得到了广泛运用。短信可用来提示会议的主要内容，快速更新相关信息。在会议过程中，你还可以通过短信向同事或者客户索取信息，以不同方式协助团队成员（见图7.10）。有些公司的组织文化鼓励这一点，但也有些公司严禁这一点。因此，要注意公司的短信文化。当然，即使公司允许你在会议期间发送短信，你也不可随意滥用（见图7.11）。会议短信只能用于讨论与会议相关的内容。

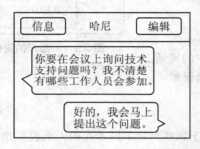

图7.10　会议中可能有效的短信

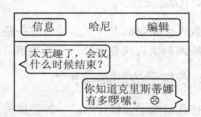

图7.11　会议中的无效短信

对电子邮件和短信进行有效管理，避免分心

不断地查收各类消息——电子邮件、短信、即时消息以及各类社交平台上的信息——或者只是仅仅听到消息的提示音，都会干扰商务人士的工作。当你不断收到信息时，工作效率会降低，主要是因为：你从手边的工作中分心，你尝试着同时进行多项任务。

数字信息或电子信息会干扰你的工作表现。最近的一项研究发现，因为这些干扰，平均每个员工每天失去2.1小时。大多数干扰来自电子邮件和其他信息。很多商务人士每隔5分钟就会去检查他们的电子邮件，换算下来8小时工作时间内遭到了96次电子干扰。同时，这些干扰影响你的时间会更长，远超过你看信息和回复信息的时间。微软的一项研究发现，人们需要15分钟来重新集中注意力。另外，这些中断会减少注意力、增加压力，甚至降低创造力。这些也会增加公司的成本。微软的研究估计大型企业因为电子邮件超载每年损失约10亿美元。毫不意外，为了寻找这些问题的解决方法，许多大公司如谷歌、微软、IBM和英特尔都加入了信息超载研究小组（Information Overload Research Group, iorgforum.org）。[33]

很多商务人士错误地认为他们可以立即回复收到的信息，并在工作任务上有效集中注意力。可是事实却完全相反。密歇根州的一所大学研究发现，当人们试图一次做两件或更多的事情时，生产率下降了多达40%。各种关于大脑的研究也表明，大脑无法有效地进行多任务处理。[34]

但是,在大多数业务岗位上,你需要尽快向他人做出回应。此时你需要维持一个微妙的平衡:如何能在回应别人的同时,集中精力在工作任务上达到更好的表现? 可以考虑以下指导原则:[35]

- 每天仅 2—4 次在指定的时间检查电子信息。除非你的工作需要它(或你的老板需要它!),否则检查信息的间隔时间不得低于 45 分钟。考虑在一天中设置一个免干扰的时间段来专门处理电子邮件。例如,你可以在每天上午 11 点和下午 3 点安排 30—60 分钟,通过电子邮件和其他在线工具与他人进行沟通。
- 关闭信息提示音。在一天的过程中,这些提示音会使你分心,减少你的注意力。
- 利用丰富的沟通渠道,例如面对面和电话交谈来完成工作任务。来回发送的邮件链以及其他一系列同步的电子信息可能会反复分散你在工作任务上的注意力。在适当情况下,用丰富的、同步的沟通方式来快速完成工作,这样干扰就不会加重。
- 只对紧急信息立即回复。如果你马上回复那些非紧急的邮件,就会开了个先例。那么其他人就会形成一种期望,认为你可以在任何时间,被任何事情所打断。
- 避免不必要地延长一个邮件链。你可以通过在主题栏添加诸如"没有必要回应"的语句缩短邮件链。你也可以通过不发送诸如"知道了"或"谢谢"的语句来缩短电子邮件链。与此同时,在某些人喜欢收到一个答复的情况下,请你确保不要突然结束邮件链。例如,一些商务人士欣赏一些简短的感谢和确认回复。
- 使用自动回复让他人知道你无法回复信息。当你超过一天不在办公室时,可以使用自动回复信息来帮助他人知道你的情况。

技术小贴士

当电子邮件、短信和电话涉及性别问题

不要惊讶,不同的商务人员如何使用短信、电子邮件和电话有很大的不同。女性和男性如何使用这些技术方式也有很大的不同。总体而言,女性更倾向于积极倾听和建立亲密关系。在图 7.5 中,你可以看到一些男性和女性使用电子邮件的差异。对于短信,女性倾向于发送更长、更复杂的信息,使用更多的问候、结束语和更多的表情符号,发送的信息涵盖更多关系或情感类的内容。相比之下,男性更倾向于发送一句话或一个主要以任务为导向的短信。[36]同样,在非正式会议,如商务午餐中,相比于男性,近 2 倍的女性更倾向于认为接听电话、发送或接收短信、用手机看时间等行为都是粗鲁或不能接受的。[37]

通过电话交流建立人际关系

相比于电子邮件,电话一般可以让商务专业人士更深入地进行沟通,更快速地解决问题,更好地做出决策,更有效地管理冲突。[38]过去的十年,手机已经改变了商务沟通的方式。大多数商务人士至少携带一个手机来打电话、发短信、上网、安排日程,等等。从很多方面来说,手机已经成了大多数商务人士与管理人员的沟通中心。

具有讽刺意味的是,工作场所手机使用频率的增加意味着固定电话使用频率的减少。事实

上,打电话只是智能手机第 5 个最常用的功能之一。[39]对于大多数的商务人士而言,接听电话意味着合作机会。精炼的电话沟通艺术和技能可以帮助你成为一名更活跃和有见识的沟通者。在工作场所中,电话沟通需要遵循以下几点原则。

提前做好规划

与其他形式的商务沟通类似,电话沟通之前你需要仔细斟酌沟通的关键讨论话题和要点。电话沟通类似于会议交谈,所以在打电话之前你需要给对方发送邀请(如图 7.12 所示)。如果谈话的内容不太正式,你至少需要提前告知对方你去电的目的以及涉及的要点。出于对通话对象的尊重,应当大致告知通话所需的时间。

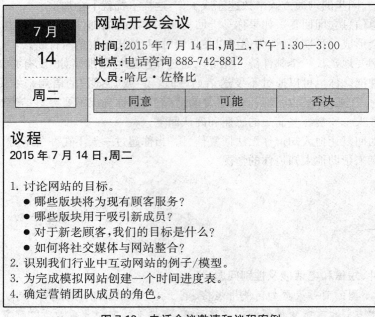

	网站开发会议		
7 月 **14** 周二	**时间:**2015 年 7 月 14 日,周二,下午 1:30—3:00 **地点:**电话咨询 888-742-8812 **人员:**哈尼·佐格比		
	同意	可能	否决

议程
2015 年 7 月 14 日,周二

1. 讨论网站的目标。
   - 哪些版块将为现有顾客服务?
   - 哪些版块用于吸引新成员?
   - 对于新老顾客,我们的目标是什么?
   - 如何将社交媒体与网站整合?
2. 识别我们行业中互动网站的例子/模型。
3. 为完成模拟网站创建一个时间进度表。
4. 确定营销团队成员的角色。

图 7.12　电话会议邀请和议程案例

案例 7.5　没有提前规划导致电话沟通失败

张明是龙湖地产的电话销售人员。为了推销自己公司的产品,他给一家大型公司的李总打过无数次电话,然而,因为张明每次都没有提前发送邀请确认李总是否有空,所以每次打电话时李总都不在。有一天,当他再次拨打李总电话时,他也想当然认为李总还是不在,所以并没有为这次的沟通做好充分的准备。结果没有想到,这次是李总本人接通了电话。张明一听到电话那边是李总,他便紧张了起来,便说道:"啊……啊……您就是李总吗?我是××公司的小明,我打电话给您就是,啊,就是……"因为张明一开始就没有为沟通做好规划,所以开始语无伦次起来,他不知道自己打电话的目的是什么了。李总听到后只能以"我现在正忙着,回头再联系"草草地结束了他们的谈话。

评述:

在电话沟通之前,需要做好规划,不仅需给对方发送邀请确认对方是否有空,更加需要斟酌和规划自己沟通的主要内容。

确保音频质量

特别是对重要电话,你应该在通话之前测试音频质量。虽然大多数情况下手机可以提供可靠的音频质量,但它们仍然比有线传输设备的不可预测性要高。所以你可以考虑使用座机来尽可能提高音频质量。

热情地打招呼,恰当地称呼对方

这一点不仅多次出现在本书中,生活中这类建议也是比比皆是:打电话时热情地打招呼、恰当地称呼对方可以有效提升沟通的效果。

案例 7.6　洲际酒店集团的电话礼仪要求

许多国际品牌酒店对于电话礼仪方面都有着严格的要求和标准。为了提高沟通的效率和顾客满意度,国际品牌酒店的电话礼仪标准中就包含了这样一条要求:在接起客人电话时,员工要以"微笑"的声线向客人致以热情的问候并且询问客人姓名,然后以正确的姓名及头衔称呼客人。而洲际酒店集团更是要求自己旗下品牌酒店内的员工在接听电话的过程中必须称呼客人姓名三次,这样不仅能提升沟通效果,还能让客人感受到酒店对他们的尊重。

评述:

接听电话过程中,热情的声线和正确的称呼可以提升沟通的效果。

简单寒暄后尽快切入主题

在刚开始交谈时,大多数来电者喜欢聊些轻松的话题,但注意不要让这个最初的谈话拖得很长。最有效的商务电话是在一到两分钟内切入正题。

案例 7.7　公务员电话沟通的"三分钟原则"

在国外,为了让公务员们在打电话过程中达到高效的沟通,也为了防止公务员们打电话时间过长,成了"煲电话",政府为工作人员们制定了一个"三分钟原则"。在打公务电话时。一次电话的时间应当不超过三分钟。这个"三分钟原则"在很多国家都被当做一项制度来要求公务人员遵守。"三分钟原则"可以让通话双方有意识地将通话内容变得简明扼要,并可以防止过多过长的无效话题的产生。

评述:

简单的寒暄可以缓解氛围,但过多的无效话题就会让电话沟通的有效性降低。电话沟通中,最好在一到两分钟内就切入到主题。

语气要友好而热情

虽然别人看不到你,但你的非语言行为往往体现在你的语气上。打电话时,要挺直腰板或站着,深呼吸,语调要清晰,做一些手势,甚至要面带微笑。这些非语言行为通常不仅能使你的声音听起来十分友好、专业,还可以提升谈话的趣味性。你可以把自己的谈话内容录下来,偶尔拿出来听一听,这有助提升沟通的专业性。

案例 7.8　非语言行为能提高电话沟通效果

夏目志郎是日本著名的人际沟通训练师。有一天晚上 11 点多了,夏目志郎正准备休息的时候,突然想起还有一通电话没有打给客户,他便马上起床走到衣柜前面,脱掉睡袍,换上了正式的商务正装。在镜子前给了自己一个微笑之后,夏目志郎便拿起电话打给客户,给他讲解合作课程里要准备的事项。

电话结束后,他还十分真诚地感谢对方这么晚了还为他的课程付出时间。夏目志郎的太太看到后觉得难以理解,便问夏目志郎为何还要起身换身装束打给客户,而不是直接在床边回电话。夏目志郎解释道:"我的客户虽然看不见我是穿着睡衣给他打电话,可是我自己能看得到。我应该尊重我的客户,就像跟他直接见面一样。我的客户认为我在办公桌旁工作,我不可以躺在床上打电话,我要以专业的态度和精神去服务我的顾客,才能使沟通达到最好的效果。"

评述:

电话交流中,非语言行为也会影响电话沟通效果。高效的电话交流不仅需要语言保持专业性,非语言行为同样需要得体恰当。

平均分配时间

当每个人都平均分配谈话时间时,打电话是一个加深关系,并完成工作的好机会。确保你的谈话时间没有超过分配时间。同样,如果谈话对象花费了太多的时间,可以通过礼貌的方式来进行打断,以平衡发言时间。

主动倾听,不要一心二用

电话沟通时,要主动倾听通话对象的观点,并积极表达自己的观点。令人惊讶的是,大约 60％的商务人士承认自己常常一边打电话,一边处理其他工作。[40] 打电话时要全神贯注。此外,语气不要太匆忙,这会让对方觉得你对此并没有太大的兴趣。

通话过程中要做好记录,通话结束后及时总结

通话时记一些笔记,这样你可以回想起协议的要点。在通话结束后,花几分钟的时间去整理和总结。

表达谢意

挂电话的时候,你应该向对方表示感谢。例如:"谢谢你花时间去……"或"得到你关于……的想法已经很好了"这些话听起来十分温暖,有利于你与对方建立良好的关系,方便后续联系。

案例 7.9　中国移动的电话礼仪

中国移动要求公司内部的话务员无论是在接到顾客电话,还是给顾客打电话时,在电话结束前必须加入感谢语,例如,"感谢你的来电,祝您生活愉快,再见。"中国移动集团的 CEO 李跃先生认为,要与中国移动的客户建立良好的关系,就必须使电话礼仪和电话用语标准化,尤其是

电话结束时,必须要对顾客的询问或支持表达感谢,表明中国移动愿意为顾客服务的真诚态度,让顾客感觉舒适、温暖,从而增加顾客的满意度,与顾客建立良好的关系。

评述:

电话结束前的感谢语有利于使沟通双方建立良好的关系。

遵守协议

许多商务人士往往不遵守他们在电话中互相做出的承诺。这种情况经常发生在他们的谈话内容和协议无法被证明时。通话后几小时内,当你还清晰地记得谈话内容时,请尽快给对方发送一份信息,这将会极大地提高完成共同目标的可能性(见图 7.13)。

Reply　Reply All　Forward　▼·　▦·　▣　🖨　🗋　✕　🗂·　▲　▼　❓

网站电话会议跟进

贾克琳·佩哈

收件人:哈尼·佐格比
抄送:拉杰什·内科迪
你好,哈尼

感谢有机会讨论关于新网站的想法。附件为详细说明。我相信我们能在 8 月 5 日前完成网站新功能的最终提案。我们同意以下的人员分配方案:

- **哈尼**:营销策略,整合社交媒体与网站,制定预算,确定项目时间表
- **贾克琳和拉杰什**:分析竞争对手网站,制作新网站模型来吸引新用户(旨在关注新成员),分析其他可行方案

请让我知道我的记录和人员配置是否与我们的会谈一致。
祝好
贾克琳

图 7.13　项目行动信息跟进的案例

参加和领导小组语音及语音电话

你经常要参加电话会议。有时你使用视频会议,有时不用。有时你使用的是高端视频会议平台,有时你使用的是网络会议的工具,如 Google Hangouts 或 Skype。我们之前讨论过的一对一通话的技巧,如第 3 章提到的虚拟会议的指导原则,同样适用于电话会议与视频会议。除此之外,以下几点同样需要加以注意。

在电话或视频会议之前熟悉设备的使用方法

电话和视频会议有多种开展方式。即使你经常参加或领导这些会议,你也可能不怎么熟悉各种平台或新工具。如果某次会议由你负责,请提前发送相关的技术信息给与会人员以便他们及早做好准备。如果与会人员在会议开始后的 5—10 分钟才弄明白技术问题,那么会议结果极

少会是极有成效或愉快的。

有效地使用网络摄像头

群体视频通话可以传递很多非语言信息。如果你没有端坐在摄像头前，直接对着听众说话，那你会失去这种优势。因此，使用前，确保有良好的光线和清晰的背景。此外，进行视频通话时，视线尽量对准网络摄像头，以使其他会议参与者可以看到并理解你的非语言信息。

合理地使用互动工具

大多数视频会议平台上都有多种互动工具可供选择，包括屏幕共享、投票、在线聊天，等等。工具的使用可以带来极佳的效果，但需要注意的是，这些工具的存在并不仅仅是为了互动。

通话带有目的性和任务性

许多商务人士在开始几分钟内就对电话的重要性做出判断。一开始就要抓住对方兴趣并让他们快速参与进来，否则很多人会分心去做其他工作。

有效的虚拟会议指南

制定一项议程，确保每个参与者都能参与其中，并保证项目可以按照时间进度表持续推进。

沟通知识问答

与商务专业人士的对话

凯瑟琳·诺里斯（Catherine Norris），项目经理，在卫生保健行业工作了 25 年，做过不同类型的工作，包括管理和护理。

彼得·卡登：你可以简单介绍一下你最近合作和协调的项目吗？项目中你面临的最大的沟通问题是什么？

凯瑟琳·诺里斯：我正在协调的项目面临的最大挑战是如何改变沟通方式以提高沟通质量和降低成本。如果利益相关者愿意做出改变，那么他们就更有可能改善质量和成本目标。因此，该项目成功与否取决于我们是否采取有效的沟通方式。

彼得：您有哪些沟通技巧？

凯瑟琳：我的同事都很了解通信技术，如社交网络、博客、维基。我通常使用最符合当下情境和最容易使用的交流工具。总之，只有确保合作双方都使用相同的交流工具，才能确保合作的顺利进行。

项目团队在进行沟通时，习惯使用电子邮件、企业内部网和互联网进行沟通。例如，我们通过电子邮件发送日常信息以及需要审查和批准的文档附件。使用电子邮件的优点是可以随时对信息进行查看。此外，电子邮件具有精确性和高效性。使用电子邮件，只要你有时间就可以回复，而面对面会议只能在规定的时间内进行。智能手机的普及，更有利于人们随时随地进行交流。工作更高效,避免了浪费时间。

项目组用企业内部网来安排会议和传递文件。内部用户可以审查共享文档、更新项目分配以及查看项目新闻和网络在线直播。电话会议和网络直播对产品培训和远程会议来说是一种非常有效的交流方式。

彼得:如何选择使用何种沟通方式?

凯瑟琳:虽然电子邮件对日常信息沟通非常有效,但需要强调某些信息时,面对面交流更有必要。这就是我们项目团队与利益相关者就质量改善成本控制问题进行一对一通话和面对面会议的原因。通过这种方式,有助于我们将重点放置在需要解决的问题上。另外,这也为我们提供了一个私下与个人接触的双向对话机会。如果我们采用发送电子邮件或传送报告到邮箱的非个人沟通方式,我们就失去了一个发展个人关系和改善他人对自己印象的机会。

本章小结

学习目标 7.1:选择沟通渠道时,要权衡不同渠道的丰富性、控制性和约束性。
参见表 7.2 中关于沟通渠道权衡的总结。

学习目标 7.2:应用原则有效地书写邮件。

电子邮件的使用原则		电子邮件的构成	
● 使用电子邮件的目的要恰当。	● 及时回复。	● 主题	● 结束语*
● 方便阅读。	● 保持职业水准和适当的礼节。	● 问候语*	● 签名*
● 尊重别人的时间。	● 管理情绪及保持礼貌。	● 信息正文	● 附件
● 保护隐私和机密。	● 避免分心。	＊可选择项	

参见图 7.1、图 7.2 中有效电子邮件和无效电子邮件的对比案例。

学习目标 7.3:如何有效地处理在线沟通过程中的情绪问题。

对不文明邮件的回复		
● 重新解读邮件信息	● 放松情绪	● 化解情绪

参见图 7.6、图 7.7 中对不文明邮件的低效回复和高效回复的案例。

学习目标 7.4:在工作场所中,如何通过短信进行有效的沟通。

工作场所中,短信沟通的原则	
● 评估元信息。	● 关闭短信/电子邮件的通知声音。
● 短信适用于简短信息的发布,不适用于会话。	● 表明自己的身份。
● 短信的语气要积极幽默。	● 清楚地结束短信交流。
● 自主解决问题。	● 不要在工作时间使用私人短信。
● 使用省略语、表情符号和缩略语时要谨慎。	● 不要在下班后发送工作短信。
● 不要讽刺和嘲笑别人。	● 与同事一起制定会议短信使用规则。
● 避免重新安排会议时间或地点。	

参见图 7.8—图 7.11 中关于有效编辑短信的案例。

学习目标 7.5：如何对超量的数字信息进行管理。

- 每天仅 2—4 次在指定的时间检查电子信息。
- 关闭信息提示音。
- 利用丰富的沟通渠道，例如面对面和电话交谈来完成工作任务。
- 只对紧急信息立即回复。
- 避免不必要地延长一个邮件链。
- 使用自动回复让人们知道你无法回复信息。

学习目标 7.6：有效的电话沟通和视频会议应该遵循哪些原则？

- 提前做好规划。
- 确保音频质量。
- 热情地打招呼，恰当地称呼对方，简单寒暄后尽快切入主题。
- 语气要友好而热情。平均分配时间。
- 主动倾听，不要一心二用。
- 通话过程中要做好记录，通话结束后及时总结。
- 表达谢意。
- 遵守协议。
- 在电话或视频会议之前熟悉设备的使用方法。
- 有效地使用网络摄像头。
- 合理地使用互动工具。
- 通话带有目的性和任务性。
- 遵循有效的虚拟会议指南（见第 3 章）。

图 7.12 电话会议邀请和议程案例，以及图 7.13 项目跟进的案例。

关键术语

主动不文明	化解	计划
异步沟通	即时性	重新解读
沟通渠道	负面效应	放松
约束性	中立效应	资源
控制性	被动不文明	丰富性
协同	同步沟通	线索
持久性	网络不文明	

讨论练习

7.1　章节回顾问题（学习目标 7.1、7.2、7.3、7.4、7.5、7.6）

A. 就丰富性、控制性和约束性将口头交流与书面交流进行对比。

B. 描述在表 7.2 中未列出的三个沟通渠道和它们在丰富性、控制性和约束性方面的优缺点。

C. 你可以使用什么策略来确保你的电子邮件和其他数字信息阅读起来具有简易性？

D. 你可以用什么策略来表示对其他人时间上的尊重？

E. 解释在数字沟通中的中立效应和负面效应。它们对你写数字信息有何暗示？

F. 你可以使用什么样的策略来避免邮件过载，如何提高你的生产率？

G. 解释下列对不文明数字信息的建设性回应的组成部分：重新解读、放松、化解。

H. 你认为在工作场所中什么样的策略对有效短信是最重要的？

I. 在工作场所中，哪些策略有助于电话会议的展开？

7.2　沟通问答（学习目标 7.1、7.2、7.3）

阅读与凯瑟琳·诺里斯关于沟通的问答，回答以下问题：

A. 在决定使用哪一种沟通技术时，诺里斯使用什么原则？你在什么方面同意和/或不同意？

B. 在她看来，企业内部网有用吗？

C. 据她所说，电子邮件的主要优点和缺点是什么？在商务沟通中其未来的角色是什么？你是否同意和/或不同意？

D. 据她所说，面对面沟通的主要优点和缺点是什么？你同意和/或不同意哪些方面？

E. 对你来说，在这次采访中最有价值的信息是什么？

7.3　由于数字短信导致信息超载（学习目标 7.5）

登录信息超载研究组的网站（iorgforum.org）。读一篇研究文章、博客条目或其他感兴趣的话题。用三至五段话，解释以下几点：(a)文章的要点；(b)你对这些要点的看法；(c)在工作场所你将采取的避免信息过载的三条策略。

7.4　网络沟通接手其他形式的沟通（学习目标 7.1、7.4、7.5、7.6）

研究人员西蒙·赖特（Simon Wright）和尤拉伊（Juraj Zdinak）表示，"网络沟通正慢慢地接手传统的以电话为基础的语音沟通和面对面的沟通。对地方或区域性沟通的限制不再适用：互联网已经使全球的沟通变得容易。"[41]考虑你未来的职业并回答以下问题：

A. 沟通的前景主要是通过互联网传播的吗？请解释。

B. 你认为越来越少的面对面沟通的可能性是令人失望的吗？请解释。

C. 对于主要基于互联网的沟通的成功，个人的特点和技能是特别适合的吗？

测评练习

7.5　评价电子邮件（学习目标 7.2）

用以下方式比较在图 7.1 与图 7.2 中的低效和高效电子邮件：

A. 基于语气、风格或设计分析每一封邮件的书写。

B. 根据本章中高效电子邮件的三项原则评估它们。

C. 提出两点建议，以改进更多的高效电子邮件。

7.6　描述过去的工作或学习相关的电子邮件（学习目标 7.2）

想想最近收到的涉及工作或学习的邮件。描述你所观察到的三封高效的电子邮件和三封低效的电子邮件。详细描述每封电子邮件（每一个段落）并提供你收到的电子邮件的具体例子。你不需要透露是谁发送的邮件。

7.7　对电子邮件的自我评价（学习目标 7.2）

通过在下表中圈出你认为正确的数字，评估你涉及学习或工作的典型电子邮件。

	1 （完全不同意）	2 （部分不同意）	3 （部分同意）	4 （完全同意）
在我发送邮件之前总会重新阅读一遍。	1	2	3	4
我会用非常专业和正式的格式写邮件。	1	2	3	4
我会认真思考邮件主题栏的内容。	1	2	3	4
对非常重要的邮件我会拼写检查。	1	2	3	4
我会设想收到邮件的人会如何回应。	1	2	3	4
在写邮件之前我会思考收件人偏好的沟通方式。	1	2	3	4
我会在回复邮件之前认真阅读收信人的邮件。	1	2	3	4
在回复一封邮件之前，我会做最后一遍检查看是否回答了所有要求。	1	2	3	4
我会定期安排不被打扰的时间来阅读和回复邮件。	1	2	3	4
如果我在一段时间内不能回复邮件（例如在休假），我会设置自动回复或用其他方式让别人知道。	1	2	3	4

计算总分并考虑以下建议：

35—40：你是一个战略性电子邮件沟通者。你仔细规划你的邮件，并确保你进行了专业的沟通。注意那些你没选 4 的项目，下一步集中这些领域进行改进。

30—34：你是一个谨慎的电子邮件沟通者。一般情况下，你会计划你的邮件。然而，你有时发送邮件时没有足够思考或充分回顾。集中注意力在计划阶段上花了更多的时间。

25—29：你是一个高于平均水平的电子邮件沟通者。有时你会很好地计划你的邮件。在发送前花更多的时间确认电子邮件，并在发送前总是确保你的内容是完全专业的。

25 以下：你需要改进书写电子邮件的方式。你写电子邮件太随意了。考虑改变你对电子邮件的定位，以便你把电子邮件作为重要的、正式的商务沟通的工具，轻微的错误会毁坏你的事业。

写三个你可以通过电子邮件成为高效的电子邮件沟通者的目标。通过一个接一个的测试项目，帮助你思考自己最需要改进的领域。

7.8 评估以前的电子邮件或其他的电子沟通方式（学习目标 7.2、7.3）

思考你之前发送的别人误解了你的情绪和/或意图的一封重要的电子邮件或其他电子沟通方式。其他人是如何回应的？你认为其回应是否合理？为什么你会被他人误解？缺乏丰富的沟通渠道是否对此有影响？你怎样通过不同的方法来编写和获取信息以避免被误解？

7.9 回复网络不文明行为（学习目标 7.3）

回复以下问题：

A. 你见过或听过哪些类型的网络不文明？

B. 根据你自己或朋友、同事们的经验，描述某人成为网络不文明行为焦点的情形。描述网络不文明行为。这个焦点人物是怎么回应的？此人是如何重新解读、放松和/或化解这种情况的？

C. 对图 7.6 和图 7.7 中描述的针对一封愤怒的电子邮件进行的低效和高效的回复方式进行对比。解释三种具体的更有效地化解这种情况的回复方式。另外，在图 7.7 中提出两条你可以实施的使回复更有效的改进方案的建议。

7.10 回复数字信息和管理你的时间(学习目标7.5)

回答以下关于适当回复数字信息的问题:

A. 你认为对以下数字信息类型,怎样才是一个适当的回复时间:文本、微博消息(如推特)和电子邮件?

B. 有没有其他人发现你的回复时间出奇得快? 有没有其他人发现你的回复时间很慢以至于被认为是不礼貌或不文明的? 你该如何影响别人对你回复他们数字信息的速度的期望?

C. 你将在即将到来的五年中使用哪三种策略来避免工作中的电子干扰行为?

应用练习

7.11 选择正确的沟通渠道(学习目标7.1)

假定用贾克琳的角色作为例子(在章节案例中她写了表达愤怒的电子邮件)。她刚与哈尼关于新网站的开发有一次谈话。贾克琳感觉哈尼主导了谈话,并不让她表达想法。她认为网站的开发不包括社交媒体是不完整的。因此,她希望与哈尼就网站的开发计划进行更深层次的沟通。但是,她不知道如何开始谈话。她只是一个实习生。在理论上,哈尼并不是贾克琳的老板,但她是网络开发项目的领导者。在以下的情况下,哪一种沟通渠道将是最佳的选择? 你可以选择不止一个沟通渠道甚至是几种沟通渠道的组合,并用丰富性、控制性和约束性这三个维度讨论解释每个答案。

A. 哈尼在她的办公室并且门是打开的。

B. 哈尼在她的办公室但门是关着的,并且她没有打电话。

C. 哈尼这两周不在这个镇。

D. 贾克琳这两周不在这个镇。

E. 贾克琳接触哈尼的时候感觉紧张不舒服。

F. 贾克琳认为哈尼不想通过聚焦社交媒体使这个项目复杂化。

G. 哈尼是绿色 MVS(第2章中有对 MVS 的描述),贾克琳是蓝色 MVS。

H. 贾克琳是红色 MVS,哈尼是中心点 MVS。

8

商务沟通中的社交媒体

学习目标

学习本章后,你应该掌握以下几点:

8.1 解释新兴社交时代的特征。

8.2 在组织中使用各类社交工具进行有效的沟通。

8.3 创建博客以更有效地进行外部沟通。

8.4 建立可信的网络声誉。

8.5 描述合乎伦理地使用社交媒体。

为什么这很重要?

在工作中,随着社交媒体的广泛应用,我们可以与他人展开合作和沟通。这些社交工具包括博客、微信、QQ、微博、论坛、维基或百度等。相比于邮件和其他非社交性工具,这些社交工具能大大提高工作效率。例如美国的普通知识工作者每周要花 28 小时来阅读和发送邮件、搜索信息以及进行内部合作。如果改为使用社交工具,这些普通知识工作者每周能节省大概 6—8 小时的工作时间,并能更高效地投入工作。[1]

虽然商务人士私下里常常用到各类社交媒体,但在工作中,社交媒体的使用并非那么简单。你需要通过努力学习来掌握这些工具的使用技巧,从而使自己更加专业。这些社交工具可以使你的工作更专业化,但往往也会放大和散布工作上的失误。因此,在你的职业生涯中仔细思考如何使用这些工具是很有必要的。本章主要介绍了在与同事、客户及其他人沟通合作时,社交工具的使用策略。

本章案例:在 Prestigio 酒店运用社交工具进行沟通

涉及人物:

安德烈娅·加西亚:总经理;南希·杰弗里斯:市场营销总监;芭芭拉·布鲁克希尔:会议中

心主任;杰夫·安德顿:营销助理;山田基普:营销专员。

情景1:营销团队使用博客、维基进行团队交流

营销团队最近开始在工作中使用社交软件,这些软件类似于 Facebook,但只能在组织中使用。研究小组使用博客、维基,以及其他工具来讨论会议中通过的项目和活动,并汇报彼此的工作进展。

情景2:营销团队就如何处理客户投诉展开了讨论

最近,商场营销总监南希在退款授权这一问题上与他的员工山田基普产生了分歧。山田基普认为前台员工可以不经管理者批准,办理最高 500 美元的退款。他认为这个策略能体现对前台员工的信任和对酒店客人的关切。南希关心的则是,这一策略会使得前台柜员在客人对其抱怨的时候,陷入糟糕的境地。她认为前台员工不应该在未获得领导批准的情况下处理 50 美元以上的退款事宜。南希和基普同意对这个事件在营销团队中开一个论坛,看看其他员工对这件事的看法。

情景3:营销团队使用博客进行外部沟通

营销团队开始在其网站和社交媒体平台上发表博客,给顾客、潜在顾客和其他利益相关者提供公司的内部观点,他们希望借此更好地宣传公司。

任务

1. 营销团队如何使用博客和维基更有效地促进员工之间的合作?
2. 营销团队如何在论坛上讨论有关退款授权的问题?
3. 营销团队如何使用博客来提升 Prestigio 的品牌形象?

社交时代中的职场交流

许多以互联网为基础、价格相对便宜的沟通工具,如商业社交网络、博客、维基、论坛等,在工作中得到了广泛运用。它们不仅极大地改变了职场交流与合作的方式,还推动了工作场所中文化的变革:从信息时代跨越到社交时代(见图 8.1)。**社交时代**(Social Age)是一个人们在互联网环境下进行沟通,无边界合作,并且共同解决问题的时代。[2]然而,尽管为社交时代的到来铺平了道路的沟通技术变化迅猛(数月或数年一变),但相比较而言,职场文化的变革还是要慢得多(几年或几十年一变)。

网络变革从 Web 1.0 到 Web 2.0 平台历经了 15 年,这是进入社交时代的主要驱动力。在早先的网络中,如 Web 1.0,大多数的网页是只读且静态的。随着网络技术的变革,即我们所说的 Web 2.0,可读写的网页出现了。用户通过网页可以进行广泛的互动,例如制作网页内容、发表意见、定制和编辑网页内容,等等。Web 2.0 沟通工具就是我们常常提到的**社交媒体**(social media),包括社交网络、博客、维基、游戏、播客以及信息标记。简单来说,Web 1.0 交流工具主要是被动的和静态的,Web 2.0 交流工具则更具互动性、定制性与社会性。[3]**1.0 用户**(User 1.0)指的是个人主要使用和偏好 Web 1.0 工具,而 **2.0 用户**(User 2.0)指的是个人主要使用和喜欢 Web 2.0 工具(见表 8.1)。[4]新兴的社交时代的工作规范与价值观很多都来源于 Web 2.0 工具的用户。

工 业 时 代	信 息 时 代	社 交 时 代
指挥与控制（团队与个体之间极少沟通）	大规模双向沟通（团队和个体之间广泛沟通）	网络沟通（个人之间基于共同的兴趣广泛沟通）
尊重职衔	尊重专业知识和职衔	尊重专业知识，致力于人际交往
掌握权威就是权力	掌握知识就是权力	分享知识就是权力
效率、竞争和权威是主要价值观	自主、创新和成就是主要价值观	透明、诚实和友情是主要价值观

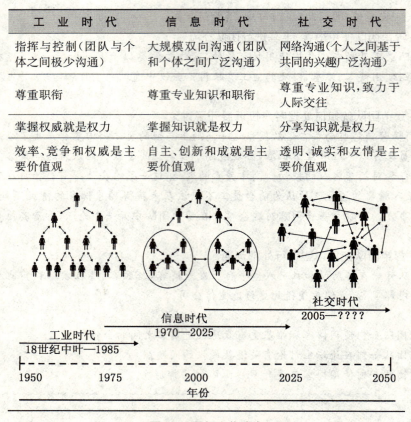

图 8.1　职场文化演变

表 8.1　1.0 用户和 2.0 用户之间的比较

1.0 用 户	2.0 用 户
被动地阅读和搜索内容。	在线上积极创建和分享内容。
依靠内容创建者；不表达自己的意见。	可以发表意见，甚至改变现有内容。
使用现有网络不作改进。	自定义网页页面和内容。
电子邮件是主要沟通工具。	点对点程序是主要的沟通工具。
电脑是主要接入点。	不同设备进行连接。
在线进行限时会议连接。	全时在线连接。

　　在职场中，越来越多的公司正在采用含有 Web 2.0 沟通工具的社交网络平台（这些沟通工具也被称为"企业社交软件"或者"企业 2.0"）。这些平台包含了许多社交网络网站上的特征：用户配置文件、微博、博客、维基和文件上传。它们也包含许多其他的沟通和协作工具，包括在线音频、视频电话、共享工作空间、日历、私人信息（或电子邮件）系统。因此，许多公司——特别是大中型企业——正越来越多地向含有 Web 1.0 和 Web 2.0 的企业内部网转移。最早的全组织（organization-wide）采用者之一是洛克希德·马丁（Lockheed Martin），一位拥有来自全球 140 000 名员工的企业雇主。洛克希德·马丁在十年前创建了一个叫"Unity"的内部社交网络平台来应对其公司复杂的员工协作所遇到的挑战。Unity 包括博客、维基、文件共享、标签、讨论论坛、社交书签，以及基于 RSS 的信息更新。管理者使用博客而不是邮件，以提示项目更新情况和到期日。[5]

在团队和网络沟通的大背景下,由社交时代孕育而生的工作文化对于公司和商务人士而言多有裨益(见表 8.2)。[6]当社交媒体用于专业目的,团队之间的沟通会变得更加高效;公司能够及时地回应顾客、客户与供应商的需求;顾客和其他感兴趣的个体可以直接参与产品和服务的开发;利益相关者之间的沟通也会变得很便捷,不需要长途跋涉相互见面。

表 8.2　工作场所中的社交媒体的益处和挑战

社交媒体的益处	社交媒体的挑战和风险
对公司而言: ● 团队沟通和协作 ● 接替规划 ● 招聘和入职 ● 观点分享/知识管理 ● 技能发展和培训 ● 与顾客、供应商和搭档交流 ● 减少在新产品和服务上的营销时间 ● 更多革新的、创造性的、有效的、有益的方法来解决问题 ● 商务旅行时需要更少的时间和资源 对商务专业人士而言: ● 在内外部建立专业的人际网 ● 更迅速地获取商业技能和知识 ● 与同伴增进友情	对公司而言: ● 缺乏培育和渗透 ● 缺乏持久性 ● 对于采用何种沟通渠道感到困惑 ● 工作时分散注意力,社交过多 ● 缺乏对内外部提供的信息的控制 ● 缺乏奖励网络和团队沟通,以及协作的系统 对商务专业人士而言: ● 缺乏工作和私人生活的界限 ● 因为处理多项任务所以生产率更低 ● 过多的机会主义和自我推销 ● 将错误和无能传播给更多的读者

社交媒体也提出了许多挑战和风险,主要的挑战是文化。它们中的一部分是基于年龄的:老员工更适应了他们已经使用了多年和几十年的沟通工具。通常情况下,Web 1.0 工具强化了许多老员工的工作价值观,比如隐私权和自主权。社交媒体的使用创造了一个自由的信息流,在许多情况下,采用与传统的商业方法相左的方式,来进行决策的制定、职权界限的划分、团队的组建和绩效激励等。

使用社交媒体的挑战之一是如何提升员工的参与度。在大多数公司中,博客和维基参与度相对比较低。维基是具有启发性的。虽然数以百万计的互联网用户认为维基百科提供的信息很可靠,但只有一小部分的用户既是作者也是其内容的提供者。维基百科的访问量常年居于前十,然而只有不到 1% 的用户曾经在维基百科上上传过自己的作品。[7]再看中国,百度百科、微信、QQ、微博及其他平台也可以供网友发表自己的观点。

社交媒体的使用也呈现出各种各样的风险。对于公司来说,当员工使用社交媒体来进行社交和娱乐、发布机密专有的信息、发表导致名誉受损的不当言论,以及越过职权范围时,社交媒体会导致生产率的下降。在个人层面上,社交媒体会导致主要的信用损失(在后续章节进一步讨论)。

案例 8.1　朋友圈引发的医院危机

2014 年 8 月,西安凤城医院的一名医务人员在微信朋友圈发布了医生在手术室的合影,4 个月后,合影被其同学,西安长征医院的一名护士传到微博上,质疑医生在做手术的同时居然还有闲情拍照留念。当晚,陕西广播电视台在未核实该微博真实性的情况下,在"都市快报"栏目对此事进行了报道,并在官方微博上发表了"一说为快"的微博。经过电视、微博等媒体的传播,该事件迅速发酵,成为各大新闻媒体的热点话题,也引起了广大市民对医患关系的激烈讨论。

事后凤城医院在官网上发表检讨,在各大媒体上澄清此事件的原委并接受卫生局的行政处罚。据负责人解释,"外界流传的五张照片中,有一张最早曾由医院的官方微信推送",为了纪念陪伴他们九年的旧手术室,而且"那些照片本是医院的内部资料,没经过医院和患者的同意,是不被允许发到网上的"。

这条朋友圈引发的危机对凤城医院来说的确是一个教训。一方面,凤城医院缺乏对员工正确使用社交媒体的管理和引导,导致医院内部及职务相关的照片被发到网上,引发了一些不准确的言论。同时,凤城医院未能及时澄清该事件的真相,导致了事态的严重化。另一方面,凤城医院不仅要把社交媒体当做提高服务与扩大宣传的方式,更需要充分意识到社交媒体的传播风险。

评述:

社交媒体的使用和管理要加强,社交媒体的风险意识要提高。

在组织中使用社交媒体进行交流

本节,我们将简单介绍几种你在工作中可能会用到的社交软件工具:用户配置文件、博客、维基和讨论论坛(经常简称为论坛)。之所以介绍这几种工具主要有以下几点原因:首先,它们的使用范围十分广泛;其次,它们能够实现最有效的沟通;最后,它们具备书面沟通功能。在表 8.3 中,你可以看到 IBM 开展的有关社交媒体投资回报的研究结果。[8]你会发现,社交网络(用户简介是关系建立的基础)、博客、维基在提高生产力、降低成本、增加收入方面最有价值。

表 8.3 内部社交媒体的投资回报

社交工具	生产率提升	IT 成本减少	收入增加
维 基	29%	18%	16%
标 签	20%	6%	6%
博 客	12%	5%	6%
社交网络	12%	4%	6%
辛迪加/RSS	12%	4%	4%
播 客	8%	6%	N/A
Mashups	8%	6%	6%

资料来源:Maria Azua, *The Social Factor*:*Innovate*,*Ignite*,*and Win Through Mass Collaboration and Social Networking*, 1st edition, Copyright © 2010。经 Pearson Education, Inc., Upper Saddle River, NJ 许可后使用。

设置主页内容,控制沟通和信息流

几乎所有的社交软件系统都包含一个个人主页,当你登录到系统时,它作为你的首页,充当你的通信枢纽。在大多数情况下,你可以自定义最感兴趣的内容作为主页。例如,图 8.2 显示了安德烈娅·加西亚的个人主页。它会显示其他团队成员的状态更新,所以安德烈娅可以看到他们正在做的工作。她还想知道其他的团队成员多久使用一次社交软件(面板右上方),她订了一份商业新闻服务(面板右下方)。考虑并设置你的个人主页以访问消息和信息的渠道,这将有助于你有效地工作并避免干扰。

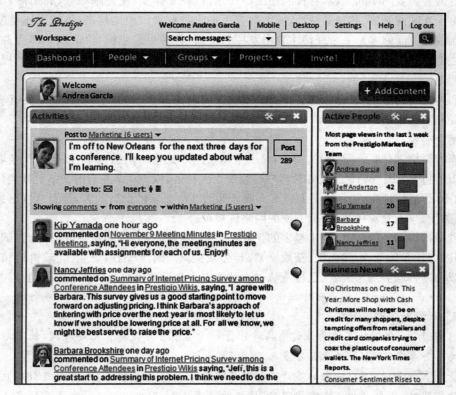

图 8.2　企业社交软件的个人主页

个人简介要完整而专业

在个人简介部分,你需要提供你的个人信息,例如你的职位、联系方式、职业兴趣以及承接的项目。此外,你还可以以图片或清单的方式列举出你的业余爱好。社交网络平台的一大好处就是别人可以看到你的个人简介,相比于诸如电子邮件之类的 Web 1.0 时代的沟通工具,社交网络平台可以拉近人与人之间的心理距离。

在个人信息中,确保你提供的信息的完整性。这是向不了解你的同事、客户介绍你的专业背景、能力和兴趣的一个很好的机会。请记住,你的商业资料的目的不同于你在社交网站上,如 Facebook。你的主要目标是专业合作和网络工作,而不是社交或娱乐。

通过博客进行团队沟通

博客

博客(blog)是被按时间顺序排列的帖子,类似于日志。传统上,博客只能由一个或少数几个人登录,而读者可以在博客中发表评论。现在,越来越多的团队与专业团体开通了博客。在职场中,博客可以让商务人士分享他们的想法和经验。专注于某一具体议题和专业领域的博主还可以吸引具有相似职业兴趣的员工并与他们建立联系。[9]职场中的博客有很多类型,包括专家博客、公司高管博客、公司团队博客、公司实时博客、企业危机博客和公司内部博客。[10]

随着博客热度的不断升温,各种问题接踵而来:侵犯著作权、侵犯隐私权、利用博客迅速蹿红等。由于互联网开放、共享的特性,网络博客更加难以监管。相比起来,传统媒体受国家、法律的控制较强。而博客是一个任博主自由发挥的空间,各种思想意识、价值观念都会占有自己的一席之地。一不小心,博主就可能触犯法律或违反了道德的标准。极易引起知识产权、隐私、名誉等问题。

人们越来越清醒地认识到,博客世界里不仅需要自由、开放和共享,同样也需要有规则、法律的指导和制约。

微博

微博即微博客(Micro Blog)的简称,是一个基于用户关系的信息分享、传播以及获取平台,用户可以通过 WEB、WAP 以及各种客户端组建个人社区,以 140 字左右的文字更新信息,并实现即时分享。通俗地说,微博就是每次发布都不超过 140 个字的微型博客,是表达自己、传播思想、吸引关注、与人交流的最快、最方便的网络传播平台。

随着微博影响力的扩大,越来越多的企业注意到了微博的力量和重要性,开始尝试使用微博,利用微博发布信息、引导舆论、获取反馈、与公众交流。时至今日,企业、党政机构和官员开博已然成为一种趋势,公共微博已覆盖从中央到地方多个行政层次及众多职能部门。

案例 8.2　杜蕾斯的微博营销

2011 年 1 月,全球知名的两性健康品牌杜蕾斯开通了官方微博。七年时间,杜蕾斯官微已发表微博 2 万多条,拥有粉丝 273 万多人。

杜蕾斯官微开通之初,发表的多是直接关于产品或是鸡汤式的内容,难以吸引用户。于是杜蕾斯改变战略,将自身打造成有内涵、有情趣的段子高手,用幽默诙谐的方式宣传产品和传播性知识。杜蕾斯反应灵敏,除了利用和大家生活息息相关的场景如节假日、节气等,还能够迅速捕捉社会热点事件并借势造势以扩大自身影响力,如滴滴公司收购 Uber 时,杜蕾斯紧跟其后发表图片"DU",配上简短的文字"DUDU 打车,老司机的选择"。与此同时,杜蕾斯很注重跟用户之间的互动,例如"杜绝胡说""最粉丝"就是杜蕾斯常用的一问一答式的互动方式。杜蕾斯发表微博进行提问后,会随机抽取一名幸运用户与其互动,或是对于粉丝的留言进行带梗的回复等,让用户感觉杜蕾斯是一个有灵性的品牌,这也为杜蕾斯的形象直接加分。最让粉丝津津乐道的是杜蕾斯的微博通俗易懂却从不直白,能够很有创意地把产品和热点结合起来,粉丝往往需要经过一点思考和想象才能明白其中暗藏的玄机。所以杜蕾斯的微博营销,让很多网友感叹:"营销只服杜蕾斯。"

评述:

利用好微博做营销,能够扩大品牌影响力。

组织正在越来越多地使用团队博客和项目博客(多对多的沟通)。**团队博客**(team blog)通常是围绕正式的工作团队组建的,**项目博客**(project blog)是围绕具体项目组建的,一般包括

临时的团队组织。团队和项目博客是将所有的团队任务放在单个空间进行沟通的优秀方式,这些沟通内容包括更新、报告进展、解决问题的讨论、项目时间表和目标、公告,以及各种其他协调任务。这些团队和项目博客也非常适合分享成功故事,树立和塑造组织及团队文化。图 8.3 提供了一个简短的团队博客范例,其中 Prestigio 营销团队在描述和提供协调活动。

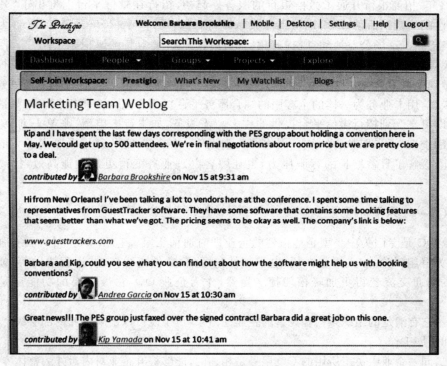

图 8.3 团队博客示例

微信

企业微信的推出跟微信的发展有着紧密的关系。实际上,随着微信的应用越来越广泛,很多人除了生活和社交外,也会把部分日常工作的交流延伸到微信上。特别是非工作时间,免不了因为同事们都在群里讨论工作而参与进去。

企业微信适用于多大规模的企业?

无论你是几十人的创业团队、中小型企业,还是多达上万人的大公司,企业微信都能够顺畅地提供服务。

案例分享

小米公司充分利用微信公众号玩转粉丝经济。

基于微信公众号的产品特征以及关键词回复功能,小米公司将微信公众号明确定位为客服。小米分管销售的副总裁黎万强表示:"我们是把微信服务当成一个产品来运营的。"2013 年 2 月,小米开始组建团队,打造微信服务平台,一年下来为小米公司节约了几百万元的短信费。通过官网引流、自有活动推广和对外合作,快速增加了小米微信公众号的平台粉丝。小米微信公众号设置了三个标签:最新活动、自助服务和产品,粉丝可以通过点击标签享受自助服务,如查订单、查小米之家的位置等。另外,小米微信公众号后台有数名客服,通过人工服务为平台粉丝解决有关产品的疑问。微信公众号后台功能较简单,无法满足小米公司的需要,小米公司自己开发了一套后台,支持搜索功能和人工回复关键词,小米公司可以根据后台截取的用户数据,将粉丝分类,提供相应的服务。

招商银行利用微信平台开展服务

2013 年,招商银行开通了微信银行的服务。起初,招行在微信平台上推出了"爱心漂流瓶"慈善性质的营销活动,即用户捡到漂流瓶后,招行会通过"小积分,微慈善"平台为自闭症儿童募集善款。这场公益活动,既提升招行的品牌形象,又为其迅速积累了用户。招行微信平台最大的亮点还是在于其实现的功能,正如招行信用卡中心总经理刘加隆说:"招行微信平台是要做到服务最大化,营销最小化","微信银行"的服务范围也从单一的信用卡服务扩展到集借记卡、信用卡业务为一体的全客服的综合服务平台。用户只需要将银行卡与微信账号进行绑定,即可享受到招行微信平台提供的许多特需服务,如银行卡申请、账单查询、免费通知提醒、余额查询、无卡取款、微彩票、周边网店查询等。招行微信平台几乎取代了大部分常规客服功能,缓解了日益增长的客服压力,也让顾客办理业务变得更加便捷高效,提高了用户黏性。

企业 QQ——易工作

企业 QQ 是专门为中小型企业搭建的企业即时通信工具。它和 QQ 一样,具有强大的通信功能,如群组讨论、多人语音视频、电子邮件与短信、文件离线传输、远程协助等,使企业在办公中的沟通交流变得更加轻松便捷。当然,作为企业 QQ,它最主要的功能还是为企业服务:

第一,它有清楚的组织架构和完善的企业通讯录,员工既可以了解企业内部层级,又方便查找同事和开展工作。

第二,同一企业中员工所用的 QQ 尾号是相连的,能够提升企业对内对外的整体专业形象,防止不法分子冒充员工进行诈骗等活动。

第三,企业掌握主控权,采用信息化的管理模式,对企业和员工账号进行统一管理,保存员工与客户沟通的全部信息,提高企业信息、资料的安全性。成都巴蜀旅行社有限公司以前比较担心员工删除客户或离职带走客户,甚至有时候遇到员工报错价、与客户发生矛盾等问题,由于缺乏相关证据而相互扯皮。但使用企业 QQ 后,员工删除不了客户,遇到了问题也可以从聊天记录中查找原因,起到了很好的防范作用,也极大方便了该旅行社对员工的管理。

第四,企业 QQ 又可以避免 QQ 在工作中带来的困扰。北京全景中科教育科技发展有限公司由于工作需要会用到 QQ,但管理者发现,不少员工会在上班时间用 QQ 聊天甚至打游戏。于是公司改用企业 QQ,根据员工的实际工作需要开放权限,大大减少了员工闲聊的情况,并提高了工作效率。

新浪微博

海尔官方微博营销技术堪称企业蓝 V 界的标杆,为海尔品牌的曝光度和营业额的增长做出了不小贡献。论才华和创意,海尔官微无法与杜蕾斯官微相匹敌,于是通过抢热门评论刷出自己的存在感。时间久了,海尔成了微博界的"交际花",转变企业形象的同时,成功提升了品牌曝光度。微博用户中年轻人居多，一个老品牌成功获得年轻人的"芳心"，除了四处抢热门刷存在感之外，海尔官微还致力于给粉丝带来价值，如替粉丝表白"爱豆"、替粉丝解决生活烦恼、替粉丝征婚等，海尔官微通过人格化经营获得不少好评。另外，海尔官微联手不同行业的官微组团营销，制造现象级事件，从而扩大受众，提升品牌曝光度。海尔官微在运营的过程中，多采用网络化语言，通过满足粉丝的娱乐心理获得关注度，"段子手"的形象深入人心，拉近了与广大粉丝的距离，品牌深入人心。

借助论坛展开讨论

论坛是供企业发布信息和员工自由发表言论的地方。目前电子论坛一般与电子公告牌相结合使用，用户可以将自己对某产品的建议或对某事的看法写成小文章张贴在电子公告牌上，也可以针对公告牌上自己感兴趣的话题开展讨论。

电子论坛的另一重要作用是发布新闻。基于内部网络的新闻发布，可以满足内部员工对公司经营信息的需求，为此，企业可以借助内部网络新闻发布系统出版电子刊物，替代传统的内部刊物。

企业社交网络平台都设有论坛。在会议间隔期间，团队成员和同事可以在论坛上进行讨论。因此，重要的团队对话，在团队成员的记忆保持当前和最新的状态。一些商务人士更喜欢在论坛上展开讨论而非面对面进行交流，这是因为在论坛上发帖之前他们可以进行细致周到的准备，列举出充足的证据。一般来说，性格内向的人更容易在论坛上表达自己的看法。因此，综合使用面对面会议与论坛两种沟通方式能够激发所有团队成员的聪明才智。然而，论坛并不总是成功的。因此，在使用论坛时以下几点需要多加注意，它们可能会阻碍团队沟通的有效开展：

- 避免领导式发帖。正如引导性问题阻碍面对面那样沟通，领导式发帖则会影响在线讨论的有效性。图 8.4 举了一个有关低效论坛的例子。花几分钟读一读其中的内容。你可以看一看页面中的主题栏，无非就是基普的个人观点。这立即把论坛推上了错误轨迹。

- 不要忽视与你对立的观点。许多低效的论坛是专业人士分享自己的看法，但不承认别人的意见。你会发现各种各样的低效论坛帖子（图 8.4），其中基普和南希说出自己的想法，但不直接承认彼此的观点。专业人士，甚至在论坛上，常常"说服"彼此。这不会使基普或南希影响他人。这也阻碍了队友参与论坛。

- 语气不要过于强烈、刚硬。在论坛讨论的过程中，你很少从一开始就能说服别人。相反，论坛的目的是一起探索彼此的想法和构建解决方案。强烈的语言往往意味着你不能接受他人的观点。这类语言有多种形式：非此即彼（例如"只有这样才能……"），终结性——意味着问题不公开讨论（例如"我们已经决定……"），夸张（例如"最好的办法……"），以及审判性术语（例如"荒谬"）。一般而言，如果你感觉到你或其他人正试图"赢得这场讨论"，你应该停下来好好想想这一讨论的方向是否有益于实现团队的目标。

- 不要抱怨。抱怨可以拖垮任何对话，包括在线讨论。抱怨的主要问题是带来无法避免的负面后果。你会发现，基普在低效论坛的评论往往含有愤怒的情感和认为坏结果是必然的。许多专业论坛夸大其词。在企业社交网络平台上，这些夸夸其谈作为永久记录被保留，有时成为同事们对彼此的第一印象。

The Prestigio Workspace	欢迎山田基普 ｜ 移动端 ｜ 桌面 ｜ 设置 ｜ 帮助 ｜ 退出

个人主页 ｜ 人脉 ▼ ｜ 群组 ▼ ｜ 项目 ▼ ｜ 探索 ｜

论坛

领导帖。 主题栏反映了基普的意见，且关闭了真正的讨论。

山田基普

为前台员工制定令员工幸福、顾客满意的退款政策

我们目前关于要求管理人员授权退款的政策在各种方面都是有问题的。首先，我们不信任我们的前台员工对客人是否应该退款能做出很好的判断是可笑的。其次，这会给许多合法投诉的客人带来额外的等待时间。我们的员工花了 5 分钟的时间与幕后的经理交谈，而我们排队等待的客人会越来越不耐烦。想都不用想就应该将前台员工无需经理授权的退款金额提高至 500 美元。

没有明确说明问题。 问题的背景缺失——很多同事都不明白论坛的目的。

南希·杰弗里斯

回复:为前台员工制定令员工幸福、顾客满意的退款政策

我们对基于预感而对政策做出的改变需谨慎。我们根据多年的经验实施了现有政策，并认识到大部分大型退款请求是没有根据的。我们的前台员工实际上更喜欢现在的政策且已经适应了许多年。

强烈刚性的语言创建了一个我对你的霸道语气。 基普和南希使用强烈的语言意味着在其他领域下其确定性和不感兴趣。

芭芭拉·布鲁克希尔

回复:为前台员工制定令员工幸福、顾客满意的退款政策

目前的政策是什么？以及它是如何发展的？

不承认彼此的想法。 南希和基普提出了各种反驳，却没有认识到彼此观点或经验的价值。同样，他们忽视了队友的问题，因为他们是如此专注于赢得这场争论。

山田基普

回复:为前台员工制定令员工幸福、顾客满意的退款政策

我曾与几位不喜欢现行政策且希望有更多退款自由的前台员工进行过交谈。最近，我们的一位长期顾客贾尼斯·弗里德曼对我们的退款过程十分不满，她把一些商务会议转移到了一家竞争对手的酒店。如果前台员工在这种情况下遵从自己的初始本能，那么贾尼斯就不会将商务会议转移到别处。

南希·杰弗里斯

回复:为前台员工制定令员工幸福、顾客满意的退款政策

相信我——前台员工并不想要一个赋予他们更多更大型退款自由的政策。这基本上会纵容客人提出不合理的索赔要求，那么员工就会陷入一种不得不拒绝那些经常生气的客人的情境。

山田基普

回复:为前台员工制定令员工幸福、顾客满意的退款政策

看这就是问题。现行的政策假设我们的顾客撒谎或他们提出的是不合理的索赔。根据我的经验，我们一般是可以相信我们的客人的。如果他们不高兴，这通常是一个很好的理由。我认为，除非我们相信客人，否则我们绝对不会有任何改变。

抱怨。 基普的辞职和失望的感觉适得其反。

图 8.4　低效论坛的例子

- **不要指责。** 指责与抱怨类似,因为它经常把责任完全推在其他人身上。然而更严重的是,有些人将此作为攻击的手段。图 8.4 中,基普和南希在论坛上彼此指责。基普指责南希不理解前台员工和客人的需求。南希指责基普的结论是一种主观臆断,没有经过细致的研究。

- **不要说题外话。** 论坛的主要价值正是举行有针对性的、具体的谈话。当专业人士开始讨论不相关的问题时,论坛因以下几个原因失去了价值:①讨论不太可能产生原始目的想要的结果;②一些与会者停止参加;③讨论在后来的谈话中失去了它作为参考的吸引力。

- **帖子的篇幅要恰当。** 通常情况下,帖子太短表明发帖人的参与热情不高。另一方面,如果帖子太长,就没有人会去仔细阅读。此外,帖子太长表明发帖人不愿意来回回复其他团队成员的评论。

- **不要讽刺别人。** 讽刺在论坛上一般是会被误解的,其中一个原因是嘲讽对论坛工作不起作用,它一般适用于一个共享时刻的环境下。因为论坛经常每天或每周更新,所以这种在某个时间点的共享环境会失去其意义。

你可以使用各种策略,使论坛成为能为你的团队生产出更好的作品的有效方法。请考虑以下策略:

- **完整仔细阅读同行的意见。** 阅读评论时要仔细,这样你会节省不少时间。通过这样的方式,你不仅能够做出更好的回复,还能展现你对团队中其他人的关心。事实上,当别人看到你向他们学习时,你会意识到自己的影响力在扩大。

- **论坛的目的要明确。** 论坛的主题栏应该清楚地指出论坛的问题或目标。在高效的论坛,如图 8.5,你可以看到,论坛主题是提出一个明确的、具体的问题。此外,确保前几篇论坛帖清楚地说明了为什么这个问题是重要的,并提供一些背景资料。这促使其他团队成员参与。

- **语言要灵活、开放、友好。** 在展示自信的同时,你要传达出这样的信息:我希望得到你们的回复。你可以使用"我想""我认为"或者"或许我们应该"这类短语。这样,你不仅能够充分表达你的观点,还能展现你坦荡的胸怀。

- **以他人的观点为基础,提出问题。** 最好的论坛源于团队成员引用和连接对方的想法。提出问题往往会有助于激发队友们的想法。

- **学会称赞别人。** 你不必为了表示感谢而同意你同事的一切观点。在他们的想法中找到闪光点。在恰当的时候提及他们来展示你对他们的兴趣。记住,他们一言一行都代表着团队和组织的利益。

- **经常参加论坛讨论。** 当所有团队成员有规律地访问论坛时,论坛便会运作良好。对于富有成效的讨论,其主要的威胁是前后不一致。先来者有时会说出自己的想法,然后再也不会回到论坛。后来者可能通过不进入讨论破坏过程,直到团队的其他成员达成一种共识。如果这些后来者违背了团队来之不易的共识,他们会牺牲整个团队的时间和士气。每个团队成员的持续参与,会使这个过程顺利和富有成效。

- **通过面对面交流解决敏感的问题。** 论坛主要适用于日常的沟通交流。如果论坛讨论的问题十分敏感,最好面对面商讨这个问题。通过面对面的交流沟通,你可以解决很多问题,降低误解的可能性。

The Prestigio Workspace	欢迎山田基普 ｜ 移动端 ｜ 桌面 ｜ 设置 ｜ 帮助 ｜ 退出

个人主页 ｜ 人脉 ▼ ｜ 群组 ▼ ｜ 项目 ▼ ｜ 探索 ｜

论坛 ｜

山田基普	**我们对于前台员工提供退款的政策应该是什么样的？** 我们现行的政策是，对于超过 50 美元的退款申请，前台员工必须获得经理的授权。 我认为我们应该把这个数额提高到 500 美元。几位前台员工告诉我，他们想要这个额度。我也了解到一些情况，有些提出合理退款申请的顾客由于对漫长的退款程序感到失望而把他们的一些业务转移到其他酒店。 南希认为现行政策运作良好。她将在这个论坛的帖子中分享她的论断。南希和我希望你们能发表一下对这个政策的意见。	开放的、非领导性的主题栏。 问题和背景的陈述清晰。 简明和建设性的语言。 对其他观点认可和欣赏。
南希· 杰弗里斯	**回复：我们对于前台员工提供退款的政策应该是什么样的？** 我同意基普的看法，我们负担不起失去提出合理要求的重要客人。我认为应该重新审视我们的现行政策。在特定背景下，我们基于以下原因制定了政策： ● 几年前我们得出结论，在超过 50 美元的退款申请中，大约 70％是不合理的。管理人员一般都接受过处理这些拒绝退款情形的培训。 ● 几年前我们和所有的前台员工交谈时，大多数人倾向于服从管理者的政策。他们认为一些客人更容易接受来自经理的拒绝。 正如我所说，我认为应该重新审视政策，所以请分享你们的意见和经验。	欣赏他人的目标。 政策的真实、客观的理由。 对审阅政策很开放。
芭芭拉· 布鲁克希尔	**回复：我们对于前台员工提供退款的政策应该是怎样的？** 谢谢基普和南希分享有关政策的信息。我认为我们正在努力寻找平衡点，既要满足合理投诉的客人，又要礼貌拒绝不合理投诉的客人。 就前台员工而言，我认为自从几年前就有了一些变化。许多前台员工现在都渴望担任管理职位，所以他们……	同事们简明、建设性的评论。
山田基普	**回复：我们对于前台员工提供退款的政策应该是怎样的？** 感谢各位提供意见。我建议在下一个营销会议上花费 15—20 分钟时间总结我们的想法并把这项政策定下来。根据我们的讨论，以下是达成共识的主要几点： ● 我们应该考虑将前台员工无需授权的索赔额度提高至 150—200 美元之间。 ● 我们应该考虑为前台员工提供更多关于应对不满的客人的培训。 ● 我们应该非正式地调查前台员工关于我们想法的意见。	总结主要观点和下一步计划。

图 8.5 高效论坛的例子

- **总结并制订下一步的行动计划。**大多数论坛的目的是帮助一个团队讨论一个问题,达成解决方案。在论坛结束时,总结讨论,并确定你的团队将会采取的下一步行动。
- **与你的团队讨论如何使论坛有助于你的决策和协调。**就像我们在第 3 章讨论了团队沟通,团队应该评估它的业绩。作为这一过程的一部分,你的团队应该定期讨论论坛要如何运作以及如何改进它们。

案例 8.3   小米手机利用官方论坛助力销售

2010 年小米手机成立,2013 年"米粉节"上雷军宣布 2012 年小米手机销售量为 719 万台,2017 年根据 GFK 公布的数据显示,小米手机销售量为 5 094 万台,占据了手机市场 11% 的份额。在目前智能手机市场竞争异常激烈的情况下,小米手机能够异军突起成为佼佼者,原因之一就在于它的营销模式。众所周知,小米手机不仅广告投放少,而且主要采取"线上经营"的产品销售模式,其中不得不提到小米社区官方论坛。

其实小米在开展手机业务前,就已经开始着手专业的手机论坛。当时,小米邀请多位手机发烧友,免费体验 MIUI 系统并参与测评,根据用户的建议来完善产品,提升顾客体验。如今小米论坛上已聚集众多有共同爱好的发烧友,论坛的功能也逐渐增加,除了有"资讯""学院"等技术版块,还有"酷玩帮""摄影馆""橙色跑"等生活版块。小米论坛会跟用户建立良好的互动关系,专业及时地解答用户的问题以及倾听用户的反馈;还有一系列的惠民举措,如在"米粉节"当天,小米论坛会根据积分对符合标准的用户赠送不同的代金券;"同城会"活动中,邀请一定的用户与工程师面对面交流,这也极大提升了用户的归属感。

评述:

将论坛打造为根据地,提升用户参与感,一步步实现销售奇迹。

其他社交媒体工具

在社交网络平台上也有许多其他的通信工具。此外,企业 2.0 平台不断发展并且其中通信工具越来越多。你可以试着用一用这些工具,这样你就能够知道哪些工具最适合你的受众。

为外部受众撰写博客

越来越多的利益相关者希望组织提供一个内部视图。诉说组织中的故事的一个好方法就是通过在以上提到的社交媒体工具上发表个人看法。在这部分中,我们将讨论两种针对外部受众的撰写博客的方式。

为组织撰写文章

组织博客的主要目标就是有效的公共关系(PR)。传统上,公关被视为与媒体的关系,公关信息的主要工具是新闻稿。在过去的几十年中,我们正处于信息时代,公关范围扩大,并成为营销组合中的重要组成部分。[11]公关被定义为"建立和维护在组织和取决于其成功的各种公众之间的互利关系的管理职能。"[12]换句话说,公共关系基本上是关于建立与员工、顾客、社区、媒体和其他利益相关者的关系。

建立这些关系的一个主要目标是提高企业声誉或信誉。公共关系领域最重要的权威之一,埃利奥特·施赖伯(Elliot Schreiber)最近在公共关系研究所网站上定义了**企业声誉**(corporate reputation):

> 从组织的角度看,信誉是一种无形资产,它使得公司能够更好地管理自己的各种利益相关者的期望和需求,针对它的竞争对手创造差异和障碍。从利益相关者的角度来看,信誉是表明一个企业的沟通和行动是否与他们的需求和利益产生共鸣的智力、情感和行为上的反应。[13]

这个定义揭示了声誉的几个关键方面。首先,它是一项资产;它有价值。研究表明,声誉直接有助于增加每年 3%—7.5% 的收入。对于一些公司来说,声誉可以更多地增加收入。其次,有一个好的口碑是不够的。公司的声誉必须与它的竞争者区分开来。第三,公共关系的主要目的是管理利益相关者的期望。而最重要的是,通过公关,公司创建其声誉,向利益相关者传递一种基于他们需求和利益的价值观。[14]

公共关系信息的理念发展

因为公关的主要目标是为公司创造独特的品牌价值,任何个人信息应该被认为是巨大努力中的一部分。所以,第一步是要弄清楚你的公司品牌,并通过讨论,对于品牌信息达成共识。同事之间如果没有达成协议,一个公司可能产生不统一,甚至混乱的信息。

许多公关信息中心对产品和服务的积极关注,特别是那些新近推出的、最近改进的或者最近被认可的产品和服务。激发你对公关信息的想法,包括完整、准确地了解这些产品和服务。此外,这也涉及确定公司打算突出哪些产品和服务。因此,它需要公司讨论提高各种产品和服务的战略。一旦你做了这一切,说明你已经准备好像新闻记者那样采取行动。你会收集准确且可靠的消息来说明令人信服的公司行动内情。

公共关系的邮件信息结构

在书面公关信息中,新闻稿风格占了大多数,其主要组成部分包括:一个标题、日期栏、事件、一个样板文件和联系人信息。标题能立即获取利益相关者的关注。其次,日期栏使读者识别这个故事发生的时间。然后,公关事件——无论是宣布产品发布会、慈善行动、一个活动,或者一些其他类型的值得注意的企业活动被以第三人称的方式写下来,这种形式通常被称为倒金字塔式。

公关信息中所写事件的第一段需快速回答"人物、事件、时间、地点和原因"的基本问题。然后提供支撑细节——倒金字塔的第二层。在信息最后,一份样板文件或定位声明简要解释公司的背景:公司的性质、产品及服务、顾客,以及公司独一无二的卖点,即区分其与竞争对手的特点。通常,小幅的公关通稿在 100—300 字之间,而大篇通稿在 500—800 字之间。[15]可参见图 8.6 中的例子。

菜单	*The Prestigio*	发现 & 预览	会议 & 活动	预订

博客

Prestigio 市场餐厅在菜单中增加香辣口味的菜肴

2015 年 7 月 18 日

作者 : 山田基普

屡获殊荣的 Prestigio 市场餐厅刚刚热了起来！主厨菲奥娜·尼克森上周公布了三个新菜单，每个菜单都采用了新的香料组合。

菲奥娜主厨在这些新菜单的名目上花费了 6 个多月的时间。菜肴包括椰子咖喱鸡、四川豆腐和牙买加风味野生烤鸡翅。

我问厨师菲奥娜有关辛辣食物的趋势。她解释说 :"过去几年我们看到了人们对辛辣食物的兴趣呈爆炸式增长。不只是胡椒和红辣椒，还有干辣椒、四川辣椒、姜黄、香菜和孜然。"

菲奥娜主厨解释说，每一道新菜都是民族菜肴和当地口味的融合。椰子咖喱鸡将孟加拉风味的咖喱与我们地区著名的椰子结合在一起。四川豆腐的灵感来自于一道配有当地种植的青豆和辣椒的中式豆腐菜肴。

Prestigio 餐厅一直以翅膀闻名。当菲奥娜主厨谈到新牙买加风味野生烤鸡翅时，她笑了 :"我想我们的鸡翅爱好者会爱上这道菜。我们用胡椒、百里香、黑胡椒、肉豆蔻和其他几种香料将这些翅膀腌制一整夜。我们差不多花了 6 个月的时间进行日常实验才发现这个正确配方！"

昨晚我与路易斯和吉姆·亚当斯一起去了 Prestigio 餐厅。路易斯对椰子咖喱鸡进行了评价 :"味道很好。我喜欢这道菜。正合我的口味！"吉姆对牙买加风味野生烤鸡翅惊讶地评价道 :"我去哪儿都会吃翅膀。我从未尝过任何像这种口味的鸡翅。真棒！"

这些新菜品是 7 月份的特别菜单，所以在本月的剩余时间里他们将保持 20% 的折扣。大家可以在 YouTube 的视频中抢先观看到厨师菲奥娜在这些菜品上施展的魔力。

- -

Prestigio 市场餐厅的营业时间为每日的上午 11 点—晚上 9 点，每天提供各种美味和健康的菜品。所有水果和蔬菜都是距离餐厅不到 50 英里的有机食材。您可以联系山田基普在餐厅安排商务活动或联系前台预约进行小组预订。

图 8.6　一篇新闻稿风格的博客文章

公关消息的另一种常见的方法是专栏风格。通常，一位企业领导会以第一人称角度写一篇关于公司和公众共同关注的挑战和问题的评论文章。正如新闻稿，公关的专栏范围得到扩大。就在十年前，专栏文章是不定期地为报纸和期刊所撰写的。然而，现在的专栏风格是很常见的企业博客，企业领导人可以定期分享他们的意见和经验。你可以在图 8.7 中看到这种类型的专栏文章。

为个人博客撰写文章

越来越多的商务人士有机会用社交媒体工具建立个人品牌。一个最佳的建立思想领导力的方法是创建专注于专业知识或兴趣领域的博客帖子。许多专业人士创建自己的博客（有许多免费的平台，如 WordPress 和谷歌的 Blogger）。其他专业人士在著名的社交网络平台，例如领英（LinkedIn），发表他们的作品。当你能在这些外部平台上脱颖而出时，你也可以在企业社交网络平台上写博客，使你在组织内有一个专业声誉。

菜单	*The Prestigio*	发现 & 预览	会议 & 活动	预订

博客

绿色会议使我们减轻负担并提高利润

2015 年 7 月 25 日

作者:安德烈娅·加西亚、杰夫·安德顿

　　会议策划者经常问我们:"绿色会议是否真的能带来改变?"一位策划者甚至对我们说:"我不知道绿色会议是否像所谓的'低脂肪'食物那样。听起来很棒,但是我仍然超重。"

　　我们几年前在 Prestigio 开始举办绿色会议,我们可以肯定地说:"是的,绿色会议能带来改变。"就对环境的影响而言,我们比以往任何时候都减少了。我们也将大多数节约下来的物品送给了会议组织者。

　　只需几个简单的措施,以下是去年我们在绿色会议上所完成的工作:

- 我们用桶装水来代替瓶装水供饮用,我们估计因此节约了近 4 万加仑的水。
- 根据会议策划者的要求,我们提供应用程序和规范化编程的电子阅读器而不是打印后的会议时间表。我们估计大约拯救了 800 棵树。
- 我们保证餐厅中超过 90% 的产品是在 50 英里以内种植的。我们估计我们显著减少了与食物交付相关的碳排放。

　　我们已经采取了更多的措施来创造更大的影响。在未来一年内,我们将以混合动力车型取代所有的货车,并要求我们的供应商达到绿色标准。在两三年内,我们的酒店将通过 LEED 认证。我们预计碳排放量总体可以下降近 30%。

　　其中一些措施节约了成本,其他措施的花销更高。总的来说,这些措施显著降低了会议成本。去年,绿色会议的成本比非绿色会议的成本降低了 7%。事实上,我们估计平均每场绿色会议将会为组织者节省 18 000 多美元。

　　是的,绿色会议带来了改变。它们不仅保护了环境,还节约了成本。

　　Prestigio 是一家以环境友好、对环境负责的方式在会议、活动和其他特殊场合方面追求卓越品质的高端度假村。您可以通过联系芭芭拉·布鲁克希尔了解更多有关会议和活动的信息。

图 8.7　一篇专栏风格的博客文章

　　通常情况下,你可以在你自己的专业博客上使用几个策略。首先,开发一个主题使得读者很容易地识别并关注到你的专业领域或兴趣。第二,请保持一个专业的、有趣的和有用的基调。第三,要确保你的内容是准确的。你可以通过专业、有说服力的文章迅速获得专家的声誉,但如果你的内容有明显的错误,你会得到一个新手的名声。大多数博客作者通过提供资料来源或参考资料的超链接来提高他们的可信度。这有助于读者做出关于你的文章质量的判断。此外,请确保你的内容很有趣且处于前沿。你只有 5—15 秒的时间吸引读者,所以一定要立即引起他们的兴趣。最后,对读者的意见保持回应。你可以通过意见筛选经常了解你的读者所期待看到的内容。既然有这么多风格的专业博客的存在,你应该阅读受欢迎的商业管理博主的博客来找出可为你所用的选择。你可以看到图 8.8 的一个专业博客例子。杰夫·安德顿,Prestigio 的营销助理,有一个自己的关于数字营销和顾客忠诚度的博客。杰夫可以将这个博客作为一种继续学习专业知识和发展个人品牌的方式,这将会为他提供职业机会。

数字战略和顾客忠诚度博客

| 主页 | 关于 | 往期博文 |

你应该提供多少免费的服务和内容？

2015 年 8 月 1 日

作者:杰夫·安德顿

> **关于杰夫**
>
> 我是 Prestigio 酒店的营销助理。我撰写了有关数字营销领域和顾客忠诚度趋势的文章。所有的观点都是原创的。

　　许多软件和咨询公司都依赖于提供内容和服务的商业模式。当然,为了赚钱,这些公司需要付费的顾客。这种商业模式被称为免费增值(免费和增值相结合)。领英是一家著名的免费增值公司。大多数顾客使用免费的个人主页,而一小部分顾客享受付费的增值服务。

　　最近在《哈佛商业评论》上,有一篇名为《让"免费增值"起作用》的文章,作者文尼特·库玛尔对免费增值业务模式进行了概述。他列举了领英、NYTimes.com、Spotify 和 Dropbox 等几个案例。库玛尔解释说,免费增值公司必须了解如何提供一些免费功能来吸引新用户,同时为付费用户保留其他功能。那么,如果是你,你会怎么做呢？库玛尔提供了一些提示,但没有给出任何具体的答案。

　　在过去的几周,我阅读了许多专家撰写的关于免费增值业务模式的文章。他们通常推荐以下策略来寻找一个平衡点,按照平衡点所提供的免费内容既不会过多也不会过少:

　　1. 使用正确的模式。免费增值专家林肯·墨菲已经研究了这种商业模式近 10 年,发现了 7 种不同的免费增值业务模式。一些公司对不同产品和服务甚至使用多种商业模式。要知道使用哪种模式,免费增值公司应该了解以下问题的答案:(1)这些内容或服务会永远免费吗？(2)用户或组织是否会购买这些内容或服务？(3)主要目的是让顾客升级还是让他们购买其他产品或服务(交叉销售策略)？(4)基础产品是否旨在创造一种生态系统？没有仔细回答这些问题,公司可能会选择错误的模式,并使得免费/增值组合造成错误。

　　2. 监测正确的指标。有一家掌握免费和增值内容组合的公司,就提供了一项名为"Breaking Into Wall Street"的关于找到一份金融工作的教育服务。其创始人兼总裁布赖恩·德切萨雷最近接受了《福布斯》的采访,他提到所有免费增值公司必须衡量以下内容:(1)内容创作的成本是多少？(2)免费内容能够吸引新顾客多长时间？(3)更新免费内容的成本是多少？(4)免费内容的预期投资回报率是多少？

　　3. 聘请正确的人来监督这个过程。免费增值公司最成功的创始人之一是 Yammer 的创始人兼首席执行官大卫·萨克斯。他最近受邀为 *WSJ* 撰写了《当免费增值击败增值》的文章。萨克斯说,免费增值的成功需要"很多努力、实验和微调"。所以,是的,捕获正确的指标很重要。你需要了解数据的人。但是,雇用接受不确定性的人也是很重要的,然后通过试错过程来确定免费赠送什么,以及为付费客户保留什么。

图 8.8　一个个人博客的例子

案例 8.4　成功的公关案例:顺丰总裁力挺被掌掴快递员

　　2016 年 4 月,有网友在微博上发表一段视频,视频中一位顺丰快递小哥在北京某小区送快递时,不小心与一辆正在倒车的车辆发生剐蹭,车主立马下车对快递小哥进行了长时间的辱骂和连续掌掴,但快递小哥除了说"对不起"外,一直未还手。

　　此事件一出,引起了广大网友的强烈愤怒。面对自己的员工受到此般屈辱,顺丰官方微博在第一时间挺身而出,希望大家对快递小哥多一点尊重与理解,并表示顺丰会照顾好这个委屈的孩子,请大家放心。同时,一向低调的顺丰总裁王卫在微信朋友圈发表态度,"我王卫向着所有的朋友声明！如果这件事我不追究到底！我不再配做顺丰总裁！"随后顺丰官微明确表示,对于这种寻衅滋事的现象,不同意对方调解,要依法维权,坚决维护员工的合法利益。顺丰这种真诚、人性化的做法瞬间得到了广大网友的支持与赞赏,也大大提升了顺丰的公众形象。

评述:

成功的公关往往能够提升品牌形象。

案例 8.5　失败的公关案例：美联航驱逐乘客事件

2017 年 4 月 9 日下午 5:40，在一架由芝加哥飞往路易斯威尔的航班上，一位已经登机的乘客因为拒绝为临时增加的机组让座，被强行拖离座位并致其受伤。整个过程被航班上的乘客拍下并传到网上，引起了一场轩然大波。

在距离事发后近 24 小时，美联航在推特上作出第一份"回复"，声称这是一场令人不安的事件，对"不得不重新安置这些乘客"作出道歉，但在该回复中没有提及受伤乘客，并将"暴力驱赶乘客"轻描淡写地说成"重新安置"，致使不少网友认为美联航的道歉毫无诚意。随后，美联航总裁发给员工的内部信件被泄露，他在信中力挺员工的做法，并指责是该名乘客在"扰乱秩序"，这又引起众多网友的愤怒，认为美联航没有意识到事件的严重性，没有承担起相应的责任，让该事件朝不断恶化的方向发展。由于网上的讨伐声一片和股票的持续下跌，美联航似乎终于意识到舆论的压力，在第三份回应中正式道歉，但为时已晚。

评述：

不及时、不诚恳、不专业的公关可能会对企业造成灾难性的影响。

社交媒体在工作场所中的使用指南

社交平台上有很多沟通工具。一般情况下，你在使用这些工具时要注意以下几点。

成为积极的贡献者并经常参与

如果你所在的公司或职业团体使用了社交网络平台，你一定要经常参加并对他人的工作做出积极的回应。以个人博客为例，那些粉丝很多的员工每周都会登录两到三次博客回复他人的评论。

此外，从你的正式工作团队出来建立工作关系，与你的公司或专业网络的其他成员建立工作关系。自愿加入团队建立在共同利益上——通常被称为实践社区——让你可以在你的领域与其他专业人员一起分享和学习。这有助于你增加组织知识，变得专业。这样做也让你参与到组织中的一些长期问题中，因为实践社区通常专注于一个组织的长期问题，而团队往往把重点放在短期项目。[16]

仔细聆听和努力学习

社交媒体为你提供了一个不断了解你所在的公司、行业与行为准则的绝佳机会。本书的第 3 章主要探讨了沟通中"聆听"的重要性，而社交媒体则给你提供许多聆听他人观点的机会。如果你关注公司或行业中某些人的博客，你就有机会在最佳实践中获得见解。如果你开通了个人博客，你还可以转发他们的观点并得到其他人的回应。你可以设置 RSS 反馈，当你关注的人更新自己微博的时候你会得到通知。

专注于内容

博客之类的社交媒体是协作工具。换句话而言，它们是为了帮助你与你的团队成员、其他同事和客户更有效地工作。目标不是娱乐他人也不是社会和信誉，而是为他人提供价值和提高你的专业水平（见下一节有关网络声誉的讨论）。[17]内容应该集中在你的工作项目、会议、共同的目标、经验和专业知识上。

当然，社交媒体被称为社交有其原因。它们为专业人士提供了丰富而精彩的沟通工具。包含社交内容某种程度上来说是好事。在高绩效团队中，60%—70%的评论与工作直接相关，约15%—20%的评论是支持性的，约10%—15%的评论主要是社交性的。通过社交媒体进行商务沟通也是如此。作为实现专业目标的一个好的经验法则，大约70%的社交媒体内容应该与工作直接相关，大约20%的社交媒体内容应该是支持性的，大约10%的社交媒体内容应该是社交性的。

确保别人可以方便地查看到你发布的内容

在博客中发布内容可以丰富组织的知识储备。但是，如果别人找不到你发布的内容，那么你的目标并没有达成。你可以借助文件名、标签、索引和标注（在博客中加入关键词）帮助别人找到你发布的信息（见本章技术小贴士）。此外，你还可以使用链接。这样，别人只要点击一下便可打开相关的内容。

信息真实，语气友好

真实性是有效的社交媒体信息的关键。社交媒体读者期待真诚与真实。你的信息不应该带给人混乱的感觉，不应该与真实的你矛盾；你的意图要清晰；你的信息也应该有友好的语气。然而，真实性和友好性并不意味着草率的写作或粗鲁。在合作写作的时候，即使你不同意别人的意见，也要保持友好的态度。避免任何删除别人的评论或加入编辑战的冲动。[18]

回复别人的评论，为他人提供帮助

在社交网络中，你要做一名尽职尽责的社区公民。你要积极回复他人的需求并尽可能为他们提供帮助。这样，当你因为积极回复他人和帮助他人而获得声誉时，你可以期望别人也会尽其所能帮助你。

切勿逾越他人划定的界限

在新兴的社交时代可以获取许多交流工具，使人们几乎可以与任何人在任何时间和地点进行任何沟通。换句话说，工作和私人生活之间的界限变得越来越模糊。观察一下你的同事在哪里划清工作生活的界限以使自己的生活远离工作。

网络声誉的维护

虽然几乎所有的商务人士都了解社交网络和网络声誉的重要性，但大多数人并不知道如何对网络声誉进行有效的维护。虽然年轻人很善于塑造他们在社交网络中的形象,但在塑造职业形象方面,他们并没有什么经验。[19]思考一下,在塑造网络声誉的过程中,你会碰到哪些机遇,又会面临哪些风险。

首先,仔细想一想,如何从职业理念角度塑造你的**个人品牌**(personal brand)——有关你的独特的职业技能与特征。[20]在本书的后面章节,我们将详细讨论这一点。在这儿,我们仅仅提出这一概念,并简单探讨一下如何通过个人品牌的构建推动职业生涯的发展。现在,越来越多的人开始通过社交媒体构建自己的个人品牌。因此,在使用社交媒体的过程中,你要努力塑造自己的声誉,展示自己的个人品牌。

案例 8.6 惠普积极维护网络声誉

2009 年,一位黑人用户在 YouTube 上发表了一段《惠普电脑种族歧视》的视频。在视频中,惠普电脑的人脸追踪软件无法识别一位黑人的面部运动,但却可以轻而易举地识别一位白人用户。于是黑人用户质疑,惠普公司有种族歧视。

随后,惠普在博客和推特等社交媒体上对该视频作出回应。惠普表示,惠普的员工来自于世界各地,就是为了让各个种族的人都能享受高品质的体验。惠普一向非常重视客户的反馈,针对此问题已经进行调查,可能是摄像头故障,也可能是光线条件的影响等。同时向用户提出建议,增加脸部的光线强度,并减弱背景光线等。

惠普公司的回应得到广大消费者的肯定,市场研究公司 Interpret 的副总裁迈克尔·加腾伯格表示,惠普公司主动承认问题,给予技术解释,良好的回应可以防止其声誉受损。据国外媒体报道,惠普、戴尔、微软等科技巨头公司逐渐开始利用社交媒体与客户互动、提供技术支持等,只要用户在 Facebook、推特等社交媒体上留言,公司会积极予以回复,以维护其网络声誉。

评述:

积极维护网络声誉也可以扩大品牌的影响力。

无论你是否已经有意创建了一个在线状态,那些潜在的或当前的雇主、同事和客户会根据你的在线信息来判断你的可信度。因此,你需要尽可能多地控制你的网络声誉。正如表 8.4 所描述的,一个有用的方法是考虑元信息,或别人能从你的在线会话中解码的整体的、潜在的信息。[21]这些元信息成为你网络声誉的基础之一。

例如,有两个学生,珍妮和雷吉娜都开通了博客讲述他们在西班牙留学的经历。珍妮的博客主要描写了她所在的寄宿家庭、社区中的居民以及她为了学习西班牙语所付出的努力。她常常提到社区居民对她很友好。她的博客上有很多历史文化景点以及她结交的朋友的照片。她的博客发了一条元信息,"感谢西班牙的小伙伴们,这段经历我终生难忘。"这则消息有助于珍妮塑造自己的声誉:开放、灵活、好奇、感恩。

另一方面,雷吉娜主要发布的是她在酒吧照片的帖子。她描述了她交的许多同样是美国留学生的朋友。她最长的条目内容是说她去硬石咖啡馆买汉堡包有多么高兴,"就像在家一样"。对许多读者而言,雷吉娜传递的元信息是"我和我的美国朋友在西班牙的时候很开心。"该元信息可能为其带来自满和封闭思想的声誉。

技术小贴士

利用标签进行知识管理

企业社交软件的最大好处之一就是能够标记和索引文档,这样你和你的同事可以快速地找到信息。在一些组织中,企业内部网可以包含数以百万计的拥有组织集体知识的网页和网络连接。通过在你的职位和网络连接提供标签和其他信息,组织中的任何一个同事都可以找到你的邮件。类似地,如果你正在为外部用户写在线商务信息,你的标签可以通过简单的网络搜索来引导消费者、客户和其他联系人。

在右边的图像中,可以看到一个如何标记一个字处理网络连接的信息的例子。在企业社交软件平台上,你可以采取商业信息的任何类型,让别人快速找到你的简介。

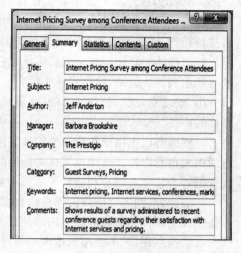

花几分钟思考表 8.4。你会注意到各种各样积极的元信息和相关的声誉。你可以看到,这些元信息和声誉分为四个方面:个人和私人;专业和私人;个人和公众;专业和公众。在你的网络

表 8.4　建立可靠的网络声誉

	积极的元消息	受欢迎的声誉
个人和私人 (家庭和朋友) 例子:一个家庭博客	我是一个很好的听众(能力) 我可以照顾你(能力) 我希望对你最好(关怀) 你总是可以指望我(关怀) 你可以相信我(品格) 我是一个有趣的人(品格)	交际、人际交往能力 可靠、可信、有能力 考虑周到的、关怀的、体贴的 忠诚的、坚定的 诚实的、值得信赖的 喜欢乐趣、令人兴奋的
专业和私人 (针对工作同事) 例子:一个企业博客 或维基	我将把工作完成(能力) 我是一个很好的团队成员(能力) 我希望你成功(关怀) 我想和你一起工作(关怀) 我会做我所说的(品格) 我遵守规则(品格)	有能力的、有技能的、可靠的 带给别人最好的 支持的、关怀他人的 以团队为导向的、协作的 真诚的、坦率的、正直的 有道德的、伦理的、公平的
个人和公众 (针对社会) 例子:社交网络网站, 如 Facebook	我有一定的能力(能力) 我有一定的兴趣(能力) 我想分享我的经验和想法(关怀) 我想了解你(关怀) 我有一定的社会价值和优先权(品格) 我根据某些信仰生活(品格)	有才华的、有技能的、有能力的 决心的、专注的、有动力的 开放的、社交的、独立的 好问的、好奇的、考虑周到的 积极的、事业驱动的、激情的 道德的、理解他人的
专业和公众 (针对专业同行) 例子:职业社交网络 网站,如领英	我是一个专家(有能力的) 我想领导一场专业的讨论(有能力的) 我想和你分享我的想法(关怀) 我想了解你的经历(关怀) 我致力于我的行业(品格) 我想我的职业应该保持高标准(品格)	思想领导者、思维前瞻性的 主动的、有领导力的、思维开放的 慷慨的、给予的、协作的 学习的、好问的、好奇的 专业的、热情的、坚定的 道德的、纪律的、一致性的

沟通的每个领域,你应该想想你想发送的元信息,是否能让你建立一个可靠的声誉。此外,因为许多你在线沟通的信息对于个人朋友和专业人士都是公开的,你需要考虑你是否将你的专业或者你的社会声誉放在优先位置。

许多商务专业人士通过构建网络个人品牌获得了不错的发展机会。例如,斯科特·蒙蒂(Scott Monty)曾经写过三年有关市场营销、广告与公关的博客,这为他赢得了福特公司的青睐。福特公司为他提供了一份高级市场营销方面的工作。当他刚进福特公司时,他只有3 500名推特粉丝,现在他的粉丝数量达到了106 000名。[22]

社交媒体工具使发展个人品牌比以往任何时候都容易。你可以通过社交媒体宣传你的专长与职业兴趣。但是,社交媒体也很容易摧毁你的个人品牌和网络声誉。如果你发布的内容漏洞百出、缺乏专业性,那你的无能、业余和其他一些缺点也会暴露无遗。一个小小的错误就会破坏你的声誉。[23]

一些商务人士由于使用社交媒体发送那些表明他们是自我营销者和追名逐利之徒的元信息而损毁自身声誉。其他员工认为他们的网络沟通是机会主义和以自我为中心的,坚信这些自我营销者会将个人职业利益置于组织利益之前。[24]

一般而言,别人之所以说你自吹自擂,是因为你太过炫耀自己的职业技能与兴趣。如果你在使用社交媒体的时候能够采用以他人为导向、以倾听为中心的方式,那么你既能突显自己的职业技能与兴趣,又不会招致他人的非议。

比较基普在Facebook、领英和推特上的个人主页(图8.9、图8.10和图8.11)。特别是,比较他的低效和高效的Facebook主页。这个例子的评价是根据专业标准,而不是社交标准。想想这些主页可能会发出的元信息。同时,想想你自己的在线主页和社交网络活动。你发送了什么元信息?你建立了什么类型的声誉?

非战略性。不注重职业兴趣。

不讨人喜欢的。一些不认识基普的人会基于他对粗俗、暴力的电影以及游戏的兴趣而形成对他的第一印象。

非个人的。大多数商务人士都渴望在主页看到个人照片。

图8.9　低效的个人社交网络主页

战略性的。在不同地方关注职业兴趣。

不分心的。基普提供的个人信息没有在职业兴趣上分散注意力。

温和的和个人的。主页照片为基普呈现出一个专业、友好的形象。

图 8.10　高效的个人社交网络主页

图 8.11　使用社交媒体来工作

社交媒体十分适合用来进行网络化沟通。正如上文所述,在网络中工作已经成为一项日益关键的重要技能,它决定了你在社交时代能否取得成功。因此,你要将自己塑造为一名奉献者而非索取者。此外,你要兑现你的诺言。在网络化沟通中,关于谁是奉献者,谁兑现了诺言,而谁没有这样做的言论散播的速度很快。

合乎伦理地使用社交媒体

社交媒体的使用,哪怕是在私下里使用,也会使你与老板之间的关系变得十分复杂。你可以参考以下案例:[25]

一个在研发部工作的员工更新了他的 Facebook 状态,哀叹由于另一个项目延迟他不得不取消他周末打高尔夫球的计划。其他的 Facebook 用户将这件事情与一个备受期待的产品推出关联在一起,然后该公司的股票价格下降。

有个销售员提前一天到达潜在客户所在的城市,并在推特上对该城市做了负面评价,有人把该推特推给了潜在客户的首席执行官,该销售员还没来得及做重要展示,会议就被取消了。

雇员被解聘。几周后,她请求一个以前的同事在领英上推荐她。前同事写了一个很好的推荐信。被解雇的雇员后来使用这封推荐信作为歧视诉讼的证据,声称她被解雇很不公平。

可口可乐社交媒体指南(简版)

社交媒体对我们意味着什么

每天线上产生的有关可口可乐的交流不计其数,我们希望公司分布在 200 多个国家中的 15 万多的员工能够参与这些交流,作为我们的公司代表并分享我们品牌乐观和积极的精神。

这些社交媒体准则可以在你以个人身份参与社交媒体及以正式身份代表公司行事时提供指导。重要的是要永远记住我们是谁——我们是世界上最大的饮料公司,用 500 多个耀眼的、现存的品牌使消费者耳目一新——以及我们公司在社交媒体社区中的作用是什么——激发消费者乐观幸福时刻,以及树立我们的品牌。我们在传统媒体中发信息和交流的注意事项仍然适用于在线社交媒体领域,包括你可能认为的"内部"平台。

玩得开心,但要聪明。使用健全的判断力和常识,坚持公司的价值观,线上也遵循你在线下世界所遵循的公司政策。为了让你开始或帮助你提高社交媒体技能,我们通过在线学习门户向我们的员工和代理合作伙伴提供培训,我们将继续定期评估我们的培训课程,并随着社交媒体发展不断进行更新。

社交媒体的个人使用:我们的期望

无论你是否是被授权的公司发言人,当你在个人社交网络上谈论我们的公司、品牌或我们的业务时,请记住:

我们公司的信息保护政策、内部交易政策和其他仍在使用的政策。

你需要对你的行为负责。我们鼓励你上网并玩得开心,但要有良好的判断力和常识。

你是我们公司品牌的重要大使,只要你是公司的一员,我们希望你能够不断提升公司品牌,如何宣传取决于平台,但是宣传要清晰明白且真实。

当你看到需要专业知识的相关话题的帖子或评论时,例如有关原料、肥胖、公司的环境影响或公司财务业绩时,不要直接回应这些话题,除非你用公司为这些话题准备的批准性消息来回应。如有疑问,请联系当地的公共事务及传播部门主管。

当个人生活和工作相混时要小心;请务必了解有关个人在工作中或公司设备上使用社交媒体的团队政策。

资料来源:www.coca-colacompany.com/stories/online-social-media-principles。

图 8.12 社交媒体指南范例

正如例子中所说的那样，社交媒体的使用不仅与你的网络声誉息息相关，还关系到公司的声誉与业绩。私下里使用社交媒体可能会影响你的工作，因为你的私人行为能够对雇主和你的职业生涯造成负面影响。

总而言之，不断学习职场中社交媒体的使用规范。为了你自己，也为了你所在的公司，一定要了解公司在社交媒体方面的规定。[26]

可口可乐最近编辑了一份社交媒体指南（见图 8.12）。请注意恰当使用社交媒体的准则。然后阅读"沟通知识问答"中西蒙·沃恩（Simon Vaughan）关于使用社交媒体工具这种新的工作方式的想法。

沟通知识问答

西蒙·沃恩（Simon Vaughan）：外部协作的社交商务推动者。他帮助全球组织通过使用社交工具来改变工作方式。可以通过他的推特账号"@SimplyS1mon"或发送邮件至 Simon@Svaughan.com，来联系他。

彼得·卡登：在组织中您从事何种工作？

西蒙·沃恩：我的目标是使组织在新的方式下工作，协助它们从其投资的社交软件中获得最大利益。虽然我专注于帮助那些正在应用 IBM Connections 软件（自 2007 年 IBM Connections 推出以来我便开始使用它，并影响了产品的开发）和实施新的协同工作方式的组织，这些我开发的方法和采用的技术，可以应用于任何执行和业务部门。我在美国、欧洲和非洲帮助组织在成为开放的、社会化组织道路上前进。我一直在寻找更多的机会来帮助任何组织在其社会化旅程中前进！

彼得：为什么专业人士在工作场所使用社交工具是非常重要的？这些对所有员工都很重要吗？

西蒙：我觉得在任何需要发挥职能的与商业相关的活动中使用社交工具并获益，对个人而言很重要。没有员工真正了解它，它现在正成为人们工作的一种基准。通过"大声"和以一个公开的方式工作（也许通过共享文档，参加公开讨论，分享他们的专业知识，或共同编辑一个文档），这种工作风格现在已成为普遍的做法，没有人意识到（或认为！）他们实际上在以一个"公开"或"社交"的方式工作。

彼得：组织采用这些新的工作方式的益处是什么？

西蒙：在我看来，通过在组织中采用一种开放的工作方式，这个组织就会发展信任、创新和透明的文化。通常该组织只需要看到一些例子，并从新工作方式中获益，就会相信在组织中使用社交软件对它们的收益底线有着深远影响。使用社交软件的案例和获益的例子尽管很重要，但最关键的还是委派拥护者。在组织中，这些拥护者往往是某领域专家（人力资源管理专家、财务专家等），并且他们常常被证明是促进新工作方式的一个关键点。

彼得：在组织工作中，您采用社交工具的一些主要的挑战是什么？

西蒙：核心的挑战在于要把注意力放在新的工作方法和行为所带来的好处上，而不像大多数组织一样单纯考量在所有"社交媒体"投资上的回报率。虽然可衡量的、正向的收益和回报率在评价社交媒体的利用效果上很重要，但是从我的经验来看，真正重要的是它的真实目标：传递文化的变化和改变人们的工作方式！我的观点是：在使用博客、维基、论坛（或者其他社交工具）

时,从来没有绝对正确的使用方式。正确的方向是明白你所要实现的目标并选择恰当的工具来完成你的工作(比如想要获取一个问题的答案——用论坛;想要寻求表现自己的方式——用博客;想要在一个文档上协同工作——用维基)。教育程度和受支持水平也是其中的关键,这需要组织中有领导力能支持新的工作方式,并希望推动组织内文化的改变。以我的经验来看,没人会问你如何去使用这些社交媒体,如果它们的使用可以对完成工作产生可衡量且积极的影响!

彼得:对于年轻的专业人士,在他们的职业生涯中有效地使用社交工具,你会给出什么总结性建议?

西蒙:不要害怕采取新的方式工作。锻炼开放性并且分享每一件事,因为在未来,他人对你的评价在于你分享了什么,而不是你所知道的!

本章小结

学习目标 8.1:解释新兴社交时代的特征。

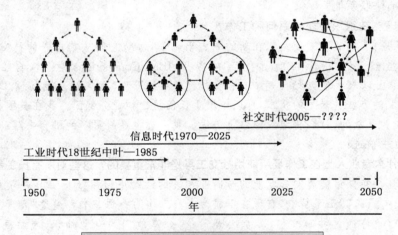

社交时代特征
● 网络沟通
● 尊重专业知识和对网络的贡献
● 知识共享
● 透明、诚实和友情

学习目标 8.2:在组织中使用各类社交工具进行有效的沟通。

社会时代使用内部通讯工具的原则	
● 设置主页内容,控制沟通和信息流	● 企业 QQ
● 个人简介要完整而专业	● 新浪微博
● 通过博客进行团队沟通	● 借助论坛展开讨论
● 微博	
● 微信	

使用论坛规则	
• 仔细阅读同行的意见 • 论坛的目的要明确 • 语言要灵活、开放、友好 • 以他人的观点为基础,提出问题 • 学会称赞别人	• 积极参加论坛讨论 • 通过面对面交流解决敏感的问题 • 总结并制定下一步的行动计划 • 与你的团队讨论如何使论坛有助于你的决策和协调

使用社交媒体的通用规则	
• 积极参与 • 仔细聆听努力学习 • 专注于内容 • 确保别人可以方便地查看到你发布的内容	• 信息真实语气友好 • 回复别人的评论,为他人提供帮助 • 切勿逾越他人划定的界限

参见图 8.2—图 8.5 中的例子。

学习目标 8.3:创建博客以更有效地进行外部沟通。

参见图 8.6—图 8.8 中的例子。

学习目标 8.4:创建可信的网络声誉。

参见表 8.4 及图 8.9—图 8.11 中的例子。

学习目标 8.5:描述合乎伦理地使用社交媒体。

参见图 8.12 中的例子。

关键术语

博客	企业声誉	微博
个人品牌	项目博客	社交时代
社交媒体	团队博客	1.0 用户
2.0 用户	Web 1.0	Web 2.0

讨论练习

8.1 章节回顾问题(学习目标 8.1、8.2、8.3、8.4、8.5)

A. 社交时代的特征是什么?

B. 当你组织一个用来帮助你更有效地与团队工作的个人主页时,你有哪些策略?

C. 你认为在一个企业社交网络平台上,专业简介上最重要的信息是什么?

D. 在团队中,你认为应该何时使用博客等社交媒体工具? 你如何决定使用哪一种社交工具?

E. 你认为运营一个高效论坛所面临的主要挑战是什么？

F. 在领导一个论坛时，你认为哪些策略最重要？请解释原因。

G. 社交媒体信息中，对于语调而言，最重要的元素是什么？

H. 你可以使用哪些策略建立可靠的网络声誉？

I. 你如何从雇主的角度合乎伦理地使用社交媒体？

8.2 沟通问答

A. 西蒙·沃恩是如何理解新的工作方式的？你认为对于社交时代他是如何定义的？解释一下。

B. 当沃恩说，许多员工开始使用社交工具但并不了解它们时，他是什么意思？可以说服别人使用社交媒体来进行商务沟通的建议是什么？

C. 沃恩说，社交工具帮助组织发展了一种"信任、创新和透明的文化"，你认为这一类型的文化有多重要？解释你的观点。

D. 沃恩建议，企业应该表明社交工具能帮助企业完成工作，但也提出公司不应该总纠结于投资回报率。你认为他是什么意思？你认为你是否可以展示，在不关注投资回报率的情况下，使用社交工具可以获得益处？

E. 沃恩说，"在未来，他人对你的评判在于你分享了什么，而不是你所知道的。"解释一下你是否同意这种说法。提供一些具体的例子。

8.3 社交媒体、在线表达和合作（学习目标 8.1、8.2、8.4）

文尼特·纳亚（Vineet Nayar）是 HCL 技术公司的首席执行官，他最近评论了新沟通渠道的使用。他特别提到了社交网络的使用和 Web 2.0 工具的日益重要性：

> 当我的孩子们长大了，我开始更密切地关注 Facebook。它是一种大量的协作。可以开放性地理解。不存在分享他们状况的问题。这个软件上，没什么秘密，他们很坦率地生活，朋友们互相评论，这就是工作。我这一代人非常在意安全意识和隐私意识，并且我在思考，他们与我这一代到底有何区别？这是为我们工作的一代，但不是我们这一代。因此，我们开始有人做演示并为我们的内部网站记录下这些。我们公开网站来审查 360 度研讨会，这意味着下属将审查它。你的管理者将会看到它。你的同伴将会看到它，每个人都会评论它。你的下属会看到这个计划，所以你不能说谎。其次你的同事也会去看，你会投入最好的工作状态。第三，你不从我这里学习什么。你通过他人的演示学习，你从别人给你的评论中学习。因为有 8 000 人参与，有大量的协作学习。[27]

基于纳亚的意见和你自己的经历，回答下列问题：

A. 从使用 Web 2.0 来看，什么是潜在的个人和群体利益？

B. 关于在线表达，两代之间有什么不同的态度？这些差异对工作场所交流有什么影响？

C. 在线沟通通过何种方式导致更诚实和更高质量的工作？

D. 在哪些方面，在线沟通可能会导致不诚实和低质量的工作？

8.4 采用社交媒体用于专业用途的挑战（学习目标 8.1、8.2、8.5）

安德鲁·麦卡菲（Andrew McAfee），一个企业 2.0 系统首屈一指的专家，谈及关于采用此类系统以及通过管理方向的转变来发挥用户 2.0 文化的挑战：

　　我认为当你把这些技术(如 Facebook、维基百科、Flickr、YouTube)投入一个组织中,人们蜂拥而至时,实际上非常酷。这是我在我的研究中进行的假设。我很快就把这个假设推翻了。这不是一夜之间的现象。由于精力有限,对于许多组织来说,大规模采用这些技术仍然是一个非常严重的挑战。

　　如果你是一个视工作为一个守门人或裁判的信息流中层管理者,你应该对这些技术相当恐惧,因为它们会大大降低你做事的能力。如果你认为你的工作是管理人,并从根本上使员工各就其位,这将导致你在组织中的一部分工作取得成功,那么这些技术并不全然有害。我们了解的一件事是没有一项技术——甚至是那些优秀的新的社交技术——可以替代你的面对面交流。如果你对自己的定义有另一种看法,即你是负责信息输出的人,这些工具应该是你最好的朋友。因为我们所有的证据表明,企业 2.0 可以帮助你生产出更多更好的产品,并且的确不是一种浪费时间或让你全天要做的事搁置的工具。[28]

基于麦卡菲的评论,结合这一章的内容及你自己的经历,回答下列问题:

A. 在工作场所使用 Web 2.0 通信工具的主要障碍是什么?

B. 麦卡菲对信息守门人和员工经理者进行了区分。解释一下你认为他所说的这种区别和对采用社交软件的关系?

C. 什么时候 Web 2.0 通信工具比 Web 1.0 通信工具(如电子邮件)的效率更高?

D. 什么时候 Web 1.0 通信工具(如电子邮件)相较于 Web 2.0 通信工具而言是更好的选择?

E. 把你自己放在一个中层或上层管理者的位置,请各选两种分别对你有益或有害的你的下属使用的社交媒体工具的方式。

8.5　社交媒体的使用和人际关系技巧(学习目标 8.1、8.2、8.4)

杰弗里·扎斯洛(Jeffrey Zaslow),在 2009 年 11 月 5 日的《华尔街日报》上发表了一篇名为《(网络工作者中)最伟大的一代》的文章,提及了他对于"千禧一代"的态度。考虑一下几个评论:

　　因为很多十几岁和二十岁出头的人一刻不停地进行着社交活动——他们每时每刻都在通过手机、即时通信和社交网站进行联系——这在学校、工作场所和家庭中产生了一系列需要面对的新问题。而其中最首要的是:如果"高度社交"(hyper-socializing)的学生或员工通过短信或者不停地查看 Facebook 来与朋友进行多个对话,他们是否能真正完成自己的学业或工作?

　　有些人认为他们可以完成一项伟大的交易:这一代人有一种可以完成多项任务的天赋,因为他们已经将技术融入他们的生活,他们保持互相联系的能力能为他们和雇主服务。另一些人则认为,高度社交的人是浪费时间的人,他们相互之间的关系很肤浅,以及他们面对面人际交往的能力很差。

　　短信是否为在工作场所进行互动做了准备?"不说出口的态度是:'我不需要你。我有互联网,'"研究礼貌和礼仪的 58 岁的约翰·霍普金斯(Johns Hopkins)大学文明研究项目主任 P.M.福尼(P.M. Forni)说,"网络提供了'玩捉迷藏'、说与不说以及真实和假装的机会。所以有很多的沟通是徒劳和微不足道的。"

　　这种评价太苛刻,在加利福尼亚坎贝尔的一家咨询公司创新战略部门工作的 32 岁的技术分析师本·贝杰林(Ben Bajarin)说,他认为,因为年轻人擅长多媒体社交,他们的社交技能实际上很强大。他们擅长"管理对话",能简明扼要地说出问题的本质,他认为这将有助于他们在工作场所工作。

贝杰林说,当他们的老同事们浪费时间举行会议或从事电话会议时,年轻人能用一句短信来总结。"他们知道如何优化并能分清轻重缓急。如果需要的话,他们会打电话或召开会议。如果不需要,他们会发短信。"鉴于他们宽广的网上熟人关系网,他们发现了那些可以成为真正的朋友或有价值的商业伙伴——而这些人他们无法在前互联网时代遇到。[29]

回答以下关于扎斯洛文章的问题:

A. 在哪些方面,沟通工具能有效地提高工作场所需要的人际关系技能?

B. 在哪些方面,沟通工具会妨碍有效提高工作场所需要的人际关系技巧?

C. 千禧一代带给职场最具价值的沟通技巧是哪些?

D. 你认为千禧一代最需要提高的沟通技巧是什么?

E. 假设一些非千禧一代的工人持有类似于上文 P.M.福尼提到的观点。当你进入职场时,这对你意味着什么?

8.6 沟通技术博客(学习目标 8.1、8.2、8.3、8.4、8.5)

选择一个记录知名的思想家关于沟通技术对企业文化影响的评论的博客条目。你可以寻找一个你感兴趣的博客或选择以下的博客:

● 安德鲁·麦卡菲的博客:http://andrewmcafee.org/blog/

● 乔纳森·齐特林(Jonathan Zittrain)的博客:http://futureoftheinternet.org/

基于这些博客,回答以下问题:

A. 简要概括博客的主题。

B. 根据条目内容,沟通技术对企业文化的影响是什么?

C. 请描述你关于该条目的感觉和态度。你是否同意某些观点?你对条目的各个部分有热情或悲观感受吗?

D. 谈谈这个话题将如何在职场影响你。

8.7 网络沟通取而代之(学习目标 8.1、8.2、8.4)

研究人员西蒙·赖特(Simon Wright)和尤拉伊·兹迪纳(Juraj Zdinak)日前表示,"网络沟通正慢慢取代传统的基于电话的语音沟通和面对面沟通。对本地或区域性社区的限制不再适用:互联网使全球沟通变得容易"。[30]

想想你将来的职业,并回答以下问题:

A. 沟通的前景是否主要凭借互联网的传播?请解释理由。

B. 你是否认为面对面交流可能会越来越少是令人失望的?请说明。

C. 什么样的个人特点和技能特别适合于主要基于互联网的沟通的成功?

8.8 边界设定(学习目标 8.4)

最近,在一项对公司员工的调查中发现,76%的被试者表示愿意和同行的其他员工建立友谊。只有 35%的人愿意和上司交朋友,当交友对象变成下属员工时,这个比例更是只有 30%。[31]

相关问题如下所示:

A. 你认为在 Facebook 或其他社交网站上与自己的上司或下属成为朋友是合适的吗?这样做可能会导致什么问题?这对你的工作有什么好处?在上司和下属间应该存在怎样的社交边界?

B. 你是否认为像社交网络等通信技术让你的私人生活和工作的边界变模糊了?你希望通

过什么标准或原则将自己的私人生活和工作分离开来？

C. 你是否和你的同事或同学讲过你的沟通偏好？比如，你是否和别人讨论过自己偏爱的沟通方式或期望回应的时间？描述下你的经验。

8.9　社交媒体的道德使用（学习目标 8.5）

回顾一下前面所列举的三个有关个人社交媒体使用致使员工受伤害的例子。对于每个案例，进行以下讨论：

A. 解释为什么上述社交媒体的使用是不道德的。

B. 描述一个你所观察到的相似的行为。

C. 对员工如何避免这类问题提出建议。

8.10　企业社交媒体指南（学习目标 8.5）

回过头来再看下图 8.12 中可口可乐的社交媒体指南。回答以下问题：

A. 一般的，"代表公司"发言和"谈论公司"的发言有什么区别？

B. 政策指出了员工在所有的公共场合有责任去遵循商业惯例和规范。你认为你在社交网站的在线活动是否属于公共场合？请解释。

C. 政策还指出了员工要为任何会"有可能损害公司形象"的言论负责。请举出 5 个相关帖子（许多人会认为这是私人行为，但是却可能损害了公司形象）。

D. 你怎么理解"成为一个侦察兵"的意思？

E. 当话题谈及公司时，什么类型的在线讨论是合适的？哪些是不合适的？

F. 员工的哪些公开立场会被认为"与公司利益相背"？

测评练习

8.11　选择正确的数字信息类型（学习目标 8.1、8.2）

在以下的沟通任务中，说说哪类沟通渠道是你觉得最合适的？用几句话描述你为什么选择这个渠道。假设你是一位经理，现在要给你的下属发送以下信息：

A. 获取一个正在进行的项目的进展情况。

B. 提供个人绩效的反馈。

C. 对下属的优秀工作表示赞赏。

D. 提供会议纪要。

E. 建立一个参与会议基本规则的工作文档。

F. 表达生日祝福。

G. 与少数几个而不是全部下属分享想法。

H. 宣布召开全体会议。

I. 通知两个小组成员召开会议。

J. 为联合营销提案工作。

8.12　评价一个专业博客（学习目标 8.3、8.4）

选择一个你感兴趣的专业博客，阅读至少 10 篇博文，然后用一两页纸回答以下问题：

A. 这个博客的名字和网址是什么？

B. 这个博客的目标受众是谁？

C. 这些内容是如何迎合读者的需求的？

D. 为什么目标受众选择这个博客而不是其他相似的博客？

E. 这个博主是如何建立自己的信誉的？

F. 博主建立了一个什么类型的网络口碑？

G. 什么样的设计特点使得这个博客更加有效？

H. 这个博客的哪三方面可以应用到你的博客中？

8.13　企业领导的推文评价（学习目标 8.3、8.4）。

查看最近两三个商业领袖的推文（你可以寻找你感兴趣的商业领袖，或者你可以在如下网址找到商业领袖的名单：www. huffingtonpost. com/vala-afshar/the-top-50-socialchief-e _ b _ 3380055.html）。然后，写一篇关于你对这些商业领袖推文观察的简短报告。请在你的简短报告中包括以下内容：

A. 在以下方面的信息中比较你所选择的商业领袖的推文：（1）推文的风格和内容；（2）推文发布的频率；（3）推文表达的目标。

B. 商业领袖创建推文时的三条秘诀。

8.14　评价元信息（学习目标 8.4）

基于图 8.9 和图 8.10 所示的低效及高效的社交网络主页，回答下列问题：

A. 每个简介给那些不知道基普的专业人士发送了什么元信息？为每个简介选择 2 个主要元信息。

B. 每个简介给那些知道基普的同事发送了什么元信息？为每个简介选择 2 个主要的元信息。

C. 每个简介给亲朋好友发送了什么元信息？为每个简介选择 2 个主要的元信息。

8.15　评估你的在线声誉（学习目标 8.4）

A. 目前，从职业角度来说，你拥有何种类型的在线声誉。

B. 用四五句话，说说你想在未来五年发展的个人品牌。

C. 解释你将在你的在线沟通中使用的提高个人品牌的三种策略，每个策略至少一段。

8.16　通过在线沟通发送正确的元信息（学习目标 8.4）

使用表 8.4 作为指南，为你的网络声誉的每个领域做以下工作：个人和私人；专业和私人；个人和公众；专业和公众：

A. 你将使用的每一个领域的在线沟通渠道是什么？

B. 你会在不只一个领域使用相同的渠道吗？如果你分享任何多个领域的沟通渠道，你将如何优先选择观众选择的内容？

C. 你要发送的主要的元信息是什么？每个领域选择两条元信息，并解释如何发送这些元信息。

应用练习

8.17　数字休假（学习目标 8.1）

24 小时避免使用你的移动设备或计算机进行任何通信或访问在线信息。（你可能要考虑

通知你的朋友和家人,你会在这段时间内无法使用这些东西。)写 1—2 页你的经验。考虑包括以下内容在内的讨论:

A. 没有交流你的感受如何(焦虑、紧张、压力、平静等)。

B. 你无法获得数字信息有何感受(授权、无奈、离开了社交圈等)。

C. 你认为没有数字通信会如何影响你的生活质量、生产率和/或惯例。

D. 根据你的经验,提出两三项专业人士应该如何处理数字通信和信息的建议。

8.18 领英的简介(学习目标 8.4)

基于你的领英个人资料,回答下列问题:

A. 你的领英个人主页的地址是什么?

B. 你的领英主页主要的突出特征是什么?

C. 能突出你的领英主页的主要能力是什么?

D. 你的领英个人主页的哪部分最能提升你专业人士的形象?

E. 你的领英个人主页哪部分最不能提升你作为一个专业人士的形象?

F. 你想要提高你的领英个人主页的三种变化是什么?

G. 你想参加三个什么样的小组?

H. 你应该关注哪三个组织? 为什么?

I. 你应该关注哪三个专业人士? 为什么?

8.19 专业博客(学习目标 8.3、8.4)

写一篇关于商业问题或你感兴趣的博客以提供给别人有价值的内容。你应该开发有特定观众,并提供原始、有见地的作品的博客。此外,你应该发展与你职业兴趣和理想的网络声誉相关的博客。你可写五条,每条大约 700—1 000 个单词。这五个作品应该结合起来,以满足你的目标受众和发展你个人品牌的需求。每个博客考虑采用下列准则:(a)一两条总结信息;(b)一个开放、吸引人的标题;(c)一个有助的、个性化的、积极的、丰富的、使人愉快的、有趣的、胜利基调的博客;(d)有趣的文章、视频等的超链接;(e)你喜欢的图像(并非必要);(f)用相当简短的段落进行简洁写作。

第四篇　商务信息的类型

9

日常商务信息

学习目标

学习本章后,你应该掌握以下几点:

9.1 描述日常信息传递如何影响信誉。

9.2 描述日常商务信息的形成过程。

9.3 构建任务导向的日常信息,包括申请、期望、方向、回复咨询、通知和索赔。

9.4 构建关系导向的日常信息,包括感谢、道歉和慰问。

为什么这很重要?

大部分的工作信息都是日常的。在常规信息中,你需要处理直观的信息,这些信息不需要你进行深入的分析。你会希望受众能够给予积极的反馈,而不必考虑其中存在的阻力。

许多日常信息都很简单,但并不意味着日常信息不重要或微不足道,因为它们是协作性业务行动的粘合剂。在本章中,我们讨论了日常信息形式,其中大多数与工作任务有关,比如提出请求、设定期望、提供方向、进行询问、通知信息和索赔。除此之外的一些日常信息着重于保持和促进工作场合的关系,比如欣赏他人、表达歉意和慰问。最后两种形式的信息(道歉和表达慰问)在本章中较少出现。但是,和其他信息一样,这两种信息也很直观,并且需要快速反应。

在工作场合中,你发送的日常信息在很大程度上可以影响你的信誉,特别是对于处于职场初期的人来说。你处理日常工作信息的方式将在很大程度上影响别人如何评价你的责任感、信任度、细心程度、企业忠诚度以及专业程度。

通过阅读本章案例,即关于广告公司业务经理布赖恩·阿特金斯(Bryan Atkins)一上午的工作历程,你会发现布赖恩在上午 11 点之前完成了日常信息的处理。布赖恩通常用一段话回复大部分的日常工作邮件,其实他只需要多花一点精力,像案例中那样用 3—5 段话就可以使信息表达更到位。

本章案例：Smith&Smith广告公司的日常邮件

涉及人物：

布赖恩·阿特金斯：Smith&Smith广告公司的业务经理

● 确保客户对各类广告活动满意

● 领导并协调创意团队的工作

情景1(8:00)：布赖恩申请新的服务器

布赖恩准时到达工作场地，开始准备团队每周一次的早会。会议议程之一就是购买新的服务器。他的同事安德烈娅·约翰森认为这项事务直观易懂，她希望布赖恩能够把需要购买东西的详细信息形成具体文字。

情景2(9:00)：布赖恩回复收件箱中员工和潜在客户的信件

会议结束后，布赖恩坐在电脑前查看37条新消息，主要来自同事、客户和潜在客户。布赖恩认为这些邮件都是很重要的，所以他需要花两到三个小时来回复。其中有一些邮件是特别紧急的：

● 创意团队的一个成员巴里·埃弗莫(Barry Evermore)提到，他的伙伴约翰·安德森已经完成了一份报告，现在正在等待新的任务。

● 创意团队的一个新成员约翰·安德森(巴旦·埃弗莫的同事)计划申请公司旅行，但是他不熟悉Smith&Smith公司的手续办理流程，他希望布赖恩能够进行解答。

● 一位潜在客户电邮布赖恩询问Smith&Smith公司可以提供的服务。

情景3(9:30)：布赖恩起草一个通知

布赖恩为业务经理和IT专家委员会制定政策。这个委员会刚制定了"自带设备"(BYOD)政策，他将起草一份通知让所有的员工知道这项新政策。

情景4(9:40)：布赖恩处理供应商漫天要价的问题

这个早晨，布赖恩注意到他们创意团队经常入住的一家酒店没有遵循之前的协议而漫天要价，他打算立即解决这个问题。

情景5(10:05)：布赖恩表扬他的创意团队

早上，布赖恩接听了他的客户安娜·加莱拉加(Ana Galleraga)的电话，安娜·加莱拉加是当地动物园的经理。安娜·加莱拉加说："布赖恩你好，因为你进行的广告改革让我们取得巨大成功。自从上个月开始树立广告牌并且播放广播，我们社区教育性项目的参与度有了很大的提升。顾客对我们的广告内容给予了高度评价。特向贵公司为完成此项完美工作的员工致以真诚的谢意。另外，我们想知道如何将这一理念运用到线上营销活动中。"当然，布赖恩告诉她，他们会在这一方面为她提供帮助。

情景6(10:30)：布赖恩编辑了一份简短的致歉信

一周以来，布赖恩很担心他在上周五的领导团队会议上所做的评论不当。布赖恩责备他的同事，说他们对某位客户好过对他们的员工。虽然这个客户经常提出一些无理的要求，但是布赖恩和业务经理团队的成员都没有因此而拒绝他的请求，因为这个客户几乎占据了Smith&Smith公司四分之一的收益。布赖恩将会在10:30的会议一开始就此事进行道歉。

情景7(11:30)：布赖恩慰问一位长期合作的客户

布赖恩想给一位关系密切的客户费利帕·布拉沃(Felipe Bravo)写一封慰问信。上周末，费利帕的妻子罗莎(Rosa)在与癌症长期斗争之后去世了。布赖恩和费利帕一起合作了近十年，布赖恩想对费利帕表达他最真诚的慰问。

任务：

1. 布赖恩要如何申请购买新服务器？（请看"提出要求"部分。）

2. 布赖恩如何针对巴里和约翰的近期工作情况来设定最佳组织期望？（请看"设定期望"部分。）

布赖恩要如何最有效地帮助约翰制定旅行计划？（请看"提供方向指导"部分。）

布赖恩要如何恰当地回复潜在客户来将其转化为真正的客户？（请看"回复咨询"部分。）

3. 布赖恩要如何通知新的 BYOD 政策来让同事们更快地得知重要信息？（请看"创建通知"部分。）

4. 布赖恩如何确认多出的费用已经被偿还了？（请看"提出索赔"部分。）

5. 布赖恩要如何祝贺他的创造团队完成了一项出色的工作？（请看"表达感谢"部分。）

6. 布赖恩要如何弥补他不恰当的评论？（请看"致歉"部分。）

7. 布赖恩要如何向他的客户表达慰问？（请看"表达慰问"部分。）

日常信息的形成

由于在工作日中你需要发送并且接收许多日常信息，所以你的目标之一就是要高效：你需要迅速拟定有效的信息。一个优秀的企业沟通者能够在几分钟之内完成一项信息拟定工作，尽管这些信息有时候需要好几个段落。本章案例中的信息一般需要 5—15 分钟的时间来完成。

一般来说，日常信息的拟定相比其他形式的企业信息需要的时间更少。相应地，它所需的规划和审阅时间也更少。快速地完成日常信息的撰写并不意味着我们要摒弃计划、起草和审阅的过程。

对于大多数的日常信息来说，你要能够相当快地完成 AIM 规划过程（如图 9.1 所示）。因为你通常面对的是比较直观的事件，并且信息的接受者一般都可能有积极的回应，所以你不需要花太多的时间来进行受众分析和提出一些新的观点。观点的形成就是关于辨别和收集相关的、精确的、最新的信息。不过，要避免遗漏步骤。你可以问自己一些问题，比如：信息的受众希望如何接收到这则信息？你的受众希望得到何种详细程度的信息？

最重要的计划步骤就是制定信息结构。由于日常信息很普遍，你的读者可能被许多其他的信息和任务所分散精力，所以你最大的挑战就是确保你的读者把注意力集中到你的信息上。因此，你的信息需要简洁直观。主要信息字数最好控制在 10 个词之内，并且你需要将这些信息放在邮件的主题栏里，以便迅速地获得关注。除此之外，如果你的信息由几段话组成，那么最主要的信息要在第一句或者第二句话中出现，并在最后再次点出。

在日常信息的主体部分，你要用简短的段落来提及相关的细节以确保信息的接收者能够肯定所有的信息。如果你没有提供足够的信息，这可能会导致读者难以接受，也可能导致你失去信誉。一旦你被认为提供了不完整、过于笼统的信息，你的读者将不再关注你以后的信息。

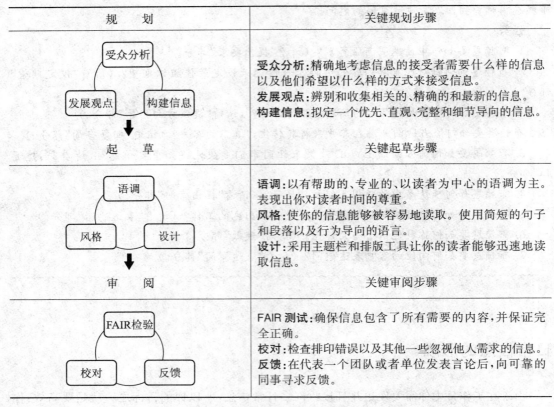

规 划	关键规划步骤
受众分析 / 发展观点 / 构建信息	**受众分析**:精确地考虑信息的接受者需要什么样的信息以及他们希望以什么样的方式来接受信息。 **发展观点**:辨别和收集相关的、精确的和最新的信息。 **构建信息**:拟定一个优先、直观、完整和细节导向的信息。
起 草	关键起草步骤
语调 / 风格 / 设计	**语调**:以有帮助的、专业的、以读者为中心的语调为主。表现出你对读者时间的尊重。 **风格**:使你的信息能够容易地读取。使用简短的句子和段落以及行为导向的语言。 **设计**:采用主题栏和排版工具让你的读者能够迅速地读取信息。
审 阅	关键审阅步骤
FAIR检验 / 校对 / 反馈	**FAIR 测试**:确保信息包含了所有需要的内容,并保证完全正确。 **校对**:检查排印错误以及其他一些忽视他人需求的信息。 **反馈**:在代表一个团队或者单位发表言论后,向可靠的同事寻求反馈。

图 9.1　日常信息的撰写过程

你在起草信息的时候,主要的目的是要采用有帮助的、专业的、以读者为中心的语调从而让你的信息能够被容易地理解。读者希望能在 10—15 秒钟的时间内理解你的主要信息,因此请使用简短的句子和段落来设计你的信息以便读者能够快速地找到你的信息。你可以采用着重号、标序号、特殊格式以及外部链接等方式来强调你的核心观点。

审阅部分的校对工作需要花上一两分钟的时间。由于商务人士每天要发很多内容可能重复的日常信息,所以他们一般不会花时间去重新阅读。要避免在没有检查的情况下就点击了"发送"。在重读的过程中,你要确定内容上是完整并且没有错误的。即使是很小的打字排版错误也可能导致你的读者不能完全理解你的信息。

考虑到日常消息是直观的且极不敏感,你通常不需要从同事那里寻求回应。但是,当你代表你的团队时,你也许需要和其他的团队成员进行交流来确保他们同意这些内容。FAIR 测试最重要的方面就是检验精确性,也就是说,确保你的信息是正确和可靠的。

案例 9.1　品质佳打字机公司回复潜在客户的来信

品质佳打字机公司的销售部门通过邮件回复潜在客户吴先生的来信。邮件正文如下:

尊敬的吴先生:

我们很高兴收到您 4 月 5 日的来信,根据您的需求描述,我们认为"**手提 95 型**"会适合您,这部打字机重 6.5 公斤,比常见的手提机稍重一些,但适合于打字量大的用途,同时也可放进打字箱内,十分便利。

更多产品详情请点击下方链接查询：http://www.pzj.com。

祝您生活愉快！

品质佳打字机公司

评述：

在回复潜在客户的来信时，品质佳打字机公司采用简洁的文字推荐了一款合适的产品，并用黑体字标出该产品型号，一目了然。

提出请求

在你的工作生涯中，请求是双向的。请求是人们一起努力工作、买卖产品和服务以及维持工作关系的本质。

对于日常请求，你希望很少或者从不收到信息接收者的拒绝。和所有的日常信息一样，日常请求应该包含清晰明确的主题流程，几乎贯穿了整个申请书。当你在发送信息之前重读的时候，你需要问问自己信息接收者是不是能够明确地知道要做什么。

对于大部分的请求来说，你需要在信息的某一个部分提供请求的合理性。由于你预期能够得到一个肯定的答复，所以你的信件不需要特别具有说服力，只需讲清原委。但是，对申请书的版面调整表现了你的专业性和对细节的处理能力。这也能够对企业起到示范作用从而保证其透明度，比如一个特定的决定是如何做出的。

日常申请的主要目标是对信息的接收者保持善意。任何人都不想被颐指气使，所以确保你采取了一种积极的、以他人为导向的语调。另外，当你和上级共事时，不要轻易设定期限。特别是在如今的组织环境当中，如果在老板面前擅作主张只会适得其反。最后，在进行请求的时候，表现出对接收者时间的尊重也是维持友好的长久方式。

案例 9.2　一封请假邮件

王明因母亲生病，通过邮件向上级李阳请假。邮件正文如下：

尊敬的李经理：

您好！很抱歉因个人私事向您申请假期。

本人的母亲因病住院，近期需要进行手术，由于家中只有父亲一人，恐难承担照顾母亲的重任，故本人想向公司申请半个月的假期，回去照顾母亲。特此申请，恳请领导批准！

申请人：王明
2018 年 4 月 18 日

评述：

邮件内容简洁明了，没有设定上级回复的期限，在与上级沟通时王明语言得体、态度诚恳，既讲清了请假的原因又体现了对上级的尊重。

布赖恩为申请新的电脑服务器草拟了两份申请书（见图 9.2 和图 9.3），这个请求是例行公事，因为安德烈娅已经口头同意了这次购买。主要的目的是使信息的传达有完整的格式，更容易被阅读。在高效的申请函当中，布赖恩请求在特定的时间范围内获得购买授权（两周之内；最好是在这周日之前）。他将申请书进行了调整，确认了有效的细节。最后，他的表达直接且不专横，这对于这封写给上司的信来说是很重要的。

Smith&Smith 广告公司

服务器 ◄—————————————————— 2015 年 6 月 22 日,周一

发件人:布赖恩·阿特金斯
收件人:安德烈娅·约翰森
抄送:珍妮·阮

> 非描述性的主题栏。

> 申请内容难以找到。

你好,安德烈娅:
　　由于我们现在的服务器容易受到数据丢失的影响,再继续使用将有可能导致系统崩溃,所以我们需要添加新的服务器。目前,我们使用的是 32 位的服务器。在不久的将来,微软将会对 Windows 2008 进行更新,更新后会结束我们这个系统的使用。如果我们不能运行最新版本的 Windows 系统,我们将在安全和技术上落后。IT 部门的珍妮·阮和我决定用最低的费用将即将过时的服务器更换成新的服务器和外部驱动器。我们希望这个服务器将会超过 Windows 2008 R2 服务器的需求,并允许未来进行扩容。这个服务器不需要购买其他设备(键盘、鼠标、显示器等)和 OS 系统。Buffalo 外部存储将会为系统内的所有数据提供可靠的后备解决办法。我们估计所有设备总共需要 3 530.11 美元来购买戴尔 Power Edge 2970、二次核心处理器(2.2 GHz),32 GB RAM(8×4 GB, 800 MHz),1.5 TB(3×500 GB)的硬盘驱动器,刻录机和双嵌入式的博通 NetXtreme Ⅱ 千兆以太网卡,RAID 5(3 031.08 美元)。我们还可以获得 Buffalo LS-XH2.0TL 2TB 的外部存储(价值 314.99 美元)。消费税大约为 184.04 美元,所以最后的总价格应该就是之前确定的那样。如果你能在周五之前授权我们购买,就能在本周末购买并且安装好,这样可以避免工作日的时候网络中断。周一每个人来上班时,网络将会变得有效和安全。

布赖恩

> 不容易在文中定位:
> 一个段落文字过多。

图 9.2　低效的日常申请书

Smith&Smith 广告公司

收件人:安德烈娅·约翰森
发件人:布赖恩·阿特金斯
抄送:珍妮·阮
日期:2015 年 6 月 22 日
主题:申请购买新服务器的权限 ◄

> 主题栏简明扼要。

> 请求被清楚地陈述并且提前。

　　请问您能够提供一项购买新服务器和外部驱动的权限吗? 我们要在尽可能短的时间内购买这些设备来确保我们信息系统的安全。我建议我们在两周之内购买新的服务器。
　　我们需要购买额外的服务器是因为一旦我们的系统出现了问题,我们的数据将会受损。目前,我们使用的是 32 位的处理器,在不久的将来,微软将会发布更新至 Windows 2008,也将终结目前正在使用的服务器。如果我们不能够使用最新版本的 Windows,那么我们将在技术上落后并且面临安全问题。
　　IT 部门的珍妮·阮和我都坚持认为需要以最低的成本更新现在的服务器和外部驱动。我们希望这个服务器将会加速满足 Windows 2008 R2 服务器的需求,并允许以后进行扩容。这个服务器不需要购买其他设备(键盘、鼠标、显示器等)和 OS 系统。Buffalo 外部存储将会为系统内的所有数据提供可靠的后备解决办法。我们对所需要的设备估价如下:

戴尔 PowerEdge 2970,二次核心处理器 2.2GHz,
32 GB RAM (8×4 GB) 800 MHz, 1.5 TB(3×500 GB)硬盘驱动器,刻录机
博通双嵌入式 NetXtreme Ⅱ
千兆以太网卡,RAID 5　　　　　　　　　　　　　　$ 3 031.08
Buffalo LS-XH2.0TL 2TB 的外部存储　　　　　　　$ 314.99
估计消费税　　　　　　　　　　　　　　　　　　　$ 14.04
估计总值　　　　　　　　　　　　　　　　　　　　$ 3 530.11

> 依据明确清晰。

　　安德烈娅,如果可能,我们希望尽快地购买设备以确保系统的安全。如果你能在周五之前给我们购买权限,我们将在本周末购买并且安装,这样可以避免在工作日网络中断。周一每个人来上班时,网络将会变得有效和安全。

> 容易定位, 每段文字较少。

图 9.3　高效的日常申请书

设定期望

　　和他人共同工作会涉及设定期望,特别是当你扮演着管理和监督的角色时,作为年轻的企业家,特别是第一次当领导者的企业家,会不太适应去指导别人做事情。他们担心超越了自己的权限并且影响下属对自己的好感。然而,设定期望直接影响到你在工作场合中的信誉和培养人际信任的能力。丹尼斯·S.雷娜和米歇尔·L.雷娜在过去几十年对许多公司中信任的本质进行了调查,他们说这与制定明确的期望有关:

> 　　缺乏清晰度的期望容易造成错误知觉和误解意图的可能性。当一个人无法达到其期望时,他们则很有可能产生一系列的情绪。
>
> 　　他们有可能感到失望、不被重视、被替代、生气或者受伤。这些结果可能会让他们觉得不被信任或者被背叛了。当人们不知道要寻找什么的时候,随之而来的将是处处碰壁、走错路、无法晋升或者是无法提薪,但是为时已晚。在这些情况下,人们将会经历从失望到感觉被背叛的一系列情绪。[1]

　　因此,尽管设定期望是一件很日常的事情,但是如果你不能做好它就会导致持续性的职业失望和工作关系的破裂。

　　设定期望有三个核心元素:描述职责、设定期限、讨论协作。描述职责意味着将特定的任务和工作结果指派给特定的员工;设定期限表示设定一个时间期限,在这个期限之前需要完成工作并且得到肯定;讨论协作表示要指导员工如何与他人交流合作。有时候,你也可以向你的监管者描述一下你自己的角色和责任。当你这么做的时候,他们会意识到你们之间互相负有责任。这也意味着当事情没有像期望的那样发展时,你偶尔需要承认自己的错误并且承担责任。

Smith&Smith 广告公司 —————— 主题栏没有体现出期望。

截止日期 ←

发件人:布赖恩·阿特金斯　　　　　　　　　　　　2015 年 6 月 22 日,周一
收件人:巴里·埃弗莫,约翰·安德森

　　巴里、约翰,见信好！你们俩将成为接下来詹森拖鞋和福里斯特眼镜这两个项目的团队领导者。从目前来看(由于我们还需要和几位客户进行洽谈,并且需要综合考虑各方面的因素),我估计截止日期会在未来的两个月。我们将会在 2015 年 7 月 10 日(周五)将詹森项目的初步构想提交给客户。然后,我们会在 8 月 5 日(周三)提交初稿,并在 8 月 21 日之前完成终稿。对于福里斯特,我们打算在 7 月 17 日(周五)提交初期构想,在 8 月 14 日提交初稿,并在 9 月 2 日(周三)完成终稿。我们非常重视这些新客户并且希望能够和他们有更多的合作,所以你们俩需要抓紧这件事并且投入其中。今天下午 3 点到我的办公室,我们一起探讨更具体的细节。布赖恩

发号施令的语调。　　　　　　　　　　　　　　　　导向不明确:
　　　　　　　　　　　　　　　　　　　　　　　　截止日期隐蔽。

图 9.4　低效的期望设置范例

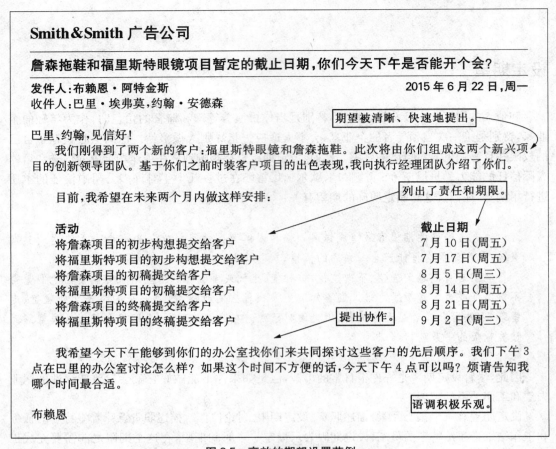

图 9.5 高效的期望设置范例

注意图 9.4 和图 9.5 低效和高效期望信息之间的差异,在这两个图中,布赖恩为他的两个下属巴里和约翰分配了新的任务并且设定了期限。低效的案例违背了日常信息的要求,因为它没有在一开始的时候清晰地表明主要信息,同时也难以阅读。在高效的信息中,巴里和约翰能够在几秒钟之内迅速地捕捉到信息,他们能够迅速地对信息进行加工并且理解自己的职责、期限以及如何与新主顾合作。

提供方向指导

日常信息的另外一种常见的方式是为他人提供方向。提供方向的信息和设置期望的信息有很多相似之处。提供方向和设置期望最主要的区别是:为了完成特定的任务从而提供方向,主要包括具体的步骤指导。

由于描述步骤是很明确的,所以无效的细节就会让你的读者感到困惑。对日常事件来说,你通常会仔细回顾自己的工作并确保它的完整性。对于更加具有技术性和更复杂的流程来说,要保证有几个人一起来检测这个流程以确保你能够更好地阐明所涉及的步骤。

　　在带着流程和方向指导的信息里，每一个步骤都会被清楚地列出，这能够帮助你的读者沿着流程的轨迹完成任务，需要注意的是，在一个段落当中描述各个步骤是很难被理解的。

Smith&Smith 广告公司　　　　　　　　　　非描述性主题栏。

旅行 ←

发件人：布赖恩·阿特金斯　　　　　　　　　　　2015 年 6 月 22 日，周一
收件人：约翰·安德森　　　　　　　　语调漫不经心、草率，使用消极的语调让消息没有人情味。

　　这个流程相当的简单。一旦确定去旅行（我已经确认了），旅游许可证（T/A）是必需的。表格需要你的直接上司填写并且签名。然后把这个表格交给人力资源部。这份表格将会被直接送到旅游代理机构，他们会联系你来设定你的行程。在旅行之后，收据需要返还给人力资源部，我们大约在 10 天左右给予报销。希望能够帮助到你。

图 9.6　低效的指导

Smith&Smith 广告公司　　　　　　　　　　方向清晰明确。

旅行安排的流程

发件人：布赖恩·阿特金斯　　　　　　　　　　　2015 年 6 月 22 日，周一
收件人：约翰·安德森

约翰，
　　如果你想要完整的信息，可以到人力资源内网入口的旅行版块查询。你能够立刻找到所有你所需要的内容。
　　以下是从人力资源内网上找到的几个基本步骤，斜体字部分是我的个人意见。
1. 完成"旅游许可证"（T/A）表格，需要得到你直属上级的同意并签字。（*我就是你的直属上级，你能够在后面的这个链接当中找到最新的表格：T/A 表格*）
2. 将 T/A 表格提交到人力资源管理部门，人力资源部同事会直接将表格送到指定的旅游代理机构。（*目前我们指定的旅游代理机构是：Dawson 旅行公司*）
3. 旅游中心的代理人将会直接和你联系并且和你一同制订你的旅行计划。旅行中心会将你的机票、住宿和租车费在内的账单直接发送到我们公司。
　　（*你需要立马来做这件事。如果你能够及早确定，那么你可以选择常坐的航班，否则在同样的预算下，距离旅行不到两周再订机票的话，你只能选择打折航班*）
4. 在旅行过程中注意保留杂费的相关收据，行程结束后交至人力资源部报销。你可以报销这些杂费以及每天的饭贴。
　　（*确认哪些发票根据公司政策是能够报销的，以及你每天的津贴是多少。*）
　　希望以上内容能够帮助你顺利开启你的旅行计划。如果在填写 T/A 表格的过程中有任何问题，你可以寻求人力资源部的帮助。填好表格后告知我，我会立刻签名。
布赖恩
　　　　　　　　　　　　　　　　　　　　　　　语调专业并且有帮助。

图 9.7　高效的指导

　　注意图 9.6 和图 9.7 之间低效信息和高效信息的差别，这两条信息是布赖恩给约翰关于如何进行公司旅游安排的指导。图 9.6 中低效的信息带有无用的和不关心的语调，几乎是用消极的语言，有点唐突并且没有仔细解释细节。许多读者会解读出"我没有太多时间浪费在你身上"的

元信息。在图 9.7 这个高效信息的范例里,布赖恩提供了信息的指导,提到人力资源政策,并且加入了他自己的评论作为附加的指导和技巧。他也告诉约翰如何获得更多的信息。实际上,布赖恩本可以直接写"请查看人力资源内网入口",但是,这条更高效的信息,仅仅需要 3—4 分钟来写,就能表现出布赖恩非常愿意帮助约翰。许多读者能够解读出"我希望尽我所能帮助你"的元信息。

回复咨询

与他人一起工作的本质包括请教他人或者解答别人的问题。回复他人咨询最重要的策略之一就是将各个问题分解开来,以便你的读者能够快速地分辨出你对各个问题的回答。你通常可以使用着重号、序号和/或其他特殊的格式(加粗或者斜体)来加以区分。当在选择着重号或者是序号的时候,要考虑条目的顺序是否重要。如果顺序很重要,那就用序号的方式,否则可以用着重号。另外,你可以提供常见问题的链接或者是其他一些相关的网页以便读者获得额外的更加详细的信息。

收件人: 乔尔・扬[joel.yang@doityourselfsports.com]

主　题: 回复:关于广告的问题

乔尔,你好:

　　很感谢你与我们 Smith&Smith 公司联系。在我们的网页上能够找你的所有问题的答案(Smith&Smith 网站)。总的来说,你应该会发现,我们的费用和其他代理机构相比是很有竞争力的。更重要的是,我们有大量的投资回报率记录并能够帮助你追踪数据。同时,在过去的 15 年间,我们公司在所有形式的线上广告方面都走在市场的最前沿。我们在小公司的收入增长和扩张方面都给予了很大的帮助。请查看以下我们公司在线广告的网页案例:Smith&Smith 在线广告和社交媒体。我们可以找个你方便的时间和地点碰面。这周二下午的 2 点—4 点、周三上午的 9 点—11 点 30 分以及周四的上午和下午我都有时间。请告知我你哪个时间最方便。

布赖恩 | 邮件回复层次不清:一段话里面包含了所有问题的答案。

发件人: 乔尔・扬[joel.yang@doityourselfsports.com]
发送: 2015 年 6 月 22 日,周一,上午 8:34
收件人: 布赖恩・阿特金斯[bryanatkins@smith+smith.com]
主题: 关于广告的问题

　　布赖恩你好,我联系过安德烈娅・约翰森,与她探讨了一些关于广告设计的事情。她建议我直接联系你。基本上,我对你采取不同广告不同价位的方法很感兴趣。最近我们决定进行商业模式变更,将原有的一半店面用来销售最新的运动器材。因此我们想对此进行广告宣传。虽然我们已经初步设计了室内广告,但我觉得很外行。又基于预算经费的考虑,希望你们公司能帮我们量身打造一个性价比高的线上广告。所以,我想了解你们的价格和其他的广告公司相比是否有竞争力? 你们有在线广告的专家吗? 社交媒体方面呢? 我们何时可以见面来谈一下你能提供的广告和服务?

非常感谢。乔尔

图 9.8　低效的回复咨询

收件人：乔尔·扬[joel.yang@doityourselfsports.com]

主　题：回复：关于广告的问题回复；为会面安排时间

乔尔，你好：

　　很感谢你能跟我们联系。我希望能见面详谈一下，以加深我们对贵公司的营销和广告需求的理解。大概 15—30 分钟的时间，相信我会给你一个满意的答复。

　　我们公司的网站（Smith&Smith 网站）可以对你的问题进行逐一解答。我在下面也给出了简要的答案和包含更多信息的网页链接。

和其他广告公司相比，你们的价位如何？

　　我们的价位和其他公司相比是极富竞争力的。更重要的是，我们对投资回报率有很好的记录，可以帮助你跟踪数据。我们在品牌建设方面也很专业，这一点对你很重要，因为你们想调整商业模式经营新的运动器材。在下面这个链接中有我们为客户设计的 10 个案例研究以及他们通过广告所获得的回报：Smith&Smith 案例研究。

你们有线上广告的专家吗？在社交媒体方面如何？

　　是的，在过去的 15 年间，我们公司在所有形式的线上广告方面都走在市场的最前沿。在帮助小企业增加收入和扩张方面，我们公司很有经验。看下面关于我们公司在线广告案例的网页：Smith&Smith 在线广告和社交媒体。

我们什么时候能够碰面来谈谈你能够为我们提供什么？

　　在你认为合适的时间和地点。我也很希望能够到你的办公室拜访。这周，我在以下的时间段有空：

周二：14:00—16:00

周三：9:00—11:30

周四：9:00—11:30，14:00—16:00

　　请告知我哪一个时间段最适合你。你可以随时直接给我打电话。

布赖恩

布赖恩·阿特金斯
业务经理
Smith&Smith 广告公司
803-777-1848

对每一个问题有特定的解答。

能够根据标题快速找到答案。

图 9.9　高效的询问解答

　　注意图 9.8 和图 9.9 分别是布赖恩对顾客关于广告问题的低效和高效的解答。图 9.8 展示了低效的回答，布赖恩将所有的回答都糅杂在一个段落当中。（最先被问及的一个问题被放在了回答的结尾。）图 9.9 展示了高效的回答，布赖恩将一个问题放在不同的部分来回答并且用黑体字进行了突出。通过这种方式构建的邮件能够帮助读者快速便捷地找到不同的问题。他还附上了含有更多相关信息的网页链接，并表达了他希望面对面交谈的意愿，这样他可以用更丰富的渠道来回答问题。

创建通知

　　企业行政主管和管理者常常需要发布通知。通知是对政策、流程、活动注意事项和其他通信等的更新信息，主要对象是一组员工和/或特定顾客，是一对多形式的信息。

　　由于通知的受众很广泛（通常是通过电子邮件或者是公司内网邮件），许多雇员和客户会忽略掉。为了防止员工和顾客错过通知，标题栏必须要详细并有趣，特别是关于活动的通知，要保证读者可以在 10—15 秒钟之内收集到所有相关的信息，因此，排版设计特别重要。

备忘录

收件人：Smith&Smith 广告公司员工
发件人：布赖恩·阿特金斯
日期：2015 年 6 月 22 日
主题：新政策

> 信息不完整（没有主要日期）、难以阅读、语调不够热情。

　　我代表技术委员会向大家宣布关乎员工切身利益的新政策。在保证公司信息系统安全的前提下，我们自带电脑的新政策的实施可以使得工作更加便利。这些政策会在下周生效。

　　BYOD 政策可以让员工更方便地使用移动计算机工作。自带手机的员工可以得到高达每月 75 美元的话费补贴（之前的上限是每个月 30 美元）。我们认为这个额度可以准确地反映许多员工进行公司工作时所承担的沟通交际压力。同时，有几项政策针对使用自己的电脑工作产生的费用进行了说明。S&S 会为员工使用台式电脑、手提电脑、平板电脑或者其他主要用于工作目的的移动电脑设备给予最高每年 1 200 美金的补贴。一个好消息就是任何没有被使用的资金都能够累积到下一年使用。最后，S&S 的员工必须通过服务台使用新的票据系统来提交所有的报销申请。

　　同时我们还采取了新的安全措施，提升公司信息安全性能。包括手机在内的所有设备，都需要进行联机注册。此外，员工要每 6 个月更新一次 S&S 内网的登录密码。你的上司会持续向你推送最新的政策信息，而关于新政策的所有详细内容都可以在网站上查阅。

图 9.10　低效的通知

备忘录

收件人：Smith&Smith 广告公司员工
发件人：布赖恩·阿特金斯
日期：2015 年 6 月 22 日
主题：关于带自己的设备来工作的新政策（BYOD）

> 信息完整且易于阅读；大部分读者能够在15秒钟之内获取所有重要信息；原理简洁明了；语调积极且有帮助性。

　　从 2015 年 7 月 1 日开始，一些新的 BYOD 政策将会生效，员工能够使用移动设备和选择家用电脑设备，并且还能确保信息更加安全。

　　这些新政策由 IT 经理和项目经理组成的委员会制定，并在 2015 年 6 月 19 日经经理团队通过。

支持移动和家用电脑设备的新政策
- 对语音/数据计划的补贴：使用自己的手机工作的员工将会因为语音/数据计划得到每月最高 75 美元的补贴（之前的上限是每个月 30 美元）。
- 对移动设备和家用电脑的补贴：S&S 会为员工使用台式电脑、手提电脑、平板电脑或者其他主要用于工作目的的移动电脑设备给予最高每年 1 200 美金的补贴。任何没有被使用的资金都能够累积到下一年使用。
- IT 支持：S&S 的员工必须通过服务台使用新的票据系统来进行所有的申请。IT 支持在每周一至周六的上午 8 点—下午 7 点可用。

新的安全政策
- 登录所有的设备：所有的设备——包括移动电话——现在都要求要注册登录。
- S&S 内网密码更新：员工需要每 6 个月更新一次。密码必须包含至少 8 个字符，其中至少一个字母、一个数字和一个特殊符号。

　　你的上司会持续向你推送最新的政策信息，而关于新政策的所有详细内容都可以在 S&S 内网"电脑"模块处查阅。

图 9.11　高效的通知

在关于自带电脑设备的通知中（见图 9.10），布赖恩虽然已经涵盖了大部分的信息，但是行文冗长，层次不清。他忽略了一些重要的信息，比如日期。忽略了日期在通知书写中是很常见的错误。并且大部分这种形式的通知（新政策）都应该运用温和的语调，除此之外，我们在描述好消息时，应运用活泼又富有激情的词汇。这样的通知对新员工而言有积极作用。布赖恩的高效通知（见图 9.11）在简要的表格中展示了完整的信息，合适的排版让员工能够在大约 15 秒的时间内抓住所有有效信息，同时其包含了更多积极的、邀请性的语言。高效的通知之所以比低效的通知好是因为它对信息进行了分组和排版，布赖恩通过额外花 5—10 分钟的时间来细心地组织语言确保了员工能够更好地理解新政策。

提出索赔

索赔是指让其他公司对它们所犯的错误进行补偿或者纠正的要求。和其他的申请一样，你首先需要阐明你要求索赔的是什么以及你希望这个公司为你做什么。同时，你还需要在消息的主体部分为你的投诉提供证据，并在文末提出他们回应的一个具体要求。

你在写索赔申请的时候，请始终记得你的目标是让你的索赔兑现。要先基于现实，而后关注情感。如果可以，请不要带有情绪，并且要为你的申请列出有逻辑性的、有理有据的、专业的解释，带有情绪的索赔很有可能被拒绝。另外，请记住你很有可能还会和这些人共事，所以，请保持礼貌以便维持长期的工作关系。

在布赖恩写给 Prestigio 酒店关于账单错误的低效的索赔请求中（图 9.12），像"你没有兑现""多收了"等句子是多余的，而且可能会表达出对杰夫不公正意图的质疑。这条消息使得受众首先关注到的是你愤怒的情绪，其次才是你求偿的目的。像"请立即关注这件事情"这类唐突的语言容易让对方误解为粗鲁。高效的索赔要求（图 9.13）很好地平衡了"直接"和"礼貌"。布赖恩对多收费这件事采用了客观的描述来证明索赔的合理性，并且提供了协议的附件。他有礼貌地提出要求对账目进行调整并且称赞了酒店出色的服务。在书写索赔信息以及其他形式的信息时，你可以使用语音识别软件（VRS），在本章的"技术小贴士"中我们会进行讨论。

收件人： 杰夫·安德顿 [jeffanderton@theprestigiohotel.com]

主　题： 请及时更正酒店住宿的账单错误

杰夫你好：

　　我很不满你没有兑现我们之间的承诺。我们的年度协议中有明文约定我们员工在贵酒店的住宿费为每晚 124 美元。在过去的两个月，我们的两位员工以每晚 169 美元的价格在 Prestigio 住了 15 晚。通过我的计算，贵酒店多收了我们 675 美元。另外，我们所付的较高的税费也需要进行微调。

　　请立即关注这件事情并且退还多收的部分费用。非常感谢。

布赖恩

> 责备和命令的语调。

图 9.12　低效的索赔要求

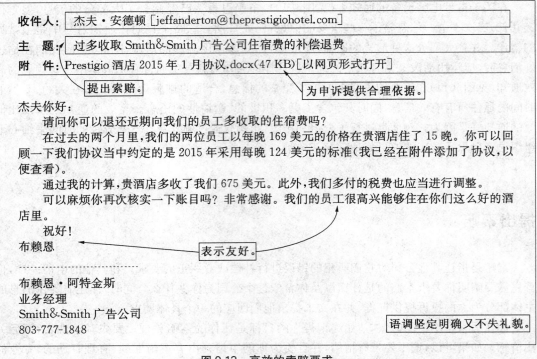

图 9.13 高效的索赔要求

表达感谢

所有的员工都希望能够得到他人的欣赏。遗憾的是,民意测验显示员工向他人表达感谢的次数比起之前的明显减少。只有10％的员工说他们的上司每天都对他们给予肯定,超过半数(55％)的员工说他们的上司从来没有、极少,或者是偶尔表示感谢。[2]

真诚的感谢能够帮助商业目标的达成,同时可以增强工作关系。在纽约一家著名的公关机构工作的约瑟夫·昂戈科(Joseph Ungoco),认为感谢信帮助他们机构维持良好的工作关系,并且迎来了很多"回头客"。他通常在48小时之内用手写信函的方式向他的合作伙伴和客户表达感谢。[3]

感谢信在礼节上有很大差异。对顾客和客户的感谢信或者是特殊场合的感谢信更加需要礼节,而对你每天看到的同事和其他人的感谢相比就没那么正式,而且不要给人过头的感觉。在任何一种情况中,感谢信都有几个规范的组成部分。感谢信应该以表达感谢的语言为开头,提供表达感谢的合理依据,并在结束时表达善意。

感谢信要真诚、简洁、温暖并且要亲自编辑。为了表达你的真诚,要以信息的接受者为中心。感谢信在任何情况下都不能以自我为中心;要谨慎地陈述关于你自己的事项,以避免偏离了你要表达感谢的这一主题。

在工作场合,表达感谢会帮助你建立联系,但是要注意适度,避免过犹不及。首先,读者会把这种过度的感谢视作不真诚,其次越界会让他们感觉不够专业。

　　注意看图 9.14 和图 9.15 中布赖恩给他们团队写的高效感谢信和低效感谢信的区别。在低效的例子中,夸张和过度的语言表现出其不专业或不真诚(例如:"极好的工作""我很幸运"和"你们都是最棒的!")。同时,这封信包含了太多关于布赖恩的信息,还暗示了他的行为值得被感谢(获得新的项目,准备庆功宴)。在高效的案例中,布赖恩完全关注团队,他在专业的范围内表达了感谢。

Smith&Smith 广告公司

致谢

发件人:布赖恩·阿特金斯　　　　　　　　　　　　2015 年 6 月 22 日,周一
收件人:乔治·埃尔南德斯;丹·奥茨;珍妮弗·艾肯斯;瑞安·道格拉斯

大家好:

> 表现出了过度夸张的感谢。

　　我认为你们在动物园项目当中完成了一项极好的工作! 我刚刚和安娜通过电话,我们谈到了这个项目是如何取得如此巨大的成功的。我发现参加动物园特殊教育项目的人都有了显著的能力提升。在通话中,他们口头承诺我,在线活动将由我们来继续完成! 我很幸运能够和这么出色的一群人共事。你们都是最棒的!

　　为了表达我对你们的感谢,我预定了这周五在 Harper 牛排餐厅的午餐。这是我在这个城市最喜欢的牛排餐厅,我相信你们都会喜欢的! 再次谢谢如此出色的你们! 布赖恩

> 语调以自我为中心并且自我吹嘘。

图 9.14　低效的感谢信

Smith&Smith 广告公司

动物园项目圆满完成——周五午餐一起庆贺

发件人:布赖恩·阿特金斯　　　　　　　　　　　　2015 年 6 月 22 日,周一
收件人:乔治·埃尔南德斯;丹·奥茨;珍妮弗·艾肯斯;瑞安·道格拉斯

乔治、丹、珍和瑞安:

> 表达感谢。

　　你们好!
　　动物园项目圆满完成! 你们举办的广告牌和广播活动都很成功。
　　我刚刚和安娜通过电话,他们喜欢这些广告,因为这些广告给他们带来了积极影响。她提到,参加他们社区教育项目的人越来越多。并且,她希望由我们公司为他们完成在线广告。
　　让我们一起庆祝吧! 我已经代大家预约了这周五的午餐。具体如下:

> 提供依据。

地点:南街主道 451 号 Harper 牛排餐厅
时间:6 月 26 日(周五)中午

再次感谢!

> 表示善意。

布赖恩

> 语调以团队为中心。

图 9.15　高效的感谢信

致歉

　　尽管同事之间的初衷往往是好的,但是可能有时候成员也会感到不开心。不同的交流风格、性格冲突和不经心的评论通常是导致个人冲突的原因。高情商的商务人士通常会注意自己的行为将如何影响他人,当他们有意或者无意地伤害了别人,他们会马上寻找改善工作关系的办法。在一些情况下,致歉是一种恰当的处理方式。

　　然而,并不是所有的致歉都是好的。就像管理沟通专家霍利·威克斯(Holly Weeks)所说的那样:"在这个讲合作的世界里,致歉不仅仅是一句'对不起。'那么简单。致歉得当,不仅可以促进信任还可以增进关系。致歉不当,则会让之前的错误更严重,有时候还会带来灾难性的后果。"[4]

案例9.3　美联银行公开致歉

　　2005年6月,总部设在美国北卡罗来纳州夏洛特市的美国第四大银行——美联银行,向美国人(尤其是美国黑人)发出了一份公开道歉信。起因是这家银行被曝光了一段不光彩的历史:美联银行的前身,曾在美国南北战争前奴役过黑人。按照美国人如今的价值观,假如美联银行不就此事公开说明和道歉,一定会遭到媒体和舆论的强烈攻击。现今的美联银行和过去的美联银行根本是两回事,但在媒体和舆论没有发难之前,美联银行先发表了一份公开信:"尽管我们无法弥补过去造成的伤害,但我们将从中吸取教训,并推动社会对美国黑人进一步了解,包括他们独特的斗争和胜利成果,以及他们为美国做出的贡献。"美联银行的这一主动道歉举动,成功地避开了不必要的舆论风波,赢得了客户的好感和信任。

评述:

　　美联银行本来可以说目前的自己和历史无关,但它选择了主动道歉,这让储户、客户、舆论相信它的诚实,更放心把钱存在它的银行里。

　　高效的致歉能带来许多好的结果。首先,它能够帮助修复工作关系,这样你们就可以继续共同关注于解决问题。其次,致歉能够重建你的声誉,因为你冒犯了别人或者做错了什么而伤害到别人,你的可信度将会被削弱,你的能力、关怀和/或个人品格都会被质疑。[5]

　　致歉主要包括以下几个因素:承认错误或对他人的冒犯,表达对他人造成伤害的懊悔,承担自己应负的责任并且承诺这种冒犯不会再发生。有效的致歉应该要及时并且真诚。

　　当致歉表达得模糊或者是陈腐时,其产生的效果是不尽如人意的。有效的致歉会让人感知到致歉人是真诚的并且是毫无保留的,必须要以他人为中心,而非你个人。在致歉的过程中,如果被致歉人把一些行为理解为防御性的,那么他就会怀疑致歉人的真诚。[6]

　　在致歉之前,考虑一下商业牵连。如果你的对象是客户或者顾客,致歉反应的是法定的责任。对于严重的事件,你需要寻求公司法律顾问的帮助。从内部来看,致歉有可能成为绩效评估或者是某些文档中的永久记录(在少数情境中出现)。因此,你需要考虑致歉给你的公司或者是你的职业带来的潜在成本。然而,通常来说你因为日常的一些失误和冒犯而致歉,对你的公司和职业几乎没什么影响,它还有可能恢复或者是提高你的公司和你个人的可信度。

　　注意看布赖恩在图 9.16 中为他在会议上不公平的表述所做的致歉。致歉包含了基本的要素：承认、懊悔、责任和承诺。它简单易懂、真诚并且有远见。认识布赖恩多年的同事会很乐意快速接受道歉并且重新高效地回到共同的工作当中。

　　"大家早上好！我想花一些时间来道歉。在上周五的行政管理会议上，我提出了一些不公正的言论。"

　　"我抱怨你们对客户的关心高于对我们员工的关心。我也说到你们让员工在周末和晚上加班，因为你们从来不想对客户说'不'，尽管他们提出了不合理的要求。"

> 承认错误。

　　"这种说法是不准确的，也是不公正的。我和你们每个人都相识多年，我确定你们每个人都很关心我们的员工。"

> 表达愧疚。

　　"整个周末，我都在思考我自己的言论。我为我们——包括我自己——屈服于一些客户不合理的要求而感到沮丧。我认为我们最终导致了员工承压过重。我很抱歉将这种客户要求带来的困扰指向了你们。"

> 承担责任。

　　"我希望我们能够找时间讨论一下当我们认为客户的要求不合理的时候，要如何与他们进行协商。就我自己而言，我会避免任何责备。我当然也很希望听到你们的见解，不同视角的观点以及建议。"

> 承诺避免这样的行为在今后发生以及如何有效地解决。

图 9.16　致歉信

技术小贴士

语音识别软件

　　在过去十年里，语音识别软件（VRS）的准确性和操作便利性有了很大的提升。你可以使用这个软件将想法快速地转变为文本形式，让你能够更高效地进行日常复杂信息的书写。你可以使用独立的 VRS 软件（比如 Dragon NaturallySpeaking、ViaVoice）或者将这个软件安装在你的操作系统中（比如微软 Windows 系统）。

　　当你使用语音识别软件进行商业信息的书写时，记住以下几个小窍门：

　　花时间去学习软件，提高准确性。你通常需要一些初期的训练，以便这个软件能够更准确地识别你的语言。你能够在 15—30 分钟之内训练这个软件，让它识别你的声音。随着时间的推移，你可以添加一些相关领域你经常使用的专业术语。

　　使用语音识别系统来规划和草拟你的文件。大部分的人不能够迅速地把想法全部记下，特别是在头脑风暴时，你一直在苦思冥想各种建议。如果使用了语音识别系统，你就更有可能把所有的想法都以文本形式记录下来。

使用 VRS 进行日常信息记录。由于大部分的日常信息都相当直接并且能够迅速地拼凑，你能够通过使用 VRS 来节省时间。尽管你每则消息只节省了几分钟时间，但由于信息量较大，每周节约的时间有可能累计到好几个小时。

在发送消息之前要进行检查。VRS 并不完美。它不可避免地会犯错误，所以你需要认真检查来提高准确性。你需要检查你的信息以保证正确的格式和适合书面沟通的语调。许多商务人士发现在使用 VRS 时，平时说话的方式会导致他们使用比较不正式的语言和需要非语言暗示的短语。

表达慰问

当你的同事或者是其他一些工作上有联系的人遭遇了个人挫折——比如生病或者是其爱人去世——你提供真诚的慰问是很有必要的。尽管你和他人只是简单的商务往来，但是表达慰问、关心和支持依然能够帮助他们缓解伤痛。

表达慰问最重要的要求就是要真诚。这些坎坷的出现对当事人而言是人生的挑战，生活可能因此而变得很糟糕。你可能会觉得不知道说什么、怎么说比较好。你真诚的关心将会弥补你的词穷，同时你需要尽可能把慰问表达得简单一些。如果有人去世，你要向家属表达支持和关心。提到逝者时要恰当地称呼他以及你对他的好印象。如果可能，在一张美观的卡片上写下你的慰问（图 9.17 是慰问信的范例）。阅读关于企业沟通中常见问题的问答范例，了解如何传递所有形式的日常信息。

最深切的慰问

亲爱的费利帕：

我很遗憾听到罗莎上周去世的消息。请接受我对你和你孩子这段时间失去亲人的最深切的慰问。

费利帕，如果有什么我能够帮助你走出这段困难时光的，请告诉我。我一直挂念着你。

布赖恩

图 9.17　表达慰问

沟通知识问答

与商务专业人士的对话

奥布里·马歇尔（Aubrey Marshall）：在线零售商起家，2004 年在 SouthernFabric.com 上向缝纫衣服的人出售纤维织物和缝纫用品。她 70% 的产品销往美国，其余的销售主要在加拿大和澳大利亚。

彼得·卡登:你的大部分顾客是如何与你联系的？他们联系你是因为哪一类的事情呢？

奥布里·马歇尔:我们和顾客主要是通过类似电子邮件的在线信息系统来取得联系的。大部分的顾客对价格、数量、可用性、产品一致性、产品质量、航运时间和基础缝缝查询感兴趣。有一些顾客仅仅想要感谢我们的产品。另外一些人告诉我们价格太高,或者是对我们的运费产生质疑,等等。我发现顾客希望立马得到回应。我的员工都受过训练来回答以细节为中心的信息。员工们对所有人都很有礼貌,尽管顾客有时提出不正当的要求或者是评论。

彼得:你可以再告诉我你回应顾客信息的基本原则吗？

奥布里:我们每天要回复好几百位顾客的信件。回答客人问题的员工是极具批判思维的。回复他们的信件必须清晰、准确、友好。我们尽力保持专业性,并且在结尾致敬或者写上"真诚地"。对于错误,我们会尽量在信件的开头表达我们最深的歉意并且给出几个可选方案来补偿这个问题。我们知道不管我们说什么或者做什么,顾客都可能感到苦恼不安。我们只好厚着脸皮,然后继续努力地帮助下一位顾客。

彼得:你如何在信件中表达感谢？这会带来多大的不同呢？

奥布里:在顾客购买我们的产品后,我们会给每一位顾客发一份专属的信,感谢他们的购买并且提供包裹的物流信息。我们还会让他们给予反馈并留下我们的电话号码,如果他们有任何问题都可以直接联系我们。

彼得:社交媒体平台对你的企业来说有多重要呢？

奥布里:我们依靠这些平台来获取顾客的信任,我们能够使用 Facebook、Pinterest、Instagram、推特、谷歌＋和 YouTube 等平台。我们还可以写一些博客来与顾客分享如何使用我们的材料。我们发现社交网络工作已经成为了公司的主要推动力。我们跟所有一同工作的供应商以及设计师们取得了联系。我们进行了许多有奖竞猜活动,让更多人参与进来。我们渐渐意识到社交媒体为我们的市场扩张产生了巨大影响。我们不得不经常发布顾客感兴趣的内容。

彼得:对于年轻的专业人员,在进行有效的日常沟通方面,你会给他们哪些总结性的建议呢？

奥布里:不管是来自电子邮件还是信息系统的供应商信息,都应该始终优先处理。每天都花一些时间来回复,永远不要走捷径,要认真地回复每一封信件。如果顾客感觉到你没有耐心、真诚地回答他们的问题,你会难以想象你错失了多少商机。我同样认为你应该训练员工的回复方式,好的回复方式能够促进新的商机。这并不像你想的那么简单,你需要花时间与员工来探讨如何最好地答复各种不同形式的日常信息。

本章小结

学习目标 9.1:描述日常信息传递如何影响信誉。

传递有效的日常信息能够提升你个人信誉。

当你知道如何处理日常信息任务时,这展现了你的能力。	当你能对他人承担责任并且对他人的时间表示尊重时,这展现了你的关怀。	当你兑现自己的承诺和代表公司作出承诺时,这展现了你的品格。

学习目标 9.2:描述日常商务信息的形成过程。

日常信息的组成	
● 概述主要信息(10 个词以内)。	● 用更详细的词语来复述请求或者核心信息。
● 在段落中通过 20—80 字来提供详细信息。	● 表达善意。

学习目标 9.3:构建任务导向的日常信息,包括申请、期望、方向、回复咨询、通知和索赔。

建立日常商业请求

申请的组成部分	
● 申请。	● 提供合理性。
● 行动号召。	● 表达善意。

见图 9.2 和图 9.3 关于商业请求的案例。

设定日常期望

期望的组成部分		
● 解释总体期望。	● 描述职责。	● 说明截止日期。
● 讨论协作。	● 表达善意。	

见图 9.4 和图 9.5 关于期望设定信息的案例。

建立日常的指导信息

方向的组成部分		
● 陈述目标。	● 给出步骤指导。	● 表达善意。

见图 9.6 和图 9.7 关于方向的案例。

组织对日常咨询的回应

咨询回应的组成部分	
● 提供解答。	● 表达善意。

见图 9.8 和图 9.9 中关于应答的案例。

日常通知拟定

通知的组成部分		
● 获得关注。	● 发布通知。	● 提供细节。
● 行动号召。	● 表达善意。	

见图 9.10 和图 9.11 关于通知的案例。

进行索赔

索赔的组成部分			
● 提出索赔。	● 提供依据。	● 要求付诸行动。	● 表达善意。

见图 9.12 和图 9.13 关于索赔的案例。

学习目标 9.4:构建关系导向的日常信息,包括感谢、致歉和慰问。

感谢信的组成部分		
● 表达感谢。	● 提供依据。	● 表达善意。

见图 9.14 和图 9.15 关于感谢信的案例。

组织致歉

致歉的组成部分		
● 承认错误。	● 表达悔意。	● 承担责任。
● 提供承诺。	● 表达善意。	

见图 9.16 关于致歉的案例。

进行慰问

慰问信的组成部分		
● 表达慰问。	● 提供支持。	● 表达善意。

见图 9.17 关于慰问信的案例。

讨论练习

9.1 章节回顾问题(学习目标 9.1、9.2)

A. 描述日常信息的 AIM 规划过程。

B. 解释检查日常信息的重要性。你需要考虑哪些东西?你的主要目的是什么?

C. 思考不同形式的日常信息能否有更好的架构。

9.2 沟通问答(学习目标 9.1、9.2)

A. 奥布里·马歇尔是如何进行她的日常交流的?

B. 她认为电子形式的沟通有什么利弊?

C. 你认为哪一部分的信息或者建议是最重要的?

测评练习

9.3 评价日常请求(学习目标 9.3)

A. 对比图 9.2 和图 9.3 中关于新设备申请的低效和高效的例子。辨别出布赖恩改进信息的三个方式。

B. 你如何看待高效的信息能够影响工作结果?

C. 你如何看待高效的信息能够影响工作关系？

D. 你会做哪两个改变来改进高效申请的例子？

9.4　评价日常期望信息（学习目标 9.3）

A. 比较布赖恩对巴里和约翰新计划期望的低效和高效的例子（见图 9.4 和图 9.5）。辨别布赖恩改进信息的三个方式。

B. 你如何看待高效的信息能够影响工作结果？

C. 你如何看待高效的信息能够影响工作关系？

D. 你会做哪两个改变来改进高效期望信息的例子？

9.5　评价日常指导信息（学习目标 9.3）

A. 比较布赖恩关于安排公司旅行指导的低效和高效的例子（见图 9.6 和图 9.7），辨别出他改进信息的方式。

B. 你如何看待高效的信息能够影响工作结果？

C. 你如何看待高效的信息能够影响工作关系？

D. 你会做哪两个改变来改进高效指导信息的例子？

9.6　评价日常询问（学习目标 9.3）

A. 比较布赖恩对客户询问的答疑的低效和高效的例子（见图 9.8 和图 9.9），辨别出他改进信息的三个方式。

B. 你如何看待高效的信息能够影响工作结果？

C. 你如何看待高效的信息能够影响工作关系？

D. 你会做哪两个改变来改进高效询问信息的例子？

9.7　评价日常通知（学习目标 9.3）

A. 比较布赖恩关于公司新电脑政策通知的低效和高效的例子（看图 9.10 和图 9.11），辨别出他改进信息的三个方式。

B. 你如何看待高效的信息能够影响工作结果？

C. 你如何看待高效的信息能够影响工作关系？

D. 你会做哪两个改变来改进高效通知的例子？

9.8　评价日常索赔（学习目标 9.3）

A. 比较布赖恩关于对 Prestigio 酒店收费索赔的低效和高效的例子（见图 9.12 和图 9.13），辨别出他改进信息的三个方式。

B. 你如何看待高效的信息能够影响工作结果？

C. 你如何看待高效的信息能够影响工作关系？

D. 你会做哪两个改变来改进高效索赔信息的例子？

9.9　评价日常感谢信（学习目标 9.4）

A. 比较布赖恩给他的员工写的低效和高效的感谢信（看图 9.14 和图 9.15），辨别出他改进信息的三个方式。

B. 你如何看待高效的信息能够影响工作结果？

C. 你如何看待高效的信息能够影响工作关系？

D. 你会做哪两个改变来改进高效感谢信的例子？

9.10　评价日常致歉（学习目标 9.4）

A. 检查布赖恩在图 9.16 中的致歉。你如何看待这个致歉对工作结果的影响？

B. 你如何看待这个致歉对工作关系的影响?

C. 为了改进这个致歉,你会做哪两个改变?

9.11 评价慰问信(学习目标 9.4)

A. 检查布赖恩在图 9.17 中的慰问信。你如何看待这封慰问信对工作结果的影响?

B. 你如何看待慰问信对工作关系的影响?

C. 你会采取哪两个改变来改进这封慰问信?

9.12 评价你的写作方法(学习目标 9.1、9.2)

在下面的表格中评价你的书写习惯。圈出每道题最适合的数字。

	1—很少/从不	2—偶尔	3—经常	4—总是
在我书写日常信息之前,我确保已经收集到了所有相关的信息。	1	2	3	4
在我书写日常信息之前,我会花很大一部分时间来分析和整合信息。	1	2	3	4
在我书写日常信息之前,我知道足够多我应该知道的信息接收者的需求。	1	2	3	4
当我在写日常信息时,我会考虑信息接收者看到信息时的感受。	1	2	3	4
当我在写日常信息时,我会考虑信息接收者会如何回复。	1	2	3	4
当我在写日常信息时,我会考虑信息接收者能不能够快速、轻易地阅读信息。	1	2	3	4
在发送日常信息前,我会站在信息接收者的角度来重新阅读消息,看他们会如何解读。	1	2	3	4
在发送日常消息之前,我会仔细地检查全文两次来确保是否合适和准确。	1	2	3	4
在发送日常信息之前,我常常会让我信任的人来阅读消息或者问他们会如何处理这次沟通。	1	2	3	4
在发送日常信息之前,我会使用拼写错误检查。	1	2	3	4

把你的分数加起来,考虑以下的建议:

35—40 分:你是一个有战略思维、以他人为中心的人。你会思考如何发送一封经过仔细思考的满足他人需求的消息。继续保持这种意识,让它影响你写消息的过程。

30—34 分:你是一个细心的、考虑周全的人。你会花时间考虑信息的内容以及信息接收者的需求。可以考虑在计划步骤上花更多的时间来更仔细地思考你的信息,并且关注接收者的需求和反馈。

25—29 分:你是一个前后矛盾、以自我为导向的人。有时候你会关心改进你的信息并且考虑其他人的反应,有时候你又不这样。当你在为信息打草稿和考虑信息接收者的时候,请坚持进行出色的分析。

25 分以下:你需要提升写作方法。你很可能在发送消息时没有花足够的时间去思考问题和对他人的影响。通常来说这种方法是有危害的,甚至有时候你并不像自己想的那样被重视。改变你写信的导向,花更多的时间来准备和检查。

在做完了自评练习之后,分析出三个具体目标来提升你的写作方法。每个目标写 4—5 句句子。

应用练习

9.13 要求写一封推荐信(学习目标 9.1、9.2、9.3)

找一个你感兴趣的工作、实习或者是研究生项目。假设这些需要一封推荐信,你的任务是请你的一位导师给你写推荐信。你现在要写一封邮件进行请求。

回答以下问题来帮助你计划请求,然后撰写请求。

A. 你的导师为什么要帮助你写这封推荐信?有什么能够让你的导师更愿意帮助你写这封信?

B. 你要采取什么语调来写邮件?

C. 你的导师需要哪些材料来写一封好的推荐信?

D. 怎样才能让导师更容易地写推荐信?

E. 你要如何向你的导师表达礼貌让他/她愿意花时间帮助你?

F. 你要如何设计你的信息?标题是什么?

G. 写一封关于推荐信的请求邮件。

9.14 写一个团队目标和期望的备忘录(学习目标 9.3)

思考你在学校或者在工作中的团队项目。理论上,你需要选择一个目前比较活跃的小组项目。假设你是这个小组的组长(你可以在必要的时候对事实进行补充)。写一个包含下列信息的文档:

● 小组成员姓名。

● 小组目标和最终的结果。

● 小组成员角色。

● 不同活动的截止日期以及与他人的协作内容。

9.15 写出进入研究生院的步骤(学习目标 9.3)

访问你感兴趣的研究生院网站或者是你现在学校的研究生院。重写一份你感兴趣的研究项目申请指导,让它们清晰、易于阅读。

9.16 回复咨询(学习目标 9.3)

假设你是一个项目负责人或者专业的指导者,一个你未来的学生给你发了如下的消息:"你好,我对你的专业很感兴趣。能不能麻烦你给我发一些相关的信息?毕业后的学生就业率怎么样?他们通常能赚多少钱?教授们是怎样的人?我是否需要有一个最低的 GPA 来参与到项目当中?任何消息对我来说都将很有帮助。谢谢你,杰克。"请详细地回答这个消息,目标是给这个有可能来上学的学生一个好印象。

9.17 拟定通知(学习目标 9.3)

把自己放到项目指导者的位置。新学期即将要开始了,给所有现在的学生发一封通知,告诉他们新学期需要知道的所有注意事项,包括截止日期,并且确保学生们会注意到你的通知。

9.18 提出索赔(学习目标 9.3)

思考一下你以前买过的坏产品或者不好的服务。写一封申诉信给公司,解释你为什么要投诉并且给出建议。注意使用自信友好的语调。

9.19 表达感谢（学习目标9.4)

假设你刚刚收到一个你想要的工作的录用通知并且接受了。你认为其中一位介绍人帮助你找到了工作,写一封感谢信。

9.20 进行道歉（学习目标9.4)

假设你和你的一个同学讨论小组项目时情绪失控了。你提前离开了会议,因为你觉得你的同学总是坚持他自己的方式让你很沮丧。你认为他正在主导这个项目,但是你的行为是不合适的。写一封道歉信来修复你们两人之间的伤害并且让小组继续有效地共同工作。

9.21 表达慰问（学习目标9.4)

假设你老板的妈妈刚刚去世了,在卡片上写一个慰问便签。

10

说服性信息

学习目标

学习本章后,你应该掌握以下几点:

10.1 描述信誉和说服之间的关系。

10.2 解释说服性信息的 AIM 规划过程,以及大多数说服性信息的基本构成元素。

10.3 解释语气和风格对说服性信息的效果有何影响。

10.4 创建有效的内部说服性信息。

10.5 创建有效的外部说服性信息。

10.6 创建有效的大规模销售信息。

10.7 评估说服性信息的有效性和公平性。

为什么这很重要?

在许多商务场合,你会希望能够说服别人。在公司内部业务交流时,当你的老板、同伴或者同事的观点与你不同时,你可能希望他们考虑或采纳你的想法。在对外商务交流时,你要说服你的客户、顾客,并引导他们使用你的产品和服务。说服是指,即使他人最初反对你的提议,但你依然能够让他们看到其中的闪光点并采纳你的建议。在本章中,我们主要探讨了如何通过书面形式说服他人。

从某种程度上说,所有的说服性信息都包含一个基本要素,即你希望影响他人的思维方式、感觉或行为。本章的许多概念将有助于你提出任何类型的要求。但是,本章所介绍的一些方法最适合在对方一开始就拒绝你的情况下使用。

Better Horizons 信用合作社的案例贯穿全文始末。通过阅读章节案例,你可以获得相关的背景信息。

本章案例：Better Horizons 信用社的路线转变

涉及人物：

哈尼·佐格比：营销专员、信贷员

● 在 Better Horizons 信用社工作了大约 5 年。大学期间，主修金融学，辅修项目管理。除此之外，每周还工作 20—30 小时。

● 成为出纳几年后，她被提拔为出纳主管、信贷员和营销专员。

● 目前在克里斯蒂娜·拉索的指导下开展营销活动。

克里斯蒂娜·拉索：总裁、首席执行官

● 已经在 Better Horizons 工作了约 10 年。

● 目前，伴随着年轻会员数量的减少，她担心信用社的长远发展将受到阻碍，所以她打算增加年轻会员的数量。

情景 1：克里斯蒂娜想要建立新的银行服务支持点以满足年轻会员的需求

克里斯蒂娜意识到 30 岁以下的人不会加入信用社。她想向董事会提议，实施营销策略、提供服务，吸引年轻会员的加入，并计划在即将召开的会议上提出自己的这一想法。董事会由信用社的老会员组成，他们秉持的理念为"个人""友好"与"自在"。他们认为将营销与服务从线下转移到线上将损害他们在社区中的品牌，减少他们与顾客接触的机会。此外，大多数人也反对提供额外的金融服务。他们认为这些服务"华而不实"，并且"与银行太过相似"。

情景 2：克里斯蒂娜和哈尼提议推出导师计划来吸引和留住新员工

克里斯蒂娜从几个角度出发，认为 Better Horizons 信用社需要雇用正处于职业生涯早期的年轻专业人士，她认为雇用年轻专业人士可以吸引年轻会员。她最近安排几个员工制定导师计划来帮助吸引并留住新员工。她想说服员工自愿担任该计划的导师。她希望哈尼将导师计划纳入到应届大学生的职业机会中。

情景 3：哈尼负责招募当地慈善活动的志愿者

克里斯蒂娜让哈尼负责今年"希望"步行马拉松活动的招募工作以支持乳腺癌研究的开展。Better Horizons 为这项每年举办的著名的社区马拉松活动组建了一支队伍，并参加了将近 10 年。哈尼正在写的这封邮件将发送给信用合作社的全体会员。稍加修改后，这封邮件还将发布在信用合作社的网站上。

情景 4：哈尼需要制作一份传单，用于说明信用合作社相比于银行的优越性

哈尼正在制作一个传单去描述在 Better Horizons 信用社会员可以获得的利益。传单将作为材料的一部分，分发给那些参与由 Better Horizons 信用社提供的免费财务计划和所得税援助研讨会的社区成员。哈尼要在材料信息中与当地银行对比，突出 Better Horizons 信用社的优势。

情景 5：哈尼正在帮忙制定有关汽车贷款的销售信息

哈尼和其他几个员工正忙于制定推广汽车贷款业务的销售信息。在近几个月里，Better Horizons 信用社的高管们决定进军汽车贷款市场。Better Horizons 信用社很少有会员申请汽车贷款，他们基本都认为在经销商那融资更便宜、更便利。

任务：

1. 克里斯蒂娜和哈尼如何通过书面形式说服董事会的成员推广全新的在线服务以吸引年轻会员的加入？（参见内部说服性信息部分的内容）

2. 克里斯蒂娜和哈尼该怎样为导师计划招募志愿者？（参见内部说服性信息部分的内容）

哈尼将如何为应届大学生提供在 Better Horizons 信用社中的就职机会？（参见大规模销售信息部分的内容）

    3. 哈尼该如何说服信用社的会员加入"希望"马拉松活动？（参见外部说服性信息部分的内容）

    4. 哈尼该如何制作传单以说明 Better Horizons 信用合作社相比于银行的优越性？（参见外部说服性信息部分的内容）

    5. 哈尼该如何帮助汽车贷款业务活动制定销售信息？（参见大规模销售信息部分的内容）

质疑时代信誉的重要性

信誉对于所有的商务沟通而言都是至关重要的，对于说服性信息而言更是如此。按照定义，说服意味着你需要和与你思考角度或认知不同的对象沟通。所以，你的目的是使对方发现并认识到你提议中的闪光点。如果他们质疑你的信誉，那么就不太可能会关注你的想法、要求或建议。

我们生活在怀疑与日俱增的时代，这让说服变得越来越困难。在第 1 章中，我们提到几乎所有职业的信誉都在不断下降，尤其是与商务相关的职业。企业沟通领域中最具领导地位的专家之一——迈克尔·马斯兰斯基（Michael Maslansky）将以上现象命名为后信任时代（post-trust era，PTE）：

> 就在几年前，推销员、企业领导、营销部门成员和像我一样的沟通者都容易获得信任，我们认为沟通是相对简单的过程……但是信任消失了，事情改变了……总之，信任出局了，而质疑出现了。[1]

在过去的十年里，迈克尔·马斯兰斯基和他的同事一直致力于研究如何通过语言说服、鼓动他人。通过与约 30 个国家几十万员工和顾客的访谈，他们发现语言的可信性比其他任何因素都要重要。此外，他们还注意到在语言影响信任的过程中出现了一些新兴趋势。一些在过去有效的说服策略在后信任时代变得不那么有效了，而另外一些策略仍旧有着不错的效果。在本章，我们将对说服性写作的一些基本原则进行分类，并识别出在后信任时代中最有效的策略。

案例 10.1　后信任时代建立信誉的重要性

2018 年 1 月，一桩因信任缺失导致的涉外诉讼引起公众关注。模具销售商蒋某和购买模具的英国某公司在进行跨国生意时，英国公司试图说服蒋某先验货后付款，即英国公司担心模具质量，要求先取回模具，待检测合格后，再行支付款项。而蒋某担心英国公司取回模具后，克扣乃至拒绝支付模具款等费用。于是，双方产生分歧，谁也不肯让步，最终由法院出面调解。

据了解，在涉外民事案件中，因当事人双方信任缺失或有信任摩擦而引起的诉讼纠纷大量存在，我们似乎进入了后信任时代。

评述：

信任的缺失导致说服变得极其困难。在后信任时代，建立信誉对于包括说服在内的商务沟通愈发重要。

将 AIM 规划过程应用于说服性信息

　　说服需要充分的规划：分析你的受众来了解他们的需求与价值观以及他们是如何被影响的；在处理复杂的商务问题过程中不断改进想法；寻求有效的信息表达结构来最有效地减少阻力并增加认同。许多有效的商务沟通者都会花费数周甚至是数月的时间来搜集目标受众的情况，从而来创建最终的说服性信息。

案例 10.2　吉利公司售卖刮毛刀

　　吉利公司在 1974 年提出向女性售卖刮毛刀的决策，公司首先斥巨资进行了周密的市场调查，发现在美国 30 岁以上的女性中，有 65％的人为保持美好形象，要定期刮除腿毛和腋毛。这些女性之中，除使用电动刮胡刀和脱毛剂之外，主要靠购买各种男用刮胡刀来满足此项需要，一年在这方面的花费高达 7 500 万美元，毫无疑问，这是一个极有潜力的市场。根据调查结果，吉利公司精心设计了新产品，刀架选用色彩鲜艳的塑料，并将握柄改为弧形以利于女性使用，握柄上还印压了一朵雏菊图案，这样一来，新产品立即显示了女性的特点。根据多数女性的意见，吉利选择了"不伤玉腿"作为营销要点。结果，雏菊刮毛刀一炮打响，迅速畅销全球。

　　评述：

　　了解清楚目标客户的情况是经营决策的前提，只有充分了解目标群体，做出的决策才具有针对性，从而快速地拓展市场，使企业兴旺发达。

理解受众

　　要想别人改变主意并接受你的提议，你需要表明你对他们的关心并让他们意识到你的提议符合他们的利益。这个方法是沟通专家利兹·辛普森（Liz Simpson）建议的：

　　　　要在说服过程中取得成功，你首先必须了解双方的立场。如果不愿意尝试在对方的立场上去沟通，那么你根本无法说服对方。因此，你需要熟悉对方的观点以及想法的由来。[2]

案例 10.3　卡耐基通过理解受众说服对方

　　钢铁大王戴尔·卡耐基曾租用纽约一家饭店的舞厅举办讲座。讲座置办过程中，他被告知这家饭店将租金提高了 2 倍。卡耐基深知若想说服饭店经理降低租金，必须站在对方的立场思考问题。他对经理说："收到你的通知要提高租金，我有一点震惊，但是，我一点也不埋怨你们。我想如果我处在你的位置上，很有可能也会写一封类似的通知。作为一个饭店经理，你的责任是尽可能多地为饭店谋取利益。如果不这样的话，你就可能被解雇。如果你提高租金，那么让我们拿一张纸写下将给你带来的好处和坏处。"卡耐基表明，提高租金的话，他只能被迫在其他地方举办讲座，那么舞厅闲置，经理可以举办舞会获得比讲座更高的利益，但是，舞厅将失去一个长期客户。第二天，卡耐基收到一封信，通知他租金只提高到原来的 1.5 倍，而不是 2 倍。

评述：

卡耐基站在对方的立场思考问题，表明了对饭店经理的理解，并为经理权衡利弊，最终使得经理改变主意。

理解他人的需求和价值观并不简单，你需要学会耐心倾听。你需要问很多问题，剖开事情的表面深入其内在，例如了解目标受众的希望和隐藏的假设。一旦你了解了目标受众的需求和价值观，你在介绍你的产品、服务或理念时就会很有利。

当你考虑他人在工作中的需求时，你应该注意他人潜在的期望。通常来讲，如果你同事的目标和价值观与你相同，他们往往会帮助你。同样，你的同事也希望得到赞赏和被他人需要。对于同事和顾客，你需要思考影响他们心理变化的各种机理。同样，你应该考虑你的说服性信息中是否有逻辑上的吸引力或情感上的吸引力。

以共同的目标和价值观为基础，说服对方

在当今人际关系发达、更加开放的环境中，人们为有着共同目标和价值观的组织工作。由于同事间往往会提供真诚的帮助，因此许多商业人士会因为组织、团队、同事间相互鼓励的氛围而被激励。

当你诉诸于共同的目标和价值观的时候，信誉在获得同事支持的过程中通常是最重要的。要想影响别人，你就得让他们相信你代表了组织和他们的利益（关怀），你提出的要求有恰当的理由（品格），并且你的提议确实会产生积极的作用（能力）。虽然这些类型的呼吁往往是有效的，但也要有节制地使用它们，因为当你过度使用时，呼吁的目的和价值可以被解释为自私或虚伪。在图 10.5 中，你会看到一则基于共同目标的说服性信息。

真诚地认可、赞赏对方

当你的同事和合作伙伴知道你认可他们的辛勤工作成果、他们的能力，以及他们善意的出发点时，你可以更容易地影响他们。通过你对他们的赞赏和感谢，他们常常会想将这种友善回报给你（在下一节有关互惠性原则中会有进一步讨论）。同样，很多同事希望被他人需要，他们想让别人觉得他们是完成工作的关键。你说服同事的能力往往与他们所感受到的被需要和欣赏的程度有着密切的联系。当然，当你向同事展示他们是被需要和赞赏时，他们必须相信是真诚的。

了解影响他人的途径

营销心理学家罗伯特·西奥迪尼（Robert Cialdini）博士一直致力于研究商业和市场环境对个体的影响。他在这一领域中已经研究了 40 年。此外，他利用三年的时间以秘密工作者的身份参与了汽车经销商、电话营销公司、慈善机构和其他贸易环境下的工作，去学习获得别人肯定的最有效的方法。在此基础上，他提出了说服的六大原则（除了产品和服务的价格和质量）。这些原则包括互惠性、一致性、社会认同、喜好、权威和稀缺性。[3]哈尼在招募"希望"马拉松活动志愿者时所发布的信息为六大原则的运用提供了一个有趣的示例（见图 10.7）。

互惠性（reciprocation）这一原则以报答为基础。西奥迪尼定义其为"我们应该试着以一种他人曾经给予过我们帮助的心态去报答他们。"[4]西奥迪尼引用了一个有趣的研究，一个教授将圣诞贺卡送给随机抽取的陌生人来看会发生什么事。许多收到贺卡的人又给教授回寄了贺卡，而且并不会追问送给他们贺卡的人具体是谁。这项研究表明，即使收到贺卡的人不知道寄贺卡的是谁，即使他们以后可能不会再有任何联系，但他们还是会认为报答送贺卡的人是必要的。当人们收到了一些有价值的东西时往往觉得有义务去报答对方。[5]

哈尼在处理各个方面的信息上采用互惠性原则。例如,她看重信用社与当地乳腺癌中心长期的互惠关系,而马拉松充当了连接两者的途径。信用社通过步行活动筹备捐款来帮助乳腺癌中心,而乳腺癌中心通过有效的乳腺癌治疗和教育帮助信用社和其他更大的社区。此外,通过信用社向那些可能会加入马拉松筹款的会员提供各种免费礼品,如一件 T 恤、一个水瓶和癌症指南,这个事件也反映了信用社和其会员之间的互惠性关系。

一致性(consistency)的内在基础如下:一旦人们做出明确的承诺,他们往往会遵循或兑现承诺。换句话说,他们想要与最初的承诺保持一致性。西奥迪尼援引了几点研究来证明这个观点。例如,心理学家发现,赛马者下注后对他们押注的马匹会越来越有信心。一旦他们做出了最后的承诺,他们更相信他们的选择是正确的。[6]

哈尼呼吁在不同的方面要保持承诺一致性。最重要的是,她呼吁信用社要恪守长期抗击乳腺癌的承诺。一些信用社会员希望将这一承诺长期履行下去,并且为他们这样的行为而感到骄傲。

社会认同(social proof)是指人们根据别人的做法来判断什么是正确的、恰当的或者想要知道别人是怎么做的。哈尼在她的文章中运用了社会认同原则。她描述了去年该项活动的参与度以及会员所做出的贡献。通过这样的方式,她隐约传达出这样的信息,即马拉松活动很受欢迎并且将带来良好的经济效益。与此同时,该活动本身就是一种很好的社会认同:数千人为了同一个目标穿着相同的 T 恤,场面无比壮观。[7]

喜好(liking)是指人们更容易被自己喜欢的人说服。[8]哈尼在宣传册中描述贝蒂·威廉斯(Betty Williams)正体现了这一原则。贝蒂·威廉斯不仅是乳腺癌的幸存者、乳腺中心的捐助者、信用社的会员,并且她还是马拉松活动的参与者。她对生活充满激情,面对困难乐观积极(这也是别人喜欢她的原因)。很多人都知道并且喜欢她。也正是贝蒂·威廉斯的偶像作用,许多人希望自己也能成为这个可爱的和受尊重的社区的一员。

权威(authority)是指凭借人们追随权威人物的言行产生的影响。广告中的名人代言数量之多就印证了这一点。[9]虽然哈尼没有提到国家名人,但她确实又提到了杰出的当地社区成员贝蒂·威廉斯。由于贝蒂的影响力和抵抗癌症的个人经历,她很有可能被视为权威。此外,哈尼还呼吁会员支持贝蒂·威廉斯乳腺中心,这是一个由乳腺癌方面专家的专业人士组成的团队。

稀缺性(scarcity)是指人们认为他们想要的或需要的东西是有限的,所以他们必须加快行动。[10]哈尼在时间方面上采用了这一原则。她在宣传册中说道,活动每年只有一次(参与的时间有限),参与者必须在截止日期前完成注册(有限时间内报名)。

你将经常把这些原则应用在外部说服性信息上,并且要运用自如。西奥迪尼形容它们为"影响力的武器"。[11]这一武器意味着他们是强大的,并有杀伤性。在"运用 FAIR 测试"章节的结尾部分,我们进一步讨论了这些原则的适用性。

动之以情,晓之以理

案例 10.4　马云赢得软银中国的投资

在阿里巴巴最需要及最困难的时候,软银团队一直选择支持马云。2003 年马云创立淘宝,软银中国将基金中仅剩的 2 500 万美元中的 2 000 万美元给了马云,如今,软银中国在阿里巴巴的投资获得了超常回报。十多年过去了,至今还在盛传阿里巴巴与软银联姻的传奇。在软银对阿里巴巴的投资中,孙正义和马云的见面只有 6 分钟,在这 6 分钟里,马云侃侃而谈,不仅用逻辑和数据向孙正义分析投资的可回报性,更是热情地向他表达了阿里巴巴的美好愿景。孙正义说:"马云和杨致远一样疯狂,他的热情与阳光总能够感染到我,让我相信我的投资不会有错。所以第一次见面6分钟后,我就决定投资阿里巴巴。"

评述:

马云是一位精明的商业传播者,在融资过程中不仅靠理性的分析,更是靠情感的共鸣打动他人。

大多数人做商业决策依据的是理性思维而不是感觉。然而,精明的商业沟通者认识到在说服性信息中加入情感要素十分重要。尽管他们认为在企业和消费者决策的过程中,理性占据着重要的位置,但是当他们拒绝别人的提议,乃至产品与服务时,很多时候是出于情感方面的原因。

他们意识到自己的目标受众经常对产品和服务有独特的情感和认识,因此有效的沟通者会找到方法迎合顾客的这种情愫,从而实现获益。[12]

仁科(PeopleSoft)总裁兼首席执行官克雷格·康韦(Craig Conway)表示:即使在内部说服性信息中,情感共鸣也是很关键的:

> 相比于不善言辞的人来说,能言善道者往往占尽天时地利人和。公司的管理者需要具有向心力……要能够鼓舞人心,如果你有一个创造性的愿景,你可以用令人信服的方式来沟通从而使人兴奋,那么你才会招募到更好的人。然后,让人相信你有一个更充满活力的公司就变得比较容易。[13]

识别出那些使你的受众产生情感共鸣的需求和价值观,这在一定程度上可以帮助你了解他们。

通常情况下,内部说服性信息主要注意逻辑上的通顺合理。外部说服性信息,除了强调价格,一般还包括强烈的情感诉求。当你编辑说服性信息时,想想如何正确地组合逻辑和情感诉求。一般而言,信息中会兼具两者,但会侧重某一方面。在之后的章节中,你会注意到由哈尼和克里斯蒂娜编写的几条信息——两条注重逻辑而另外两条更注重情感诉求。

完善你的想法

对于说服性信息,进一步完善你的想法是至关重要的。既然你的受众对信息有所抗拒,你的关键任务之一就是建立信誉。以受众的利益为出发点,进一步完善你的想法,这是你能力的体现。例如,让别人深入了解你的想法、产品和服务的优缺点。此外,你还可以向受众介绍对立的观点以及竞争对手的产品与服务。

因此,在试图说服其他人之前,专业的商务沟通者会深入了解产品、服务和理念,使他们可以从一个权威、熟练的角度来对其进行讲解。为了解决吸引年轻会员的问题,克里斯蒂娜和哈尼花了几个月的时间学习其他信用社的策略。为了实现超越当地银行的目标,哈尼仔细地分析比较信用社和竞争对手提供的主要产品和服务。当哈尼劝说信用社会员加入"希望"马拉松活动时,她学会了很多关于活动参与流程和如何抗击乳腺癌方面的知识。

建立信息的结构

大多数商务写作都是**直接**(direct)而**明确**(explicit)的。开门见山,在信息的开头阐释你的主要观点,之后再一一列举理由。语意要明确,论述要完整而清晰。当你直接而明确地写作时,不仅能够帮助读者理解信息的含义,还是对他们时间的一种尊重。

与其他商业信息相比,说服性的信息通常是**间接**(indirect)和**含蓄**(implicit)的。往往在提出具体要求之前所提供的理由是间接的。很多请求或者说明请求的原因是很含蓄的,换句话说,有时读者需要在字里行间抓住全部含义。这种话中有话的表述方式是希望别人能够揣测出深层含义。此外,公开提及名利等是不恰当的——例如,在内部说服请求时就不应该公开提出金钱和职业上的收益。[14]

~~~~~~

案例 10.5 高效的说服性邮件

以下是梅里公司商经理向供应商自力公司王经理的邮件,目的是说服供应商及时送货。

王经理:

您好!很荣幸能够与贵公司取得合作。在过去的五年里,梅里公司一直注重产品的交货速度和服务的响应时间,因此备受消费者喜爱,连连创下佳绩。为了不负消费者的期望,确保公司内部物流程序正常高效地运作,我公司也一直在寻找供货效率高、责任感强的供货商。贵公司对供货相关事项要求严格,又有多年的经营经验,我想我们两个公司的合作一定是双赢!

期待接下来的合作。

祝一切顺利!

梅里公司商祺

2018 年 4 月 19 日

评述:

梅里公司在邮件中含蓄地表达了对供应商注重效率的期望,礼貌得体,说服性强。

~~~~~~

吸引注意力

说服性信息的首要任务是吸引读者的注意力。你可以通过各种不同的方式做到这一点,包括使用反问句、列举引人入胜或有趣的事实、引用统计数据、发出挑战或者发布证明。[15]对于内部说服性信息而言,获得关注的主要方式就是找到需求点,即事情本身是什么,能够达到什么程度,这两者之间的差异是什么。[16]正如你选择广告语一样,在外部说服性信息上有很大空间来作文章。请看表 10.1,其中有哈尼在她的交流任务中可能会使用到的一些范例。

表 10.1 有效的关注焦点

引人注目的类型	范　　　例
反问句	你知道信用社会员比银行顾客平均每年节省 400 美元吗?
有趣的统计数据	在过去的五年里,我们已经失去了超过 200 名会员——超过 10% 的会员数量。
一些引人注目的不寻常的事实	你可能听说汽车经销商吹嘘他们近零的贷款利率,但这里有一个细节!一旦你向经销商贷款买车,你就放弃了本可以获得的制造商的折扣以及讨价还价的权利。
挑　战	请加入我们的团队,在今年的马拉松筹款活动中共同抗击乳腺癌。
证　明	"我从来不知道我可以拥有这么大的谈判能力来预先批准贷款。我通过 Better Horizons 获得了我的汽车贷款,我与汽车经销商达成了一项重大协议。这是购买汽车的方法!"

需求、方案和理由

在你的信息主体中,你的首要任务是将产品、服务以及你的想法与读者的需求联系在一起。拉近你与读者距离的最好方法是向他们证明你能够满足他们的需求。一旦客户讲明了需求,你就可以就此提供你的解决方案,包括推荐的产品、服务或想法。除非你能够提供有说服力的支撑信息,否则很多读者都会产生怀疑。所以,你需要强有力的理由作为支撑,即你的产品、服务或者你提出的想法对读者而言有何好处。毕竟,你更需要影响的是怀疑你的人。[17]

当你组织你的信息时,要考虑一下表达的直接程度。如果你的受众对你的解决方案有着强烈的抵抗情绪,那么考虑一个比较含蓄的方法,这样他们就可以在你提出解决方案之前慢慢了解你的想法。要让你的信息不那么直接,就要在给出方案之前讲明道理。

肯定

在信息的某些部分,你需要表达出你对受众观点、偏好以及关注的事的欣赏来体现你对他们的肯定。**肯定**(validation)是指你认可和欣赏他人的需求、欲望、想法和偏好,并认为其是合理的、正当的,"特别是当别人的观点与你相悖时。"你对他们的肯定不仅是尊重的体现,还表明你在试图寻求折中。[18]

对位法

一般而言,沟通者可以采取对位法来克服受众的异议。换句话说,通过对不同的方案、产品或服务进行比较,来突显你的优越性。

然而,在后信任时代,采用对位法来克服异议是有风险的。这可能造成你与读者的对立,否认读者诉求的正当性。迈克尔·马斯兰斯基在他对 PTE 销售信息的新兴趋势的研究中指出,肯定是"用语言去让人们知道他们的关注是合理有效的。"[19] 他说:"这是克服顾客异议的新的销售法宝。"[20] 因为你的肯定展示了你对他们的尊重,接下来他们更容易接受你所提出的观点。

因此,采用对位法一定要三思而后行。如果你很了解对方并且你相信这不会造成你与他之间的对立,那么你可以委婉地说明你的想法、产品和服务在哪些方面更占优势。

商务沟通能手知道要想让别人接受自己的想法是需要时间的,尤其是在公司内部说服同事,你通常需要采用综合的沟通方式。虽然通过书面方式表达,你的想法也可能被拒绝,但是,书面信息可以产生一个强有力的发声并打开沟通的渠道,从而使得他人接受和采纳你的想法。

行动

最后,你可以号召读者采取具体的行动,例如购买你的产品与服务或者采纳你的建议。然而行动号召并不是强行推销;在后信任时代,强迫他人是越来越无效的。[21] 在外部说服性消息中,行动号召要具体明确。在内部说服性信息中,行动号召有时是明确的,有时是含蓄的。如果上级领导拥有最终决策权,对于颇具争议的想法,行动号召还是要含蓄一点为好。

说服性信息的语气和风格要恰当

说服性信息的语调要自信而积极,但同时也要避免夸大或炒作。处理好两者关系并不容易,毫无疑问你需要做一些权衡。当你的信息越自信和积极时,你越可能会被别人认为是爱出风头或夸夸其谈的;但如果你表述得太过含蓄,别人又可能认为你的产品、服务或想法无趣或没什么技术含量。所以,在正式发布信息之前,你最好让同事读上几遍。其中的一个好处就是,他们可以帮助你决定,你是否可以在不牺牲可信度水平的情况下,达到恰当的自信和委婉的语调。

信息的风格必须以行动为导向,要生动活泼一点。如果你的语言过于夸张,别人就可能因为你太过热情而不相信你。如果你的语言干瘪生硬,读起来又会让人觉得枯燥乏味。你可以通过校对文稿的方式找到恰当的写作风格。除此之外,你还可以寻求同事的帮助。

个性化

最近,很多开发商都在给某位业主递送报告,希望能说服他卖掉4 000英亩的抢手房产。但报告几乎是千篇一律的,业主不知如何选择。几天后,业主收到了一份开发商手写的感谢信,该业主立即同意将房产出售给他,因为这个开发商花了时间去写一封感谢信。[22]

通常,你的竞争对手和你差不多。如果你能够了解同事或顾客的需求,通过面对面的沟通展示出你对他们的兴趣并且向他们证明你十分看重他们的利益,那么他们就更有可能被你说服。使你的信息个性化并不容易,正如迈克尔·马克兰斯基所说:

> 对于我们所有的人来说,推销想法、产品或者我们自己时,我们有必要先谈论一些我们已经有的和受众应该需要、想要或同意的话题。但问题是,大多时候我们关注第一部分——我们想卖的东西,太少关注第二部分——他们为什么要买……然而,我们的受众越来越多的想要我们直接告诉他们信息、产品和服务内容。[23]

要想传递的信息直接明了,你需要让顾客和同事认为你的产品、服务或者想法专为他们而设。[24]

有一种方法可以让你的说服性信息更加个性化,那就是人称——无论是第一人称、第二人称,还是第三人称(详细介绍在第2章)。表10.2为选择合适的人称提供了指南。一般而言,在以顾客或客户为受众的外部说服性信息中,第二人称更有效。因为第二人称着重突显了产品与服务的优点,让顾客觉得一切都以他们为中心。

表 10.2　说服性信息中人称的使用

人　　称	恰当的案例	注意事项	举例说明
第二人称	用在外部说服性信息中来强调读者的利益。	自以为是地认为自己知道对他们而言什么是好的,什么是不好的。	如果你使用汽车贷款业务,在买车时,你可以享受各种优惠服务,包括一份免费的《凯利蓝皮书》复印本、免费的Carfax报告、机械故障保险(Mechanical Breakdown Insurance, MBI)和机动车置换费用补偿保险(Guaranteed Auto Protection, GAP)。 在这个例子中,第二人称有助于向顾客显示其直接利益。然而,在整个消息中过分使用则可能被视作自以为是、专横或夸张的。

（续表）

人　称	恰当的案例	注意事项	举例说明
以"我们"为主的第一人称	用于内部说服性信息来强调共同的工作目标。	自以为是地假设你与你的同事拥有共同的信念、想法或对事情的理解。	在 Better Horizons 信用社，每个业务方面，我们都要求躬亲服务。我们正在通过面对面的服务来强化这种文化。我们的出纳在跟会员打招呼时可以叫出他们的名字。当会员们进入信用社时，他们知道我们不仅仅因为他们是顾客才关心他们。我们会为会员们提供热情、友好、真诚和个性的服务方式，这是我为在这里工作而自豪的原因。 在这个文章中，以"我们"为主的第一人称灌输一种共同的价值观和目标，这代表了强烈的团队合作意识。然而，当受众有不同的观点时，他们可能会认为你所描述的根本不存在，因而讨厌你。
以"我"为主的第一人称	用于有节制地表达说服性信息。	过分使用意味着以自我为中心。	在检查其他信用社后，我相信这些工具可以为我们的会员建立情感联系和忠诚度。 在这个例子中，以"我"为主的第一人称是用来显示一个人的意见，并尊重那些没有被完全说服的受众会员。然而，频繁地在整个消息中使用"我"，可能会让人误解，你是在强调你的个人利益而非受众的利益。
第三人称	用于说服性信息以强调客观性和中立性。	过分使用可能使信息失去个性。	信用社和银行之间的基本区别是，信用社会员具备拥有和决策的权利，而银行账户持有人在他们的金融机构中没有任何股份或控制权。 在这个例子中，第三人称有助于显示客观性。然而，一则全部都用第三人称的说服性信息可能无法实现与受众在个体层面上的对接。

　　以第二人称写作不仅仅是一种人称选择，它迫使你下意识地去思考读者的需求和希望，并将信息进行个性化处理。相比之下，以"我们"为主的第一人称把注意力过多地聚焦在你的公司而非顾客利益上。请注意图 10.4 和图 10.5 中两则信息语气上的差异。在低效的例子中，第一人称占主导地位，很少用到第二人称；在高效的例子中，第二人称比以"我们"为主的第一人称更占有中心位置。第二人称的广泛运用传达出这样一则元消息：这个消息是关于你的。

　　信息个性化的另一种方法是将你的信息具体化。具体化是指可触及的实物，它是实实在在的。在商务沟通情境中，**具体化**（tangible）意味着读者可以在某些方面识别出对他们有意义的事项，这是一种个体层面的感受。[25] 你往往可以通过将"第二人称"与详细化相结合来给顾客这种具体化的感觉，看表 10.3 列举的哈尼正在为信用社工作的例子。

　　当你反复阅读你即将发布的信息的时候，请记住以下来自销售专家拉尔夫·阿洛拉（Ralph Allora）的建议："大声地读。如果读起来不像是在和客户打电话交谈，那么你的语气就不恰当。"[26] 这是对你的信息是否足够个性化的一个测试。

表 10.3　使你的信息具体化

低　效	高　效
信用社每年可以为会员节省大约共 80 亿美元,这得益于信用社更低的利息和较低的费用。	平均而言,相比于银行客户,信用社会员每年比银行顾客节省 400 美元,这得益于更低的贷款利率和费用。
利益不是具体化的。客户不知道他们个人会得到什么利益。	这种利益是具体化的:顾客知道他们在个人层面上可以节省多少钱。
在最近几年,因为信用社吸引不了年轻人,所以失去了许多会员。	在过去的五年里,我们已经失去了超过 200 名会员——超过会员总数的 10%,并且我们根本吸引不了年轻的会员。
本声明的重点是信用社的总体趋势,但不表明对某一个特定信用社也有类似影响。	这个陈述告诉我们信用社正在发生的事情。确定的数量(以及一个百分比)有助于读者辨别其影响。
我们提供较低的汽车贷款利率。我们的汽车贷款利率在 1.5%—1.75%,低于城镇的任何一个银行。	你会支付较低的汽车贷款利率。你可以在 Better Horizons 信用社得到 1.5%—1.7% 的汽车贷款利率,低于城镇的任何一个银行。具体明细如下: ● 对 4 年 15 000 美元的新汽车贷款:你可以节省约 680 美元。 ● 对 4 年 5 000 美元的二手车贷款:你可以节省约 200 美元。
这项陈述没有帮助客户了解他们将在 Better Horizons 信用社节省多少美元的汽车贷款。	这一声明让客户可以很容易地了解到他们在 Better Horizons 信用社能够节省多少汽车贷款费用。

以行动为导向,语言生动

说服性信息的撰写需要一定的创造性。注重在撰写说服性信息的过程中,你要以行动为导向,语言要生动活泼以营造一种热情、乐观或积极的氛围。你可以使用一些表现力强的名词或动词来实现这一点。一些销售信息听起来比较沉闷是由于过度使用和依赖诸如"提供"和"提议"这类词语。[27]行动导向和生动的语言必须围绕信息的中心主题。见表 10.4 中哈尼列举的有关于她的两个项目的实例。

保持自信

当你对你的想法、产品或服务表现出更多的信心时,你就可以更有效地影响你的受众。有效的说服者通常能够给出简单却能够让人信服的理由,他们应该展示出对自己想法的信心,如表 10.5 中两个哈尼的项目所示。从情感角度出发,作者的自信让受众对信息内容产生信心。在内部说服性信息中,表现出对可能影响整个事件局势发展的关键成员的信心是至关重要的,这些关键成员包括那些提供和授权资源的上层管理人员以及那些会将想法变成行动的经理和员工。[28]

表 10.4 使用以行动为导向的、生动的语言

低　　效	高　　效
贝蒂·威廉斯乳腺中心有一个国家认可的乳腺癌治疗计划。	贝蒂·威廉斯乳腺中心经营一个国家认可的乳腺癌治疗计划。
弱动词"有"对贝蒂·威廉斯乳腺中心几乎不起作用。	行为动词"经营"表示出贝蒂·威廉斯乳腺中心是一个成熟的并付出积极努力的机构。
Better Horizons 信用社，一直以来凭借为会员提供个性化服务而被大家所熟知。我们的业务总是发生在面对面的服务过程中。我们的出纳员对所有会员都很友好。	在 Better Horizons 信用社中，我们将个性化服务思想注入我们业务的各个方面。我们增强了这种面对面服务的文化。我们的出纳在欢迎会员时，能够叫出他们的名字。当会员们进入信用社时，他们就会知道我们关心他们不仅仅因为他们是我们的顾客，更因为他们是我们的朋友。
采用平淡无奇的弱动词："所熟知""总是发生""是"（注意被动动词是如何减损行动和参与感的）。个性化服务的中心主题没有传达出来，例如，参照"我们的出纳员是友好的"与"打招呼时能叫出客户的名字"之间的对比。	使用积极的，多样化的行为动词："注入""增强""欢迎""关心"。使用形容词和名词："个性化服务""面对面服务""叫出名字"进一步强调个性化服务的中心主题。

表 10.5 保持自信

低　　效	高　　效
在我们即将召开的董事会会议上，我想讨论可能吸引年轻会员的方式。我们可以讨论一下可能会吸引到这个群体的各种各样的策略。	在我们即将召开的董事会会议上，我将提出一个愿景，那就是我们如何能够建立营销策略和提供产品来吸引年轻会员。这些策略不仅会为我们的信用社吸引年轻会员，也会增加我们在其他年龄群体的业务。
这些陈述是想实现以他人为导向的目标；在做这些决策时涉及他人的敏感问题。然而，他们对这些受众所抗拒的想法或政策没有信心。	这一陈述暗含了对此次改变的信心：这些想法和政策会产生巨大的影响。同时，这一想法的提出者能够实现这一目标。这一论断不但是基于逻辑的，同样也包含了令人兴奋的成功可能性。
请考虑 Better Horizons 信用社将如何帮助你理财。	我们鼓励你将 Better Horizons 信用社与你现在所在的银行进行直接的比较。你会发现，Better Horizons 信用社会帮您省钱，当你旅行时为你提供方便，并提供服务以满足你几乎任何的银行业务需要。
这个不详细的要求听起来有点弱并且缺乏自信，它给了读者一个很容易拒绝信息的理由。	这一要求提出了一个挑战，即作一个直接比较，自信地暗示了 Better Horizons 信用社可以超越竞争对手。然后，它直接向潜在的会员陈述了具体的收益。

提供多种选择

迈克尔·马斯兰斯基和他的研究团队以上万名顾客和客户为对象，研究了他们对各种书面信息的反应。本节中，我们引用了金融行业的一些研究发现。例如，在图 10.1 中，你会看到 4 种不同类型的表述方式。在假想情境下，这家公司试着做一件好事——给员工机会，让他们把钱

存入退休账户上。

声明# 1：该过程是自愿的而非强制的。这是自愿的，如果你不想
加入或不喜欢我们的选择，你可以随时选择一个较低的水平或退出。
40%

声明# 2：我们已经基于通用退休指南设立了投资率和默认的
选项，但是你可以在任何时间改变你的投资率或停止参与计划。
23%

声明# 3：我们不想告诉你如何使用资金，但是我们是真心
想帮助你了解你的选择，并使你的退休储蓄金发挥最大作用。
22%

声明# 4：我们相信我们有责任为你提供最有效的
储蓄和投资战略的信息和指南以实现你的退休目标。
15%

员工所倾向的陈述的百分比

注：这项调查涉及一个假设情况，即雇主自动将员工7%的薪水扣除并存入401 K账户。这个做法可以为员工的未来存钱。员工也可以选择退出这个计划。

资料来源：改编自 Michael Maslansky、Scott West、Gary DeMoss 和 David Saylor 的《信任的语言：在怀疑论者的世界中的推销观念》，Copyright © 2010 Van Kampen 投资服务公司，企鹅集团（美国）有限公司旗下 Prentice Hall 出版社授权使用。

图 10.1　说服抱有怀疑的员工的最有效方法（为 401 计划扣除薪资）

这四种表述的含义差不多但措辞却完全不同。每种表述都写得相当好，并可以起到呼吁个体的作用。号召力最强的表述方式（40%）更加注重选择而非所要传递的信息。它使用的是第二人称，而不是第一人称，许多消费者都十分偏爱第二人称（这与消费者的情况最相似）。此外，该表述由三个短句构成。强调选择的重要性（以他人为导向）、第二人称的使用（以他人为导向）以及语言简练，正是由于这三点原因，这一表述的影响力才会如此之大。与之相比，其他表述方式都由长句构成。

在后信任时代，顾客和客户认为能否提供选择是信誉的体现。他们认为简单的语言（不意味着缺乏复杂的知识）体现了透明度以及对他人的尊重。相反，过于复杂的语言存在欺骗的可能性。[29]同样，有效的说服性信息需要避免强迫决策的嫌疑。

案例 10.6　避免强行推销带来的负面效果

调查表明，当一位顾客漫无目的地逛商场并经过某品牌店时，经常是怀着随便看看的心情走进店里的。这时候，如果一位店员主动走上前去说："欢迎光临！请问您想要买什么样的衣服呢？我们这几天上了一些新款。"大部分顾客会回答："我随便看看"，这就代表着顾客已经在潜意识层面上否定了店员"买"的这个假设，顾客心里难免会有一丝不愉快。如果店员这样对到店顾客说："欢迎光临！请您随便看看，我们这几天上了一些新款。"这时候，大部分顾客会这样回答："好啊，我先随便看看。"这样一来，顾客与店员的心理频率都在"随便看看"上，进而产生共鸣，顾客会放松心情从而更可能在该品牌店消费。

评述：

"您想要买什么样的衣服呢"这句话看似是主动出去促进销售，实际上带着些许强迫决策，使顾客产生不愉快的心情；相反，"请您随便看看"更能赢得顾客的喜爱。

在后信任时代,强行推销的效果越来越差,对于书面形式的信息而言更是如此。[30] 对比表 10.6 中哈尼低效和高效的说服性陈述,以上所有的这些你都会在本章最后提供的信息中再次看到。

在说服性信息中,要格外避免给人自以为是的感觉。比如,没有根据地假设你跟别人拥有相同的想法、感受和目标。当你自以为你了解别人阅读信息时的想法、感受或者反应时,他们很容易对此感到不满。[31]

表 10.6　强调选择的重要性

低　　效	高　　效
你的成功离不开女性,你应该为她们做出一些改变。	你可以去帮助我们社区里的女性做一些改变。
这种呼吁关注于责任和压力,大多数读者不会积极响应。	这种呼吁在没有告诉读者怎样做的情况下,关注于志愿服务和对社会的贡献。
步行活动将于 10 月 6 日,星期六上午 9:00 在中央公园举行。尽你的一份力来改善我们的社区女性的生活吧!	步行活动将于 10 月 6 日,星期六上午 9:00 在中央公园举行。请加入到贝蒂和其他 Better Horizons 信用社团队中去寻找一天的乐趣、兴奋和希望吧!
这一要求会使读者产生内疚心理,因为它强调读者的责任。	这一要求为读者提供了选择,即参加一个有趣的和令人兴奋的马拉松是一个很好的动机。

积极向上

说服性信息的积极性有助于你的受众关注于你试图推进的事务的好处而非缺点。马斯兰斯基和他团队的研究证明了积极的措辞将使信息更具说服力。例如,他们在呈现给消费者有关投资选择的宣传材料中列出了三组不同的表述方式,他们让消费者自行判断哪种表述方式更具说服力。

在第一组表述中,90％的消费者认为,"确保在你有生之年有足够的钱"这一表述方式要比"长寿风险管理"更有效。绝大多数的消费者认为,好处(长期经济保障)比可能存在的缺陷(避免财务损失)更具影响力。

在第二组表述中,81％的消费者认为,"确保你能够维持你的生活方式"这一表述比"通货膨胀风险管理"更有说服力。同样,在这种情况下,绝大多数消费者认为,好处(维持你的生活方式)比缺陷(可能失去你目前的购买力)更令人信服。

在第三组表述中,63％的消费者认为,"确保你在获益的同时降低跌价风险"这一表述比"市场风险管理"更具说服力。在这种情况下,当消费者面对一个有关获益(利益)的短语时,比他面对有关风险(缺陷)的陈述更容易被影响。[32]

除了保持积极之外,避免过于夸张也有助于你说服对方。例如,"市场中最好的产品""尖端科技""一流的服务"等措辞听起来会很空洞。马斯兰斯基有关消费者的研究表明如"舒适的退休生活"比"梦想中的退休生活";"保护"比"担保";"财务安全"比"财务自由";"有效的"比"冠军"更有说服力。

消费者将"太好了以至于难以置信"视为"试图想说服他们却没有科学依据的陈述,由于这种表述太过极端而阻碍了双方的沟通,导致表述的最终失效。"[33] 表 10.7 强调了各种各样的短语,但对于如今持怀疑态度的消费者则显得苍白无力。表 10.8 对比了来自哈尼的项目中具有夸张的说服信息和没有这类信息的区别。

表 10.7 在后信任时代应该避免的陈述

类　型	无　效　表　述
相信我	"相信我"或"我们所说的就代表了你的观点"
难以置信	"你的来电对我们非常重要"或"我们关心我们的顾客"
太好了以至于难以置信	"这是一个非常适合你的产品"或"我给你保证它会很有成效的"
理　由	"你需要理解的是……"或"我们很忙"
解　释	"这是断章取义"或"我能解释"
恐惧策略	"你是否关心你家的安全问题?"或"现在就行动否则你将会错失良机"

资料来源:改编自 Michael Maslansky、Scott West、Gary DeMoss 和 David Saylor 的《信任的语言:在怀疑论者的世界中的推销观念》,Copyright © 2010 为 Van Kampen 投资服务公司所有。由企鹅集团(美国)有限公司旗下 Prentice Hall 出版社授权使用。

表 10.8 避免夸张和最高级的措辞

低　效	高　效
你可以相信我们 Better Horizons 信用社可以让你的财务梦想成真。	作为一个非营利组织、会员控股的金融机构,Better Horizons 信用社可以为你的储蓄账户提供更高的利率、更低的贷款利息和费用。
这个陈述的短语似乎令人难以置信(你可以相信我们),并且夸大其词(让你的财务梦想成真)。这是积极但不可信的。	该陈述侧重于运用与具体利益和用途相关的词语,这些几乎是所有人公认的积极词汇(非营利组织、会员控股、储蓄、更好、更低的费用)。都是积极的、合理的。
注意这些银行亏损的事实或风险。	可以考虑以下几个理由来加入 Better Horizons 信用社,并从今天就开始节省你的资金。
这种陈述用到了恐惧和压力,大多数顾客会认为作者不可信。	这种陈述是诱人的且没有威胁的。它采用了无压力(考虑)和积极的词汇(加入、开始节省)。

内部说服性信息

内部说服性信息和外部说服性信息有许多共同的要素:吸引读者的注意力、提出需求与解决方案、论证说明、肯定彼此的分歧、进行对比、呼吁读者采取行动。然而,内部和外部说服性信息在某些方面还存在差异(见表 10.9)。内部说服性信息更多是用于理念推广,而外部说服性信息则更多用来推销产品和服务。同时,内部说服性信息往往是基于逻辑的,更为直接和明确。相比之下,外部说服性信息往往基于情感,更为间接和含蓄。

克里斯蒂娜在哈尼的帮助下,给董事会写了一封信,其中的想法引起了他们的兴趣:增加新的金融产品,同时使用更多的在线和社交网络工具以更好地吸引年轻会员。大多数董事会成员对这一做法持反对态度,他们担心这将有损 Better Horizons 的社区形象——温暖、以社区为导向。在低效的信息中(见图 10.2),克里斯蒂娜虽然表现得很积极,但是她对于新想法总感觉缺少信心并且这则信息中包含了简短、无趣的和无谓的评论。

表 10.9　内外部说服性信息对比表

	内部信息(通常指想法)	外部信息(通常指产品和服务)
关注点	概述业务问题	引人注目
需　求	描述业务问题	描述顾客未被满足的需求和欲望
解决方案	描述你的观点或策略如何解决商业问题	描述你的产品或服务怎样让消费者受益
理　由	阐述为什么你的想法或者策略是最好的选择	细化描述你的产品或服务为何让消费者受益
欣　赏	欣赏决策者的观点以及与你的想法冲突之处	识别顾客拒绝你产品或服务的理由
对　比	解释为什么你的想法比竞争者的观点更优(通常是那些构成你目标对象的决策者)	解释为什么你的产品/服务比竞争对手的产品/服务(通常是指受目标受众青睐的产品)更好
行　动	展开关于想法或策略的进一步讨论或建立一个行动进程	为顾客描述购买产品或服务的具体步骤

收件人：BHCU 董事会成员

主　题：即将到来的会议

> 不足以吸引注意力。

董事会的成员们:

你们好!

> 需求不明显,解决方案模糊。

近年来,由于许多信用社对年轻人没有足够的吸引力,信用社的客户流失严重。尤其令人不安的是,我们的客户年龄越来越大。10 年前,我们将近 1/4 的客户年龄在 30 岁以下,而现在,这一比例降到了不到 5％! 你们应该认真考虑这个问题并和我一起采取行动以扭转局面。

在我们即将举行的董事会会议上,我想向你们展示一些吸引年轻客户的方式。我花了大量的时间研究其他信用社吸引这个年龄段客户的方法,我认为我们需要考虑变革。我将向你们描述一些可行的策略。

> 理由不具体。

Better Horizons 一直以建立与客户的个人联系闻名。我们的业务一直通过面对面的服务展开,出纳员对每一位顾客都很友好。这也是为什么我为自己在这家公司工作感到自豪。你们中的许多人相信,我们可以只通过面对面的接触来维系这种个人联系。但由于社交媒体和其他技术可以提供个人联系,这种情况将不复存在。

> 没有验证其他观点。

在观察研究其他信用社的表现后,我现在确信我们缺乏技术创新。增长客户的关键在于采用最新的银行技术,并且通过社交媒体拓展市场。

我真的很期待在我们的董事会会议上与各位探讨这一问题。如果你们想在会议之前与我讨论,我将非常高兴与你们谈论这些问题。

克里斯蒂娜·拉索

> 结论不具体,可能不真诚,呼吁不够。

> 语调专横,不接受异议。

图 10.2　低效的内部说服性信息

Better Horizons 信用社
创办于 1937 年

2015 年 6 月 9 日
马修·L.普恩博士
19 Foxworthy Dr.
Pescaloosa，FL 91214
回复：在董事会上讨论如何更好地吸引年轻会员这一问题

> 有效地引起关注。

> 提供了令人信服的需求并介绍了解决方案。

亲爱的普恩博士：

在过去的五年里，我们已经失去了超过 200 名会员——几乎超过了会员总数的 10%。这在很大程度上是因为我们对年轻会员没有足够的吸引力。10 年前，30 岁以下客户的比例约为 25%。而现在，这一比例降到不足 5%！除非我们能够重拾年轻会员的关注，否则在未来的 10 年里，我们都将面临顾客逐步流失的风险。

在我们即将举行的董事会会议上，我将展示一个能够吸引年轻会员的营销策略和新产品计划的愿景。这些策略不仅有助于吸引年轻会员，他们也会增加我们在其他年龄群体的业务。我花了几个月的时间与我们几个最优秀的员工，探索了其他信用社吸引这一年龄段会员的做法。我期待着你们对于实施吸引年轻会员的如下策略的反馈：

> 提供理由。

- 提高我们在 Facebook、推特和博客等社交网络的曝光率；
- 举办常规的竞赛和活动，迎合年轻会员的需求（以最近的一个类似于《美国偶像》的比赛为例——在以下网站为信用社创建视频：www.youngfreehq.com/contest/）；
- 创建额外的在线账户和贷款服务，包括扩充账单支付选项；
- 为会员的孩子提供额外的产品，包括可写预付借记卡、青少年专用的支票账户与储蓄账户、手机银行和网上银行，以及年轻会员专用的贷款（例如：学生贷款、汽车贷款）。

在 Better Horizons 信用社，我们业务的各个方面都与顾客个人建立了联系，我们通过面对面的服务加强了这一氛围。我们的出纳员能够在顾客踏入信用社的同时叫出顾客的名字来迎接他们。他们知道我们关注他们个人本身，而不仅仅是因为他们是我们的顾客。热情、友好、真诚和个性化的服务方式是我为在这里工作感到骄傲的原因。

最初，我担心在线服务和社交网络可能会削弱 Better Horizons 信用社的用户体验。过去的几个月里，我一直在思索这个问题，新服务的推出与新技术的运用是否真的会有损我们个性化服务的品牌形象？在考察了其他信用社的情况后，我相信这些工具可以构建我们与顾客在情感上的联系，并培养其忠诚度，同时加强我们与顾客的个人交流。而且，这可能是我们吸引更多会员的关键所在。

我非常期待在我们的董事会会议上，与你们每个人讨论这个问题。如果你们想在会议之前与我交谈，请随时给我打电话，我想听听你们的想法。

附件是某一流信用社咨询公司撰写的一份研究报告，里面列举了相关的研究结果并就信用社如何吸引年轻会员提出了对策意见。你们可以在董事会会议之前抽 15—30 分钟时间来阅读这份报告吗？这份报告切实影响了我改变信用社的想法。再次感谢各位的支持与配合。
祝好！

> 以号召行动为结尾。

> 验证其他观点并巧妙地提供对比。

克里斯蒂娜·拉索
总裁兼首席执行官
Better Horizons 信用社

附件：信用社最佳实践研究报告

图 10.3　高效的内部说服性信息

　　在高效的说服性信息中（见图10.3），克里斯蒂娜首先对邮件进行了个性化处理，然后分别给每位董事会成员发送了一封邮件。每封邮件都开门见山地指出了具体的商业问题。然后，她通过邮件巧妙地提出了自己的看法。最后，她还不忘呼吁董事会成员及时采取行动。邮件不仅言语自信，还提出了美好的愿景，但又不显得咄咄逼人。在邮件中，克里斯蒂娜使用了各种方法，含蓄地劝说董事会成员，让他们相信在线服务和社交网络不会破坏个性化服务。当克里斯蒂娜单独会见董事会成员时，这些信息将会为建设性的对话做好铺垫。

　　在高效信息中，克里斯蒂娜选择以两种形式发送信息。首先是以信件的形式寄出（详见图10.3），随后几天再以邮件形式追踪。以信件形式发送信息不仅使信息更加个性化，还突显了信息的重要性。同样地，出于礼貌，克里斯蒂娜也可以把它作为附件打印出来。

　　从图10.4和图10.5中，可以看到低效和高效的说服案例，案例中克里斯蒂娜呼吁老员工主动充当新员工的导师。在低效的例子中，克里斯蒂娜的口吻十分专横，对员工颐指气使。如果领导不能给予员工选择权、描述问题的方式太过消极、忽视员工的合理诉求，那么他们很难理解员工的真实想法，得到他们的拥护。在高效的例子中，克里斯蒂娜给予了员工选择权。她不仅诉诸共同的目标，提出了美好的愿景，还肯定了员工有关时间承诺的真正诉求。虽然这则信息相对简单，但只要员工认为克里斯蒂娜是可信和真诚的，克里斯蒂娜就可能会激励更多的员工主动充当新员工的导师。

收件人：	BHCU 员工
主　题：	指导计划

亲爱的员工们：

　　一个让人很难接受的事实是，目前，我们近三分之一的新员工在入职后的前6个月离职了。每次我们失去一个员工，需要再花费至少 20 000 美元雇用和培训员工，这也同时反映了我们的组织文化很糟糕。

　　我们将在2个月内启动一个指导计划，帮助青年员工更多地感受在 BHCU 的温馨和满意，以确保降低至少一半的离职率。我呼吁你们成为新员工的导师。尽管你们工作繁忙，但是将新员工整合到我们的组织中是至关重要的。没有你们的帮助，我担心我们将继续遭受新员工的高离职率和低士气的困境。

　　衷心希望你们立即联系莉莉·桑切斯表达你们对这个项目的兴趣。她将会为你们分配一个新员工。指导工作每个月将会花费三到四个小时，所以这算不上沉重的任务。我保证你们将会喜欢上这个为这些新员工塑造未来的感觉。

　　关于指导计划的两个会议信息：6月15日上午9点至10点以及6月16日下午1点至2点。记得6月12日之前联络莉莉，并提供你们感兴趣的信息和作为导师的资质。

　　感谢你们为 Better Horizons 更好的未来做出的贡献！

> 这个消息未能提供有意义的选择，陈述问题过于消极，也没有消除人们对于指导周期的担忧。

　　克里斯蒂娜·拉索

图 10.4　给员工的低效信息

收件人：	BHCU 员工
主　题：	创建一个指导计划——我们需要您！

> 用共同的目标和请求帮助的方式吸引注意。

亲爱的同事们：

　　在未来的一到两个月，我们将正式启动 BHCU 指导计划。这是一个令人激动的方案，能够与新员工建立联系并同时能在工作中帮助他们。你们有如此丰富的知识和经验可以与我们的新员工分享，请你们考虑承担指导者的角色，使这个新项目取得成功。

> 开头简要介绍解决方案，后文详细展开细节。

> 描述需求。

　　目前，近三分之一的新员工在入职后的前 6 个月之内离职了，这产生了巨大的成本，并且极具破坏性。我们创建这个指导计划的主要目的之一是提高员工的留职率。研究表明，指导可以提高超过 55% 的留职率。

　　我们也视指导计划为一个吸引顶尖人才的独特措施。研究一致表明，有 80%—85% 的青年专业人士寻求指导项目。然而，只有 20% 的雇主提供指导。完成对本地公司的调研后，我们发现，它们并没有为人才提供辅导项目。

> 根据公司需要及个人利益描述理由。

　　而我们指导项目的主要目标是吸引和留住青年专业人士，我们也把这个项目看作导师的机会。师带徒有益于聚集并指导处于职业早期的专业人士，也有助于塑造我们的组织文化。

　　我们设想这样一个灵活的和有意义的指导计划：你会指导一个入门级员工，在他/她入职 Better Horizons 信用社的一年之内，每月花 3—4 个小时与你的学员相处。理想情况下，你每个月会与你的学员共进 1—2 次非正式午餐，谈论你的专业领域和职业发展。你也可以让学员参与你的项目，这样他/她可以得到一个近距离观察的机会，学习如何应对挑战和解决复杂的问题。

　　我知道指导工作会使你更加繁忙。我们将帮助你适应这个角色，并试图通过减轻你的其他责任来为你腾出时间。

　　关于指导计划，我们将于 6 月 15 日上午 9 点—10 点以及 6 月 16 日下午 1 点—2 点举办两场信息讲座。你将会了解更多有关指导计划和可用资源的相关信息。你也会有机会提出任何疑问。请在 6 月 12 日之前回复参与讲座时间给莉莉·桑切斯。

　　如果你确定想成为一个导师，请填写导师志愿表。一旦你填写表格，莉莉将直接联系你，为你匹配合适的学员。

> 在一致性的原则上呼吁行动。

真诚地
克里斯蒂娜·拉索

图 10.5　给员工的高效信息

外部说服性信息

　　哈尼撰写了两份外部说服性的信息。一份是传单，是给参与到由 Better Horizons 组织和赞助的免费财务计划和税收援助研讨会的社区成员。另一份是电子邮件，这是为了呼吁更多的会员加入马拉松活动。第一则信息更多的是采用理性呼吁，它指出 Better Horizons 相较于本地银行有更多的优势。第二则信息更多的是情感呼吁，它着重强调了团队和社区的荣誉，对某个重要事项的贡献感以及热心公益的活动。它列举了很多事实，但更多地强调奉献过后的成就感和热情。

比较图 10.6 和图 10.7 之间信息低效和高效的例子。在低效的例子中（见图 10.6），除了表达感谢和号召行动之外，大部分的内容是对已有信息的介绍。并且，当信息的关注点在整个目标顾客群体上时，信息使用了以"我们"为主的第一人称的表达方式，没有让客户看到实实在在的利益。

此信息未强调 中心思想。	**Better Horizons 信用社** 创办于 1937 年	此信息不够 独特和具体。

加入 Better Horizons 信用社的 8 个理由

　　信用社为大家提供更低的贷款利息和服务费用，每年可为顾客节约大概 80 亿美元。所以，你可以信任我们，让你的金融梦想成真。请注意以下可能在银行损失太多钱的风险：

1. 我们是一个以会员为基础的组织。这意味着我们的会员可以表达自己的诉求，他们可以在委员会任职，甚至被选入董事会。
2. 我们提供更低的汽车贷款利率，介于 1.5％—1.75％，低于任何一家银行。
3. 我们为无担保贷款提供低利率，利率比任何一家银行要低整整 2％。
4. 我们为顾客提供更方便和更低成本的抵押贷款。例如，30 年抵押贷款利率低至 5.31％，而同市竞争的银行利率在 5.35％—5.42％之间。平均手续费为 1 900 美元，而同行业的其他银行这一数值在 2 800 美元和 3 000 美元之间。
5. 我们为支票和储蓄账户提供更高的利息。目前，我们提供相比其他银行高出 0.3％—0.5％的利息。
6. 我们收费低。例如，在 Better Horizons，透支费为 19 美元，在其他地方银行为 35—50 美元。
7. 我们提供免费的退休和财务规划顾问。Better Horizons 一直雇用一个全职财务规划顾问，帮助顾客解决任何财务规划问题。
8. 信用社比银行更安全。在最近的经济衰退期，银行倒闭的风险是信用社的 5 倍。Better Horizons 一直保持良好的财务状况，即使是在经济衰退期间。

　　请考虑让 Better Horizons 来帮你处理资金业务。欢迎你随时约见我们的专家诺拉·史蒂文女士或其他会员专家，或者在线注册会员。我们期待与您相见！

2737 Better Horizons 信用社，Pescaloosa, FL 91214 ● 电话：803-784-7300 ● 邮箱：info@bhcu.org ● 网址：www.bhcu.org

图 10.6　建立在理性呼吁基础上的低效的外部说服性信息

　　相比之下，在高效的传单中（见图 10.7），哈尼使用了第二人称并列举了顾客所能获得的实实在在的好处。这样的格式凸显了每一个利益点，具体的陈述又帮助顾客快速识别利益的价值。例如，"节省 680 美元的汽车贷款"（高效消息）的好处远比"所需支付的费用减少了 1.5％—1.75％"（低效信息）更加清晰明了。

　　在高效的传单中，哈尼还对部分顾客的担忧表示了认可（低效传单中没有这一部分内容），即部分顾客会对此感到怀疑，见楷体部分，"既然信用社有这些好处，为什么不是每个人都选择信用社？"这验证了顾客的想法，否则他们可能认为这些好处好得令人难以置信，以至于产生抵触心理。这部分内容解释了为什么有些顾客更加偏爱银行，并且它鼓励顾客亲自对两者的服务进行比较。最后，传单还呼吁顾客尽快采取行动——9 月 1 日之前加入信用合作社的顾客将获得现金奖励。有效的销售信息激发了购买产品或服务的动机。

Better Horizons 信用社
创办于 1937 年

当你加入 Better Horizons 信用社，你不是客户——你是一个所有者！
加入 Better Horizons 信用社的 8 个理由   获得关注。

你知道每年平均每个信用社会员比银行顾客多节约 400 美元吗？信用社和银行之间根本的区别是信用社成员具备对自己的信用社拥有所有权和控股权，而银行账户持有人对其所在的金融机构没有股权或控股权。作为一个非营利组织、成员自我管理的金融机构，Better Horizons 信用社可以提供给你更高的存款利率，更好的贷款条款和更低的费用。考虑以下加入 Better Horizons 信用社的原因，从今天开始存款：   提出需求和解决方案。

1. 你始终居于首位。你不仅仅是顾客，你同时是老板和员工。这意味着你可以就信用社如何运行发表自己的看法。你甚至可以服务于委员会甚至被选举进入董事会。
2. 你支付更低的汽车贷款利率。你可以享受 1.5％—1.75％之间的汽车贷款利率，这低于任何一家同市银行。具体如下：
   ● 4 年 15 000 美元的新汽车贷款：为你节省约 680 美元。   提出理由。
   ● 4 年 5 000 美元的二手车贷款：为你节省约 200 美元。
3. 你为无担保贷款支付更低的利率。你可以在信用社，以更低的费用为不可预见的花销申请无担保贷款。平均而言，信用社提供的无担保贷款比其他银行降低整整 2％的利率。具体如下：
   ● 3 年 15 000 美元的无担保贷款：为你节省约 640 美元。
   ● 3 年 5 000 美元的无担保贷款：为你节省约 215 美元。
4. 你可以更加方便、以更低成本的得到抵押贷款。
   ● 在 Better Horizons，你可以在一个工作日内获得按揭贷款批准。
   ● 30 年抵押贷款利率低至 5.31％，而同市竞争的银行利率在 5.35％—5.42％之间。例如 200 000 美元的抵押贷款，在贷款期内可以节约 1 800—4 900 美元。
   ● 平均借款手续费是 1 900 美元，而行业内其他银行这一数值在 2 800 美元和 3 000 美元之间。
5. 你的支票和储蓄账户的利息更高。目前，你可以赚得相比其他银行高出 0.3％—0.5％的利息，这可以叠加。例如，平均一个 5 000 美元的账户，这将每年给你带来 15—25 美元的额外收入。
6. 你支付的费用更少。如果银行费用困扰你，那么信用社是适合你的地方。Better Horizons 比其他地方银行在透支费，信用卡延迟支付费用和许多其他费用上的收费更低。例如，在 Better Horizons，透支费为 19 美元，在其他地方银行为 35—50 美元。
7. 你可以拥有免费的退休和财务规划顾问。Better Horizons 一直雇用一个全职财务规划顾问，帮助你解决任何财务规划问题。
8. 你的存款在信用社更安全。在最近的经济衰退期，银行倒闭的风险是信用社的 5 倍。Better Horizons 一直保持良好的财务状况，即使是在经济衰退期间。   从其他方面进行验证。

既然有这些好处，为什么不是每个人都选择信用社？这是一个很好的问题。有些人喜欢银行是因为银行的分支机构和自动取款机遍布全国，便于旅行。同时，也有些人说银行能提供更多的服务。当然，很多人尚不了解信用社，我们建议你先暂停心中的疑虑，并且将 Better Horizons 与你当前的银行进行直接比较。你会发现 Better Horizons 可以为你省钱，为你的旅行提供便利并且几乎可以满足你任何银行业务的需要。   结尾呼吁采取行动。

欢迎你随时约见我们的专家诺拉·史蒂文女士或其他会员专家以了解更多信息，或者在线注册会员。新客户于 9 月 1 日之前加入将享有 50 美元新账户现金奖励。

2737 Better Horizons 信用社，Pescaloosa，FL 91214 · 电话：803-784-7300 · 邮箱：info@bhcu.org · 网址：www.bhcu.org

图 10.7 建立在理性呼吁基础上的高效的外部说服性信息

收件人：	贾莫尔·安德森;珍妮弗·安德森;威廉·贝克;克里斯特尔·贝尔克;乔纳森·贝尔克;拉尔夫·贝尔克;萨莉·贝尔克;胡毕,斯蒂芬妮·卡德韦尔;布兰森·卡特;伊丽莎白·卡特;斯蒂芬·凯西;里克·凯西;布赖恩·锡达;丽贝卡·锡达;
主　题：	您对您身边女士的责任

亲爱的信用社成员：

> 这份信息缺乏个性化，让读者觉得羞愧，并且使用了极度负面的语言。

请加入 Better Horizons 与乳腺癌——最致命的癌症之一做斗争。你需要对你身边的女士负责。考虑以下事实：

● 今年我国约有 182 460 名妇女诊断患有乳腺癌。

● 乳腺癌在女性癌症死亡原因中排名第二。

乳腺癌深刻地影响我们所有人——母亲、妻子、女儿、朋友。如果你真的在乎,请加入我们的战斗。

马拉松活动所有的收益将捐献给贝蒂·威廉斯乳腺中心,用于社区教育、研究和支持低收入病人及其家人。贝蒂·威廉斯乳腺中心有全国公认的乳腺癌治疗项目。它在国家乳腺网络中心上进行前沿研究来改善治疗。乳腺中心积极倡导社区人群及早检测乳腺癌,并普及有关自我检查的常识。贝蒂·威廉斯乳腺中心始于贝蒂·威廉斯的捐赠——一名乳腺癌幸存者和 Better Horizons 的顾客。贝蒂一定希望看到你试图帮助这个可怕疾病的受害者。

每人只需 50 美元注册费。如果你无法参加马拉松活动,还是欢迎你注册并向贝蒂·威廉斯乳腺中心捐赠。每一个 Better Horizons 参与成员将收到一个马拉松活动 T 恤、一个 Better Horizons 水瓶,以及一本名为《帮助避免癌症的生活方式》的书。最重要的是,你是 Better Horizons 为抵制乳腺癌所做出的努力的一部分。

只需完成一个在线申请或发送邮件进行申请即可加入 Better Horizons 信用社团队。请于 9 月 21 日之前完成申请以确保活动 T 恤寄送给你,这样你就可以穿上它骄傲地代表 Better Horizons 参与马拉松活动！马拉松活动将在本周六举行,即 10 月 6 日上午 9:00,地点在中央公园。为改善我们社区女性的生活做出你的一份努力吧！

图 10.8　建立在情感呼吁基础上的低效的外部说服性信息

收件人：	贾莫尔·安德森
主　题：	加入美好未来团队对抗乳腺癌:"希望"马拉松活动报名时间截止到 9 月 21 日

亲爱的贾莫尔：

> 这个消息具有个性化、令人激动、鼓舞人心。它反映了主题——希望。

在今年的"希望"马拉松活动中请加入我们的队伍,共同对抗乳腺癌。去年,我们队伍的 415 名成员共筹集到 23 000 美元,捐赠给坐落在我们市里的贝蒂·威廉斯乳腺中心。

乳腺癌深刻地影响着我们社区,但是希望犹存！由于"希望"马拉松活动的举办,预防和治疗措施的快速发展成为可能,你可以为我们社区的女性做出贡献。

考虑以下因素：

● 每年我们县约 50 名女性被诊断为患有乳腺癌。

● 去年我们信用社的 7 名顾客被诊断出患有乳腺癌(据我们所知)。

● 我们社区约 1/8 的女性在她们的有生之年被诊断患有乳腺癌。

● 对于女性来说,乳腺癌是第二大致命的癌症。

● 乳腺癌早期患者的五年存活率是 95%。

"希望"马拉松活动所有的收益将捐献给**贝蒂·威廉斯乳腺中心**,用于社区教育、研究和支持低收入病人及其家人。贝蒂·威廉斯乳腺中心运行着一个全国公认的治疗乳腺癌的项目,它在国家乳腺网络中心上进行前沿研究来改善治疗。乳腺中心积极倡导社区人群及早检测乳腺癌,并普及有关自我检查的常识。

贝蒂·威廉斯乳腺中心始于贝蒂·威廉斯的捐赠——一名乳腺癌幸存者和 Better Horizons 的顾客。你可以在马拉松活动中看到她的身影,她已经连续参与 17 年！

每人只需 50 美元注册费。如果你无法参加步行活动,也欢迎你注册并捐赠贝蒂·威廉斯乳腺中心。每一个 Better Horizons 参与成员将收到一件"希望"马拉松活动 T 恤和一个 Better Horizons 水瓶以及一本名为《帮助避免癌症的生活方式》的书。最重要的是,你的捐赠将铸就一个伟大的事业。

加入 Better Horizons 信用社团队,完成一个在线申请或通过邮件发送申请。请于 9 月 21 日之前完成申请以确保活动 T 恤能及时寄送给你,这样你就可以穿上它参与马拉松活动。

马拉松活动将在本周六举行,即 10 月 6 日上午 9:00,地点在中央公园。请加入贝蒂和 Better Horizons 队伍吧,开始充满趣味、热情和希望的一天！

图 10.9　建立在情感呼吁上的高效的外部说服性信息

　　现在,请注意比较图 10.8 和图 10.9 中低效和高效的外部说服性信息,两者都从情感方面呼吁会员们报名参加马拉松活动在低效的例子中(见图 10.8),哈尼使用了几个可能让读者产生负罪感的语句。她在开头几句话中使用一系列极其负面的词语(例如"最致命的""癌症死亡原因")这可能会让读者觉得就算他们参加马拉松活动,对现实而言也不会有太大的改观。此外,这则消息的针对性不够。它没有反映出当地社区面临的一些问题,只是概括性描述了全国的状况。

　　在高效的例子中(见图 10.9),信息的针对性更强,内容更加乐观积极,不会让读者产生压力。它引用了当地社区和信用社的统计数据,而不是全国范围的统计数据。此外,这则信息在贝蒂·威廉斯身上着墨颇多——与社区和信用社密切相关。并且,它描述了读者加入团队后所能体会到的无限乐趣与兴奋。虽然它无法避免一些与乳腺癌相关的负面词汇(如"致命的""诊断"),但是,它使用了很多积极而具建设性的单词、短语(例如"希望""预防""治疗""存活""你可以做出贡献""95％")使整则信息洋溢着希望之情,极大地鼓舞了读者的信心。虽然这两则信息都呼吁会员们尽快采取行动,但高效的例子中提供了网上报名的链接。此外,它还提供了其他链接,以帮助读者更好地了解马拉松活动与贝蒂·威廉斯乳腺中心的有关信息。

　　技术进步为商人提供了许多传播说服性信息的创新方式。本章的"技术小贴士"的重点是使用视频技术传递内部消息,但同时视频也是提供外部信息的强大工具,极具说服力和一致性。

技术小贴示

工作场所视频分享

　　YouTube 等视频分享网站允许任何人创建和分享视频剪辑。YouTube 的广泛流行满足了大多数人希望被关注和倾听的愿望,这也证明了视觉图像在消息传递中的力量。大多数公司已经多年通过 YouTube、其他社交网站以及个人网页传播视频营销信息,它们也意识到了在线视频培训和内部公告的重要性。

　　最近,一些公司开始发展员工视频播客。最早这样做的是微软公司,其在 2007 年推出移动学院(Academy Mobile)——一个类似于 Youtube 的网站,供微软员工内部使用。员工可以通过开发视频发挥创造力,增强友情和分享组织知识,同时在公司获得高知名度。

　　在职场,分享视频和播客可以更好地说服别人并表达你的想法,当有机会分享视频和播客时,请记住以下建议:

　　关注信息。与其他信息形式一样,你应该做如下规划:分析同事的需求(受众分析),收集和分析最相关信息(观点形成),以令人信服和有影响力的方式整合视频信息(信息构建)。

　　学习软件。制作优质、专业的视频不仅仅只需要相机,要学习视频编辑软件(比如 Camtasia)。此外,要观看受欢迎的同事(那些有很多追随者的同事)的视频播客。

战略性地使用工具。开发有利于你的公司和职业生涯的视频信息。虽然娱乐价值也很重要，你的主要目标还应是号召你的同事共同面对工作挑战。记得你想要塑造的在线声誉，你想要以什么技能和知识来吸引注意力？你希望突出什么样的个人特质？你要如何以思想领导者的形象展现自己？

大规模销售信息

即使你不是一名营销人员，但你仍有可能参与到**大规模销售信息**（mass sales message）的编写工作——以某一消费者群体为对象，旨在为特定的产品或服务打开市场。这些信息通常以大规模电子邮件、网络广告或销售信件的形式发送，成功率通常比较低（从购买数量和消息接收者的比例来看）。例如，某家公司发出了 7 000 份销售信件，它的成功率可能只有 2%（140 名消费者会因此购买产品或服务）——但足以回收成本并取得收益。由于大规模电子邮件和在线广告（成本一般包括目标消费者群体的电子邮件列表和在线广告费用，但没有纸张或邮寄费用）比印刷出来的销售信件成本低很多，它们的成功率也可能更低。

大规模销售信息的另一个好处是，即使消费者不会因此立即购买你的产品或服务，这些信息也可以提高公司的品牌知名度。一两年甚至多年后，当消费者购买类似产品或服务时，他们可能还会记得这家公司。但另一方面，许多消费者对大规模销售信息深恶痛绝。因此，某些情况下，过多的销售信件和垃圾邮件可能会损害品牌的价值。

虽然本章提出的大多数原则适用于销售信息，但是我们需要对大规模销售信息的结构进行相应的调整，以增加它的成功率。例如，成功率从 2% 提高到 3%——可能造成几万美元的收益差异。用于大规模销售信息的最成功的模式为 AIDA 方法：注意力（Attention）、兴趣（Interest）、欲望（Desire）和行动（Action）。这种方法的开头和结尾与其他说服性信息类似。在信息的开头，你需要吸引读者的注意力。在信息的结尾，你要呼吁读者采取行动。

一般情况下，如果你想要吸引读者的注意力，你的语言要比内部说服性信息更为生动活泼，甚至更具煽动性。成功吸引读者的注意力后，你的下一步任务是激起读者的兴趣与好奇心。然后，你要激发读者的欲望。也就是说，你希望潜在顾客产生这样的感觉："我想要这个产品或服务。"最后，行动呼吁要具体明确，要使潜在顾客进行购买。

最有效的销售消息包含一个**中心销售主题**（central sales theme）。类似于其他信息，主题能够快速被消费者识别的销售信息的效果最好。认识你的同事或客户会给予你 30 秒左右的时间去展示你提供的关键点，然而大规模销售信息的接受者可能只给你几秒钟。因此，你的销售信息应该有单一的、可辨认的主题，使他们能够在几秒内产生共鸣。

最常见的一类销售主题是价格。有些销售信息会格外关注价格这一要素以吸引读者的注意力。其他销售信息可能不会特别强调价格，它们只是在临近结尾时简单地提一下。甚至有些销售信息根本就不会提到产品或服务的价格。对于大规模销售信息来说，这是一个冒险的策略，因为大多数消费者期待立即看到一些有关于价格的信息。

在图 10.10 和图 10.11 中，你可以看由哈尼和她的同事创建的促进信用社汽车贷款的两个大规模销售信息。第一则信息（见图 10.10）的中心销售主题是价格：Better Horizons 信用社的汽车贷款成本低于经销商融资。所以，标题和开篇段落的关注点都在价格上。第一段指出，经销商融资的利率比较低是以牺牲退税和议价能力为代价的,这极大地激起了读者的兴趣。此外,信息中的表格设计精美、重点突出,这不仅能够方便消费者对汽车贷款和经销商融资进行对比,还能够激发消费者的阅读兴趣。最后一段通过展示汽车贷款的简便和优惠引导消费者需求,并提供了如何立即申请的信息。这则销售信息以理性呼吁为基础。

收件人： 马德琳·波普

主　题： 在汽车贷款方面,汽车经销商无法打败 Better Horizons ◄———

获得关注。

亲爱的马德琳：

你可能听说过汽车经销商吹嘘他们近乎于零的利息利率。但这是一个诱导!通过汽车经销商融资,你放弃了获得制造商退税的机会和议价权力。

当你在 Better Horizons 激活汽车贷款,你绝不会失去制造商退税的机会,你也可以在谈判过程中获得更多的话语权。举个例子,如果你在 Better Horizons 进行一个五年期的贷款融资,一辆价值 25 000 美元的车,可以节省超过 1 700 美元。

增加兴趣。	Better Horizons 信用社（美元）	经销商融资（美元）
汽车价格	25 000	25 000
汽车制造商退税	−2 500	—
APR	2.29％	0.9％
月付款数	397	426
总成本	23 834	25 576

激发欲望。

贷款批准很容易。在大多数情况下,员工可以在 15 分钟内完成整个过程。信贷员会为你人工操作或启动一个在线申请。当你获得汽车贷款,你会得到各种各样的资源来帮助你进行汽车购买,包括一份免费的《凯利蓝皮书》,免费的 Carfax 汽车历史记录报告,机械故障保险(Mechanical Breakdown Insurance, MBI)和机动车置换费用补偿保险(Guaranteed Auto Protection, GAP)。

呼吁行动。

马德琳,欢迎你来约见我们的信贷员工,讨论对你有利的选择。你可以<u>在线约谈信贷员</u>或者致电萨塔·贾因女士,电话:803-784-7307。或者,你可以立即开始<u>在线汽车贷款申请</u>。祝你购买汽车愉快!

注:实际情况根据你的购买状况和信誉不同而有所区别

图 10.10　基于理性呼吁的大规模销售信息

在第二则销售信息中(见图 10.11),哈尼和她的同事以情感呼吁为基础,强调了完全不同的销售主题。在这则信息中,他们将焦点放在了消费者购买汽车时是否感到自信这一问题上。他们直接指出了很多消费者担心在购买时被利用。情感呼吁涉及几个影响策略,包括社会认同(某位会员在购买汽车时使用了贷款并因此省下了不少钱)和报答(从信贷员处得到的温暖的帮助和加入"成为反对汽车经销商的工作团队"的邀请)。与其他类型的说服性信息相比,大规模销售信息的撰写更具灵活性。哈尼应用了与玩牌("占上风""经销商手里握着所有的牌")和开车("带你兜风""坐在司机的位置上")相关的比喻。

收件人：梅拉妮·金

主　题：当你购车时是否占了上风

获得关注。

亲爱的梅拉妮：

　　当你去买一辆新车的时候，你觉得你占了上风吗？如果你像许多购车者一样，就会觉得经销商手里握着所有的牌，你对谈判感到焦虑，对购物产生压力，为了做出最好的选择你甚至会感到头痛。

　　运用 Better Horizons 推荐的买车方法，坐在司机的位置上，而不是任由经销商带你兜风。当你遇到 Better Horizons 汽车贷款信贷专员，他将会和你站在一条战线上，为你提供以下工具：

增加兴趣。

- 预先批准你的贷款以加强你讨价还价的能力。* 我们将向你展示一个预先批准贷款如何帮你节省数千美元的实例！
- Better Horizons 信用社（BHCU）提供最好的贷款担保，将以 0.25％击败任何利率。*
- 获取最新的汽车价格和汽车状况。你将收到一份免费的《凯利蓝皮书》和免费 Carfax 汽车历史记录报告。
- 机械故障保险（MBI）和机动车置换费用补偿保险（GAP）将解决你的所有后顾之忧。有 MBI 和 GAP 提供保障的所有汽车贷款，将为你免除意外的汽车故障带来的担忧。

激发欲望。

"我从来不知道我可以通过贷款有这样强的议价能力。通过在 Better Horizons 进行汽车贷款，我和汽车经销商顺利地进行了谈判，得到了制造商的退税，开着一辆新的 Acura 离开，如果我找经销商融资，这将花费至少数千美元。

这才是购买汽车的最佳方式！"

——杰米·琳恩·萨金西亚

自 1998 年以来都是 Better Horizons 的顾客

　　最重要的是，你会省下一大笔钱。例如，Better Horizons 的成员购买价值 25 000 美元的新汽车通常节省大约 1 700 美元。你的信贷员会帮助你节省成百上千的美元。

　　梅拉妮，欢迎你来约见我们的信贷员工，讨论对你有利的选择。你可以在线约谈信贷员或者致电萨塔·贾因女士，电话：803-784-7307。或者，你可以随时驻足于任意一家分支机构进行咨询。祝你购买汽车愉快！

呼吁行动。

* 100％融资新车和 80％融资旧车。了解更多关于 Better Horizons 汽车贷款。

得到你所需要的购车资源：www.bhcu.org/carshopping。

图 10.11　基于情感呼吁的大规模销售信息

　　你目前看到的例子都是以消费者为中心的。你也可以将 AIDA 方法应用于其他类型的大规模的广告宣传。例如，Better Horizons 希望能够吸引最优秀的大学毕业生到它们那求职。它可以得到当前参加招聘会的大学生的电子邮件地址列表。在图 10.12 和图 10.13 中，你可以看到哈尼鼓励大学生申请职位低效和高效的例子。在低效的例子中，你会看到哈尼列举出了"在 Better Horizons 工作的所有好处"。但是这一方法不太有效，因为它的重点并不突出。换句话说，这则信息既缺乏一个中心主题，又没能具体说清楚加入 Better Horizons 有哪些好处。在高效的例子中，哈尼着重于一个中心销售主题（雇主计划能帮助处于职业生涯早期的职场人士建立起一定的优势）。她着重介绍了其中三项计划，详尽地指出了未来员工所能获得的好处。此外，她还使用了粗体字和其他特殊格式，她确信潜在员工能够迅速得到这则信息的要点。

收件人： 大学毕业生邮件列表

主　题： 不要对第一份工作降低要求！

你好，求职者！

> 这则信息没有包含一个中心销售主题，只有一个不充足的理由，且没有用切实的形式指出益处。

没有什么工作比你大学毕业的第一份工作更加重要。第一个"真正的工作"为你未来的职业生涯定下了基调。

在 Better Horizons，我们为你提供你认为满意的职业所需要的一切：

- 优秀的 401(k) 退休计划
- 有竞争力的薪水
- 指导
- 学费还款计划
- 优秀的同事
- 在家办公的选择
- 搬迁援助
- 领导力发展计划
- 激动人心的职业通道
- 快节奏、有趣的工作环境
- 了解金融服务和信息系统的机会
- 在不同部门工作的机会
- 增长潜力！！！

因此，就在今天在<u>线申请职位</u>或来访我们的分支机构申请我们的职位吧！

图 10.12　低效的大规模邮件

收件人： 埃米莉·史密斯

主　题： 从 Better Horizons 信用社开始，让你的职业生涯步入正轨

> 以中心销售主题获得关注：雇主项目，对职业早期专业人士最有利的帮助。

亲爱的埃米莉：

没有什么工作比你大学毕业的第一份工作更加重要。第一个"真正的工作"为你未来的职业生涯定下了基调。

> 用基于证据的结论引起兴趣。

找到肯为你投资的雇主会对你的职业机遇产生戏剧性的影响。比较雇主为职业生涯早期的青年专业人士提供的项目差异：

- 受到早期职业指导的员工相较于没有受到职业指导的员工每年收入多出 5 500—22 500 美元。<u>阅读更多……</u>
- 参与领导力发展项目的员工在大学毕业两年内获得管理或监督职位的几率是未参与计划员工的两倍。<u>阅读更多……</u>
- 参与雇主支持的学生贷款还款计划的员工比没有参与还款计划的员工早三年计划买房。<u>阅读更多……</u>

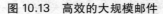

在 Better Horizons，我们致力于你的事业成功。这也是为什么所有新员工都有参与指导计划、领导力发展项目和学生贷款还款计划的机会：

- Better Horizons 指导计划。所有新员工都会被分配一个做过金融或信息服务的工作经验丰富的导师。通常情况下，导师会与学员共进一至两次非正式午餐，每个月花几个小时指导学员，让学员参与重要项目，并分享对职业发展的看法。
- Better Horizons 领导力发展项目。所有员工都有资格参加我们在抵押贷款、投资服务和信息技术等方面的领导力项目。　　　　　> 罗列在 Better Horizons 能够获得的实在的利益来增加欲望。
- Better Horizons 学生贷款还款计划。一旦员工被录用六个月，我们会为他们偿还每月高达 300 美元的学生贷款。

所以，请查看我们<u>空缺的出纳员、金融专家、IT 专家、信贷员</u>等更多职位。同时，我和我的团队非常期待在即将到来的 <u>PCC 招聘会</u>上见到你本人。

祝好　　　　　　　　　> 以一个空缺职位链接和招聘会邀请呼吁行动。

哈尼·佐格比　　　　　　> 整个信息坚持严谨、统一的中心销售主题。

图 10.13　高效的大规模邮件

审查说服性信息

由于信息交流几乎都伴随着巨大的风险,所以你要仔细审查你的说服性信息。它们可能会为你提供更加专业的机会并提高你的信誉,但也可能使你失去未来的机会并破坏你的信誉。同样的,因为你是所在组织的代表,你的说服性信息可以提高或降低顾客忠诚度、收入和品牌价值。

获取他人的反馈,反复阅读说服性信息

说服性信息是要发送给那些与你观点相左或者不愿意购买你的产品与服务的人的。因此你要仔细阅读信息。你要站在受众的角度思考问题,想象他们会做出何种回应。此外,你还可以邀请信任的同事读一读你撰写的信息。你可以问问他们读完信息后有何感想以及他们有哪些修改意见以达到预设的结果。你最好去寻找可能会以受众相同的方式来反对你的那些值得信赖的同事,这些同事可能会提供最有洞察力的、关于如何更仔细地修改你的信息的建议。

运用 FAIR 测试

说服性信息经过精心设计可以用来操纵同事和顾客。在商务沟通过程中,操纵(manipulation)意味着你为了实现自己的利益而在一定程度上欺骗他人。你可能有时会抵挡不了诱惑通过说服性信息操纵他人来提升你的事业,获取额外的销售佣金、出色的业绩奖金,或证明你的准确性以弥补自尊。

通过运用 FAIR 测试,你可以避免发送带有操纵性的说服性信息。这对销售信息而言尤其重要,因为歪曲你的产品或服务是不道德的。以图 10.14 为参照,和你的同事讨论一下你的说服性消息是否满足 FAIR 的要求。通过考虑商业人员的业务经验(见后文的"沟通知识问答"版块),你可以更深思熟虑、更熟练地来编写说服性信息。

事实(Facts,你的说服性信息的真实性有多强?)
- 你是否正确地提出所有事实?
- 根据你的信息,你的同事、顾客和消费者能够做出符合他们最佳利益的明智决定吗?
- 你有考虑过你的数据可以用不同的理解方式来解读吗? 你评估了你的信息质量吗?

透明(Access,你的动机、理由和信息有多透明、易懂?)
- 你的动机清晰吗? 或者他人是否会认为你有一个隐藏的动机? 你是否给予他人和你交流的机会? 这样他们就可以更多了解你的观点。
- 你充分披露了你的同事、顾客或消费者应该收到的信息吗?
- 你隐瞒任何更好的建议了吗? 你隐藏了提出某一声明或建议的真正原因吗?
- 你给利益相关者在决策过程中提供了发言权吗?

影响(Impacts,你的沟通如何影响利益相关者?)
- 你仔细考虑过你的想法、产品和服务将会如何影响你的同事、顾客和消费者吗?
- 你是从同事、顾客和消费者的最佳利益角度出发提出建议的吗?

尊重(Respect,你的沟通是尊重他人的吗?)
- 如果你是顾客或同事,你会觉得信息的语气是合适的吗?
- 信息会冒犯别人或给人压力吗? 它是否表达了你的同事和顾客的需求是重要的吗?
- 一个中立的观察者会认为你的沟通是尊重他人的吗?

图 10.14 你的说服性信息是否满足 FAIR 要求?

沟通知识问答

莉·亚当斯(Lea Adams)：全球猎头 Morgan Samuels 公司顾问，她负责执行和确保副总裁等高管职位的搜索任务，重点行业集中在工业制造业、消费品、零售、工程和建筑业。她在被升职为顾问之前，在 Morgan Samuels 公司承担了各种各样的职位，包括研究顾问和助理顾问。

彼得·卡登：你能描述一下当你的候选人犹豫不决，而你必须说服他考虑这份工作时，你是怎么做到的？

莉·亚当斯：我最近与一位候选人商谈过，他在他目前的岗位上并不是特别愉快，但是也没有更多精力去寻找新的工作机会和重新安置他的家人。我安抚他，我理解他的立场，问他对什么类型的工作感兴趣，这样我们可以保持联系。几分钟后，我问了一个更直接的问题："你现在所在的公司提出了开发或继任计划吗？"他想了一下，有点尴尬地说："嗯，没有，这个问题有些困扰我。"简单的问题打开了我们的谈话入口，我开始讨论我的客户，他们在发展和晋升中都有详细记录，公司积极地从内部提拔人才。花时间去了解了该候选人后，我明白了他是在寻找向上流动的机会，但是他没有立即明白我向他描述的机会。一个简短的对话后，我更好地描绘出一个更大的蓝图来吸引他实现长期目标。他的态度转变了，尽管存在对自己再次定位的可能，但还是渴望探索新的机会。

彼得：当你与客户合作时，你试图用何种方式来影响他们？ 你怎样准备有效的切入点和建议？

莉：当为客户提交候选人时，我的主要目标是对他们产生足够的吸引力，并邀请候选人进行面对面的面试。在准备切入点时，简要地说明重点非常重要。编制一个简洁、令人印象深刻的消息往往比"数据罗列"更耗时，所以我很认真地在准备。此外，我强调指出候选人的优缺点，展示了合作伙伴解决问题的能力，这将建立彼此间的信任。最后，我对接下来的步骤提出建议，但会特意强调一下重点，以确保客户是赞同的。这种策略建立了作为顾问的信誉，能够安抚客户并让他们知道你正以他们的最佳利益行事。

彼得：以你的经验来看，当试图去说服同事和客户时，专业人士最容易犯的一些错误是什么？

莉：说话太多是专业人员试图说服同事和客户时犯下的最大错误。同事和客户想要被倾听，但更重要的是，他们想被理解。如果你理解你的客户和同事的意图，即使很少说话也能产生巨大的影响。

彼得：你对在职场中说服他人，有什么总结性的建议吗？

莉：在我这一行工作，最好的候选人是那些曾经被高薪聘用的，在各自的组织中取得长足进步的人。去说服他们抬起头考虑他们公司以外的工作机会是我的工作。当联系候选人时，我会强调明白他们很忙。但是一旦我有候选人电话后，我就会密切关注他们的速度和节奏，然后模仿他们的风格，当然不能虚伪。这种方式使人感到被尊重和理解，因此他们更愿意牺牲高价值的资源——时间。通常，最后我会说："谢谢你能给我时间……我会让你的付出得到回报。"幽默使你走得更远,它可以令人消气并产生愉快记忆。然而,你必须了解你的受众,因为错误的幽默可能导致恶俗,甚至更糟的是导致无礼。

本章小结

学习目标 10.1:描述信誉和说服之间的关系。
提供有效的说服性信息以提高你的个人声誉。

当你知道有关你的产品、服务或想法的所有信息时,你的能力就可以显示出来。	当你解释你的产品、服务或是想法如何让别人受益时,你的关心就显示出来。	当你提供完全可靠和诚实的信息时,你的品格就显示出来。

学习目标 10.2:解释说服性信息的 AIM 规划过程,以及大多数说服性信息的基本构成元素。

AIM 规划过程

受众分析:识别你的受众的需求并了解它是受哪些因素影响的。

发展观点:收集你正在写的有关产品、服务和思想的广泛信息。

构建信息:获得关注、将需求与利益相联系、提供理由、表达感激并呼吁你的受众行动起来。

说服性信息的组成部分	
● 吸引注意力。	● 引发需求。
● 提出方案。	● 阐释理由。
● 认可他人的看法、偏好与关切的事。	● 运用对位法(可供选择的)。
● 行动号召。	

引人注目的类型	
● 反问句。	● 有趣的统计数据。
● 一些引人注目的不寻常的事实。	● 证明。
● 挑战。	

详见表 10.1 有关引人注目的案例。

学习目标 10.3:解释语气和风格对说服性信息的效果有何影响。

说服性信息语气的指导原则	
● 个性化。	● 以行动为导向,语言生动。
● 保持自信。	● 提供多种选择。
● 积极向上。	

详见表 10.2—表 10.8 中有关语调和风格选择的案例。

学习目标 10.4：创建有效的内部说服性信息。

内部说服性信息的组成部分
<ul><li>获得关注：概述业务问题。</li><li>提出需求：描述业务问题。</li><li>提出一个解决方案：描述你的想法或策略如何解决业务问题。</li><li>提供理由：细化为什么你的想法或策略是最好的选择。</li><li>验证：欣赏决策者的观点和与你的想法的冲突之处。</li><li>给出相对观点（其他选择）：解释为什么你的想法优于竞争对手（尤其是那些组成你目标受众的决策者）。</li><li>行动呼吁：行动进程或进一步讨论想法、策略的建议。</li></ul>

详见图 10.2—图 10.5 内部说服性信息的举例。

学习目标 10.5：创建有效的外部说服性信息。

外部说服性信息的组成部分
<ul><li>获得关注：引人注意的陈述。</li><li>提出需求：描述你的顾客未被满足的需求。</li><li>提出一个解决方案：描述你的产品或服务如何使顾客受益。</li><li>提供理由：细化为什么你的产品或服务会让顾客受益。</li><li>验证：识别顾客拒绝你的产品或服务的理由。</li><li>给出相对观点（其他选择）：解释为什么你的产品或服务优于竞争对手（尤其是那些受到你目标受众青睐的其他竞争对手产品/服务）。</li><li>行动呼吁：描述顾客购买产品或服务的具体步骤。</li></ul>

详见图 10.6—图 10.9 内部说服性信息的举例。

学习目标 10.6：创建有效的大规模销售信息。

大规模销售信息的组成部分	
• 吸引注意力。	• 引起兴趣。
• 激起欲望。	• 行动号召。

详见图 10.10—图 10.13 大规模销售信息的举例。

学习目标 10.7：评价说服性信息的有效性和公平性

过程回顾

FAIR 测试：确保你的陈述是事实且不具有欺骗性。

校对：仔细反复重读消息，想象你的受众的反应。

反馈：请值得信赖的同事检验消息的准确性、真实性和影响力。

关键术语

权威　　　　　　　　　含蓄　　　　　　　　　互惠性

中心销售主题	间接	稀缺性
一致性	喜好	社会认同
直接	操纵	具体化
明确	大规模销售信息	肯定

讨论练习

10.1 章节回顾问题(学习目标 10.1、10.2、10.3)

A. 描述信誉如何形成说服的基础。

B. 解释说服性信息的语气和风格如何影响其说服力。具体而言,说明个性化接触、行动导向的语言、自信、选择和积极性是如何影响消息接收者的反应。

C. 解释说服性信息的 AIM 规划过程和大部分说服性信息的基本构成元素。

10.2 应用关键术语(学习目标 10.1、10.2、10.3)

解释以上每个关键术语,并为其如何影响说服性信息提供一个具体的案例。

10.3 沟通问答(学习目标 10.1、10.2、10.3)

阅读沟通问答部分莉·亚当斯的评论,回答以下问题:

A. 在说服过程中,亚当斯如何发现别人的需要? 她如何去倾听她的客户? 这个过程需要付出多少努力?

B. 她说准备一个短的说辞往往比一个较长的需要更长的时间。你如何看待这个案例? 这对你现在正在做的一些项目意味着什么?

C. 她是如何说明与客户建立信誉的? 详细说明她通过一些回应做了什么。

D. 她给我们有关说服力的最有趣的建议是什么? 请解释。

10.4 你应该尽可能少地使用说服吗?(学习目标 10.1、10.3)

有些人认为,所有的商务沟通是一种说服的形式——你是在试图激励别人按照你建议的那样思考和/或做。其他人建议你应该在极少数情况下使用说服力。例如,最近的一本名为《人的五个基本技能》的戴尔·卡内基训练书中,作者这样写道:

> 有人说,说服就像一个储蓄账户:你用得越少,你得到的就越多。要学习如何在适当的时候很好地运用你的说服力。随着时间和实践的深入,你将能够对任何领域的人的决定有积极的影响。[34]

写三或四段话来描述你对于应该在工作场所使用说服的频率和时机的观点。

10.5 品格和说服(学习目标 10.1、10.7)

正如亚里士多德所说:"品格几乎可以被称为最有效的说服手段。"你认为这在今天的商业世界中是正确的吗? 用三四个论点和例子解释你的观点。

测评练习

10.6 分析一则销售信息（学习目标 10.6）

在你曾收到过的信件或电子邮件中找到一个有趣的销售信息。如果你不能立即找到，那么去一个吸引你的销售产品或服务的公司的网站上，找到一个足够长去分析的销售信息，用以下方式去分析：

A. 它使用了哪些有影响力的心理工具（一致性、互惠性、社会认同、权威、喜欢、稀缺性）？请举例说明。

B. 它使用了哪些情感呼吁、理性呼吁？你认为这个销售信息更多地迎合了情感诉求还是理性诉求？请解释。

C. 你认为这个销售信息亲切且吸引人吗？

D. 你认为这个销售信息可信吗？

E. 你认为这个销售信息是否尊重他人？

F. 你相信这个销售信息吗？

G. 你能想到的可以提高其有效性的两种改进方法是？

10.7 分析 Better Horizons 信用社的推广信息（学习目标 10.5）

用以下方式去分析 Better Horizons 信用社的传单（图 10.7）。

A. 它使用了哪些有影响力的心理工具（一致性、互惠性、社会认同、权威、喜欢、稀缺性）？请举例说明。

B. 它使用了哪些情感呼吁、理性呼吁？你认为这个销售信息更多地迎合了情感诉求还是理性诉求？请解释。

C. 你认为这个销售信息亲切且吸引人吗？

D. 你认为这个销售信息可信吗？

E. 你认为这个销售信息是否尊重他人？

F. 你相信这个销售信息吗？

G. 你能想到的可以提高其有效性的两种变改进方法是什么？

10.8 说服自我评估（学习目标 10.1、10.3、10.7）

参照下表中所列的各项说服的做法去评估自己，圈出各项适合你的数字。

	1—很少/从不	2—有时	3—经常	4—总是
即使他人最初不同意我的观点，我也能说服他们看到我想法中的优点。	1	2	3	4
当试图去说服他人前，我会去思考他们的需求。	1	2	3	4
当试图去说服他人前，我会去思考可以影响他们的最佳方式。	1	2	3	4
即使当我知道他人不同意我的观点时，我在表达我的观点时也会很自然。	1	2	3	4

（续表）

	1—很少/从不	2—有时	3—经常	4—总是
我能在不冒犯他人的情况下说服他们。	1	2	3	4
即使他人不同意我的观点，我也会在不忽略他们意见的条件下提供我的看法。	1	2	3	4
我可以书写强有力的说服性信息。	1	2	3	4
当我说服他人时，我试图为将来的讨论开辟新的道路。	1	2	3	4
我意识到大部分人并不会立即被说服。我在与他人沟通的过程中意识到说服这一过程将很可能会涉及多个步骤。	1	2	3	4
我对那些我不赞同的人们表现出尊重。	1	2	3	4

汇总你的得分并参照以下建议：

35—40分：你是一个高效的说服者。在大多数情况下，你可能会按照预期影响其他人。要不断磨炼你的说服技能，并确保你始终以他人的利益为中心。

30—34分：你是一个认真的说服者。你意识到了他人的需要，你在展示你的看法时拥有自信，并且你认为你尊重那些与你想法不一致的人。继续致力于发展你的说服能力吧。

25—29分：你是一个一般的说服者。在很多情况下你是有说服力的，但是如果你继续坚持有效的说服力准则，你的说服力将变得更有效。识别那些你最需要提高的领域，那么你将会看到快速的提升。

25分以下：你是一个低效的说服者。仔细思考你能够提升的最高领域，你可以通过掌握一些说服力的准则来极大地改变你对他人的影响。

基于自我评估，确定可以提高服力方法的三个领域。书写三个目标并用一个支持性的段落对每个目标进行详述。

应用练习

10.9—10.11　问题案例：促进新服务进驻 Better Horizons 信用社

克里斯蒂娜·拉索在 Better Horizons 信用社工作，最近她正努力发展一些信用社可以提供的新的服务。其中一种想法是，让信用社员工开展为期五天的巴哈马群岛游览，其中的两个下午将集中进行金融规划研讨会，包括如退休计划、信托和不动产、保险、慈善捐赠、税收和大学储蓄的选择问题。另外，金融训练营将对青少年提供储蓄和支票账户、贷款和预算的基本信息。

在另一个倡议中，克里斯蒂娜想要为使用 Better Horizons 借记卡或信用卡的客户建立一个新的奖励计划。使用借记卡或信用卡购物的行为将对他们的总奖励点有所帮助，客户可以使用总奖励点兑换名牌商品、酒店住宿、机票、邮轮和其他旅游选项（详见网络及纸质版商品指南和旅游商品目录）。成员每花一美元，则他们的信用卡上将会增加一点，每花两美元在他们的借记卡上也将加一点。该计划的一个优点是,奖励点可以跨账户累加。所以,信用社客户的家庭成员或朋友们可以将其奖励点转移到另一个账户,以便更快获得奖励。此项目免费,持卡的会员自动注册加入项目。

10.9　向 Better Horizons 信用社董事会推销想法(学习目标 10.4)

假设你是克里斯蒂娜,向董事会写一封信,描述你关于金融规划旅行和新奖励计划的想法。

10.10　向 Better Horizons 信用社员工推荐金融规划旅行 (学习目标 10.5)

写一个销售性信息,向 Better Horizons 成员更好地推荐金融规划旅行,你可以随意添加额外的细节。(例如旅行价格和日期)。

10.11　为 Better Horizons 信用社特别奖励计划编写推销信(学习目标 10.5、10.6)

为 Better Horizons 客户编写一个销售信息以促进新的奖励计划,你可以随意添加额外的细节(例如奖励的类别)。

10.12　创建一个鼓励学生加入俱乐部的信息(学习目标 10.4、10.5、10.6)

A. 选择一个你感兴趣的学生俱乐部。你可能已经成为俱乐部成员或你可能知之甚少。不论何种情况,编写一个信息来鼓励其他学生加入。描述成为会员带来的好处和加入俱乐部的具体步骤,或如何了解更多相关内容。

B. 在一个单独的信息中,描述你的目标学生;这些学生可能会拒绝的原因;你的信息如何吸引这一群体;你发布信息可能使用的沟通渠道。将信息发送给俱乐部主席。

10.13　为你的电脑商店编写销售信(学习目标 10.6)

假设你在校园附近有一家自己的电脑零售商店(可以起任何你想要的名字)。近年来由于大学生对苹果电脑的强烈需求,你的个人笔记本销售量下降。你将要写一封销售信送达到所有学生宿舍,你的目标是鼓励学生在你的店里购买电脑。你可以做在线调研以帮你对比研究苹果笔记本电脑和一般电脑,识别定价水平。在销售信中,尝试向学生展示你的电脑相比于苹果笔记本的优势,让他们产生了解更多的兴趣、采取行动,甚至在你的店里购买电脑。

10.14　为信用社编写针对大学生的销售信(学习目标 10.6)

编写针对于大学生的销售信以促进大学生加入当地信用社。除了使用本章材料,上网寻找信用社和银行之间的优劣势对比。在 20—30 分钟内找到大量的信息是非常容易的。

10.15　为银行编写针对大学生的销售信(学习目标 10.6)

编写针对于大学生的销售信以促进大学生加入当地银行。上网寻找当地信用社和银行的有关信息。选择你最感兴趣的金融机构,然后编写一个有效的销售信息来进行推广。

10.16　说服大学生开退休账户(学习目标 10.5、10.6)

编写一个面向大学生,说服他们开退休账户的信息。你会在网上找到大量关于及早开退休账户益处的信息。在写信之前,花几个小时来学习其他选择。

10.17　一则给同事的说服性信息

萨曼莎·帕金森是一家新成立的软件公司的营销实习生。她正在致力于为专业人士打造一个新的社交网络平台。平台名为 LinkedB2B,允许专业人士以类似于领英的多种方式进行交流。然而,它还在几个主要城市通过联系地理位置相近的专业人员,开展了面对面的社交活动。该平台强调企业到企业(B2B)的关系,而不是招聘和咨询。

目前,LinkedB2B 以每月 19 美元的费用对网站上的专业人士收费。企业收费 149 美元,允许 10 个用户在网络上。到目前为止,该网站已拥有近 9 000 名成员,其中大部分位于三个主要城市:休斯敦、达拉斯和洛杉矶。通常,LinkedB2B 每年在这些城市举办三次社交活动。参加活动者必须是 LinkedB2B 成员。一般来说,门票价格在 30 美元左右。

萨曼莎认为网站应该提供免费的账户,就像领英一样,以便 LinkedB2B 扩大其会员基础。她认为会员只需支付额外服务的费用。萨曼莎决定与她的老板比安卡·吉诺瓦分享她的推论。比安卡最初创建了 LinkedB2B 并把它看作是她最大的专业成就。萨曼莎发送的信息如下:

主题:改变我们的定价模式

你好,比安卡:

不幸的是,我们目前的定价模型根本不会为我们带来足够的会员以创造更多利润。除了这 9 000 名会员,我们几乎没有其他的业务。为了生存,我们需要得到更多的付费会员。具有讽刺意味的是,我们只能通过提供免费会员来得到更多的付费会员。领英是我们为了达到目的,必须遵循的模式。领英赚这么多钱是因为它用免费会员资格吸引了专业人士,然后专业人士看到更加优质的增值服务后,忍不住支付费用。如果我们更改为一个免费的模式,我们可以得到数十万甚至数百万会员。我估计一年内,如果我们免费开放 LinkedB2B,至少可以得到 500 000 名会员。如果我们能得到 10% 的会员购买增值服务,我们将有大约 50 000 名付费会员,这是我们现有会员的 5 倍。实现这一点的方法包括聚焦以下城市:休斯敦、达拉斯、洛杉矶、旧金山、波特兰和西雅图。我们将为所有专业人士提供免费的会员资格。在免费的会员级别上,专业人士可以展示个人资料。我们对个体和组织的层面上的增值服务的定价保持不变。在增值服务上,会员能够享受以下几点:以折扣价参加社交活动(一般折扣至少在 30%—50%)、每月发送十个非接触免费信息、使用博客平台并组建团队。我知道你希望这个平台成功,所以为了达到目标,我计划本周五的会议上,给你一个更具体的计划。

萨曼莎

完成以下任务:

A. 评估萨曼莎的信息的有效性。

B. 重写并完善信息。你可以在老师的指导下合理润色。

10.18　一则销售信息

比安卡·吉诺瓦是一个叫 LinkedB2B 社交网络平台的销售副总裁(了解更多的背景信息请参见任务 10.17)。她的目标之一是增加参加面对面社交活动的 LinkedB2B 会员。她目前正在使用洛杉矶作为测试市场来探索吸引成员参加活动的新方法。洛杉矶市场现在有大约 2 500 名成员,但平均只有 40 名成员参加面对面的社交活动。虽然这足以弥补活动的成本,但很难创造利润。比安卡认为通过增加出席这些活动的人数,保证在 150—200 人之间,从而使活动创造更多利润,使 LinkedB2B 会员资格更有价值,并且通过建立企业对企业的联系来增加 LinkedB2B 的品牌价值。

比安卡编写了旨在吸引更多的会员参与活动的信息:

主题:通过网络来寻找新的商业合作伙伴!!!

亲爱的 LinkedB2B 南加州会员!

我们很高兴给你带来更多更好的社交活动来帮助你建立你的职业关系网和事业。作为 LinkedB2B 成员,你知道培养你的人际网络和发掘伟大的商业伙伴是多么重要。但是,你知道不仅在网络上,而且在现实中面对面的聊天会有多大区别吗?我们的内部调查显示,去年参加LinkedB2B活动的成员,他们发现了三个新的业务伙伴。此外,93％的成员表示他们获得了对业务的新见解。我们现在希望我们的社交活动能够更上一层楼,寻找新的商业伙伴,提供更多机会来帮助你利用边缘业务知识改变你的组织绩效。5月3日开始,我们将每两个月举行包括系列讲座的社交活动。5月3日的演讲者是杰夫·塞奇威克——B2B社交媒体方面的专家。7月7日的演讲者是詹纳·陈——B2B生态系统方面的专家。然后,9月4日,我们很幸运地请到世界知名的作家以及交易和冲突解决专家——麦迪逊·埃弗里,探讨如何完成一笔交易。现在,所有活动将提供免费饮料点心。同时,我们添加了一个新的电子介绍功能,让你提前看到有哪些人出席活动。这个工具也会帮助你即时追踪那些人。

　　真诚地

　　比安卡

完成以下任务:

A. 评估比安卡信息的有效性。

B. 重写并完善信息,你可以在老师的指导下合理润色。

11

负面信息

学习目标

学习本章后,你应该掌握以下几点:

11.1 描述传递负面信息如何影响你的信誉。

11.2 解释选择负面信息传递渠道时的注意事项。

11.3 总结有效传递负面信息的原则。

11.4 通过面谈或书面形式给各类受众,如同事、外部合作伙伴和顾客传递负面信息。

11.5 建设性地传递和接收负面绩效评价。

11.6 反思负面信息的公平性和有效性。

为什么这很重要?

商务活动必然会涉及向他人传递一些负面或令人失望的信息。你可能会拒绝一项提议,供应商的合作请求、顾客的要求、给下属负面绩效评价、拒绝同事的观点,解释你为何不喜欢一项产品或服务,向老板承认自己犯的错、解雇员工等。并不是所有的商务沟通都是愉快的,因为商务在本质上具有竞争性,所以拒绝别人是很正常的。

对大多数商务人士来说,提供负面信息是极具压力的。在 2008 年开始的大萧条中,37％的人事考虑换工作,因为他们被迫频繁向雇员告知解雇的消息。[1] 管理顾问马克·布莱克姆(Mark Blackham)这样解释这种令人不舒服的困境:"负面信息就是负面信息,无论你如何改变它。它改变了人们的未来。这是人生中无趣的一面,而你无法用言语去使它变得更好。"[2]

在这一章,我们关注通过面谈和书面传递负面信息的几个原则。在大多数情况下,你和你的组织需要和负面信息接收者保持长期工作关系——无论他们是同事、外部合作伙伴或顾客。你的首要目标是维护双方的长期利益。此外,你还要确保负面信息接收者对你的组织保持一个良好的印象。阅读下面的案例,这个案例是本章中五个传递负面信息例子的基础。

本章案例:大理石家庭装饰公司的负面信息

涉及人物:

故安·埃尔南德斯(Juan Hernandez)

大理石家庭装饰公司业务经理,大理石家庭装饰公司主营生产大理石厨房台面、瓷砖、梳妆台和家庭浴室的建材产品,也提供改装家庭浴室和厨房的服务

● 见证公司从小型区域性公司转变为一个大型全国性公司

辛迪·库珀(Cindy Cooper)

威尔逊公民银行的信贷员

● 担任了四年的小企业贷款专员

杰克·阿德尔曼(Jake Adelman)

大理石家庭装饰公司的领班

● 两年前被提升为领班,很大程度上是由于他能提升员工士气。

情景1(周二下午):辛迪·库珀告知胡安,大理石家庭装饰公司的信用额度将大幅减少

辛迪负责小企业贷款。基于风险把控的考虑,银行决定削减小型企业的贷款额度。辛迪被告知要严格控制这些信用额度,从50%削减到75%。要负责将这一消息告知她所负责的小型企业。在过去的一周里,她陆续约见了几个客户面谈此事,许多人表示不知道该如何面对银行突如其来的要求。

下一步,辛迪需要联系胡安并通知他银行将缩减信用额度,从10万美元降到3万—5万美元。她知道这对于胡安来说是一个坏消息,因为大理石家庭装饰公司正面临资金困难。

情景2(周三上午):胡安需要告知员工工作时间将被压缩

胡安沮丧地叹了口气。他因为焦虑昨晚睡得很差。今天将是漫长的一天。他有很多负面信息需要向身边的人——员工、供应商和顾客传递。胡安以前就传递过很多次负面信息,但从未因此变得容易过。

胡安召集大多数员工开了一个15分钟的会议。他传达了公司将暂时中止加班并且削减轮班的消息,胡安知道这些变化会挫伤一些员工的积极性。会议被美国职业安全与健康管理局(Occupational Safety and Health Administration, OSHA)官员的突击安全检查打断,因此,胡安需要发出一封电子邮件来澄清这个他曾在会议上发布的消息。他没有机会回答所有的问题,而且还有一些员工那天没有来上班。所以,他迫切希望马上发布更完整的信息。

情景3(周三下午):胡安需要告诉一个供应商他已经选择了另一个新的供应商

胡安当前的供应商是由尼克·詹森(Nick Jensen)经营的一个小型化学品公司。胡安在过去的三年里完全依赖于尼克公司的化学品。然而,胡安现在认为尼克的竞争对手是一个更好选择。

情景4(周三下午):胡安需要告知一位不愉快的顾客他的索赔要求被公司拒绝了

胡安需要回复一封顾客的电子邮件投诉,她抱怨公司在她家安装的大理石台面有一条裂缝。她要求公司更换台面或支付她495美元(原价)。但是,台面在五年前就安装完成了,远远超出了两年的保修期。

情景5(周三下午):胡安向一个员工传递负面反馈

胡安对每个值班长进行季度业绩考核。今天他要约谈的对象是杰克·阿德尔曼,公司最受欢迎的员工之一。杰克工作出色,待人友善并激励他的工人,也是胡安的好朋友,两人时不时一

起出去吃饭。

杰克的主要职责之一是确保给批发商的产品完整无误。然而,过去几个月中,有几个批发商抱怨杰克出货产品参差不齐。有两次,几乎每个部件都是有缺陷的。胡安认为杰克这个季度的业绩较差,他需要将这一信息传达给杰克。

任务:

1. 辛迪应该如何告知胡安公司信用额度的变化,并且还继续保留与大理石家庭装饰公司的业务?(请参阅当面向顾客提供负面信息的内容。)

2. 胡安应该如何写一封邮件通知员工,他们将减少工作时间,并且不对员工士气造成太大打击?(请参阅书面向同事提供负面信息的内容。)

3. 胡安应该如何告诉一个长期供应商,他选择了一个新的供应商并仍能保持双方的友好关系?(请参阅书面向外部合作者提供负面信息的内容。)

4. 胡安应该如何拒绝顾客的诉求但仍保持她对公司产品的忠诚?(请参阅书面向顾客提供负面信息的内容。)

5. 胡安应该如何告诉最受欢迎的雇员之一,他的绩效不佳?(请参阅当面提供绩效考核负面信息的内容。)

在传递负面信息时维持信誉

如何传达负面信息影响一个人的信誉度,任何不诚实或欺骗都会损害个人信誉。[3]沟通专家戴夫·齐林斯基(Dave Zielinski)指出了未能有效传达负面信息是如何损害信誉的:

> 员工往往会记得过去他们是如何被无情对待的,而不是公司处于动荡时期才无奈辞退员工的。坦诚、真诚和频繁的沟通将为员工忠诚度和组织整体健康奠定基础。[4]

齐林斯基的观点很清楚:诚信和开放是关键。虽然人们不喜欢收到负面信息,但他们渴望真相。

案例 11.1 魏征以直言进谏赢得唐太宗的信任

在中国历史上,魏征以直言进谏而名垂青史。然而对于唐太宗李世民而言,他并不喜欢魏征直来直去的谏言,有时甚至会因魏征传达的负面消息而感到自己的天子权威受到侵犯。但他知道这些信息是真实的,是出于对国家政治的关心,更是对现有问题的实际反映。魏征也因其传达负面消息的勇气赢得了唐太宗李世民的信任及重任,成为唐太宗治理朝纲的左膀右臂。在魏征去世后,李世民更是为其写下了千古评语:"以铜为镜,可以正衣冠;以古为镜,可以知兴替;以人为镜,可以明得失。朕常保此三镜,以防己过,今魏征俎逝,遂亡一镜矣。"

评述:

魏征以其传递负面信息的勇气得到了唐太宗的信任,其刚正不阿更是成为千古佳话。

研究表明,诚实和开放的态度可以提高负面信息传递者的可信度。Siegel＋Gale 咨询公司在大萧条期间,研究了负面信息的传递,得出了下列结论:

> 在经济危机期间,许多组织试图传达不利消息。虽然很多人认为,向客户传达负面信息会动摇关系,滋生不信任,Siegel＋Gale 公司最新的调查表明以正确的方式传递负面信息实际上可以加强客户关系,奠定信任基础。[5]

尽管我们不应该投机地看待负面信息的传递,但那些以适当方式传递负面信息的人提高了自己的信誉。当你承担由你自己造成的负面信息的责任时,这有利于提高品格。当你尽你所能减轻负面信息对别人的影响并考虑他人需求时,这展示了你的关怀。当你在艰难情况下仍能成功,这显示了你的能力。

案例 11.2　华为"梁山广"事件

2017 年 8 月,一名叫梁山广的华为员工在内部员工论坛以及技术交流网站上声称,华为某部门将国外的某开源 UI 项目进行汉化后,谎报为自己部门的创新成果。该消息被核实后,华为对相关的造假人员进行了处置。随后,一封由任正非亲自签发的《要坚持真实,华为才能更充实》的华为内部邮件更是在各大网站掀起剧烈反响。该邮件表示,华为员工梁山广因说真话被连升两级,允许其自愿选择工作岗位及地点,并由无线网络产品线总裁邓泰华保护其不受打击报复。

评述:

梁山广虽然向上级传递了有关创新造假的负面信息,却用自身的诚实赢得了信誉及赞誉。

将 AIM 规划过程应用于负面信息

用一种对各方都有利的方式来传递负面信息,为未来合作敞开大门,这离不开有效规划。因为负面信息应及时传达,所以规划必须尽快。很多时候,负面信息接收者被负面信息伤害的程度,不及被接收负面信息所花的时间伤害的程度深。你所要做的,就是当你发现令人不愉快的消息时,尽快开始有效规划。

理解负面信息将如何影响受众

发布负面信息经常会给信息发布者带来压力、焦虑和其他强烈情绪。作为负面信息的发布者,你希望尽量减少这样不安的感觉。不同于其他类型的消息,你需要努力使你的信息服务于他人。你可以通过了解负面信息的性质及其对受众的影响,及时提供信息,并选择恰当的沟通渠道,来使形势好转。

及时传递负面信息

"没有消息就是坏消息"适用于当同事、客户或顾客知道你处在一个可以影响他们的决策的情境中。由于缺乏信息,他们往往做出最坏的假设。有时,当人们猜想负面信息时,他们可能把他们的猜想作为谣言的一部分来传播。在这些情况下,你失去对信息的控制,如果别人认为你隐藏信息,你会失去信誉。在传达负面信息时,你永远不能等待太久。[6]

另一方面,当你不知道细节时,就不要传达负面信息,因为这会导致不必要的焦虑。例如,宣布可能会削减预算、裁员或削减薪酬,却不提供任何具体细节,这可能引起不必要的惊恐,所以你需要衡量一下。[7]

选择合适的渠道组合

通常,负面信息最好当面传递,因为这样可以使用丰富的沟通形式,如语言和非语言沟通方式来表达关切。你从负面信息接收者那里得到即时反馈,可以马上回应他们的感受,并且在出现不愉快的场景时,你可以马上思考解决方案。

但是,书面传递负面信息也有其优势。通过书面传递负面信息,你可以更仔细地控制信息并确保准确地描述负面信息。但是,如果接收者误解了这个负面信息,你可能无法对此做出及时回应。此外,很多人认为以书面形式传递负面信息,有点冷酷和不近人情。请参阅表 11.1,总结当面和书面传递负面信息的利与弊。

表 11.1　口头和书面形式传递负面信息的利弊

口头传递	书面传递
优点 ● 可以使用和观察非语言暗示 ● 可以更容易地展示意图 ● 可以更有效地澄清和解释负面信息 ● 可以立即做出回应	**优点** ● 可以更仔细地起草信息 ● 可以更容易地归档信息 ● 可以提供参考信息(为今后的行动提供方向、建议和意见) ● 可以将信息更有效地传递给更多的人
缺点 ● 激烈的情绪可能会妨碍负面信息的有效传递、解释和讨论 ● 需要更多的时间 ● 不太能将负面信息整理成文 ● 不太能为负面信息接收者提供今后可供参考的方向	**缺点** ● 不能通过非语言暗示来表示关切 ● 不能立即做出回应 ● 不能相互讨论得出解决方案 ● 不太能控制对工作关系的长期影响

在你考虑使用哪种沟通渠道时,先分析一下负面信息的性质。在医学和社会心理学文献的研究中,研究人员确定了负面信息的三个方面,这三个方面将影响你如何传递负面信息:严重性、可控性和可能性。**严重性**(severity)是指负面信息的严重或有害程度。**可控性**(controllability)是指负面信息接收者可以改变结果的程度。**可能性**(likelihood)是指不良事件发生的概率。[8]

随着可控性降低和可能性、严重性增加,更丰富的沟通渠道是有效传递负面信息的最佳选择。例如,解雇某人应当面说,这毫无可控性(雇员不能不离职),完全的可能性和高严重性(员工将失业,失去收入和诸如健康保险之类的其他福利)。当负面信息的可控性上升,可能性和严重性下降时,更少的沟通渠道往往更合理。在表 11.2 中,你可以看到严重性和可控性的各种组合。

表 11.2　负面信息的类型和沟通渠道的丰富性

负面信息类型	示　例	只用书面 (例子:邮件)	非当面 口头语言 (例子:电话)	口头语言+ 非当面的非 语言(例子: 视频电话)	口头语言+ 当面非语言 (例子:会议)	当面+书面 (例子:会议+ 后续备忘录)
低严重性+高控制性	同事的想法被拒绝	*	*	*	*	*
低严重性+低控制性	顾客的诉求被拒绝	*	*	*	*	*
中等严重性+高控制性	销售公司选择另一个供应商(图 11.6)	*	✔	✔	✔	✔
中等严重性+低控制性	员工工作时间被压缩(图 11.4)	✘	✘	✔	✔	✔
高严重性+高控制性	员工收到负面绩效评价(图 11.10)	✘	✘	✘	✔	✔
高严重性+低控制性	员工被解雇	✘	✘	✘	✘	✔

* =取决于正在使用的或负面信息接收者偏好的沟通渠道;✘=极少接受的;✔=偏好的。

当然,你偏好的沟通渠道并非总是有效的。例如,如果你在虚拟团队中工作,你不能亲自传递负面信息,或者,如果你是高层领导,你不能花时间去跟每个受你决定影响的人面谈。当然,在适当和可行的时候,你应该选择更丰富的沟通渠道。

案例 11.3　海底捞:三小时从"沦陷"到"逆袭"

2017 年 8 月,著名火锅店品牌海底捞被暗访记者曝光出一系列食品安全问题:老鼠随意进出后厨,餐具与扫帚同池清洗,火锅勺掏下水道……负面消息一经传递,立即引起消费者的愤慨及抵制。3 小时后,海底捞通过官方微博发布了书面致歉信,承认该负面消息属实,表达公司对消费者的歉意和管理上疏忽的痛心。2 小时后,海底捞又通过新闻、报刊、电视等多种媒体类型对该负面事件发表了 7 条处理通告,表示公司愿主动承担责任及实施整改措施。在三小时的负面消息处理过程中,海底捞从人人喊打的局面逆袭为消费者对其行为纷纷点赞。

评述:

海底捞对负面消息的及时回应,以及通过多种媒体形式发布书面通告,有效传递了负面消息,避免了舆情持续地发酵。

发展观点

从各种来源收集事实对负面信息来说至关重要。如果你从各种来源尽可能多地收集信息,你就可以做出更加客观的判断并提出合适的解决办法。

案例 11.4　无印良品:用证据实现"反弹"

在 2017 年中央电视台 3·15 晚会中,无印良品被曝出其所售的部分食品产地来自日本核污染区。消息一经传出,立即引起消费者的猜疑及恐慌。随后,无印良品通过多种媒体形式发表了一封声明函,否认该负面消息的真实性,称其进口食品包装上标注的信息不是指食品产地,而是母公司名称及其法定注册地址,并表示公司的进口食品均有原产地证明书,且证明书正本已提交上海出入境检验检疫局,同时该公司取得了中华人民共和国入境货物检验检疫证明,并附上每批次进口食品的报关报检单证作为证据。成功化解危机。

评述:

无印良品通过多方面的证据陈列,证实负面消息的不实性,成功实现了"绝地反弹"。

构建信息

在传递负面信息时,你需要考虑负面信息是不是需要更直接的表述。对于大多数负面信息,可以通过减轻负面性,让受影响的人做好准备。对于较不直接的消息,可以首先给出造成这个负面信息的原因;而那些更直接的消息,可以首先给出这个负面信息,然后才给出理由。

通常,当你与顾客、客户等相对陌生的人打交道时,你会传递较不直接的负面信息。当你和同事打交道时,你可以更直接一些。尤其当你传递负面信息给上级时,你应该最直接,因为上级时间有限,他们需要直接看到信息的主要部分。

你也可以基于他人的激励价值观做出判断(正如你在第2章中学到的)。拥有以自信为主导的动机价值观的人(红色部分)在所有情况下更倾向于直接的负面信息。拥有综合动机价值观的人(绿色部分,关注自信、分析和利他主义)也更喜欢较不直接的负面信息,其特点是对未来的关注和对和谐的渴望。那些拥有利他主义动机价值观的人(蓝色部分)更喜欢最不直接的负面信息,他们尤其注重展示关怀和善意。

对负面信息接收者表示同情关切以减少负面信息的冲击

当负面信息接收者知道你很关心他们时,他们一般会毫无抗拒地回应你,甚至欣赏你的诚实。大多数人基于多种因素来做出你是否真正关心别人的判断,如你过去是如何对待他们的以及你的非言语行为。在书面形式下,你不太可能用非语言行为来表示你的关心和感激。

对于书面消息来说,有以下几个小诀窍可以帮助负面信息接收者做好情绪上的准备。首先,使用中性主题可以帮助读者认识到这一消息可能不是好消息,因为它不是直接的(并没有陈述这个负面信息),它可以让读者随时调整心理来接受负面信息。

此外,在一些沟通中,你可以使用一两个句子的缓冲来开始表述这个负面信息,这可以淡化打击。**缓冲(buffer)**是用来建立共同点、表达感激、展示同情或表达善意的一个语句。表11.3提供了几个例子,它们旨在在负面信息传递者和接收者之间建立联系,减小对信息接收者突如其来的情绪上的打击。

表11.3 负面信息缓冲

缓冲的类型	例　子
中立的陈述	主题:关于与大理石家庭装饰公司的年度合同投标的决定
感　激	感谢你提交的具有竞争力的关于下一年度供应和递交塑料树脂的投标书
同　情	我们很遗憾听说你厨房台面有裂缝
共同点	减少工作时间给我们的员工造成了经济负担
称　赞	感谢你出色的工作,尤其是在我们公司面临资金困境时

当你对信息接收者表示同情时,你让他们知道你理解他们的苦恼和困惑。但是,你需要将这些表达限制在一两个句子之内,并且使这些情感表达看起来真诚和专业。如果不是你的错,就不要承担责任。例如,"我们很遗憾听到你的厨房台面上有裂缝"的声明并不意味着责任,而"我们很抱歉我们安装的台面出现故障"的声明可能意味着责任。

　　在传达负面信息时,你可能选择某一形式的缓冲作为**预告信息**(teaser message)。这些信息,经常是书面形式的,给接收者一个信号,告诉他们即将开始的对话或其他沟通可能涉及令人不快的消息。预告消息使消息接收者做好情感准备,但没有透露具体信息。可以通过使用中性的语句来表达,如"今天下午我有一些反馈告诉你"或"我会与你分享一些客户对你的评价",可以帮助员工对负面消息做好准备。[9]

传递负面信息

　　在负面信息传递的过程中,你要找到方法来表达对接收者的关注。通过展示你的关心,你能帮助他们更好地接受负面信息和有建设性地应对负面信息。一般来说,表达关心时应语句简洁,对接收者的回应保持关注,但不需要过度关注。

　　开门见山,即清楚地表达负面信息并解释它的原因。负面信息接收者一般都想知道做出这个决定的原因。坚持事实,以便接收者不会试图钻空子,得出错误的结论。如果你回避这个负面信息,你的听众往往会认为你在回避,从而削弱你的可信度。[10]

　　在书面负面信息中,中性的主题和简短的缓冲可以弱化冲击、表达同情。然而,你必须使用简短的缓冲语句,迅速切入主题。你不希望接收者觉得你是在故意淡化或隐藏负面信息,你也不希望他们抱有无谓的希望。否则,负面信息接收者甚至可能感觉到被误导。如果你发现自己对负面信息的表达非常间接,问问自己是否应该亲自面谈或电话交流。

提供清晰理由和具体反馈

　　最近,关于给金融业顾客提供负面信息的研究表明,当银行清楚地说明了做出负面信息决定的理由时,顾客对银行更信任。对于那些很少提供解释或者没有提供解释的银行,顾客是这样说的:"这让我感觉银行对我不够信任,也不重视我这一客户资源;我对他们来说,只是一个数字。"相比之下,如果顾客得到了充分解释,他们更有可能认为银行是可信的。这些顾客是这样说的:"银行是诚实的。他们的信息及时直接,这一点很好。"此外,研究人员表示,清晰、具体和简单的语言,可以建立信任,而含糊、笼统和法律式的语言会带来疑虑和愤怒。[11]

　　使用简单具体语言的好处是,信息接收者更有可能认为信息是诚实的。使用简单具体语言的另一原因是,负面信息接收者倾向于在负面信息情境中加工负面信息。因为许多接收者可能经历激烈的情绪冲击,并开始未雨绸缪,思考负面信息对他们来说意味着什么,所以他们处理复杂信息的能力会变差。

解释直接影响

　　在解释了负面信息和它的原因后,你要思考一下负面信息对于接收者的直接影响,而不是仅仅关注负面信息对公司的影响。你的注意力应该放在负面信息接收者身上,他们是那些在想"这对我来说这意味着什么?"的人。[12]

　　抑制对负面影响轻描淡写的冲动。如实描述负面影响,接收者关心的是自身利益。你不能因为这会引起不悦,就跳过这一步。首先,他们不关心其他事情,他们只关注负面信息对自身的潜在影响。其次,如果你将注意力立即转移到你认为重要的事情上,会加剧他们的不满情绪,因为这表明你不关心他们的迫切需要。

重点放在解决方案和长期利益上

　　大多数负面信息对信息接受者来说只代表着暂时性的挫折,并非永久性的。所以一旦你描述完对接收者的直接影响,可以将重点放在对信息接收者具有长期收益的解决问题的方法建议上。在可能的情况下,说一说现实的解决办法以克服目前的问题,以及当前的牺牲可能带来的利益。[13]

　　专注于解决方案和长期利益时,应该采取一个积极的语调。同时也要注意区分正面信息/负面信息。如果负面信息接收者认为你正在淡化负面信息对他们的影响,他们可能做出消极反应。[14]

在负面信息传递的过程中,尽量不要切断双方继续合作的后路。可能现在你需要给一名员工降级,但两三年后你可能会给他升职;可能现在你需要拒绝客户的索赔,但你希望该客户以后继续购买你们的产品或服务;可能现在你需要对供应商说"不",但你希望在未来从同一供应商手中得到好的合同条款;公司让下岗员工重回公司,这也并不罕见。

案例 11.5 蓝标暴力裁员事件

2018 年 3 月,蓝色光标公关公司的员工在个人公众号上发布《蓝色光标,所谓亚洲最大公关公司,如此坑害老员工,良心真的不会痛吗?》一文,引起社会广泛关注。该员工在文章中自曝突然被领导要求主动辞职,否则以违纪为由进行无偿开除。针对这次暴力裁员的负面事件,公司高层仅表示此为个案,愿意与员工进行协调沟通。一星期后,该员工再次在个人公众号发布了《我删了文章发了声明,却换来了蓝标对我的诋毁和无偿开除》一文,表示公司多次对自己进行抹黑以及进行不实的报道,并收到公司下达的原因不明的辞职通知书。最终,协调过程宣告失败,双方决定通过法律途径解决纠纷问题。

评述:

在蓝标的暴力裁员事件中,负面消息传递者既没有对接收者表示关心,站在接收者的角度考虑事件影响,也没有提供清晰的裁员理由及解决措施,更是以威胁蛮横的态度切断了公司与员工进行长期合作的可能性。

使用适当的表达语气、写作风格和书面设计

与他人讨论负面信息时,使用恰当的语气和非语言行为来表示你对他人的关心。在向他人传递消息时,应时刻关注信息接收者的非语言行为。在负面信息讨论期间管理情绪的能力会影响双方今后的工作关系。关于提供绩效反馈的研究表明,用肯定的语气提供负面反馈,比用否定的语气提供正面反馈效果更好。换句话说,在反馈情境中,表达的方式往往比你的信息内容更重要。[15]

在书面表达负面信息时,仔细考虑语气、风格和设计问题。以专业的方式用语气来表示你对信息接受者的关心。同时指明积极的努力方向,但不给人以虚假的希望,不回避对消息接收者的影响。使用简单、准确、通俗易懂的写作风格。这样做可以帮助人们快速准确地处理信息。因为负面信息接收者可能会经历强烈的情绪体验,他们思想可能不集中,不能够准确地处理信息。因此,要使用明确的语言,这样他们就不会误解了。最后,保持一个简单的设计。如果你的信息看起来太圆滑,负面信息接收者可能觉得该消息只是为了让人印象深刻而不是满足他们的需要。

面向客户传递负面信息

随着时间推移,你与客户的关系变得日益密切,你可以感知到他们的需求和期望。在许多情况下,你需要积极争取,才能做成生意,你必须不断努力以使他们对你的产品和服务感到满意。向这些客户提供负面信息是有压力的,因为你不想让他们失望,而且你知道你的成功取决于他们。

收件人：	胡安·埃尔南德斯
主　题：	在 60 天内降低信用额度

亲爱的埃尔南德斯先生：

即日起 60 日内，贵公司的信用额度将减少至 30 000 美元。贵公司当前未清余额 94 345 美元远远超过新的限制。若贵公司无法满足新的要求，我行将收回未还贷款。

如您所知，近期的经济形势使得监管标准发生变化，我行也在慎重考虑自身需要承担的风险。因此，我行决定调整企业的贷款额度，将所承担的风险降至可接受的水平，这对今后的发展是极其重要的。经过慎重考虑，我行认为贵公司的信贷额度过高，需作出调整。

若贵公司对于新的信贷额度限制有任何疑问，请致电我行。我将竭诚为您服务。

辛迪·库珀

> 鉴于辛迪与胡安之间的长期合作关系，这份书面信息显得冷漠不人性化。此外，该信息包含不必要的复杂语言。

图 11.1　低效地向客户传递负面信息

辛迪已经厌倦去告诉她的小企业客户，关于他们的信用额度很快就会大幅降低这个令人失望的消息。她叹了口气，打电话给她名单上的下一个人："胡安，银行正对小企业的信贷额度做一些调整。我想尽快与你见面，和你讨论一下这件事情的严峻性。"胡安回答说："今天下午我可以顺便去你那一趟。"辛迪与胡安已经合作了五年，她知道银行缩减贷款额度这一决定对他们公司是一个极大的挑战。

> 有点紧迫但中性语气的电话可以作为缓冲，并允许胡安做好情绪准备。

之后在银行

辛迪：胡安，感谢你百忙之中抽出时间亲自来处理此事。因为我们银行正在调整小企业信贷额度条款，我想让你了解这些变化。由于最近全国各地有很多银行倒闭，我们要求审计人员帮助我们评估我们的处境。审计结果表明，我们持有太多的债务，我们正在实施新政策以使银行降低运营风险。这些政策会影响你的公司，所以我想亲自与你解读一下新的条款政策，尽可能减少对贵公司带来的不便。

> 提供信用额度条款变化的原因。

胡安：听起来很严重。具体发生了什么变化？

辛迪：对于大多数小企业，包括你的公司，我们将减少 50%—75% 的信用额度。我们期望在 60—90 天内实施这个政策，银行将收回新限制额度以上的未偿信贷。今天，我想和你讨论一下如何降低你的未偿贷款。

> 传达负面信息。

胡安：辛迪，这让我颇感意外。这将会对我们的业务产生巨大压力。我们需要偿还多少？在什么时限内？

辛迪：就你的情况而言，你已经使用了 100 000 美元信用额度中的将近 94 000 美元。我们将在 60—90 天内将贵公司的信用额度削减 30 000—50 000 美元。基于我们今天的谈话和你对于减少你未偿余额的想法，我今天下午会做一个决定。你对未来 3—6 个月现金流量的预测是多少？你怎样才能迅速改善你的现金状况呢？

> 解释影响。

胡安：我们正面临一些具有挑战性的现金约束，但从长期看比较充足。在过去的两年间，我们已经从区域市场扩大到全国市场。在短短一年间，我们的收入增长了 400%，我们的员工人数在一年半的时间里从 15 名增加到 50 名。基于收益的大幅增长，公司决定扩大规模，因此花费大量资金在生产设备更新上。

目前，我们在投标几个大型项目。我希望我们至少投中两个。如果我们中了五个标，我们可以立即支付未偿贷款。

辛迪：如果你一个标都没有中，怎么办呢？

> 采取倾听导向。

胡安：在这种情况下，我们唯一的选择就是裁员或减少工作时间。我们目前有一些多余的库存。因此我们可以先通过减少员工工作时间来降低薪水开支。

> 关注未来，表达善意。

［进一步的讨论后，辛迪决定在 90 天内削减信贷额度至 50 000 元。胡安决定暂时减少薪金支出，这会导致员工不满。］

图 11.2　高效地传递负面信息给客户

在章节案例的第一种情况中，辛迪·库珀需要告知胡安·埃尔南德斯银行将在几个月内将他公司的信用额度降低 50%—75%。因为大理石家庭装饰公司目前现金状况不佳，这项新政策对于公司来说是个棘手的问题，而且可以视为中度严重性。由于银行在建立新的信贷额度条款方面有一些灵活性（在 60—90 天内减少 50%—75%），胡安也许能够争取最有利的条件。因此，他有一定程度的控制性。在低效地传递负面信息的过程中（见图 11.1），辛迪写了一封电子邮件，这种表达方式在这种严重程度的情境下缺少丰富性和个性化。在高效地传递负面信息的过程中（见图 11.2），辛迪打电话给胡安，并同他见面，有效地遵循了传递负面信息的原则。

书面向同事提供负面信息

高绩效组织的一个特点是，员工自愿与其他人分享信息，即使是负面信息。然而，在许多组织中，员工不愿分享负面信息。因为他们不想让人失望也不希望被人指责。当组织中的员工避免分享负面信息时，其结果是产生沉默效应。**沉默效应**（mum effect）是指组织内部的信息链在每个级别被过滤，也就是说负面信息被不准确地陈述。最终，高管人员听到的是不切实际的盲目乐观的消息。

沉默效应的一个悲惨例子是 1986 年航天飞机爆炸。在事故调查期间，诺贝尔奖得主理查德·费曼（Richard Feynman）发现，工程师曾预测主发动机失效概率在 1/300—1/200 之间，在消息透过好几层的官僚机构上报后，美国国家航空和航天局（NASA）的高层决策者所看到的报告是过于乐观的，因此，他们以为主要引擎故障的概率接近十万分之一。虽然航天飞机灾难是一个极端的例子，但企业会因为沉默效应管理混沌无序，甚至导致关键项目的失败。[16]

当大多数员工在一个开放、诚实、关怀及丰富的环境中传递负面信息和负面反馈时，组织往往会表现出更高的士气。另一方面，当大多数员工不分享负面信息或者不那么客观时，组织往往表现出较低的士气。在实践中，很多公司倾向于客观发布负面信息。在对 292 名员工进行的调查中，只有 37% 的员工指出，他们公司在发布负面信息时的主要手段是面对面会议。其他的负面信息传递工具主要是电子邮件（29%）、信函和备忘录（12%）、内部员工网站（8%）、电话会议或视频会议（6%）和公司简讯（3.5%）。[17]

咨询公司 McGraw Wentworth 最近发布了关于在大萧条期间发布负面信息的报告。报告解释说，使用非人性化的电子邮件来传达负面信息非常不好，员工会觉得公司不尊重他们，当经济好转时，他们可能成为跳槽的第一人。[18]

不管你身处何种管理职位，你都需要将负面信息传递给你的老板、你的同事或你的下级。你有效传递负面信息的能力，有利于培育透明和开放的企业文化。如果处理得当，内部负面信息，应显示出你对员工努力工作的感谢和对未来的展望。

在胡安的案例中，他正向生产工人传达公司需要减少他们工作时间的消息。他首先在会议这一丰富的环境中发布了这一消息。接着，他写了一封提供完整详细信息的邮件作为员工参考。在低效地传递负面信息给员工的示例中（见图 11.3），胡安省略了缓冲，主要侧重于公司的需要。这种方法将激怒许多员工，削弱其忠诚度。在高效地传递负面信息给员工的示例中（见图 11.4），胡安侧重于对员工的需求和关心，他并没有粉饰这一消息，清楚地描述了减少工作时间的原因，也说明了可能的负面影响（具体的收入减少范围）。很多员工可能会因为他的坦诚而尊重他。胡安用前瞻性和积极的想法来总结这个消息对员工而言有什么机遇。

收信人：大理石家庭装饰公司的所有员工

主　题：减少工人工作时间

　　我们需要削减加班时间和并减少轮班次数。虽然这些变化意味着未来三个月内，你们的薪水会有所减少，但这可以帮助我们公司度过资金困境。

没有缓冲。

　　我们在过去一年内迅速扩张，我们的支出大于收入。虽然银行已经将我们公司的贷款额度扩增至 100 000 美元。在过去几个月，它甚至两次允许我们超出限制。截至上周，我们已经使用 96 000 的信用额度。银行已经通知我们，我们的信用额度将在 90 天内降至 50 000 美元。我们认为我们满足这个新的信贷额度限制的唯一途径是，削减生产和依赖库存。

只关心雇主，不关心雇员。

理由只详述了负面信息。

　　对所有员工将采取以下变化措施：我们不允许任何加班轮班；我们将为每个员工提供每周两班的 4 小时轮班。随着公司材料和薪金的节省，我们现金状况将得到改善。

　　我们目前窘迫的现金状况是我们快速扩张的直接后果。但值得庆幸的是，我们的产品还是极具市场竞争力的，在同行业中，没有任何一家公司的产品可以与我们匹敌。随着市场份额的扩大，我们公司将日益有利可图。

胡安·埃尔南德斯
业务经理
大理石家庭装饰公司

没有以善意的表达结尾。

直接的影响无法解决员工的顾虑。

图 11.3　低效地传递负面信息给员工

收信人：大理石家庭装饰公司的全体员工

主　题：未来三个月内工作轮班的临时变化

大理石家庭装饰的团队成员：

中立主题作为缓冲。

　　各位好！

　　我想进一步说明关于停止加班和减少轮班的临时政策。这些变化意味着接下来三个月你们的薪水会有所减少，我向你保证，我们正在竭尽所能改善这一状况。

表达关切。

为什么我们必须改变工作轮班

　　全体员工的努力推动了我们公司在过去一年的快速扩张。公司扩张的同时也带来了相应的烦恼，我们公司去年一整年的支出远大于收入。虽然银行已经将我们公司的贷款额度扩增至 100 000 美元。在过去几个月里，银行甚至两次允许我们超出这个限制。到上星期，我们已经使用信用额度中的 96 000 美元。银行告诉我们，在 90 天内，我们的信用额度将降至 50 000 美元。为了满足这一新的信贷额度限制，我们需要进行一些临时更改。

提供理由。

　　通过银行经理与 4 位生产主管商议，我们认为改善现金状况的唯一途径是减产和依靠库存。因为公司的生产费用，包括工资，占了开支的近 75%。所以，暂时缩减生产是我们迅速改善现金状况的唯一选择。

这些暂时的改变对你来说意味着什么

　　这些变更将适用于所有员工。以下两项改变将持续三个月：

● 禁止加班

● 每个员工每周两次 4 小时轮班

解释影响。

　　我们估计这些变化会使你们每个人每月减少 175—325 美元的收入。我们知道你们中的许多人靠工资生存，这一临时改变将造成不必要的负担。我们将竭尽所能尽快地使得你们的工资恢复到正常水平。

我们怎样让你得知最新情况

　　每周我会及时告知改善现金状况的工作进展。如果你有问题，我会竭尽所能帮你解答。我希望在三个月内，我们的现金状况能够得到改善。

大理石家庭装饰公司的未来是什么样

讨论未来。

　　我们薄弱的现金状况是我们快速增长的直接后果。但值得庆幸的是，我们的产品还是极具市场竞争力的，全国的承包商想要我们的产品，在同行业中，没有任何一家公司的产品可以与我们匹敌。随着公司继续成长，我们将需要经验丰富的员工调任到管理层和令人心动的职位，这在后面几年里，对大多数员工来说都是个不可多得的好机会。最后衷心感谢大家的努力工作使得公司在过去一年内迅速发展，同时也感谢大家帮助公司克服这次临时的财务困难。

胡安

以善意的表达结尾。

图 11.4　高效地传递负面信息给员工

书面向外部伙伴提供负面信息

在大多数商务职位中,你将经常与外部合作伙伴开展工作。外部合作伙伴包括供应商、顾问或合资伙伴,这些都是你长期经常打交道的人,你与他们有亲密的工作关系。大多数情况下,你通过丰富的沟通渠道给他们传递负面信息会更好,如面谈或电话。但是,当你提供一个正式通知(比如拒绝投标或报价),或者当负面信息并不严重,又或者当你的受众更喜欢书面形式,书面表达则更合适。当你通过书面形式发布负面信息时,你需要通过电话或面谈来跟进。

收信人: 尼克·詹森

主　题: 塑料树脂

缓冲和关怀的展示模糊而且过分私人化。

尼克你好:

如你所知,最近我们收到了各家公司,包括你们公司关于未来一年供应塑料树脂的年度合约的投标书,我们收到了 4 家公司的投标书,并综合考虑各种因素来确定哪一家适合我们。您的出价是极好的。我们对你公司按时交货感到满意,由此可以看出你公司为改善物流系统所做出的努力。

尼克,对于与贵公司的合作,我们充满感激。这是一个极其艰难的决定过程。但是,我们已经决定选择另一供应商。你们在供货方面总是非常可靠,但是考虑到如今的经济形势,我们别无选择,只能单独考虑价格问题。你是我很好的朋友,我希望我们保持联系,你有时间的话,我们一起出去吃午饭。

理由不具体或不具建设性,没有给未来合作留下可能性。

胡安

图 11.5　低效地传递负面信息给供应商

收信人: 尼克·詹森

主　题: 关于与大理石家庭装饰公司年度合同竞标的决定

中性主题和表达感激作为缓冲。

尼克你好:

感谢你提交新一年供应塑料树脂的投标书。

我们用三个主要标准来选择投标书:价格、交货时间和库存管理。

我们接受了亨特化学品公司的投标,由他们在新的一年里为我们供应塑料树脂。亨特化学品公司给我们提供了稍好一点的定价,并且他们能做到在较短时间内交付产品,并将其在线定单系统直接链接到我们的在线库存系统。

尼克,我们很感激你们公司提供的可靠服务。我们将继续从你那采购木材用品,明年当我们再次进行化学用品招标时,我会通知你。

最后一段包含对未来和善意的关注。

理由具体,展示了关怀并为未来合作打下基础。

愿你安好
胡安

图 11.6　高效地传递负面信息给供应商

胡安多年来从尼克·詹森的公司购买了大量原料,所以拒绝他的投标并不容易。在低效地传递负面信息给供应商的示例中(请参见图 11.5),胡安没有提供有用的反馈信息,没有表达对未来合作的兴趣。尼克可能将胡安的过分关怀(称赞他是个非常棒的朋友,并邀请他共进午餐)视为一种拐弯抹角说"不"的一种方式,以及合作关系的终止。在高效地传递负面信息给供应商的示例中(见图 11.6),胡安使信息保持简短,但他完成了负面信息的基本目标。他表达了善意,解释了为什么公司选择另一个供应商,并且给未来的合作留下一道门。提供做出这一决定的理由对尼克来说是有帮助的,给了他通过弥补这些弱点来改善公司竞争力的机会。这种职业礼节并非总是恰当或必要的,你可以基于公司的企业文化来做出判断。虽然胡安和尼克一般通过电子邮件交流,但后续的电话可以加强彼此的工作关系。

书面向顾客提供负面信息

当书面向顾客提供负面信息时,你需要强调客户可以采取的解决问题的方案。在大多数情况下,顾客只对解决方案感兴趣。他们不想看长篇大论来说为什么你不能满足他们的要求。此外,他们不想受到指责,即使顾客有错,也要使用中性语言来指出错误(避免使用第二人称和被动词)。

胡安面对一个顾客提出不合理要求时,他并不打算更换产品或提供退款。你经常会遇到类似的情况。在低效地传递负面信息给顾客的示例中(请参见图 11.7),胡安将问题归咎于顾客,他的语气是指责对方的。此外,这个消息不具有帮助性,它撰写仓促,只提供了一些含糊不清的建议,顾客可能会认为这种反应是冷漠的。

收信人:　娜奥米·格雷戈里

主　题:　对 615A 号索赔的驳回 ◄─────

　　　　　　　　　　　　　　　　　　　　　　　　　　　 没有缓冲。

娜奥米:

　　我们很抱歉我们制造和安装的台面上有一条裂缝。但很不幸的是,因为您没有购买具有保修服务的台面,您将不会收到退款。

　　我们有两个选项供您选择。首先,您可以自己修复它。这个过程很简单,如果你曾修理过家中物品。你只需要去各种在线网站,来看看是如何修复裂缝的。另一个选项是由我们的维修人员来修复它。我们将收取最低的服务费,不会对材料收费。我们在这些上门服务上赚不到钱。我们的收费基本上等于我们的成本。但是我们致力于使您满意,通过提供这项服务使你的厨房台面焕然一新。

　　　　　　　　　　　强调公司声誉,　　　　　　　　　　　　不详细的建议显示了
　　　　　　　　　　　而不是客户问题。　　　　　　　　　　　对立即影响和解决方案
　　　　　　　　　　　　　　　　　　　　　　　　　　　　　　的较少关注。

祝你好运
胡安

图 11.7　低效地传递负面信息给顾客

在高效地传递负面信息给顾客的示例中(见图 11.8),胡安在第一句中提供缓冲,表达同情。虽然胡安拒绝了顾客的索赔,但他提供了可以帮助这位顾客的全面而详尽的方法。大多数顾客会对这种回应感到满意。这份信息在这封信的每一部分表达了善意,对细节的关注和对台面得

到维修的希望显示了胡安的善意。

收信人： 娜奥米·格雷戈里

主　题： 修复您的厨房台面 ←

亲爱的格雷戈里女士：

> 积极的主题作为缓冲，表达关切为拒绝诉求做铺垫。

　　我们很抱歉听说您家厨房台面上有裂缝。幸运的是，台面可以被修理，并且焕然一新。

　　由于您家的台面没有保修服务，我们不能提供退款或免费修复。

> 理由合理简洁。

　　您有两个选择，第一个选择是您自己修复裂纹。第二个选择是我们派出一个维修技师提供上门服务（75 美元）。

> 侧重于解决客户问题。

选择 1：自己修复裂缝

　　自己修复裂缝时，您需要购买大理石修理包（价格通常为 30—40 美元）。您可能需要上网购买，因为没有一个当地商店出售它们。如果你愿意开车 20 英里，你可以在杰克五金制品商店以 44.95 美元的价格买到它们。

　　当您购买大理石修理包时，请务必仔细匹配到你厨房台面的颜色。您可能还需要购买一些染色剂来稍微调和下颜色。

　　如果您选择自己修复裂纹，我建议您看看视频教程。您可以在销售这些修理包的公司网站上找到视频教程。您也可以在 YouTube 上找到视频教程。

选择 2：选择上门服务（75 美元）

　　我们愿意派人上门服务。我们的服务人员可以在一小时内修复裂缝，只要裂缝是很常见的（当然是基于您的描述），我们不会对材料进行额外收费。

　　如果您担心自己修补不好裂缝，这个选择对您来说不错。我们的维修技术人员可以迅速修复裂缝和其他常规问题。您的厨房台面会看起来像新的一样。

　　我推荐上门服务的另一原因是，裂缝修补最难的部分是寻找相匹配的大理石，而我们的服务专家完全可以做到这些。

　　如果您想要上门服务，请让我们知道。我会在一天之内派出人员。

祝好

胡安·埃尔南德斯

> 详细程度及善意表达显示了对客户的关怀。

图 11.8　高效地传递负面信息给顾客

传递和接收负面绩效评价

　　几乎所有的员工都会参加定期绩效评价，有时他们评价别人，有时他们被别人评价。面对面评价无论是对员工还是部门经理，都是极具压力的一件事。当经理必须传递负面的绩效考核结果时，这种情况尤其有压力。[19] 在本节中，我们将首先从经理的角度来看绩效评价，然后转向被评价的员工。

传达负面反馈

　　在大多数绩效评估中，你评估的都是优秀或良好的员工，在这种情况下，你应该关注全面积极的消息。在评估绩效欠佳者时,你应该清楚地了解他们需要改进的地方。你可以运用我们在本章前面讨论的关于传递负面信息的一般原则。此外,牢记以下几点:[20]

- 采取以团队为中心的导向。当你评估表现不佳者时,保持一种心态,即你们是作为一个团队一起工作的。保持建设性的、前瞻性的语气。
- 避免糖衣炮弹。确保绩效表现不佳者意识到他或她必须有所改进(在接下来的几部分,将会对此做出战略性和建设性的建议)。
- 解释个人不佳的绩效对组织绩效的影响。绩效评估的主要目标之一是帮助表现差的员工了解他们是如何破坏组织绩效的。
- 谈及后果。绩效考核的另一个主要目标是帮助员工理解糟糕表现是如何影响他们在本组织的发展空间及达成职业目标的能力。
- 寻找绩效不高的原因。问问员工对自己不佳绩效的看法。通常你会确定员工表现不佳的根本原因,帮助雇员迅速改善。你可能甚至会发现更广泛影响组织的问题。
- 强调解决问题,而不是指责。尽可能采取积极的、前瞻性的语调,寻求帮助绩效不佳者的解决方案。这有利于他们的职业生涯发展、工作关系融洽和士气提升。
- 要坚定。很多管理者在提供负面反馈时,是退缩的,特别当员工表现出防御姿态时。在员工必须有所改进这一点上,你必须意志坚定。

毫无疑问,你需要时常提供负面绩效评价。你谈话的整体取向和你的用词,将决定评价的有效性。因此,需要提供明确、有针对性的反馈,注重行动和结果,而不是态度和意图,并建立可衡量的和现实的期望。

在开头案例的最后一个情景中,胡安需要给杰克一个负面绩效评价,杰克是领班之一。胡安不想伤害他与杰克的工作关系,他不知道杰克会如何反应。在接下来的几页中,你会看到胡安跟杰克之间低效和高效的谈话方法。你也可以在图 11.9 和图 11.10 中看到绩效评估的部分内容。

提供明确和有针对性的反馈

当对业绩不佳提供反馈时,很多管理者想要软化不好的评价,所以他们采用三明治的方法:好消息——负面信息——好消息(恭维——消极的反馈——细节)。然而,三明治做法可能无意中向绩效表现欠佳者发送鼓励纵容这一行为的信号。相反,评价应强调负面信息,以便让员工知道改善是必需的(低效和高效地给予明确和有针对性的反馈的例子可以参见表 11.4)。

专注于行动和结果,而不是态度和意图

只对可观察的事物提供反馈。你可以准确地观察行动和结果,但你永远不能确切地知道别人的思想和感情。此外,如果你专注态度和意图,你更有可能被视为批判性的,会激起别人的防御(见表 11.5 中低效和高效的示例)。

建立可衡量的和现实的期望

没有可衡量的和现实的目标的负面绩效评价可能会打击员工的士气。收到负面评价的员工一般都想知道如何才能重获正面评价;他们想要与上级领导和睦相处,也常为此感到自豪。要讨论他们提高绩效的明确路径。可以设置一个发展计划,包括行动步骤、时间表、具体目标、

培训和所需资源。通过对提高绩效设置明确的期望,奠定今后问责的基础(请参阅表 11.6 中低效和高效的例子)。

胡安:杰克,你看了昨晚的比赛吗? **杰克**:看了,那比赛太棒了……[谈论了几分钟的比赛]	**胡安解码**:我重视你。
胡安:让我们进入业务话题。我代表公司对你上一季度的工作表示感谢,你是一个出色的管理者,你真的比这里的任何其他人都更善于鼓舞士气。[继续谈论成就和优点,谈了十分钟]	**杰克解码**:胡安肯定我的能力。
胡安:在这次绩效评价中,我想要提出的一个问题是,我们的顾客对你的出货质量有些不满。我认为我们应该谈谈如何避免出货质量的参差不齐。	**胡安解码**:你在发货上表现不佳。我希望你改进。
杰克:我会尽力保证未来的订单没有任何错误。其他领班和我曾经商量过避免差错的一些方法。	**杰克解码**:胡安做了一个不分青红皂白的判断,他说我粗心大意,忽略了我所做的所有出色的工作。
胡安:杰克,其他领班没有这些问题——只有你。我觉得这表明你粗心大意,你没有真正为客户着想。	
杰克:我很抱歉有一些错误。但我不是那个包装发货的人。粗心的是那些进行货物包装的雇员。	**杰克解码**:你需要使每个人都负起责任来。
胡安:但是杰克,你是负责检查和批准发货的人,而不是当班员工。请记住,若我们的出货有错误,它都会被退回到我这。我必须承担责任。而且,我是那个听顾客抱怨的人。	**胡安解码**:杰克在找理由,在指责他人。 **胡安解码**:你是领班,你应该负责。 **杰克解码**:胡安要我花我的时间管理我的员工。而且,他只是关心个人利益。
杰克:好吧,嗯,我会确保我的当班员工多加小心。	**杰克解码**:好吧,我会注意问题。
胡安:我们需要从现在开始集中精力做好一切。我相信你。嗯,再次感谢你为公司所做的努力和你出色的工作。午饭时见。	**胡安解码**:棒极了,杰克已经知道他需要改进了。 **胡安解码**:既然你已了解现状,我们去吃午饭吧。
三明治做法淡化了负面信息,给了杰克他的表现是可以接受的这一错觉。反馈与期望是含糊不清的。	**杰克解码**:棒极了。胡安对我和我的绩效总体满意。

图 11.9　绩效评价中低效的负面信息传递

胡安:杰克,关于今天的绩效考核,我想把我们大部分的注意力集中在一个问题上:确保你的货件没有差错。过去的一个月里,我们有 4 项有关你的货件质量不佳的投诉。在最严重的投诉中,你给卡内基建筑开发商的货件中包含 14 个规格错误的洗脸池,并且其中的 4 个洗脸池有裂缝或缺口。你认为不正确的发货和有缺陷的部件的原因是什么?	**胡安解码**:我想关注你正确发货的能力问题。 **杰克解码**:胡安很严肃,我需要改进我的发货。
杰克:出于对员工的信任,我将生产和包装出货的流程全权交给相应的员工负责。因此,我其实看不到每一批的出货。我没有进行微观管理,我相信我的方法显示了我对员工的信任。尽管我们犯了一些错误,但总体上我认为,我们的工作氛围带来了更高的整体生产力。	**杰克解码**:我的管理风格可能导致一些问题,但是它也带来了更高的士气和生产力。
胡安:我很欣赏你向下放权的管理方式,而且我认为你的生产队伍士气很高。但最终,你将为他们的表现承担责任,所以我想和你讨论如何避免代价高昂的出货成本。给卡内基建筑开发商的装运问题花了我们大约 5 000 美元。我担心他们可能不再会选择我们作为供应商。你觉得该如何管理组员,从而在将来避免装运错误?	**胡安解码**:杰克没有为错误承担责任。 **胡安解码**:你的管理风格有很多好处。但确保货物正确无误仍然是你的责任。不正确的货物损害了公司形象。让我们讨论如何管理员工并避免错误。 **杰克解码**:胡安在寻求组织的最佳利益。
[杰克和胡安讨论管理组员和提高质量的方法,谈了 30 分钟。]	
胡安:杰克,在这一季,我给你的整体绩效评级是 2。这意味着在短期内你不可能获得晋升或奖金。但是我相信你的个人能力和你的组员正确发货的能力……[杰克和胡安继续讨论评级]	**胡安解码**:你这一季度的整体绩效不佳。我希望你和你的组员成功。
胡安:在我们下一次的季度绩效评级中,我们将讨论你的改进情况。标准是,没有收到关于出货错误或缺陷产品的顾客投诉。此外,我们将讨论你设定的管理组员的目标进展情况。谢谢你今天的想法,杰克,我期待着能在未来几周和几个月内讨论你的进步。	**杰克解码**:如果我想得到晋升,我必须避免发货错误。如果我做得好,胡安会支持我。 **胡安解码**:这是我们评价你的标准。 **杰克解码**:我知道胡安想让我做什么了。
杰克意识到他的不佳表现的严重性。胡安的公开、明确、具体和问题解决导向的方法不具威胁性,并且表明他致力于支持杰克的改进工作。	

图 11.10 绩效评价中高效的负面信息传递

表 11.4　清楚和有针对性的反馈

低　　　效	高　　　效
胡安:杰克,像往常一样,我代表公司对你上一季度的工作表示感谢,你是一个出色的管理者,你比这里的任何人都更善于鼓舞士气……此次考核,我想提出来的一件事是,我们的顾客对你的几个货件有抱怨。我认为我们应该谈谈如何避免包含任何有缺陷的零部件的货物……嗯,再次感谢你为公司所做的努力和你出色的工作。吃午饭时见。	**胡安**:杰克,关于今天的绩效评价,我想专注于一个问题:确保你的货件包含正确的零部件,使他们无缺陷[花大部分的时间来讨论如何在这一领域提高]。
这种对于负面信息的三明治方法(恭维——负面信息——细节)以及胡安的迂回语言,淡化了杰克需要改进绩效的主要信息。胡安可能无意中发送了信号,即杰克的绩效不差或者他的错误不那么重要。	这种方法是明确的和有针对性的。杰克将认识到提升质量的重要性。

表 11.5　侧重于行动和结果,而不是态度和意图

低　　　效	高　　　效
胡安:杰克,我们收到一些批发商的投诉,说你负责发出的货物质量不佳。这表明你粗心,没有真正为客户考虑。其他领班没有这些问题。	**胡安**:杰克,在过去的一个月里,我们收到 4 个关于你出货质量的投诉。其中,给卡内基建筑开发商的货件里有 14 个弄错尺寸的洗脸池。但是,你出货的发货单却是对的。此外,你们发出的四个洗脸盆有裂缝或缺口。
这个批评完全集中于杰克的性格——粗心大意和疏忽。	这个批评关注杰克的行为和行为的结果。这些评论不太可能挑起防卫或适得其反的回应。

表 11.6　建立可衡量的期望

低　　　效	高　　　效
胡安:杰克,我们需要从现在开始集中精力做好一切。我知道你和你的下属将为我们下一次的绩效评价做出努力,扭转目前的状况。	**胡安**:杰克,在我们下一次的季度绩效考核中,我们将讨论你的货件改进得怎么样了。标准是,没有收到顾客关于不正确的订单或有缺陷产品的投诉。此外,我们将讨论你所设定的管理生产队伍的目标进展情况。感谢你今天的配合,我期待下一次的绩效考评中可以看到你的进步。
结尾陈述的期望目标含糊不清。杰克不知道胡安在下一次绩效考核中的评价标准。	结尾陈述的期望目标是具体和可衡量的。杰克了解了胡安在下一次绩效考核中的评价标准。

　　越来越多的公司在网上进行绩效评价。通常而言,这些在线评价功能使你可以给员工提供更频繁的反馈。阅读本章的技术小贴士来寻找用这些系统传递反馈的指南。

接收负面反馈

不管你身处何种职位，你都有很多机会来获取有关绩效和潜力的反馈。寻求和接收反馈，即使它是消极反馈，也可以帮助你开发新技能，以便在职场产生影响，获得新的职位。接受负面反馈并且积极回应，这需要高情商，因为你可能会感受到很多情绪，包括恐惧、焦虑，甚至愤怒。为了避免对消极情绪做出适得其反的反应，你要学会识别这些情绪。然后重构你的表达，以更有效地做出反应。关于重构表达的建议，请参阅表 11.7。[21]

表 11.7　重塑你的思想以发起反馈谈话

可能的消极情绪	适得其反的回应	重构表达
愤怒（我很不喜欢我的老板，因为她不关注我的工作。）	表现出来（抱怨，表现出烦躁。）	从我的老板那里得到反馈和指导是我的责任。
焦虑（我不知道会发生什么。）	回避（我太忙了，没时间听反馈。）	接收反馈可以让我获得改进机会。
防御性（老板完全不知道他在说些什么。）	不支持老板（我不要让他自我感觉良好。）	自我防御让我不知道他在想什么。
害怕受到报复（我不想这样做。）	否认（我现在很好，所以我不需要反馈。）	得到关于我工作的诚实评价对我有帮助。
害怕被人拒绝（我担心她不喜欢我。）	退缩（比平常更安静，感觉失去动力。）	我的工作绩效和她喜不喜欢我无关。

技术小贴士

用评价软件来提供绩效反馈

大部分公司都会进行针对所有员工的绩效评价，有一些是月度的，有一些是季度的，还有一些是年度的。一些创新的公司正通过社交软件来做实时绩效评价。社交软件允许管理者以更加频繁和更加交互的方式来评价员工绩效。当你处于管理者的位置时，你负责为员工提供正面和负面的反馈。你将越来越多地通过这种评价软件来提供反馈。

通过在线评价系统提供反馈时，请记住以下提示：

提供定期和经常性的反馈。评价软件特别是包括社交软件平台的一个主要好处是，你可以有效地给你的员工以更多反馈，以使他们提高绩效。建立定期的反馈模式，可以提高员工的动机和绩效。

仔细准备你的反馈。大多数评价软件允许你将你的评论直接输入到数据库中。一旦你输入信息，员工和其他管理人员都可以看到。所以，认真准备你的意见。首先在 word 文档中起草你的意见。如果你要给出负面反馈，你可以先起草反馈意见，等待几小时或几天，然后查看你的意见，以确保它们是准确和富有成效的。此外，如果你给出的是负面的反馈意见，应该首先当面通知你的员工。利用当面的机会来建立改进的目标。避免在没有先跟员工提及的情况下就突然在绩效数据库中给出负面反馈。

保证你的反馈是客观且个性化的。一些员工认为通过评价软件来接受反馈太过自动化，且不具个性化。特别是当软件由量化和标准化的衡量标准组成并适用于所有员工时。量化的衡量标准的确有助于提高整个组织在提供反馈时的一致性，但却让员工"感觉这只是一个数字"。无论你公司的评价软件是怎样的，你需要找到提供更细致入微和开放式的反馈方法，以便识别员工的独特成就，确保通过共同的、开放式的、面向目标的积极讨论，让员工保持积极和高产。

如果你觉察到消极情感，需尽快组织面对面会议。即使是在比 Web1.0 沟通工具更具互动性的社交软件环境下，一些员工在收到负面反馈后，可能会变得气馁或感觉不公平。对这种情况保持警觉。当你注意到这些消极感情时，安排一个时间进行面谈，你可以使用更丰富的沟通渠道来重新建立融洽的关系，使你的员工关注于工作目标。

反思负面信息

负面信息的反思阶段是非常重要的。负面信息给别人带来不愉快的影响，所以你应该仔细考虑你是否妥善处理了这种情况。此外，因为接收者很容易以错误的方式理解负面信息，并且感到失望或愤怒，所以一定要仔细审查你的书面和口头信息，以用一种尊重的方式传达负面信息。

反馈和重读

多次重读你所撰写的负面信息。换位思考，想象一下负面信息接收者可能如何感受和反应。此外，如果邮件不需要立即发出，那就要仔细斟酌和撰写，等待几小时或几天，然后重读它。通常，你会发现强烈的情绪如焦虑和紧张，会影响邮件的语调。当你通过面谈来传达负面信息时，对面谈的发展，缺少控制权。然而，你仍然可以好好准备你的消息（在精神上或以笔记的形式），然后审查一遍就像你已经通过书面形式写了一遍负面信息。

在某些情况下，你可以请求值得信赖的同事来阅读负面信息并给出反馈。他们也许能够给你一个中立客观的看法。一般来说，与同事讨论你将传递给顾客群体或雇员群体的负面信息，这种做法是合适的。然而，如果你要求别人阅读包含私密事务的消息，这种做法是不合适的。例如，单个员工的负面反馈通常应该是保密的。

运用 FAIR 测试

对于所有的负面信息，在信息发出前花时间反思 FAIR 测试的每个部分。因为负面信息给他人带来不愉快的影响，所以要尽可能公平。通读图 11.11 中你可能会问自己的一些问题。另外，考虑一下在沟通问答中詹姆斯·斯隆（James Sloan）的看法。

事实(Facts,你的沟通有多真实?)
- 我收集了所有的相关事实吗? 我是否调查了同一件事的不同原因?
- 我对事实的看法是否受到防卫、偏袒或其他偏见的影响?
- 这个负面信息的原因是基于可靠的事实和结论吗?

透明(Access,你的动机、推理和信息有多透明?)
- 我的动机明确吗? 或者是否有人认为我有所隐瞒?
- 决策的过程清晰吗?
- 我给负面信息接收者以足够信息来很好地回应了吗?
- 我是否隐藏了任何信息以使自己形象更好或遮瞒负面信息的理由?

影响(Impacts,你的沟通如何影响利益相关者?)
- 我考虑了此信息在短期和长期内对他人的影响了吗?
- 为减轻对接收者的负面影响,我做了哪些努力?
- 为了提供合适的机会给负面信息接收者,我做了哪些努力?

尊重(Respect,你的沟通有展示对他人的尊重吗?)
- 接收者会认为我的沟通是尊重别人的吗?
- 我用一种承认他人固有价值的方式来阐述负面信息了吗?

图 11.11   你的负面信息符合 FAIR 原则吗?

沟通知识问答

与商务专业人士的对话

詹姆斯·斯隆(James Sloan)是 Modere 公司的 CFO。他是一位会计师,并在他的职业生涯中扮演各种财务角色。他目前是都乐公司(Dole Fresh Vegetables)的副总裁兼 CFO。他还曾在 Worthington Industrie、AT&T、安达信会计师事务所(Arthur Andersen)任职。这次采访发生在他担任都乐公司的首度财务官时。

彼得·卡登:你经常给别人负面信息吗? 都是什么类型的负面信息?

詹姆斯·斯隆:很不幸,作为首席财务官,我要经常给出负面信息。负面信息通常是,某些业务流程没有按预期方式运行,或者不符合公司政策或外部法规。负面信息也可能涉及欺诈或违反公司行为守则。此外,作为一个经理,我需要帮助我的下属提高绩效,这包括诚实告知不佳绩效或指出需要改进的地方。

彼得:你能描述一下你当面传递负面信息的情况吗? 你是怎样做的?

詹姆斯:我认为当面传达负面信息是最好的,可以互动交流、透彻讨论并且可以从肢体语言搜集信息。信息接收者很少能在潜在的问题中发现更多事实,或者解读时会过于私人,这是我们经常会碰到的。

我印象最深的是解雇员工。有一次,我飞到芝加哥,解雇数据中心的几个管理人员和工作人员。他们中有些人为公司奉献了一生。这是很困难的,情绪上难以接受。但当时我平静而诚实,不过度情绪化,即使我能感觉到解雇是多么残酷。我试着准备回答一些我认为他们会问的一些问题,但有几个问题我回答不了。所以,我承诺之后会反馈他们。我试图保持积极并帮助他们看到未来。这并不总是有用,但是我尽力去这么做。

彼得:你能描述一下你书面传递负面信息的情况吗？你是怎样做的？

詹姆斯:曾经有一个在欧洲为我工作的经理,他绩效表现十分出色,但不喜欢行政任务。此人立志要代替我,但在一个组织内,你升得越高,你就有越多的行政任务。在几次非正式的关于特定行政任务的谈话,并答应给他一段时间尝试后,我发现他几乎没有提升。于是我决定在一个周五给他发一封邮件,这样他就有整个周末的时间来消化这封邮件。这封邮件说的是我们之前讨论过的一个话题,并给出了需要的具体数字的例子,以及这些是否已经提交过。我确定我给出的事实准确、具体。我进一步解释说,虽然我完全支持他向上晋升,但我目前不能推荐他,直到他的能力得到改善。这封邮件很诚实而且直接,让他心烦意乱。然而上周末,他平静下来了,我们在星期一谈得很好。他的绩效提升了,但仍需持续努力。

彼得:关于选择何种沟通渠道,你有什么建议？

詹姆斯:都乐是一个在 90 多个国家开展业务的跨国公司。面对面交流并不总是可行的,考虑到时区问题,电话交流也不总是方便的。我关于负面信息沟通渠道的优先顺序是:面对面交流、电话,然后才是电子邮件。不过,我会在发送邮件后,以面对面会议或电话来跟进。

彼得:你为什么更喜欢发电子邮件而不是视频会议或网络广播？

詹姆斯:传达负面信息的及时性往往是至关重要的。开视频会议往往需要大量的协调工作,所以常常会导致会议延迟。有时,电子邮件是在初始阶段传达负面信息的最好方法。它很快速,提供给接收者阅读信息的机会,消化信息,并冷静下来进行理性对话。在电子邮件之后,应该跟进一次面对面会议或一个电话。网络广播更适合于培训或在线会议而不是传达负面信息。

彼得:在工作场合,如果人们延迟传递负面信息,会发生什么？

詹姆斯:没有人喜欢突然听到负面信息。我觉得一旦拥有信息,就应该尽快沟通信息。有时人们会隐瞒负面信息,希望它会自行消失,或者他们延迟沟通,希望问题能够得到解决。我不认为拖延告知负面信息有什么好处。

彼得:发布负面信息可以加强你的工作关系或增强你的可信度吗？你有例子吗？

詹姆斯:当然！为了获取信誉,你的同事需要知道他们能信任你。获取信任离不开诚实。诚信既需要沟通好消息,也需要沟通负面信息。人的天性是变得更积极和获得赞誉。如果我们回避坏消息,我们会给别人虚假的安全感,这实际上对他们是有害的。如果不帮助同事变得更好,那么我们其实是在害他们。

彼得:你有什么关于传达负面信息的建议吗？

詹姆斯:保持积极,但要说实话。这两种品德使你的职业生涯更长久。传达负面信息时,敞开大门谈论问题,并提供改善现状的建议或指导。这样人们自会看到你以他们的最佳利益来行事,而并不是简单地指出错误来打压他们。我们都不是完美的,如果我们诚实地面对自己和他人,我们可以共同进步。

本章小结

学习目标 11.1:描述传递负面信息如何影响你的信誉。
提供高效的负面信息提高了你的信誉。

| 当你制定一个前瞻性的计划以克服挑战,它显示了你的能力。 | 当你减少对他人的负面影响,关注他们的需求,它表明了你的关怀。 | 当你完全透明和诚实,它显示了你的品格。 |

学习目标 11.2:解释选择负面信息传递渠道时的注意事项。

选择正确负面信息沟通渠道的指南		
● 口头沟通的优点:可以使用和观察非语言暗示;可以更容易展示意图;可以更有效地澄清和解释负面信息;可以立即做出回应。	● 书面沟通的优点:可以更仔细地起草信息;更易于存档信息;可以提供参考信息(提供方向、建议和今后行动的选择);可以更有效地为更多的人提供信息。	● 当负面信息严重性高,可能性高,控制性低时,选择更丰富的沟通渠道。

学习目标 11.3:总结有效传递负面信息的原则。

AIM 规划过程

受众分析:了解负面信息将会如何影响别人,仔细思考如何最好地表述负面信息。

发展观点:在传递负面信息之前,获得相关事实,并了解相互矛盾的几种说法。

构建信息:以有效方式传达负面信息。缓解负面信息,但避免美化负面信息。

负面信息指南		
● 及时传达负面信息。 ● 选择正确的沟通渠道组合。	● 同情负面信息接收者和弱化打击。 ● 提供一个简单、清晰的理由。	● 解释直接的影响。 ● 重点放在解决方案和长期利益上。 ● 表现出善意。

学习目标 11.4:通过面谈或书面形式给各类受众,如同事、外部合作伙伴和顾客传递负面信息。

直接负面信息的组成		间接负面信息的组成	
表达关切		表达关切	
● 使用缓冲 ● 传递负面信息 ● 提供理由	● 解释影响 ● 关注未来 ● 表达善意	● 使用缓冲 ● 提供理由 ● 传递负面信息	● 解释影响 ● 关注未来 ● 表达善意

见图 11.1—图 11.8 中关于负面信息的例子。

学习目标 11.5:建设性地传递和接收负面绩效评价。

传递负面绩效评价的原则		传递负面绩效评价的风格
● 采取以团队为中心的导向。 ● 避免糖衣炮弹。 ● 解释个人的不佳绩效对组织绩效的影响。	● 谈及后果。 ● 探索绩效不高的原因。 ● 强调解决问题,而不是指责。 ● 要坚定。	● 提供明确和有针对性的反馈。 ● 专注于行动和结果,而不是态度和意图。 ● 建立可衡量的和现实的期望。

参见图 11.9—图 11.10 中有关传递负面信息评价的例子。

学习目标 11.6：反思负面信息的公平性和有效性。

反思过程

FAIR 测试：注意负面信息对别人的影响，以及如何尊重地表达负面信息。

校对：重读负面信息，想象信息接收者会如何感受和反应。

反馈：请你信任的同事查看你的负面信息。

关键术语

缓冲	可控性	可能性
沉默效应	严重性	预告信息

讨论练习

11.1 章节回顾问题（学习目标 11.1、11.2、11.3、11.6）

A. 描述提供负面信息时沉默效应的影响。

B. 解释传递负面信息是如何影响信誉的。

C. 描述在可控性、可能性和严重性上用于评估负面信息的标准。

D. 解释选择负面信息传递渠道时的注意事项。

E. 总结有效传递负面信息的原则。

11.2 关键术语（学习目标 11.1、11.2、11.3、11.6）

解释每一个关键术语和它是如何影响商务沟通的。

11.3 沟通问答（学习目标 11.1、11.2、11.3、11.6）

阅读詹姆斯·斯隆关于发布负面信息的思考。回答下列问题。

A. 根据斯隆的说法，在传递负面信息时，选择适当的沟通渠道的原则是什么？

B. 他如何解释提供负面信息和信誉之间的关系？

C. 他介绍了一次当面传递负面信息的经历，他采取了什么方法？你认为这是以适当的方式来传达负面信息吗？解释原因。

D. 他介绍了一次书面传递负面信息的经历，他采取了什么方法？你认为这是以适当的方式来传达负面信息吗？解释原因。

E. 关于及时发布负面信息，他是怎么说的？

F. 他多次提到一个人在传递负面信息时应该是积极的，你认为人们怎样才能做到在传达负面信息时保持积极？

测评练习

11.4　分析克莱斯勒(Chrysler)的首席执行官罗伯特·纳德里(Robert Nardelli)给雇员的负面信息(学习目标 11.3、11.6)

2008 年,罗伯特·纳德里宣布克莱斯勒将裁减其管理人员的四分之一。读他的电子邮件"罗伯特·纳德里致全体员工:我们将裁减 25％ 的现存白领职位"(2008 年 10 月 24 日)(可在网站上查询:www.autoblog.com/2008/10/24/bob-nardelli-to-employees-we-want-a-25-cut-of-white-collar-job/),然后回答下列问题:

A. 这个负面信息是立即传达的吗? 你觉得它是太直接了还是太间接了? 解释原因。

B. 这封邮件有缓冲吗? 有试图缓和一下打击吗? 解释原因。

C. 开头段落有效吗?

D. 这份信息是如何有效地解释直接影响的?

E. 语气适当吗?

F. 对信息进行一个 FAIR 测试。

G. 总体来看,你关于使负面信息传递更有效的三个建议是什么呢?

11.5　分析一个给你的负面信息(学习目标 11.3、11.6)

描述一个你在工作场合或者学校里收到的负面信息。从以下几个方面评估这个信息:

A. 负面信息是及时传递的吗? 你认为它太直接还是太间接? 解释原因。

B. 有一个缓冲吗? 有试图缓和一下打击吗? 解释一下。

C. 你被告知或者你们讨论直接影响了吗?

D. 语气适当吗?

E. 对你来说,信息的传达是否符合 FAIR?

F. 总体来看,做哪三方面的改变可以使负面信息的传递更有效?

11.6　评估你传递负面信息的能力(学习目标 11.1、11.2、11.3、11.6)

用下表中所列的每项评价你自己。圈上合适的数字。

	1—极少/从不	2—有时	3—经常	4—总是
当我需要传递负面信息时,我尽量避免它。	1	2	3	4
传递负面信息对我来说很困难。	1	2	3	4
当我传递负面信息时,我了解它有多糟糕。	1	2	3	4
当我传递负面信息时,我用短信、电子邮件或其他非面对面的形式,以避免冲突或不舒服的情况。	1	2	3	4
当我分享令人不快的信息时,我尽可能少说,期待他人在字里行间自己领会。	1	2	3	4

得出你的总分,考虑以下建议:

16—20:你是冲突的回避者。你通常避免发布负面信息,因为你觉得这样做很不舒服。当你公布负面信息时,会有意轻描淡写。通常你是好意,但有时拒绝面对不舒服的情况会使事情更糟糕。在传递负面信息时,试着思考一下对你和负面信息接收者的好处。

12—15:你有点回避冲突。你常常避免不愉快的对话和沟通。有时你宁愿使问题悬而未决,而不是冒着风险来解决这些问题。

10—11:你有时能及时面对负面信息。在大多数情况下,你能马上面对不舒服的情况,然而你羞于在其他情况下这样做。

10以下:你通常能及时应对负面信息。你能及时敏感地面对负面信息和困难情况。

写下三个建设性地在工作场合传递负面信息的目标。

11.7 评估你传递负面信息的经历(学习目标11.1、11.2、11.3)

简要描述你传递负面信息的经历:

A. 太晚提供负面信息,对接收者的消极影响比你预期的多。

B. 立即提供负面信息,化负面影响为积极结果。

C. 通过不恰当的沟通渠道来传递负面信息。

D. 通过恰当的沟通渠道来传递负面信息。

E. 不说出完整真相。

基于这些经验,写下你将运用在职场中的传递负面信息的三项原则。对每一原则进行详细说明。

应用练习

问题11.8—11.10的案例:詹森化学品公司和五金制品存储公司的负面信息

尼克·詹森沮丧地摇了摇头,当他读到胡安·埃尔南德斯的电子邮件通知他,他的公司失去了在新的一年里给大理石家庭装饰公司供应化学品的竞标。他有一种预感,他叔叔的店詹森化学品公司和五金制品存储也不会中标。然而,这个消息仍然令人失望,他很担心自己的公司如果不改变经营模式的话将在五年内倒闭。公司在供应化学品方面,在过去两年内已经失去了近30%的业务。它根本无法与大公司竞争。

尼克知道他需要跟他的叔叔迈克·詹森谈一谈。迈克拥有五家公司,但不过多参与管理工作,他大半时间在度假。尼克认为他应该给迈克叔叔发电子邮件,告诉他关于公司的坏消息。他建议他们把这部分业务卖给其他化学品制造商和供应商,退出化学品行业。他们这样做可能会有损失,但现在卖也许能帮助他们减少损失。尼克知道他叔叔想从化学品中获利。尼克感到尴尬,因为迈克委任他担任管理职位,而化学品业务表现得这么差。然而,好消息是公司的B2B硬件销售量不错。

尼克对他需要立即传递的负面信息感到害怕。十多年前,在其盈利能力最强的几年间,詹森化学品公司和五金制品存储公司的管理层实施了很多福利计划。其中一个计划允许员工报销每学期两门课的学费,如果他们收到B等或更高成绩的话。目前,20名员工持续从该计划中受益。尼克需要通知全体员工,将立即停止该计划,因为它花费太多。目前已登记的员工可以报销本学期内的课程。只剩下少于四节课就可以获得本科学位的雇员将继续可以报销,直至他们毕业,这涉及3名员工。

最后,尼克需要告知客户,詹森化学品公司和五金制品存储公司的精英客户计划将在当前奖励周期后停止。根据计划,在一年消费超过 1 000 美金的顾客将在下一年获得 10% 的折扣。该计划相当受欢迎,尼克知道许多顾客会不高兴。然而,他认为公司因此亏钱不少。为了使顾客不那么失望,在写给客户的信中,他提供了单笔购买打 8 折的优惠券。此外,顾客依然可以在今年成为精英顾客并在明年获得优惠。

11.8 写一个关于詹森化学品公司和五金制品存储公司的负面信息(学习目标 11.4)

假设你是尼克,写一封电子邮件给你叔叔,解释为什么你认为公司需要退出化学品市场。你认为化学品公司可以以 50 万美元的价格售出。在化学品公司方面,你目前有约 740 000 美元的债务。你需要裁掉十个员工,他们多年来一直忠于公司。然而,你认为裁员是必要的,因为化工事业部在去年亏损了近 20 万美元,你预计事情会变得更糟。

11.9 写一个关于取消学费报销计划的负面信息(学习目标 11.4)

假设你是尼克,给所有雇员写一个关于取消学费报销计划的负面信息。解释公司在最近的三四年里亏损了,你需要采取行动,使公司再次赢利。

11.10 写一个关于取消精英顾客计划的负面信息(学习目标 11.4)

假设你是尼克,给所有先前的精英顾客写一个负面信息,宣布该计划的取消。

11.11 重写公司的负面信息(学习目标 11.4)

2008 年,罗伯特·纳德里宣布克莱斯勒将裁减其管理人员的四分之一。阅读他的电子邮件"罗伯特·纳德里致全体员工:我们将裁减 25% 的现存白领职位"(2008 年 10 月 24 日)(可在网站上查询:www. autoblog. com/2008/10/24/bob-nardelli-to-employees-we-want-a-25-cut-of-white-collar-job/),然后重写这封邮件,使它更有效。

11.12 重写给同事的负面信息

最近,市场营销实习生萨曼莎·帕金森写了一封邮件给她的老板比安卡·吉诺瓦,有关更改社交网络平台的定价模型(请参见第 10 章的练习10.17 获取背景信息)。当比安卡读到萨曼莎的消息时,她感到很失望。她认为萨曼莎的想法不成熟。她也认为这个信息不尊重别人。她是这样回复的:

主题:改变我们的定价模型

萨曼莎:

我们是最早的专业社交网络服务商。我们专注于 B2B 网络。我们的竞争优势是,我们不是领英。我们对于我们会员的价值要远远超过领英。这就是为什么我们对所有会员收费。只要我们的服务免费了,我们就失去了我们的优势。此外,我们发送消息给任何加入我们的人。坦率地说,我们只希望那些认真对待社交网络的专业人士加入我们。若我们向所有愿意创建一个用户名和密码的人开放这项服务,那些忠诚的会员将会认识到,大多数会员不再有价值。

不要再浪费时间在你自己的想法上。到目前为止,你的工作表现还不错,我们希望你能全身心投入本职工作中。

祝好

比安卡

完成以下任务:

A. 评价比安卡信息的有效性。

B. 重写信息以改进它。在教师的指导下自由发挥,合理地对信息进行修饰。

11.13 重写给专业人士的负面信息

比安卡·吉诺瓦为吸引会员参加活动,举办了一系列讲座(见练习 10.17、10.18 和 11.12 作为背景)。几个月前,她邀请了著名作家和演说家麦迪逊·埃弗里(Madison Avery)来参加 9 月 4 日的一个活动。8 月 21 日,麦迪逊发了一封这样的邮件:

主题:演说取消

亲爱的比安卡:

我很遗憾地通知你,我无法参加你 9 月 4 日的活动了。我会退回你之前寄给我的 2 000 美元。

过去几个月,我遇到了一些健康问题。我希望更快地恢复健康。医生建议我在几个月内不要出远门以避免一些问题。最重要的是,我丈夫的父亲两个星期前去世了。因此,我必须和我的丈夫共同面对这个悲伤的时期。请谅解。

麦迪逊

比安卡需要将这个消息告知所有的会员。

完成以下任务:

1. 评估麦迪逊传递负面信息的好坏。

2. 重写麦迪逊的消息以更有效地传递负面信息。

3. 假设你是萨曼莎,给所有成员写一封邮件来传递负面信息,并且在麦迪逊缺席的情况下,帮助推广这个活动。

▶ 第五篇　报告和演示 ◀

12

商务计划书的规划、调查和提案

学习目标

学习本章后，你应该掌握以下几点：

12.1 解释商务研究报告的规划和实施会如何影响你的信誉。

12.2 建立具体和可实现的研究目标。

12.3 说明有效设置调查问卷问题和选项的原则。

12.4 创建图表以简要地展示数据，突出关键信息。

12.5 评估商务研究中数据资料的实用性。

12.6 利用二手资料研究解决商业问题。

12.7 评估研究数据和图表的公平性与有效性。

为什么这很重要？

在你的工作中，你有可能需要阅读或准备一份多样化的商业报告。商业报告通常包括商业计划、项目报告、现状或进度报告、财务规划、市场规划、战略规划以及技术报告。这些报告有的只有简单的一页而有的却有上千页。但所有的形式都有一个共同特征：目的都是为决策者提供可靠的数据信息、分析方法和建议。

同大多数日常的商业信函相比，报告通常显得更加可靠、权威、周密并且更具决定性。作为一种决策工具，它们一般由中高层管理者或外部利益相关者(比如信贷员及股票持有者)所撰写和使用。由于他们在决策中的重要角色，制作一份报告通常比制作一份日常商业信函要花费更多时间。此外，由于这些报告包含一些很复杂的信息，这些信息的收集需要利用很多专业人员的才能和资源，所以这一项工作需要通过团队的协作来完成。

很多报告都依赖于商业研究。一个进行过商业研究的人将会获得很多成功和进步的机会，因为研究本身就是一种探索知识的过程。在商业活动中，你也许会想要知道顾客的想法和感受、想要去了解员工关于新政策的态度、根据过去的绩效来预测销售量并做出合理的假设、用内部数据去确定顾客的行为模式或者根据调查的数据去解决一些商业性问题。

进行并汇报你的研究会在不同方面提高你的可信度。在工作场合,当你集中精力于一个商业问题并收集分析与这个问题相关的数据时,可以表现出你特有的才能。在这个过程中,了解决策者的需求并进行他们需要的研究能体现出你对组织的关心。并且,当决策者认为你的研究结果客观有效时,你在组织中的地位将显著提高。

本章中,我们将探讨几种报告的计划及进行研究的方法。总的来说,其目的是为了收集并分析一些有助于决策和组织绩效的数据。首先,我们致力于设定研究目标,这将有助于你识别与业务相关的数据。然后,我们会对一手资料和二手资料研究的过程进行检验以确保你获得的数据是可靠的。我们还将讨论如何利用图表有效地展示出数字信息及其他形式的信息,使得复杂的信息易于理解并为关键信息的表达提供支持。以下的案例贯穿于第12章与第13章中。

本章案例:分析 Prestigio 酒店的顾客满意度

涉及人物:

杰夫·安德顿:市场营销助理

● 在 Prestigio 酒店工作了三个月。

● 负责专业团队的营销会议和条约,以及追踪顾客满意度。

● 毕业一年,主修市场营销,辅修统计学。

安德烈娅·加西亚:总经理

● 已担任总经理一年。

● 约9年前开始在 Prestigio 酒店工作,做的是类似杰夫的市场营销助理的职位。

● 在决策前预测全部数据并进行分析。

情景:

Prestigio 酒店是一个四星级酒店,主要业务是提供会议场所。但在最近几年,它几乎所有领域的收入都有所下降。特别是在过去两年,Prestigio 酒店在会议收入方面已经损失了近5%—10%。因此,安德烈娅想要知道他们是否需要在会议相关业务上对公司的战略重新进行评估,她很担心业务收入会继续减少,希望进行一项专项研究来决定公司下一步的行动。

最近,安德烈娅要杰夫进行两个市场研究项目,她希望杰夫可以在大概三个月的时间内完成这项工作。

第一个项目,安德烈娅想要杰夫分析出相较于三个主要的竞争对手(Grand Swan、Great Falls 和 Wyatt),客人对 Prestigio 酒店的满意度。她希望杰夫使用在线酒店评估系统来完成这次分析。安德烈娅想弄明白客人的满意度是否会因为公司近期的两项举措而有所提高,一项是增加服务人员比例,另一项是为员工增加客服培训。杰夫将通过他即将设计完成的调查方法确保他进行的一手资料研究收集到最佳的数据。

第二个项目,安德烈娅让杰夫去收集关于经济友好型或绿色会议的相关信息。传统上,Prestigio 酒店从来没有集中讨论研究过绿色会议,但是在去年,安德烈娅注意到会议计划者和其他的客人经常会询问有关于绿色会议的问题,所以她想要知道 Prestigio 酒店是否应该在这方面投入更多的资源。杰夫将结合一手资料和二手资料研究为这个项目确立研究目标。

任务:

1. 收集数据并分析 Prestigio 酒店和其竞争对手的客人满意度。

2. 收集有关绿色会议的最佳做法的信息。

分析商务报告的受众

许多商业报告的规划阶段都需要花几个月甚至是几年的时间,尤其是研究报告。就像其他的沟通形式一样,你可以应用 AIM 规划过程来得出你的观点以便更好地满足决策者需求。

开发以研究为基础的商业报告,第一步需要识别决策者的目的。许多情况下,他们会委托别人来制作这个报告并且有着一个很明确的目标。而其他情况下,他们没有一个清楚的目标。其实在所有的情况中,你应该花时间同决策者的目标客户一起认真思考他们的主要业务目标、研究目的和期望。[1]

在研究和撰写报告的过程中,向决策者提供最新信息以及让他们参与到这个过程中,可能会让你撰写的报告对决策者来说更有用。

通过一手资料研究发展你的观点

当对决策者想要的报告形式有了一个清晰的了解之后,你就可以开始进行研究了。对重要的商务决策来说,收集数据可能会花费你几周、几个月甚至几年的时间。由于许多报告的目的是为了防止做出高风险的决策,所以我们需要仔细全面地收集正确的信息、进行正确的分析,最后给出相关的建议。

企业研究大致可分为一手资料研究和二手资料研究两种。**一手资料研究**(primary research)涉及对数据的分析,这些数据往往是由你、组织中的人或其他在你管理下的人(比如说咨询顾问)所收集的。而**二手资料研究**(secondary research)所分析的数据往往是由你组织之外或不由你管理的人员所收集的。

一手资料研究对你的商业报告通常是很可靠并且很有用的,因为你可以把它聚焦于你具体的研究目标并得到与你的组织及需求直接相关的反馈。但是,进行一手资料研究通常很费时、富有启发意义,并且还相当昂贵。在一些情况下,一手资料研究可能会受到以往的观点和信念的影响。比如说,一个深信新产品进入市场后能取得成功的营销总监,他可能会因为自己以往的经历曲解消费者的需求。一手资料研究的一般类型包括内部数据分析、调查研究、小组座谈、访谈和案例研究。

在这一章中,我们主要关注一手资料研究的常见类型之一:调查。调查研究现在越来越普遍,因为在线调查开始变得越来越流行(见本章技术小贴士)。通常情况下,调查研究包含了书面问卷。大多数的调查问题都是**封闭性问题**(closed question),这些问题会让受访者的回答局限于特定的答案(评定量表、多选等)。当然还有一些调查问题是**开放式的问题**(open-ended question),可以允许受访者按照他们的想法去回答。封闭性问题可以很好地进行量化和分析,但开放式问题能让你更深入地去了解问题。

确定研究目标

一旦你分辨出作为决策者的受众的需求是什么,接下来就要认真界定需要研究的问题了。

界定研究问题包括明确且有针对性地陈述研究目标,并说明其可实现性。可以看看表 12.1 中杰夫是如何为他的两个研究项目确定研究目标的。

表 12.1　建立研究目标

低　　效	高　　效
确定在我们这里进行会议的客人的满意程度。	在会议参与者之间确定客人的满意度,为一些重要会议提供方便和服务。
这个目标不明确,这样的陈述无法明确主要的研究方法。	这样的陈述比较明确,能明确出一种主要的研究方法。
了解绿色会议。	为了绿色会议能在酒店顺利举行,鉴定出影响市场需求的主要因素。
该目标不明确,太过于宽泛而缺少内容。	该目标比较明确,主要集中于一些与 Prestigio 酒店相关的一些内容。

展开调查

随着在线调查技术逐步发展完善,其在职场中的应用范围愈加广泛。在线调查的作用很大,即使得不到数百个受访者的回应,也可以得到数十个受访者的回应,或者是得到当前或潜在顾客的或其他利益群体的响应。在线调查是一个很好的工具,因为它可以将你收集到的数据自动转存到一个电子表格中。当然,在线调查并不总是方便和可行的,它也具有一定的局限性,所以你有时需要用到传统的纸笔问卷。

理想情况下,在大学的一些课程中你将会有很多机会去学习调查设计、数据收集和分析方法。如果你没有这样的机会,许多优秀的书籍也有助于提高你的研究调查技能。但是,提高调查技能不仅需要理论知识,还需要进行多次实践;在职场中,进行一些调查并使用这些数据去解决一些商业问题就是一个最佳的选择。

一般情况下,问卷调查应该简短一些。如果你的调查问卷需要花费 5 分钟以上的时间去完成,那这次调查就很难得到准确的数据。大多数对消费者的研究都控制在五六个问题内。如果调查时间太长,受访者可能变得不耐烦并提供一些不准确的答案或者是直接跳过问题,除非给受访者提供一定的报酬,但这样做最明显的缺点就是成本会很高。

获得可靠数据的另一个关键因素就是要有效地设计问卷调查的问题。问卷调查中的问题应该有四个特征:①容易回答;②是非引导性的问题;③选项要详尽并且明确;④观点清晰,无歧义。

问卷调查的问题应该容易回答

当你设计调查的时候,应该预想到什么样的受访者希望快速完成题目,什么样的受访者会花费一些时间考虑给出的所有选项。调查问卷中应该包括一些简短的问题和选项,以便受访者可以在 10—20 秒内阅读完问题并选出合适的答案,感觉就像是在几秒钟之内完成。在表 12.2 中,你会看到杰夫是怎样为客人满意度的研究制定调查问题的。

问卷调查中的问题应该是非引导性的

保证你调查中的问题是**非引导性**(non-leading)的,引导性问题会有一个暗示答案。通常情

表 12.2　设置简单的调查问题

低　　　　效	高　　　　效
量表从 1 分(不满意)到 4 分(非常满意),关于会议体验,你在以下几个方面的满意度如何(如果您不知道或是没有使用过以下服务,只需标注 N/A)? 　　　　　　1　　　2　　　3　　　4　　　N/A 会议餐　◉　◉　◉　◉　◉ 网络价格　◉　◉　◉　◉　◉ 室内网速　◉　◉　◉　◉　◉	关于会议体验,你在以下几个方面的满意度如何? 　　　　1—　　2—　　3—　　4—　　N/A— 　　　不满意　基本满意　满意　非常满意　不适用 会议餐　◉　◉　◉　◉　◉ 网络价格　◉　◉　◉　◉　◉ 室内网速　◉　◉　◉　◉　◉
这个问题较长,一些受访者将会对如何回答这些问题感到困惑,因为未对数值进行说明。	这个问题较为简短,表格的格式以及对数值的解释可以让受访者迅速并精确地对信息进行处理。
请根据在会议期间给你提供的价值对以下的客户服务和设施进行排序。(每个项目都要排,1 放在你最喜欢的项目旁,2 放在你第二喜欢的项目旁,等等。序号不要放在你会议期间没有使用过的服务与设施旁。) ＿＿水疗中心　　　　＿＿Prestigio 高尔夫球场 ＿＿健身中心　　　　＿＿Prestigio 喜剧俱乐部 ＿＿室外游泳池　　　＿＿Prestigio 酒店餐厅	在会议期间,你使用过以下哪些服务与设施? 选出所有你用过的。 ☐ 水疗中心　　　　　☐ Prestigio 高尔夫球场 ☐ 健身中心　　　　　☐ Prestigio 喜剧俱乐部 ☐ 室外游泳池　　　　☐ Prestigio 酒店餐厅
这个问题回答起来比较复杂。许多受访者不会花时间很认真地对每个项目进行排序。其他受访者的答案也可能不准确且不可靠。	这个问题很容易回答。受访者只被给予了一个选项,并且可以在很短的时间内做出判断。

况下,设置引导性问题的目的是为了从调查设计者的角度得到一个偏好回答。有时候,引导性问题的措辞会暗示受访者应该怎样回答。比如,下面的引导性问题可能会导致许多受访者给出言不由衷的回答:作为世界上人均碳排放量最大的国家的公民,你对选择绿色会议感兴趣吗? 引导性问题往往不允许受访者提供他们的真实想法或印象。所以,研究中的引导性问题会产生不可靠和不可用的信息(见表 12.3)。

表 12.3　设置非引导性的研究问题

低　　　　效	高　　　　效
为了表示我对绿色会议活动的支持,我会向别人推荐 Prestigio 酒店是一个进行商务会议的好去处。 1. 非常不同意 2. 不同意 3. 中立 4. 同意 5. 非常同意	我会推荐 Prestigio 酒店作为一个好的场地进行商务会议。 1. 非常不同意 2. 不同意 3. 中立 4. 同意 5. 非常同意
本次调查的问题是引导性的,它建议你选择一个研究者想要的答案,导致研究无法获得可靠的或有用的结果。	本次研究的问题是非引导性的。它没有提供建议性的或操作性的答案,可为研究提供有效的数据。

问卷调查中问题的选项应该是详尽并且明确的

调查问题的选项应该是完整的。**详尽**（exhaustive）意味着选项中要包括所有的可能性，而**明确**（unambiguous）就意味着这些选项中只有一个是适当的（见表 12.4）。

表 12.4　创建详尽和明确的调查选项

低　　效	高　　效
年龄： A. 30 岁及以下 B. 31—40 岁 C. 41—50 岁 D. 50—64 岁	年龄： A. 30 岁及以下 B. 31—40 岁 C. 41—50 岁 D. 51—65 岁 E. 65 岁以上
这些选择既不详尽也不明确。不详尽是因为 65 岁或 65 岁以上的人没有选项。不明确是因为两个选项重叠（C 和 D）；换句话说，一个 50 岁的人可以选其中任何一个选项。	这些选项既详尽又明确。任何年龄的受访者都只能找到一个正确的答案。

问卷调查中问题的观点应该包含一个观点

受访者一般很难回答超过一个观点的问题（见表 12.5）。另外，他们也不可能准确地进行分析。注意图 12.1 中杰夫完整的调查问卷。

表 12.5　用一个单一的观点设置研究问题

低　　效	高　　效
你对绿色会议了解多少，且可能在这些会议中节约多少？ A. 一点都没有 B. 有一点 C. 有些 D. 很多	你对绿色会议了解多少？ A. 一点都没有 B. 有一点 C. 有些 D. 很多
这个问题包含两个观点：(1)关于绿色会议，受访者的了解程度；(2)受访者对绿色会议上的节约了解程度。这个对受访者来说是困惑的，并且研究者也无法对此进行解释。	这个问题只有一个观点。这样一来，受访者将很容易对这个问题进行回答，并且研究者很容易对此进行分析。

分析数据

一旦完成调查，接下来需要对收集到的数据进行分析。这项工作可能使人感到兴奋，不过它也可能会让人感到不知所措，甚至艰巨。因为问卷调查中收集到的每一小部分数据可以用很多种方法进行整理与分析。所以当你开展一手资料研究时，可以考虑以下几点建议：

（1）尽可能多地学习各种定量与定性的统计分析方法。除非你应用合适的分析原则，否则很容易得到有缺陷的结果。此外，你需要很仔细，不能让自己的偏见和成见影响对数据的分析。

Prestigio 酒店会议的回顾	退出调查

感谢您参与本次调查。当您通过点击"完成"按钮结束这个问卷时,您可以得到一份价值 10 美元的打印优惠券,在任一塔吉特商店均可使用。

1. 性别

◉ 男　　　　　　　　　　　　　　　◉ 女

2. 年龄

◉ 30 岁以下　　　　　　　　　　　◉ 51—65 岁
◉ 31—40 岁　　　　　　　　　　　◉ 65 岁以上
◉ 41—50 岁

3. 收入水平

◉ 低于 30 000 美元　　　　　　　　◉ 50 000—74 999 美元
◉ 30 000—39 999 美元　　　　　　◉ 75 000—100 000 美元
◉ 40 000—49 999 美元　　　　　　◉ 超过 100 000 美元

4. 在会议访问期间,您购买了多少天网络服务?

◉ 0　　　　　　◉ 1　　　　　　◉ 2　　　　　　◉ 3

5. 您对以下几方面会议体验的满意度如何?

	1— 不满意	2— 基本满意	3— 满意	4— 非常满意	N/A— 不适用
会议餐	◉	◉	◉	◉	◉
网络价格	◉	◉	◉	◉	◉
室内网速	◉	◉	◉	◉	◉
商业中心	◉	◉	◉	◉	◉
工作人员与服务	◉	◉	◉	◉	◉
会议室	◉	◉	◉	◉	◉

6. 请根据您在 Prestigio 酒店的会议经历,回答以下问题。

	1— 强烈不同意	2— 不同意	3— 中立	4— 同意	5— 强烈赞同
总体来说,我对这次会议经历很满意。	◉	◉	◉	◉	◉
我愿意参加另外在 Prestigio 酒店举办的商务会议。	◉	◉	◉	◉	◉
我会推荐 Prestigio 酒店为举办商务会议的理想地点。	◉	◉	◉	◉	◉

在你会议期间,以下哪些客人服务和设施是你使用过的? 勾选所有用过的项目。

☐ 水疗中心　　　　　☐ 室外游泳池　　　　　☐ Prestigio 喜剧俱乐部
☐ 健身中心　　　　　☐ Prestigio 高尔夫球场　　☐ Prestigio 酒店餐厅之一

[完成]

图 12.1　易于完成的在线调查示例

（2）尽可能多地学习电子表格、数据库和统计软件。你可能会有一个关于电子表格软件的课程（比如 Excel），充分利用这次课程培训，并且用软件持续试验，以自如地进行数据分析。另外，你需要对数据库有一个基本的了解，所有的公司在数据库中都存放了大量的信息。如果你了解基本数据库设计，你将会知道可以提取哪类数据来回答我们要研究的问题。最后，相比于电子表格软件，一些统计软件（比如 SPSS、SAS、SYSTAT）可以帮助你更加快速并且高效地进行分析。

（3）分析过程中可以寻求他人的帮助。在某些学科和某类业务问题中，你可能会与一些具有高超分析技能的同事一起工作，这时，你可以向他们寻求技术帮助。而且，你也可以让其他人帮助你进行分析，因为当一个团队共同分析数据的时候，你不太可能在无意中曲解这些数据。

（4）专注于你的业务问题，并且着眼于大局。通常情况下，公司的数据库或调查数据都包含了大量的信息，当你通过多种方式去使用的时候，你很容易变得不知所措。当你严格要求自己专注于主要的研究问题时，你就不会在一些比较肤浅的问题上越陷越深。

用图表进行沟通

几乎所有的商业活动和商业目标都可以被测量和量化：利润与损失、营业费用、营销费用、员工离职、业绩评估、市场份额、预算、顾客行为、质量等。简单地说，无论是业务主管还是部门经理都是通过数字进行彼此的沟通。甚至有些管理专家认为数字沟通能力是一种核心的管理能力。因此，在本节中，我们将重点介绍如何使用图表来进行数字信息的沟通。

在进行了调查研究或其他形式的商业研究之后，你通常会有许多统计和数据可列入给决策者的报告中。但是，想要有效地呈现出这些数据会是一个挑战。事实上，大多数经理人在数字沟通上的能力很差。另外，虽然企业管理者比较喜欢数据信息，但很少会有听众和读者会在一次会议中学习到很多东西。正如一位沟通专家向经理们提到的一样："虽然你比受众更喜欢数据信息是不错的……但是给受众提供过多的数据会使得他们忘记你讲的所有内容。"[2]虽然大多数管理者用数据沟通的目的是劝说和鼓励，但最后都会使受众感到混乱和乏味。

与成员沟通时，主管和经理们犯的最根本的错误就是没能专注于非数字化的关键信息。他们说的一些话可能会让受众毫无反应，比如"我会花一些时间来分析这些数据，"或者"让我通过这些数据来给你一些背景"。[3]正如你将在下一节中详细学到的，当你用图表进行沟通时，演示文稿的外在信息应该是首要考虑的问题。当你看后面的内容的时候，注意杰夫是如何为他在 Prestigio 酒店的研究设计图表的，特别注意这些图表是如何被安德烈娅（Prestigio 酒店的总经理和主要决策者）使用的。

设计有效的图表

图表可以以一种简单、吸引人的方式有效地传达一些复杂的数字信息。一个经过良好设计的图表可以表达出一种很强烈的信息，并给观众和读者留下一个持久的视觉印象。由于观众和读者很快就会被这些图表所吸引，所以说图表具有一种可以让读者瞬间留意这些文件和演示文稿的潜力。

　　总而言之,图表信息才是中心。就像黄慧敏(Dona Wong,2001—2010 年任《华尔街日报》的图形设计总监)所解释的:"这是一项使图形变得有趣的内容,当图表正常呈现时,信息会以一种最清晰和最有效的方式涌向观众,这样透明的信息里没有额外颜色的图层和一些加强的效果来分散我们的注意力。"[4] 与其他的商业信息一样,规划是设计图表的主要组成部分。

　　高效的商务沟通者会认真选择一些最支持自己业务信息的数据关系。顶级平面设计师奈杰尔·霍姆斯(Nigel Holmes)创造了解释图形的术语,指出图表要做的不仅仅是描述和告知,它们应该解释重要的商业想法或关系来支持沟通中的关键信息。此外,图表不应该让读者耗费太多脑力。正如霍姆斯指出的:"很难解释的图表比没有图表更糟糕"。[5]

　　本章中,你会看到一些图表,这些图表说明数据的战略性使用可以消除本章案例中安德烈娅的担忧。虽然有几十种图表选项可供利用,但本节的重点主要是集中于职场中使用的三种类型:折线图、饼状图、条形图,其他的一些图表和数字类型都没有进行详细的说明。掌握了这些很普通但意义重大的图表的设计原则,你才能够去设计一些其他的、不常见的图表类型。

　　总的来说,**折线图**(line chart)被用于描述一段时间内的事件和趋势。比如,在一段时间内的股票价格若以折线图的形式展现出来将具有重大意义。**饼状图**(pie chart)用于阐明整体中的各个部分的情况,比如市场占有率就可以很好地由饼状图进行解释。**条形图**(bar chart)一般被用于数量比较的情况,条形图具有多种形式,在以上的几种图中,条形图是最通用的,因为它可以用来比较多种类型的数据。

创建有效的图形

　　当你创建图形时,要重点注意以下几个标准:(a)标题描述性;(b)具备关键点;(c)信息充分;(d)信息易于获取;(e)最主要的是,要点信息。在下文中,你会看到所有关于这些标准的讨论。此外,你会发现每一类图形都有低效和高效的例子,每一个例子中都包含了对这五大标准的解释。

标题描述性

　　大多数读者都是根据图形的标题来把握重要信息的。所以,题目需要能解释图形的主要意思。但是,它必须足够短以便读者快速看懂,在一些情况下,如果这个短标题表述不够的话,你可以加一个副标题。

　　如图 12.2,用低效和高效的折线图说明了相同的信息。在低效的图中,标题"工作人员与服务评级"是一个较短但相对无效的短语。但相反,相对高效的图用了一个主标题与副标题,主标题是"工作人员与服务评级改善情况",它用"改善情况"这个词就指出了这个图的主题,关于副标题,突出了改进是有目的性的或以某些目标为基础的观点(提高我们的业绩),并且这个改善要远远超过其主要的竞争对手。

具备关键点

　　图形应提醒读者注意一些关键信息和观点。如一些统一的段落(第 6 章),所有的句子都专注于一个主要观点上,每个图形的关键点也应该表示一个主要观点。这种关键点可以通过很多形象化的方法表现出来,比如:字体选择(粗体、斜体)、颜色、大小和标注框。

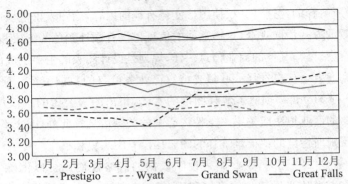

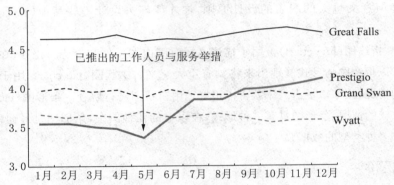

注:评级从1分(很差)到5分(极好)打分。所有评级从 Wahoo 旅游网站上检索取得,并从全年的每个月中取平均值。

	低效图中关键的设计和格式问题	高效图中的调整
标题的描述性	不具描述性,而且标题看起来很普通,没有表达出任何主要信息。	标题和副标题聚焦于有目的性的改进。
具备关键点	缺乏关键点,图的所有部分处理都相同——没有强调或指出对比中的关键信息。	标注框内说明了工作人员和服务举措是提高顾客满意度的重要原因。加深加厚的线以及粗体字标签会吸引别人注意到 Prestigio 酒店的系列数据。
信息充分性	评定量表信息不够充分,数字代表了什么内容? 收集的是哪一年的数据?	图的注释提供了关于评定量表的信息。
信息易于获取	折线图例放置在下侧,会让读者在数据和图例之间来回移动,此外,颜色对信息的呈现没有什么帮助。	取代图例,数据标签被直接放置在每个数据序列(行)的结尾,使识别每家酒店的业绩更容易。此外,配色方案保持在最低水平,从而可以显著的显示出评级的急剧上升。
要点信息	Prestigio 酒店的工作人员和服务评级在过去一年有了很大改善,但是,这个消息需要观众花费大量的精力去发现,并且很容易被忽视或快速遗忘。	图中的所有元素都可以捕捉到一个信息,那就是相比于竞争对手,Prestigio 酒店的员工和服务举措成功地提高了顾客满意度。

图 12.2 低效与高效的折线图

在图 12.2 高效的折线图中,各种关键点都强调了 Prestigio 酒店中工作人员和服务评级的改善。图形中的标注框提醒读者知道 Prestigio 酒店推出员工和服务举措的时间,提示读者注意从那时起其顾客满意度的提高。Prestigio 酒店的数据序列由这种深且粗的线表示出来,并且这条线在其他数据序列(关于其他酒店)之上。

信息充分

图形中究竟应该包含哪些信息? 图形应该包含足够多的信息让读者快速合理地理解你展示的观点。清楚的图形和图例应该表现出测量的数据种类及单位。在某些情况下,读者会期望知道图形中每个数据的价值。

图 12.2 中包含了一个无效的折线图,这个图例虽然也展示出了每条线代表的酒店,但是 Y 轴的含义没有解释清楚。读者可能会认为数据来自于某一项调查研究,尽管题目中可以看出来,但还是无法确定这个研究的范围和方向。相反,那张高效的折线图用了图注来说明该研究范围,并把这几句话放在了沿 Y 轴的标签上。

信息易于获取

图形的另外一个基本目的就是要尽可能快地传达一些复杂的信息。如果你的读者不能快速地获取信息,他们将会对此失去兴趣。从某种程度上来说,这需要信息充分性平衡。对于一些读者来说,你提供的信息越多,快速处理这些数据就越困难。选择一些必要的信息,并且把数据和标签放在合适的位置上,有助于读者快速有效地获取信息。理想情况下,你的读者可以在10—15 秒内掌握关键的信息。

图 12.2 中低效的折线图可以看到一些处理上的问题,最突出的是读者需要在折线和图例之间来回查看以便于正确识别数据。此外,Prestigio 酒店的数据系列应该是读者关注的重点,但在图中与其他折线放在一起,缺少了可以让它突出的特殊格式设置。但高效的那张图获取信息较容易,数据标签直接放置在折线旁边,读者不用在折线与图例之间来回查看。此外,Prestigio 酒店的折线进行了加粗加厚,并且放置在其他线的前面可以很好地吸引读者的关注。

要点信息

在一个有效的图形中,其关键点会给读者留下深刻的印象。读者会在两个小时内记住主要信息吗? 如果不能的话,那你的图就几乎没有影响力。要点是你图形的本质——信息、标题、重点和其他的格式要怎样结合才能提供持续性的信息。总体而言,在图 12.2 中,低效的折线图并不会给读者留下很深刻的印象。虽然读者通过认真解读该图还是可以明白 Prestigio 的工作人员和服务改善比其竞争对手要多,但是读者要在没有参考的情况下分析代表 Prestigio 酒店的折线比较困难。此外,这张图并没有解释为什么这个评级会发生变化。相比之下,读者可以在图 12.2 中那张高效的折线图中快速获取信息。它的标题、重点和简单的设计有效地突出了图的要点:相比于主要竞争对手,Prestigio 酒店开展的员工及服务措施已经成功地提升了顾客满意度。在图 12.3、图 12.4 和图 12.5 中展现了关于低效和高效变化形式的其他几种图形类型。

图形格式的一般规则

虽然图形格式在突出信息要点上是次要的,但这并不代表它不重要。由于视觉效果会在读者阅读之前就产生影响,所以低效的格式会让读者对此产生一种草率或不精确的印象。

会议参与者的网络购买天数

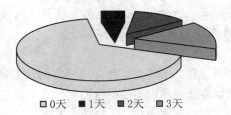

□0天 ■1天 ■2天 ■3天

会议参与者的网络购买类型
对 236 名参加最近为期三天的会议的客人的调查结果

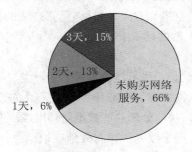

	低效图中关键的设计和格式问题	高效图中的调整
标题描述性	标题具备描述性,但单调乏味。	聚焦于参加为期三天的会议与会者,具备描述性的标题
具备关键点	主要的关键点是一个大扇形图。所采用的颜色在视觉上给人一种密集和黑暗感。	主要的关键点是这个饼状图强调了没有购买任何网络服务的参会者。它标记得更有效("未购买网络"对应着低效图中的"0 天")并且在暗色背景中用粗体字以提醒大家注意这个关键点。
信息充分性	每部分饼状图上都缺少数据标签,难以解释这张图。	数据标签以百分比的形式提供。
信息易于获取	图例被放置在底部,导致读者阅读时视线需要在图和图例之间来回移动。此外,三维图形的分离扭曲了数据。这张饼状图提供的信息不易于读者的信息获取。	数据系列的名字和数据标签同时放在饼状图中以便读者处理。最大的扇形区位于 12 点钟位置,以便快速识别(大多数人读饼图开始于 12 点钟方向,并以顺时针的方向继续读取)。
要点信息	大多数参会者没有购买互联网服务。但是,这个消息需要花费大量的精力去发现,并且很容易被忽视或快速遗忘。	图的各个部分共同表明会议的参与者不太可能会购买网络服务。

图 12.3　低效与高效的饼状图

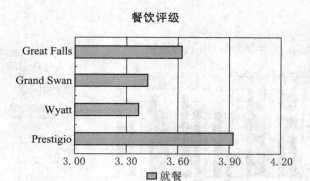

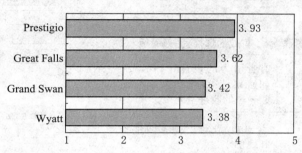

注：评估范围从 1（很差）到 5（极好）。所有的评估值都是从 Wahoo 旅游网站检索取得，并且对全年的每个月的数据都取了平均值。

	低效图中关键的设计和格式问题	高效图中的调整
标题描述性	非描述性，单调乏味的标题。	标题很快就表现出了 Prestigio 酒店在用餐方面的满意度上占据领导型地位。
具备关键点	没突出关键信息，对所有酒店都是"一视同仁"。	Prestigio 酒店的颜色比较深，易于吸引别人的注意力。
信息充分性	评估量表的信息不够充分。	评定量表的注释和数据标签所包含的内容提供了足够的信息。
信息易于获取	图例说明是没有必要的且使人分心。项目之间没有进行高效的排序（这个顺序既不是按字母也不是按数量多少）去帮助进行快速的比较。比条形图的条形宽度更大的间隙减慢了读者获取信息的速度。横轴的增量使用的单位不常见（通常单位是 2、5、10 的倍数会自然一些）。	图中对各个酒店的用餐满意度采取降序的方式进行排列，更容易体现出对比性。条形图的条形宽度比间隙更大，有利于更快地获取信息。
要点信息	图中的要点信息是 Prestigio 酒店有着更高的就餐评级。但是，信息不够突出，很容易被掩盖或遗忘。	在就餐评级上，Prestigio 酒店在其主要竞争对手中处于很领先的位置。这是一个强烈、积极和难忘的信息。

图 12.4　低效与高效的条形图

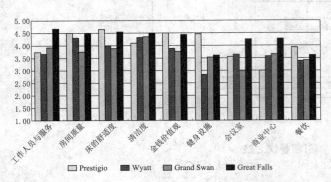

顾客满意度关键指标：与主要竞争对手进行比较

Prestigio / Wyatt / Grand Swan / Great Falls

	无效的条形图群	有效的选择：图形面板
标题描述性	具有描述性却单调乏味。	有吸引力的设计（"Prestigio如何累计"）；呼吁采取行动（"……的改进空间"）。
具备关键点	什么都没有，很杂乱。	Prestigio 在每个领域的排名和地位。
信息完整度	没有数据标签。	为每个等级区域设置数据标签。
信息易于获取	几乎不可能很快获取信息，信息太多，没有排序。	每个区域的数据简单并且易于处理。图形通过相对绩效进行编排（绩效比较好的在左边，需要提高的在右边）。
要点信息	没有与评级相关的关键点。	Prestigio 与竞争对手相比在很多领域都可以算是精英，但是在其他关键领域却落后于对手。

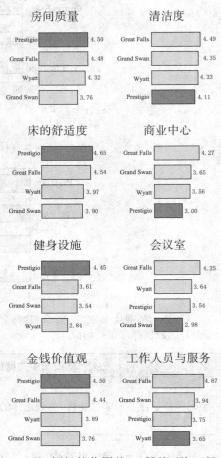

Prestigio 酒店如何累计

清洁度、会议室、商业中心、工作人员与服务的改进空间

注：评级的范围从 1（很差）到 5（极好），所有的评级结果都是从 Wahoo 旅游网检索取得的，并且对全年每个月的数据取了平均值。

图 12.5　低效的条形图和高效的图形面板

通常，图形的格式应该尽可能简单，并且要强调出数据间的关系。如果由于格式的一些问题影响了关键信息，请务必删除或改进它。表 12.6 提供了一些图形的一般性格式说明。

设计有效的表格

一般来说，图形是迅速展现一个关键点或关系的最有效途径。但是，图形中所提供的信息量是有限的。相反，表格可以允许你提供更多精准的数据。正因为如此，在突出关键信息方面，图是一个更好的选择；而在信息全面性和精度方面，选择使用表格会更好。

表 12.6　特定图形类型的格式准则

图形类型	格　式　准　则
所有图形	• 确保对所有数据进行适当标记。 • 避免使用过多鲜艳的色彩；它们会分散注意力。 • 使用较深的颜色来代表你最重要的数据系列。 • 避免使用不寻常的字体或太多特殊效果。 • 避免使用三维图。 • 确保所有的文字是水平的。 • 在大多数情况下避免在深色背景下用白色字体。
折线图	• 三分之二的数值范围应该出现在表中。 • 系列名称应该直接放在线上或者是与线相连。 • 包含四个或四个以下的数据系列(行)。
饼状图	• 最大的一块应该从 12 点钟位置开始，并且呈顺时针方向；第二大的部分也是由 12 点位置开始但呈逆时针方向。 • "爆炸片"应谨慎使用。 • 扇形应该形成一个整体(加起来的数据系列要是 100％)。
条形图	• 条形宽度应该是间隙的两倍。 • 基线应为零。 • 在大多数情况下，条形应该呈升序或降序排列。 • 图例应该仅用于具有两种或两种以上数据系列的情况下。

评估表的有效性

与图一样，表格使用比较简单的格式通常会更有效。另外，表格呈现数据的方式也会影响到信息的清晰度。比如，你可以思考图 12.6 中基于相同数据制作出来的两个表格。作为一个读者，假设你有以下问题："更高的收入水平是否代表购买网络服务的可能性越高？"根据这张低效的表格，很难回答这个问题。与此相反，从那张高效的表格可以很快发现不购买网络服务(0 天)与低收入阶层(一年 30 000 美元以下)具有很强的相关性。

这张低效的表很杂乱，因为它有太多的网格线，缺少标签，并且还有一些无法鉴定的项目。相反，那张比较高效的表上网格线有限。此外，一个网格只服务于一个独特的目标。前面的网格线把研究数据和列标签分离开来。接下来的网格线将每种数据进行了分离，包括所有的受访者、受访者性别以及收入水平。每种类型中的缩进项更加凸显了数据类别之间的区别。

由于第二张表的数据进行了调整，所以效果更好。第一张表包含了各种受访者的数量，而读者很难从这些数量中迅速做出有效的对比。然而，很多读者也想知道参与调查的人数。将数量转化成比例，这张高效的表格可以让读者更容易地对信息进行获取和处理，将数量放在后面的括号里面可以让数据看起来更加完整。

表格格式的一般规则

总的来说，高效的格式和数据转换会对表格的实用性产生显著影响。表 12.7 中的一般性指南会帮助你创建高效的表格。

低效的表格
调查结果

在 Prestigio 的三天会议期间，你购买了几天的网络服务？				
互联网服务的天数	0	1	2	3
所有受访者	154	15	31	36
性别				
男	82	8	15	22
女	72	7	16	14
收入				
$30 000 以下	15	0	1	2
$30 000—$39 999	41	4	3	7
$40 000—$49 999	48	3	11	12
$50 000—$74 999	33	6	7	8
$75 000—$100 000	42	2	4	4
$100 000 以上	5	0	5	3

高效的表格
互联网服务在与会客人中的购买情况

	购买互联网服务的天数(括号中的是受访者人数)				
	0 天	1 天	2 天	3 天	总计(♯)
所有受访者	65.5%(154)	6.4%(15)	13.2%(31)	15.3%(36)	236
性别					
男	64.6%(82)	66.1%(8)	6.3%(5)	6.4%(22)	127
女	11.8%(15)	14.7%(7)	17.3%(16)	12.8%(14)	109
收入					
$30 000 以下	83.3%(15)	0.0%(0)	5.6%(1)	11.1%(2)	18
$30 000—$39 999	74.5%(41)	7.3%(4)	5.5%(3)	12.7%(7)	55
$40 000—$49 999	64.9%(48)	4.1%(3)	14.9%(11)	16.2%(12)	74
$50 000—$74 999	61.1%(33)	11.1%(6)	13.0%(7)	14.8%(8)	54
$75 000—$100 000	54.5%(12)	9.1%(2)	18.2%(4)	18.2%(4)	22
$100 000 以上	38.5%(5)	0.0%(0)	38.5%(5)	23.1%(3)	13

图 12.6 一张低效的表和高效的表

表 12.7　表格的格式指南

问　　题	格　式　指　南
顺　　序	对你的条目进行适当排序(字母或数字类别的顺序或数值的升/降序)。
缩　　进	缩进或以其他方式分开设置类别中的项目。
数据系列	垂直地呈现数据系列之间的比较。
列/行标签	有效地设置行和列标签。
网格线	● 每 3—5 行使用网格线作为间断线(新的类别);这个简单的设计手法让读者可以轻松地浏览每行的内容。 ● 避免在所有边缘使用网格线;这些会使表格杂乱无章。 ● 多数情况下在行里面避免使用交替的背景颜色;这容易让人分心并且没有必要。

技术小贴示

采用在线调查软件

各种不同的软件使得调查的实施越来越容易,比如 SurveyMonkey、Qualtrics,以及各种会议和社交软件的加载项。多数情况下,这些软件可以帮助你快速创建调查问题。这种软件通常包含了一些现有的问题可供你选择。

采取在线形式的话,你可以将调查问卷的链接发送给联系人列表中的任何一个人,包括同事和顾客。换句话说,相比于几年前的调查方法,这个软件提供了获取更多受访者的机会。此外,还有许多公司专门帮助别人获得数百万潜在受访者(称为一个在线面板)。当你进行营销和消费者研究时,这些公司可以帮助你得到一个所有感兴趣的人口的大样本数据。

使用在线调查的另一个好处就是这些数据可以以一种你能快速进行分析的形式进入一个数据库或电子表格。一些在线软件甚至可以立刻提供一种报告,这种报告会包括汇总和交叉表统计(尽管你自己会经常想要去处理这些数据以深入挖掘并获得具体问题的数据)。

当你使用在线调查软件时,请记住以下几点:

对于任何形式的商业研究都要采取审慎并且全面的标准。进行在线调查的方便性会导致商业人士的粗心大意,不会花很多时间去设计要调查的问题。

避免过度使用在线调查。此外,由于在线调查易于管理,许多组织的员工会对调查产生怀疑。这样一来,员工经常遭受受访者疲劳,而不会仔细地回答问题。调查的结果只取决于你受访者的投入程度。

用二手资料研究来证明你的观点

在大多数情况下,一手资料研究都是很理想的,你可以仔细地让它与你的一些具体的商业问题相适应。但是，一手资料研究会花费你大量的时间与金钱。即使有足够的资源，你的组织也可能无法获得某些特定类型的数据。一般情况下，二手资料研究会相对便宜很多。几乎所有的二手资料研究都有一个共同的优点，那就是已经有人花时间研究过并对它进行了详细的记录。

选择一个研究话题

　　一般在职场中，你都会被经理或客户要求进行研究并详细记录下来。很多公司都会为怎样进行二手资料研究提供一些指导建议。尽管研究是在决策者的安排下进行，但是你依然有一些自由空间去定义项目的范围。在大学的课程中，你的导师可能会给你一个很广泛的话题，或者你可能有足够的自由空间来选择自己的主题。当你可以自己选择研究主题时，你可以按照一些策略去确立一个主题，这个主题通常是很有趣的并且对你和其他人来说是很有价值的。

不要太快对你的选题进行研究并调整好你的研究进度

　　确定出你的具体研究主题需要花费很多时间。通常情况下，你需要几个月的时间去完成最终的研究报告。请务必尽早在这个过程中投入足够的时间认真仔细地探索你的选题。理想情况下，你可以在项目的前两个星期花大概 4—5 个小时为你的研究课题认真进行权衡。图 12.7 展示了你怎样在学校进行一个为期 10 周的课题研究。

第1—2周	第3—6周	第7—8周	第9—10周
选择主题	收集研究和相关观点	完成固定草案	完成研究报告

图 12.7　为期 10 周的研究项目时间表范例

战略性地选择你的主题

　　对于学校的项目，你可以考虑选择那些对你的学术研究课程和职业生涯有帮助的主题。你可以通过问自己以下问题来确定战略性的主题：对先前的研究我知道一些什么？哪些东西可以帮助我知道更多关于我的专业或研究重点？在我最近上的课程中，我更想要学习些什么？毕业后，我需要学习些什么以保证我在第一份工作中获得成功？在工作面试中，哪一种研究论文我是可以进行谈论的？为了帮助你思考一些可能的主题，可以考虑表 12.8 中列出来的一些话题（这是一个具有广泛选项的简要列表）。

　　你也可以考虑记下三—五个你感兴趣的研究主题。对于每一个主题，回答诸如以下的几个问题：谁会对这个主题感兴趣？（这个帮助你思考你的目标读者。）与主题相关的一些具体问题有哪些？（这个帮助你思考研究范围——详情见下一段）我如何可以轻松地获得有关此主题的信息？

界定项目的范围

　　在你研究项目的早期，你应该列出一些稍微宽泛并且模糊的主题，然后使之具体和有趣。当你看表 12.8 时，你会发现这些都是相当普遍的主题，并只能作为研究的出发点。选择一个你也许感兴趣的主题，如社交媒体营销，这个话题太过于广泛以至于你不能合理确定研究论文的主题，你可以通过很多种方法来缩小你研究的范围。首先，要找方法缩小主题本身：比如说，你可以把社交媒体营销的主题聚焦于一些在 Pinterest 上发展起来的顾客关系方面（几个小时内，你就可以找到数十种好的观点）。就一个组织或行业的角度去考虑缩小你的项目（比如家得宝是如何在 Pinterest 上发展顾客关系的)。你也可以通过时间来对你的项目选择进行限制(比如,在过去的一年里,家得宝是如何在 Pinterest 上发展顾客关系的)。

表 12.8　商业领域广泛的研究主题

市场营销	供应链管理/运营
社交媒体营销	企业资源规划系统
品牌管理	采购与供应商管理
市场分析	生产计划
广告	质量管理
顾客服务	库存管理
B2B(企业对企业)市场营销	资源预测
国际营销	**信息系统/技术**
销售	大数据/业务分析
产品开发	基于云计算的技术
财务/会计	社交媒体策略
兼并和收购	电子商务
审计	技术采用
风险管理	**领导/管理/沟通**
银行和资本管理	经营策略
企业税收	领导风格
财务规划	个性
国际财务管理	谈判
人力资源	组织变革
人才管理	冲突管理
绩效管理	危机管理
团队开发	**伦理与企业社会责任**
薪酬和福利计划	可持续发展
社区管理	多样性
职业路径	合规性和治理
员工士气	透明度
招聘和雇用	员工志愿服务计划
	企业慈善

找到方法使你的研究更具有分析性

通常情况下,当你检查相关信息的关系和整合相关信息时,你会使你的研究更有价值(和挑战)。你可以检查因果关系和相关性(比如,Pinterest 的整个页面是如何影响购买决策的),比较或类比(比如,劳氏公司是怎样利用 Pinterest 页面去发展客户关系的),基准测试(比如,在 Pinterest 上专家说的才是最好的做法),或者是趋势(比如,在过去的三年,Pinterest 的使用者是如何改变对 Pinterest 主页内容的期望的)。通常情况下,你决定怎样进行或分析你的研究将会直接影响你最终的主题。

与可以帮助你的人进行沟通

如果你不知道如何缩小你的话题,你可以考虑与你的导师、图书管理员、值得信赖的同学,或者是认识的专业人士进行交谈。这些谈话有助于你清楚地表达兴趣及精炼主题。

评估数据质量

当你收集二手资料研究的相关资料时,要在数据质量方面认真评估,并在以下几个方面特

别注意:

- **可靠性**(reliability)与数据的可信赖程度密切相关,数据的可靠性是指数据的新颖程度和是否具有代表性。
- **相关性**(relevance)是指它与特定业务问题之间的关联程度。
- **适应性**(adaptability)是指研究可以多大程度地进行改变或修改,以满足你具体商业问题的需要。
- **专业知识**(expertise)是指解决商务问题的技术和研究人员的知识背景。
- **偏见**(biases)是指从特定的角度去看待问题。偏见的存在不一定就表明二手资料研究不可靠;但是在使用这种研究时,你需要谨慎地查看数据,并牢记研究人员的最终目标。

有一些二手资料研究的数据需要花费几千美元去购买,但还有一些是免费的。你可以通过很多途径获取二手资料研究的数据,包括白皮书、行业出版物、商业期刊、学术期刊、外部博客和商业书籍。每一种二手数据都有其优点和缺点(见表12.9)。因此,当你选择二手数据时,你会不可避免地面临一些权衡取舍。

白皮书(white papers)作为一种报告或指南,描述的通常是解决某一类特定问题的研究,可能与你遇到的问题相似。白皮书由政府和某些组织负责发放,在很多的公司和组织网站上都可以轻易找到。但是,它们通常存在一定的偏见,因为白皮书通常是由一些有着特定议题的行业组织或有着具体营销目标的公司所编制的。因此,当你阅读白皮书的时候,你应该先了解这个主办方的相关议题。

行业出版物(industry publications)的产生,就是要满足特定行业成员的具体利益,主要包括期刊和报告。行业报告一般都是高度可靠、相关和权威的。但是,行业报告一般都比较贵,从几百美元到几千美元不等。一般情况下,越可靠的行业报告价格越贵。幸运的是,只要你还在大学学习,图书馆里很多昂贵的行业报告和出版物你都是可以免费使用的。

商业期刊(business periodicals)(杂志、报纸)提供的是对一些事件、信息和当代商业问题的建议。它们通常由一些很有声望的商业记者和专家所撰写。但是,在适用于你具体业务问题和组织方面,杂志和期刊中的大多数文章价值都比较有限。此外,这些文章很多都是依赖于传闻而不是严格控制的实验和调查研究。行业出版物的期刊通常比一般性的商业杂志和文章更有意义。

学术期刊(scholarly journals)通常包括一些可靠的商业研究。信息来自于一些严格控制的科研过程,并已被该领域的专家审查。但是,学术性文章很少为职场上所关注的商业问题提供有用的信息。相反,学术文章更多的是专注于理论和抽象的问题。它们一般都是在统计分析的水平上,和/或是在一些很难被理解的理论背景下所写。

外部博客(external blogs)和其他的在线资源也提供了大量的信息。由于大部分博客都没有进行正式的编辑和审阅,所以其可靠性是存在一定的问题的。但你在实际的业务流程中,你会发现这些博客很可靠,因为它与你遇到的业务问题的类型相关。如果你经常使用博客,请务必仔细确认博客作家的专业知识。

商业及管理类书籍(business and management books)在总体实用性方面是非常权威的。幸运的是,相比于其他二手资料你更容易对商业和管理类书籍的实用性做出判断,因为在线评论是可利用的,并且你可以预览书籍的每一个部分(在线和亲自前往书店或图书馆)。网上的相关评论能帮助你权衡这些书在实际中解决商业问题的实用性。

表 12.9　一手和二手资料的数据质量的优势和局限性

	可靠性	相关性	适用性	基于专家经验	偏　见
一手研究资料	✔高	✔高	✔高	中 ✔高	研究人员的目标和预先存在的概念
白皮书	✘低 ✔高	中 ✔高	✘低	中 ✔高	组织使命和目的
行业出版物	中 ✔高	✔高	✘低	中 ✔高	出版/编辑团队的使命
商业期刊	中 ✔高	✘低 ✔中	✘低	✘低 ✔高	出版/编辑团队的使命
学术期刊	✔高	✘低	✘低	✔高	理论意义
外部博客、维基和其他网站	✘低 ✔高	中 ✔高	✘低	✘低 ✔高	作者的职业目标
商业书籍	中 ✔高	✘低 ✔高	✘低	中 ✔高	最新、最好的观点;易于修订

开展图书馆研究

　　大多数高校图书馆都储备着丰富的商业信息,除了各类学科书籍之外,图书馆还包含了丰富的数字资源。你也可能有机会获得几千家公司和行业的报告(每一份报告都会花费消费者几百到几千美元);商业期刊的文章,包括《华尔街日报》《福布斯》《彭博商业周刊》和许多其他期刊文章;特定行业的期刊和报告;学术期刊;以及更多的研究途径。

　　大多数大学图书馆都会订阅几十个网上数据库。在商业研究和文章方面比较流行和有用的包括:EBSCO Business Source Complete、ProQuest、IBISWorld、Hoover's、全球金融数据库、世界大企业联合会、eMarketer、Mint Global NetAdvantage by Standard & Poor's、Thomson One 和其他的一些数据库。在图 12.8 中,你会看到这些数据库的一些例子,以及他们如何为你的研究呈现信息。在 EBSCO 主窗口中,你会发现许多可使用的搜索选项。在 ProQuest 的窗口中,你会看到一个关于趋势和预测、市场调查或 SWOT 分析专业报告的链接。在 IBISWorld 的窗口中,你可以看到特定行业报告的信息类型。从这些界面中,杰夫可以搜索出关于美国酒店的关键成功因素、成本结构、技术和其他的一些主题的可靠信息。

　　在这些数据库中包含了大量资源,并且能帮你鉴定出对你最有用的一项。你也许会考虑花几周的时间去浏览这些数据库,以熟悉哪些对你是可用的。你也可以寻求商业图书管理员的帮助,找出哪些数据库与你的兴趣和需求相符。

　　每个数据库都包含了搜索功能,有一些基本的方法可以帮助你充分利用它们。当你手动搜索时,你可以使用布尔运算符(和/或)去扩大你的搜索范围。比如,当杰夫想找到更多关于"绿色会议"的信息时,他搜索这个关键词可以得到 33 个结果。通过分开搜索两个词

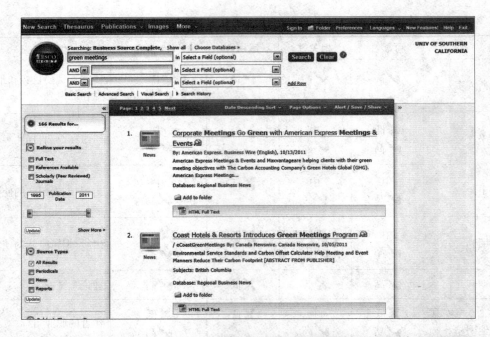

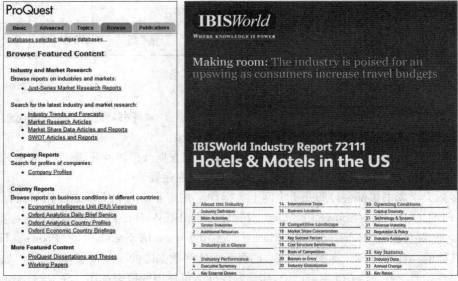

图 12.8　用图书馆资源寻找有价值的信息

（用"and"），产生了 2 000 个结果。通过查找其中一个词（用"or"），他发现了超过 33 000 种结果（见表 12.10）。另外，还要考虑使用一些替代的关键字和意思相近的词。想要找到合适的资源需要持之以恒，你可能会花上几个小时寻找有用的信息，然后迅速找到几十个相关和有用的资料来源。

一旦你点击进入搜索你的内容，大多数网上商业数据库会基于常用索引项提供一系列的建议型主题，这是很有帮助的。比如，注意看图 12.9，你可以看到很多种索引项的组合，这种索引项就来源于在 ProQuest 中对"生态型酒店"进行的手动搜索。通过点击这些不同的建议性搜索，你可以很快找到能产生最好结果的搜索项。

表 12.10　高效使用搜索项的策略

策　　略	例　　子	点击 ProQuest 的次数
使用布尔运算符	绿色会议 绿色 and 会议 绿色 or 会议	33 2 016 33 313
使用替代关键字	生态友好 and 行业 生态友好 and 会议 绿色 and 行业	20 56 489
使用与之密切相关的概念	绿色 and 酒店 环保 and 酒店 生态友好 and 会议中心	66 71 13

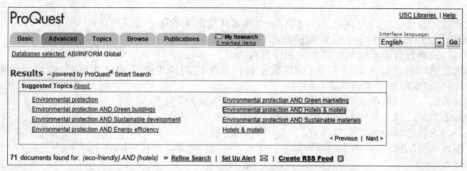

图 12.9　在在线商业数据库中使用一些推荐搜索项

证明你的研究

当你收集二手资料研究时，保持对信息资源的追踪是很关键的。决策者期待着你提供研究的参考文献，这有助于他们判断你报告的可信度。尽管他们经常会依靠报告做一些高风险的决策，但他们希望清楚地了解这些现实、结果及你提出建议的依据。

在研究期间，当你追踪研究资料时，你就可以高效准确地记录报告。在报告的起草阶段，有很多新手都会浪费时间去重复操作步骤，以找到一些特定的信息来源。更糟糕的是，他们很可能因为不正确的信息来源而使写出来的文档出现错误，并对报告可信度产生怀疑。

为了避免这些问题，在研究期间，有经验的作者都会使用一个系统去记录所有的信息来源。并非所有的报告编写者都会使用相同的系统；有的人使用文字处理软件，而有的人使用电子表格或数据库。关键是要建立一个系统，让你能够高效准确地记录信息来源。在图 12.10 中，你可以看到杰夫是怎样将做好记录和追踪信息源两项活动融合在一起的。用这种方法整理资料，他一旦开始起草报告，可以很快完成。

使用在线信息做商业研究

对于大多数商业研究而言，来自商业数据库和其他资料库的信息通常是最可靠的。但是，你也可能会使用互联网搜索而不是你的图书馆系统去查找一些与主题相关的信息。当你这样做时，请牢记以下几点：

Torrence, S. (2010, November). Change the world one meeting at a time: APEX/ASTM sustainability standards nearly set. *Corporate Meetings & Incentives*, 29(11),18—21.

- 根据绿色会议组织,300 多个参会者进行的一个为期 3 天的会议造成的浪费相当于 33 辆小型车辆所造成的浪费;水资源可以充满半个奥林匹克游泳池;温室气体可以充满 2 500 万个篮球。
- 会议行业委员会 APEX 致力于以 APEX/ASTM 的可持续发展标准开展工作。这些不断发展变化的标准可以在以下网站中被找到:Meetingsnet.com/green/apexastm—sustainability—standards。
- APEX/ ASTM 标准的 9 个领域:(a)住宿;(b)视听设备和产品;(c)通信和营销;(d)目的地;(e)展示;(f)食品和饮料;(g)会议场地;(h)现场办公;(i)运输。
- 美国环境保护署随着绿色会议行业委员会的形成创建了绿色会议的标准。
- 政府规划人员也需要去遵守这些标准。

Richard K. Miller & Associates. (2010). *2010 Travel & Tourism Market Research Handbook* (Loganville, GA: Author).

- 绿色会议产业委员会设想到 2020 年能有一个净零环境影响的绿色会议产业。
- 2010 年会议规划者进行的会议新闻调查:
  - 93%的被调查者表示他们会偶尔使用绿色会议。
  - 最常见的绿色会议的做法如下:通过数字替代品的使用减少纸张的使用(79%);现场回收计划(61%);较少出行的主办城市(48%)。
  - 10%的会议规划者测量碳排放量。
  - 40%的人提出没有足够的绿色会议场地。
  - 46%的人认为绿色会议非常昂贵。
- 测量碳排放量的网站:carboncounter.org; carbonfootprint.com; carbonfund.org; myfootprint.org; zerofootprint.net。

Lowe, M.C. (2010, October). The greening of hotels: A look at what major chains are doing to support eco-friendly meetings. *Meetings & Conventions*, 45(10), 45—56.

- Kimpton 酒店:在 2005 年成为包装绿色会议的第一品牌。赢得了广大的客户,如微软和 Aveda。使用 EarthCare 会议九条标准,标准包括以下内容:100%的可回收利用纸;所有会议对应的都是电子版文件;餐饮食材来源于当地;环保的清洁产品;咖啡站都用有机茶;所有会议场所都使用手控照明;未使用过的食品全部捐赠。它们发现绿色会议不会花费太多——实际上花费很少。
- 费尔蒙酒店及度假村:生态会议项目于 2007 年启动,它着重于四个主要领域。
  - 生态酒店:传递给客人的信息就是如何在停留期间具备更加环保的意识;所有客房都备有回收箱;节能照明灯;节水型管道。
  - 生态服务:可回收性的碗碟/刀叉取代了一次性的盘子和塑料器具;回收箱;可重复使用的物品,如丝绸鲜花和亚麻餐巾。
  - 生态美食:当地的、当季的、百里内有机栽培的食物;减少 50%的动物蛋白质(用植物蛋白代替)。
  - 生态规划:使用电子注册、签到、努力节约纸张。碳补偿、能源证书(植树、低碳技术)。
- 每人入住费尔蒙酒店的结果:少用 3 个塑料水瓶,少用两个铝罐,少用 3 个纸碟,少用两套一次性餐具。
- 希尔顿酒店:分析了 200 条业务实践,帮助规划者估计出了对环境的影响,并给予规划者一些选项。
- 凯悦酒店:满足并倡议绿色,为以下十点绿色指南提供 3%的回扣。需要酒店和参与者主动减少影响。
- 万豪酒店:自 2008 年以来提供绿色会议。3 600 名员工被认证为万豪酒店绿色规划师。

图 12.10 做笔记期间记录下二手资料研究资源的方法

- 评估数据质量。网站的质量范围是相当大的,你要保证你所使用的信息源都是准确并且是你比较了解的。
- 不能仅仅只在谷歌上查找。你可以采取多种方法进行在线调查,包括以下几种:
  - 到信誉好的商业或行业网站进行搜查。比如,杰夫会直接去一般性的期刊和商业新闻网站(比如《彭博商业周刊》或 CNBC.com)进行搜索,或者是一些行业网站。当他去绿色会议行业理事会的网站时,找到了一些图书馆中没有的信息源,并且这些数据源比商业数据库中的信息更加准确(见图 12.11)。

图 12.11　使用行业网站进行研究

  - 在网上找一些与主题相关的论坛和讨论。通过这些论坛和讨论,你可以了解到目前的一些专业人士对这个话题的看法。比如,在领英上,你可以看到成千上万的专业人士针对一个给定的话题进行讨论。在图 12.12 中,可以看到杰夫不得不在很多选项中进行选择。每个组基本上都有几十轮关于行业目前做法的对话。
  - 搜索不能仅限于文本信息。逐渐地,你会获得大量的视频或音频格式的信息。比如,当杰夫正在寻找关于绿色会议的相关信息时,在 YouTube 上进行一些简单的搜索就会得到成千上万的在线视频(见图 12.13)。点击查看其中的几个视频,他就鉴定出了现在公司正使用的一些绿色会议做法,且从这些无法在其他地方找到的演讲和演示中获得很多信息。
- 要坚持不懈。在互联网时代,我们很多人都习惯于快速应答。但是,要获得可靠的业务信息不一定要快速作答。你要尽可能地尝试各种方法以找到需要的数据。

图 12.12　使用网络小组和论坛进行研究

图 12.13　使用在线视频进行研究

在你的研究数据和图表中使用 FAIR 测试

当你为自己的报告进行研究时，要时常评估你是否做到了公平公正。比如说，你正在做一手资料和二手资料研究，要确保你已经检查好了所有可用的事实依据，并且要从不同的角度去诠释它们。常见的问题是，专业的商务人士会带着以往的研究假设和研究结论来讨论正在进行的研究。在一手资料研究中，这样的假设可能会让你提出错误的问题，或者对数据进行错误的解释。在二手资料研究中，可能会导致你只收集有关研究假设和结论相关的数据。比如说，如果杰夫已经假定开发和推广绿色会议对 Prestigio 会具有商业意义，他可能会不经意地被那些符合他假设的信息所吸引，而避免那些不符合他假设的信息，从而对读者产生误导。

另外一种会在无意中误导读者的是数值数据。但是，你可以采取一些措施去保证你适用的资料是公平公正的，避免失去可信度。首先，当你不能确定数据之间的关系时，要与你的同事进行讨论。一般来说，你都会找到合适的方法去表达你的信息。此外，问问你自己，你是否为读者和受众提供了足够的信息去做出明智而准确的判断。

一些商业人士，只会保留支持他们观点的数据。换句话说，他们只会截取对他们有利的数据，这种做法是具有欺骗性的。此外，还有商业人士歪曲信息，尽管他们在技术上是正确的。比如，图表可以被人为夸大或进行误导。注意观察表 12.11 中的两个图表。

表 12.11 创建公平的图表

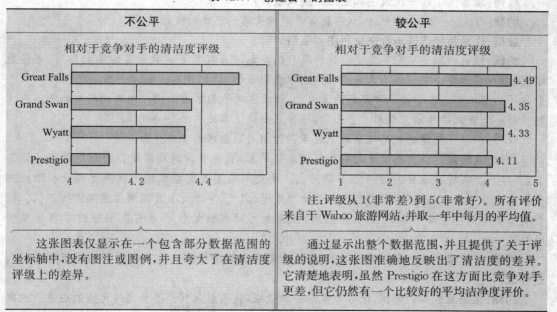

不公平

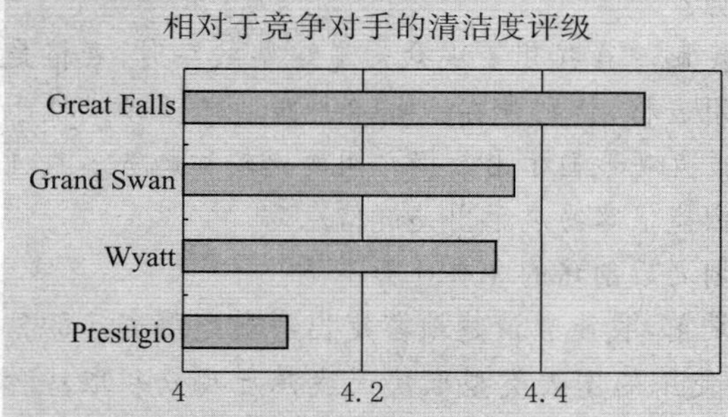

这张图表仅显示在一个包含部分数据范围的坐标轴中，没有图注或图例，并且夸大了在清洁度评级上的差异。

较公平

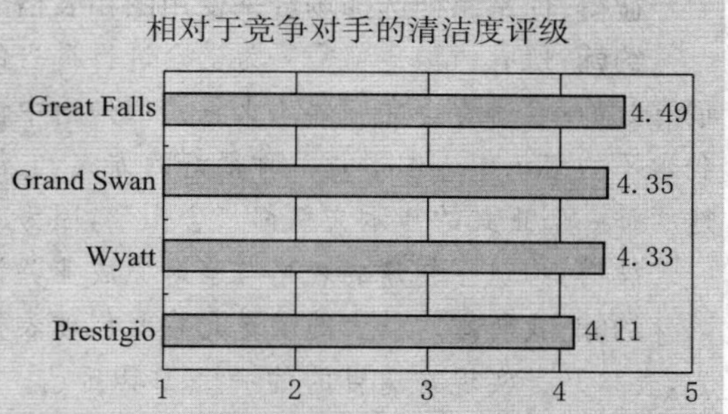

注：评级从 1(非常差)到 5(非常好)。所有评价来自于 Wahoo 旅游网站，并取一年中每月的平均值。

通过显示出整个数据范围，并且提供了关于评级的说明，这张图准确地反映出了清洁度的差异。它清楚地表明，虽然 Prestigio 在这方面比竞争对手更差，但它仍然有一个比较好的平均洁净度评价。

当你收集、分析，并给其他人呈现数据时，要确保你提供了所有相关的事实，尽管它们会与你的试验结论不符。数据要尽量透明。向同事、客户以及其他的业务往来者充分披露你的数据会让你在信誉方面得到长期回报。很多企业在制度层面上强调透明度。作为个人，当你通过图、表格和其他工具呈现出令人信服的数据，并同时保持了个人透明度和充分披露水平时，你会获得更多的事业机会。此外，请记住你的数据对他人的影响，并用尊重他人的方式呈现。例如，当你收集有关同事在工作中表现的数据时，你如何呈现信息可能会影响你以后的工作机遇、团队的凝聚力和士气。在清晰呈现数据重要性的方面，一个专业的商务人士给出了建议，请阅读约翰·菲利普(John Phillip)的"沟通知识问答"。

沟通知识问答

与商务专业人士的对话

约翰·菲利普（John Philip）：在过去 14 年内担任财富 100 强公司的财务经理和财务分析师。

彼得·卡登：在商业世界里，为什么说为数值数据创建图表是很重要的？

约翰·菲利普：企业领导被一些相关和不相关的数据包围着。我曾经就见到过脱离正常进程的会议，因为管理人员没能立刻看出 PPT 幻灯片的重要意义。当表格、图形被高效利用时，会使观众专注于一些关键点上，并且让他们更容易地去获取有用信息。将注意力集中在一些关键的驱动因素上将会导致更多的富有成果的讨论和行动。在工作中，我的主要职责包括：为五年的战略计划制定财务目标，在每个月的运营审查中作报告。对于这些活动，我负责给企业高级管理人员准备演示文件。我发现，这些演示文件需要保持其以往的一贯主题或事情主线。

彼得：您多久创建一次表格和图形给别人观看？

约翰：每天——以各种形式，从一封邮件中的表格到正式的执行简报。

彼得：你是怎样选择场合来使用图和表格的呢？

约翰：所有的沟通都需要为受众进行适当的定制。当我想要观众知道这些数字时，表格是很有效的；我通常会在一些不太正式的沟通中使用表格，特别是在一些水平跟我差不多或低于我水平的组织中。图形是一种很好的方式，它能很直观地显示出数据之间的比较和趋势。我创建的每一个正式的演示文稿都包含图形，因为它们能很容易展示出关键信息。

彼得：您现在创建的表格与当时完成业务计划之后创建的会有什么不同？

约翰：我所做的最大的改进是在我创建表格之前，我能够清楚地鉴定出我最想要表达的信息，表格只是实现沟通目的的一个工具而已。我使用的图表类型取决于我想要观众获取些什么。其他的一些改进是很细微的，比如尝试用规模、颜色、字体大小及图例位置来进行测试。这些看似很小的环节却可以产生很大的意义，比如可以很快地让读者被图形中的重点信息所吸引。

彼得：您同事创建的不佳或无效的表格，大概多久您会看到一次？您看到的最常见的问题是什么？

约翰：在呈现数据的时候，很容易走向一种极端，我已经看到了不少这样无效的图表。说实话，我也要为其中的一到两个负责。最常见的错误是图表与事情主线不符合，这很容易让受众产生混乱。另一个常见的错误就是图形过于复杂。我倾向于使用简单的图，如饼图、条形图和折线图。比较复杂的图通常需要花很大篇幅进行解释，并且会混淆信息。

本章小结

学习目标 12.1：解释商业研究报告的规划和实施会如何影响你的信誉。
为商业报告进行规划和实施研究证明了你的个人信誉。

| 当你收集、分析并呈现商务研究时，会展示出你的能力。 | 当你为他人收集一些满足实际需求的商业研究时，会体现出你的关怀。 | 当你收集、分析并公平地对你的研究进行报告时，会展现出你的品格。 |

学习目标 12.2： 创建具体和可实现的研究目标。

参见表 12.1 中研究目标的例子。

学习目标 12.3： 说明有效设计调查问题和选项的原则。

调查问卷设计的原则	
● 容易回答	● 非引导性问题
● 详尽和明确	● 单个观点

参见表 12.2—表 12.5 中设计调查问卷的例子和图 12.1 中完整的在线调查过程。

学习目标 12.4： 创建图表以简要地展示数据，突出关键信息。

评估图表的标准	
● 标题具有描述性	● 具备关键点
● 信息完整性	● 信息易于获取
● 要点信息	

参见图 12.2—图 12.6 中关于图表的一些例子。

学习目标 12.5： 评估商务研究中数据资料的实用性。

数据质量评估的标准	
● 可靠性	● 专业知识
● 相关性	● 偏见
● 适应性	

学习目标 12.6： 利用二手资料研究解决商业问题。

二手资料研究的原则
● 使用商业数据库，如 EBSCO、IBISWorld 和 Hoover's。
● 记录好你的研究。
● 认真仔细并具有战略性和创造性地开展网上研究。

参见图 12.10 一个关于在笔记记录时期记录研究的例子。

学习目标 12.7： 评估研究的数据、图形和表格的公平性与有效性。

事实（Facts）：呈现所有相关的事实，尽管它们不能很好地与就近的结论相融合。这些事实要避免过于夸张，不能有丝毫的失真。
透明（Access）：要向决策者和其他被报告影响的人授予数据的使用权，重视数据的透明度和披露。
影响（Impacts）：考虑报告中的数据将如何影响利益相关者。
尊重（Respect）：确保数据的演示文稿能表明对利益相关者的尊重。

关键术语

适应性	条形图	偏见
商业及管理类书籍	商业期刊	封闭性问题
详尽	专业知识	外部博客
行业出版物	折线图	非引导性
开放式的问题	饼状图	一手资料研究
相关性	可靠性	学术期刊
二手资料研究	明确	白皮书

讨论练习

12.1　章节回顾问题（学习目标 12.1、12.2、12.3、12.4、12.5）

A. 解释报告区别于其他商业信函的特点。

B. 请描述通过创建报告提高你信誉的方法。

C. 讨论一手资料研究和二手资料研究的优缺点。

D. 描述出可以让你了解受众需求的策略。

E. 解释为什么制定明确的研究目标对你的报告很重要。

F. 描述建立有效的调查问题的原则。

G. 总结出使用图表的首要原因。

H. 说出至少三条关于图表的一般性设计原则。

I. 分别描述折线图、饼图以及条形图的设计与格式原则。

J. 解释判断研究数据质量的标准。

12.2　沟通问答（学习目标 12.4、12.7）

在沟通问答部分，当问及什么时候应该使用图表时，约翰·菲利普说，"所有的沟通都需要为受众进行适当的定制。当我想要观众知道这些数字时，表格是很有效的；我通常会在一些不太正式的沟通中使用表格，特别是在一些水平跟我差不多或低于我水平的组织中。图形是一种很好的方式，它能很直观地显示出数据之间的比较和趋势。"

A. 根据以上内容并结合自己的经验，列出并详细阐述三到四个关于选择图表的一般性准则。

B. 根据约翰·菲利普的回答，用两三段话解释为什么当使用图形时越简单越好。此外，解释三种创建高效图形的策略。

C. 马克·吐温曾说过："数字往往欺骗我，特别是当我安排它们的时候；迪斯雷利的这句话通常运用起来比较有正义感和力量：'有三种谎言：谎言、该死的谎言、统计数据'"（来自吐温的自传）你相信这是图表的真实情况吗？写三到五段的具体方法去解释如何让你的图表看起来是可信的。

12.3　将量化和沟通技能联合起来（学习目标 12.1、12.4、12.5、12.6）

劳埃德·C.布兰克费恩（Lloyd C. Blankfein），高盛的董事长兼首席执行官，曾被问道："你想要商学院多教一些什么，或少教一些什么？"他的回答是：

> 你看，我认为教人们学会如何尊重事实和信息的真实性是非常重要的。你知道的，套用一句凯恩斯的话就是"当事实发生改变的时候，要改变思想"。这就是为什么我会认为某些职业，甚至是不直观的职业，做得非常好的原因。有很多律师徘徊在华尔街，这里有很多的工程师，有很多做事实交易并且尊重事实的人。定量的事情是非常有帮助的。我是社会研究专业的，但需要有计算能力。如果你拥有了这些定量分析技能，这将是非常非常有帮助的。[6]

根据布兰克费恩的建议和自己的观点，回答以下问题：

A. 为什么定量分析技能在各个商业领域中都有如此高的价值？
B. 你认为定量分析技能对你的事业会有多重要？以怎样的方式？
C. 在定量分析技能方面，你最擅长的领域是什么？最薄弱的又是什么？
D. 在电子表格软件方面，你最擅长的是什么？最薄弱的又是什么？
E. 为提高你的定量分析技能，你的五个目标是什么？

测评练习

12.4　评估年度报告中的图形和表格（学习目标 12.4）

选择一个你感兴趣的公司的年度报告，从报告中选择几张表格和图，评估它们每个的设计，说出至少三个有效和无效的方面。另外，提出一个改进它们的建议。

12.5　评估图表

检查下面的每个图（图 12.14 的 A、B 和 C）并回答下面的问题：[7]

在成千上万的职业当中，拥有与制造业出口相关职业最多的十个州（2008 年）

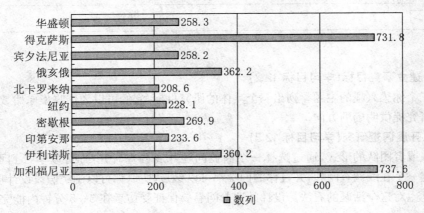

图 12.14A　低效的条形图

2008 年出口价值下降的公司规模饼状图

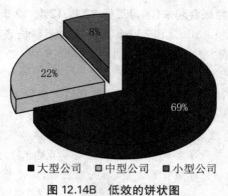

■大型公司　□中型公司　■小型公司

图 12.14B　低效的饼状图

2000—2009 年美国三大主要出口伙伴的总产值(单位:千美元)

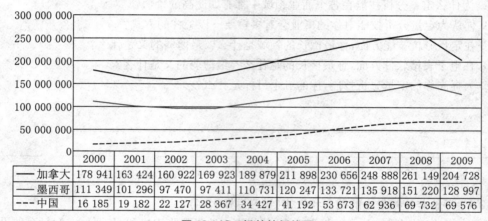

	2000	2001	2002	2003	2004	2005	2006	2007	2008	2009
—— 加拿大	178 941	163 424	160 922	169 923	189 879	211 898	230 656	248 888	261 149	204 728
—— 墨西哥	111 349	101 296	97 470	97 411	110 731	120 247	133 721	135 918	151 220	128 997
---- 中国	16 185	19 182	22 127	28 367	34 427	41 192	53 673	62 936	69 732	69 576

图 12.14C　低效的折线图

对于上述各图表,描述它们在以下方面的弱点:(a)标题描述性,(b)具备关键点,(c)信息完整性,(d)信息易于获取,(e)要点信息。

应用练习

12.6　建立研究目标(学习目标 12.2)

选择三个你感兴趣的主题。列出三个具体的研究目标,它们可以为你收集原始数据或进行二手资料研究提供明确的方向。

12.7　开展调查研究(学习目标 12.3)

以个人或者团队的形式,通过选择一个商业问题开展调查研究,你可以学习到更多东西。你可以创建一个在线调查问卷,并且你的同学都可以参与,所以你可以围绕假设设计项目,你将会知道大学生对这个话题的看法。设计的这份问卷要保证受访者在 3—5 分钟内能完成。完成以下步骤:

A. 创建一个具有 5—15 个问题的调查问卷。

B. 进行调查。

C. 确定调查的主要结果并得出结论。

D. 陈述相关的政策建议。

E. 创建两个表来汇总调查结果。

F. 创建两个图表,显示相关数据的关键信息。

G. 编制一份报告,其中包括你的目标、方法、结果、结论和建议。

12.8 在图书馆学习在线商业数据库(学习目标 12.6)

通过图书馆确定五种可用的在线商业数据库。对于每一个数据库,说明它的主要优点,并提出它的一个缺陷。当你写完每个数据库,写一个结论性的陈述,指出哪一种数据库对你的研究是最有用的。

12.9 评估数据质量(学习目标 12.5)

查找与你感兴趣的话题相关的五组数据来源。分析各自的可靠性、相关性、适应性、专业知识和偏见。

12.10 根据苹果公司年度报告来创建图表[8](学习目标 12.4)

假设你正在苹果公司工作,并正在总结主要财务和销售数据以便呈现给外部受众,如潜在投资者或媒体记者。你想创建图表来快速汇总你的绩效表现,并允许他人比较不同经营分部和产品线的性能。

使用下面的两个表创建以下图表。记住要遵循有效的设计原则。

选定 2009—2013 年的财务数据

	2013 年	2012 年	2011 年	2010 年	2009 年
净销售额	170 910	156 508	108 249	65 225	42 905
净收入	37 037	41 733	25 922	14 013	8 235
普通股每股收益:					
基本	40.03	44.64	28.05	15.41	9.22
摊薄	39.75	44.15	27.68	15.15	9.08
每股普通股现金股利	11.40	2.65	—	—	—
普通股每股收益:					
基本	925 331	934 818	924 258	909 461	893 016
摊薄	931 662	945 355	936 645	924 712	907 005
总现金,现金等价					
物和有价证券	146 761	121 251	81 570	51 011	3 399
总资产	207 000	176 064	116 371	75 183	47 501
长期债务	16 960				
长期负债	20 208	16 664	10 100	5 531	3 502
负债总额	83 451	57 854	39 756	27 392	15 861
股东权益	123 549	118 210	76 615	47 791	31 640

注:货币单位为百万美元;份额单位为千美元;股息为实际数字。

2011—2013 年净销售额表(美元)

	2013 年	变化	2012 年	变化	2011 年
按经营分部划分的净销售额:					
美洲	62 739	9%	57 512	50%	38 315
欧洲	37 883	4%	36 323	31%	27 778
大中国区(a)	25 417	13%	22 533	78%	12 690
日本	13 462	27%	10 571	94%	5 437
其他亚太地区	11 181	4%	10 741	-8%	990
零售	20 228	7%	18 828	33%	14 127
总净销售额	170 910	9%	156 508	45%	108 249
净销售额按产品划分的:					
iPhone(b)	91 279	16%	78 692	71%	45 998
iPhone(b)	31 980	3%	30 945	61%	19 168
Mac(b)	21 483	-7%	23 221	7%	21 783
iPod(b)	4 411	-21%	5 615	-25%	7 453
iTunes、软件和服务(c)	16 051	25%	12 890	38%	9 373
配件(d)	5 706	11%	5 145	15	4 474
总净销售额	170 910	9%	156 508	45%	108 249
按产品划分的单位销售额:					
iPhone	150 257	20%	125 046	73%	72 293
iPad	71 033	22%	58 310	80%	32 394
Mac	16 341	-10%	18 158	9%	16 735
iPod	26 379	225%	35 165	-17%	42 620

注:货币单位为百万美元;份额单位为千美元;股息为实际数字。

(a) 大中国区包括中国大陆,香港和台湾。

(b) 包括延期及相关的非软件服务和软件升级权摊销。

(c) 包括来自销售 iTunes Store、App Store、Mac App Store 和 iBooks 商店的收入,和销售 AppleCare、许可及其他服务的收入。

(d) 包括销售 iPhone、iPad、Mac 和 iPod 的硬件设施,苹果品牌和第三方配件。

A. 创建一个折线图,显示 2009 年至 2013 年的净销售额增长。

B. 创建一个折线图,显示 2011 年至 2013 年销售量排名前四的产品群。

C. 创建一个条形图,显示 2013 年净销售额排名前六的产品群。

D. 创建一个饼图,显示 2013 年所有产品组的净销售额。

E. 创建一个条形图,显示 2013 年产品组的单位产品销售量。

F. 从表中确定出两个主要的关系或比较。创建最能说明这些关系或比较的图表。

G. 在老师的指导下,与你班上的同学交换图表,评估彼此的图表设计的标题描述性、关键点、信息充分性、信息获取与要点信息各方面。

12.11 修订关于出口的图表(学习目标 12.4)

A. 修订测评练习 12.5 中的低效条形图。

B. 修订测评练习 12.5 中的低效饼状图。

C. 修订测评练习 12.5 中的低效折线图。

D. 在老师的指导下,评出班级最高效的图表,并对此进行讨论分享。

12.12 评估二手资料研究的各种数据类型（学习目标 12.5）

基于感兴趣的主题，发现至少一个以下类型中的数据资源：白皮书、行业出版物、商业期刊、学术期刊、外部博客和商业书籍。在以下几个方面对所有的数据来源进行评价：可靠性、相关性、适应性、专业知识和偏见。

12.13 规划在 Prestigio 的研究（学习目标 12.2、12.3、12.5、12.6）

A. 假扮杰夫的角色，开展关于绿色会议的研究。具体来说，你的任务就是站在供应商的角度确定出最佳的绿色会议实践活动，比较市场化运作方式和评估提供绿色会议的战略和财务意义。写三个具体的研究目标。

B. 对每个目标的研究搜集的战略进行解释。

C. 你可以选择三个研究问题对参会人员进行提问，这样你可以知道消费者对绿色会议的看法。

D. 确定绿色会议的三个在线资源。对以下每一个方面进行评估：可靠性、相关性、适应性、专业知识和偏见。

13

完成商业提案和商业报告

学习目标

学习本章后,你应该掌握以下几点:

13.1 试说明商业报告对你的信誉有何影响。

13.2 制定具体且有说服力的计划书。

13.3 注重报告的准确性,展现优秀的思维能力。

13.4 设计报告,为决策者提供帮助。

13.5 在报告中展现客观性。

13.6 审视报告的公正性与有效性。

为什么这很重要?

当你起草商业报告时,你的主要目标是改善决策的质量。比起常规的商业信函,报告应该建立在全面、准确、可靠的信息和分析之上,并且要帮助决策者——通常是中层和高层管理者——做出明智的选择。作为报告的撰稿人,你所讲述的事实是否真实,你得出的结论是否准确,你是否有能力帮助决策者制定决策(能力),例如满足决策制定者的需求(关怀),真实准确地陈述信息(品格),这些都与你的信誉息息相关。

第 12 章主要讨论了在撰写商业报告时,如何收集一手和二手资料以及如何通过有意义的图表展现数据。本章中,我们主要是把它们放在一起。就像撰写其他书面文件一样,报告的撰写需要选取恰当的风格、设计和语调。首先,我们要注重报告的风格,强调绝对准确的重要性。接下来,我们讨论了如何设计报告以确保决策制定者可以快速从中提取出最重要的信息。最后,我们着重强调了报告的客观性。

本章列举了两份商业报告作为例子:它们分别基于一手和二手资料研究撰写而成。此外,本章还列举了许多其他类型的报告。你还可以在网站(www.mhhe.com/cardon)上看到很多商业报告(包括商业计划)的例子。

Prestigio 酒店的案例贯穿整个章节，通过阅读这一案例，你将对相关背景有更为清晰的认识。

本章案例：Prestigio 酒店顾客满意度报告

涉及人物：

沙妮娅·贝克

● 她的主要工作是进行市场调研，并帮助企业制定提高顾客满意度，改善顾客服务的计划。

● 主修统计学，辅修金融学。毕业后一年便开始从事咨询方面的工作。

杰夫·安德顿

● 在 Prestigio 酒店工作了三个月。

● 职责包括面向专业团队推销普通会议和大型会议，以及追踪顾客满意度。

● 毕业一年，主修市场营销学，辅修统计学。

安德烈娅·加西亚

● 担任总经理一年。

● 9 年前开始在 Prestigio 酒店工作，做的是类似杰夫的市场助理的职位。

● 擅长报告的分析、组织与润色。

情景：

Prestigio 酒店 & 度假村每年都会进行顾客满意度调查。通常情况下，Prestigio 酒店的营销团队会选择第三方机构开展这类调查以确保调查结果的客观性。近年来，这项工作一直由沙妮娅·贝克负责。安德烈娅要求她提交一份年度调查的实施建议。并且，安德烈娅告诉沙妮娅，营销团队也会为这个项目寻找其他的投标者。

安德烈娅要求杰夫写一篇关于绿色会议未来发展趋势的报告。她认为这是公司的战略重点之一。杰夫收集了很多二手资料并采访了几位成功召开过绿色会议的酒店经理。现在，他需要思考怎样才能将这些信息整合在一起。

任务：

1. 沙妮娅需要写一份正式的商业计划书以获得与 Prestigio 合作的机会。她知道其他几家咨询公司也在竞争这一项目。

2. 杰夫将撰写一份有关绿色会议市场现状的报告，并为 Prestigio 酒店制定行动方案。

3. 沙妮娅将写一份有关客人满意度调查结果的报告并将其交付给 Prestigio 酒店。她知道她未来的机会取决于该报告的质量。

制定商业计划书

在深入研究商业报告之前，我们先简要讨论一下商业计划书。一些计划书是商业报告的铺垫。例如，图 13.1 中的计划书最终引出了图 13.7 中的报告。你可能会有很多撰写计划书的机会。如果你擅长写计划书，那你会拥有很多资源来实现你的目标，无论是资金还是组织上的支持。

Prestigio 酒店 & 度假村客人满意度调查计划书

沙妮娅·贝克,贝克咨询公司,2014 年 10 月 1 日

摘　要 ← 摘要提供了计划书中最基本的观点。

　　贝克咨询公司计划为 Prestigio 酒店 & 度假村进行客人满意度分析。具体的工作安排如下：(1)设计并开展客人满意度调查；(2)撰写客人满意度报告；(3)向营销团队简要介绍客人满意度现状。开展这项调查之前,Prestigio 酒店 & 度假村将提供一份近期会议参与者的邮件清单和其他相关的信息。撰写计划书的总费用为 5 000 美元,其中包括开展客人满意度调查之前的前期费用 2 000 美元和完成并递交最终客人满意度报告后的尾款 3 000 美元。

现　状 ← 现状部分描述了需要处理和解决的基本挑战。

　　客人满意度始终是 Prestigio 酒店开展业务的基础。由于会议策划者很容易获得大量关于酒店的在线评价,因此,实现高客人满意度比以往任何时候都重要。2008 年以来,Prestigio 酒店每年都会对与会者的满意度和将来的意向进行调查,以确定在提高客人满意度方面最先需要考虑的事项。在过去的四年里,Prestigio 酒店是从以下几个方面评估与会者的态度的：总体满意度、重返意向、推荐意向、会议餐、会议室、工作人员和服务。

　　过去客人满意度的调查并没有解决 Prestigio 酒店感兴趣的几个问题：(1)客人对在线定价和商业中心的意见；(2)客人实际使用的会议服务和设施。此外,先前的客人满意度分析没有从性别和收入上进行区分。

具体目标 ← 具体目标部分提供了有关拟议工作结果的清楚陈述。

1. 从以下几个方面对与会者进行调查：
A. 对会议服务和设施的满意度
B. 客户对服务和设施的实际使用状况
C. 回头生意指标：总体满意度、重返意向、推荐意向
2. 客人满意度报告的撰写：
A. 提供每个调查领域完整的分析
B. 以收入水平和性别为基础进行分析
C. 提供切实可行的建议
3. 向营销团队简要介绍当前的客人满意度

成果概述 ← 交付部分描述了将提供的项目和设备。

贝克咨询公司将提供以下成果：
1. 简要介绍当前的客人满意度并组织讨论。贝克公司将提交一份完整的报告,组织一场两小时的宣讲会并提供原始数据的电子文档。
2. 客人满意度分析报告。这份报告包含所有的调查结果,大约有 10 页左右。
3. 在线调查的原始数据。贝克咨询公司将提供一份电子数据文档,其中包含所有的原始调查数据。
Prestigio 酒店 & 度假村的主要工作如下：
1. 贝克咨询公司将与 Prestigio 酒店 & 度假村举行两次会议,以获取研究中所需要的信息。
2. 2014 年与会者的电子邮箱。

时间表 ←　 时间表部分清楚地说明了
关键活动何时会发生。

完成日期	活　　动
11 月 15 日	在贝克咨询公司的办公室与 Prestigio 营销团队举行会议（估计 0.5—1 个小时）。
12 月 15 日	进行后续会议，讨论调查设计（估计 1 个小时）。
1 月 15 日	Prestigio 将提供 2014 年间所有与会者的电子邮箱。
2 月 1 日	向 Prestigio 酒店提交客人满意度报告和原始数据。
2 月 15 日	向 Prestigio 酒店的营销团队介绍客人满意度的总体情况。

收费与付款方式 ←　定价和支付计划部分说明了产品
和/或服务的定价以及付款期望。

根据我们所制定的标准费率，下表列出了开展调查与撰写顾客满意度报告所收取的费用。

活　　动	价　　格	总价（美元）
调查设计和管理	10 项调查的标准费率	2 000
数据分析	＄150/时（10 小时）	1 500
客人满意度报告	＄150/时（10 小时）	1 500
		5 000

开展客人满意度调查以及撰写客人满意度报告的总费用为 5 000 美元。其中包括 2 000 美元的前期费用和递交客人满意度报告后的 3 000 美元尾款。

图 13.1　客人满意度调查计划书

　　大多数计划书主要探讨了如何配置商业活动中的各项资源。它们不仅解释了目标实现的意义，还说明了你该如何使用资源（人力、时间、合作伙伴关系、资金等）以达到这些目标。计划书在篇幅和格式上差异很大，少则一两页，多则上百页。一些计划书没有固定的格式，而另一些计划书则写得十分标准。

　　商业计划书，尤其是咨询类的商业计划书一般包含以下几点常见的内容：现状描述（通常指出现存的问题）、具体目标、成果概述、时间表、最终效益（为什么你或你的组织能够增加价值）以及定价或预算（如果合适的话）。大多数成功的计划书撰写者会在提交正式计划书之前告知决策制定者（主管、客户或其他人）。通过提前讨论一些细节，执笔人会对决策者的想法和预期有一个更好的理解，这有助于执笔人组织计划书的内容，进而说服决策者实施这项计划。在图 13.1 中，你可以看到沙妮娅·贝克为一个小项目所做的简单计划书。当你看这份计划书的时候，你要着重关注其中的行动方案。许多计划书常常将项目成果与时间表写得过于简单。

注重报告的准确性,展现优秀的思维能力

缜密的思维对报告而言最基本,也最为关键——这表明报告中所列举的事实详尽而准确,
得出的结论理由充分,提出的建议有充分的依据(见图 13.2)。
这些事实、结论和建议必须充分说明目前所面临的商业问题与挑战。总之,商业报告只有思维缜密才能有效提升决策的质量。

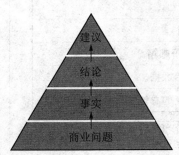

图 13.2　报告中的缜密思维

在杰夫的案例中,从开始到完成他的两项研究项目,他总共花费了几个月的时间。在清楚地表述了商业问题后,他收集了所有需要的信息,仔细地核对了每一种资源的可靠性,当他得出结论和给出建议时,他从多种角度说明了这些事实,并且询问了很多同事对于此事的看法。他批判性的思维技巧使他将以精确为导向的风格运用到了他的报告中去。

清晰地描绘当前存在哪些商业问题与挑战

在报告开头清晰地描绘出当前存在哪些主要的商业问题与挑战,有利于明确报告的目标,体现报告的价值。反之,报告就会显得漫无目的没有方向,重要性也会大打折扣。

报告所描述的问题必须能够反映组织所处的独特环境并适当体现问题的紧迫性。一般地,这种陈述应该有 1—3 段。通过表 13.1,你可以看看杰夫是如何在他的绿色会议报告中建立这种方向的。

使用以事实为基础的语言

报告的精确性依赖于事实。你可以通过以下几种方法提高报告的可信度:(a)准确描述事实;(b)提供相关的细节信息,支持你所得出的结论;(c)小心谨慎地做出预测并陈述其原因/影响(见表 13.2);(d)如实指出你的研究来源(见下一部分关于二手资料研究)。

运用二手资料开展研究,严禁抄袭

自然地,决策者采取了一种有条理和持怀疑态度的方法进行投资,改变策略,以及做出其他实质性的变化。他们希望得到有质量的信息以便决策的制定。通过对你的数据来源进行证实,决策者将对你的数据质量做出判断。决策者也会寻找那些在收集、分析和结果的发现中已经很有条理的一些信息。通过记录你的原始资料,你展示了自己全面、细节导向的方法。

通常情况下,你应该在报告的最后提供一个参考文献列表,包括你的所有原始资料。此外,在整个文件中,你应该提供引用以表示该信息是从其他原始资料上引用的。你可以使用不同的文件格式,包括 APA 和 MLA 两种格式。你可以从表 13.3 中看到有关这两种格式的例子。但是,

你应该使用一个正式的格式指南对你的格式进行精确的证明。格式指南包括上百条不同资料不同格式的规则。此外,许多网站包含了大多数最新的文献指南,包括 APA 格式网站(www.apa-style.org)和普渡大学在线写作实验室(http://owl.english.purdue.edu)。如果你花费很多时间书写需要文献的报告,你可能会发掘出一些可以帮助完成这项任务的软件(见本章的"技术小贴士"部分)。

表 13.1　问题陈述或商业挑战

低　　　效	高　　　效
自 2008 年以来,来自大型会议和普通会议的收入下降了大约 23 个百分点。我们的收入之所以没有增长是因为没有为客户提供他们所需的绿色会议服务。	自 2008 年以来,来自大型会议和普通会议的收入下降了大约 23 个百分点。由于普通会议占了总收入的近 60% 且为我们高端会议供应商的声誉奠定了基础,我们可能需要寻找重建大型会议和普通会议业务的新方式。 　　跟很多依靠商务旅行的酒店和组织一样,2007 年末开始的经济大萧条使得 Prestigio 酒店的收入锐减。然而,与普通会议和大型会议行业中的其他组织不同,我们并没有从萧条中恢复过来。国际会议专家联盟(Meeting Professionals International,2011)称截止到 2010 年,举办会议的酒店和其他组织已经从经济衰退中恢复了。在会议行业,从 2010—2011 年,会议举行的数目增加了 8%,每场会议的收入增加了 5%,从 188 000 美元增加到了 197 000 美元。 　　我们没有恢复过来的一个原因是我们没有给那些想要绿色会议的客户提供相应的服务。我们的大型和普通会议指导——芭芭拉·布鲁克希尔已经发现许多会议策划人需要这种选择。她很确定我们因为没有提供绿色会议而失去了商机,并且她预计会议策划者对这类服务的需求会越来越强烈。
这个简短的陈述确实表明了收入减少的原因。但是它没有提出解决这个问题的紧迫性的上下文的细节。	这个问题的陈述提供了充分的背景以阐述情况的严重程度。Prestigio 酒店不仅在会议中失去了收入,而且会议是它商业中最重要的组成部分,以及经济萧条不能作为它收入持续性下降的一个解释。此外,传闻证据是收入损失的一个原因。
自 2008 年以来,我们每年都会对客人满意度和与会人员的未来意向进行评估。这份报告提供了今年调查的结果并对过去五年的情况进行了比较。	客人满意度是业务开展的基础。随着会议策划者可以从网上看到越来越多的有关酒店的评论,实现高客人满意度比之前任何时候都要重要。自 2008 年以来,我们便开展年度调查以评估客人满意度和与会者未来的意向,以及决定我们如何提高客人满意度。这份报告提供了今年调查的结果,以及过去五年间的比较。
这份陈述未能解释基本目的以及开展调查背后的价值。	通过在两个句子之间加入许多附加的想法,这些问题的陈述建立了通过调查来提高客人满意度以及回头生意的重要性。此外,它解释了这种改变的日益紧迫性。

表 13.2 以事实为依据

低 效	高 效
几乎所有的受访者都对他们的会议经历表示满意。	总体而言,绝大多数(84%)的受访者对他们的会议经历表示满意。
这个事实是不精确的、并且可以有不同的解释。	通过在括号中展示出准确的百分比,这个事实是精确的。
会议策划者对绿色会议服务的期盼主要体现在需求建议书中。越来越多的会议策划者开始询问绿色会议的相关事宜。	会议策划者对绿色会议服务的期盼主要体现在需求建议书中。越来越多的会议策划者开始询问绿色会议的相关事宜。最近一份报告显示,71%的会议策划者已经在做或者计划在需求建议书中提出会议场地要迎合绿色行动(Shapiro, 2009)。
由于没有事实依据,这一结论可能无法得到证实,只能代表作者的观点。	作者通过数据(事实)证实了他所提出的结论。此外,作者列出了文献的来源,决策者可以据此了解原始的研究内容。
绿色会议服务的投资回报率至少为300%,甚至有可能达到500%。投资绿色会议可能是企业发展的明智的选择。	我们与三位曾经在和我们类似的酒店推广过绿色会议服务的人员进行了交流,得出以下结论:构建绿色会议服务基础设施的投资回报率很高——达到了500%。每家酒店每年要投资150 000—250 000 美元去建设绿色会议的基础设施。虽然很难确定绿色会议服务所能带来的具体回报,但他们每个人都认为该项服务能够创造 500 000—1 300 000 美元的额外收入(J. Hardaway, personal communication, October 14,2012; K.Cafferty, personal communication, October 15,2012; M. Dipprey, personal communication, October 14,2012)。
这个表述保证投资会带来回报。许多决策者认为这个说法是幼稚的。	通过谨慎而自信的分析,作者认为这项投资能够带来丰厚的回报。作者在进行预测和因果分析时十分谨慎,并且写明了信息的来源。

　　虽然你通常让你的报告以二手资料研究为依据,但是你必须证明自己想法的独创性。也就是说,你的目标是将渠道中各种不同来源的信息与具有深刻见解的研究方法相结合,从而产生自己的结论和建议。

　　撰写原始报告,确保你避免了所有形式的**抄袭**(plagiarism)。根据韦氏词典,抄袭就是"偷窃和粘贴别人的观点作为自己的"和"犯文学盗窃罪"。[1]因此,抄袭问题是严重的;从字面上说就是盗窃别人的观点。

　　为了避免句子和段落水平的抄袭,你需要记录所有其他人观点的参考文献,包括(1)直接引用,(2)段落,(3)你引用和参考他人观点的其他例子。**直接引用**(direct quotations)是对其他原始资料的逐字重述。只有当引文中包含一个特别引人注目的组合词,有效地与你的论文相契合,并强调原创者或作者信誉的时候使用直接引用。在大多数情况下,你应该转述而不是直接引用。**转述**(paraphrasing)包括用自己的语言表述原创者或作者的意思。当你转述时,你显然该替换原始词语和句子结构,但是你仍然需要尊重原创者或作者的原观点。见表 13.4 中为避免抄袭使用直接引用和转述方式的例子。[2]

表 13.3　APA 和 MLA 文档的参考文献示例

	APA	MLA
书　　籍	Zavada, N., & Spatrisano, A.J.(2007). *Simple steps to green meetings and events: The professional's guide to saving money and the earth*. Portland, OR: Meeting Strategies Worldwide.	Zavada, Nancy, and Amy Spatrisano. *Simple Steps to Green Meetings and Events: The Professional's Guide to Saving Money and the Earth*. Portland: Meeting Strategies Worldwide, 2007.
组织报告（白皮书）	MeetGreen. (2010). *Oracle Open World sustainable event report*. Portland, OR: Author.	MeetGreen. *Oracle Open World Sustainable Event Report*. Portland: Author, 2010.
学术或科学杂志	Kim, Y., & Han, H. (2010). Intention to pay conventional-hotel prices at a green hotel—a modification of the theory of planned behavior. *Journal of Sustainable Tourism*, 18(8), 997—1014.	Kim, Yunhi, and Heesup Han. "Intention to Pay Conventional-Hotel Prices at a Green Hotel—A Modification of the Theory of Planned Behavior." *Journal of Sustainable Tourism* 18.8(2007):997—1014. Print.
杂志/期刊	Lowe, M.C. (2010, October). The greening of hotels: A look at what major chains are doing to support eco-friendly meetings. *Meetings & Conventions*, 45(10), 45—56.	Lowe, Michael C. "The Greening of Hotels: A Look at What Major Chains Are Doing to Support Eco-Friendly Meetings." *Meetings & Conventions* Oct. 2010:45—56. Print.
报　　纸	White, M.C. (2010, August 16). For hotels, eco-friendly ideas await a friendlier economy. *The New York Times*, p.B5.	White, Martha C. "For Hotels, Eco-Friendly Ideas Await a Friendlier Economy," *The New York Times* 16 Aug. 2010: B5. Print.
网　　页	Environmental Protection Agency. (2010, May 12). Greening your meetings and conferences: A guide for federal purchasers. Retrieved from http://www.epa.gov/epp/pubs/meet/greenmeetings.htm	Environmental Protection Agency. "Greening Your Meetings and Conferences: A Guide for Federal Purchasers." *epa.gov*, 12 May 2010, Author. Web. 24 Oct. 2012.
在线期刊上的文章	Campbell, S. (2008, January). Shades of green. *Elite Meetings*. Retrieved from http://www.elitemeetings.com/docs/shades-of-green.php	Campbell, Susan. "Shades of Green." *Elite Meetings*, Elite Meetings International, Jan. 2008. Web. Oct. 2012.
个人访谈	(J. Hardaway, personal communication, October 14, 2012)* * Not included in reference list; used as in-text citation only.	Hardaway, Jack. Personal Interview. 14 Oct. 2012.
夹　　注	(Kim & Han, 2010)	(Kim and Han)

表 13.4 引用二手资料且严禁抄袭

资料中的原始陈述	2008 年 7 月，随着情况变得日益复杂，组委会与 ASTM——自发性的标准制定组织——展开了合作。在每一阶段，ASTM 的会员都会阅读相关的文件并就文件进行表决，这其中包括那些不太熟悉相关行业现状的人。斯帕特里萨诺（Spatrisano）希望在 9 月末的最后一次投票中提交标准。斯帕特里萨诺指出："目前仍旧存在一些哲学意义上的分歧。如你如何理解'循环利用'的意思，它是否包含消费前的产品还是只是包含消费后的产品"。这是我们被束缚的问题之一。
	资料来源：Braley, S.J.F. (2010, October). Guidelines for green meetings：M&C previews the forthcoming APEX Initiative. *Meetings & Conventions*，45(10)，57.

情　景	抄　袭	未抄袭
直接引用	斯帕特里萨诺指出有一些哲学上的分歧，如你如何理解"循环利用"的意思（Braley，2010）。 虽然这一表述使用了夹注，但是它仍旧是抄袭，因为它没有使用引号表示是从斯帕特里萨诺那里逐字摘录过来的。	就如斯帕特里萨诺所指出的："有一些哲学上的分歧……如你如何理解'循环利用'的意思"（Braley，2010，p.57）。 该表述用引号标识出了直接引用的内容，并标明了引用的出处与页码。
	2008 年 7 月，随着情况变得日益复杂，组委会与 ASTM——自发性的标准制定组织——展开了合作。 该表述带有极大的欺骗性；从其他资料上逐字摘录下来却没有指出任何文献。	"2008 年 7 月，随着情况变得日益复杂，组委会与 ASTM——自发性的标准制定组织——展开了合作"（Braley，2010，p.57）。 这一表述不涉及抄袭。它使用了引号并指出了引用的出处和页码。然而，直接引用应该具有选择性，且比起简单释义来说，这句话不太流畅。
转　述	当 ASTM（一个发展标准的自发性组织）涉入时，ASTM/APEX 过程在 2008 年 7 月变得更加相关。他们将反复修改这些标准并进行投票表决。在斯帕特里萨诺提交标准后，最后一次投票将在 9 月结束（Braley，2010）。 这种表述的方式是抄袭。因为它使用了相同的短语和句子结构，表述的含义也几乎相同。仅仅做少量的修改是不能当作释义的。	会议行业组委会同 ASTM 合作为绿色会议制定行业标准。他们将反复修改这些标准并在 9 月进行投票表决（Braley，2010）。 该表述不仅传达了原文的含义，还对文字进行了充分的修改。它准确标出了信息的出处。它在一定程度上有效地套用了之前的想法和之后的释义。
借用他人观点的其他形式	建立行业标准的过程十分复杂。例如，即使是"循环利用"这种看似简单的术语，它的定义依旧充满了争议。目前，在"循环利用"是否包含消费前与消费后的产品这一问题上，大家分成了两派（Braley，2010）。 该表述部分指明了信息的来源。但是，它可以提供更全面的解释，关于信息是从哪里来的以及谁提出了这些想法等。	建立行业标准的过程十分复杂。例如，Meet-Green 的负责人——斯帕特里萨诺指出，即使是"循环利用"这种看似简单的术语，它的定义依旧充满了争议。目前，在"循环利用"是否包含消费前与消费后的产品这一问题上，大家分成了两派。（Braley，2010） 通过包含对最初提出这些想法的人的提及，该文章提供了关于原始资料中想法的更完整的信息。

　　避免整篇文章抄袭的最好的方式是证明自己想法的独创性——提供自己通过整合各种不同来源的信息以形成的观点、结论,以及建议。如果你的报告中的大部分观点都是依赖于一两种原始资料,那你的报告基本上就是抄袭的。

报告中的建议要以事实和结论为依据

　　报告最重要的目标之一是给出好的建议,但是商务专家总是未能将他们的建议充分地与事实和结论相联系。如果决策者很重视你的报告,并且觉得它切实可行,那他们肯定是清楚地看到了你所陈述的事实与结论和相关建议的关系,正如图 13.3 中所展示的那样。

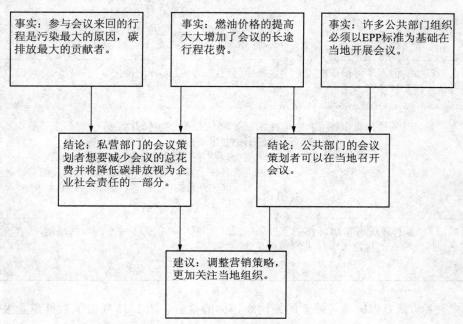

图 13.3　报告中的建议要以事实和结论为依据

提出具体可行的建议

　　报告中的建议除了要以事实和结论为依据外,还必须具体可行。在报告的结尾,很多商务人士的立场并不坚定,也正是因为如此,他们提出的建议模棱两可,有时甚至显得肤浅。为了确保你向决策者提出的建议细致入微、切实可行(见表 13.5),你可用一节内容详细说明你的推荐理由、建议所产生的影响与具体的实施步骤。

设计报告,为决策者提供帮助

　　有些决策者会完整地阅读你的报告。有些会在系统阅读报告之前先尝试通过浏览摘要、标题以收集关键信息。其他决策者由于时间的问题只会简单浏览一下报告的大致内容。在任何情况下,如果决策者不会从头到尾阅读你的报告,那么你就需要对报告进行编排以方便他们快速获取关键信息。

表 13.5 提出具体可行的建议

低 效	高 效
获得绿色会议方案供应商的相关认证。	从创建绿色会议标准的组织那里获得认可和认证。这一认证将使我们进入候选名单之列。获得认证的过程将有利于我们掌握更多有关开展绿色会议的知识。此外,这种努力使我们能够满足不断发展的行业标准,并利用第三方的支持来推广自己。我们想要在即将到来的一年里做到以下几点: A. 在 APEX/ASTM 绿色会议标准中,达到九个标准中的一级合规性。 B. 作为绿色会议的举办者获得绿色徽章认证。 C. 作为绿色酒店,在像 Travelocity 这样的网站上获得认证。 D. 加入绿色会议产业委员会。
这个建议是具体的但不是可操作的。它没有列出具体的实施步骤。	这个建议包含一个基础理论也包含决策者认为可操作的特定步骤。
通过节能交通工具的运用吸引客人。	使用混合动力或替代燃料的面包车。许多会议策划者在需求建议书中要求酒店提供节能交通工具的选项。这样做可以明显降低会议的全部碳排放,并作为我们组委会的一个亮点说明去进行环保会议。我们最初的估计表明我们可以替换价值大约 100 000 美元的四轮厢式面包车(经过以旧换新或出售我们现有的车辆)。
该建议模棱两可,它并没有指出具体的行动方案。可见报告的执笔人所付出的努力远远不够。	这条建议是具体的,并提供了关于细节的阐述,所有决策者都对花费很感兴趣。

其中一种方式是以决策者熟悉的架构编排你的报告。图 13.4 列出了常见商业报告的结构。一些正式的报告包含很多其他内容,如图 13.5 中所说明的。这些额外的内容可以分成前页、正文和附录资料。

通过摘要介绍报告的主要内容

当你浏览各类报告时,你会发现所有报告中的一个共同部分是摘要。几乎所有的报告,尤其是那些长篇幅的报告,在文章的开头都设置了摘要。其目的是摘取最重要的内容,包括关键的发现、结论和建议。由此一来,忙碌的执行官和决策者可以快速理解报告的内容并采取相应的行动。[5]摘要必须"简洁清晰地阐明你的目标、你当前所处的状态、你的期望以及你未来前进的方向。"[6]一般来说,报告中每 10—20 页就有大约 1 页左右的摘要。在后文,你可以看到摘要的具体例子。

借助描述性标题串联起整个报告

几乎所有的报告都通过设置标题来帮助读者快速了解报告的整体内容。特别是在报告中,决策者往往从一个部分跳跃到另一个部分去寻找信息。最低限度,你的报告要包括一级标题。对于那些五页以上的报告,你可能会用到二级标题,甚至是三级标题(见表 13.6)。除了明确地表明每一部分所包含的内容外,标题也应该说明报告的基本逻辑。你可以看看表13.6 中杰夫是如何借助标题串联起整个报告的:问题→机会与风险→最佳实践→潜在回报→意见/建议。

调查报告的组成部分	行业报告的组成部分	商业计划书的组成部分
摘要 介绍和背景 方法 结果 结论 建议 参考文献 附录	摘要 介绍和背景 行业分析 建议 参考文献 附录	封面 摘要 当前形势 具体目标 可交付结果 概要 时间表 结果 定价

商业计划的组成部分	战略计划的组成部分	工作进度报告组成部分
封面 摘要 业务描述与愿景/整体规划 市场/市场分析的介绍 产品和服务的介绍 组织和管理 营销和销售策略 财务管理 附录	封面 摘要 SWOT 分析 愿景,使命,价值 战略目标 操作项目 实施流程 评估	摘要 介绍 背景 成果 问题 未来计划/时间表 结论 参考文献 附录

年度报告的组成部分	SWOT 分析的组成部分	营销计划的组成部分
封面 叙事声明(CEO 写信给股东,起到摘要、公司概要、使命陈述和历史的功能) 财务报表(损益表、资产负债表、现金流、审计师的报告) 参考文献 附录	摘要 优势 劣势 机会 威胁 建议 参考文献 附录	摘要 市场研究 产品 竞争 使命陈述 营销策略 定价 定位/品牌 预算 营销目标/目的

图 13.4　商业报告的常见结构[3]

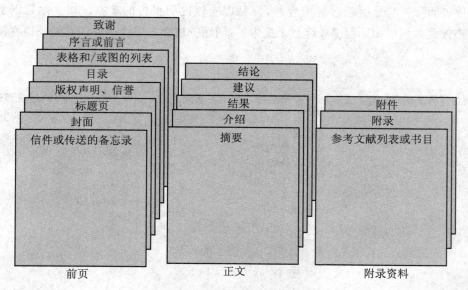

图 13.5　正式报告的组成部分[4]

表 13.6　借助描述性标题串联起整个报告

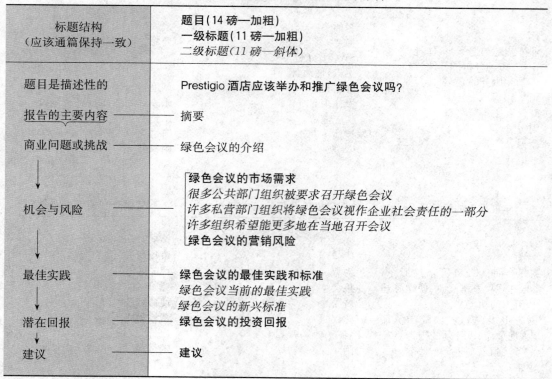

　　虽然报告内容的编排必须遵循标准的顺序,但在设置标题方面你还是有一定灵活性的。描述性标题可以帮助读者快速识别报告中某一部分的主要内容及其所体现出的价值。请注意表13.7,看看经过微小改动之后,标题是如何抓住读者的眼球并充分体现报告主要内容的。

表 13.7 借助标题帮助决策者快速了解报告的内容

低　　效	高　　效
绿色会议的市场现状以及相关的对策建议 这个标题堆积了很多名词。	Prestigio 酒店应该举办和推广绿色会议吗? 这个标题更有趣且显示了报告中决策者的核心方向。
最佳实践 这一简短的标题仅仅涉及一小部分内容。	绿色会议的最佳实践和标准 仅仅多了几个词,但是很清楚地说明了这一部分包含的内容。

使用引言构架你的信息并强调要点信息

报告总是冗长并密集的,因此引言可以帮助决策者明确文章的方向。且引言构架了信息,允许读者形成你在文中所讲述信息的心理图式(见表 13.8)。

表 13.8 清晰的引言

低　　效	高　　效
在我们的研究中,我们发现了以下几大趋势。	在我们的研究中,我们发现了关于绿色会议的以下几点趋势:(a)很多公共部门组织被要求召开绿色会议;(b)许多私营部门组织将绿色会议视为企业社会责任的一部分;(c)很多组织都希望能更多地在当地召开会议
引言短促,没有给读者提供任何方向。如果读者不再继续读下去,他们可能不会得到任何有关关键信息的提示。	这个引言——仅仅几句话——当读者继续阅读时,它们对决策者来说会形成心理图式,并且把这些信息都归在了一处。

通过图表展示关键信息

以数据为基础的报告经常运用图表对文本内容进行补充。在使用图表时,你需要遵守第12章所学的基本原理。请记住,图表必须和报告的内容相匹配。并且,图表可以简洁清晰地阐释复杂的数据信息,让读者一目了然(见表 13.9)。

通过使用项目符号和枚举列表可以使文章更加简洁易懂

由于报告总是包含大量的信息,因此使用项目符号和枚举列表可以帮助读者快速处理和组合信息(见表 13.10)。但另一方面,如果报告中使用了太多的项目符号,会给人一种断断续续、不连贯的感觉。

封面、目录和附录

通常情况下,十页以上的报告都有封面。不管篇幅有多长,正式报告——尤其是那些呈交给外部决策者的(如贷款人员、风险投资者、股东正式报告)——总是会设置封面。封面至少应该包括题目、撰写和/或递交报告的人的名字以及完成时间。报告的视觉设计通常由美工、公关人士以及文档设计专家负责。一般情况下,封面的设计是所有设计中最重要的部分。

表 13.9　用图说明报告的事件发展

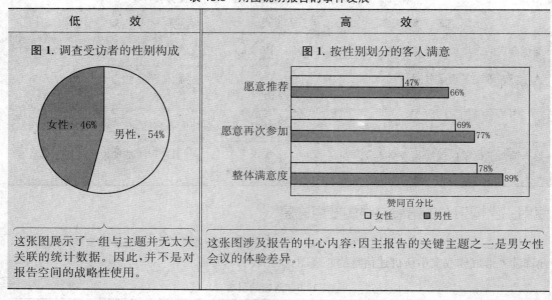

低　　效	高　　效
图 1. 调查受访者的性别构成	**图 1.** 按性别划分的客人满意
女性，46%　男性，54%	愿意推荐 47% 66% 愿意再次参加 69% 77% 整体满意度 78% 89% 赞同百分比　□ 女性　■ 男性
这张图展示了一组与主题并无太大关联的统计数据。因此，并不是对报告空间的战略性使用。	这张图涉及报告的中心内容，因主报告的关键主题之一是男女性会议的体验差异。

表 13.10　使用项目符号

低　　效	高　　效
过去几年的调查结果表明，大多数会议策划者会认真考虑绿色会议选项。例如，在 2009 年的调查中，51% 的会议策划者在绿色会议上付出了更多的努力（Drammeh，2009）；在 2010 年的调查中，93% 的会议策划者表示他们至少会偶尔举办一次绿色会议（Richard K. Miller & Associates，2010）；在 2011 年的调查中，51% 的会议策划者表示绿色会议比之前得到了更多的重视（Green Meetings Portland，2011）。	过去几年的调查结果表明，大多数会议策划者会认真考虑绿色会议选项。 ● 在 2009 年的调查中，51% 的会议策划者在绿色会议上付出了更多的努力（Drammeh，2009）； ● 在 2010 年的调查中，93% 的会议策划者表示他们至少会偶尔举办一次绿色会议（Richard K. Miller & Associates，2010）。 ● 在 2011 年的调查中，51% 的会议策划者表示绿色会议比之前得到了更多的重视（Green Meetings Portland，2011）。
内容过于密集，不方便阅读与处理。	项目符号的运用使读者可以快速提取信息。

　　同样，几乎所有十页以上的报告都有目录。目录包含了所有的一级标题，有时也会包含所有的二级标题。精心设计的目录会给人一种有条不紊的感觉。[7]

　　报告也总会包括附录，以提供参考资料。附录中的常见信息包括财务报表、营销材料、详细的数据报表、宣传手册、参考文献、总结以及传记。

报告的语调要客观而积极

　　在商务沟通的过程中，恰当的做法是保持积极与务实的语调。在很多商业报告中，突出积极性很重要。但是，比积极性更重要的是，你要突显报告的客观性——你提供的信息要可靠、你所进行的分析要合理、你提出的建议要切实可行。换句话说,报告的客观性比积极性更重要。此外,不能让一腔热忱和强烈的积极情绪影响你的判断。表 13.11 对比了两种不同的摘要书写方式。读完后,请考虑一下如何权衡客观性和积极性之间的关系。

表 13.11　报告的基调要客观而积极

低　　　效	高　　　效
总体而言,研究表明绿色会议的市场需求在不断增加并且大多数会议策划者都对此表现出了兴趣。日益增长的需求主要体现在以下几个方面:(a)很多公共部门组织被要求召开绿色会议;(b)许多私营部门组织将绿色会议视为企业社会责任的一部分;(c)很多组织都希望能够更多地在当地召开会议。但是,就目前的情况来看,绿色会议服务的需求远远超出了供给。其他会议场地供应商尚未开发绿色会议服务,这对于我们来说是一个争夺市场份额的千载难逢的机遇。 　　与 Prestigio 规模差不多的酒店认为对绿色会议服务投入极少的开发与营销将带来显著的投资回报。虽然我们无法准确预测未来的市场状况,但该市场指数级的增长表明它有着巨大的成长空间,我们要紧紧抓住这一潮流。因此,Prestigio 酒店应该做一个短期投资,以提供一些绿色会议的选择,此外,我们还要加大投资的力度以满足未来的长期需求。我们应该立即采取措施,打入绿色会议市场,以免追悔莫及: 　　1. 聘请绿色会议专家。 　　2. 获取混合动力或替代燃料的车辆。 　　3. 从有信誉的第三方机构处获得绿色会议供应商的认可和认证。 　　4. 调整营销策略以更广泛地集中于地方组织。 　　5. 重新评估公共部门的发展前景。 　　6. 在营销材料中突显我们的绿色会议服务。	总体而言,研究表明绿色会议的市场需求在不断增加并且大多数会议策划者都对此表现出了兴趣。日益增长的需求主要体现在以下几个方面:(a)很多公共部门组织被要求召开绿色会议;(b)许多私营部门组织将绿色会议视为企业社会责任的一部分;(c)很多组织都希望能够更多地在当地召开会议。由于市场的需求远远超出供给,现在正是推广绿色会议服务绝佳时机。 　　与 Prestigio 规模差不多的酒店认为对绿色会议服务开发与营销的少量投入便能带来较好的投资回报。但是,未来的需求不清晰也不确定。因此,Prestigio 酒店应该做一个较小的、短期的投资,以提供一些绿色会议的选择。因为我们了解了更多有关长期需求的内容,这将使我们有更多的投资。特别地,我们建议公司在下一年度采取以下措施: 　　1. 聘请绿色会议专家。 　　2. 获取混合动力或替代燃料的车辆。 　　3. 从有信誉的第三方机构处获得绿色会议供应商的认可和认证。 　　4. 调整营销策略以更广泛地集中于地方组织。 　　5. 重新评估公共部门的发展前景。 　　6. 在营销材料中突显我们的绿色会议服务。
语气太过热情,行动操之过急。一些形容词的使用过于夸张,给人一种不严密、不专业的感觉。	这段话的语气很客观。所使用的形容词十分恰当并且可以测量。温和务实的态度使得研究是有条理的、彻底的且从容的。

技术小贴士

使用软件提供结构和文献

　　大多数文字处理软件包——尤其是 Microsoft Word——包含帮你的报告增加结构和文献的功能。

　　使用 Word 软件,你可以完成报告中以下的项目:

Should the Prestigio Hotel Develop and Market Green Meetings?

Prepared by Jeff Anderton

Update Table...

[Update Table]

Contents

Page: 1 of 9 | Words: 3,785 | English (United States)

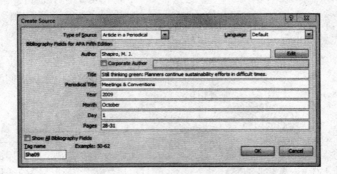

- 创建一个目录表,当你修订时,可以自动为你更新。
- 创建属于自己风格的标题(题目、标题1、标题2)。
- 使用图表说明文字,当你书写文档时自动更新数字。
- 使用交叉引用,如果你更改引用对象的顺序,文章中的引用对象会随着新的顺序进行改变。
- 使用共同创作工具。

你也可以使用 Word 记录报告中的信息。典型地,你可以使用以下方式:

创建一个资料来源。你可以使用一个简单的向导,指导你完成需要提供的信息。Word 自动生成 APA 或 MLA 风格的参考文献,并将它置于参考文献列表中。

创建一个文本夹注。报告中在你想插入夹注的地方,简单地使用插入引文的功能,选择参考文献,点击"OK";Word 会在文章合适的地方自动插入夹注。

评估完整报告的主要特征

在后面的内容中,你会看到两个商业报告的例子。第一个例子(图 13.6)以二手资料研究为依据。它可以分为商情趋势报告和商业问题报告两个类别。第二个例子(图 13.7)以第一手研究的调查结果为依据。正如你所看到的那样,不同报告的目的和篇幅差别很大,但它们都具有一些共同的关键特征:对决策者的价值、精确度、文献、方便浏览以及客观性。另外,注意图 13.7 中报告是如何以幻灯片形式展示的。许多报告,特别是调查报告越来越多地开始以幻灯片的形式撰写。报告也因此变得更加美观,更富创意。但是,幻灯片形式的报告仍旧需要遵循相同原则。此外,需要注意的是,幻灯片形式的报告是用来阅读的,而不是用来演示的。正如你将在下一章中所看到的那样,演示文稿中的内容远远少于幻灯片形式的报告。

审视报告的公正性和有效性

就像其他书面文件一样,你总会审查你的报告以确保你跟读者感受一致。此外,你要确保报告尽可能有效。

一般情况下,在制定高风险决策的过程中,决策者会委托他人开展调查并据此撰写报告。因此,你很有可能会与他人展开合作。如果报告由你单独完成,在正式提交报告之前你要咨询他人的意见。如果可能的话,与最终决策者讨论一下报告,这样你所提交的报告就能够更好地满足他们的需求。

在审查报告的过程中,你要进行无数次的改正,每次都要从不同的角度审查报告。例如,对报告进行多次审查,以确保内容准确、逻辑严密。报告至少要审查一遍。你要站在决策者的角度,思考他们会有什么样的需求并据此对报告进行完善。此外,你还要检查报告当中是否有错别字或其他机械性错误。如果可能的话,一定要多检查几遍你所提交的报告,因为你不太可能一次性识别出所有需要修改的地方。而从撰写报告经验丰富的专业人员的角度来看,你会看到里奇·哈里尔(Rich Harrill)的问答很丰富。

Prestigio 酒店应该举办和推广绿色会议吗？

杰夫·安德顿著

2014 年 10 月

摘　　要

在过去的几年里，潜在客户越来越多地要求绿色会议。因此，Prestigio 经理越来越想知道在我们的大型和普通会议业务中提供这样的选择是否可以增加收入。这篇报告说明了 Prestigio 酒店是否应该开发和营销绿色会议，它包括以下方面的分析：(a)绿色会议的市场需求；(b)经营绿色会议的风险；(c)绿色会议的最佳实践和标准；(d)绿色会议的投资回报；(e)建议。

研究表明，绿色会议的市场需求在不断增加并且大多数会议策划者都对此表现出了兴趣。日益增长的需求主要体现在以下几个方面：(a)很多公共部门组织被要求召开绿色会议；(b)许多私营部门组织将绿色会议视为企业社会责任的一部分；(c)很多组织都希望能够更多地在当地召开更多的会议。由于市场的需求远远超出供给，现在正是推广绿色会议服务的绝佳时机。

与 Prestigio 规模差不多的酒店认为对绿色会议服务开发与营销的少量投入便能带来较好的投资回报。但是，未来的需求不清晰也不确定。因此，Prestigio 酒店应该做一个较小的、短期的投资，以提供一些绿色会议的选择。因为我们了解了更多有关长期需求的内容，这将使我们有更多的投资。特别地，我们建议公司在下一年度采取以下措施：

1. 聘请绿色会议专家。
2. 获取混合动力或替代燃料的车辆。
3. 从有信誉的第三方机构处获得绿色会议供应商的认可和认证。
4. 调整营销策略以更广泛地集中于地方组织。
5. 重新评估公共部门的发展前景。
6. 在营销材料中突显我们的绿色会议服务。

> 摘要介绍了报告的主要内容使读者可以快速把握文章的要点。

> 摘要用建议作为总结。

绿色会议的介绍

> 用问题陈述和背景作为介绍。

自 2008 年以来，来自大型和普通会议的收入下降了大约 23 个百分点。由于会议收入占了总收入的近 60％且为我们高端会议供应商的声誉形成了基础，所以我们可能需要寻找重建大型和普通会议业务的新方式。

跟很多依靠商务旅行的酒店和组织一样，2007 年末开始的经济大萧条使得 Prestigio 酒店的收入锐减。然而，与大型和普通行业中的其他组织不同，我们并没有从萧条中恢复过来。国际会议专家联盟(Meeting Professionals International, 2011)称截止到 2010 年，举办会议的酒店和其他组织已经从经济衰退中恢复了。在会议行业，从 2010—2011 年，会议举行的数目增加了 8％，每场会议的收入增加了 5％，从 188 000 美元增加到了 197 000 美元。

我们没有恢复过来的一个原因是我们没有给那些想要绿色会议的客户提供相应的服务。我们的大型和普通会议指导——芭芭拉·布鲁克希尔已经发现许多会议策划人需要这种选择。她很确定我们因为没有提供绿色会议而失去了商机，并且她预计会议策划者对这类服务的需求会越来越强烈。

本文主要探讨了以下几方面内容：(a)绿色会议当前与未来的市场状况；(b)举办推广绿色会议的风险；(c)绿色会议的最佳实践与最新标准；(d)投资所产生的潜在回报。在报告的最后，我们就 Prestigio 酒店应该如何举办和推广绿色会议提出了具体的对策建议。

> 引言最后对报告内容进行了回顾。

> 标题清晰地陈述这部分内容。

绿色会议的市场需求

会议策划者对绿色会议的期待越来越高。五六年前，一项针对会议策划者的调查结果表明，只有一小部分人对绿色会议展现出了极强的兴趣——在不同的调查中，大约有 18％—43％的人认为绿色会议很重要 (Drammeh, 2009；Gecker, 2009)。到了 2009 年前后，绿色会议的市场需求迅速提高。过去几年的研究表明，大多数会议策划者认为绿色会议很重要。例如，在过去几年里，以下调查结果很典型：

- 在 2009 年的调查中,51％的会议策划者在绿色会议上付出了更多的努力(Drammeh,2009)。
- 在 2010 年的调查中,93％的会议策划者表示他们至少会偶尔举办一次绿色会议(Richard K.Miller & Associates,2010)。
- 在 2011 年的调查中,51％的会议策划者表示绿色会议比之前得到了更多的重视(Green Meetings Portland,2011)。

会议策划者对绿色会议服务的期盼主要体现在征求建议书中。越来越多的会议策划者开始询问绿色会议的相关事宜。最近的一项调查表明,有 71％的会议策划者已经在做或计划在需求建议书中提出会议场地要迎合绿色行动(Shapiro,2009)。← 夹注使读者能准确知道信息来源。

如果某家酒店能够提供绿色会议服务,它将处于极其有利的竞争位置。多名行业分析师指出,绿色会议服务的需求远远超了供给(Campbell,2008;Environmental Protection Agency,2010)。在一项调查中,40％的会议策划者表示没有足够多的绿色会议场地(Richard K. Miller & Associates,2010)。

虽然针对会议策划者所开展的调查和行业分析师的预测均指出绿色会议的市场需求将持续增长,但是有关绿色会议的市场规模的信息却并不多见。在我们的研究中,我们发现了以下几大趋势,这些趋势将极大地影响绿色会议的市场规模:(a)很多公共部门组织被要求召开绿色会议;(b)许多私营部门组织将绿色会议视为企业社会责任的一部分;(c)很多组织都希望能够更多地在当地召开会议。

许多公共部门机构被要求举办绿色会议

政府机构对绿色会议服务的需求一直高于其他类型的机构(Torrence,2010)。目前,要求政府遵守环保采购(EPP)标准的呼声日益高涨。适用于绿色会议的 EPP 标准如下:

- 在正常的采购过程中,除了考量价格、性能等传统因素之外还要考量环境因素。
- 在早期采购阶段要着重强调污染防治的重要性。
- 检查产品与服务整个生命周期内的各种环境属性。
- 比较产品和服务对环境的影响。
- 收集与环境绩效有关的准确信息,以此为基础做出采购决策(Environmental Protection Agency,2010)。

EPP 规则的应用说明:营销活动与人员登记;车旅耗费;酒店住宿;饮食服务;当地交通。因此,政府会议策划者越来越多地从以下几个方面强调绿色会议的重要性:最大限度减少旅途耗费;生态友好型会议设施和流程;当地交通;环保餐饮;环保推广、营销、登记的做法(Environmental Protection Agency,2010)。

许多私营部门组织将绿色会议视为企业社会责任的一部分 ← 这些二级标题可以让读者快速地把握关键信息点。

举办绿色会议的主要目的之一是为了履行企业的社会责任。几乎所有的财富 500 强企业都已经制定了企业社会责任计划,包括环保措施,并且越来越多的小型和中型组织也在强调将环保活动作为企业社会责任的一部分。许多利益相关者也认为要想成为一名合格的企业公民就必须采取这些环保举措(Gecker,2009)。然后,会议策划者经常寻求绿色会议以满足企业社会责任计划。事实上,42％的会议策划者表示他们以企业社会责任的心理去计划绿色会议(Meeting Professionals International,2011)。

绿色举措作为企业社会责任努力结果的一部分具有突出的作用,绿色会议将有可能成为一个主要的焦点,因为会议是许多组织中最不环保的活动之一。根据 MeetGreen 报告,有 300 人出席的为时 3 天的会议造成的浪费相当于 33 辆小型轿车;浪费的水资源可能将一个奥林匹克规格的泳池填满一半;且温室气体的排放量可以充满 2 500 万个篮球(Torrence,2010)。此外,一个著名的会议标准组织,绿色会议行业委员会,设想到 2020 年,会有一个净零环境影响的绿色会议产业(Richard K.Miller & Associates,2010)。

许多组织都在寻求当地的会议选择

会议造成污染的主要原因是来回的行程耗费。因此,很多组织正试图通过在当地举办会议以尽可能减少会议所产生的碳排放。由于绿色会议需求的不断增加,加上更高燃料消耗的影响,32%的会议策划者表示他们正在举办一些比较本土化的活动。此外,29%的会议策划者表示他们将举办更多的虚拟会议(Edelstein,2011a)。这一趋势意味着活动场地的供应商需要在本地开展更多的营销活动。

绿色会议营销所面临的风险

> 标题展现了决策过程中的基本思路与原理,包括收益、风险和最佳实践。

虽然绿色会议的需求在不断地增加,但是发展和营销绿色会议也不是没有风险。虽然需求建议书上会议策划者越来越多地询问有关绿色会议的问题,但是没有证据表明会议场所最终选择的影响。尤其是,客户因为以下原因抵制绿色会议(Campbell,2008):

- 很多会议策划者错误地认为绿色会议很昂贵。事实上,大多数绿色会议花费要比非绿色会议花费低。但是,很多会议策划者和其他决策者认为绿色会议花费更多(Gecker,2009;Lowe,2010;MeetGreen,2010)。在一项调查中显示,46%的会议策划者认为绿色会议更昂贵(Richard K. Miller & Associates,2010)。
- 许多管理者和高级管理者对绿色会议不感兴趣。虽然会议策划者组织和协调大多数组织和会议场地之间的沟通,但是他们仍旧很少是最后的决策者。有时会议策划者对绿色会议表示关注,只是在他们的组织中缺少来自会议决策者的支持(Campbell,2008)。
- 很多潜在客户视绿色会议为一种低质量的经历。很多会议策划者担心,虽然绿色会议很环保,可能也会节约资金,但是他们提供的是一种低品质的体验和经历(Campbell,2008)。这在很大程度上是一种错觉。最近一项针对三个常见会议召开目的地的调查研究表明(奥兰多,佛罗里达州;伯明翰,亚拉巴马州;哥伦布,俄亥俄州),绿色会议的措施与与会者更高的满意度息息相关(Lee,Breiter,& Choi,2011)。
- 许多会议策划者没有意识到绿色会议选择。由于提供合理绿色会议选择的场地的有限供应,有些会议策划者认为他们不会找到预期的会议场地(Campbell,2008)。

很多营销绿色会议的风险在于错误的理解。因此,任何成功发展和影响绿色会议的人必须着重跟客户讲清楚有关实际花费和实际绿色会议品质的问题(Campbell,2008)。

绿色会议的最佳实践和标准

虽然会议策划者对绿色会议的需求日益增加,但他们对绿色会议的构成却常常持有异议。在过去的五年里,大型连锁酒店举办和推广绿色会议的一些做法是当前的最佳实践。此外,许多第三方组织也已经开始着手制定绿色会议的具体标准。

绿色会议的最佳实践

现在,很多大型的连锁酒店都推出了绿色会议服务,他们的一些具体做法为 Prestigio 这类小酒店提供了极佳的借鉴。费尔蒙酒店的生态会议项目,启动于 2007 年,往往被认为是行业创新者。其他主要连锁酒店,包括希尔顿、凯悦、万豪——追随了费尔蒙酒店的指导并建立了类似的项目。生态会议项目主要包括以下四个主要领域(Lowe,2010):

- 生态住宿:在顾客入住期间,为他们提供怎样更环保的意识;在所有房间中都放置回收箱;使用节能照明灯和节水管道。
- 生态服务:使用碗碟/刀叉代替一次性盘子/塑料餐具;提供回收箱;使用可重复使用的物品,如餐厅以及餐饮服务业中里使用丝绸鲜花、亚麻餐巾。
- 生态美食:当地的、当季的、来自百里之内的有机种植的食品;动物蛋白降低了50%(使用植物蛋白代替)。
- 生态规划:使用电子注册与登记系统;开展节约纸张的工作;购买碳补偿和能源证书。

从近期的研究中可以得到一些关于哪个绿色会议选择总是被实施的观点。最近一项针对会议策划者的研究表明,开办绿色会议主要有以下三种最常见的做法:通过使用数字替代品减少用纸量(79%);提供现场回收项目(61%);选择需要更少出行的主办城市(48%)(Richard K. Miller & Associates,2010)。

绿色会议的新兴标准

虽然很多大型的连锁酒店都在举办和推广绿色会议,但是绿色会议的具体概念仍不清晰,在行业范围内也没有达成统一的标准(Lee et al.,2011)。由于不断增长的需求,会议行业委员会和ASTM 国际标准组织正在着手制定 APEX/ASTM 环境可持续会议标准。*这些标准十分全面并且得到了行业内的广泛认可。

APEX/ASTM 标准将涉及以下九个方面:(a)住宿;(b)视听设备和产品;(c)通信和营销;(d)目的地;(e)展示;(f)食品和饮料;(g)会议场地;(h)现场办公;(i)运输(Convention Industry Council, n.d.; Torrence, 2010)。这九个标准包括从最小化到零浪费的四个层次(层级一到层级四)。目前,这些标准大概有 30 页的篇幅。一些会议策划者认为这些标准适用于大型会议(Braley, 2010)。很快,符合 APEX/ASTM 标准的会议地点可能会获得认证(Convention Industry Council, n.d.)。

美国环境保护署(EPA)则开发了另一套与公共部门会议有关的标准。EPA 要求政府部门在会议的需求建议书中列出以下内容("Be Green", 2009):

1. 你有回收计划吗? 如果有,请描述一下它。
2. 你有没有告诉客户你可以提供可重复使用的亚麻/毛巾?
3. 客户在贵单位可以享有便利的公共交通或班车服务吗?
4. 当房间空闲的时候,房间里的灯、空调是不是都已经关上了? 如果不是,你怎么确保?
5. 你为饮料、食品或调味品提供大的或者是可再利用的容器了吗?
6. 当提供食品或饮料时,你提供可重复使用的餐具、餐巾、桌布了吗?
7. 你是否制定了能源效率计划? 请描述。
8. 你是否制定了节水计划? 请描述。
9. 你们是否提供无纸化入住退房手续?
10. 贵单位是否使用可循环回收利用的产品? 请描述。
11. 你是否从本地种植者处进购食品或将种植者提供食品的种植方法考虑在内? 请描述。
12. 你是否使用基于生物或可生物降解的产品,包括基于生物的"食堂用具"? 请描述。
13. 你是否对你的员工进行环保方面的培训? 请描述。你还采取了哪些其他的环保举措,包括与环境有关的认证、你所加入的 EPA 自愿伙伴关系、绿色供应网络的支持性举措以及其他一些相关的举措

除了 APEX/ASTM 和 EPA 标准之外,还存在一些其他的认证和合规性计划。例如,另一个第三方认证计划,绿色认证 (Lee et al.,2011)。许多网站,如 Travelocity 和雅虎,也会指定一些绿色酒店。某些旅游公司或旅游机构也制定了相关的措施以满足环保的需要。例如,美国运通最近制定了相关指标,对会议的碳排放、用水量以及所造成的浪费进行测量 (Edelstein, 2011b)。除了场地认证,部分连锁酒店为绿色策划者提供内部认证。例如,万豪已经认证了 3 600 名员工成为万豪酒店的绿色策划师 (Lowe, 2010)。

绿色会议的投资回报

> 除了二手研究外,报告还依赖于一手采访。一手资料信息解决了难以找到的二手信息。

研究表明,会议策划者对绿色会议的兴趣日益浓厚,但是有关绿色会议投资回报的数据却少之又少。此外,我们也不清楚绿色会议在会议策划者心中的真正分量。相反,关于绿色会议的许多研究和建议更多地关注社会责任而不是盈利能力。

在过去的几个月里,我们与三位相关人士进行了交流,他们都制定了以绿色会议为核心的营销策略并在酒店进行了推广:杰克·哈达韦, Lionwood 酒店会议总监;梅拉妮·迪普瑞, Silver Lake 酒店和度假村总经理;以及柯斯利·卡弗蒂, Easton Inn 销售总监。他们酒店的规模和我们差不多。在过去的 18—24 个月里,他们广泛参与酒店的各种营销会议并且都成功举办过绿色会议。

＊ 会议行业委员会是普通会议、大型会议和行业展会的首要倡导者。它由 103 500 个个体和 19 500 个组织构成。它产生了公认业务实践交易所(APEX),这是一个普通会议、大型会议和行业展会的业务范围内的标准。ASTM 国际协会是一个建立国际志愿共识标准的组织。它由来自 135 个国家的成员代表组成,并以世界贸易组织的指导原则为基础开发标准。

> 脚注用于附加信息。

除了二手研究外，报告还依赖于一手采访。一手资料信息解决了难以找到的二手信息。

我们与三位曾经在和我们类似的酒店推广过绿色会议服务的人员进行了交流,得出以下结论:构建绿色会议服务基础设施的投资回报率很高——达到了 500%。每家酒店每年要投资 150 000 美元到 250 000 美元去建设绿色会议的基础设施。虽然很难确定绿色会议服务所能带来的具体回报,但他们每个人都认为该项服务能够创造 500 000—1 300 000 美元的额外收入(J. Hardaway, personal communication, October 14, 2012; K. Cafferty, personal communication, October 15, 2012; M. Dipprey, personal communication, October 14, 2012)。

这些酒店为了举办和推广绿色会议都进行了少量投资,具体措施如下:(a)雇用或训练全职绿色会议的专家;(b)寻找公共部门组织;(c)获得绿色认证证书;(d)开发一个关于绿色会议的网页(J. Hardaway, personal communication, October 14, 2012; K. Cafferty, personal communication, October 15, 2012; M. Dipprey, personal communication, October 14, 2012)。此外,Lionwood 酒店已经开始确保至少一半的食物来自酒店 50 英里以内。Lionwood 酒店认为关注当地的、有机的食品已经成为在两组中挑选酒店会议的决定性因素(J. Hardaway, personal communication, October 14, 2012)。

建　议

大多数会议策划者在一定程度上会优先考虑绿色环保会议。大部分大型连锁酒店走上了大力推广绿色环保会议的道路。考虑到当前供不应求的市场状况,我们应该立即行动起来举办并推广绿色会议,把握这千载难逢的机会,争夺市场份额。但是,由于绿色会议及其相关服务的未来需求状况并不明朗(甚至是那些大型的连锁酒店),因此,我们建议实行短期策略。最初一年的战略需要很少的初始投资,但是当我们对市场需求有一个清楚的认识后,就能够使我们在今后的几年里积极地向前发展。具体而言,我们建议在明年采取以下行动:

1. *雇用一位绿色会议专家。*经验丰富的绿色会议策划师或营销人员可以帮助我们开发绿色会议服务,提供制定长期计划所需要的专家意见。

建议是具体的且可实现的。它们是在文章主体中被描述的需求和机会。

2. *获得混合动力或替代燃料的车辆。*许多会议策划者在需求建议书上要求酒店提供高效节能的交通方式。提供高效节能的当地交通可以有效地减少在我们酒店召开的会议的碳总排放量,并可以作为我们对环保会议的承诺与保证。我们的初步估计表明,我们可以替换掉大约 100 000 美元的车辆(在以旧换新或出售现有车辆后)。

3. *从有信誉的第三方机构处获得绿色会议供应商的认可和认证。*获得认证将很快地将我们置于一个会场的选择组中。此外,获得认证的过程将帮助我们获得关于提供绿色会议的知识。这方面的努力也使我们能够满足不断发展的行业标准,并向这些第三方认可机构推广自己。具体地说,我们可以在新的一年里完成以下措施:

a. 对于 APEX/ASTM 绿色会议标准的九个标准每个实现了一级合规性。

b. 作为绿色会议提供者获得绿色认证。

c. 在诸如 Travelocity 的网站上获得绿色酒店的认证。

d. 加入绿色会议行业委员会。

4. *调整我们的营销策略,更多地关注当地组织。*大多数组织意识到往返主办城市是会议中最不环保的一面。因此,我们建议加强我们对坐落在 500 英里以内的组织的营销力度,为我们的服务建立更多的当地客户。

5. *重新评估公共部门的发展前景。*政府部门是寻找绿色会议选择中最有进步的组织。当我们将自己作为绿色会议提供者时,我们应该积极向公共部门营销。

6. *在营销材料中凸显我们的绿色会议服务。*我们应该在网站上突出我们新的选择,并开发有利于绿色会议的合同语言。在网站上,我们应该处理常见问题,以及解决常见的有关绿色会议的误解。

参考文献

参考文献列表(以APA格式)使决策者和其他读者能追踪信息,并就数据质量进行评判。它因有条理和以细节为导向使作者有信心。

"Be green: 14 questions for your hotel." (2009, July 1). Retrieved from http://www.meetingsnet.com/green/venue/0701-epa-hotel-questions/.

Braley, S. J. F. (2010, October). Guidelines for green meetings: M&C previews the forthcoming APEX Initiative. *Meetings & Conventions*, 45(10), 57—60.

Campbell, S. (2008, January). Shades of green. *Elite Meetings*. Retrieved from http://www.elitemeetings.com/docs/shades-of-green.php.

Convention Industry Council. (n.d.). APEX/ASTM environmentally sustainable meeting standards. Retrieved from http://www.conventionindustry.org/StandardsPractices/APEXASTM.aspx.

Cumming, P., & Pelham, F. (2010). *Making events more sustainable: A guide to BS 8901*. (London: BSI Group).

Drammeh, J. (2009, February 15). Green meetings good for business. Connect Meetings Intelligence [online]. Retrieved from http://www.connectyourmeetings.com/2009/02/15/green-meetings-good-for-business/.

Edelstein, L.G. (2011a, May). Slammed by fuel costs: Planners say oil prices are directly affecting meetings. *Meetings and Conventions*, 46(5), 20—21.

Edelstein, L.G. (2011b, October 18). *American Express releases green meetings measurement tool*. Retrieved from http://www.meetings-conventions.com/articles/american-express-releases-green-meetings-measurement-tool/c44242.aspx.

Environmental Protection Agency. (2010, May 12). *Greening your meetings and conferences: A guide for federal purchasers*. Retrieved from http://www.epa.gov/epp/pubs/meet/greenmeetings.htm.

Gecker, R. (2009, July). Lean and green: How companies that are cutting budgets still manage to make their meetings sustainable. *Corporate Meetings & Incentives*, 28(7), 16—20.

Kim, Y., & Han, H. (2010). Intention to pay conventional-hotel prices at a green hotel—a modification of the theory of planned behavior. *Journal of Sustainable Tourism*, 18(8), 997—1014.

Meeting Professionals International. (2011). *FutureWatch 2011*. (Dallas, TX: RR Donnelley & Sons).

Lee, J., Breiter, D., & Choi, Y. (2011). Quality of a green destination as perceived by convention attendees: The relationships between greening and competitiveness. *Proceedings of the 16th Graduate Students Research Conference in Hospitality and Tourism*.

Lowe, M.C., (2010, October). The greening of hotels: A look at what major chains are doing to support eco-friendly meetings. *Meetings & Conventions*, 45(10), 45—56.

MeetGreen. (2010). *Oracle Open World sustainable event report*. (Portland, OR: Author).

Pizam, A. (2009). Green hotels: A fad, ploy or fact of life? *International Journal of Hospitality Management*, 28(1), 1—5.

Richard K.Miller & Associates. (2010). *2010 Travel & Tourism Market Research Handbook* (Loganville, GA: Author).

Shapiro, M.J. (2009, October 1). Still thinking green: Planners continue sustainability efforts in difficult times. *Meetings & Conventions*, 44(10), 28—31.

Spatrisano, A., & Wilson, N.J. (2007). *Simple steps to green meetings and events: The professional's guide to saving money and the earth*. (Portland, OR: Meeting Strategies Worldwide).

Torrence, S. (2010, November). Change the world one meeting at a time: APEX/ASTM sustainability standards nearly set. *Corporate Meetings & Incentives*, 29(11), 18—21.

Travel Portland and Oregon Convention Center. (2011, October 23). Green meetings. Retrieved from www.greenmeetings.travelportland.com/.

图 13.6　二手资料研究的商业报告

Prestigio 酒店 & 度假村与会者的客人满意度

贝克咨询·沙妮娅·贝克执笔·2015 年 2 月

标题页——视觉上和文字上——快速表明了报告的主题：与会者的客人满意度。

对于幻灯片形式的报告，研究人员往往更加关注其视觉效果与美观度。但最重要的还是报告的内容。

摘　要

调查细节

贝克咨询公司调查了参加会议的 264 名人员，他们在 2014 年 1 月—12 月之间参加了为期 3—4 天的会议。

主要发现

- 关键的客人服务和设施的满意率：会议用餐，76%；会议室，75%；工作人员和设施，69%。
- 回头生意的关键指标：总体的客户满意度，84%；推荐 Prestigio 酒店的意愿，57%。
- 不同性别与收入者的总体满意度：女性，78%；男性，89%；高收入者，66%；低收入者，88%。
- 过去 5 年时间里的总体满意度：2010 年，87%；2011 年，81%；2012 年，79%；2013 年，79%；2014 年，84%。

关键结论

- Prestigio 酒店在下面几个方面没有达到 85% 的满意度：会议用餐；会议室以及工作人员和服务。
- Prestigio 酒店的餐厅获得了很高的评价，它所提供的服务与设施最受客人欢迎。但不同性别与收入者对服务与设施的偏好差异很大。
- Prestigio 酒店在总体满意度和推荐意愿方面没有达到目标。

- 女性和高收入客人较不容易满足，很少愿意再回来，且很少愿意向其他人推荐 Prestigio 酒店。同样地，女性和高收入客户也很少对会议餐和工作人员与服务表示满意。
- Prestigio 酒店的总体满意度继连续四年下降之后在去年显著提升。

建议

- 研究如何提高妇女和高收入与会人员的满意度。
- 使会议的营销适应期望的团队组成。
- 在顾客服务方面保持主动性，提高员工和服务的评级。
- 重新审查餐饮服务，提高会议用餐的质量。

引言

客人满意度始终是 Prestigio 酒店开展业务的基础。由于会议策划者很容易就可以获得大量关于酒店的在线评价，因此，实现高的客人满意度比以往任何时候都重要。自 2010 年起，Prestigio 酒店每年都会对与会者的满意度和将来的意向进行调查，以确定在提高客户满意度方面最先需要考虑的事项。这份报告提供了今年调查的结果并对过去五年的调查结果进行了比较。

摘要采用了结构化格式（与之前那份报告中所采用的叙述性格式有所差别）。标题的设置使得决策者和读者能够快速辨别相关细节信息、结果、关键结论以及对策建议。

调查目的和调查过程

客户满意度调查解决了以下问题：
● 与会者对会议服务和设施的满意度？
● 会议期间，与会者使用了酒店中哪些设施？
● 与会者未来有多大可能再次光顾酒店？

自从 2010 年调查展开以来，大多数调查问题基本都保持一样。但是，每年都会添加一些新问题以满足战略调整的需要。附录列出了调查中所问到的问题。

我们通过在线的方式开展调查。总共有 534 名客户收到了我们发出的链接。这些客户在 2014 年 1 月—12 月期间参加了为期 3—4 天的会议。共有 236 名受访者完成了调查，参与率约为 44%。

今年的调查结果

调查结果和结论主要分为以下三个方面：（1）会议服务和设施的满意度；（2）会议期间 Prestigio 酒店服务和设施的使用状况；（3）与会者的总体满意度和未来的意愿。

对会议服务和设施满意

三分之二（64%）到四分之三（76%）的受访者对各种会议服务和设施表示满意（见表 1）。这些结果表明：

● *Prestigio* 酒店在以下几个方面没有达到目标：会议餐、会议室以及员工和服务。2014 年 1 月，Prestigio 酒店营销团队设置了一个目标，在以上三个关键领域至少达到 85% 的满意度。芭芭拉·布鲁克希尔指出，如果我们能在以上三个领域实现 85% 的客户满意度，我们将远远甩开其他的竞争对手。而我们离目标至少有 9%—16% 的差距。

● *Prestigio* 酒店的客户对会议用餐和会议室最满意。虽然营销团队的目标是所有的会议服务与设施都必须实现 85% 的客人满意度，但一般情况下，如果能达到 75% 的客人满意度就已经不错了。因此，对会议用餐和会议室的满意度还是可以接受的。然而，与五年前相比，Prestigio 酒店在这方面的竞争优势已经大大削弱。

● *Prestigio* 酒店的许多客人对网络定价以及服务中心并不满意。几乎 1/3 的受访者表达了类似的诉求。

标题和项目符号允许读者更快地阅读本报告。这个对像本篇报告一样的数据密集型报告特别有帮助。

斜体总结帮助决策者识别本篇报告中出现的主要观点。

表 1　对会议服务和设施的满意度

	会议用餐	会议室	工作人员和服务	网络价格	商业中心
所有受访者	76%(179)	75%(178)	69%(163)	66%(155)	64%(152)
性别					
男性	85%(108)	76%(97)	72%(91)	73%(93)	56%(71)
女性	65%(71)	74%(81)	66%(72)	57%(62)	74%(81)
收入					
低于 40 000 美元	73%(94)	77%(56)	78%(57)	38%(28)	64%(47)
40 000—75 000 美元	62%(79)	76%(97)	68%(87)	76%(97)	66%(84)
75 000 美元以上	57%(20)	71%(25)	54%(19)	86%(30)	60%(21)

这个表格允许决策者检查数据并做出自己的判断。

注：共有 236 名受访者参与调查。受访者的百分比和数量（括号内）指的是在调查中表现为满意或非常满意的人数。

表2　会议期间 Prestigio 酒店客人服务和设施的使用

	Prestigio 餐厅	喜剧俱乐部	健身中心	游泳池	水疗中心	高尔夫球场
所有受访者	53% (126)	39% (92)	35% (82)	31% (73)	19% (45)	8% (18)
性别						
男性	46% (59)	53% (67)	38% (48)	29% (37)	2% (3)	11% (14)
女性	61% (67)	23% (25)	31% (34)	33% (36)	39% (42)	4% (4)
收入						
低于 40 000 美元	33% (24)	22% (16)	18% (13)	33% (24)	1% (1)	3% (2)
40 000—75 000 美元	62% (79)	50% (64)	39% (50)	30% (39)	17% (22)	7% (9)
75 000 美元以上	66% (23)	34% (12)	43% (15)	29% (10)	63% (22)	20% (7)

注：共有 236 名受访者参与调查。受访者的百分比和数量（括号内）指的是在调查中表现为满意或非常满意的人群。

几张图片帮助读者想象受访者所提供的反馈的内容。

会议期间 Prestigio 酒店服务和设施的使用状况

到目前为止，与会者最常用的是 Prestigio 餐厅的客户服务和设施，超过一半（53%）的受访者称会议期间他们在 Prestigio 的餐厅用过餐。大约 30%—40% 的受访者称他们曾到过喜剧俱乐部（39%），健身中心（35%），游泳池（31%）。极少数的会议客人去过水疗中心或高尔夫球场（见表2）。这些结果表明：

● 会议期间，这些餐馆很方便使用。其他内部调查表明我们的非会议客户比起餐厅更倾向于经常使用健身中心、游泳馆以及高尔夫球场。这表明会议参加者因为忙碌的会议安排更可能使用餐厅而不是其他服务和设施。

● 根据性别和收入的不同，对客户服务和设施的使用也会有很大的不同。我们将在下面的章节进一步讨论性别和收入导致的不同。

与会者的总满意度和未来意愿

总体而言，大部分的受访者（84%）表示对他们的会议经历感到满意。大约有四分之三（73%）的受访者表示他们想在 Prestigio 酒店参加另一项会议，大约十分之六（57%）的受访者表示他们会向其他人推荐 Prestigio 酒店（见表3）。这些结果表明：

表3　与会者的总满意度和未来意愿

	总满意度	重返意愿	推荐意愿
所有受访者	84% (198)	73% (173)	57% (135)
性别			
男性	89% (113)	77% (98)	66% (84)
女性	78% (85)	69% (75)	47% (51)
收入			
低于 40 000 美元	88% (64)	81% (59)	67% (49)
40 000—75 000 美元	87% (111)	74% (95)	57% (73)
75 000 美元以上	66% (23)	54% (19)	37% (13)

注：共有 236 名受访者参与了本次调查。受访者的百分比和数量（括号内）指的是在调查中表现为满意或非常满意的人。调查项目的全部内容如下：总体来说，我对会议经历感到满意；我想参加 Prestigio 酒店举办的另一个业务会议；我愿意把 Prestigio 酒店作为一个业务会议的好地方进行推荐。

这种格式允许读者很快地把握关键思想。

表格注释给决策者提供了更多信息来评估数据的质量和相关性。

- Prestigio 酒店在客户的总满意度以及推荐酒店意愿上面没有达到目标。2014 年 1 月，Prestigio 酒店营销团队设定的总满意度目标为 90%，以及推荐酒店意愿目标为 65%。Prestigio 酒店距离目标还差 6—8 个百分点。
- 不同性别和收入的与会者在总体满意度、再次光临 Prestigio 酒店以及向他人推荐 Prestigio 酒店的意愿上差异很大。我们将在下面的章节进一步讨论性别和收入导致的不同。

由性别和收入导致的不同

今年首次对不同性别和收入的与会者开展了满意度调查，结果如下：

- 女性和高收入客人较不容易满足，很少愿意再回来，且很少愿意向其他人推荐 Prestigio 酒店（见图 1）。表 3 中的调查结果表明，女性和高收入客人不太可能在那些我们认为未来有发展前途以及回头生意的项目上表示满意。在推荐意愿上，大约一半的女性（47%）表示她们愿意推荐，男性在这方面的比例约为三分之二（67%）。由收入水平导致的不同可能更大。只有三分之一（37%）的高收受访者说他们愿意推荐 Prestigio 酒店，低收入者在这方面的比例约为三分之二（67%）。

图 1　按性别划分的客人满意度

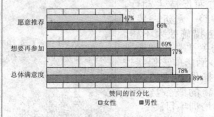

- 女性和高收入客户很少对会议用餐和员工服务表示满意。表 1 的结果表明女性和高收入客人很少对会议用餐和员工服务表示满意。在过去几年里，我们一直认为这些是影响客户总体满意度的关键因素。会议用餐在性别和收入上的差异可能更大。尽管大部分（85%）的男性对会议用餐表示满意，但仅有三分之二（65%）的女性对此感到满意。当考虑收入水平时，这个差距将更大。虽然几乎

所有的（89%）低收入者对会议用餐表示满意，但仅有超过一半的（57%）的高收入受访者有这种感觉。

图 2　由收入导致的客人满意度

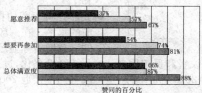

- 女性与会者往往会集中选择 Prestigio 餐厅和水疗中心。男性与会者会集中选择喜剧俱乐部和高尔夫球场。女性与会者选择最多的前两项服务和设施分别为 Prestigio 餐厅（61%）和水疗中心（39%），而男性与会者选择最多的前两项分别为喜剧俱乐部（53%）和 Prestigio 餐厅（46%）。男性使用高尔夫球场的概率大概是女性的三倍（11% 到 4%）。
- 高收入客人往往集中地选择水疗中心和高尔夫球场；中收入水平的客人往往集中地选择喜剧俱乐部；低收入水平的客人往往会利用酒店的所有服务和设施，除了游泳池。高收入水平客人相比较中等收入者来说，使用水疗中心和高尔夫球场的概率要高 3—4 倍。低收入水平的客人很少使用水疗中心和高尔夫球场。

有关女性和高收入客人的研究发现值得我们深思。Prestigio 酒店面对的会议策划者大多数是女性，调查所得出的结论很可能反映了女性会议策划者的真实期望。此外，Prestigio 酒店将自己标榜为一流会议服务供应商——这迎合了高收入客人的品位。

过去五年里客人满意度的对比

过去五年里客人满意度的对比揭示了以下几种基本趋势（见表 4 完整的结果）

- 总体满意度和推荐意愿在过去几年里已经有所提升。从 2010 年—2013 年，总体满意度和推荐意愿分别下降了 10% 和 13%。但是，在去年（2013 年—2014 年），总体满意度和推荐意愿分别提高了 5% 和 8%（见图 3）。

侧重于性别和收入的内容强调了满意度的一些主要区别。这些结论可以得出一些建议。

表格揭示了关键结果。读者可以很快地看到由性别和收入导致的差异。

该报告提供了目前满意度与往年比较的视角。

图3 过去五年回头生意指标的趋势

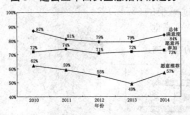

● 在过去的一年里,会议餐和员工服务的满意度有所提高。2010—2013年,会议餐和员工服务的满意度分别下降了19%和3%。然而,在过去的一年里(2013—2014年),会议餐和员工服务的满意度分别增加了8%和7%。

● 大部分满意度的指标已回到了五年前的水平。在一般情况下,几乎所有的满意度指标显示在2010—2013年间持续性恶化,过去一年显示满意度改善到了接近2000年的水平。

折线图迅速让读者看到一个趋势:2010—2013年间回头生意指标轻微下降,且在过去一年里有轻微上涨。

	2010年	2011年	2012年	2013年	2014年
重复和转介业务指标					
总体满意度	87%	81%	79%	79%	84%
重返意愿	72%	74%	71%	72%	73%
推荐意愿	62%	59%	55%	49%	57%
会议					
会议用餐	87%	76%	74%	68%	76%
会议室	77%	71%	74%	76%	75%
员工服务	65%	64%	61%	62%	69%
网络定价	—	—	—	—	66%
业务中心	—	—	—	—	64%

注:共有236名受访者参与了本次调查。受访者的百分比和数量(括号内)指的是在调查中表现为同意或非常同意的人。网络定价和业务中心在今年的调查中刚被提及。

近五年的数据表格允许读者快速发现调查的所有项目。

建 议

1. 研究如何提高女性和高收入与会者的满意度。如果Prestigio酒店要想构建知名品牌并在财务上取得成功,那么女性和高收入与会者就显得十分重要。Prestigio酒店合作的大部分会议策划者是女性,所以比起男性客人来说,她们更多代表了女性客人的观点。此外,虽然Prestigio的品牌代表了一流的会议服务,但事实上高收入者的满意度却不高,这一点同样值得我们深思。为了更好地理解如何提高女性和高收入与会者的客人满意度,Prestigio酒店应该采取以下举措:

　a. 重点关注女性和高收入客户人群,深入了解他们的需求以及他们所提出的改进建议。

　b. 与会期间与女性和高收入客户展开非正式的交流,将反馈信息汇总入数据库并总结经验教训。

2. 使会议的营销适应于期望的团队组成。对性别和收入水平如何影响他们使用的设备和服务有了一个很好的理解之后,营销材料可以用来吸引更多的特定人群。例如,每年Prestigio酒店都会举办北部猎头会议,其中超过90%为男性成员,以及主要由女护士组成的农村医疗集团。

3. 在客户服务方面保持主动性,提高员工和服务的评级。最近一段时间,个性化的客人服务措施效果不错。考虑到对客人服务的关注是一切改进措施的基础,Prestigio酒店应该保持较高的员工客户比率,提供卓越的客人服务奖励,并继续为新的服务员进行两个月的密集指导和培训项目。

4. 重新审查餐饮服务,提高会议用餐的质量。五年前,Prestigio酒店绝大多数客人对会议用餐表示满意。事实上,许多客人在很大程度上是因为出色的饭菜才推荐回头生意的。为了削减成本,Prestigio酒店改变了过去五年间的餐饮服务,结果客人对餐饮服务的满意度大大降低。为了加强或重新获得高端会议体验的口碑,Prestigio酒店应该找到办法使会议餐恢复到2010年的客人满意度水平。

从调查结果和总结中可以直接得出建议。

这些建议被认为是一种值得推荐的好办法,以提高客人的满意度。

图13.7　用幻灯片格式展示的一手资料研究报告

沟通知识问答

与商务专业人士的对话

里奇·哈里尔（Rich Harrill）是 Alfred P. Sloan 基金旅游和旅游业中心以及南加利福尼亚大学国际旅游研究中心的总负责人。他为政府和私营部门客户写了很多报告。

彼得·卡登：撰写有效报告的关键是什么？

里奇·哈里尔：报告中应该有充分的数据和信息的陈述，但是也要有一个为忙碌的行业和社区领导准备的简明扼要的摘要。报告应该有一个目录表。表格和图表只在与说明案例有关的内容上使用。这条规则对附录也适用。我总是提供一个文件的简洁的 PPT 陈述。通常是围绕该演示文稿的有趣内容，而不是报告本身。项目报告应该有吸引力。我现在更喜欢用"完美"来约束杂乱的、用线装订的文献。一个写作和编辑的导师曾经告诉我，你应该写得让读者可以读懂你的每一个单词。他提供了简单但是很有效的建议就是，有时使用深奥的词汇和概念来取代简单直接的沟通。

彼得：你如何促进有效的团队报告撰写？

里奇：我认为让每一个团队成员以自己的方式和风格撰写报告是很不错的。在某些情况下，我可能提供一个非常宽松的样式表来指导特定的需求。不过，我一般建议按照作者的意思改变结构和内容。当稿件第一次返回后，一个有经验的编辑以及我会把整个稿件彻底编辑一遍，并尝试去整合不同的风格。以一种方式把提交的内容编织在一起是一个好的编辑者的工作，这可以使文件保持一致的风格和语调。

彼得：在你的生涯中，报告书写方式改变过吗？

里奇：是的，而且相当显著。个人和企业之间日益增加的竞争已经调升了撰写报告的砝码。几年前，报告的技术性是很重要的，而审美标准较低。现在，一份报告必须兼具风格和实质内容。数据或信息必须丰富，文件必须看起来有吸引力，它必须满足各种不同的客户和委托人——从外行或记者到政治家和官僚。无论报告中使用的方法和分析有多好，如果很无趣、不引人注目，甚至不"性感"，这篇报告都很容易被忽视。这种趋势现在是规则而不是病毒营销和社交媒体年代的一个例外。

彼得：对于年轻的专业人士，在商业计划书和报告方面，你会给出什么结论性的建议吗？

里奇：培养自己对风格和实质内容的感觉。要精通技术，但也要有自信和感染力。这份报告应该是你自己品牌的延伸——优雅且吸引那些与你合作或者想要与你合作的人。在构成中形成永恒的品质。为暂停和呼吸开发一种方式，以同样的方式形成一种良好的沟通技巧，会使你在朋友和同事之间很受欢迎。好的技术报告书写并没有太多不同；研究者以一种颠覆潮流的方式传播信息，并与多年后的读者相关。

本章小结

学习目标 13.1：试说明商业报告对你的信誉有何影响。

商业报告体现了你的个人信誉。

| 如果你列举的事实以及得出的结论为最终的决策提供了帮助，那这就是你能力的体现。 | 如果你关注决策制定者以及他们的需求，那这就是你关怀的体现。 | 如果你能诚实地提供所有信息并且能够列举出相关的理由，那这就是品格的体现。 |

学习目标 13.2:制定具体且有说服力的计划书。

见图 13.1 中计划书的案例。

学习目标 13.3:注重报告的准确性，展现优秀的思维能力。

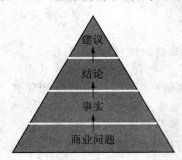

风格:使用精确导向风格的语言，展现出优秀的思想。

详见清晰问题陈述的例子（表 13.1），以事实为基础的语言（表 13.2），避免抄袭的引用（表 13.4），基于事实和总结的建议（图 13.3），具体和可操作性的建议（表 13.5）。

学习目标 13.4:设计报告，为决策者提供帮助。

设计:对报告内容进行简单引导以便决策者可以快速辨别报告的要点，了解报告的主题。

见报告中共同标题/章节的例子（图 13.4），正式报告的共同组成部分（图 13.5），用标题串联起整个报告（表 13.6），标题的措辞（表 13.7），使用预览报表（表 13.8），高效的图表（表 13.9），以及枚举列表（表 13.10）。

学习目标 13.5:在报告中展现客观性。

语调:注重报告的客观性，保持实事求是的态度。

见客观性语调的例子（表 13.11）。

学习目标 13.6:审视报告的公正性与有效性。

审查过程

FAIR 测试:尽量确保事实、结论和方向的客观性。使你的任何偏见变得明显。

校对:检测精确性和思维缜密性。确保你的报告完整且易于读取。

反馈:尽可能涉及更多值得信任的同事和伙伴。最好是涉及决策者。

关键术语

直接引用   转述   抄袭

讨论练习

13.1　章节回顾问题(学习目标 13.1、13.2、13.3、13.4)

用一到两段内容回答下面的问题。

A. 在报告的开头说明当前面临哪些商业问题与挑战有何意义?

B. 报告的准确性体现在哪几个方面?

C. 高质量的文献对于你的研究报告而言有何价值?

D. 怎样才能确保你所提出的建议具体可行?

E. 怎样在报告中使用图表?

F. 如何凸显报告的客观性与积极性?

G. 有哪几种审阅报告的方法?

13.2　沟通问答(学习目标 13.1、13.2、13.3)

阅读来自里奇·哈里尔沟通知识问答部分的评论,回答以下问题:

A. 哈里尔所说的书写有效报告的关键是什么?

B. 根据哈里尔所说,你应该如何领导一个团队撰写报告?

C. 根据哈里尔所说,近几年报告书写发生了怎样的变化? 这对你撰写报告的方式意味着什么?

D. 哈里尔反复提到从他人那里获得建议和反馈。某些情况下,他依赖于雇用的编辑。而其他情况下,他得到正式反馈。为什么对你的报告撰写来说得到反馈很重要? 在你的报告撰写中从他人那里获得更多反馈的步骤是什么? 你应该如何选择从谁那里可以获得建议?

13.3　商业计划书的 SBA 训练(学习目标 13.1、13.2、13.3)

登入小型业务管理网页(www.sba.gov),完成"开始一项业务"的网上训练(www.sba.gov/training/index.html),这大概需要 30 分钟。用三到五段话,描述加入有效报告撰写过程中开发业务项目的关键信息。

测评练习

13.4　评估商业报告(学习目标 13.1、13.2、13.3、13.4)

选择一份商业报告并对其进行评估。回答以下问题:

A. 该报告如何有效地讲述了一个事项?

B. 如何有效地使用标题?

C. 如何有效地使用图表、图形和其他图形?

D. 如何有效地展示研究结果?

E. 总而言之,报告的可靠性和有用性怎样? 请解释。

F. 你最想在报告撰写中表现的三个方面是什么?

G. 你认为报告中的哪三个方面需要改善?

你可以在网上找到很多报告,通常这些都是些白皮书。理想状况下,搜索一个感兴趣的话题。例如,如果你对商场的未来感兴趣,你可以用一个关键词来进行互联网搜索,如"商场的未来'白皮书'",你可能会发现几十种可供选择的方案。花 10—15 分钟你就可以找到你感兴趣的报告。

应用练习

13.5 为一家冰激凌店写一份调查报告和营销计划(学习目标 13.1、13.2、13.3)

假设你计划在学校里开一家冰激凌店。目前为止,校园周围三英里内没有冰激凌店。你决定在学生中心租用空间或者在校外开一家单独的店面。你最近调查了 400 多名大学生以确定他们的偏好。下表中包含了结果。

	性 别					
	女 性		男 性		总 计	
	#	%	#	%	#	%
你一个月内会去冰激凌店几次?						
0 次	26	14%	40	19%	66	16%
1 次	73	38	112	53	185	46
2—4 次	83	43	57	27	140	35
5 次及以上	9	5	4	2	13	3
你更喜欢带走还是堂吃?						
带走	51	27	95	45	146	36
堂吃	140	73	118	55	258	64
你更喜欢哪一种?						
冰激凌	77	40	170	80	247	61
冰冻酸奶	102	53	43	20	145	36
果子露	12	6	0	0	12	3
你喜欢什么形状的冰激凌?						
圣代	57	30	38	18	95	24
圆锥形	47	25	40	19	87	22
杯状	64	34	67	31	131	32
奶昔	23	12	68	32	91	23
你最喜欢的调味品是什么?						
糖果	35	18	93	44	128	32
曲奇	31	16	49	23	80	20
调味果汁	57	30	52	24	109	27
坚果	45	24	19	9	64	16
水果	23	12	0	0	23	6
你过去买过商店里的新奇东西吗?						
是	111	58	178	84	289	72
否	80	42	35	16	115	28

（续表）

	性 别					
	女 性		男 性		总 计	
	#	%	#	%	#	%
你通常喜欢几勺冰激凌？						
1	112	59	42	20	154	38
2	71	37	140	66	211	52
3	8	4	31	15	39	10
你愿意为一勺冰激凌付多少钱？						
1.00—1.50 美元	67	35	45	21	112	28
1.51—2.00 美元	105	55	64	30	169	42
2.01—2.50 美元	13	7	62	29	75	19
2.51 美元或更多	6	3	42	20	48	12
你愿意为两勺冰激凌付多少钱？						
1.51—2.25 美元	73	38	43	20	116	29
2.26—3.00 美元	76	40	40	19	116	29
3.01—3.50 美元	31	16	84	39	115	28
3.51 美元或更多	11	6	46	22	57	14
你是否会喜欢一家"放开肚子吃"的冰激凌店？						
是	25	13	158	74	183	45
否	166	87	55	26	221	55

撰写一份包括调查目的、方法、结果和结论的营销报告。并且提供相关的营销建议。

13.6 为学生俱乐部制定计划书（学习目标 13.1、13.2、13.3）

假设你的大学最近为学生俱乐部展开了一项资助计划。该项计划的目标是为每个俱乐部筹到 5 000—10 000 美元，以推动学术研究的开展，使学生有机会参加行业会议。

选择一个你感兴趣的俱乐部并撰写一份计划书。简要描述一下俱乐部成立的目的以及所需资助的具体项目。此外，介绍一下你的资金分配计划以及项目的时间安排，列出最终交付的成果。

13.7 撰写一份关于工作场所移动电话使用情况的调查报告（学习目标 13.1、13.2、13.3）

Process Leadership 是一家大型的管理咨询集团，他的客户遍及北美、欧洲和亚洲。阿什莉·福克斯（Ashley Foxe）正在其中就职。该公司的口号是"引领文化"，这意味着整个公司都需要共享工作价值观以最大限度的发挥其生产力。

阿什莉负责撰写免费的研究报告与白皮书。这些报告被放在公司的首页，旨在强化公司的品牌。一般情况下，公司会召开新闻发布会来介绍研究成果。此外，报纸、商业杂志以及其他类型的专业刊物也会刊载相关的研究成果。对于公司来说，这些就是免费的营销与广告。

阿什莉最近进行了一项关于工作场合移动电话使用情况的调查项目。她开展了一项全国范围内的调查，调查对象是那些年收入超过 30 000 美元的全职商业专业人士。她从调查中编译了如下数据表格。

以阿什莉的视角撰写一份有关工作场所手机使用情况的白皮书。其中可以包括任何你发现的有用的信息，包括数据收集、研究发现与研究结论以及相应的对策建议。其中至少要使用几张图表以说明关键的信息。撰写报告的过程中一定要牢记企业的口号。

表 A 调查对象的人口统计

性　　别	总　数	百分比（%）
男性	186	53.1
女性	164	46.9
年龄组		
21—30 岁	35	10.0
31—40 岁	95	27.1
41—50 岁	87	24.9
51—65 岁	133	28.0
收入		
30 000—39 999 美元	41	11.7
40 000—49 999 美元	46	13.1
50 000—59 999 美元	53	15.1
60 000—69 999 美元	31	8.9
70 000—79 999 美元	40	11.4
80 000—89 999 美元	33	9.4
90 000—99 999 美元	29	8.3
100 000—149 999 美元	50	14.3
150 000 美元以上	27	7.7
总计	350	100

表 B 不同性别的人在会议中使用手机的频率（%）

	男性		女性		总计	
	极少	从不	极少	从不	极少	从不
在会议上携带手机	34.5	11.4	33.7	24.0	34.0	21.7
用手机看时间	26.9	30.6	27.4	30.5	27.1	30.6
查看来电	26.3	25.8	31.1	21.3	28.6	27.4
查看短信	30.1	41.4	30.5	50.6	30.3	45.7
接电话	35.5	41.3	25.6	64.0	30.9	56.3
为接电话找借口	36.0	18.8	30.5	23.8	33.4	21.1
编写和发送信息	26.9	54.3	22.0	65.2	24.6	51.3
浏览网页	28.5	43.5	26.8	53.0	27.7	48.0

表 C 不同年龄在会议上使用手机的频率（%）

	21—30 岁		31—40 岁		41—50 岁		51—65 岁	
	极少	从不	极少	从不	极少	从不	极少	从不
在会议上携带手机	20.0	8.6	28.4	12.6	35.6	28.7	40.6	27.1
用手机看时间	37.1	2.9	22.1	26.3	28.7	34.5	27.1	38.3
查看来电	25.7	5.7	24.2	24.2	27.6	32.2	33.1	32.3
查看短信	28.6	20.0	30.5	37.9	32.2	50.6	21.3	54.9
接电话	22.9	42.9	36.8	42.1	34.5	51.4	26.3	67.7
为接电话找借口	31.4	11.4	23.2	16.8	313.1	25.3	37.6	24.1
编写和发送短信	22.9	34.3	30.5	45.3	28.7	51.4	18.0	75.9
浏览网页	28.6	20.0	32.6	32.6	24.1	57.5	26.3	60.2

表 D　对用手机发短信、打电话的态度(%)

	男性	女性	21—30 岁	31—40 岁	41—50 岁	51—65 岁	总计
总而言之,在工作场所用手机发短信……							
减少误解。	37.6	34.8	54.3	42.1	33.3	21.3	36.3
使沟通更有效。	41.4	45.7	71.4	55.8	41.3	34.6	47.7
增进与同事的感情。	32.3	21.3	60.0	37.9	28.7	11.4	30.9
增进与客户的感情。	36.6	26.8	54.3	34.7	31.0	24.8	32.0
使工作变得更容易。	43.5	40.2	65.7	56.8	35.6	21.3	42.0
总而言之,在工作场所用手机打电话……							
减少误解。	64.0	53.7	77.1	74.7	55.2	45.9	51.3
使沟通更有效。	70.4	65.2	88.6	81.1	66.7	54.1	68.0
增进与同事的感情。	51.3	51.3	88.6	70.5	60.9	42.1	51.3
增进与客户的感情。	66.1	61.6	88.6	82.1	60.9	46.6	64.0
使工作变得更容易。	65.6	64.0	88.6	75.8	63.2	51.9	64.9

13.8　为特许经营企业写一份商业计划(学习目标 13.1、13.2、13.3)

选择一个你感兴趣的特许经营企业。从你的角度(或你选择的角度)为其写一份商业计划,包括以下方面:

- 摘要
- 介绍
- 管理
- 营销
- 财务预测
- 财务需求

创新你的管理和营销理念。你可能不太会进行财务预测,但是尽量去做,如果需要的话可以简化这一步。这项工作的关键是练习书写计划。跟你的导师一起工作,以决定哪些是需要的。

通过上网搜寻特许经营的机会,你可能找到该项目的专营权。大多数加盟商都会提供开展新的专营权需求的很多信息。

你可能想要咨询网上有关写商业计划的文章。你可以找到很多好的资源。

例如,考虑以下文章:Jeff Elgin,"Writing the Franchise Business Plan",*Entrepreneur*,September 5,2005,www.entrepreneur.com/franchises/buyingafranchise/franchisecolumnistjef-felgin/article79626.html。

13.9　进行调查研究(学习目标 13.1、13.2、13.3)

以个人或者团体的形式,选择你可以通过实施研究调查获得更多信息的业务问题。你可能进行一项你的所有同学都可以做的网络调查,因此围绕假设设计你的项目,关于这个主题,你可以找到大学年龄的学生的想法和感觉。设计使受访者在 3—5 分钟之内可以完成的调查。你一旦开始进行调查,撰写报告的时候要包括你的观点、方法、结果、结论和建议。

13.10　撰写一份有关商业趋势的报告(学习目标 13.1、13.2、13.3)

利用大学图书馆的研究,以 APA 或 MLA 文献格式写一份报告,完成下列内容:

A. 陈述一个业务问题或挑战(你可以想象自己处于公司利益的角度)。

B. 描述和证实这一趋势对业务的影响。

C. 为你的公司如何应对这一趋势提供建议,以便更加有竞争力。

14

准备汇报

学习目标

学习本章后,你应该掌握以下几点:

14.1 描述如何准备汇报以提高可信度。

14.2 在信息有益性、学习方式和沟通风格方面分析受众。

14.3 组织和汇集开篇、正文及结尾的内容。

14.4 进行有效的幻灯片演示。

14.5 用故事线索的方法进行汇报。

14.6 评估汇报的公平性和有效性。

为什么这很重要?

汇报具有推进新业务、提出新见解、报告现行项目执行状况及产品性能、帮助管理人员和员工熟知公司规章制度、出售产品或提供服务等目的。汇报能保持你与受众的密切联系,并且能够严谨地传达和控制信息。

汇报让你成为众人的焦点,并让你保持甚至建立信誉。当你明确了解自己谈论的内容时,倾听的人会肯定你的能力。当你表现出对受众的需求感兴趣时,他们会将其视为关怀。当你诚实、透明地表达观点时,受众会认为你品格良好。

尽管说话是日常生活的一部分,但做商务汇报却不一定会自然。演讲专家托马斯·里奇(Thomas Leech)解释说,"让口头交流变得熟练不是自然而然的。说话的能力可能像走路和呼吸一样自然,但能够向群体进行有效沟通则是另一回事。"[1]当你阅读本章时,确定哪一部分将最有助于提高你的汇报技巧。本章重点在于汇报内容的准备,下一章的重点是将其有效地表达。

请阅读本章案例:拉蒂莎·杰克逊将准备一个从年度绩效评估过渡到持续评估的汇报。

本章案例：准备一个在 Eastmond 网络公司的汇报

    涉及人物：

拉蒂莎·杰克逊：人力资源实习生，员工项目的暑期实习生，工商管理和健康教育双学位

杰夫·布罗迪：人事总监，在过去五年中担任 Eastmond 公司人力资源总监

    Eastmond 互联网公司每年都对员工绩效进行一次评估。杰夫查看了公司每年的内部员工匿名调查结果，发现员工并不喜欢这种绩效评估方式。他们认为这种评估方式缺乏公平性，也不利于能力的提高。杰夫与多个人力资源总监交谈并了解到现在许多公司使用持续的绩效评估方式而且效果显著。为了充分掌握相关信息并帮助公司过渡到持续绩效评估方式，他要求拉蒂莎·杰克逊制定一个转型计划。

    在大约六个星期内，拉蒂莎从其他公司和软件供应商那里收集有关持续绩效评估的信息。她还组建了几个员工专题小组，并协助调查了员工对绩效评估的详尽观点。杰夫要求她制定一个有关持续评估的演示文稿，用于高层管理者会议。约 15 位公司领导将出席本次会议，大多数是拉蒂莎没有见过的。杰夫最近告诉拉蒂莎，她表现优异，因此有可能获得一个永久职位。拉蒂莎希望她的汇报能给人留下深刻印象，使她获得这个永久职位的可能性更大。

    杰夫告诉拉蒂莎，高级管理人员将有可能持以下反对意见：(1)这种方法不利于推动坦诚的反馈；(2)管理者将不会支持这种绩效评估方法；(3)这种方法成本太高。杰夫认为，高级管理人员将支持有利于提高员工参与度的举措，因为某咨询公司最近调查员工的参与度后得出结论：Eastmond 的员工在所有活动中的参与度均低于平均水平。

    任务：

    1. 准备演示文稿的基本内容，解释持续绩效评估的优势及劣势。

    2. 制作幻灯片来补充汇报，强化关键信息的讲解。

准备汇报的内容

    当你准备汇报和演讲时，AIM 规划过程将对你有所帮助，正如其在写作过程中所起的作用一样。你需要分析受众，以确保你能满足其需求，并且以最吸引人、最简单易懂的方式向其陈述。关键事实和与主题相关的结论可以共同形成你的观点，通过关注关键的要点概念和提供贯穿全文的支撑论点来构建信息。本章的重点并不是形成观点，这个过程与写作大体相同。我们的重点在于分析受众和构建信息，这些过程具有一些独特的特点。然后，我们会讨论设计电子幻灯片，因为其常用于许多专业演示中。

分析受众

    了解受众的需求是进行演示的首要任务。但是，由于多种因素这一步骤比较复杂。你的受众在人数和人员组成方面可能有所不同，甚至在某些情况下，你并不知道他们是谁。分析受众时，尽可能地回答以下问题：

我提出的产品、服务或想法如何使受众受益?

这是准备汇报时最需要思考的问题,尤其要关注受众现未得到满足的需要。[2]

在拉蒂莎的案例中,她将着眼于提高员工参与度。高管知道这是 Eastmond 存在的一个问题。她将说明年度评估中员工低参与度的原因,以及持续评估方式会提高参与度。

受众对我提出的产品、服务或想法了解多少?

尽可能了解观众的知识水平。如果观众对你所提产品知之甚少,你需要花费更多的汇报时间使观众熟知你的产品。此外,试图了解受众获取相关信息的渠道以及如何形成对该主题的感知。了解这些问题能让你更有效地处理误解。

在拉蒂莎案例中,她认为高管对持续绩效评估知之甚少。她需要清晰解释这种评估方法的优点。此外,持续评估依赖于软件平台,她还需向高管们展示软件平台的运行方式。她假定这些高管不理解系统的工作方法,所以她需要向他们展示图片或做现场演示。

受众主要担忧什么?

考虑此问题对于汇报而言尤为重要,虽然以书面的形式回复对方的担忧时你有时间构思想法,但是当进行汇报或面对面交流时,你必须立即作出回应。

拉蒂莎明智地向杰夫询问了管理人员主要关心的问题。杰夫告诉她高管人员会担心持续评估的公正性和准确性,以及管理者的支持和成本问题。

谁是主要决策者?

汇报通常是为了获得全场受众的支持。然而,其中一些受众对你实现工作目标的影响力远远大于其他人,而这些人是关键决策者。

对于内部汇报,主要考虑那些最具权威和影响力的组织内部成员;对于对客户、顾客和潜在合伙人的汇报,主要考虑他们组织的主要决策者以及未来业务最有可能的潜在客户,你必须最关注他们。[3]

拉蒂莎可以通过杰夫获悉哪些高管将决定持续绩效评估能否获得支持,然后她可以针对这些高管去改进她的汇报。

什么会吸引你的受众?

你可以同时应用感性与理性来影响听众。口头交流,尤其是演讲和汇报非常具有情感吸引力,因为它们能在演讲者和受众以及产品、服务、理念之间搭建感情交流的纽带。与此同时,演讲和汇报会投射出一系列的理念,而你也希望这些理念能得到受众理性的欣赏,与受众建立兼具感性和理性的纽带尤为重要。

思考感性和理性诉求时,考虑动机价值观体系(MVS)(见第 2 章)。拥有红色 MVS 的专家会欣赏你有的放矢和注重短期目标的能力,行动导向和结果导向的语言和逻辑,通常认为具体、自信的展示更具有说服力。

拥有蓝色 MVS 的专家会欣赏你洽谈商务关系的能力,这些商务关系包括团队小组和同事的利益、顾客和客户的忠诚度等。在感性方面,拥有蓝色 MVS 的专家会将你对"我们"这一词的使用以及其他以关系为中心的术语联系起来。在理性方面,他们会将你的总体方案与商业利益联系起来,他们欣赏精益求精的商业逻辑。

拥有绿色 MVS 的专家会欣赏你提供全部事实和避免武断评定的能力。他们以能够公平地决策为傲,也不会将浮夸和不相关的事物诉诸情感。然而,这绝不意味着情感因素对思考者不重要。拥有绿色 MVS 的专家喜欢精准的语言,设计精良和概念化的图表、模型和其他图形,还喜欢处理困难的能力。

拥有中心点 MVS 的专家最常见。他们注重实际且灵活,更喜欢清晰的商业逻辑;喜爱重点突出客户、顾客、同事和其他人利益的汇报;且钟爱以选择为导向的语言,他们认为过于自信的语言傲慢、刻板。

案例 14.1　瓜子二手车直卖网的成功

随着我国汽车工业的高速发展,二手车市场的交易量和规模也日益扩大,其巨大的发展潜力和市场空间逐渐突显出来。杨浩涌(赶集网联合创始人之一)发现了网上二手车交易的巨大机会,果断决定二次创业,从受众的角度分析发现二手车行业存在的价格不透明、质量不可靠、买车卖车体验差三大痛点。为解决这些痛点,杨浩涌选择"C2C 虚拟寄售模式",并将 C2C 模式定位为"瓜子二手车直卖网"。他跟团队建立起直接面向二手车买卖双方的交易服务平台,省去了中间环节,以远低于传统二手车门店的佣金价格,打破了二手车市场的价格桎梏。如今的瓜子二手车直卖网作为进入新领域的品牌,在短短两年时间里,其以交易为核心,已经完成了汽车后市场的主流服务衔接,并凭借业内独特的"没有中间商赚差价"的直卖模式、强大的资本力量和互联网公司的管理模式,在潜力大而竞争激烈的二手车市场里,以后来者的身份迅速超越诸多对手。

评述:

瓜子二手车直卖网的成功在于从受众的需求出发,了解受众对产品、服务的要求及主要担心的问题,并据此建立起吸引受众的直卖模式。

受众的学习方式是什么?

与动机价值观体系一样,观众有不同的学习方式。**视觉学习者**(visual learners)占据受众的40%,他们从插图和简单的图表中了解主题关系和主要观点,也喜欢手势和隐喻。然而,基于文本的幻灯片却对他们吸引力不大。另一方面,幻灯片丰富的图像和数字可以帮助视觉学习者对信息做出回应。**听觉学习者**(auditory learners)约占据受众的40%,他们喜欢响亮、清晰的声音,相信感情最好通过语音传达。**动觉学习者**(kinesthetic learners)占据受众的20%左右,他们需要集中全力去掌握传达的信息。他们需要集体活动、动手活动,或至少每20分钟休息一次。[4]

拉蒂莎可以规划一个能够吸引所有类型的学习者的汇报。她可以使用多种图像和图表,以吸引视觉学习者;满怀热情与真情地进行展示以吸引听觉学习者;提供讲义让参与者填写以吸引动觉学习者。

准备汇报内容

与书面报告一样,汇报的成功取决于好的要点、辅助信息和信息构架。在你的职业生涯中,你会得到很多有关如何成功汇报的建议,这些建议许多都是很好的。然而,要想成功地汇报,内容仍是最重要的因素。所以在传达信息之前先准备好你要表达的内容。[5]

确定几个要点

你的首要任务是确定两个或三个你想传达的关键信息。一旦确定了这些关键信息,汇报应该围绕着这些关键信息进行。[6]特别是呈现给繁忙的主管人员时,首先需要总结要点,还要多次强调。[7]

总体而言,如果你汇报的关键信息与受众的共同利益相关,汇报的效果则会非常显著。同时,对于汇报时试图取悦每一个受众的做法要持谨慎的态度。有些汇报者为了吸引每位受众,就拓宽汇报的信息。然而,这种方法是有风险的,因为扩展信息可能会淡化其影响力。[8]

在拉蒂莎案例中,她通过持续评估提高员工参与度的方式构建信息。以下几个关键信息可以支持该观点:持续评估提供更准确、更激励人心的反馈;使管理者的工作更容易;降低成本。

组织汇报,使其有清晰的开篇、正文和结尾[9]

大多数受众期待你的演示文稿,包括**开篇**(preview)、正文和结尾(类似于书面文件中的引言,正文和结语)。通常情况下,开篇约占汇报时间的 10%—15%,正文占据绝大多数时间(85%—90%),结尾占用最少的时间(5%)。

提供一个令人信服的开篇

汇报和演讲的开端是至关重要的。对你不甚了解的受众会对你和你传达的信息形成快速的印象。即使是很了解你的受众,如果你的信息对他们而言很重要,他们也会快速做出决定。达娜・拉蒙(Dana LaMon)在四岁的时候失去视力,但接下来却在事业上取得了巨大的成功。作为法官和专业演讲家的她认为,观众通常在演讲的前一二分钟里就已拿定主意:

> 作为一名干了 26 年的行政法官,我大约在 6 400 个案子中做出过决定。不精确估计,在其中 95% 的案例中,听证会结束之前我就已经做出决定。在担任过 19 年的宴会主持人和 16 年的专业演讲家之后,我已意识到观众也会快速做出决策。在演讲结束之前,他们会评判演讲者和演讲内容。这就是为什么我坚信开篇是演讲最重要的部分。[10]

换言之,在最初的几分钟内,观众会对以下几个问题形成答案:我要接着听下去吗? 我会从演讲者说的话中获益吗? 演讲者说的话对我是否有价值? 我会根据演讲者说的话采取行动吗?

开篇一般应包括三部分:吸引注意力、立场声明和概述。开篇应做到以下几点:引起别人的兴趣、显示好处、彰显价值,并鼓励采取行动(均涉及上一段的四个问题)。

选择能有效吸引注意力的噱头

在对高管的调查中,最有可能吸引他们注意力的因素如下:信息个性化、能唤起情感反应、有着可信赖的来源且简洁明了。尤其是个性化和情感因素能使高管付出多于平时两倍的注意力。[11]

斯蒂芬・丹宁(Stephen Denning)是领导沟通领域内最具权威的人士之一,他曾经在世界银行工作过几十年。他解释道,在领导世界银行进行创新举措并与世界各地的领导人会晤的过程中,他认识到演讲的影响力在很大程度上取决于能否第一时间赢得关注。他说:

> 成功领导者的沟通方式异于传统、抽象的沟通方式。在各种场合中,他们在沟通时都遵循一个隐形的模式:首先,他们引起关注;然后激发受众听下去的欲望。此时,他们再用论据进行强化。[12]

噱头的主要目的是让受众随着你的演讲有情绪波动,并且主动参与思考。表 14.1 列出了拉蒂莎在汇报时可以使用的噱头:修辞性问题、生动事例、现场示范、推荐或引证、有趣数据、意外练习和挑战。这不是一个完整清单,但是这些策略是最有效的。[13]思考你在演讲时如何使用每种噱头。

表 14.1　有效噱头的类型

噱　头	例　子
修辞性问题	你们中是否有人想过绩效考评是不公平的？或者,你有没有对绩效考评闻之色变？当我们对年度评估进行调查时,发现多数员工和管理人员认为年度评估不会提高业绩。 这种噱头能立即使受众联系个人经历,它强调未满足的需求(绩效评估用以提高业绩),同时很简洁,表达仅需约 20 秒。
生动事例	我们组建了两个专题小组,就员工对年度绩效考评的看法进行调查。第一个专题小组刚开始时,一位公认的认真、可靠、待人友好的员工简单讲道:"评估对我们起不到帮助作用。"专题小组中的每个人都点头应和。我从员工那里听到的评论几乎都与这个评论相同:年度评估不能帮助员工工作更主动、更投入。 这个例子以故事为基础,生动形象的描述吸引了受众,这也是员工真实的想法,因此很多受众会认真看待此事例。这个例子需要大致 30—35 秒来阐述。
现场示范	(利用软件平台进行现场演示)一些人可能会对持续评估的有效性产生好奇,我们可通过各种软件平台进行演示。请看屏幕,我将利用两到三分钟时间来演示平台是如何运行的。你会看到员工如何获得即时、有益、准确的信息反馈…… 这种噱头给观众一种可视感,本次演示仅需几分钟。拉蒂莎应准备快速的技术展示,否则观众会失去兴趣。
推荐或引证	许多公司的管理者谈到,公司过渡到持续评估后,员工绩效显著提高并且士气大振。我曾与过去几年使用持续评估的三位人力资源总监交流过。詹纳·莱希是 Peakster Computing 公司的人力资源总监,他告诉我,公司咨询业务的收费时间提高了 35%。她将这归因于鼓舞人心的持续评估环境,她认为持续评估创建了"令人愉快的业绩文化"。 这个简短的声明是使用过持续评估的人力资源总监的证词。该声明强调显著上升的盈利能力,从而有理有据地吸引高级管理者。这只需要短短的 30 秒,理想情况下,也可以提供一个精彩的视频证词。
有趣数据	员工认为年度评估不能准确反映其绩效,大约 50%—75% 的员工在各种调查中均持上述观点。但是,你知道近 50% 的人力资源经理也认为年度评估不准确吗? 这句话聚焦于引人注目,但又在预料中的员工统计数据(大约 50%—75% 的员工认为年度评估不能准确反映其绩效),同时也指出了出人意料的人力资源经理的统计数据(近 50% 的人力资源经理认为年度评估不精确)。这些统计数据传递出一种信息:接受评估的员工以及管理评估的经理双方均认为年度绩效评估不可靠。这种简明的陈述仅需约 20 秒。
意外练习	在我们开始之前,我希望你们询问坐在你旁边的人两个问题。首先,问问你的伙伴:"在绩效考评中最糟糕的经历是什么?"然后问:"绩效考评中最棒的经历是什么?" 这种即时活动使听众参与了对核心话题的讨论:绩效、激励和管理,使参与者放松并敞开心扉。另一个好处是,这项活动使拉蒂莎的汇报更有效地适应听众的需求,这对动觉学习者而言是一个很好的方法。
挑　战	我今天讨论的话题是从年度评估过渡到持续评估,这种新评估方式每日提供指导和反馈。当我解释这种方式时,请各位阐释这种方法是否适用于你们的团队。 这对于观众而言是个直接的挑战,让他们思考这种方法如何应用于自己的团队。这种方法会使听众在汇报的过程中更加积极主动,是一个简洁的开端,只需 20 秒左右。

　　人们喜欢幽默的演讲。但是,在大部分情况下,请避免开篇就讲笑话,因为很少有人能够一开口就讲出好笑话。沟通专家尼克·摩根(Nick Morgan)解释道:

你一开口说话时要说一些很新颖的话题以吸引大家的注意,但那时你最紧张,因此达不到预期的效果。所以,如何开始? 传统的方法——也被商业演讲者沿用的是——从一个笑话开始……

事实上,除了专业喜剧演员,这不是一个好的建议,因为你此时极度紧张。即使为了解决问题,也不要用这个最困难的公众演讲方式来为难自己:在最佳的喜剧时机说出一些幽默妙语。即便是经验丰富的专业人士,在此情况下解决此问题也异常艰难。[14]

即便你可以应付,开场笑话可能有意想不到的结果。但是,听众记住的可能是笑话而不是重要信息。因此当你选择一个幽默的开场时,需将笑话与关键信息联系起来。

以大量的事实、数据为开端或者首先介绍公司的故事可能并不行之有效。如果你选择介绍公司背景,就要简洁明了,并确保将公司故事与听众需求联系起来。[15]

创建立场声明

立场声明(positioning statement)以吸引听众的词语构建信息,并且向听众清晰展示对他们的益处。立场声明应尽可能简洁——最好是一到两句句子。噱头用以吸引听众的兴趣,立场声明是为了表示整个汇报是值得密切关注的。

在拉蒂莎案例中,她选择了以下立场声明:"今天我将讨论持续评估如何显著提高员工的参与度问题,我要与大家分享公司将于 2016 年 1 月实施持续绩效评估的计划。"这个立场声明一语中的地道出了高管的需求,使用了积极乐观的语言。

进行概述

开篇的最后一部分是概述。理想情况下,你可以用两到三句简单、对话形式的语言进行概述。拉蒂莎完成立场声明后,进行了如下概述:"我们将讨论持续评估如何提供更精确、更激励人心的反馈;持续评估如何简化管理人员的工作且为何成本较低。"这个概述以三个主要优点(要点)将汇报分为三部分,易于牢记并帮助受众思考对于公司内部的益处。

案例 14.2　马云在央视年度经济人物颁奖典礼上的演讲

提起马云,估计全中国没有谁不知道他的名字。他除了是中国最有钱的人之一,更是一个伟大的创业者、企业家,是所有创业者心中最钦佩的偶像。除了这些身份之外,最让人钦佩、也是最值得大家学习的,其实是他的口才。

2004 年 12 月,中央电视台"年度十大经济人物"揭榜,创业五年的马云获得了年度经济人物。按照惯例,每位获奖人都要现场和大家交流。主持人给马云两个选项:被台下的评审团提问或是发表一个两分钟的限时演讲。马云选择了后者,并选择了《我有一个梦想》作为主题。他说,自己的梦想,是创立一家全世界最伟大的公司。不管是互联网最火热的 1999 年、2000 年,还是互联网最糟糕的 2001 年、2002 年,这个梦想,一直都没有变过。他坦言,现在企业遇到的竞争越来越激烈,但是只要永不放弃,就一定会有机会的! 最后,马云还不忘调侃一下自己:男人的长相,往往和他的才华成反比! 马云这次演讲,虽然只有 120 秒,却让所有人拍案叫绝。

评述:

马云这次演讲成功的原因在于运用幽默的语言成功吸引受众注意力,并对立场进行声明和概述。

证明你的观点

汇报的大部分时间将被用于解释和证明你的**观点**(view)——两到四个关键信息,因为很多受众都持怀疑的态度。毕竟,你在要求受众把他们的时间、金钱或其他资源投入到你的产品、服务或想法中,即受众需要承受专业和/或个人风险。所以你需要有强有力的支撑材料来支持你的主要观点,包括具体的案例(例子)、故事、插图、类比、统计数据、事实、引证或自己的专业经验。[16]

然而,要适度使用证明材料,否则会影响效果。并且大多数受众在演示过程中喜欢特定类型的支撑材料。例如,个性化案例研究比数据更有影响力。与此同时,避免使用证据不足的材料,因为它会减弱案例的可信度,需要准备好额外的支撑材料以应对受众的需求。[17]此外,考虑受众的偏好,如拥有绿色 MVS 的专家典型受定量信息的影响,而拥有蓝色 MVS 的专家典型受个人经历的影响。

行政交流专家罗利·格里姆肖(Roly Grimshaw)观察到,企业管理者犯的最严重的错误是首先陈述证据(数字、数据、事实),或者在演示过程中只有证据,仅留下主要结论或中心立场。[18]**PREP 法**(PREP method)是另一个更成功的方法,包括立场声明、提供原因、举出例子,最后重申立场。[19]表 14.2 以拉蒂莎案例演示了 PREP 方法。在阅读这个案例的过程中,请思考从立场的开始到结束拉蒂莎获得了什么。

以有效的回顾总结

回顾(review)只占用汇报的小部分时间。然而,要确保一个有力的结尾——在此处要明确希望受众能采取具体行动。首先,你需要用几句话回顾主要信息;然后,呼吁受众采取行动,要求受众作出具体承诺。例如,拉蒂莎在结束时呼吁:"感谢大家今天花的时间和精力,杰夫和我希望得到大家的反馈,我们已经选择了一个软件供应商,并开展了试点工作,每隔几周会发送更新内容并要求反馈。如果你们有更多的想法,请随时联系我们。"这个呼吁礼貌而真诚,反映出她乐于获取别人的意见。

设计吸引人的幻灯片

商务人士经常使用 PowerPoint 或其他电子幻灯片以增加汇报的视觉效果(见后面关于 PowerPoint 替代品的技术小贴士)。这样做是为了有说服力,好的视觉效果可以使沟通的有效性和说服力提高近 50%。[20]因为,人们 75% 的学习来源于视觉,12% 源于听觉,另外 12% 来源于嗅觉、味觉和触觉。[21]

表 14.2　PREP 方法

	示　例　语　句
步骤一:立场声明	在年度评估背景下,员工得到评估反馈时,想要做出改变已为时过晚。从管理者和同事的持续评估中,员工可以得到持续的反馈——正面和负面的,这将有助于及时改善他们的业绩。
步骤二:提供原因	近年来,许多人力资源专业人士发现,定期收集反馈意见、大量的积极反馈、从多种同事那里得到反馈都有助于提高员工业绩。

(续表)

	示 例 语 句
步骤三:举例	例如,Peakster Computing 公司的人力资源总监詹纳·莱希估算,持续绩效评估使公司的生产率提高了 15%—20%。在使用持续评估方法一年后,詹纳对员工收到的反馈进行了完整的评估。评估结果如下: 首先,员工需认为反馈是"可行的"。在实施持续绩效评估前,员工调查结果显示仅有 23% 的员工将业绩的提高归因于绩效评估。在实施持续评估一年后,调查显示 92% 的员工认为业绩的提高归因于持续绩效评估。显然,员工看到了这种反馈的价值。 下一个问题是员工可以通过多个途径获得反馈。在持续评估体系实施之前,詹纳估计大多数员工每年仅从两到三人那里获得书面反馈,几乎都来自于管理者。在实施新的持续评估制度后,员工每年平均从 15 位同事那里获得反馈。 最后,积极和消极的反馈量差距甚大。詹纳估计,员工现在每年大约可获得过去 55 倍的回馈量!大约 80% 是积极的反馈,大约 20% 为负面的或建议性的反馈。她认为,积极的反馈是一种激励以及对员工优点的证明。 许多人对持续评估的一个担忧是,同事不会对彼此的改进措施提出坦诚建议。詹纳发现事实并非如此,虽然大多数评论都是积极的,但是公司的员工定期给予彼此"严厉的爱"。詹纳估算,去年普通员工就如何改善业绩获得管理者和同事 22 条明确的建议。而进行年度评估时,员工可能仅会从一位经理那里获得三到四条建议。
步骤四:重申立场	因此,我们预期在 Eastmond 公司也会有相同的结果。持续评估会确保每位员工获得更多建设性的意见,我们希望这些有效的反馈将提高员工的绩效水平。

但是,未设计好或未选好的视觉效果会减弱汇报的效果。[22]虽然电子幻灯片的使用通常比较有效且在商业汇报中无处不在,但使用还需谨慎。职场中常有人讽刺使用幻灯片会跳进 PowerPoint 陷阱,见图 14.1 企业领导者对使用幻灯片的意见。[23]

> 我不赞成人们将幻灯片当拐杖使用,幻灯片会掩饰草率的思想,观众很难区分想法的优劣。我更喜欢书面材料,在会议开始之前发至每个参会人员,在会议时展开讨论。会议的主要目的是创造价值,如果会议主要是幻灯片的展示,只是信息的传达,而非增加价值。
> ——克里斯托巴尔·康德(Cristóbal Conde), SunGard 前 CEO
> 我不喜欢人们在汇报时使用幻灯片。如果你经营了一家公司,你应该在不依托幻灯片的情况下在台上讲解你的主要业务,这个时候受众关注的是你和传达的信息。受众离开时记住的东西有限,所以你必须浓缩成三至四条关键信息,并提醒他们记住重要信息。
> ——詹姆斯·J.希拉(James J.Schiro),百事公司总监
> 我不喜欢幻灯片的原因是容易陷入子弹陷阱,演讲者将其汇报总结成大纲和简语,结果会使受众厌烦甚至与受众失去联系。
> ——埃伦·芬克尔斯坦(Ellen Finkelstein),沟通专家

图 14.1 避免幻灯片的消极影响

精心设计的电子幻灯片演示可以显著提高受众的接受度,设计不好的幻灯片会引起强烈的负面反应,如图 14.1 所引证。在设计幻灯片时考虑以下意见,确保电子幻灯片的使用强化演示的效果:

你是汇报的焦点

设计过程中,避免使幻灯片成为焦点,让它们只到起辅助作用即可。一般情况下,受众在整

个汇报过程中会特别关注汇报者。请参考一位杰出的主管培训师朱迪思·汉弗莱（Judith Humphrey）的意见：

> 优秀的领导者明白，他们本来就是最好的视觉享受。他们也清楚，如果观众全神贯注地观看和倾听，信息的传达会很顺畅；分心的关注无法全身心地投入到你的汇报中。幻灯片通常只能简要地表达你要传达的内容，缺乏热情。偏视觉性的汇报需要重点描述，用例证和故事完整地讲述，你的声音和手势表达了热情并强化了重点。如果将观众的注意力从你身上转移到要点上，会降低材料的质量及其对观众的影响。[24]

用幻灯片标题创建故事梗概

确保你的汇报是在向观众"讲述一个故事"。要确保幻灯片标题能串联成整个故事，而非脱节的一套想法（见表14.3）。所以，请注意幻灯片的标题要按照你要汇报的内容依次排序。[25]

表 14.3　设置幻灯片标题有助于做流畅、有逻辑的汇报

张数	标　题	故　事　线　索
1	提高员工参与度：过渡到持续评估和奖励	幻灯片标题直奔主题：提高员工参与度
2	员工参与的好处	吸引注意：提高员工参与度的好处
3	年度评估的问题	需求：解释现行的年度评估方法为何不能提高员工参与度
4	员工对年度评估的看法	需求：阐述员工对公司年度评估的失望
5	持续评估的好处	解决方案：持续评估如何克服年度评估产生的问题并提高员工参与度
6	员工对持续评估的看法	解决方案：持续评估如何获得员工的支持
7	积极、有益、坦诚的反馈	理由/对立观点：描述反馈的属性；解决高管们对新体系不会促进坦率反馈的担忧
8	管理者方便使用	理由/对立观点：描述新体系如何得到管理者的认可；解决管理者不会支持新体系的担忧
9	成本效益	理由/对立观点：描述体系成本；解决新体系成本过高的担忧
10	建议实施	行动呼吁：利用时间表确保新体系的实施

拉蒂莎设计幻灯片以解决方案为导向，所以幻灯片的顺序包含了经典的叙事要素：获得关注、掌握需求、提供解决方案、基本原理、对立观点，最后呼吁采取行动（见第10章）。另外，还需要注意拉蒂莎如何使用幻灯片来阐述使用持续评估的故事，包含以下要素：人物（who）、主要事件（what）、时间（when）、地点（where）、原因（why），拉蒂莎使受众思考并回应这些问题。

为每张幻灯片设置标题有助于了解哪些是实际需要的。幻灯片使用的一个误区是越多越好。实际上，少量的幻灯片可以帮助你更有效地汇报。正如一位新员工在最近的《华尔街日报》调查中所说："学生一般认为幻灯片数量越多，成绩会越高，但是在工作中，你只有10分钟的时间向领导汇报，你必须用两到三张幻灯片讲完全部内容。"[26]

在拉蒂莎的汇报中（见图14.2），她共用了10张幻灯片，每张幻灯片讲述的时间为2分钟左右，全程20分钟。通常，每张幻灯片的耗时不少于1分钟，不多于2分钟。

低效的幻灯片 #2

由于文字密集，这张幻灯片需要花长时间进行提炼。幻灯片含有太多文字和数据。

对员工参与度的调查

对 130 万员工参与的 263 份研究的元分析发现了以下信息：

- 安全事故减少 47%
- 生产力提高 21%
- 利润率提高 22%
- 质量提高 41%
- 缺勤率降低 37%

资料来源：Cameron, Yvette. (2013 December) *Social employee recognition systems reward the business with results*. Stamford, CT: Gartner.

高效的幻灯片 #2

这些数据反映了员工参与的好处。大多数观众能快速理解这些数据，因为此幻灯片易于提炼信息，观众的注意力不会转移。

员工参与的益处

- 生产力提高 21%
- 利润率提高 22%
- 缺勤率降低 37%

资料来源：Cameron, Yvette. (2013 December) *Social employee recognition systems reward the business with results*. Stamford, CT: Gartner.

这些数据基于 2013 年有 130 万人参与的 263 项研究。

低效的开篇幻灯片

关键信息没有凸显出来，出现的主要文字是汇报人的名字。幻灯片标题图片不是专业照片。背景图片不是专业照片。

转型至持续评估和持续认可

拉蒂莎·杰克逊
2015 年 8 月 14 日

高效的开篇幻灯片

很清晰地凸显出关键信息（持续评估提高员工参与度）。专业照片强化了提高员工参与度的主题。

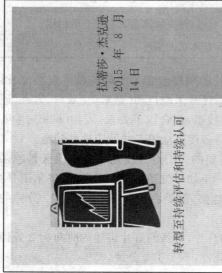

提高员工参与度　转型至持续评估 | HR 实习生 | 2015 年 8 月 14 日
拉蒂莎·杰克逊

图 14.2　低效和高效的汇报幻灯片

图 14.2(续)

低效的幻灯片 #4

对员工调查的结果：

年度评估	强烈反对	反对	中立	认同	非常认同
准确反应业绩	12.6%	30.0%	14.8%	26.9%	15.7%
富有成效的经历	21.5%	37.2%	9.4%	22.0%	9.9%
具有前瞻性	21.1%	28.3%	14.3%	23.8%	12.6%
很好地认可了我的成就	25.6%	26.5%	19.3%	20.6%	8.1%
对我职业生涯的成长有很大帮助	18.4%	35.0%	10.8%	23.8%	12.1%
激励人心的	22.9%	43.9%	12.6%	15.7%	4.9%

表格数据精准，但让观众很难迅速处理。过多信息可能使观众的注意力从演示者身上转移。

高效的幻灯片 #4

员工对年度评估的看法

年度评估是：

- 业绩的准确体现 43%
- 对我的事业发展有益的 36%
- 具有前瞻性的 32%
- 富有成效的经历 32%
- 很好地认可了我的成就 29%
- 激励人心的 21%

资料来源：调研数据基于 2015 年 7 月对 223 名 Eastmond 公司员工的调研。

这个表格易于处理，包含简练、准确的信息。

低效的幻灯片 #3

年度评估存在的问题

- 大多员工认为年度评估不准确。
- 大多数员工认为为反馈做出改变。
- 大多数员工感觉年度评估类似于处罚。

没有任何特殊格式。观众难以理解这些句子。使观众的注意力从汇报者身上转移。

高效的幻灯片 #3

年度评估存在的问题

- 公平性：大多数员工认为年度评估不精准。
- 激励：大多数员工认为反馈太迟以至于不能做出改变。
- 道德方面：大多数员工感觉年度评估类似处罚。

年度评估的主要问题可在几秒之内辨识出来。这张图凸显了员工对年度评估的不满。

图 14.2（续）

低效的幻灯片 #5

持续评估

- 同事与经理每天都会给予反馈和认可。
- 反馈和奖励可以是公开的，也可以是私人的。
- 以提高奖励和认可程序为特征。
- 以目标发展和跟踪为特征。

没有任何格式的完整句子令受众费解。

高效的幻灯片 #5

持续评估的好处

- 多种来源：同事与经理会给予反馈和认可。
- 私人或公开选择：反馈和奖励可公开进行，也可私人进行。
- 频繁认可：以提高奖励和认可程序为特征。
- 目标导向：以目标发展和跟踪为特征。

粗体关键词和短语使观众迅速了解主要好处。

低效的幻灯片 #6

员工的意见

对于绩效评估，我希望	强烈反对	反对	中立	同意	非常同意
频繁的反馈	4.9%	14.3%	16.1%	40.8%	23.8%
管理者反馈更多	7.2%	16.6%	17.0%	37.7%	21.5%
同事反馈更多	5.8%	8.1%	11.7%	46.6%	27.8%
管理者更多认可	3.1%	4.0%	6.3%	38.6%	48.0%
同事更多认可	4.0%	6.3%	10.3%	35.4%	43.9%
多渠道评估	3.6%	9.4%	17.5%	43.9%	25.6%
领导给予更多指导	4.0%	5.4%	9.4%	35.0%	46.2%
同事给予更多指数	4.9%	4.9%	18.8%	36.3%	35.0%

表格提供了太多信息使受众难以处理。如果想演示者想要观众看到所有的信息，可分发讲义。

高效的幻灯片 #6

员工对持续评估的观点

对于绩效评估，我希望

从领导那获得更多认可 87%
从领导那获得更多教导 81%
从同事那获得更多的反馈 79%
从同事那获得更多的认可 74%
从同事那获得更多的指教 71%
多渠道评估 70%

资料来源：调研数据基于 2015 年 7 月对 223 名 Eastmond 公司员工的调研。

这份图表公平准确地抓住了调查的关键信息。调查结果包含了许多信息，所以让汇报人需要在这张幻灯片上花费一些时间，将信息放进文本，并提供评注。

图 14.2(续)

低效的幻灯片#8

持续评估系统在多方面帮助管理者

- 管理者可以追踪员工的反馈。
- 管理者可制作各种类型的报告。
- 管理者可以依托数据更好地指导员工。

这张幻灯片包含着太多文字。在看了众多幻灯片后，观众厌倦处理这些文字。

高效的幻灯片#8

方便管理者使用　容易制作报表　有效指导

这张幻灯片对软件功能进行简单陈述。汇报人主要描述管理者如何实现这些目标。

低效的幻灯片#7

持续评估促进正面、有益和公正的反馈

- 管理者可通过评价箱（这些评价箱这些公共场所）向职工提供定期、持久的反馈。
- 同事也可以发表评论。

这张幻灯片中包含太多文字。观众会厌倦。通常在演示接近尾声的时候，幻灯片更需简洁。

高效的幻灯片#7

正面、有益、公平的反馈

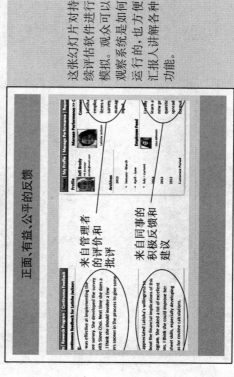

来自管理者的评价和批评

来自同事的积极反馈和建议

这张幻灯片对持续评估软件进行模拟。观众可以观察系统是如何运行的，也方便汇报人讲解各种功能。

图 14.2（续）

低效的幻灯片 #9

持续评估系统的成本

- 每位用户每月 10—20 美元（由员工数目决定）。
- 每年软件管理费用约为 1 600—2 100 美元。
- 其他间接成本约为 2 000 美元。
- 最终成本取决于我们所选定的供应商。

这张幻灯片提供大多数据，但大都没有意义或参考价值。月度与年度数据混淆在一起，项目不包含汇总信息，无法直观感受。

高效的幻灯片 #9

成本效益（年度数据）

项　　目	金　　额
软件使用成本	2 750—5 500 美元
软件管理费用	1 600—2 200 美元
其他间接费用	1 000—2 000 美元
合　计	5 350—9 600 美元

这张幻灯片包括每年的总金数，为决策者提供直观、有价值的信息并轻松处理。

低效的幻灯片 #10

实行持续评估

- 阶段一（2015 年 8 月—9 月）选择供应商
- 阶段二（2015 年 10—12 月）在人力资源部试用
- 阶段三（2015 年 12 月）全公司培训
- 阶段四（2016 年 1 月）全公司实施
- 所有的活动都由人力资源部组织

此幻灯片包含大多文字，以垂直同框架和相关时间活动。大多数人更容易记住水平方向的时间与活动。

高效的幻灯片 #10

建议实行持续评估

时间范围	活　　动
2015 年 8 月—9 月	选择供应商
2015 年 10 月—12 月	在人事部试用
2015 年 12 月	全公司培训
2016 年 1 月	全公司使用

此幻灯片使观众快速掌握时间范围和相关活动。

设计幻灯片的原则为易于提炼

你可能听过演讲和汇报的 KISS 法：保持简单、愚蠢（Keep it simple, stupid）。简单地进行汇报是一个好的策略，但把重点放在易于提炼上是一个更具全局性和有效性的方法。你设计幻灯片的目的是把复杂的数据、关系和理念以易于接受的方式进行说明，请考虑以下方法：[27]

● **限定每张幻灯片的信息量。**使读者能在 10—15 秒内抓住幻灯片上的内容，每行至多十个字，每张至多五到六行。

● **字体大小应方便观众轻松阅读。**标题使用至少 24 号字；正文文本至少使用 18 号字。

● **突出、强调重点信息。**使用粗体、斜体等格式设置功能使关键短语或关键部分凸显出来。

● **使用大量的空白。**空白可以有效地作为边界、隔开项目或文字段落，并提供整洁的外观。

● **使用高对比度的背景和颜色。**确保背景不会隐藏文本。对于深色文本，使用浅色背景；对于浅色文字，使用深色背景。

● **适量使用引人注目的图片。**使用幻灯片的初衷之一是可以表示图像，特别对视觉学习者而言，使用图像可以有效地传达强有力的信息。但是请谨慎选择图片，太多图片或劣质的、不含信息的图片会降低汇报的质量。

● **使用简单的图表。**图表有助于简化复杂的数据关系，请务必使用观众可以迅速看懂的图表和数字。否则，他们的重点不是你，而是该图表或数字，某些情况下，观众可能会放弃阅读。

● **如果可以的话，寻求专业的设计帮助。**对于高风险的汇报，可以考虑从公共关系专家或设计专家那里寻求帮助。如果你所在组织规模较大，你可以在内部获得帮助。大部分情况下，会有现成的精心设计好的模板。对于规模较小的组织来说，可能需要聘请外部专家。

对于这一点，大多数的建议是基于 PowerPoint 的（显然 PowerPoint 是最常用的幻灯片软件）。但是，你还有很多其他的选择（参见本章"技术小贴士"）。Prezi 是富有吸引力的替代软件之一，更多关注整个布局而非幻灯片，所以与 PowerPoint 相反，一般不按照线性顺序汇报。Prezi 允许在汇报过程中更灵活地使用路径和焦点，具体演示可登录 Prezi 网站（prezi.com）查看。

Prezi 利用其惊人的图画和运动路径使观众惊呼。当你追求创意并直接展示关键信息时，或者当你追求给观众带来情感冲击时，Prezi 是不错的选择。但是，当你希望在汇报过程中暂停进行互动时，Prezi 并不理想。与 PowerPoint 相同的是，Prezi 的其中一个目标仍是易于提炼信息。与 PowerPoint 相比，请记住以下建议：

● **练习，练习，再练习。**如果你之前没有用过 Prezi 软件，用 Prezi 汇报会很难。你需要花足够多的时间进行练习，以便可以在一群人面前顺利汇报。

● **培养冒险和热情的感觉。**Prezi 演示能让观众情绪投入到演示内容中。人们对 Prezi 演示的期望值很高，你需要提前准备好，不辜负这些期望。

● **有效运用画面运动。**Prezi 演示时，你可以从画面的一个地方转到另一个地方，旋转视图和放大、缩小各焦点。这个路径运动可以让你捕捉观众的注意力。然而，太频繁的平移、缩放和旋转会使观众困惑，有的甚至会使观众感觉眩晕。

● **整合视频、图片、图形和其他图像。**Prezi 演示一般比 PowerPoint 更容易将各种类型的多媒体进行集成。若使用 Prezi，你需利用 Photoshop 和 Illustrator 等其他软件程序制作出优秀的图形和视频。同时，Prezi 演示的文本内容比 PowerPoint 少。

● **确保关键信息是重点。**虽然很多人认为与 Prezi 相比，PowerPoint 略显沉闷，但是大多数人发现 PowerPoint 线性、基于文本的格式特点使得关键信息更容易被记住。所以在你追求 Prezi 汇报的视觉效果时，不能忽略主要目标，要经常强调关键信息。

对于专家的意见，参阅詹姆斯·罗伯逊(James Robertson)的"沟通知识问答"环节。

技术小贴士

幻灯片的替代品

在许多工作环境中，PowerPoint 已经成为演示和会议的标准视觉支持工具。即便你很擅长使用幻灯片，你也需要考虑其他类型的视觉支持工具以提高影响力、创新或增加汇报的丰富性。

尝试其他电子幻灯片和演示软件。考虑尝试 Prezi、谷歌文档、SlideRocket、280 幻灯片或其他软件程序包，从中找出你最喜欢的。许多演示者发现类似于 Prezi 的演示软件并不是将内容提炼成一些要点或线性叙述，然后塞进一个方框里，它们提供了一些灵活性。

使用智能板、白板或黑板。当你用键盘标记或粉笔书写时可以让你更有效地与观众互动。因为你这样展示时可以免受电子幻灯片结构和次序的影响，并从听众那里获取反馈。此外，你会发现对图形进行写意绘画比 PowerPoint 中的绘图工具能更准确、有力地描述你的想法。不过，一定要避免花费过多时间背对听众。

尝试使用新的演示技术。数以百计的新兴展示技术具有互动性。换句话说，你可从观众那里获取信息和反馈以融入你的演示。通过尝试这些技术，你将学会掌握观众反馈的信息或对话。

在汇报中运用故事线索法

本章前半部分介绍了提供丰富实例以支持立场的 PREP 方法，还介绍了应该用故事线索法制作幻灯片。本节重点介绍如何在汇报的整个过程中使用故事线索法，并提升你联系和影响他人的能力。

对各种类型的汇报而言，故事线索法都是有用的，因为听众可以以更高层次的情感和理性参与。情感上，受众倾向于将故事内化，与自己的经历联系起来，容易与演讲者产生共鸣，从而唤起承诺、决心、同理心和其他情感因素。然而，故事并非仅是情感工具，研究表明相对于抽象信息，故事更容易让人记住，受众也倾向于根据从故事中听到的信息采取行动。[28]

案例 14.3　任正非在新员工入职培训座谈会上的讲话

华为近些年的跨越式发展已经是民族高科技企业成长的典范，作为创始人，低调的任正非一直鲜在公开场合露面，虽然越来越少参与具体事务，但他每一次出现，都能让华为内部"燃烧一次"，是当之无愧的"精神领袖"。2017 年，在新员工入职培训座谈会上，任正非发表亲切讲话,为避免有说教之嫌,他在讲话中运用故事线索法,通过中国汉字改革的故事,勉励所有新员工怀有开放的心态,站在前人的肩膀上前进,哪怕只前进一毫米,也是功勋。其中,他提及了"汉语拼音之父"周有光、汉字的两次危机及汉字的改革和推广,借助这样的故事来告诉新员工"博观而约取,厚积而薄发"的道理,强调了学习积累的重要性。此次谈话也给员工留下了深刻的印象,为日后具体工作的展开起了思想引领的作用。

评述:

任正非通过采用讲中国汉字改革的故事,而不是说教的方式来讲话,很好地鼓励了新员工,达到了这次讲话的目的。

~~~~~~

当杜克能源公司(Duke Energy)总裁兼 CEO 詹姆斯·E.罗杰斯(James E. Rogers)被问道:"你希望商学院注重哪些方面的培养?"时他是这样回答的:

> 学校应该教学生如何写作、讲话、演示。在本次谈话中,我多次谈到这方面。把事实串联起来并以故事的形式讲述出来,让人们感受得到,被说服,并因此采取行动的确是一种能力。
>
> 我的第一份全职工作是夜间报社记者,同时白天在学校上课。所以从那时起,我才真正接触到警方消息、联邦法院和政治新闻,并且逐渐意识到发现故事精髓并按时间顺序讲述的重要性。作为 CEO,我的工作不仅仅是规划方向,还要教员工使用故事线索法。早年的记者经历让我明白如何讲述故事,如何沟通。[29]

罗杰斯不是唯一一个强调叙事性的商务专家。在 20 世纪 90 年代早期到中期,贾桑·贾诺夫(Jathan Janove)做过大量有关性骚扰的人力资源培训,当时法律对雇主和员工的处罚事件大量增加,他的工作是向员工解释新法律监管合理行为。当他向员工讲述时发现,员工经常对新法律不满并对其规定的严厉惩罚有所恐惧,且认为讲座枯燥无味。对此,贾诺夫转向叙事性演讲,采取了如下措施:

> 我很快意识到这种培训方式是行不通的,所以我采用了一种抛弃恐慌,直视法律问题的新方法。我通过故事向员工说明应该避免的行为,以及这些行为如何在不知不觉中让自己陷入困境。令人惊奇是:突然间,员工们眼前一亮。我发现讲故事是为员工提供职场法律培训的好方法,于是我开始收集故事材料。[30]

贾诺夫进一步解释说,一旦他在商务培训时采取讲故事的方式,就会更有影响力。观众会更用心听,努力学习并改变行为。

你可以在多种商务汇报中使用讲故事的方法。例如,萨莉·赫林斯塔德(Sally Herigstad)是注册会计师和 MSN Money 的顾问,她谈到在提供金融汇报时使用此策略:

> 财务汇报需要讲述一个故事。你不是展示公司盈亏和资产负债表,而是要向观众讲述一个他们想听的故事。可以是一个良好发展的新公司的故事,也可以是面对市场挑战的故事。无论你的故事是什么,摒弃不利于简单、顺畅讲述故事的因素,简单、清晰地讲述故事。[31]

商业故事将事实与商业目标联系起来,一般情况下,是基于真实事件的。在有些情况下,它

们是虚构的,但必须让听众认为它们是真实、相关的。[32]通常情况下,商业故事的构成要素如下:[33]

情节:包含需要克服的挑战、压力,一个清晰的开端和结尾。

背景:时间、地点、人物以及商业情景。

解决方案:解决这些挑战或压力的解决方案。

寓意或教训:故事主旨。

在图 14.3 中,你会发现拉蒂莎用一个故事来讲述为何持续评估会带来更好的员工认可和奖励。这个故事有情节、背景、解决方案和教训。她直接道出了高管人员对员工高流动率的担忧,这个故事是她整个汇报过程中的一部分。

故事要简短,即便听众参与其中,他们的耐心有限,希望即刻抓住要点。一般来说,故事应该持续在 30 秒—1 分钟之间;某些情况下,故事可持续 2—3 分钟,时间长短取决于听众。为确定故事的时长,你可以在排练过程中计时,或者写下来,估计讲述故事所需的时长。大多数人感觉每分钟 150—160 字的语速较为适宜。

为汇报准备合适的故事素材通常需要大量的时间,所以平时要注意并收集好素材。请记住,讲故事的目的是要提出一个观点,而非娱乐,如果故事有娱乐价值,对观众而言是个额外福利。

我们目前面临的紧迫问题是员工的高流动率。在过去的 3 年中,我们每年的员工流动率达到了近 25%——几乎是业内其他公司的 2 倍。当探索解决此问题的方法时,我们意识到持续评估会带来不断的认可和奖励,可有效降低员工的流动率。	**情节**:关于持续评估如何降低员工流动率。
我想与大家分享一个发生在 Peakster 计算机公司的故事,该公司五年前与我们公司有着类似的情形,每年的员工流动率大约是 18%。据估计,更换每个员工的成本约为 25 000 美元,过高的员工流动率导致 Peakster 公司每年至少耗资 3 500 万美元。	**背景**:Peakster 计算机公司流动率高,因此浪费公司几百万美元。公司采取了许多战略降低员工流动率。
詹纳是 Peakster 公司的人力资源总监,她尝试了离职民意调查和关注典型人群等办法了解员工高流动率问题,甚至联系了过去的员工,收到如下反馈:"没有人理解我们"。	
后来,Peakster 开始实施各种雇员项目,几年来未见效果。原因在于认可和奖励仍每半年发生一次。换言之,认可和奖励没有频繁发生。	
最后,詹纳采取了持续评估系统。持续评估可频繁地认可、奖励员工,员工可从管理者、同事那里得到非常明显的称赞。许多员工几乎每天都会得到一些认可和小而频繁的回报,而不是之前的每半年、每一年,甚至每隔五年一次的表彰奖励。该奖励项目还采取兑换奖励积分的方式,员工平均每 5—6 个星期可将积分兑换为电影票、食物、其他奖品,甚至是现金。	**解决方法**:通过使用持续评估系统,Peakster 计算机公司显著降低员工流动率。
结果令人惊叹,现在的员工流动率约为 11%,流动率的降低为公司节省了几百万美元。詹纳还提到士气的提高增加了生产力,她认为所有的变化都归因于"相互欣赏的文化"。	**寓意或教训**:频繁的认可和小奖励比频率较低的认可和大回报能更有效地降低员工流动率。
我们从詹纳身上学习的经验是:持续评估系统降低员工流动率,主要原因是,相对于不频繁的认同和更大的奖励,员工更喜欢频繁的认可和小奖励。	

图 14.3 讲故事以联系、影响受众

检查汇报的公平性和有效性

　　检查汇报内容的方式与检查信件一样。首先,仔细检查补充材料的各个方面,以及用于展示的技术,确保该技术完美无误。电子幻灯片上的错别字是粗心的明显标志。此外,为了更好地满足受众的需求,在汇报前后寻求同事和客户的反馈及意见。

　　与所有的沟通一样,考虑一下商务汇报的公平性。你汇报的内容是否基于事实?你是否让他人知道你的真实动机和原因?你是否考虑过汇报对受众和其他利益相关者的影响?你是否保证你的报告尊重受众(参见图 14.4)?

事实(Facts,你汇报内容的真实性如何?)
● 你提出的所有事实是否正确?
● 你提出的信息能否使同事、顾客和消费者做出明智的、利益最大化的决策?
● 你是否仔细考虑过数据的不同解释? 是否已评估信息的质量?

透明(Access,你的动机、推理和资料是否透明?)
● 你的动机是否明确,别人是否会认为你有隐藏的目的? 你是否足够平易近人以便观众可以更多地了解你的观点?
● 你是否充分披露了同事、顾客或消费者应该了解的信息?
● 你是否为使建议备受瞩目而隐藏部分负面信息?

影响(Impacts,你对利益相关者的影响力如何?)
● 你是否仔细考虑你的想法、产品和服务将如何影响同事、顾客和消费者?
● 你是否提出符合同事、顾客和消费者最佳利益的建议?

尊重(Respect,你的汇报是否尊重受众?)
● 你的信息是否以任何方式冒犯受众或给受众压力? 是否体现同事、顾客的需求至上原则?
● 一个中立的观察者是否会认为你的汇报尊重受众?

图 14.4　你的汇报内容公平吗?

　　在拉蒂莎的案例中,她从各个方面评价了自己的汇报。特别是,她提供了关于持续评估制度对员工参与度影响的说明。她已经仔细研究了这些影响,并提供了信息来源,以便高管人员可以对信息可靠性做出判断。她阐述了持续评估对利益相关者的影响并认为这需要改变管理员工的方法。最后,当高管人员提出尖锐的问题时,她也应该在各方面表现出尊重(一些棘手的问题你会在第 15 章中看到)。关于其他经验丰富的专业人士对演讲的看法,请阅读詹姆斯·罗伯逊的"沟通知识问答"专栏。

沟通知识问答

与商务专业人士的对话

　　詹姆斯·罗伯逊(James Robertson)是时代华纳基础设施服务公司(Time Warner Enterprise Infrastructure Services)的首席技术建筑师,曾在特纳广播公司工作过 16 年,运行过一个超过

200 名 IT 专业人士的全球运营团队。

彼得·卡登：你通常会提供什么类型的汇报？

詹姆斯·罗伯逊：在这一年中，我通常在会议上进行两个或三个"keynote"汇报，向组织内部上下级成员进行有关战略、业务计划或者技术方向的汇报。我汇报的形式大多是一般交流，给员工团队或工作小组开会，作为领导，我需要传达一致、准确的信息。

彼得：你如何准备汇报？

詹姆斯：了解受众并练习是成功汇报的关键，无论向多大规模的团体进行汇报，确保有足够的时间准备。我在练习上花费很长时间，以确保在向受众汇报的 20—30 分钟内顺利无误。虽然无法预料受众的想法，但是预测他们的反应是相当重要的。

彼得：如何在职场中有效使用 PowerPoint？

詹姆斯：当汇报只传达一个简单的信息时更能打动我。常言道："一张图片胜过千言万语。"我最近进行了一场汇报，用到的幻灯片没有任何文字，只用图片传递信息。人是视觉动物，相比于文字，图片更容易让人记住。然而并非所有的演示都只有图片，最好是采用多图少字的形式。

彼得：PowerPoint 何种情况下在职场中使用起来是低效的？

詹姆斯：我讨厌汇报过程中使用的幻灯片只含有文字、数字或远距离不能读取或理解的复杂图表，受众最终会昏昏欲睡。

更多詹姆斯·罗伯逊先生有关演讲的言论，详见下一章节结尾。

本章小结

学习目标 14.1：描述如何准备汇报以提高可信度。

汇报准备展现个人信誉。

当你明确知道自己谈论的内容时，表明你很有能力	当你的汇报内容满足了他人的需求时，表明你对他人的关怀。	当你讲述的内容诚实、透明时，表明你的品格。

学习目标 14.2：在信息有益性、学习方式和沟通者风格方面分析受众。

分析受众的原则			学习者类型
遵循以下原则： ● 观众利益 ● 现有知识水平 ● 关心的问题	● 主要决策者 ● 吸引力	● 沟通风格 ● 学习风格	● 视觉学习者 ● 听觉学习者 ● 动觉学习者

学习目标 14.3：组织和汇集开篇、正文及结尾的内容。

AIM 规划过程

分析受众：确定信息如何使观众受益并使信息易于处理。

发展观点：确定演示目标，关键信息以及辅助材料。

构建信息：信息有开场导入，证明观点，用概述结束。

汇报构成要素：开场、正文、结尾。

噱头的类型：修辞性问题、生动事例、现场演示、推荐或引证、有趣的数据、意外练习、挑战。

见表 14.1 噱头的类型

PREP 法：立场、原因、举例、立场。

见表 14.2 的 PREP 陈述。

学习目标 14.4：进行有效的幻灯片演示。

制作幻灯片的原则	
● 用幻灯片标题创建故事梗概。 ● 设计幻灯片的原则为易于提炼。 ● 限制每张幻灯片的信息量。 ● 字体大小应方便观众轻松阅读。 ● 突出和强调关键信息。	● 使用大量空白。 ● 使用对比度高的背景和颜色。 ● 使用吸引人的图片、图表。 ● 可能的话，寻求专业设计帮助。

参见图 14.2 低效和高效的幻灯片举例。

学习目标 14.5：在汇报中使用故事线索的方法。

有效的企业故事的组成元素
情节、背景、解决方案、寓意和教训

参见图 14.3 企业故事的举例。

学习目标 14.6：评估汇报的公平性和有效性。

回顾过程

FAIR 测试：注重呈现真实的信息，并明确对他人的影响。

校对：确保电子幻灯片、讲义和其他补充材料是完美无误的。

反馈：询问同事和客户演示需要改变的方面。

关键术语

听觉学习者	PREP 法	观点
动觉学习者	开篇	视觉学习者
立场声明	回顾	

讨论练习

14.1　章节回顾（学习目标 14.1、14.2、14.3、14.4、14.5、14.6）

用一至两段话回答下列问题。

A. 解释汇报者为何一定要了解观众主要关心的问题。

B. 讨论了解观众中主要决策者的重要性。

C. 解释汇报如何适应不同交流者和学习风格。

D. 讨论确定汇报要点的重要性。

E. 解释汇报中开篇、观点以及结尾的作用。

F. 解释噱头的常见类型。解释你认为最有效的两种类型。

G. 确定汇报中辅助材料的常见类型。

H. 解释汇报中有效使用幻灯片的原则。

I. 解释汇报中的故事线索法。

14.2 沟通问答(学习目标 14.2、14.4、14.5)

阅读"沟通知识回答"专栏詹姆斯·罗伯逊的评论,回答下列问题。

A. 罗伯逊对汇报准备的看法是什么?

B. 对于与观众互动,他给出的建议是什么?

C. 他对高效和低效的电子幻灯片的看法是什么?

D. 为什么和文字或数字幻灯片相比他更喜欢视觉幻灯片?

14.3 在演示中讲述故事。

阅读斯蒂芬·丹宁的言论:

如今,指挥和控制的方法已经不太可能激发员工积极的反应,更不用说外部市场。高级管理人员简单地发号施令,期望其命令被执行的年代已经一去不复返了。因此,领导者纷纷转向讲故事的方法,以克服交流障碍。自古以来,人类用故事来传播宗教或者赢得政权。在如今我们所处的商界,这样的故事比比皆是。管理者通过在故事中思考,靠故事记忆,用故事规划来表达希望、恐惧、梦想和做出决定。讲故事已经成为我们生活的一部分。

讲故事不是仅有口才天赋的人才拥有的罕见技能。所有的人从两岁开始自发地讲故事,并在余生中继续使用该技能。他们可以毫不费力地在社交场合讲故事。领导讲故事通常是为了建设性的目的。任何人都可以掌握这门技能。[34]

据丹宁的言论和自己的经验,回答下列问题:

A. 为何故事比发号施令的沟通效果更好?

B. 人们如何成为有效的叙事者?

C. 讲故事的风险是什么?

14.4 克服"幻灯片陷阱"(学习目标 14.4)

杜克能源公司的詹姆斯·E.罗杰斯被问道:"你希望商学院注重哪方面的培养?"时说:

我认为 PowerPoint 存在使用陷阱。我更喜欢演示者写两页的要点概括。通过要点概括,不仅使主语、动词、谓语正确,还使句子、想法连接起来。PowerPoint 只是简语。当你写一些东西时,你需要更有凝聚力的思维。我认为文字的作用很大——你在表达什么,怎样表达。[35]

基于上述言论,回答下面的问题:

A. 你认为 PowerPoint 在哪些方面降低了商业思维水平?

B. 有哪些具体的方式可以用来改变电子幻灯片的设计以促进好的商业思维？

C. 你认为在演示中虚构事实和故事的区别是什么？

14.5　避免不好的幻灯片演示(学习目标 14.4)

见图 14.1,阅读企业领导的不同意见。用一到两段话回答下列问题：

A. 企业领导对 PowerPoint 的主要看法是什么？

B. 对于你确定的主题和关键点,提出反面意见。对此方面陈述其他观点,解释如何在使用幻灯片时避免此问题。

测评练习

14.6　评估电子幻灯片演示(学习目标 14.4)

在幻灯片分享网站(www.slideshare.net)上找一个你感兴趣的幻灯片,用三到五段话描述下列内容：

A. 电子幻灯片演示。

B. 空白处的使用。

C. 图表、图解和其他图形的使用。

D. 照片和其他图片的使用。

E. 文字的使用。

F. 提高演示效果的三个建议。

14.7　自我评估：规划演示的方法(学习目标 14.2、14.3、14.4)

用下表中的练习进行自我评估,勾画合适的数字。

陈　述	1—很少/绝不	2—有时	3—经常	4—总是
我精心挑选两三个想要在演示中传达的关键信息。	1	2	3	4
我在设计演示时,使每一方面可追溯至主要观点。	1	2	3	4
在演示中我多次重复主要观点。	1	2	3	4
在演示之初提供包含关键信息的概述。	1	2	3	4
我仔细思考如何使关键信息满足受众的需求。	1	2	3	4
我仔细思考如何使关键信息适应受众的交流风格。	1	2	3	4
我仔细思考如何使关键信息适应受众的学习风格。	1	2	3	4
我提供足够多的支撑材料以证明关键信息。	1	2	3	4
我自信地阐释关键信息。	1	2	3	4
我在结束的时候根据关键信息呼吁受众采取行动。	1	2	3	4

加总你的分数并考虑以下建议：

35—40 分：你是一个战略性的、以他人为导向的演示者。你会思考如何准备和发表能够满足他人需要的演示。继续保持书面信息影响力的意识。

30—34 分：你是一个认真、深思熟虑的演示者。你花时间思考信息的内容和受众的需求。更仔细地思考你的信息，密切关注观众对书面信息的需求和潜在反应。

25—29 分：你是个水平居中的演示者。有时你仔细思考信息的内容，考虑受众的需求和反应，有时你又不这样。养成花时间精心推敲信息的习惯。

低于 25 分：你需要提高你演示的方法。你可能没有用足够的时间研究关键信息和它们对受众的影响。如果你花更多的时间准备你的信息，并且在演示过程中时刻关注受众，你将更具影响力。

完成评估之后，用三段话写出三种能提高规划和在演示中传送关键信息的能力方法。

14.8　评估学习和交流风格（学习目标 14.2）

基于本章"分析受众"这一节讲述的沟通风格和学习风格（视觉、听觉和动觉），回答下列问题：

A. 描述你的学习和沟通风格（你自己可以是多种风格的组合）。

B. 讨论你的学习和沟通风格如何影响你对演示的偏好。

C. 讨论你的学习和沟通风格如何影响你规划和发表演示。

D. 解释可以用来调整你的演示的方法，从而适应别人的学习和沟通风格。

14.9　就演示规划问题采访商务专家（学习目标 14.1、14.2、14.3、14.4）

针对商业演示规划的最佳实践采访一位企业专家，写四至五段采访报告并回答以下问题：

A. 规划主题和要点。

B. 使演示迎合受众的需求和偏好。

C. 开场时使用噱头或其他策略使观众参与其中。

D. 准备支持关键信息的事例和材料。

E. 制作电子幻灯片和讲义。

F. 使用科学技术。

14.10　对最近做的演示进行 FAIR 测试（学习目标 14.6）

思考你最近发表的演示，评估你在以下几个方面的做法：

A. 你展示的数据正确吗？

B. 你展示了所有相关的事实吗？

C. 你展示的信息是否具有误导性？

E. 你是否使你的动机明确，或让他人觉察到你有一个隐藏的议程？

F. 你有没有了解受你演示影响的观点和想法？

G. 你认为你的演示会帮助或者伤害别人吗？

H. 你认为你的演示表达了对他人的尊重吗？

应用练习

14.11　规划噱头（学习目标 14.3）

参阅表 14.1，按要求做以下事情：

A. 确定演示的主题。

B. 书面回答你将如何使用每种噱头：修辞性问题、生动事例、现场示范、推荐或引证、有趣数据、意外练习和挑战。

C. 解释你认为最有效的三种方式。

14.2　建立立场和开篇声明(学习目标 14.3)

A. 确定演示主题。

B. 书写立场声明。

C. 书写开场声明。

14.13　运用 PREP 法表明立场(学习目标 14.3)

确定你想要在演示过程中传达的关键信息，参阅表 14.2，写出如何使用 PREP 法(立场—原因—举例—立场)有效向受众传达你的立场。

14.14　为演示创造故事板(学习目标 14.4)

确定感兴趣的话题，创建一个故事板(与表 14.3 相似)概述标题、内容以及相关的显示故事线的 PowerPoint 幻灯片。

14.15　创建电子幻灯片(学习目标 14.4)

为你感兴趣的话题创建电子幻灯片，确保幻灯片能有效传送关键信息。

14.16　(学习目标 14.4)

在职场中很多时候，你需创建书面报告，也需进行口头演示。选择一个书面报告，并制作一组电子幻灯片以展示该报告。如果你还没有完成自己的书面报告，考虑以下选项：

● 教科书里的报告或其他书面信息。例如，你可以考虑第 13 章的"Prestigio 酒店是否应该举办和营销绿色会议？"或"与会者中的客人满意度"案例。

● 一个感兴趣的公司的年报。

● 一个感兴趣的公司的白皮书。

15

演 讲

学习目标

学习本章后,你应该掌握以下几点:

15.1 描述演讲如何影响你的信誉。

15.2 真实自信地演讲,影响你的听众。

15.3 演讲时运用非语言交流 SOFTEN 模型。

15.4 使用幻灯片和讲义,有效地补充你的演讲。

15.5 与听众有效地互动。

15.6 准备有效的团队演讲。

为什么这很重要?

一旦你选定了演讲的内容,你就得为下一步的演讲做好准备。精彩的演讲是艺术与技巧的结合,每一次职场演讲都会使你的能力得到提升。本章,我们集中探讨如何使你的演讲尽可能的流通顺畅、富有吸引力,以便你能成功地与听众建立联系。本章案例是 14 章案例的延续,它为本章的许多事例奠定了基础。

~~~~~~

本章案例:在 EASTMOND 网络公司演讲

涉及人物:

拉蒂莎·杰克逊:暑期实习生,负责员工规划;获得工商管理与健康教育双学位

拉蒂莎正在准备面向高层管理团队的演讲,旨在将年度绩效考核转变为持续的绩效考核。她希望这次演讲会给她在 Eastmond 公司的工作带来更多的机遇。她紧张不安,不知道结果会怎么样。

任务:

1. 与听众交流,获得他们的信任,赢得信心。

2. 说明持续绩效考核的优点,让听众信服。

~~~~~~

建立存在感

演讲给你提供了与同事、客户以及其他人深入交流的绝佳机会,使你能够在丰富、双向的环境中表达观点。在演讲中,你需要像书面沟通时一样尽量使用恰当的语言风格与语调。此外,如优秀的演讲家与主持人一样,你需要努力建立一种"存在感",吸引听众的注意力,使他们尊重你的观点,并极力说服他们采取行动。在这一节,我们将着重关注增强演讲者存在感的技巧策略。

建立信誉

在组织内部演讲时,你的听众是那些了解你,并对你的信誉有着自己看法的人;他们对你的能力、关怀和品格有自己的认识。你应设法提高你的信誉,而不是表现得自私自利。通过演讲来表达你对某一商业问题的透彻理解,用表明公司、员工及利益相关者明确利益的方式构建观点。无论用什么方式,都要表现出诚实和开放。

在组织外部演讲时,你经常会面对一些听众,他们并不了解你的信誉。演讲前后及过程中,你都有机会增强你的信誉。演讲前,你可以向听众提供你的背景信息,或让某个人简短地介绍一下你。

演讲过程中,你可以通过表现得十分熟悉演讲内容来展现能力。与听众进行情感沟通,并适应他们的需要来表达对他们的关心。可以保持开放、诚实来展现你的品质。演讲后,恰当地向部分听众寻求反馈,也会表现出你的关怀和品格。一些听众可能会向你提出一些问题,或要求获得更多的信息,及时回应这些要求有助于你建立快速响应的声誉。

保持真实性

站在听众面前,许多商务专业人士感到十分自然。然而,大部分听众都在判断你和传达的信息的真实性。提高演讲技能的主要目标之一是尽可能向听众展示真正的你。芭芭拉·德安杰利斯(Barbara De Angelis)是著名的沟通专家和演说家,她解释了保持真实性的重要性:

> 我经常与一些演讲者在一起工作,他们不知道自己为什么没有更加成功,或在其他人面前会变得如此焦虑。他们时常犯错,比如试着模仿那些他们认为更有影响力或更高明的演讲者,或者机械地遵循成功演说的模式。但是,这样做使他们无意间抛弃了自身最宝贵的一大优点——成功秘诀之一:真实性……当我们举止过于刻意,伴装自信,展现得不自然时,听众会察觉到。当听众发觉我们不可靠时,不仅他们会感到不自在,我们也会尴尬紧张。[1]

当你阅读本章关于演讲的内容时,注意每次演讲时你只需要做出少量变动,一次性改变太多的演讲方式可能会对演讲的真实性产生负面影响。在你的演讲中不断加入新的技巧,同时要确保发挥你的自身优势。

熟悉演讲材料，提前排练

通过多次排练，你将更加熟悉演讲的内容，并能明确需要通过语调与非语言交流来强调的内容。此外，排练使你能够测算演讲耗时，并决定是否增补或删减内容。

然而大多数演讲者并不排练，他们经常靠临场发挥完成全部演讲。高管演讲培训教练尼克·摩根对这一方法有如下评论：

> 可悲的是，当你即兴演讲的时候，观众对你表现的评价很少像演说者本人想的那样好，这是因为肾上腺素分泌增多使你更精力充沛、更激情四射、更敏锐，所以你会给自己更高的评价。然而，观众看到的往往是混乱的逻辑，蹩脚的案例，以及由于你并不完全熟悉材料而导致的含糊不清。[2]

你可以在脑海中排练，也可以口头排练，但最好选择后者。可以考虑将演讲录下来以便更加了解你的观点、内容流利度和讲演表达的整体效果。

许多演讲者都会使用提示卡，这并非一定不好；但建议少用或不用。排练有助于你确定是否想要或者需要提示卡，并确定其内容，使你能够在不分散注意力的情况下，应用自如。

案例 15.1　苹果公司神秘的发布会

每一年苹果产品发布会都会成为媒体津津乐道的话题，以及其他公司 CEO 争相临摹学习的对象。苹果公司在发布会开始前的两周，其公关和沟通团队以及营销团队就已经开始关注媒体报道，以确定外界预期来作出相应性调整。该公司的高管往往会在总部的礼堂里练习两周时间，而沟通团队则会在演讲开始前一周召开一次会议。活动举办前的最后一个周末，公关团队的成员会在演讲现场进行实地考察，确保从演讲舞台到新品体验区的所有元素都符合最初的规划，力争所有细节保持完美。与此同时，高管们还需在舞台上进行多次排练，最大程度上熟悉材料，用易于理解的方式把复杂的事情表达出来，巩固练习那些早已准备良久的"即席"笑话，从而达到更好的效果。

评述：

苹果公司追求极致的产品介绍值得每个企业学习。

克服恐惧，自信演说

在公众场合演讲，尤其是在无法预料和高风险的情况下，几乎每个人都会感到紧张甚至恐惧。许多民意调查显示，相比于死亡，人们更加惧怕演讲。针对这些调查结果，杰瑞·宋飞（Jerry Seinfeld）曾开玩笑道："葬礼上，一般人宁愿待在棺材里也不愿意致悼词。"[3]其他的民意调查表明，演讲是成人最恐惧的事情之一，仅次于对蛇的恐惧（见图 15.1）。[4]

案例 15.2　当年的"小结巴"到今天的"大名嘴"

著名主持人窦文涛在公共场合常常妙语连珠，令人赞叹，可谁曾想到他曾经是一个有口吃的人。他曾向听众讲述了一个关于他儿时口吃的故事。"我哥听说抽人大嘴巴能治口吃。所以我一结巴，他就突然抽我，还是没治好。"在《凤凰名人外传》中，窦文涛毫不避讳自己当年的糗事。"有一次演讲比赛,校长让我参加。那时候,我虽然不能说,但我朗诵课文朗诵得不错。我事先紧张就拼命地背,真是倒背如流! 但一上台,我就哆嗦了。我背第二自然段时,怎么也想不起来第三个自然段的第一个字是什么了。大脑一片空白,面对着台下无数双眼睛,我吓得尿了裤子。"事后,校长的不断鼓励,让窦文涛重拾信心,表现一次比一次好。他总结到,要想成为"名嘴",你必须克服恐惧,不要害怕当场出丑。

评述:

窦文涛珍惜每一次当众出丑的机会,不惧怕出丑,敢于克服恐惧,才有了后来的成就。

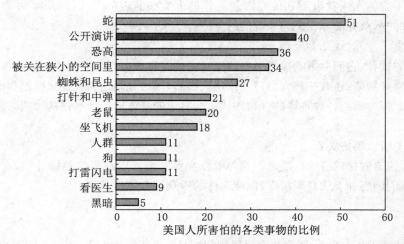

资料来源:来自 Geoffrey Brewer"蛇占据美国人害怕排行榜首位:公共演讲,高度和被封闭在小空间也是许多美国人恐惧的"(2001 年 3 月 19 日),在线检索于盖洛普民意调查,网址为 http://www.gallup.com/poll/1891/snakes-top-list-americans-fears.aspx。版权© 2001 年盖洛普公司,保留所有权利。内容经许可使用;而盖洛普保留再版的所有权利。

图 15.1   美国成年人最害怕的东西

演讲时感到紧张不安很正常,甚至经验丰富的演讲者有时也会怯场。意外状况可能会引起不寻常的紧张,例如技术失误,在陌生、令人生畏、疑虑重重的听众面前演讲,意识到演讲正被录像以及其他原因。[5]

感到紧张并不总是坏事,这表明你关心演讲是否有效。紧张的情绪可以增强你的能力,使演讲铿锵有力、富有激情,只有当其影响你传递内容的能力时除外。在大多数的演讲中,某些部分是最关键的,但其结果也是最不确定的,例如,行动呼吁(详见第 14 章)。在这些关键时刻,演讲者有时由于紧张而不能坚持到底,这时你需要运用一些技巧来管理紧张的情绪。[6]

请考虑以下建议:[7]

放松   请考虑以下选项:

- 拉伸。
- 冥想。
- 观赏日落。
- 听音乐。
- 看电影。

- 远足或锻炼(每天如此或在你演讲之前)。
- 想想生命中你所感激的事物,比如你珍视的关系。
- 清空你的大脑。
- 从 100 倒数。

调整呼吸

深呼吸是快速缓解焦虑情绪的有效技巧。此外，连续的完全呼吸可以改善你的语气和音质，并使你看上去更好、更自信。

冥想

在脑海中想象你演讲时的画面：与听众开展非语言沟通，回答他们的问题。通过冥想，见证自己的成功。

关注友善的面孔，保持冷静和自信

不可避免，某些听众的出席使你感到更加紧张，他可能是重要的老板，疑虑重重的客户，经常与你意见不合的人或者出于其他原因胁迫你的人。在演讲的开头，你最有可能感到紧张不安，看着友好的听众有助你在最为关键的时刻冷静下来。

注意饮食

注意你的饮食，它们会影响你的紧张情绪。一些人在演讲当天避免或尽量减少咖啡因的摄入以免产生紧张情绪；还有一些人会避免饮用乳制品，因为乳制品会覆盖住嘴巴和喉咙，影响演讲的流畅度。你要留心各种各样的食物和饮料会对你的身体造成什么样的影响，并据此做出相应的调整。

演讲前与听众搞好关系

演讲前，快速放松的有效办法之一是与听众交流。你可以在门口迎接他们，在演讲厅里四处走走，与他们闲聊并设法打破沉默，以便与你的听众相互熟悉起来。

以人为本

如果你的演讲与人有关，听众更有可能相信你对他人所作的承诺，因为人们喜欢听有关人的话题。此外，以人为本使你能够绘声绘色地讲述枯燥的事实和数据，你可以通过以下策略实现以人为本。[8]

将人作为句子的主语

尤其当你在传达数字信息时，将人作为句子的主语会使你的演讲更加人性化。表格 15.1，看看拉蒂莎是怎么做的。

表 15.1　将人作为句子的主语

低　　　效	高　　　效
调查显示，43％的受访者认为年度考评准确反映了工作绩效。	在与员工进行面谈后，我和杰夫以及史蒂夫开展了一项调查，以期了解他们对年度考核的看法。在接受调查的223名员工中，只有43％的受访者认为年度考核准确反映了工作绩效。
这一表述具有说服力，但会让一些听众觉得枯燥且没有人情味。	通过介绍参与对象，这一表述更具说服力：人事专员基于面谈时员工的意见设计了这一调查，最终大量员工参与其中。

在演讲过程中以实名的方式介绍同事

通过介绍组织中的某些成员或相关人员，听众会觉得他们正在逐步了解这些关键人物（见表 15.2）。

表 15.2　在演讲过程中以实名的方式介绍同事

低　　效	高　　效
我将介绍由人力资源团队所开展的调查研究。	我们的人力资源团队,包括杰夫·布罗迪和史蒂夫·崔,在过去两个月内收集了与年度考评和持续考评有关的信息。我们同其他公司的人力资源总监、提供新型持续考评工具的软件供应商以及本公司的员工进行了面谈。今天,我们将公布调查结果。
这一表述很恰当,但通过详细介绍人力资源团队的成员并解释为什么他们能够提供良好的建议可以使其得到改善。	由于将焦点集中于人力资源团队的成员,并解释了为什么他们能够提供有效的建议,这一表述更强有力。

恰当地提及听众的姓名

如果你知道某些听众的姓名,你可以自然而然将其纳入你的演讲内容,这会使你的演讲更具个性(见表 15.3)。

表 15.3　恰当地提及听众的姓名

低　　效	高　　效
尽管管理者认为应运用更好的方法评估绩效、激励员工,但继续实施年度绩效考评仍是一件很普遍的事。	今天上午会议开始之前,我和辛西娅、约翰讨论了年度绩效考评。他们都提到了所认识的在本公司就职的优秀管理者,这些管理者按照规定实施年度绩效考评,但并不认为这一制度有效果,他们认为应该运用更好的方法评估绩效、激励员工。
这是一种恰当的表述但没有特点。本质上,这只是枯燥无味的评论。由于没有提及"实实在在"的人,它缺乏说服力。	这一表述以个性化、关联性的方式说明观点,表明演讲者十分了解听众的经历。

灵活应变

演讲常常会碰到意外状况,熟谙内容有助于你有效应对突发情况。当碰到意外事件时,某些策略可以使你应对自如,具体如下。

提早到达

提早到达使你能够熟悉演讲设备、室内布局和听众,以免出现意外。如果意外发生,你还可以在演讲开始前进行调整。当你第一次在某个地方演讲时,尽可能提前一到两小时到场。

关注听众的需求

听众提问或评论时,演讲可能会偏离主题。如果你只专注于自己的演讲,听众提问时你可能会手足无措。随时准备好适应听众的需求,以便你能据此迅速调整演讲内容。如果你能提前想一想听众可能会提出的问题,在整个演讲过程中你便能对答如流,并能保证演讲紧扣主题。

思维混乱时不要慌张

不可避免的是,所有的演讲者偶尔都会思维混乱。发生这种情况时,你可以尝试一些策略。一个办法是稍作停顿,直到你重拾镇静、恢复思绪,只需几秒钟,你便可以重回演讲主题。在你看来漫长的几秒在听众眼里只不过是短暂的停顿,许多听众甚至不会发觉你的思维产生了混乱。另一个方法是重复你刚刚说过的话(五到六个词),这有助于你恢复思路。

不要将意外状况告知听众

许多演讲者不自觉地将意外告诉听众,例如技术故障、材料放错地方。切记不要对听众提及演讲中的意外状况,因为对于许多听众来说,这更像借口,并且偏离了关键信息,有损你的信誉。如果你能适当调整计划并据此行事,大多数的听众绝不会注意到意外状况。

时刻准备备选方案

如果你打算播放幻灯片,你需要为以下状况做好准备:投影仪故障,你需要在没有幻灯片的情况下演讲;讲义出了问题,你需要准备好脱稿演讲。提前准备好应对这些状况的方案。

了解关键信息

只要你了解三到四条关键信息,并在演讲时加以强调,你就可以在必要时省略演讲的部分内容,同时不会影响演讲的整体效果。

利用演讲厅发挥你的优势

你必然会在各种尺寸和布局的演讲厅中演讲。总的来说,离听众更近,与他们进行眼神交流,这是与观众交流的最好方式。你可以考虑以下建议。

站在方便听众看到你的地方

演讲开始前四处走走,确定一下各类听众的有利位置,这有助于你确定与听众进行目光交流的最佳位置。此外,你可以尽可能地靠近听众,如果听众都坐在后排,而前排的位子空着,你可以离他们近一点以减少空间障碍,或者你可以礼貌地邀请听众坐到前排。

四处走走但避免使听众分心

在超过 5—10 分钟的演讲过程中,你可以四处走走,提升听众的参与度,这一做法吸引了听众的注意力,使你在演讲过程中能够靠近大部分听众。但你的一些动作也可能会分散听众的注意力,例如,过多的走动会暴露你的紧张不安,或由于你站着而听众坐着,离他们太近可能会让他们觉得你在他们的头顶"徘徊"。

有效地利用讲台和桌子

许多演讲厅都设有讲台或桌子,演讲者可以把提示卡和其他材料放在上面。站在讲台或桌子后面有助于突显你的权威,使演讲更加正式。如果你真的用到了讲台,一定要站直,不要倚靠或紧抓讲台,这会让你显得紧张不安。此外,想一想讲台、桌子或者你与听众之间的其他物体是否会造成交流的障碍。如果站在讲台或桌子前,你可以离听众更近,语调也会更加友好随意、平易近人。

非语言交流

依据你的非语言行为,听众会无意或下意识地对你的信誉和信息做出各种各样的判断。国际演讲比赛的主席加里·吉纳德(Gary Genard)针对非语言交流这样说道:

> 演讲者是否感到舒服、站姿如何、怎样走动、用什么样的目光面对听众,以及他的语调和着装,这些因素共同构成了演讲者与听众的非语言交流……优秀的演讲者知道如何走动才能显得勇敢果断。他们的动作和姿势里没有丝毫犹豫,相反,他们通过动作支配着一切。[9]

你可以在演讲中使用**非语言交流 SOFTEN 模型**（SOFTEN model of nonverbal communication）：微笑（smile）、开放式站姿（open stance）、前倾（forward lean）、语调（tone）、眼神交流（eye contact）和点头（nod）。通过恰当的非语言行为，你既可以展现出自信与力量，也可以突显温暖与关怀。[10]

微笑

通过面部表情与听众交流并表现出你对演讲话题的极大热情，当你积极向上、乐观进取时，听众更有可能喜欢你。

开放式站姿

大多数人认为开放式站姿显得人更加热情、更有魅力，而双手叉腰、双臂交叉、跷二郎腿、紧抓讲台或其他物体会拉开你与他人的距离，显示出你的冷漠。双手放在身体的两侧，或者手心向上会让听众觉得你更有魅力。

前倾

面对听众时，微微前倾、挺直身体可以展现出自信与兴趣。相反，身体向后倾斜，无精打采地站着，耷拉着肩膀会显得你胆怯懦弱、缺乏自信。

语调

通过语调展现激情与其他你想表达的情绪。运气发声，确保屋子里的每个人都能感受到你话语中的自信。语速也要合理，语速太快会显得你紧张不安，将语速放慢一点，少做动作会给人留下自信的第一印象。[11]此外，当你语速过慢，许多听众便会无视你的演讲，甚至认为你没有准备好。

分析自己的声音很困难，因为你听到的声音与听众听到的并不一样。[12]你可以将声音录下来，这样便可以分析你的语调和语速；你还可以让信任的人评价你演讲的语调、语速以及声音中所蕴含的情绪。

眼神交流

与听众进行眼神交流是最重要的非语言交流形式。当你与听众四目相对时，你们之间即刻形成了一种联系。眼神交流驱使你关注听众，当你观察其反应时，它有助于分析并调整你的演讲。最为重要的是，眼神交流可以促使听众对你建立信任感。许多人更喜欢通过眼神交流判断信息的可信度。[13]

点头

你可以通过动作表达对听众的认可与接受。例如，点头表明你赞同或承认他人话语的价值；用手、胳膊、身体和头做动作，与听众进行积极的交流。试着解读听众，了解他们有多少精力投入到演讲中。研究表明，大多数听众在上午时精力水平较低，故此时演讲应运用对话式的语调，保持中等力度；在下午和晚上演讲则可以提升力度，增强表现力。[14]

注意保持自然。改善非语言交流的方式需要花费大量时间，你可以逐渐尝试新的非语言交流方式。此外，要意识到人们常常会误读肢体语言，所以你要多关注听众的反应，这样才能明确听众是如何回应你的非语言沟通。[15]

穿着得体

商务人士非常注意自己的穿着打扮，尤其是出席演讲和演说这类重要的活动，你的着装极大地影响着他人对你的看法。最近的一项调查显示，41％的雇主声称着装专业的雇员更有可能得到晋升，在某些特定的行业，如金融服务业，这一比例上升到 55％。[16]

　　大多数的服装都可以归类为正装到休闲装等一系列类型,最常见的种类有正式的商务装、商务休闲装和休闲装。**正式的商务装**(formal business dress)意在显现出领导者的气质和庄重,西装是这类着装的典型,尤其是传统的暗色调西装,搭配上有领的、领尖钉有纽扣的衬衫。对于男士来说,领带是必不可少的。

　　商务休闲装(business casual dress)在该系列中次于正式的商务着装,它在保持高度职业性的同时,意在给人一种舒适、轻松的感觉。根据场合、公司的不同,商务休闲装差异很大,人们对此也有多种理解。据此,商务休闲装可以划分为高规格商务休闲装和低规格商务休闲装。在图 15.2 中,你可以看到三种不同规格的着装:正式的商务着装、高规格商务着装和低规格商务着装。在如今的职场中,商务休闲装是最常见的着装类型。最近的一项调查显示,43%的成年人将商务休闲装视为职场的典型着装。[17]

正式的商务着装

男士
定制西装
礼服衬衫
领带
皮鞋

女士
定制西装搭配套裤或套裙
礼服衬衫
裤袜或短袜
皮鞋

商务休闲装(高规格)

男士
西服外套、运动外套、运动夹克衫
领尖钉有纽扣的衬衫
领带(可有可无)
皮鞋

女士
长裤套装和定制服装
闭趾或闭跟鞋

商务休闲装(低规格)

男士
领尖钉有纽扣的衬衫或马球衫
卡其裤或棉质斜纹裤
皮带和皮鞋
保守的鞋子

女士*
礼服衬衫
便裤或便裙
保守的鞋子

* 女性的标准与男性有很大的不同

图 15.2　职场着装的正式度

休闲装(casual dress)是最不正式的着装,很少出现在商务场合中。[18]尽管如此,一些公司仍旧实行"周五便装日",几乎半数的高管和管理者觉得员工在这一天穿得太过随意了。[19]如果你所在的公司实行"周五便装日",你应确保你的着装仍旧能够展现出职业形象。

你的着装以及着装的正式度传达了一系列信息(参见图15.3)。总的来看,正式的商务着装体现出权威和能力,高规格的商务着装体现出效率和可靠,低规格的商务着装表现出创造力和友好。[20]

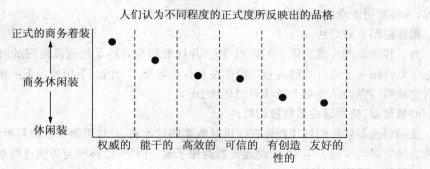

人们认为不同程度的正式度所反映出的品格

资料来源:Peter W. Cardon and Ephraim A. Okoro,"Professional Characteristics Communicated by Formal versus Casual Workplace Attire," *Business Communication Quarterly* 72,no.3(2009):355—360。

图 15.3 职场着装的正式度所传达的信息

商务演讲时,你应该穿得比听众稍微正式一些,此外,还应考虑到你想要传达的信息。年轻的专业人士可能看上去不够权威,缺乏能力,但常常显得十分友好。因此,年轻的专业人士可以穿得更加正式,这样他们能够收获更多。

视觉辅助工具和讲义

通过使用视觉辅助工具和讲义,你的演讲将更富感染力。事实上,许多听众都希望你这样做。本节,我们将讨论如何运用这些工具使演讲更加有效。

使用视觉工具的同时避免分散听众的注意力

在第14章,我们讨论了如何设计幻灯片。除此之外,在演讲中你还可以使用截屏视频——在本章后面的"技术小贴士"中我们将会讨论其相关内容。无论使用什么技术,你的目的都是让自己成为演讲过程的焦点,哪怕你使用了精心设计的幻灯片或者视频,使观众的注意力集中到你身上都不是一件简单的事。当你演讲时,你应牢记以下几点:

演讲时不要关灯

为了让听众更好地观看幻灯片,许多演讲者会关灯,这种做法让幻灯片,而不是你成为了演讲过程中的焦点。此外,昏暗的灯光会让听众昏昏欲睡。在一些演讲厅里,你可以调暗屏幕周围的灯光,但是要确保你依然在观众的视野中。

不要立刻播放幻灯片

演讲的开篇至关重要,仅仅播放幻灯片是远远不够的。至少花一到两分钟与听众密切交流,之后再播放幻灯片。

面对听众,而非屏幕

演讲中最重要的一点是面对听众,有些演讲者总是面对着幻灯片,而背对或侧对着听众。

解读而非朗读幻灯片

如果你仅仅朗读幻灯片的内容,那你只是一个叙述者。当听众阅读幻灯片的速度比你朗读的速度快时,幻灯片成为了主要的信息来源。如果你能详细阐述幻灯片的具体内容并加以个人见解,你将吸引听众的注意力,并成为主要的信息来源。

播放前预览幻灯片

为了将听众的注意力集中到你的身上,并且更加有效地掌控信息出现的时间,播放幻灯片前你需要介绍一下幻灯片的内容。当你在没有任何介绍的情况下切换到下一张幻灯片,听众会不自觉地将注意力从你身上转移到幻灯片上。

如果可以,使用遥控器播放幻灯片

使用遥控器切换幻灯片使你在演讲时能够四处走动,并且更加有效地与听众互动。因为使用键盘的时候需要低头向下看,而遥控器避免了这一问题,使你能与听众进行更多的眼神接触。

不要站在投影仪前面

确保你站在投影区域的一侧,站在投影仪前面会导致两个问题。其一是使得听众观看幻灯片更加困难;更糟的是,这会扭曲你的样貌。

有策略地使用空白幻灯片

如果你打算在不参照幻灯片的情况下长时间演讲,你可以考虑使用空白幻灯片,以免屏幕分散听众的注意力。

有效地使用讲义

一般来说,对于细节信息、数字信息和其他很难在屏幕上展示的信息,使用讲义会有很好的效果。此外,在演讲过程中或演讲后,你可能需要听众完成某些讲义。

但是,讲义会分散听众对你的注意力。与书面沟通相比,演讲的好处在于你有效控制着听众听到的信息。一旦你分发讲义,便可能失去这种控制力,因为听众的注意力会转移到讲义上,从而失去对你的关注。

如果可以的话,等到演讲快结束的时候再分发讲义,这使你能够维持对信息的有效控制。如果在演讲的过程中你需要使用讲义,应思考一下如何分发讲义,才能避免失去控制,尤其是在演讲开始的一到两分钟。听众在演讲的开始阶段会形成许多深刻的印象,许多演讲者由于过多使用讲义,错失了在演讲开始阶段与听众有效交流的机会。

技术小贴士

制作截屏视频

高管、人力资源专员和市场营销专员等商务人士,开始越来越多地使用截屏视频,远距离与受众互动。许多软件包,如 Camtasia、Adobe Captivate 和 Jing 使你能够制作记录电脑屏幕活动的视频,并将其与视频、音频和其他文件相连接。当你制作截屏视频的时候,牢记以下几点:

规划制作过程,进行几次试运行。制作截屏视频需要你同时承担制作人、导演和演员的角色。你可以选择在屏幕上展示的要素,比如 PPT、Excel 表格、Word 文档或其他类型的文件,同时你可以在一旁解说甚至录制你自己的视频。录制完成后,你可以利用许多工具用来编辑视频。

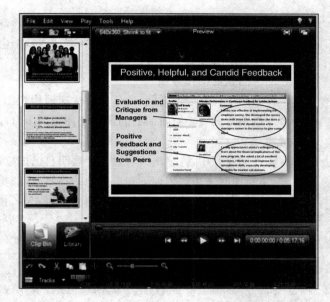

制作简明的视频。大多数的截屏视频都很简短。例如,大多数通过电脑制作并上传到 YouTube 或者制作者个人网站的技术指引视频只有 1—5 分钟。

运用恰当的资源。你可以使用免费的截屏视频软件、便宜的摄像机和麦克风制作截屏视频。然而,当你打算制作专业的截屏视频时,投资购买最新款的截屏视频软件、合适的摄像机和麦克风也是物有所值的。

与听众互动

优秀的演讲者会尽可能地与听众互动,而不会偏离主题或浪费太多时间。与听众互动的方法包括在演讲过程中回答问题,与听众交流并持续跟进。

案例 15.3　有效的互动能提高演讲效果

有位演讲者一上台就问:"朋友们一起来做个游戏好不好?"听众兴趣徒增。他再指导听众操作:"请将左右手腕到手掌边缘的横纹相叠对齐,然后左右手掌重合,再看右手比左手的中指是否要长一点点?"他指导听众操作,自己又示范,形成模仿式互动。结果大家果然发现右手比左手中指要长点,这更加激发起听众的好奇心。演讲者又说:"刚才这个游戏是一位所谓的气功大师的表演。他先装模作样地向听众发气,然后再指导听众做刚才的游戏。结果人人发现自己右手指长了一点。气功大师说是他发气的结果,大家深信不疑。我当时也被愚弄了——朋友们,我可没有愚弄大家的意思啊!"听众大笑之后,演讲者进入正题:"我今天演讲的题目是《相信科学,不受愚弄》。"他以此入题演讲,取得了非常好的效果。

评述:

与听众进行有效互动,不仅可以引人入胜,切题准确,而且后续也有很好的汇报效果。

回答问题

一般来说,演讲都包含问答环节。你可能在演讲的结尾或者整个演讲过程中邀请听众提出问题。回答问题不仅有助于你表达对听众疑惑与需求的关切,你还可以借此机会对某些问题做进一步说明或更正前期内容。当然,回答问题也面临着许多风险,听众的问题可能很难,甚至偏离主题。应对之策便是在满足提问者需求的同时,强化你的关键信息。你可以尝试以下策略,以使问答环节尽可能流畅有效:[21]

在回答问题前稍作停顿

这样做给了你反应的时间,使你能够快速地构想出最好的答复,同时也会让听众觉认为你是一个深思熟虑的人。有时回答问题会让你感到压力,此时停顿有助于你镇静自若。

诚实

在问答的过程中,许多演讲者过于想表明自己的立场,以至于他们回答时夸大其词或过于自信,这是错误的做法。当你不知道问题的答案时,应勇敢地承认并解释说你非常想知道问题的答案,希望稍后能就此进一步沟通。请注意表 15.4,拉蒂莎在不知道问题确切答案的情况下是怎么做的。

表 15.4　诚实

低　　　效	高　　　效
问题:你刚才说管理人员会喜欢这一新系统,但并未指出该系统的哪些方面会让管理人员产生不满。对我来说,我担心这一系统会削弱我的威信,阻碍真正的变革,尤其是当其他雇员给予太多正向反馈时。所以,难道你不认为这一系统会让一些管理者感到不满吗?	
回答:这是我第一次听到这样的顾虑,我认为管理人员最初可能会有这样的担忧,但继续使用这一系统后会发现,事实上他们被赋予了更多的权力,而非有损威信。	回答:现在,我还没有准备好这一问题的确切答案,但我认为这是一个亟待解决的问题。也许人力资源团队可以让公司的部分员工使用这一新系统,并将他们的使用经验及管理者面临的挑战告诉我们。如果你觉得这一方法可行,我和人力资源团队将大致解答你的问题,并在一周内给整个高层管理团队发送邮件。
拉蒂莎的回应掩盖了她没有掌握足够信息,无法给出确切答复的事实。尽管她尝试着扭转这一问题,但她忽视了一些听众的真正忧虑。	拉蒂莎声称她不知道问题的确切答案,但她表现出可以通过可靠来源获得答案的意愿,并保证在一周内提供相关信息。总的来说,她通过坦率、有利的回应获得了信任。

表示感谢

回答问题使你能够与听众建立情感的联系。通过真诚地表示感谢、承认问题的重要性,以及其他体现提问者价值的方法,你也可以达到同样的效果。见表 15.5,拉蒂莎是怎么做的。

表 15.5　表示感谢

低　　　效	高　　　效
问题:你认为推行这一新系统会有风险吗? 由于反馈是公开的,管理人员和雇员是否会隐瞒他们对于别人绩效的真实看法。	
回答:事实上,这一系统允许进行私下反馈,因此……	回答:这是一个好问题。我们同四五位实施持续考评的人力资源总监进行过交流,他们每一个人最初都有这样的顾虑。事实上,当员工和管理人员提供负面或敏感反馈时,他们可以进行私下反馈……
这是一种良好、理性的回应,但如果首先承认问题的重要性,回答会更加有效。	通过简短地承认问题的重要性,拉蒂莎表现出对这一顾虑的密切关注,以及 Eastmond 公司极力促进沟通交流。这一回应十分理性、极富情感。

简洁

简短的回复十分有效,原因在于:首先,可能只有少数几个听众对这一问题感兴趣。其次,回答越长,就越有可能偏离或过多地重复关键信息。一个简单有效的方法是将回答控制在20—45 秒。在问答环节密切关注听众的反应,观察他们是否仍旧感兴趣。在表 15.6 中,注意拉蒂莎两种不同的回答方式有何区别。

表 15.6　简洁

低　　效	高　　效
问题:你刚刚提到了 Peakster Computing 的一些成功案例,你能否列举一下其他三家公司一些例子?	
回答:当然,我可以列举许多例子。现在让我来谈谈其他三家公司……(持续 3—4 分钟,大部分时间都在重复同样的关键点)	回答:我们随时可以分发讲义,里面含有有关调查的全面信息。讲义里有与我们合作的四家公司的案例,你会发现 Peakster Computing 的结果与其他三家公司十分相似。
这一冗长的回答会使一些已获知关键点的听众失去兴趣。	在这一简单的回答中(大约 20 秒),拉蒂莎提供了新信息(在讲义中),她谈论了这些信息但没有一味重复关键点。这一回答迎合了大多数听众,使听众获得其他公司的额外信息。

重新组织听众的问题

你的演讲应该有清晰的目标,当听众的问题偏离你的议程时,你应巧妙地重新组织对话,使其符合你的目标。就像拉蒂莎在表 15.7 的案例中所做的那样。

表 15.7　重新组织听众的问题

低　　效	高　　效
问题:我十分怀疑我们公司是否会获得你所说的激动人心的成果。软件程序有助于我们降低员工流失率吗?	
回答:好吧,事实上,我不能保证任何事。但是,我可以确切地告诉你,这些软件平台在我们咨询的每一家公司都发挥了巨大的作用。我认为我们也可以取得相似的成果。	回答:我认为,以更加积极、更具激励性的方式关注绩效,有助于降低员工流失率。从其他公司身上我们认识到,它们之所以成功地运用了这些软件,是因为创造了一种绩效文化。在这种文化氛围中,管理人员和员工相互给予更频繁、更积极、更真实的反馈,是员工流失率降低的主要原因。因此,我想说的是,借助软件工具的帮助建立这样一种文化有助于我们降低员工流失率。
这个问题质疑了技术(软件平台)能够发挥作用这一基本的前提,可能引起其他听众的怀疑。尽管这一回答是正确的,但它并没有重新组织问题,将焦点集中到管理人员和员工如何相互帮助上。	这一回答重新组织了对话,强调管理人员和员工相互鼓励,以改善绩效水平是降低员工流失率的关键驱动力。这一回答成功重构了问题并解答了提问者的真正顾虑:技术不是解决问题的手段。

交流与跟进

演讲结束时,你的工作并没有完成,这时是营造氛围、与听众进一步交流的好机会。你可以获得追加反馈,与听众讨论未来的努力方向。

与此类似，在活动结束后的一段时间里，你也可以与听众保持联系，履行提供附加信息的承诺。如果可能的话，你可以发一封简短的邮件，感谢出席的听众，使演讲转变为持续的职业关系。

有效的团队演讲

在职场中，团队演讲必不可少。团队演讲与个人演讲的原则相同，需要在演讲前针对这些问题制定好相应的计划。你应牢记以下要点。

明确共同的目标与关键信息

团队演讲的首要挑战是确保演讲的凝聚力。如果你们拥有一致的目标与关键信息，团队演讲将更有凝聚力、更加流畅、更能感染听众。在团队演讲的准备阶段，你和你的队友一定要明确演讲的目标与关键信息。

决定演讲角色

在演讲的准备阶段，你们应决定如何收集、分析并展示信息。同时，你们也应决定每个人的演讲模块。思考哪些成员适合讲解特定类型的信息，哪些成员适合开始或结束演讲。演讲角色是至关重要的，除此之外，在演讲的整个准备阶段，你们需要进行团队讨论并做出集体决策。团队常犯的一个错误是在准备演讲时，安排不同的成员收集信息，之后大家独立工作直到演讲开始，这种做法通常会让演讲显得杂乱无章。此外，团队演讲常常忽视的一个问题是，安排某些成员专门回答听众的提问，相反，你们应确保安排不同的成员回答不同类型的问题。

并肩作战，团结一心

团结一心的团队让人印象深刻。队员相互间尽可能站得近一点，不时地点头表示赞同能够展现出对队友演讲的兴趣。同样地，无论你是否在演讲，与听众保持眼神交流，也能展现出对他们的关注。此外，你们应协调一致确保统一着装。

引用彼此的观点

在演讲过程中引用彼此的观点，不仅能够确保你与队友观点的一致性，还能够展现出团队的团结一心。"正如拉蒂莎所说……""杰夫对……的说明"这类措辞表明团队为此次演讲做了细致的准备。

有效过渡

你与队友应流畅地转换演讲角色。一些简单的措辞能使角色的过渡更加有效，如"我刚刚向你们解释了员工参与度将如何提升生产率和利润率。现在，将由拉蒂莎分享一些改善员工参与度的方法。"但是，在进行角色过渡时，注意不要剥夺队友展示关键观点的机会。例如，请看以下过渡方式："现在，将由拉蒂莎讲解持续考评将如何提升员工参与度。她将展示一些促进多元反馈与认可的工具，并解释在每年 10 000 美元的预算下，我们将怎样使用这些工具显著提升员工参与度。"这一过渡方式使拉蒂莎不能选择关键信息与关键点出现的时机。简而言之,角色的过渡应有助于队友走向成功,而不是喧宾夺主。

做一名忠实的听众

更多时候,你是一名听众而不是演讲者。你应认真对待这一角色,尽你所能支持演讲者。首先,与演讲者保持眼神接触,坐直身体能展现出你对演讲的兴趣。此外,不要做一些可能让演讲者分心的举动,例如看手机或者打哈欠。当你评论或提问时,你应帮助演讲者聚焦关键信息。在公开场合,你可以对演讲者表示感谢;而在私下,你可以为演讲者提供建议,使演讲变得更好。

做一名忠实的听众有许多好处。多数情况下,你与演讲者有着共同的职业兴趣,演讲的成功是演讲者与听众共同努力的结果。此外,当你演讲时,由于你拥有忠实听众的声誉,因此听众也会尊重你的演讲。如果你想要进一步了解演讲,你可以阅读詹姆斯·罗伯逊的"沟通知识问答"模块。

案例 15.4　最暖心的倾听者

2017 年 9 月 1 日,央视播出电视节目《开学第一课》。节目中请到了中国著名翻译家许渊冲先生。为了能够与许渊冲先生更好地交谈,董卿在和他交流的时候曾三次跪在了地上:第一次,是董卿在向孩子们介绍许渊冲先生小时候的英语水平时,她跪在他身边,带着崇拜又尊敬的眼神向许老提问;第二次,是董卿和许渊冲先生谈论他的工作,许老刚要仰起头回答,董卿就立刻单膝跪下,与他保持平视;第三次,是谈到许老每天晚上都要读一篇莎士比亚的作品,董卿带着关切又有点心疼的语气问他晚上几点睡觉。三个问题,三次跪地,网友们看后都纷纷对董卿点赞,称赞她是最暖心的主持人及倾听者。

评述:

董卿认真倾听,能时刻考虑到演讲嘉宾的需求与不便之处,是节目成功的关键因素之一。

沟通知识问答

与商务专业人士的对话

詹姆斯·罗伯逊(James Robertson)是时代华纳基础设施服务公司(Time Warner Enterprise Infrastructure Services)的首席技术建筑师,曾在特纳广播公司工作过 16 年,运行过一个超过 200 名 IT 专业人士的全球运营团队。

彼得·卡登:一般情况下,演讲会按照期望的进行吗?

詹姆斯·罗伯逊:演讲时,你会碰到许多问题,从视听设备故障到幻灯片出问题,再到听众的走动。事先花几分钟确认一切就绪,并设想演讲中可能碰到的麻烦,提前准备应对方案。解决这些问题的关键是熟悉演讲主题、了解听众并练习演讲,这样,就算出现了技术问题,你也能够顺利演讲。

最难计划的是人为因素:对于你所传达的信息,听众的反应怎样? 他们是否会赞同你的观点? 在问答环节他们会大胆发言还是沉默不语? 设想一下,如果你在听这样一场演讲你会问什么问题,预测问题的答案将帮助你顺利完成演讲。

彼得:与听众交流时有哪些关键点?

詹姆斯:我认为舞台背景需要与你所演讲的主题相匹配。在言语间不经意地表达主题会使演讲的开头强劲有力,从一开始便吸引听众的注意力。你可以通过引用杂志或报纸上的内容、电视上新闻或曾经的生活经历来开始演讲,关键在于确保你能架起演讲开头与主题之间的桥梁。

演讲时,永远面对着听众,而不要侧对着他们。演讲结束时,结尾应强化所要传达的信息,你可以引用生活经历或者总结一下你刚刚探讨的内容,但要控制在三个要点之内,确保听众可以记住,并且这三大要点概括了演讲主题的本质。

彼得:对于年轻的专业人士,在拓展演讲技能方面你有什么建议?

詹姆斯:事业的成功主要取决于你"讲故事"的能力。(1)保持自信和说服力。无论是为了筹措资金而介绍项目还是向员工传达目标,保持自信和说服力都十分关键;(2)培育信誉。人们会追随他们信任的领导,因此培育你的信誉至关重要。(3)提高与听众交流的能力。综上,你应寻求演讲的机会并磨练你的演讲技能,并使它成为你最重要的技能之一。

本章小结

学习目标 15.1:描述演讲如何影响你的信誉。

演讲展现出你的个人信誉。

当你熟知并提供有价值的内容时,演讲展现出你的能力。	当你回应听众的期望时,演讲展现出你对他们的关怀。	当你表现得诚实率真时,演讲展现出你的品格。

学习目标 15.2:真实自信地演讲,影响你的听众。

建立存在感的原则		
● 建立信任。	● 以人为本。	● 利用演讲厅发挥你的优势。
● 保持真实性。	● 强有力的开头和结尾。	● 非语言交流。
● 熟悉材料。	● 灵活应变。	● 成功的着装。
● 自信演说。		

以人为本的原则	
● 将人作为句子的主语。	● 提及听众的姓名。
● 以实名的方式介绍同事。	

在表 15.1、表 15.2 和表 15.3 中你可以看到以人为本的案例。

灵活应变的原则		
• 提早到达。 • 关注听众的需求。	• 思维混乱时不要慌张。 • 不要将意外状况告知听众。	• 时刻准备备选方案。 • 了解关键信息。

学习目标 15.3:演讲时运用非语言交流 SOFTEN 模型。

SOFTEN 模型的原则		
• 微笑(Smile) • 开放式站姿(Open stance)	• 前倾(Forward lean) • 语调(Tone)	• 眼神交流(Eye contact) • 点头(Nod)

学习目标 15.4:使用幻灯片和讲义,有效地补充你的演讲。

使用幻灯片的原则		
• 大部分情况下不要关灯。 • 不要立刻播放幻灯片。 • 面对听众,而非屏幕。	• 解读幻灯片,而非朗读它的内容。 • 播放前预览幻灯片。 • 使用遥控器播放幻灯片。	• 不要站在投影仪的前面。 • 有策略地使用空白幻灯片。

学习目标 15.5:与听众有效地互动。

回答问题的原则		
• 在回答问题前稍作停顿。 • 诚实。	• 表示感谢。 • 简洁。	• 重新组织听众的问题。

在表 15.4、表 15.5 和表 15.6 中你可以看到回答问题的案例。

学习目标 15.6:准备有效的团队演讲。

• 明确共同的目标与关键信息。 • 并肩作战,团结一心。	• 决定演讲角色。 • 有效过渡。	• 引用彼此的观点。

关键术语

商务休闲装
非语言交流 SOFTEN 模型

正式的商务装
休闲装

讨论练习

15.1 章节回顾问题(学习目标 15.1、15.2、15.3、15.4、15.5)
对于以下每一个选项,用一两段内容加以回答。

A. 讨论在演讲前、演讲过程中和演讲后，你将如何建立信誉。

B. 描述真实对演讲的重要性，讨论你将如何排练演讲并保持真实性。

C. 讨论在演讲前和演讲过程中克服紧张恐惧的一些方法，描述对你而言最有效的三种方法。

D. 描述使你成为听众焦点的方法。

E. 解释非言语交流 SOFTEN 模型。

F. 描述使用幻灯片和讲义的同时不分散听众注意力的方法。

G. 描述在演讲过程中或演讲后有效回答问题的方法。

15.2　沟通问答(学习目标 15.1、15.2、15.3、15.4、15.5)

阅读对詹姆斯·罗伯逊的采访，回答以下问题：

A. 当出现技术故障时，罗伯逊有什么建议？

B. 与听众交流时，他给出了哪些要点？

C. 他认为什么最难准备？为什么？

D. 针对演讲的开头和结尾，他是怎么解释的？

测评练习

15.3　评估有效的演讲(学习目标 15.2、15.3、15.4)

想一想你最近参加的一场有效的演讲。用三到五段内容，说明其有效的原因。在你的分析中，应包括以下几个方面。如果必要的话，你可以参考第 14 章与开篇—正文—结尾有关的内容作为补充：

A. 描述这场演讲。

B. 关键点。

C. 开篇。

D. 正文。

E. 结尾。

F. 幻灯片和其他视觉工具。

G. 非语言行为。

15.4　评估企业演讲(学习目标 15.2、15.3、15.4)

上网找一场你感兴趣的商务演讲。一般情况下，在公司网站、YouTube 或商务网站(例如 CNBC)上你可以方便地找到演讲(通常在媒体、新闻室或投资者版块)。评估这一演讲。在你的分析中，应包括以下内容。如果必要的话，你可以参考第 14 章与开篇—正文—结尾有关的内容作为补充：

A. 描述这场演讲。

B. 关键点。

C. 开篇。

D. 正文。

E. 结尾。

F. 幻灯片和其他视觉工具。

G. 非语言行为。

15.5 分析你最近一场演讲(学习目标 15.1、15.2、15.3、15.4、15.5)

想一想你最近的一场演讲,用三到五段内容解决以下问题。如果必要的话,你可以参考第 14 章与开篇—正文—结尾有关的内容作为补充:

A. 描述这场演讲。

B. 关键点。

C. 开篇。

D. 正文。

E. 结尾。

F. 幻灯片和其他视觉工具。

G. 非语言行为。

H. 如果你再次演讲,你会改进的三个方面。

15.6 使用录像设备录下你的演讲(学习目标 15.1、15.2、15.3、15.4、15.5)

录下你的一场演讲并完成以下工作:

A. 在演讲后立即描述你对自己表现的基本印象。

B. 按照以下要求,观看三遍录像:

- 第一次观看时,注意演讲的总体影响。
- 第二次观看时,关闭声音,注意你的非语言行为。
- 第三次观看时,闭上眼睛用耳朵去听。注意你的语速、音量、音高、变化和激情。

完成步骤 A 和 B 之后,回答以下与你的演讲有关的问题:

A. 你的开场效果如何?

B. 你的非语言沟通效果如何(例如音质、与听众的眼神交流)?

C. 你演讲的内容效果如何(例如与听众的相关度、逻辑顺序、影响力)?

D. 你的演讲说服力如何?

E. 你在多大程度上与听众建立了联系?

F. 总的来看,你的口头演讲有哪两大主要优势和主要劣势?

G. 如果你再进行一次相同的演讲,你会在哪三个方面做出调整?

H. 你认为你最需要提升哪两项演讲技能?请说明。

应用练习

针对练习题 15.7—15.10,准备 5—10 分钟的演讲。首先,你应识别关键信息并根据教材中的内容分析你的听众。开篇、正文和结尾应清晰而富有说服力(见第 14 章)。如果由你的老师指导演讲,你还应制作幻灯片。

15.7 为 Better Horizons 信用合作社的董事会做演讲,建议其改变运营方向(学习目标 15.1、15.2、15.3、15.4、15.5)

假设你是克里斯蒂娜·拉索(见第 10 章)。根据第 10 章的内容,为董事会做一场演讲,主题为构建营销策略、为年轻会员提供产品。你可以根据图 10.4 准备这场演讲。

15.8　为大学生做演讲,主题为加入 Better Horizons 信用合作社(学习目标 15.1、15.2、15.3、15.4、15.5)

假设你是哈尼·佐格比(见第 10 章)。根据第 10 章的内容,为大学生做一场演讲,说服他们加入 Better Horizons 信用合作社。你可以根据图 10.6 准备这场演讲。

15.9　通过演讲邀请人们参加希望步行马拉松(学习目标 15.1、15.2、15.3、15.4、15.5)

假设你是哈尼·佐格比(见第 10 章)。根据第 10 章的内容,准备一场演讲,鼓励信用合作社的会员参加希望步行马拉松。你可以根据图 10.8 准备你的演讲。

15.10　做一场演讲,主题为轮班制的变动(学习目标 15.1、15.2、15.3、15.4、15.5)

假设你是胡安·埃尔南德斯(见第 11 章)。根据第 11 章的内容,为员工做一场演讲,主题为轮班制的临时变动。你可以根据图 11.4 准备你的演讲。

16

求职沟通

学习目标

学习本章后,你应该掌握以下几点:

16.1　在求职过程中找出你的关键优势。

16.2　寻找你感兴趣的工作,评估雇主的基本需求。

16.3　建立简历和求职信的信息结构。

16.4　通过有效的语调、风格和设计,强调你的资历。

16.5　制作时间序列简历和功能性简历,突出个人优势。

16.6　撰写高效的求职信,突出你的关键优势。

16.7　检查你的简历和求职信,保证其内容真实准确,达到预期的效果。

16.8　为回答常见的面试问题制定策略。

16.9　说明面试结束后应遵守的礼仪。

16.10　说明辞职时应遵守哪些礼仪,怎样才能做到姿态优雅、目光长远。

为什么这很重要?

　　求职往往让人精神振奋。人们希望借此开始一段新生活,拥抱更多的可能。但这也让许多求职者倍感压力、心神不宁。近年来,由于经济衰退,求职者的数量已经超过了工作岗位的数量。但是,如果你下定决心、耐心等待并做好规划,就一定能找到工作,推动职业生涯的发展。本章将集中探讨如何拓展一系列的求职技能,使你能够识别并强化个人的特点,满足雇主的需要。快速阅读以下案例,它为本章的其他例子奠定了基础。

本章案例:哈尼和贾克琳找工作

　　涉及人物:

　　哈尼·佐格比:在 Better Horizons 信用合作社担任市场专员和信贷员。佛罗里达州立大学

(Florida State University)2015届的学生；主修专业：金融学；辅修专业：活动管理

贾克琳・佩哈：Better Horizons信用合作社技术部门的实习生；主修专业：商业信息系统

情景：

哈尼・佐格比快要毕业了，她在Better Horizons信用合作社已经工作了五年，并且她的职业安全感很高。在Better Horizons，她经常协助促销活动的开展，有时甚至有机会指导促销活动。但是，她花在市场营销上的时间还不到她工作时间的一半。哈尼想要一份能够承担更多责任的工作，这样，她可以将更多的时间花在创新性的营销活动上，挣更多的钱。与哈尼一样，贾克琳也快毕业了，正在找工作。但与哈尼不同的是，她的工作经验比较少。

任务：

1. 哈尼和贾克琳打算写一份简历，具体描述她们的特点。
2. 哈尼打算写一封求职信，向雇主介绍自己，展现她的价值。
3. 哈尼希望通过面试，证明自己已经为这份工作做好了充分的准备。

运用 AIM 规划过程，撰写简历和求职信

为求职做准备与为其他形式的商务沟通做准备相似，包括分析受众（满足雇主的需要），发展观点（找出你的关键优势）以及建立信息结构三部分内容。而你的最终成果——求职信和简历——则要说明你将如何满足未来雇主的需要。

鉴定出你的关键优势

首先，仔细思考你的职业抱负，评估自身的资质，以便简历和求职信符合你的长期职业兴趣。在这一阶段，你需要阐明你的短期（1—2年）职业目标与长期（5—10年）职业目标，明确你在学校和工作中所掌握的技能并区分你的职业属性。就像其他形式的商务沟通一样，你要试图了解你的哪些特点最重要并且最具竞争力，这样你才能简明扼要地说服未来雇主，使其相信你将为他们带来价值。

案例 16.1　优势的重要性

黄涛毕业于北京某大学的工商管理专业，在某次大型招聘会上，他看中了国内著名的汽车代理公司所提供的营销员岗位，该岗位要求应聘者具备市场营销的专业背景和较强的市场开拓能力。专业背景是黄涛应聘该岗位的劣势，黄涛担心自己递交简历后，招聘人员直接因为硬性条件淘汰了自己。黄涛为赢得面试机会，充分挖掘整合自己在市场开拓方面所具备的知识及实习经历，强调自己的相关优势，以弱化非市场营销专业出身的不足。在递交简历前，他与招聘人员展开充分交流，列举自己大四期间在某汽车销售公司实习时，参与了市场开拓，经过团队成员的通力合作，获得年度最佳市场开拓奖等。听了黄涛的相关实习经历及积累的专业知识，招聘人员认为尽管黄涛没有市场营销专业的背景，但其专业能力并不逊色，突

出的相关实习经历成功吸引了招聘人员的注意力。三天后,黄涛接到了面试通知并顺利拿到录用通知。

评述:

针对岗位要求,黄涛找出了自己的主要优势,取得了工作机会。

个人调查表能帮助你了解自身兴趣、才能和特质(见图 16.1 中哈尼的自评调查表)。首先,你要写下你的职业目标。哪怕你没有清晰的职业目标,也要尽可能想一想 5—10 年内,你打算从事哪种类型的工作。制定目标时,给自己充分的时间对职业生涯进行深刻的自我剖析。

哈尼·佐格比
2015 年 4 月 1 日
我的职业目标
1. 在信用合作社扮演开发并推广金融服务的领导角色
2. 五到十年内,在信用合作社市场营销部担任要职
我最突出的业务能力
1. 与客户和供应商建立牢固的业务关系
2. 通过推荐、研讨会、邮件和社交网络为信用合作社吸引新会员
3. 组织会员参加信用合作社赞助的理财讲座和社区活动
我最突出的职业品质
1. 为人可靠、值得信赖,能够负责重要的活动
2. 在开展营销和促销活动时具有创新精神、富有创造力
3. 对信用合作社这一行业充满热情
我需要改善的地方
1. 开展客户调查、进行数据分析、汇报调查结果
2. 在当地社区之外赢得声誉

图 16.1　个人调查表:职业兴趣以及与工作有关的才能和特质

在求职过程中,确定职业目标有以下几点好处。首先,职业目标的确定有助于你构思简历和求职信,使其反映出你的职业期望。其次,通过确定职业目标,你能判断你的才能和特质在多大程度上符合你所期待的工作,使你明确最需要改进的地方。最后,这一做法使雇主相信你是一个严谨的人,因为清晰的职业目标往往意味着严谨的工作方式。

明确了职业目标后,你还需要了解你具有哪些才能和特质。[1]**才能**(abilities)是为了完成工作任务所运用的技术和知识。**特质**(attributes)是个人的特点和品质。在求职过程中,雇主所看重的不仅仅是你的才能,还会判断你的个人特点和品质。这些判断常常以形容词的形式出现,例如可靠的、善于分析的或以人为导向的。这些特质很难精确地度量,但它们反映出你能在多大程度上适应公司的文化,为工作付出多少努力、做出多少承诺以及将如何影响他人的工作。

雇主会综合考虑你各方面的特质,从而判断你能否与团队产生良好的化学反应——人力资源管理的专业人士认为这一无形要素很大程度上决定了他们是否会雇用这名求职者。15% 的 HR 专业人士认为才能和特质在决策过程中占据着 75% 甚至更大的比重,而几乎 39% 的 HR

专业人士认为它在决策过程中占据着 50% 左右的比重。[2]

分析才能与特质的一种有效方法是判断其可信度。为了达到这样的目的,你应考虑能力(完成工作任务的才能)、关怀(维持有效的工作关系的才能)和品格(拥护公司规范和标准的才能)特征。能力强调的是完成工作任务的技术和技能。在表 16.1 中,你会看到在才能和特质两个维度下,与能力、关怀以及品格有关的一些例子。

表 16.1　在求职过程中,这些才能和特质有助于建立信誉

	才能(技能和/或知识)	特质(持久的工作方式)		
能 力 (任务)	特长(例如市场营销、金融) 公司/行业 技术 分析/研究调查	成就导向 有抱负的 善于分析的 独断的 富有创造力的 乐观进取的态度 好奇的	坚定的 细节导向 创业精神 独立的 好问的 富有激情的	问题解决者 足智多谋的 结果导向 寻求挑战 首创精神 富有远见的
关 怀 (关系)	沟通/人际交往 团队工作 情商 领导力 跨文化沟通	客户导向 民主的 换位思考的 以人为导向的 有说服力的	鼓舞人心的 忠诚的 富有动力的 团队导向的 宽容的	反应迅速的 敏感的 支持的 灵活的 大度的
品 格 (价值观)	了解企业的文化与价值观 为公司的成功恪尽职守 商业道德	有责任的 坚定的 坚决的 专注的 可靠的	公平的 努力的 诚实的 开明的 积极的	可靠的 负责的 坦率的 可信的 公正的

了解潜在雇主的需求

雇用等同于一笔巨大的投资,除非你能满足雇主的需求,否则这笔投资不会发生。进行一次全面的岗位搜索,仔细分析哪些与你的才能和特质最匹配,进而最大程度地满足雇主的需求。

全面的岗位搜索

找工作会耗费大量时间,从看到招聘启事到提交申请,整个过程通常要经过 3—6 个月(某些行业甚至需要更长的时间)。如果从一开始便开展全面的岗位搜索,寻找最有前景的工作,你将节省很多时间,并更有可能找到与你兴趣相符的工作。

利用一切资源了解相关信息,确保你申请的工作真正适合你。在你就读的学院或大学里,很可能设有职业规划中心,你可以花时间与那里的专家沟通并制定相应的计划,尽一切可能寻找与你的兴趣和能力相符的工作。此外,你可以加入一些职业组织或访问它们的网站来了解工作的情况,还可以参加校内外的招聘会,寻找工作的机遇,在竞争中锻炼社交本领。

当然,还有很多求职网站(如智联招聘、前程无忧),你所在的学院或者大学也可能推荐过特定的网站。你不仅要通过网络了解相关信息,同时也要与朋友、亲戚和同事保持联络,尽管我们身处网络时代,但大多数的就业机会仍然来自于熟人的介绍(见表 16.2)。[3]

表 16.2　职业社交网络最常见的来源

技　　　能	比　例(%)
1. 朋友/亲戚	67
2. 同事	56
3. 上级或管理者	26
4. 专题讨论会、贸易展览、大型会议	26
5. 客户	25
6. 商务会议	24
7. 职业团体/贸易协会	22
8. 寻找工作和求职网站	19
9. 职业社交网站(例如领英)	19
10. 社交网站(例如 Facebook)	16
11. 导师和教练	12
12. 招聘会	8
13. 校友会	6
14. 教授	5

注:数据为使用这些求职社交网络就业的雇员比例。

资料来源:Originally published as,"SHRM Poll:Personal Connections Still Preferred Way to Network," by Kathy Gurchiek. Copyright © 2009, Society for Human Resource Management, Alexandria, VA. Used with permission. All rights reserved.

分析潜在雇主的需要

仔细阅读并分析招聘启事是了解雇主需求最有效的办法之一。将招聘启事中对才能和特质的要求进行分类整合(例如,图 16.2 中哈尼对工作启事的内容进行分类整合),你便能快速判断你是否符合这些标准。如果你符合这些标准,你便可以着手构思简历和求职信,突出这些才能和特质。

除了分析招聘启事外,你还可以使用其他方法以了解公司需要什么样的人才。一些招聘启事中提供了公司代表的联系方式。你可以打电话给他,表达你对这份工作的兴趣,了解更多与工作有关的信息。通过这样的方式,你不仅与一位有影响力的公司代表取得了联系,还获得了招聘启事中没有提供的信息。

此外,你要尽你所能了解这家公司。你可以花时间研究公司的战略目标及其面临的独特挑战,思考在公司的计划中你将发挥什么样的作用。

案例 16.2　商鞅变法

为增强秦国实力,在争霸中处于有利地位,不被别国吞并,秦孝公即位以后,便下令广招贤能,决心发愤图强,提升军队战斗力和秦国的经济实力,成为六国中最强的国家。在这样的政策激励下,商鞅带着自己一整套变法求新的发展策略自魏国入秦,推行新法,废井田、重农桑、奖军功、实行统一度量衡和郡县制等,迅速将秦国发展成为战国后期最富强的国家,深得秦孝公信任。

评述:

商鞅正确地将自身的才能与秦国当时所需人才的岗位需求相匹配,充分地发挥了自己的作用。

工作概要	信用合作社区域营销专员
地点 84341 **工作类型** 全职 **参考代码** 831481809	**组织:**安格联邦信用合作社(Anchor Federal Credit Union Network) **学历要求:**大学本科 **经验要求:**1—3 年 **岗位描述:** 　　与安格联邦信用合作社的管理人员一同策划当地的市场推广活动,宣传信用合作社的会员业务。协调各项活动,包括原材料供应、价格制定、活动持续时间、预算编制、营销支持和员工安置,跟踪活动的成效并为未来的活动提供建议。此外,还负责收集、维护与目标市场状况相关的数据。不出差的时候,负责多方面的营销与支持工作,包括一般营业推广、会员调查、宣传品制作、给退休职工发送邮件和营销副总裁分派的其他项目。 **岗位要求:** 开展个性化营销活动,支持分公司的发展和代理商的项目。 到全国各地出差,组织活动。 分析市场状况,确保营销活动符合特定区域的人口状况,提供每一地区的年度人口统计简况。 为每项活动编制预算,编制每月实际费用与预算的差异报告。 邀请外部供应商参与营销活动,积极推动职工和外部财团参与营销活动。 与分公司的副总裁和助理副总裁共同设置每个项目的优先次序及目标,跟踪每个项目的成果,分析其成功或失败的原因,分发报告以供审查。 为分公司和部门经理追踪市场库存,确保供应及时并合理控制存货水平。 发送邮件,开立新账户或保留原有账户。 给部门经理和 BCO 经理定期发送邮件,改善整个机构的关系。 定期联系人力资源经理、部门经理和 BCO 经理,制定项目程序,协调财务策略研讨会,维护组织的整体关系。 履行其他分派的职责。 **任职资格** ＊ 应试者必须能接受短途出差。 ＊ 至少有 2 年区域营销与销售的经验。 ＊ 应试者必须具备演讲技能及经验。

所需具备的才能
营销技能:本土化营销、市场分析、市场报告(书面报告和口头报告)、利用推销信和邮件吸纳新会员、组织研讨会。
关系管理:与分公司的管理人员一同组织当地的市场推广活动并制定营销策略;为活动配备人员;维护组织内部的关系以及与外部供应商的关系。
沟通:分发日程表,分析并讲解营销报告,鼓励参与、进行销售宣讲。

所需具备的特质
雄心勃勃:组织活动时必须积极主动,能够如期完成工作。
富有创造力:策划引人入胜的市场推广活动。
有条不紊:管理许多并行项目,同时开展多项活动,维护人际关系。

图 16.2　分析招聘启事,了解关键需求

建立简历和求职信的信息结构

简历应体现你能为公司带来哪些价值,中心明确的简历更具说服力。因此,在制作简历的时候,你只需着重突出两三项才能和特质,以此说明你将如何满足雇主的需求。

许多求职者常见的错误是展示出他们所有的特长,这反而会使信息过于分散,无法突出主要才能和特质。

尽管制作双页简历的人越来越多,但总的来说,单页简历还是更受欢迎。[4]作为一名大学生,单页简历就够用了。如果简历超过了一页,你的主要优势很有可能模糊不清。尽管将所有的经历压缩成一小段并不容易,但是,高管们更有可能抱怨简历里的信息太多而非内容太少。[5]通常,简历应包含以下几个主要部分:姓名、职业概要或目标、教育背景和经历。

姓名

大多数简历以姓名和联系方式开头,招聘人员可以轻易地获取你的联系方式(例如地址、电话、电子邮箱)。但是,切忌将任何无关信息纳入进去,例如非正式的电子邮箱。

概要或目标(可随意选择)

现在,许多专业的求职者会在姓名版块后简单介绍一下他们的综合能力。他们通常将这一版块称作"资历概要""技能概要""职业概要"或其他类似的名字。这一版块通常只有5—10句话,简述求职者所取得的主要成就以及主要才能和特质。总的来说,这一版块与主题密切相关。

除了简单介绍一下他们的综合能力外,一些专业的求职者还会用1—2句话描述他们的求职目标(job objective)。大约5—10年前,大多数的人力资源专业人士还十分看重求职者的求职目标。但现在,求职目标变得越来越不重要。2014年开展一项的针对人力资源专业人士的调查显示,只有7%的受访者认为求职目标很重要。[6]

教育背景

这一版块简单介绍了你的高等教育背景和职业培训经历,大多数大学生将教育背景放在工作经历之前,以此来强调他们学习过与工作直接相关的专业课程。

在这一版块,你可以进一步阐述教育独特性和价值,使自己脱颖而出。例如,你可以简短地列出相关的课程作业,帮助雇主理解课程的内容。除此之外,你还可以列举一些班级项目、实习项目、服务学习项目以及其他能够显示你的关键才能和特质的教育经历。

如果你的GPA很高(3.5及以上)或者雇主要求你提供GPA,你也要把它写进简历。此外,你获得的学术证书和奖励也可以写入简历,如公认的优秀学生或优秀毕业生。如果你获得的是奖学金或其他雇主可能并不认可的学术奖项,你需要简要说明该奖励的重要性。

高中的学习经历一般不写入简历,但如果你在高中参加过什么能显示关键才能和特质的活动,可以写入工作经历或"附加信息"版块。

工作经历

这一部分的内容也被称作工作经验。你应从最近的一份工作开始(或是正在从事的工作),按照时间倒序,列举在每份工作中的主要成就及承担的职责。

一些学生会有疑问工作经历是否应包括实习经历,一般来说是应该包括的,因为实习也是相关的、合理的职业经历。事实上,与带薪工作相比,学生在实习过程中培养的才能和特质对日后工作的影响更大。

如果你缺乏工作经验,不必惊慌,你可以用在学校或社区活动中的经历和成就来弥补,同样突出才能和特质。在图16.6和图16.7中,你可以看到贾克琳・佩哈的两份简历,一份是高效简历,而另一份则是低效简历。贾克琳也缺乏工作经验,你可以参考她是如何突出优点并令人信服的。当然,你最好优先描述工作经历来获取未来雇主的信任。

附加信息

教育背景和工作经历常常占据了简历大部分的内容。但是,其他附加信息对于突出你的关键才能和特质也十分关键。提供这些信息时,你有极大的灵活度。以下几项可供考虑:

- 技术技能
- 职业团体
- 学校社团
- 荣誉和奖励
- 证书和许可
- 社区活动
- 志愿工作
- 培训
- 语言技能

附加信息的取舍标准很简单:这一信息是否能体现你的关键才能和特质? 许多雇主尤其偏爱具备扎实的技术与人际交往能力的求职者。[7]你参加过哪些社区与志愿者工作,加入过哪些职业与学生组织,掌握哪些计算机技能,这些都能体现你的能力。此外,不要在这部分添加一些与工作无关的个人信息,如婚姻状况、年龄、宗教等。

设计简历和求职信,选择合适的语调与风格

分析完你的关键才能和特质,收集了简历中的相关信息之后,你还要以令人信服的方式呈现这些信息。简历的基调、风格和设计必须追求完美。首先,雇主会浏览一下简历的内容。如果你无法在 15—30 秒内抓住雇主的眼球,就有可能被淘汰。虽然雇主可能会对精心设计的简历多加关注,但是不可能在一份简历上耗费太多时间。一项针对人力资源部经理的调查显示,24%的人力资源部经理花在一份简历上的时间不超过 2 分钟,32%会花 3—5 分钟,23%会花 6—10 分钟,只有 16%的经理花费的时间超过了 10 分钟。[8]

本节主要讨论如何设计简历,以便你能充分利用这扇窗口与潜在雇主交流。怎样才能展示你独特的才能与特质? 怎样才能使你的简历脱颖而出? 怎样才能说服未来的雇主对你进行投资? 简而言之,如何使雇主快速相信你能为他们带来价值。

运用行为动词,着重展现成果

描述经历与成果时,你可以用行为动词开头(表 16.3 列出了一系列行为动词)。这一做法不仅突出了你的才能和特质,同时还强调了你所采取的行动以及相应的结果。

选用行为动词应讲究策略,不能过于夸张。你所选择的动词要突出你的关键才能和特质。例如,如果你想展示领导力,可以用指导、发起和领导等行为动词开始描述。这些动词比"我是一名优秀的领导者"这类描述更加形象生动。

同样,不要使用那些弱化你才能和特质的动词。许多大学生常常使用弱动词描述宝贵的顾客服务与管理经历,例如接电话、往计算机中输入信息和做服务员,这些措辞并不能突出相关的才能和特质。相反,它们关注的是乏味的工作本身而不是你所取得的职业成果。表 16.4 中有两种表述方式,其中一种高效,而另一种是低效的。阅读这两种表述方式,看看行为动词如何提升你的信誉。

表 16.3　简历中可用的行为动词

管理/监督	收缩	解释	记录
指派	证明	通知	改组
评估	开发	调停	审查
执行	超越	协商	筛选
促进	擅长	说服	使合理化
雇佣	获得	介绍	使系统化
管理	生成	推动	更新
指导	改善	公布	顾客服务
监控	提升	报告	协助
激励	发布	详细说明	详细说明
组织	营销	概括	面对
审查	提议	支持	递送
计划	提出	协同工作	问候
安排	保护	分析/研究	处理
筛选	出售	分析	最大化
选择	金融/会计	汇编	满足
强化	分配	实施	最小化
监督	估价	探测	执行
培训	评定	诊断	提供
领导力	审计	探索	解决
批准	转移	收集	回应
决策	结算	识别	服务
委派	预算	检查	处理
指挥	控制	解释	招待
授权	纠正	运作	共事
鼓励	削减	执行	革新/创造
支持	赚得	证实	建造
执行	估计	量化	完成
组织	评价	调查	概念化
指导	预测	审查	创造
实施	解读	解决	定义
影响	准备	研究	设计
发起	维持	调查	开发
开展调查	计划	测验	策划
领导	调解	行政	规划
制定目标	减少	管理	革新
营销/销售	团队工作/沟通	安排	发明
积累	指导	编辑	使现代化
广告	协作	安装	评级
达到	协调	维护	接收
促进	说明	处理	认可
拓宽	鼓励	采购	革命

表 16.4　运用行为动词,着重展现你的成果

低　　　效	高　　　效
负责针对年轻顾客的市场推广工作。	以年轻的职场人士和大学生为目标,开展市场推广活动。在过去一年,大约吸纳了 55 名新会员。
由于没有使用行为动词,这一表述听上去消极被动,缺乏说服力。	这一表述使用了行为动词,阐明了工作目标和所取得的成果。
接电话。	招待客人,通过电话亲自安排行程。
尽管这一表述以动词开头,但它仅仅强调了乏味的非技术工作。	行为动词立即吸引了招聘人员的注意力,强调了哈尼对客户的关注和她的商业价值。
记录晒肤产品的数量。	盘点商店中出售的所有货物。
这一表述着重强调了工作职责,但没有说明工作任务的重要性。	这一表述体现了一种目标感:完成重要的商业任务。

尽可能地量化成果

雇主想知道你在之前的工作中做出了多大贡献。因此,如果可能,你要描述一下你所做的重要贡献并指出它对盈亏总额的影响。哪怕你不清楚你对财务状况的具体影响,你也可以提供一些数据,证明你工作的重要性。表 16.5 中有两种表述方式,其中一种高效,而另一种低效。阅读这两种表述方式,看看量化成果如何使你的表述更加有效。

表 16.5　量化成果

低　　　效	高　　　效
监督营业部其他出纳员的工作。	监督 6 名出纳员的工作——负责本单位的总体指挥、协调和评估。
由于没有量化成果,雇主可能会觉得监督工作无关紧要。	由于指明了出纳员的数目,雇主认识到这名候选人负责管理整个团队。
支持当地活动的开展,增进民众对乳腺癌的认识。	组织 83 名会员参加当地的步行马拉松赛,增进了民众对乳腺癌的认识。
这一表述既没有量化成果,也没有以行为动词开头。它仅仅强调了工作职责,但没有提到相应的成果。	这一表述量化了工作绩效(招募了 83 名成员),使得成果格外突出。

将最重要的贡献放在最前面

成果和其他细节信息的排序体现了你对它们的重视程度。在简历中,每个标题下的前两条信息最能反映你的才能和特质。此外,由于大多数的雇主仅仅简单地浏览一下简历的内容,他们可能只会看到每一标题下前两条信息。因此,给信息排序时要讲究策略,将你的主要优势放在前面(见表 16.6)。

表 16.6　将主要优势放在最前面

低　　　　效	高　　　　效
● 招待客人,通过电话亲自安排行程 ● 协助采购医药用品,处理客户订单 ● 使用 QuickBooks 管理公司的财务账目	● 使用 QuickBooks 管理公司的财务账目 ● 协助采购医药用品,处理客户订单 ● 招待客人,通过电话亲自安排行程
该列表首先强调了求职者的顾客服务能力,然后强调了财务记账能力。如果求职者的目的是为了展示其财务能力,这一排序就显得不太恰当。	相比于采购和顾客服务能力,该列表着重强调了财务能力。

剔除无关的细节信息

简历和求职信需要说明你的关键才能和特质将为雇主带来哪些价值。一般而言,你要避免提及与个人生活有关的细节,尤其是那些有争议的或显得你不专业的信息(例如政治立场或宗教信仰)。只有当这些信息有助于深化主题时,你才可以把它们写进简历里——尽管从技术层面上看,这些信息都可以放到简历里。总而言之,不要在简历里列举个人兴趣和爱好,除非这些信息不怎么占空间并且能够突出你的关键才能和特质(见表 16.7)。

表 16.7　剔除无关的细节信息

低　　　　效	高　　　　效
社区活动和成果 志愿者,VITA,哥伦比亚,南卡罗来纳州(每个周六支持这项公益事业) 教堂唱诗班(教堂唱诗班中有专业的人才,还会进行世界巡演) 联邦信用合作社全国协会的会员 志愿体操教练,哥伦比亚,南卡罗来纳州 大学篮球队最有价值球员(2005—2006),队长(2005—2006)	**职业协会和社区活动** **会员**,联邦信用合作社全国协会,阿灵顿,弗吉尼亚州,2010 年至今 **志愿税收顾问**,志愿税收援助计划(VITA),哥伦比亚,南卡罗来纳州,2008 年至今 **志愿教练**,体操精英夏令营,哥伦比亚,南卡罗来纳州,2003—2007 年(夏季)
该列表包含了一些无关信息。教堂唱诗班和高校体育运动的内容很有趣,但由于空间有限,它们并不能突出哈尼关键的才能和特质。	该列表简单明了,从专业的视角更好地组织了与哈尼的关键才能和特质有关的活动。她保留了一个体育项目(体操教练)以展现她的领导能力和为社区所做的贡献。

避免陈词滥调,不要使用流行词和专门的术语

求职信要体现你对工作的热情,但要避免陈词滥调。梦想的工作、丰富的成功经验这类措辞并不能突出你的能力和特质,理由如下:其一,这些陈词滥调并没有说明你的具体成果。其二,这类表述会让雇主觉得你对工作抱有不切实际的天真幻想或者你对自己的能力过于自信(见表 16.8)。

表 16.8 避免陈词滥调

低　　　　效	高　　　　效
成为信用合作社的一名市场营销专员是我的梦想。	我为信用合作社吸引了很多新会员,取得了一定的成功。因此,我能够满足你们对市场专员的要求。我迫切希望与你们电话或面对面交流,更多地了解这个岗位。并且,我将向你们说明我能做出哪些贡献。
这一表述以自我为中心,显得有点天真。	这一表述显得很可信并且表达了进一步对话的兴趣。

准确无误,防止犯错

　　雇主会仔细检查你的简历。第一轮筛选时,如果你的简历中出现了印刷或其他粗心的错误,招聘人员会立刻将其淘汰。在最近的一项调查中,大约四分之三(76％)的财务主管表示就算简历中只有一两处印刷错误,他们也会淘汰这名求职者(见图 16.3)。[9]换句话说,标准很严格,几乎没有雇主会对你宽宏大量。另一个例子见表 16.9。

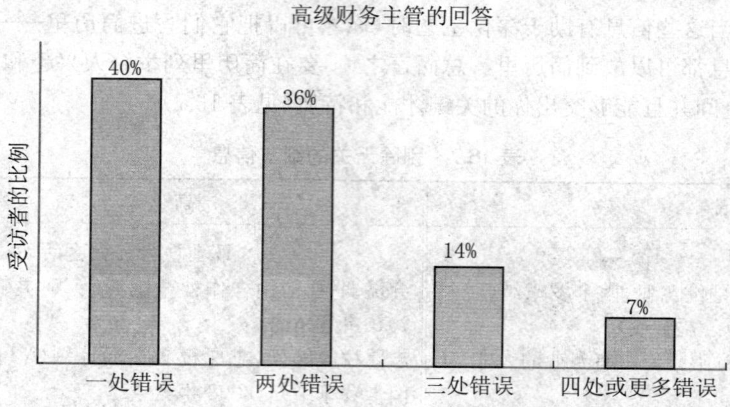

高级财务主管的回答

图 16.3　在你的公司里,简历中出现多少印刷错误会让你淘汰这名求职者?

资料来源:Accountemps,"One or Two Resume Mistakes Enough for Majority of Managers to Pass on a Job Candidate; Still, Managers More Lenient Than They Were Five Years Ago," May 15, 2014, http://accountemps.rhi.mediaroom.com/2014-05-15-Survey-One-or-Two-Resume-Mistakes-Enough-for-Majority-of-Managers-to-Pass-on-a-Job-Candidate-Still-Managers-More-Lenient-Than-They-Were-Five-Years-Ago Reprinted with permission.

表 16.9　印刷错误和错别字

低　　　　效	高　　　　效
我办事有条不紊、按步就班。	我办事有条不紊、按部就班。
错别字"步"。	没有错别字。

　　在整个求职过程中,雇主十分关注文件和面试中与你有关的一切信息。任何不一致或可疑的地方都可能会影响到你的就业前景。通常,当雇主觉察到文件中的矛盾之处时,他们会怀疑你的信誉。因此,简历与求职信中的任职日期、工作职责、成果、教育背景和其他方面的信息应准确无误。

组织并标记信息，方便雇主阅读

当你列出一长串条目的时候，你可以对它们加以组织，方便招聘人员快速了解你的能力（见表 16.10）。如果你不这样做，招聘人员常常会跳过或无视这些信息。此外，对简历中的条目进行分组也体现了你所具备的相关技能。

表 16.10　组织并标记信息

低　　效	高　　效
计算机技能：MS Word，MS Excel，MS Access、MS PowerPoint、Prezi、MS Publisher、MS Project、QuickBase、MS Outlook、QuickBooks、Powerscan Loan Display、WebEx	项目管理/规划：QuickBase、MS Project、MS Outlook 财务/会计：QuickBooks、Powerscan Loan Display 电子数据表和数据库：MS Excel、MS Access 演示/发表：WebEx、MS PowerPoint、Prezi、MS Publisher、MS Word
由于列表中包含 12 个条目，招聘人员不太可能仔细阅读每一条目的内容。此外，他们也不太可能区分出不同类型的软件技能。	一旦对列表进行了分组，招聘人员便能够快速（三或四秒内）识别不同类型的软件技能。
主要课程：ECON 2013、2023；ACG 2021、2071、3171、3331、FIN 3244、4424、4324、4329、4453；MAN 3240、4720	主要课程：银行管理、投资、金融服务营销、活动管理
该课程列表几乎没有提供任何有意义的信息。列表呈现信息的方式也不专业。	列表呈现信息的方式很专业——将课程分为三四类，雇主能快速识别主要的学术课程，了解哈尼所具备的能力和特质。

通过排版突出重要的信息

简历的排版要注意信息处理的便利性与格式的一致性。招聘人员一天需要审核上百份简历，在第一轮筛选时，他们很可能只会简单地浏览一下简历的内容，看看是否值得多加留意。因此，你要确保他们能够快速地获得最相关的信息。使用粗体、斜体、空格和其他排版功能有助于招聘人员在 20—30 秒内了解你的主要能力和特质（见表 16.11）。

表 16.11　通过排版突出关键的信息

低　　效	高　　效
工作经验 Better Horizons 信用合作社，Pescaloosa，佛罗里达州 市场专员/信贷员　2011 年 1 月至今	**工作经验** Better Horizons 信用合作社，Pescaloosa，佛罗里达州 **市场专员/信贷员　2011 年 1 月至今**
由于公司、职位和日期的排版方式完全相同，招聘人员很难快速地提取信息。从整个简历来看，这一问题更严重。	标题（居中、大写、加粗）、公司（大写、左对齐）、职位（加粗、左对齐）和日期（加粗、右对齐）的排版各不相同。雇主只需几秒钟就能快速地提取关键信息，详细了解你的工作与教育经历。

布局简单而美观

选择布局是制作简历的最后一步。刚开始写简历的时候,许多求职者本能地担心简历是否美观,尤其当他们使用范本或模板时这种担忧更加强烈。你要控制这种本能,将关注点集中在简历的内容上,调整它的语调和风格,然后再考虑选择何种布局能够吸引招聘人员的注意力。

你既可以从数十种布局中选择一种,也可以亲自设计简历的布局方式。一般而言,简历中应留有一些空白区域,这样简历看起来不会太乱。此外,设计简历时要明确标题内容和排版方式,确保内容均匀地分布在页面上,而不是杂乱地挤在一起。

制作时间序列简历和功能性简历

设计简历时,你首先得确定格式。简历的格式主要有两种:时间序列简历和功能性简历。**时间序列简历**(chronological resume)将信息分为工作经验和教育背景两类,按照时间顺序呈现信息;**功能性简历**(functional resume)则主要提供与关键技能有关的信息。通常,人们更加偏爱时间序列简历,对于年轻的职场人士来说更是如此。最近的一项调查显示,75%的招聘经理更喜欢时间序列简历,17%更偏爱功能性简历,8%认为两种简历差不多。[10]

功能性简历特别关注你的关键技能。无论是经验丰富的专业人士(超过 15 年工作经验),还是工作经验很少或者没有工作经验的新手,都经常使用这类简历。经验丰富的专业人士往往列出所有的工作经历,其中许多工作成果和经历都类似。经验不足的新人常常使用功能性简历,着重突出他们在学校、社区、志愿者工作和其他类型的活动中所掌握的关键技能,弱化工作经验不足的劣势。

你可以同时制作一份时间序列简历和一份功能性简历,以判断哪一种格式更能有效地突出你的关键才能和特质。在制作这两类简历的过程中,你对如何展示自身优势可能会有更加清晰的认识。因此,即使你不打算使用功能性简历,其制作过程有利于为时间序列简历的改进提供参考(反之亦然)。图 16.4 和图 16.6 是两份低效的时间序列简历,图 16.5 和图 16.7 是两份高效的时间序列简历,仔细阅读这四份简历。之后,再看一下图 16.8 中高效的功能性简历。

除此之外,你还需要制作一份在线简历,建立职业档案并在网上公开。由于你可以使用关键词、超链接并列举你的最佳工作案例,网络求职往往能给你提供更大的灵活性。图 16.9 主要描述了哈尼利用领英在网上找工作的方法,她在个人页面发布了一份在线简历,并在 monster.com 网站上建立了她的职业档案。

一些职位可能要求你提供纸质的或可扫描的简历。一般而言,这类格式便于雇主上传数据并系统化地搜索简历。你可以采用一些策略提高这类简历的有效性,例如,扫描简历时,确保其内容标准使机器能成功识别。通常,你应使用名词而非动词描述你的工作职责和成果,此外,你还要尽早确定简历中的关键词。[11]

总的来说,雇主更喜欢通过电子渠道接收标准格式的简历。在最近一项调查中,71%的雇主更偏爱标准简历,21%更偏爱文本格式规范的简历,3%更喜欢可以扫描的简历,5%没有任何偏好。[12]在邮件的投递方式上,大约 68%的组织希望你通过网站提交简历,大约 14%的组织更希望你将简历附在邮件里发送给他们。[13]

哈尼·佐格比
164 Founders Ridge Court, Havana, FL32333
电话:850-784-7391;邮箱:hanizzogby@gmail.com

教育背景
佛罗里达州立大学,塔拉哈西,佛罗里达州,毕业日期:2015 年 5 月,金融理学士,辅修活动管理 GPA:3.714(学业成绩优异)
主要课程:ECON 2013、2023;ACG 2021、2071、3171、3331;FIN 3244、4424、4324、4329、4453;MAN 3240、4720 3.924 GPA(伍德伯里高中,七年级),帕尔梅托奖学金

工作经验
Better Horizons 信用合作社,厄莫,南卡罗来纳州
市场专员/信贷员,2013 年 10 月至今
- 为信用合作社的会员提供商业和个人贷款
- 协助促销活动
- 负责针对年轻顾客的市场推广工作
- 支持当地活动的开展,增进民众对乳腺癌的认识

出纳监督员,2012 年 10 月到 2013 年 10 月
- 负责信用合作社所有的现金储蓄业务
- 协助推介销售计划的开展
- 每月清算总分类账目
- 监督营业部其他出纳员的工作
- 管理整个单位及其活动

出纳员,2010 年 7 月到 2012 年 10 月
- 高效地管理会员的银行交易,为他们提供帮助
- 出纳员中公认的最优秀的产品推介者

帕尔梅托家庭医疗,哥伦比亚,南卡罗来纳州
接待员/账单助理,2007 年 5 月到 2010 年 5 月(夏季)
- 接电话
- 往计算机中输入数据

Ultra Tan,布莱斯伍德,南卡罗来纳州
沙龙服务员,2009 年 9 月到 2010 年 5 月
- 打扫沙龙
- 回答顾客的问题
- 记录晒肤产品的数量

计算机技能
MS Word、MS Excel、MS Access、MS PowerPoint、Prezi、MS Publisher、MS Project、QuickBase、MS Outlook、QuickBooks、Powerscan Loan Display、WebEx

社区活动和成果
志愿者、VITA、哥伦比亚、南卡罗来纳州(每个周六支持这项公益事业)
教堂唱诗班
联邦信用合作社全国协会会员
志愿体操教练,哥伦比亚,南卡罗来纳州
大学篮球队最有价值球员(2005—2006 年),队长(2005—2006 年)

海外学习经历
卡斯商学院(Cass Business School),迪拜,阿拉伯联合酋长国
- 在多元文化环境中学习商务课程
- 了解这个世界上最具活力的一大商业环境
- 选修阿拉伯语课程

简历看上去过于简单,没有给人留下积极的第一印象。

雇主很难识别关键的特质和才能。

文本看上去杂乱无章。大多数的内容集中在页面的左侧,内容之间没有空隙。

由于没有使用加粗、斜体或其他排版功能,雇主很难快速地提炼关键信息。

关注工作职责而不是工作成果,未能有效地突出求职者的能力。

弱动词没有体现求职者思维的深度和相应的商务技能。

附加信息未能有效地突出求职者的关键特质和才能。

图 16.4 低效的时间序列简历

哈尼·佐格比	164 Founders Ridge Court，Havana，FL 32333 • 850-784-7391 • hanizzogby@gmail.com 领英：linkedin.com/in/hanizzogby • 在线简介：sites.google.com/site/hanizzogby

教育背景

佛罗里达州立大学，塔拉哈西，佛罗里达州

金融理学士，辅修项目管理　　　　　　　　　　　　　　　**毕业日期：2015 年 5 月**

- 主要课程：银行管理、投资、金融服务营销、活动管理
- 海外学习经历：在迪拜的卡斯商学院学习一个学期，关注国际金融与营销
- GPA：3.7；奖项：学业成绩优异奖

工作经验

BETTER HORIZONS 信用合作社，Pescaloosa，佛罗里达州

市场专员/信贷员　　　　　　　　　　　　　　　　　**2013 年 1 月至今**

- 以年轻的职场人士和大学生为目标，开展市场推广活动。在过去一年，大约吸纳了 55 名新会员
- 建立了会员等级优惠制度，得到大概 30％会员的认可
- 组织 83 名会员参加当地的步行马拉松赛，增进了民众对乳腺癌的认识
- 为信用合作社的会员提供商业和个人贷款

出纳监督员　　　　　　　　　　　　　　　**2011 年 12 月到 2013 年 1 月**

- 在营业部门实施推介销售计划，追踪计划的成效
- 每月清算总分类账目，包括分公司的账目和出纳的溢缺
- 负责信用合作社所有的现金储蓄业务
- 监督 6 名出纳员的工作——负责本单位的总体指挥、协调和评估

出纳员　　　　　　　　　　　　　　　　　**2010 年 7 月到 2011 年 12 月**

- 高效地管理会员的银行交易，为他们提供帮助
- 获得本单位年度最优秀产品推介员的称号（2011）

帕尔梅托家庭医疗，哥伦比亚，南卡罗来纳州

接待员/账单助理　　　　　　　　　　　**2008 年 5 月到 2010 年 7 月（夏季）**

- 使用 QuickBooks 管理公司的财务账目
- 协助采购医药用品，处理客户订单
- 招待客人，通过电话亲自安排行程

Ultra Tan，布莱斯伍德，南卡罗来纳州

沙龙服务员　　　　　　　　　　　　　　　**2009 年 9 月到 2010 年 5 月**

- 出售晒肤套装产品和晒肤液
- 盘点商店中出售的所有货物
- 解答顾客对产品、账单和行程安排的疑问

计算机技能

项目管理/规划：QuickBase, MS Project, MS Outlook

演讲/发表/文字处理：WebEx、MS PowerPoint、Prezi、MS Publisher、MS Word

财务/会计：QuickBooks, Powerscan Loan Display

电子数据表和数据库：MS Excel, MS Access

职业协会和社区活动

会员，联邦信用合作社全国协会（National Association of Federal Credit Unions），阿灵顿，弗吉尼亚州，2012 年至今

志愿税收顾问，志愿者税收援助计划（VITA），哥伦比亚，南卡罗来纳州，2010 年至今

志愿教练，体操精英夏令营，哥伦比亚，南卡罗来纳州，2005—2009 年（夏季）

简历十分简单，但排版整齐。雇主能够快速地识别求职者的关键才能和特质。

标题（居中粗体），机构（大写），职位（加粗），和日期（右对齐、加粗）的排版十分独特且保持一致，关键信息很容易识别。

具体的成果使简历内容的更加真实。

行为动词的运用着重强调了相关的管理和营销技能。

对信息进行分组有助于快速地展示关键的计算机技能。

有选择的展示职业协会和社区活动经历，体现了求职者的关键才能和特质。

图 16.5　高效的时间序列简历

贾克琳·佩哈

1832 Weston Avenue, Pescaloosa, FL 32333

邮箱：jpeha@betterhorizons.net

技能 & 资质

久经考验的网页开发人员，拥有丰富的成功经验，擅长各类网页的开发。

使用过多种编程语言和网页开发工具，具有较强的沟通能力以及出色的多任务处理能力。

教育 & 课程

信息技术应用科学学会（Associate of Applied Science in Information Technology）

Pescaloosa 社区大学，Pescaloosa，佛罗里达州

2015 年 4 月

课程

- 写作 I & II
- 网页 & 多媒体开发
- 心理学
- 网页分析 & 搜索引擎优化
- 网络基础
- 交互网络设计
- 网页安全
- 互联网商务
- ActionScript 编程
- 管理概论
- 创意写作
- 高等代数 I

- 口头沟通
- 技术交流
- 数据库概论
- 网页内容管理
- 高级网页设计
- 音频—视频编辑
- HTML 编程
- 网页脚本
- 服务器端编程
- 微观经济学
- 宏观经济学
- 高等代数 II

高中学历

华金·雅克比高中

2013 年 5 月　3.69 GPA

工作经历

IT 实习

Better Horizons 信用合作社，Pescaloosa，佛罗里达州

2015 年 4 月至今

- 技术支持
- SEO 识别战略
- 网页开发

个人兴趣

猜谜、视频游戏、照相、远足、野营、户外运动、打猎

由于排版方面的问题，雇主无法快速地了解求职者的关键才能与特质。

措辞过于夸张，有损可信度，例如"久经考验的""丰富的成功经验"或者"擅长各类网页的开发"。

贾克琳为了填满页面提供了太多信息。例如，她几乎列出了她所学的所有课程，包括高中的课程。这一做法并不能突出她的网页开发技能。

贾克琳最大的失误在于没有着重强调她的网页开发技能。她既没有提供足够相关实习信息，也未提到参加的网页开发项目。

图 16.6　低效的时间序列简历

贾克琳·佩哈
1832 Weston Avenue，Pescaloosa，FL 32333
邮箱：jpeha@betterhorizons.net

网页开发技能

富有创造力且极具天赋的网页开发人员，掌握下列技能：

- 网页开发专长：网站设计、网页分析、用户交互、搜索引擎优化
- 编程语言：JavaScript、Java、CSS、HTML、XHTML
- Adobe 套件：Dreamweaver、Muse、Fireworks、Flash Professional、Photoshop

教育和课程

信息技术应用科学学会

Pescaloosa 社区大学，佛罗里达州

2013 年 9 月到 2015 年 4 月

网页开发课程：

- 网页 & 多媒体开发
- 网页分析 & 搜索引擎优化
- 交互网络设计
- 网页安全
- 互联网商务
- ActionScript 编程

- 网页内容管理
- 高级网页设计
- 音频—视频编辑
- HTML 编程
- 网页脚本
- 服务器端编程

工作经历

IT 实习

Better Horizons 信用合作社，Pescaloosa，佛罗里达州

2015 年 4 月至今

- 协助推广网站品牌，制定沟通策略
- 为网站的"会员"版块开发多媒体内容
- 明确搜索引擎的优化策略
- 为公关活动提供技术支持

项目

- 合作开发了 Pescaloosa 社区大学网站上的"职业资源"版块
- 为当地的非营利组织设计网站（消费者公平基金会）
- 为华金·雅各比高中的辩论俱乐部建立网站，并负责了两年的维护工作

个人兴趣

数独和纵横字谜游戏、旅行摄影、旅行纪实、远足

由于排版原因，雇主能够快速地了解求职者的关键才能和特质。雇主只需 10—15 秒钟，就能够把握每一区块的主要信息（贾克琳的才能和特质）。

尽管贾克琳的工作经验有限，但她展现自己精通各类网页的开发。她的语言自信而不夸张，体现了巨大的潜力。

与那份低效的简历相比，这份简历提供了更多相关的细节信息，尤其是在"工作经历"和"项目"这两个版块。

图 16.7　高效的时间序列简历

哈尼·佐格比

164 Founders Ridge Court, Havana,
FL 32333 • 850-784-7391 • hanizzogby@gmail.com
LinkedIn：www.linkedin.com/in/hanizzogby • 在线简历：sites.google.com/site/hanizzogby

资历概要

对信用合作社的工作充满热情,成功地通过当地活动、研讨会、邮件、社交网络和产品推广媒介等方式开展营销活动,了解信用合作社的最佳营销实践与创新型金融服务。致力于领导市场推广工作,增加信用合作社的会员人数,使会员拥有更多的权力。

技能

信用合作社市场营销

- 以年轻的职场人士和大学生为目标,开展市场推广活动。在过去一年,大约吸纳了 55 名新会员
- 建立了会员等级优惠制度,得到 30％会员的认可
- 在营业部门实施推介销售计划,追踪计划的成效

活动管理

- 组织 83 名会员参加当地的步行马拉松赛,增进了民众对乳腺癌的认识
- 组织信用合作社的会员,定期参与退休计划、投资、商业贷款有关的研讨会
- 辅修活动管理,完成了慈善捐款人的团队项目(组织了一场音乐会),举办过一场运动会(设立了孩童之夜)和一场婚礼

领导力

- 在过去一年,作为副经理参与了 Better Horizons 信用合作社所有的重大决策
- 监督 6 名出纳员的工作——负责本单位的总体指挥、协调和评估
- 过去 10 年里,在工作、学校和社区中扮演者领导者的角色

技术

- 擅长使用软件进行项目管理与策划(QuickBase、MS Project、MS Outlook)
- 了解在线演示与实地演示的各类软件平台(WebEx、MS PowerPoint、Prezi)
- 精通各类财务、会计、电子数据表和数据库软件(QuickBooks、Powerscan Loan Display、MS Excel、MS Access)
- 擅长使用文字处理与发布软件(MS Publisher、MS Word)

工作历史

2010 年 7 月至今	Better Horizons 信用合作社,Pescaloosa,佛罗里达州 营销专员/信贷员(2013 年 1 月至今),出纳监督员(2011 年 12 月—2013 年 1 月),出纳(2010 年 7 月—2011 年 12 月)
2007 年 5 月—2010 年 7 月(夏季)	帕尔梅托家庭医疗,哥伦比亚,南卡罗来纳州,接待员/账单助理
2009 年 9 月—2010 年 5 月	Ultra Tan,布莱斯伍德,南卡罗来纳州,沙龙服务员

教育经历

金融理学士,辅修活动管理,佛罗里达州立大学,塔斯卡卢萨,佛罗里达州,毕业日期:2015 年 5 月
海外学习经历,在 CASS BUSINESS SCHOOL(卡斯商学院)学习了一个学期,迪拜,阿拉伯联合酋长国

社区活动

志愿者税收顾问,志愿者税收援助计划(VITA),哥伦比亚,南卡罗来纳州,2010 年至今
志愿者教练,体操精英夏令营,哥伦比亚,南卡罗来纳州,2005—2009 年(夏季)

简历的排版十分清晰,体现了求职者职业作风与条理性。

"资历概要"部分语言简洁,突出求职者的关键才能和特质。

通过对技能进行分组,哈尼快速呈现了关键信息。

"工作历史"部分语言简洁,有助于招聘人员判断求职者经历的深度与一致性。

"教育经历"和"社区活动"部分特意列出了几个精心挑选的项目,着重突出关键的信息。

图 16.8 高效的功能性简历

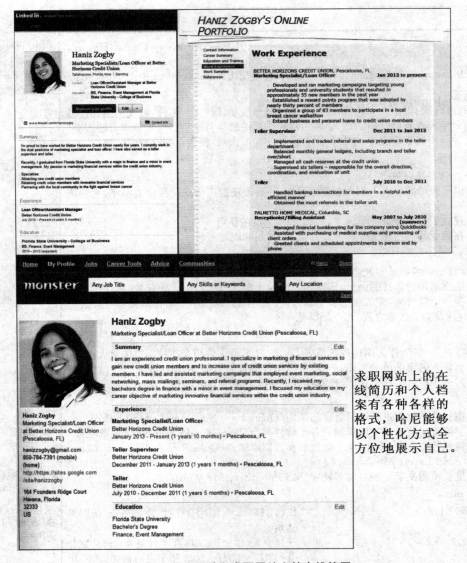

求职网站上的在线简历和个人档案有各种各样的格式，哈尼能够以个性化方式全方位地展示自己。

图 16.9　社交网站和求职网站上的在线简历

撰写求职信

　　求职信描述了你的职业兴趣和职业资质。然而，对于不同的工作岗位，你可能有 1—3 种不同版本的简历。出于同样的原因，你必须保证每一封求职信与具体的工作岗位相匹配，每封求职信都不尽相同。

　　近年来，求职信的作用发生了变化，一些招聘经理不再阅读求职信。一项调查显示，只有约20％的私营公司要求提供求职信。然而，即使人们对求职信的关注度有所下降，你还是应该写一封求职信，因为将近半数（41％）的人力资源专业人士仍旧认为求职信很重要。[14]

求职信的主要目的是为了展现你的关键才能和特质,满足雇主对某一特定岗位的要求。就如销售信一样,你要表现得积极乐观,证明你比别人更胜任这一工作岗位。但与大规模发放的销售信不同,求职信传达的信息是:你的求职内容只针对这一位雇主。你可以按照以下建议来做:[15]

求职信常常形成雇主对你的第一印象

许多雇主首先会阅读你的求职信或求职邮件正文,并形成了对你的第一印象。一封准确无误的求职信会立即让你脱颖而出。Inspirica,一家纽约的家教公司,正在寻找写作导师。人力资源专家们发现在 220 封求职信中,93% 都出现了写作错误。[16]

明确你的求职意向

雇主很有可能同时审核多份——有时是上百份或上千份——工作申请。许多雇主会使用电子系统来辨别求职者的求职意向。但无论如何,你要在求职信中明确你的求职意向,可以将这一信息放在标题处。

中心明确,内容简明

近年来,求职信越来越短小精炼,部分是因为工作岗位的竞争日益激烈。因此,求职信的篇幅要控制在 3—5 段。

篇幅如此有限,你要把注意力集中到主要特点上——你的关键才能和特质——并说明这些特点将如何满足雇主的需要。通过这样的方式,让你对自身素质的论述变得更有说服力。

语气要热情自信,但不能夸张自大

撰写求职信时,最具挑战性的一个方面是使用合适的语气。雇主寻找的是可以做出贡献的员工,因此,你要说明你的独特才能将给公司带来哪些帮助。但如果你自吹自擂,招聘经理可能会觉得你傲慢自大。

此外,你还要表现出对工作和公司的兴趣,因为招聘经理会评估你的热情度和承诺水平。与此同时,你要避免使用花哨的语言,否则招聘经理可能会因此觉得你不够认真,进而对你产生不满。

求职信要符合招聘启事与雇主的要求

仔细地阅读招聘启事的内容,首先考虑你的哪些特点符合你感兴趣的工作岗位。这一做法不仅强调了你有能力胜任这份工作,还表明你进行了相应的调查并迎合了公司的要求。网络为求职者提供了了解公司的多重途径,本章的"技术小贴士"介绍了其中一种方法。

将求职信改编成自荐信

大多数求职者通过正式的招聘启事找工作,即公司公开招聘社会人才。由于这类职位往往是公开的,并且公司投放了相应的广告(图 16.10 和图 16.11 中分别有一封低效和高效的请求信),因此申请这类工作时,你需要写一封**请求信**(solicited cover letter)。但在某些情况下,有的公司并没有公开的职位,这时你需要提交一封**自荐信**(unsolicited cover letter),因为公司并没有招聘的打算。

164 Founders Ridge Court，Havana，FL 32333

850-784-7391

hanizzogby@gmail.com

2015 年 5 月 15 日

人力资源部

安格联邦信用合作社网

158 Anchor Loop

Raleigh，NC 27601

招聘委员会的各位委员，你们好：

请你们考虑我的申请——信用合作社市场专员。你们会发现，我具备你们所需的技能。

我的母亲常常说："天空才是极限。"我一直很欣赏她的乐观精神。我喜欢信用合作社模式的一个原因便是我的母亲，她做了近 20 年的出纳，一直是我的榜样。她总是觉得能够通过信用合作社的工作为团体做出贡献，而我通过信用合作社，也体会到这种强烈的团体责任感。在我目前的职场中，我的晋升速度比公司其他任何人都要快。我胸怀大志，工作起来有条不紊，对推广信用合作社充满热情，在 Better Horizons 信用合作社，这股热情带领我走向成功。如果你们给我这个机会，这股热情也会推动我不断向前，最终在安格信用合作社取得成功。

我想讲述我最近举办的一场营销活动，以此向你们说明我将给安格联邦信用合作社网带来什么样的才能。大约一年前，我们的首席执行官，克里斯蒂娜·拉索决定要吸引更年轻的会员。我经常帮助她，为重要的营销活动出谋划策，这次活动，她再次向我寻求帮助。在对整个行业惯例做了全面的考察之后，我们设计了一套金融服务并投放了相应的广告，最终吸纳了大约 55 名新会员。我们的品牌经理认为这场活动是她在信用合作社的 15 年里最有效的一次市场推广，对此感到十分自豪。如果你们给我这个机会，我也能在安格联邦信用合作社取得同样的成果。

这份工作一直是我的梦想。它结合了我的技能、对活动管理的兴趣和对信用合作社的热情。在我的简历中，你们会发现我不仅接受过活动管理的培训，同时拥有 Better Horizons 信用合作社开展营销活动的经验。为了充满乐趣和激动人心的活动，我需要将大家团结起来，正是这样的环境让我茁壮成长。感谢你们花时间阅读这封信，希望能与你们会面进行更深入的交谈。

真诚的祝福

哈尼·佐格比

这封信的字数太多，段落太长。招聘人员工作繁忙，他们并不会仔细阅读这封信。

由于个人信息太多，个人情感太浓，求职信的语气不够专业、严肃。

"天空才是极限""梦想的工作"这类陈词滥调显得求职者很天真。

结尾提到了日后联系，但并不明确。

图 16.10　低效的请求信

164 Founders Ridge Court，Havana，FL 32333
850-784-7391
hanizzogby@gmail.com

2015 年 5 月 15 日

雅各布·加西亚先生，人力资源部主管
安格信用合作社网
158 Anchor Loop
Raleigh，NC 27601

回复：信用合作社市场营销专员（工作布告＃831481809）

尊敬的加西亚先生：

　　我曾为信用合作社吸引了很多新会员，取得了一定的成功，因此，我能够符合贵合作社对市场专员的要求。我迫切希望与你电话或面对面交流，以便更多地了解这份工作并解释我能做出哪些贡献。

　　在 Better Horizons 信用合作社的近 5 年里，我在很多方面都表现优异，例如开展市场推广工作以增加会员的数目、追踪市场推广活动的成效、协调市场推广活动、向合作伙伴与潜在客户汇报。通过利用多种途径开展营销活动，如活动营销、邮件、产品推介、研讨会、在线社交网络，我帮助信用合作社吸纳了许多新会员。

　　我最成功的一次营销活动是在去年，当时我负责在年轻的职场人士和大学生中推广信用合作社的会员业务。我给他们发送了邮件，举办了一场在线社交网络活动，并组织了多场研讨会。最终，信用合作社新增了大约 55 名新会员。我们的分公司经理，克里斯蒂娜·拉索女士，认为这场活动是她在信用合作社的 15 年里最有效的一次市场推广。

　　在 Better Horizons 信用合作社工作期间，由于我领导力强，积极主动，敢于创新并且表现优异，我被快速提拔并担负起许多关键的营销职责。我认为我可以为安格信用合作社做出同样的贡献。

　　如果您方便，请给我打电话安排面试。每天上午 9:00—下午 6:00，你都可以打我的电话(850-784-7391)。

真诚的祝福

哈尼·佐格比

旁注：
这封求职信短小但中心明确，展示了求职者的关键才能和特质，语气自信而专业。招聘人员读这封信的可能性很大。

哈尼了解雇主的需要，并解释了她的技能如何满足这些需要。

这封信的语气专业而自信。

结尾明确表达了进一步联络的意愿，语气自信坚定但并不傲慢粗鲁。

图 16.11　高效的请求信

　　写自荐信的时候，你要做出几点调整。首先，你必须尽可能地找到雇主，这样你才能向他解释你将如何满足他的需要。此外，开门见山，直奔主题——说明你将如何增加公司的价值，快速总结你的关键才能和特质，并用着重号加以强调（图 16.12 中有一封邮件形式的自荐信）。[17]

收件人：露西·沙拉波娃〈l.sharapova@easterncu.org〉

主题：东部信用合作社网络的扩张计划
附件：哈尼·佐格比简历.docx

尊敬的沙拉波娃女士：

　　在《信用合作社领导力周刊》上，我了解到贵社的网络扩张计划，我很希望加入你们的营销团队。我所掌握的技能——通过活动管理、邮件、产品推介计划、研讨会和在线社交网络为信用合作社吸引新会员——有助于实现你们发展计划。

　　我是一名经验丰富的信用合作社专业人员。我拥有丰富的营销经验，对金融行业十分了解。我在营销领域所取得的成果如下：
- 以年轻的职场人士和大学生为目标，开展市场推广活动。在过去一年，大约吸纳了 55 名新会员。
- 建立了会员等级优惠制度，得到大约 30% 的会员的认可。
- 制定了营业部的产品推介与销售计划，大大增加了会员的数目，提高了会员使用金融服务的频率。

　　附件中的简历详细介绍了我的资历。此外，您还可以查看我的在线简历和领英上的个人档案。在线简历中列举了我负责过的一些营销活动，其中还包括邮件、Better Horizons 官网上的相关内容以及两场营销研讨会的视频。这两场研讨会我都亲临现场，组织相关工作的开展。

　　我希望能在信用合作社找到一份营销方面的初级工作。公司可基于绩效考虑我晋升的潜力。至于工作地点，我没有多大要求，我愿意搬到任何地方。我希望我的起薪在 50 000 美元到 60 000 美元之间。

　　如果您对我感兴趣，在您方便的时候，请给我打电话安排面试。每天上午 9:00—下午 6:00，您可以打我的电话(850-784-7391)。此外，我打算在接下来两周内给您打个电话，以了解职位空缺的情况，讨论面试的可能性。

诚挚的问候
哈尼·佐格比
电话：850-784-7391
电子邮箱：hanizzogby@gmail.com
在线简历：linkedin.com/in/hanizzogby
领英个人档案：sites.google.com/site/hanizzogby

主体部分简洁明了。此外，段落简短，重点突出，招聘人员在 15—30 秒内就可以把握主旨。

主题部分将注意力集中在雇主的需求与目标上。

哈尼的在线简历和领英上的个人档案链接，如果雇主感兴趣，可以了解到更多的信息。

语调自信而坚定，但不强人所难。

作为一封面试自荐信，它过早提及了一些问题，例如薪水和升迁机会。

图 16.12　自荐信

案例 16.3　李白携诗自荐

　　满腹才华的唐代诗人李白曾向荆州刺史韩朝宗自荐，写了一封名为《与韩荆州书》的自荐信。"生不用封万户侯，但愿一识韩荆州"，赞美韩朝宗谦恭下士，识拔人才；"十五好剑术，遍干诸侯。三十成文章，历抵卿相"向韩荆州自荐；"虽长不满七尺，而心雄万夫""日试万言，倚马可待"讲述自己的人生抱负；"所以不归他人，而愿委身国士"讲述自己的内心想法。自荐信气势雄壮,表现了李白非凡的才气,此后为当朝者所赏识,留下千古佳话。

评述:

敢于自荐,用几句话快速总结自己的关键才能,能够让自己脱颖而出。

检查简历和求职信

简历和求职信必须尽善尽美,因为招聘人员很少能够容忍其中的差错。如果你不能有效地展示自身特点,他们就不会雇用你。

首先,你要确保简历和求职信准确描述了你的才能和特质,因此,你绝不能夸大事实。你要反复检查求职文书的内容,以令人信服的方式强调你的特点。你可以向专业人士和一些教授咨询,就你的简历征求他们的意见。

此外,一些商务人士所从事的工作与你的职业兴趣相符,你也要试着了解他们的看法。由于他们对简历的理解十分不同,因此你可能会得到一些相互矛盾的建议。这种情况很正常,就算所有的招聘经理聚在一起,也无法就优秀简历的标准达成一致意见。但是,通过集思广益,你可以制定最恰当的策略,提高求职成功的可能性。

技术小贴士

了解潜在雇主作为内部人员的看法

大多数的求职者通过网上的招聘启事和广告寻找工作机会,提交工作申请。也有很多人使用领英和其他职业社交网站寻找工作的机会。但是,很少有求职者能够深入了解他们感兴趣的公司。

各种各样的网站能帮助你了解内部人员对公司的看法,如 Glassdoor.com。在这个网站上,你可以了解现任员工和离职员工对你所感兴趣的公司的看法。你可以了解员工对公司的满意度、公司文化、升迁机会甚至不同岗位薪水的浮动范围。

尽可能地收集公司的内部信息,这样,在提交工作申请之前你便能判断公司的文化和工作机遇是否符合你的期望。此外,在申请工作和面试的时候,内部信息能帮助你做好准备。当你拿到录用通知后,它甚至能帮助到你进行薪资协商。

面试制胜秘诀

求职信、简历以及其他文件为最重要的环节打下了基础——面试。如果你获得了面试机会,这意味着你已经通过了最初的筛选并得到了公司的认可。而现在,你的竞争对手是那些最优秀的应聘者。

许多应聘者不用心准备面试,基本上靠自由发挥。在招聘经理做出决策的关键阶段,准备工作是否充足常常决定了哪些人被录用,哪些人被淘汰。本节,我们主要关注面试的一些细节:

穿着得体、礼仪适当、回答面试问题以及面试后的一些注意事项。

穿着得体,注重礼仪

参加面试时,着装是最能体现职业素养的细节之一（注意图 16.13 中与着装有关的条目）。[18] 你要尽可能提前了解面试公司的着装标准。即使公司的环境十分随意,你也要穿着得体,衣服要熨烫平整、干净合身。不要佩戴太多的珠宝、亮片或其他类似的东西。在家时就应事先准备好感到轻松自如的穿着。[19]

针对招聘经理的全国调查

项目	主要问题/致命伤	次要问题
穿着太张扬	67%	28%
求职信和/或简历中出现印刷或语法错误	58%	41%
面试迟到	58%	39%
说前任主管/老板的坏话	49%	46%
对以前的工作/实习持负面评价	42%	53%
面试过程中手机铃声响起	40%	51%
将食物或饮料带到面试场所	31%	48%
穿得过于随意	27%	68%
简历和/或求职信中有自拍照	20%	44%
过度随意/自来熟（就像和朋友交谈）	18%	65%
过早地问到假期和病假	15%	54%
过早地询问工作时间		35%
电子邮箱地址不正式（例如：smileyface@yahoo.com）		48%
面试后没有发送致谢信		31%
在求职信、简历和/或面试中没有介绍姓名		54%
面试提前10分钟以上到场	14%	

图 16.13 工作申请/面试过程中最严重的问题

在正式面试的全过程中,你要注重礼仪。大多数的招聘经理希望你能保持正式感,热情地与他人打招呼并握手。

有效地回答面试问题

通常,面试对招聘经理来说十分关键。在面试的时候,许多招聘经理会快速判断你具有哪些才能和特质。最近一项针对 498 名人力资源专业人士的调查显示,三分之一（33%）的受访者在 5 分钟内就可以淘汰某些应聘者,另外三成的受访者在 15 分钟内就可以做出类似的决定。[20] 因此,你的回答一定要简洁并向他们证明你非常适合这家公司。为了准备可能被问到的问题,你要考虑以下几点:

回答问题时要讲究策略,语调要自信,答案要简洁

设计简历和求职信的时候,那些符合雇主要求的职业才能和特质,便是你的优势。在面试的过程中,你要设法强调它们,使用一定的策略,在回答问题时展现这些特点。

此外,回答问题时一定要自信。你不能自吹自擂,但你还是需要强调你所具备的才能和特质。一些应聘者这样做的时候会感到不自在。你要将成功归功于你所完成的工作,在面试的过程中,当你谈论起你的工作成果时,你要多说"我"而不是"我们"。但与此同时,在将成功归功于个人成果与展现团队精神之间,你要维持一种平衡。[21]

最后,回答问题时要简洁明了。大多数情况下,在 30 秒—2 分钟内你要给出问题的答案。一般而言,答案太短显得你有点急促,答案太长则中心不明。此外,回答问题的时间太长不利于面试过程中双方的沟通。

表 16.12 列出了许多常见的面试问题。回答这些问题时,你要讲究策略,语调要自信,答案要简洁。表 16.13 中列出了哈尼的一些回答,想一想招聘经理可能会有什么样的反应。

表 16.12　初级商务职位常见的面试问题

面试问题的类型	例　　子
自我介绍	● 介绍一下你自己。 ● 路途顺利吗？你很容易就找到办公楼了吗？ ● 路途顺利吗？你觉得住在_____怎么样？
教育和培训	● 你为什么选择这所学校？ ● 你为什么选择这个专业？ ● 你最喜欢计划的哪一部分？最不喜欢计划的哪一部分？
对公司和行业的了解	● 你对我们公司了解多少？ ● 你认为我们主要面临着哪些挑战？你将怎样帮助我们？ ● 你认为本行业未来将朝哪些方向发展？
工作经验	● 你怎么找到上一份工作的？ ● 你为什么辞职？你曾被开除过吗？ ● 你最不喜欢上一份工作的哪一方面？
工作的方法、目标和成功	● 你为什么申请这份工作？ ● 在工作中你希望得到什么？ ● 在这份工作中,你将如何取得成功？ ● 在你的上一份工作中,你做过哪些艰难的决定？ ● 你最大的成就是什么？ ● 介绍一下你在上一份工作中参加的一个项目,你为项目的成功做出了哪些贡献？ ● 有哪些事你希望完成但并未成功？ ● 你能谈一谈你在工作中遇到过哪些艰难的处境吗？你如何应对？你怎样使你的团队有效地工作？ ● 你是否遇到过在压力下工作且时间紧迫的情况？
个人特质	● 你有哪些优点？有哪些缺点？ ● 你现在的老板认为你最大的优点和缺点是什么？ ● 你是否具有创造力？你努力吗？你是个有雄心的人吗？ ● 在过去的工作中你学到了什么？
人际交往、团队、管理和领导能力	● 你喜欢和哪类人在一起工作？ ● 你认为和哪类人一起工作最困难？ ● 你的领导/管理风格是什么样的？ ● 你有成为高管的潜质吗？ ● 你在团队中的工作表现怎么样？ ● 和其他人在一起工作时,你如何沟通？ ● 你是否曾经做出过一项不受欢迎的决定或声明？你怎么做的？

表 16.13　回答常见的面试问题

低　　效	高　　效
问题:介绍一下你自己。	问题:介绍一下你自己。
回答:好的,我刚从大学毕业,拥有金融学学位,此外,我还辅修了活动管理。我为一家信用合作社工作了五年,一开始我是一名出纳,之后逐步晋升。在为信用合作社工作之前,我还在一家医疗用品公司和一家晒黑沙龙工作过。我一直十分热爱体育运动,因为运动使我变得积极乐观。我已经为进入全新的工作岗位做好了准备。	回答:大约五年前,我在一家信用合作社得到了一份出纳的工作。我发现我十分喜欢信用合作社提供金融服务的方式,仅仅数月内,我便意识到这就是我的职业方向。很快我便被提拔到其他岗位——一开始是出纳监督员,然后是信贷员和营销专员。在信用合作社工作期间,我还进入佛罗里达州立大学学习,主修金融学,辅修活动管理。我将所有的学习精力都集中到我感兴趣的信用合作社金融服务营销上。我对这份工作如此感兴趣的一个原因是它将我最感兴趣的几样东西结合起来。
回答很真实,但没有说清楚哈尼的特点,也未能激起招聘人员的兴趣。	回答结合了哈尼的背景,自然而然地描述了她的特点,并与雇主的需要结合起来。简洁明了,大概只需要 45 秒—1 分钟左右的时间。
问题:你好像刚刚毕业,跟我讲一讲你的大学经历吧。	问题:你好像刚刚毕业,跟我讲一讲你的大学经历吧。
回答:我在学校过得很开心。在学习金融学的整个过程中,我碰到了许多优秀的教授,还交了不少好朋友。我在迪拜学习了一个学期,这是校园生活中最激动人心的一段经历了。它着实开阔了我的眼界,使我对这个世界更加了解。我唯一不喜欢的是我在过去四年的大部分时间里一面临着全职工作的压力,一边还要学习,但我认为这段经历使我成长了很多。	回答:在佛罗里达州立大学学习的几年是一段美妙的时光,我在金融服务营销方面的技能也因此得以提升。在刚刚开始学习金融学的时候,我选修了与银行和投资有关的各类课程,这些课程能帮助我思考我们在 Better Horizons 能够提供哪些金融服务。此外,我运用了在活动管理中学到的很多知识,思考我们在信用合作社可以开展哪些活动。在迪拜一学期的学习经历让我终生难忘。该国的企业使用很多非常有创意的新型方法开展活动营销,我对此深深着迷。在 Better Horizons,我一直尝试着使用我在迪拜看到的那些方法。
回答总体概括了哈尼的经历,但既没有体现她的目标感,也没有展现她的优势。	将哈尼的大学经历与她的职业目标和成果联系起来,既强调了她的关键优势,也展现了她以目标为导向的工作方法。
问题:你为什么辞职?	问题:你为什么辞职?
回答:Better Horizons 的工作给我提供了很多机遇,但董事会在开发新型服务时一直使用保守的方法,我对此感到十分失望。我的直属上司一直很赞同我的观点,但她认为董事会不会认可我们雄心勃勃的构想。在 Better Horizons 的几年是一段美妙的学习经历,但我希望工作环境可以更加积极向上。	回答:离开 Better Horizons 信用合作社是一个艰难的决定。与同事们并肩作战我感到十分开心,这是一个奇妙的团体。去年,我协助他们开展活动并招募了许多新会员。那个时候,我意识到我想要进入规模更大的信用合作社工作,将更多的时间花在营销活动的策划上,协调不同分支机构之间的工作。我认为这是我的优势所在,就我个人而言,我很适合这份工作。
哈尼表达了对董事会,对保守的工作文化的不满。这一举动很冒险,一些招聘经理会因此担心哈尼不能和其他人和睦相处。	哈尼着重讲述了前一份工作的哪些方面让她感到满意,给人留下了忠诚、以团队为导向的印象。接着,她转而讨论了对当前的职位有哪些要求。

（续表）

低　　效	高　　效
问题：你在团队中的工作表现怎么样？	问题：你在团队中的工作表现怎么样？
回答：在工作中，我始终秉持双赢的理念。我坚信如果大家群策群力，一加一能够等于三。你可以问一问我的每一个同事，他们会告诉你我营造了一种高效的工作环境。我们从彼此的想法中汲取营养，最终得出新颖而有效的解决方案。	回答：我很愿意在团队中工作，达成营销目标。去年，Better Horizons 的一个五人工作团队组织了一场市场推广活动，最终吸纳了 55 名新会员，我是该团队的负责人。我主要关注活动的进展以及社交媒体的宣传，其他成员则负责他们的专业领域，例如市场调查、平面广告和点播广播。尽管我们各有所长，但我们必须通力合作，确保营销目标的统一。我们还相互激励，想出了更好的主意。我认为没有成员间的相互帮助，我们不可能举办如此成功的活动。
陈词滥调，语意含糊，对展示哈尼真正的团队工作能力帮助不大。	通过具体的例子，展示了哈尼团队工作的能力，使人们坚信哈尼是一名团队工作者，真正理解团队工作的价值。
问题：你有管理经验吗？你如何管理其他人？	问题：你有管理经验吗？你如何管理其他人？
回答：我有管理经验，我曾是一名出纳主管，监督着 6 名出纳的工作。我负责协调团队内部的工作，安排工作进度并评价团队总体绩效。我认为管理最重要的是保持开放，我们互相了解彼此的动向。	回答：我有管理经验，在 Better Horizons，我管理着出纳部并领导了一系列市场推广活动，这项工作需要集思广益，汇集信用合作社的所有资源。我之所以成功，是因为我遵循以下几条原则。首先，建立愿景、阐明目标很重要；其次，集思广益对实现目标来说十分关键；最后，你要设法让每个人参与进来，激励他们，让他们为了实现目标而奋斗。为了吸引新会员，邮寄活动时我……
回答太过简短，尽管回答很肯定，但它并没有体现哈尼开展市场推广活动时的优势。	既回答了招聘人员的问题，又体现了哈尼的优势。
问题：你有哪些缺点？	问题：你有哪些缺点？
回答：我一时想不出我有什么缺点，我想我的缺点之一是我过于追求卓越。有些平庸的人有时候会说我是一个控制狂，但我确实完成了工作。因此，你们可以将其视为一种缺点，但从商业的角度来看，这是有益的。	回答：在招聘启事中，我注意到你们要求求职者具备开展会员调查的能力。我希望能告诉你们，我曾有开展调查的经历。我认为将调查作为市场分析的一部分至关重要，我也选修过与开展调查和数据分析有关的几门课程，但我还未能应用所学的知识解决现实中的商业问题。我希望我能进一步提升这方面的能力，并且我乐意接受任何培训与指导。
这个问题在面试中很常见，很多应聘者要么认为这是陷阱，设法避开它，要么说一些其实是优点的缺点。哈尼的回答显示出她对自己不够了解，不能快速提升工作表现。	哈尼的回答显示出她对自己很了解，同时也反映了她雄心勃勃、关注目标的天性。并且，她承认她还需要加以改进，从而为雇主带来价值。

保持灵敏的嗅觉，注意招聘经理所做的判断

招聘经理问的大多数问题都有具体的目的，他们会尝试着评估你的才能和特质是否符合工作岗位的要求，适应公司的文化。因此，他们会问各种各样的问题，例如你的教育背景、工作经历以及对公司的了解程度。面对大多数问题，你很容易就能判断招聘人员正试着了解你哪方面的信息。

但是，解读其他的面试问题就没这么容易了，面对这类问题，你可以想想面试官会做出什么样的判断。例如，招聘经理让你自我介绍是想了解你如何看待自己，据此了解你的生活感悟、职业方向、首要目标以及工作价值。如果他们问你有哪些缺点，意在试着判断你是否有自知之明，你的表现是否有可能越来越好。一些招聘经理甚至会和你闲聊，以此来判断你的情商，例如他们会问路途顺利吗，酒店房间怎么样，你所在的足球队成绩怎么样之类的问题。

讲述成功的经历

在本书中，我们讨论了故事的重要性。面试时，讲述你的成功经历能帮助你与潜在雇主积极地沟通交流。通过讲述成功的经历，你用具体实例证明了你的才能和特质。此外，从这些故事里，雇主可以了解你的为人。[22]

STAR 法

STAR 法（STAR method）指情境（Situation）、任务（Tasks）、行动（Actions）、结果（Results），是讲述成功经历时用到的一种方法。表 16.14 展示了哈尼如何使用 STAR 法回答面试问题："你是否能在截止日期之前完成工作？"她的回答十分简洁但极具说服力。仔细阅读这一案例，比较一下她的回答和那些既抽象又模糊的回答，例如："面对截止日期带来的压力时，我表现得很优秀。事实上，我喜欢这样的工作环境，这能够让我更好地表现自己。"

讲述你的成功经历时，你要直接回答面试问题并展现你的闪光点。此外，回答要相对简洁。一般而言，时间控制在 1—2 分钟内。你可以提前写下五六个故事，在面试时灵活运用。

表 16.14　回答面试问题的 STAR 法

	示　　　例
情境（Situation）：你创造的积极结果是在什么情形下发生的。 任务（Tsks）：在工作过程中你被分配的工作。 行动（Actions）：针对事情结果你采取的行动方式。 结果（Result）：最终发生了什么。	**问题**：你是否能在截止日期之前完成工作？ **回答**：我能够在截止日期之前完成工作。事实上，我曾出色地完成过一些紧迫的工作任务。例如，最近，我组织信用合作社的员工和会员参加本地的步行马拉松，支持乳腺癌中心工作的开展。 　　在过去十年里，我们信用合作社一直是这项活动的忠实拥护者，但我们的参与度几乎年年都在下降。去年，我们团队只有 15 名成员，他们中的大多数都是信用合作社的员工，总共只筹集了大约 600 美元。 　　离报名截止日期还有两个星期的时候，总裁找到了我，她问我是否可以负责活动的宣传工作，鼓励更多的员工和会员参加这项活动。她认为我至少应该组织 30 名成员，并将注意力放在动员更多的会员参加步行马拉松上，尤其是新会员。 　　几天之后，我和另一名营销专员采取了一些激励措施，例如免费的 T 恤和水瓶，吸引会员参加活动。我们还设计了宣传标语，并通过邮件、Facebook 和我们的网站发布这一消息。我认为我们所采取的最重要的举措是每当有会员前来办理业务时，我们让出纳给他们分发传单。 　　最终，我们招募了 83 名参赛者，为当地的乳腺癌中心筹集了近 10 000 美元。此外，我们成功地吸引各类新会员加入我们的步行马拉松团队，他们与信用合作社的关系也变得更加紧密。

不要批评你以前的公司、主管和同事

如果你回头再看看图 16.13 中的内容，你可能会注意到，指责现在的或以前的老板是面试中最严重的错误之一。如果你说一些消极的东西，招聘经理可能会怀疑你的工作态度以及你是否能和其他人和睦相处。如果你被问到诸如"你为什么辞职"或"在工作中，你最不喜欢的部分是什么"之类的问题，你要尽可能做好准备，诚实回答，确保答案富有建设性、前瞻性，并称赞别人。

提问

通常,面试官会问你有没有问题,你要准备一些问题。如果面试者没有提问,招聘经理常常会认为他们对工作没有兴趣或者缺乏经验。表 16.15 中有几个低效和高效的问题。[23]

表 16.15　面试者在第一轮面试时提出的问题

低　　效	高　　效
● 这份工作的薪水有多少? ● 多长时间我可以在家里工作一次? ● 公司的福利待遇优厚吗?	● 你们能介绍一下公司的文化吗? ● 如果能改变公司某一方面的文化,你们会怎么做? ● 你们认为要得到这份工作,需要具备哪些才能? ● 你们如何评价员工的绩效? ● 面试接下来还有哪些环节? ● 我向谁汇报工作的进展? 他采用什么类型的管理风格? ● 对我的能力你们还有哪些疑虑?

一般情况下,如果你在第一轮面试的时候就问与薪水、补偿金和额外津贴有关的问题,你可能会在无意间传达出这样的信息:这才是我真正关心的。调查显示,三分之一以下的招聘经理认为面试者在第一轮面试的时候可以问与薪水有关的问题。[24] 当然,如果在第二轮或第三轮面试中,雇主对你表现出了浓厚的兴趣,这些都是合适的话题。

成功通过网络面试

现在的公司越来越多地通过网络会议的形式对应聘者进行初选。相比于应聘者乘坐飞机赶赴面试现场,使用 Skype、Google Handouts 或其他平台能在时间和金钱上便利、经济得多。参加这类面试时,以下策略可供参考:

试运行

一定要模拟几次网络面试,你会发现,短短 20—30 分钟内,你可以学到各种各样的技巧。这些技巧不仅使你的表现更加专业,还会让你更加从容。你可以请求父母、朋友或专业人士陪你进行面试练习。此外,作为准备工作的一部分,你还要检测视频与音频设备,确保一切正常。

网络会议软件中的个人简介一定要给雇主留下积极的印象

招聘人员首先会阅读你在 Skype 或 Google Handouts 上的个人简介。职业照片和职业简历往往给人留下良好的第一印象。

着装要职业

一些应聘者认为网络面试不太正式,但事实并非如此,穿着西装或合适的职业套装能体现你对这份工作的兴趣。你可以调节一下室内温度,以便在面试的过程中更舒服。

打扫房间或办公室

许多面试官对你的第一印象来自于房间或办公室的陈设,因此,房间一定要保持干净、整洁和美观。

直视摄像头

你的主要目的之一是与面试官真诚地沟通交流。直视摄像头,眼神的接触使你们之间的对话更加亲密真诚。此外,直视摄像头,调整一下网络视窗的位置,面试官可能也需要几分钟调整一下网络摄像头的位置。

保持微笑,用肢体动作展示自己

许多人觉得在网络会议中很难用肢体动作展示自己。一开始,你可能需要勤加练习,多微笑,多做手势。许多人不怎么做手势,这是因为他们将胳膊支在桌子或扶手椅上,妨碍了他们自然的移动。因此,不要将手或者胳膊放在面前的桌子上,多用你的手和胳膊做动作。

使用提示板时要讲究策略

网络面试的一大优点是你可以在面试的过程中用注释——写在纸上或者电脑打开的文件里——提醒自己。例如,你可能有一系列想要强调的关键信息或者一些想要问的问题。但是,提示板的使用要有限度,保证能与面试官保持目光的接触,以免被误以为你没有做好准备。

避免分心

清除桌上的杂物,关闭电脑上所有窗口和无关的文件,确保在面试的过程中保持百分百的专注度。与此类似,确保面试的过程中不会出现任何干扰因素。如果你有室友,一定要让他们在面试的过程中保持安静;如果你有宠物,确保它不要离房间或办公室太近,以免面试官听到它的动静;如果你住的地方常常可以听到汽车的轰鸣声、警笛声或者其他噪音,你可以考虑换一个更好的面试场所。

发一封感谢信

无论参加任何面试,面试结束后一定要发一封感谢信(详见下一节"面试结束后的后续工作")。

面试结束后的后续工作

面试结束后发一封感谢信是一个好策略。在一项针对 150 名高级管理人员的调查中,88% 受访者认为感谢信可以提高被录用的几率。当被问到究竟有多少应聘者发送了感谢信时,高管们估计只有 51% 的应聘者会这样做。[25]

你可以在面试结束后的几小时到一天内发送一封感谢信,主要是向雇主示好并强调你对这份工作的兴趣(见图 16.14)。感谢信的内容要简洁,情感要真实,一些应聘者还想知道是否需要发送一封感谢邮件或寄送卡片。在最近一项调查中,50% 的人力资源专业人士认为感谢邮件是表达谢意的最好的方式,将近三分之一(28%)的人力资源专业人士认为最好通过平邮的方式寄送感谢信。此外,还有一些人力资源专业人士(17%)建议应聘者在面试结束后立即发送感谢邮件,并通过平邮寄送感谢信。[26] 显而易见,发一封感谢信是一个正确的策略。

收件人:雅各布·加西亚
主题:谢谢您让我参加面试
附件:哈尼·佐格比简历.docx

尊敬的加西亚先生:

    谢谢您给我这个机会参加今天的面试。今天下午我们讨论了信用合作社营销专员的工作,我感到十分愉快。此外,能与安格联邦信用合作社中那么多的团队成员见面,我感到十分荣幸。

    如果需要我提供其他信息,请及时告诉我。我很期待与您再次交流。

诚挚的问候
哈尼·佐格比

电话:850-784-7391
电子邮箱:hanizzogby@gmail.com
在线简历:linkedin.com/in/hanizzogby
领英个人档案:sites.google.com/site/hanizzogby

这封感谢信内容简洁、措辞专业,体现出应聘者的职业素养以及对面试官的感谢和对这份工作的兴趣。

附件中的简历、领英网个人档案以及内容丰富的在线简历将为招聘人员提供额外的信息。

图 16.14 面试结束后的感谢信

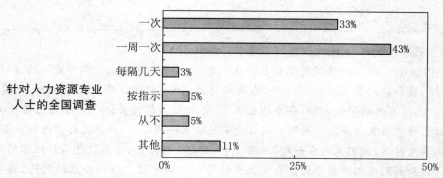

针对人力资源专业人士的全国调查

一次	33%
一周一次	43%
每隔几天	3%
按指示	5%
从不	5%
其他	11%

图 16.15　面试结束后应该多久联系一次?

　　除非面试官让你等待他们的答复，否则你可以采取进一步行动，了解他们的决策。许多应聘者对是否采取行动犹豫不决，担心惹恼招聘经理。但通常情况下，如果你能保持礼貌，你的后续行动往往能体现出你对这份工作的兴趣和持之以恒的精神。如图 16.15 所示，大多数的招聘经理希望你能进一步采取行动，其中将近半数（43%）认为你每周应至少联系他们一次。

离开组织

　　当你得到一份新工作，你要对当前的雇主表示出应有的礼貌，以便日后当你需要时，你的主管能给予你正面的评价。首先，你最好亲自告诉主管你即将离职并真诚地感谢他给你提供了职业机遇。千万不要夸大或吹嘘你的新工作，这会让一些同事觉得你对主管和同事们没有丝毫感情。[27]除了当面告诉主管你即将离开之外，你可能需要写一封正式的辞职信。辞职信的内容要简洁，情感要温暖，要表达你的谢意。

Better Horizons 信用合作社
创办于 1937 年

2015 年 5 月 14 日

克里斯蒂娜·拉索，总裁和首席执行官
Better Horizons Loop，Pescaloosa，FL 91214

回复：辞职声明

亲爱的克里斯蒂娜：

　　写这封信是为了告诉您，我将在 2015 年 5 月 31 日离开 Better Horizons 信用合作社。

　　离开 Better Horizon 信用合作社是一个十分艰难的决定，您给我提供了许多职业机遇，在这里请接受我诚挚的谢意。

　　最重要的是，我会想念各位同事，我们永远是"Better Horizons 大家庭"。

　　祝愿您和信用合作社不断发展，取得成功！

真诚的祝福

哈尼·佐格比
Better Horizons 信用合作社

（右侧批注）这封简洁的辞职信包含了所有要素：辞职日期和感谢。

表达善意和感激之情时，态度专业、情感真诚、让人感到很温暖。

图 16.16　辞职信

案例 16.4　苏芒正式离职,晒与老板同事合照

　　2018 年 5 月 8 日,时尚集团前总裁苏芒正式离职,辞职信中写道:"因为家人的原因,怀着最不舍的心情,我和你们告别。……24 年,感恩刘总的培养、信任和给予我的机会、空间,让我成长。感谢时尚所有的同事们,共同奋斗的经历"。简洁且真挚的言语说明了自己离开公司的理由,并对自己的老板及同事表示感谢。同日晚间她晒出一组照片,并配文称:"老板辛苦啦,同志们加油,祝福大时尚,我们永远在一起"。照片中,苏芒妆容精致,身着黑色吊带短裙的她优雅又沉稳,与老板和前同事们亲密合影。其礼貌性的辞职用语及朋友圈晒合照的行为,让离职过程充满一团和气,不和传闻也不攻自破。此外,不难看出,苏芒即使离职,仍与公司保持着亲密友善的关系。

　　评述:

　　从苏芒的辞职信和与老板同事合照中,可以看出她充分地表达自己对前公司的尊重及感谢,表现出较高的职业素养,避免因离职导致关系破裂。

沟通知识问答

与商务专业人士的对话

　　南希·瓦卡罗(Nancy Vaccaro)是 NBC 环球的一名人力资源经理。她在迪士尼公司、马特尔酒店和伊斯顿—贝尔体育从事了 20 年左右的人力资源管理工作。

　　彼得·卡登:你认为面试时学生可以采用哪些方法使自己脱颖而出?

　　南希·瓦卡罗:求职对你而言是一种机遇,你要突出你独一无二的特质并着重强调你与其他面试者的不同之处,你可以想一想怎样才能最好地展示你的相关技能。雇主希望应聘者追求成功,因此,你一定要强调你在课堂内外所做的工作,例如实习、志愿工作或者班级项目。尽管这听起来很平常,但你要时刻保持细心、着装整洁、关注细节,发表评论时切忌包罗万象、泛泛而谈。要避免"乐意接受任何工作"之类的评论。一旦你开始找工作,一定要保持专注,将注意力集中在申请某一具体的工作或职位上。

　　彼得:你认为制作一份有效的简历有哪些关键点? 有哪些常见的错误?

　　南希:通常,雇主花几秒钟就能看完一份简历。这意味着你几乎不可能引起招聘人员以及招聘经理的注意。你要留心简历中的印刷错误和错别字,提供尽可能多的细节信息,但要避免内容过于冗长。一般而言,简历只需一到两页纸,但是要包括现有的联系方式以及邮箱地址,写法要专业,读起来要顺畅。简历看上去要美观,使用标准化的字体。措辞要深思熟虑,不仅要谈到你完成的工作,还要说明你完成工作的方式。作为一名招聘经理,我希望应聘者积极向上,具有前瞻意识,而不仅仅是一名执行者。

　　定制简历中所使用的关键词和术语要与你申请的工作直接相关,组织常常使用人才管理系统或解析简历的招聘工具在网上搜索关键词。但一定要细心! 如果你不能证明关键词和你的工作经验以及技能之间的相关性,雇主很快便会认为你一点儿也不符合组织的要求。我想说的是,往简历中添加个性元素,使其看起来有趣很重要,因为通过这样的方式,简历读起来不会像

是工作描述。你可以将简历看作是营销工具或者是与你的技能、成果以及成就有关的广告。什么使你与众不同？强调你所具备的有形与无形的特点以及那些可转化的技能。你怎样运用它们？它们将如何为组织带来价值？你要打造个人的品牌，相信雇主愿意将你招入他们的团队或组织。

彼得：你认为有效的工作面试有哪些关键要素？有哪些常见的错误？

南希：通过调查，了解这家公司以及这份工作的内容，提前为面试做好准备。我经常碰到一些面试者，他们对公司和这份工作一点儿也不了解。在未来的雇主看来，这表明你对工作既不关心也没有认真地找工作。你需要准备一些面试结束时想要了解的问题以及面试官会问你的问题。如果面试官要求你举例证明你所取得的成果，不要吃惊。面试时注意力要集中，保持专注，要记笔记，你准备的一些问题在面试的过程中必然会得到解答，同时也会出现一些新问题。最后，给面试官们发一封感谢信或感谢邮件，这能体现你的职业素养以及你对这份工作的兴趣。

彼得：对于那些刚入门的商学院学生，最重要的建议是什么？

南希：网络！网络！网络！利用社交媒体工具，如领英、微信来构建网络。明晰你的职业目标，保持积极乐观的态度，相信你的能力。祝你好运！

本章小结

学习目标 16.1：在求职过程中找出你的关键优势。

有效的简历和求职信，加上高效的面试技巧，能够提升你的个人信誉。

如果你具备完成工作任务的知识和/或技能，这就是能力。	如果你能有效地管理职场中的人际关系，这就是关怀。	如果你高度拥护公司的职业规范和标准，这就是品格。

在表 16.1 中，你可以看到一些技能和特质，它们反映了应聘者的能力、关怀和品格。

在图 16.1 中，可以看到个人调查表的一个示例。

学习目标 16.2：寻找你感兴趣的工作，评估雇主的基本需求。

在图 16.2 中，你可以看到分析工作布告，了解雇主的关键需求的一个示例。

学习目标 16.3：建立简历和求职信的信息结构。

时间序列简历的构成	功能性简历的构成
• 姓名 • 资历概况或职业目标(可选) • 教育背景 • 工作经历 • 附加信息	• 姓名 • 资历概况或职业总结 • 技能 • 附加信息

AIM 规划过程

受众分析：找出那些能为雇主带来价值的才能和特质。

发展观点：认清你的职业兴趣以及与工作有关的才能和特质。

构建信息：将你的才能和特质与雇主的需求相匹配。

学习目标 16.4:通过有效的语调、风格和设计,强调你的资历。

有效简历的原则	
● 运用行为动词,着重展现你的成果 ● 尽可能地量化成果 ● 将最重要的贡献摆在最前面 ● 剔除无关的细节信息	● 避免陈词滥调,不要使用流行词和专门的术语 ● 准确无误,防止犯错 ● 组织并标记信息,方便雇主阅读 ● 通过排版突出重要的信息 ● 布局简单而美观

在表 16.3 和表 16.4 中,你可以看到行为动词的示例;

在表 16.5 中,你可以看到量化成果的示例;

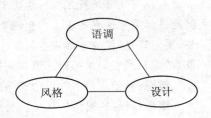

在表 16.6 中,你可以看到给贡献排序的示例;

在表 16.7 中,你可以看到剔除无关细节信息的示例;

在表 16.8 中,你可以看避免陈词滥调的示例;

在表 16.9 中,你可以看到检查印刷和错别字的示例;

在表 16.10 中,你可以看到组织并标记信息的示例;

在表 16.11 中,你可以看到通过排版突出重要信息的示例。

语调:描述你的才能和特质时,情感要适度,语气要自信,避免"我为先"的心态。

风格:以行动为导向,确保求职申请中前后事实的一致性。

设计:确保雇主可以快速地提取关键信息,了解你的经历。

学习目标 16.5:制作时间序列简历和功能性简历,突出个人优势。

在图 16.4、图 16.5、图 16.6 和图 16.7 中,你可以看到低效时间序列简历和高效时间序列简历的示例。

在图 16.8 中,你可以看到功能性简历的示例。

在图 16.9 中,你可以看到社交网络和求职网站中在线简介的示例。

学习目标 16.6:撰写有效的求职信,突出你的关键优势。

在图 16.10 和图 16.11 中,你可以看到高效请求信和低效请求信的示例。

在图 16.12,你可以看到自荐信的示例。

求职信的构成
● 感兴趣的工作 ● 是否符合该职位的要求 ● 行动号召

学习目标 16.7:检查你的简历和求职信,保证其内容真实准确,达到预期的效果。

审阅流程

FAIR 测试:确保简历和求职信每一部分的内容真实而准确。

校对:反复检查文件,防止犯错或出现前后矛盾。

反馈:就文件是否能达到预期的效果,征求一些你信任的人的建议。

学习目标 16.8:为回答常见的面试问题制定策略。

在表 16.12 中,你可以看到一些常见的面试问题。

在表 16.13 中,你可以看到面试问题的一些低效答案和一些高效答案。

STAR 故事的构成	
● 情境	● 行动
● 任务	● 结果

在表 16.14 中,你可以看到运用 STAR 法讲述经历的示例。

在表 16.15 中,你可以看到应聘者问的一些低效和高效的问题。

学习目标 16.9：说明面试结束后应遵守的礼仪。

在图 16.14 中，你可以看到面试后发送的一封感谢信。

学习目标 16.10：说明辞职时应遵守哪些礼仪，怎样才能做到姿态优雅、目光长远。

在图 16.16 中，你可以看到辞职信的示例。

关键术语

才能	功能性简历	STAR 法	特质
请求信	自荐信	时间序列简历	

讨论练习

16.1 章节回顾问题（学习目标 16.1—学习目标 16.10）

A. 制作简历的时候，认清你的工作兴趣、才能和特质能给你带来哪些帮助？

B. 你可以采用哪些方法对你的关键才能和特质进行分类，提升你的信誉？

C. 雇主在招聘时采用哪些方法识别应聘者的关键才能和特质？

D. 时间序列简历和功能性简历的优缺点各是什么？

E. 在求职的过程中，你可以采用哪些策略既展现你的能力和自信心，又不会显得你傲慢自大？

F. 归类并标记简历信息的根本目的是什么？

G. 面试礼仪包含哪些关键要素？

H. 回答面试问题的时候，STAR 法如何帮助你展示你的才能和特质？

I. 离职时你应遵守哪些礼仪？

16.2 在求职的过程中，利用一切沟通渠道（学习目标 16.2）

梅西百货的首席执行官兼总裁特里·J.伦德格伦（Terry J.Lundgren）被问道："你能给大学毕业生提供一些求职建议吗？"以下是他的回答：

尽你所能让招聘人员看到你的简历。这是非常重要的——将简历送到招聘人员的面前。因为像我们这样规模的公司每天都会收到上千封简历，而我们并不一定会看你的简历。因此，你要想方设法将简历送到关键人物的面前，他们会看你的简历。顺便说一句，关键人物不仅仅是 CEO，还包括人力资源部的工作人员、招聘部门的主管、培训主管以及其他任何人。此外，不要就此停住脚步。仅仅在网上投简历是不够的，因为这样做很简单。你可以先在网上投简历，然后将简历装入信封寄给你感兴趣的顶级公司。之后，你可以打个电话，与招聘助理谈谈。你可以说："我只想确认一下你们有没有看到我的简历。我对你们公司非常感兴趣，这对我来说十分重要。我只是想知道——你能给我一些建议吗？——怎么做才能把我的简历交给你们的老板？"无论你说什么，只要表达出最重要的就可以了——那就是你很渴望进入那家企业。你要说服他们,可能你还需要运用一些演技。这与大学里的约会很像——你懂的,运用一点儿演技。"我对你非常感兴趣"这句话的意思是:"这是我想要为之工作的公司。你们公司是我想要为之工作的公司。"一旦你拿到多个录用通知,你便掌握了主动权。此时,你可以说:"我想要去哪呢?我想去哪工作呢?"[28]

结合伦德格伦的意见和你自己的看法,回答以下问题:

A. 伦德格伦提到表现出你对工作的"渴望"是什么意思?你可以用哪些方法表现出你的渴望?

B. 他认为仅仅在网上投简历效果怎么样?你可以综合利用哪些沟通渠道获得一份感兴趣的工作?

C. 他认为你应该将求职看成约会。这一类比对你来说有何意义?请说明。

16.3　了解雇主的需要(学习目标 16.2)

SelectMinds 的联合创始人、前任执行官安妮·贝克威思(Anne Berkowitch)讨论了她招聘新雇员的方法:

> 起初,我希望应聘者拥有我不具备或直观上我无法理解的技能。当时的我十分看中技能、背景以及纸面上的东西。我不确定自己有能力判断哪些是合适的人选。有段时间,我做了一些错误的决定。之后,我想:"我必须改变,我要相信自己的直觉,并据此判断哪类人适合招入团队。"我招聘的员工必须具备我需要的技能和经验,但他们的人品更加重要。他们有许多共同特点:他们聪明;他们能够解决问题;他们术业有专攻;他们忠于自我,这对我来说很重要,如果你不能忠于自我,你便会将许多精力放在你的言语上,而不是你的职责上;他们求知欲很强并且他们想要尝试新鲜事物;他们富有激情——对什么感兴趣并不重要,可能是戏剧,可能是你的孩子。他们的另一大特点是想要成为团队的一员并做出一些贡献。他们不追求名誉,成为团队的一员便能极大地激励他们。现在,我和某个人交谈五分钟便能了解他是否具备这些特点,并且我有 85% 的把握。[29]

A. 贝克威思提到相比于雇员所具备的技能和经验,她更看重他们的人品。对这一点,你怎么看?

B. 招聘新员工的时候,她尤其看中哪些特质?这些特质可以通过纸面上的东西体现出来吗?请说明。

C. 她说她在五分钟内便可以判断一个人是否适合她的公司。你相信招聘经理可以做到这一点吗?假设你只有五分钟来向招聘经理展示你的价值,你想要突出你的哪些特点?

16.4　热爱公司(学习目标 16.2)

FRS 公司的前任 CEO 兼总裁梅尔雷德·艾科滕(Maigread Eichten)解释了了解公司、热爱公司的重要性:

> 我面试过许多许多人,说实话,面试不怎么让我满意,因为我发现许多来面试的人甚至不太了解这家公司,我觉得这一点很奇怪。我曾经就读于商学院,当时我下定决心要成为百事可乐公司的实习生。他们只招一名实习生,因此我得到这份实习工作的机会很渺茫,因为我没有经验。但我还是想要这份实习工作。我当时是这样做的——面试时我一直在

思考这个问题,为什么应聘者不这样做呢?——我调查了来学校面试的所有人。我了解了他们以及百事可乐和百事可乐公司的一切信息。我认识了 ULCA 招聘办公室的所有人,我讲述了我的经历并且我向他们解释为什么百事应该雇用我,我能带来哪些价值。我还打电话给其他学校的两三个人,他们曾经是百事公司的实习生。我了解了他们在实习期间所做的每一件事。在面试前我做了这些准备工作。他们当时挑选了四名候选人去纽约参加面试,我是其中之一并且我得到了这份实习工作。当时的我可能特别招人烦,但我肯定十分合格。我想对我的孩子们说的是,如果你想得到一份工作,你需要做两件事。你既需要掌握业务技能,但你还需要做好充分的准备并拥有极大的热情。你必须改变别人的看法,让他们聘用你。他们聘用你需要一个理由。如果你没有得到这份工作,不要找借口。一些应聘者着实让我吃惊。当我提到"FSR"的时候,一些应聘者说:"我没有用过这种产品。"如果他们这样说,面试就结束了。[30]

A. 艾科滕说求职者应该有"极大的热情"。你认为在面试的过程中你可以运用哪些方法恰当地展示你对公司的热情。

B. 她提到,在面试的过程中,由于她的坚持她很可能十分讨人厌。你认为求职者应进一步采取哪些行动? 求职者应如何联系潜在雇主?

测评练习

16.5　采访一名招聘经理,讨论申请工作的最佳实践(学习目标 16.1、16.2)

联系一位招聘经理(你可以考虑任何你认识的参加过招聘工作的人),安排一场 30 分钟到 1 小时的采访。问问招聘经理以下问题,这些问题与招聘新员工有关:

A. 简历和求职信中最常见的错误。

B. 简历和求职信的哪些方面使应聘者脱颖而出。

C. 面试成功的关键。

D. 面试中的常见错误。

E. 面试后如何进一步采取行动。

采访结束后,写一份两页纸的报告,详细描述求职过程中的最佳实践。这些实践能为求职者提供导向,帮助其找到工作。修改报告,方便刚刚步入职场的大学生阅读。

16.6　征求别人对你的简历和求职信的意见(学习目标 16.3、16.4、16.5、16.6、16.7)

为了判断你在多大程度上展示了你的优势(你的两三项关键才能和特质),执行以下步骤:

A. 写下你的关键优势。

B. 制作简历和求职信,强调这些关键优势。

C. 请一名你信得过的同学/同事/教授看一看你的简历和求职信,不需要告诉他你所认为的关键优势。更确切地说,让你身边的同龄人回答以下问题:

1. 结合这些文件,你认为我有哪些关键优势? 让他们具体谈一谈这些才能、技能、特质以及特点。

2. 这些关键优势非常突出吗? 你认为简历和求职信的内容是否与我的优势相符?

3. 在完善文件的内容上,你有哪些建议?

得到他们的答复后,你要回答以下问题:

A. 你身边的同龄人认为你有哪些关键优势? 他们认为你在多大程度上展示了这些优势?

B. 他们的观察结果与你对自己的看法有多一致?

C. 根据他们的观察结果,你该如何修改简历和求职信,更好地突出你的优势?

16.7 征求你感兴趣的学科专家/行业专家对你的简历的反馈(学习目标 16.3、16.4、16.5、16.7)

在你感兴趣的学科或者你渴望进入的行业里,找一名专家。请他看一看你的简历并在以下几个方面给你反馈:(a)简历有哪些优点能帮助你得到这份工作;(b)完善简历的建议;(c)简历的哪些部分不太可信或者过于夸张;(d)增加就业机会的建议。接着,完成以下工作:

A. 修改简历。

B. 写一份文档,详细描述你从商务专业人士身上学到的东西以及最终你对简历做了哪些修改。

16.8 征求同学对你的简历的反馈(学习目标 16.3、16.4、16.5、16.7)

组织三四个同学,相互阅读各自的简历。阅读简历的时候,着重关注他在多大程度上展示了他的关键才能和特质。你可以从以下几个方面表达你的看法:

A. 简历中所展现出的关键才能和特质。

B. 简历中可改进的两三个部分。

C. 与简历中的其他部分相比,哪部分的内容不够充实。

根据团队成员的意见和建议,你们各自应写下两三段内容。

应用练习

16.9 评估你的关键优势(学习目标 16.1)

参照表 16.1 和图 16.1 中的内容,完成以下工作:

A. 描述你的职业目标。

B. 在求职文书中,你想要着重突出哪些才能和特质? 分别列出三四项。你为什么想要突出这些才能和特质?

C. 你最想培养哪些才能和特质? 分别列出两三项。

16.10 分析你感兴趣的招聘启事(学习目标 16.2)

找一份你感兴趣的招聘启事。参照图 16.2 中的内容,完成以下工作:

A. 对工作布告中关键的才能和特质进行分组、分类。

B. 描述你在哪些方面符合这些才能和特质。

C. 说明你将如何弥补那些尚未完全具备的才能或特质。

16.11 使用行为动词（学习目标 16.4）

参照表 16.3、表 16.4 和表 16.5 中的内容，完成以下工作：

A. 选择十个行为动词，用这些动词写几句话描述你所取得的成果，并将它们放到简历里。

B. 用五句话描述你的成果和资历，并将它们放到简历里（例如，销售额提升了 12%）。

16.12 制作简历（学习目标 16.3、16.4、16.5）

制作一份完美的简历。

16.13 制作时间序列简历和功能性简历（学习目标 16.3、16.4、16.5）

制作两种类型的简历———一份时间序列简历和一份功能性简历。除了这两份简历外，单独创建一份文档并用每种方式描述你的优缺点。

16.14 写一封求职信（学习目标 16.6）

选择一份你感兴趣的招聘启事。写一封求职信，寄给相应的联系人/组织。

16.15 使用 STAR 法讲述经历（学习目标 16.8）

使用 STAR 法，回答下面的面试问题并写下你的答案：(a)你能讲一讲你在工作中克服的一大困难吗？(b)你能举例说明你在工作中是如何展现领导力的吗？(c)你最近在工作中取得过哪些成功？列举一项即可。你可以用学校经历代替工作经历。

16.16 写一封感谢信（学习目标 16.9）

选择一份你感兴趣的工作。假设你刚刚参加完面试，写一封感谢信恰当地表达你的感激之情，提高你被录用的几率。

16.17 写一封辞职信（学习目标 16.10）

假设你即将辞职（你可以以现在的/过去的工作为例）。写一封辞职信，说明你离职的时间并表达你的感激之情。确保你与雇主在未来保持良好的关系。

17

危机沟通和公众关系信息

学习目标

学习本章后,你应该掌握以下几点:

17.1 危机沟通和公众关系如何影响组织声誉。

17.2 组织中危机管理的性质。

17.3 危机沟通中的 AIM 规划过程。

17.4 有效负责的危机信息。

17.5 如何处理外部投诉和负面信息。

17.6 危机沟通的公平性和有效性。

17.7 公共关系信息在当今组织中的作用。

17.8 将 AIM 规划过程应用于公共关系信息中。

17.9 有效负责的公关信息。

17.10 公关信息的公平性和有效性。

为什么这很重要?

我们已经多次讨论过个人信誉在成功沟通中所起的作用。当你的同事、客户、顾客和其他联系人认为你的信誉度高时,他们会更加积极地与你交流。类似地,企业信誉与其经营绩效紧密相连,包括总销售额和收入、回头客、口碑营销和顾客满意度。

个人信誉和企业信誉是相关联的,当你获得业务联系人的信任时,便会在无形中增强公司的信誉,反之亦然。同样,当你的公司失去信誉时,你也将失去个人信誉。

诚信是危机沟通和公共关系共同的基础,本章我们将从这一观点出发,探讨两者的重要性。危机沟通的一个主要目标是保护和修复组织在危机中的信誉,而公关信息的主要目标之一是为了提高公司的信誉度。在本章中我们认为,企业声誉是判断其是否诚信的重要因素。

通常情况下,危机沟通和公关信息沟通,主要是由公关专员和高管们处理。然而,年轻的专业人士尤其擅长沟通,当博客、论坛、企业网站和其他地方出现负面消息时,他们往往是第一响应者。[1]当然,高层管理人员和危机管理团队必须为危机沟通做准备并发布信息。

有效提供危机和公关信息的能力可以让你在职业生涯中获益。社交时代的企业越来越认识到维护和加强组织声誉的重要性,只有在该领域表现出色的人,才会成功实现职位晋升。

进一步说,你代表着本部门和团队,提高声誉的能力将会为你的团队带来更好的机会和更多的资源。因此,制定有效的危机沟通和公关信息原则在日常工作中至关重要。阅读以下案例,该案例是本章节其他案例的基础。

本章案例:在 Better Horizons 信用合作社构建、维持,并修复信誉

涉及人物:

克里斯蒂娜·拉索:总裁兼首席执行官,在她担任总裁期间,她的主要目标之一是建立 Better Horizons 品牌价值。

哈尼·佐格比:市场专员和助理经理,哈尼在克里斯蒂娜的领导下从事各种处理公关信息的工作。

危机情境:

作为 Better Horizons 信用合作社(BHCU)的总裁和首席执行官,克里斯蒂娜花费了大量时间提高企业声誉。在她担任总裁的 5 年时间里,致力于为危机做准备并参与公共关系管理。

去年,BHCU 面临了两个意想不到的危机:(1)飓风;(2)BHCU 成员数据库遭到破坏。飓风导致 BHCU 的两个分支机构由于暴雨和大风而无法运营。此外,信用合作社中成员的房屋也遭到破坏,他们至少三天得不到电力供应,且在此期间也无法返回家中。在另一个危机中,BHCU 的数据中心被黑客攻击,所有的信用合作社成员的私人信息存在潜在的泄露风险。

公关状况:

BHCU 已经将其大部分的公关信息刊登在了通讯季刊上。现在,克里斯蒂娜和哈尼正在撰写每周公关内容,在网页和其他各类社交媒体上发布。克里斯蒂娜和哈尼打算在未来的几周内增加关于后续事项的公关信息,他们也想要通过创建一个写作比赛,以吸引更多的人浏览 BHCU 的 Facebook 页面。

任务:

1. 危机任务:克里斯蒂娜和 BHCU 的员工怎样在飓风危机中进行沟通?在黑客危机中,他们如何与信用合作社的成员沟通以保护成员,并尽量维护信用合作社的声誉?(见"创建危机信息"部分)

2. 公关任务:克里斯蒂娜和哈尼将怎样撰写有影响的公关信息?(见"撰写公关信息"部分)

危机沟通信息

所有的公司都应该为处理危机做好准备,危机会阻断业务运营,且会涉及对公共安全的威胁、重大财产的损失和信誉的损失。企业面临着各种形式的危机,包括自然灾害、产品失败、技术失败、工作场所事故、管理问题或者犯罪行为和各种形式的负面新闻报道。[2]危机的代价是巨大的。例如,在 2000 年和 2001 年,媒体对福特探险者车型致命翻车事故的负面报道使福特公司遭受了巨大的危机,福特将这个问题归因于使用了普利司通/风驰通轮胎,而普利司通/风驰通轮胎公司则谴责福特探险者车型的设计。危机受到越来越多公众的关注,给福特造成了销售下跌、股票损失、关厂、召回等其他方面总计 100 亿美元的损失。[3]

虽然企业不能准确预见危机,但要有危机意识:危机总会发生,问题不在于它发生的可能性而在于它发生的时间。通过减少受害者的损失来最小化对企业声誉的影响,企业应该处理好危机管理的各个阶段:危机前的规划、危机中的应对和危机后的行动(如图 17.1)。[4]

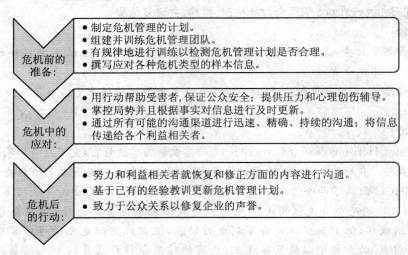

图 17.1　危机管理的阶段

在危机发生前,公司应该创建并且定期地更新应对计划。这些计划应该包括组建危机管理团队并合理分配任务。此外,应该对危机应对团队进行年度训练以提高企业的应对能力。就像波音公司的危机沟通计划者迪安·图加斯(Dean Tougas)解释的那样:"一个人不可能经过一次危机处理就有能力解决所有的危机,所以进行培训方案制定和基础设施建设是很关键的。"[5]

另一项准备工作是撰写危机沟通计划。这个计划应着重强调发生危机事件时,公司将如何与各类利益相关者进行有效沟通(见图 17.2)。即使情况复杂,企业也应确保能够迅速、精确并持续地进行危机处理。除非一个企业有计划并进行常规训练以应对公司的危机,否则它不可能达到这个标准。[6]

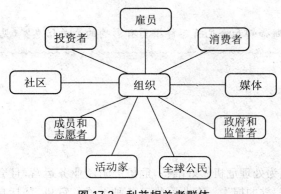

图 17.2　利益相关者群体

危机的应对步骤包括迅速地面对危机。企业的主要责任是帮助受害者,并尽力减少利益相关者所受到的威胁。凭借完善、到位的计划(其中包括构建危机管理的团队和角色),公司往往能快速、有效地满足受害者和其他利益相关者的各项需求。其次是要保护企业的声誉。在危机应对步骤中,企业应该通过恰当的沟通渠道尝试联系到所有利益相关者。在接下来几节有关危机沟通的例子中,涉及在危机应对阶段中如何进行书面沟通的相关内容,此原则也同样适用于口头沟通方式。

在危机后的行动阶段,企业已经恢复正常经营并且危机情况已经解决或稳定。在这个阶段,企业应该通过运用公关信息(本章的第二部分有详细介绍)来修复企业的信誉,但这是一个需要持续努力的阶段。例如,为了应对 2010 年墨西哥湾的石油泄漏事件,BP 公司做出了许多努力尽力弥补损失,并通过定期发布公关信息的方式力求逐渐恢复公司声誉。

将 AIM 规划过程应用于危机沟通

危机沟通的计划进程一定要全面而又简洁。如果没有一个指定的沟通计划,那么就很难为受害者和利益相关者提供及时、精确的信息以避免进一步的损失。相反,通过制定一个适当的计划,危机沟通团队可以快速采取相关措施以帮助其利益相关者避免进一步的损失并帮助企业恢复信誉。

对危机沟通的受众分析

危机信息在设计的时候应该考虑到特定的利益相关者。通常情况下,危机沟通团队首先应确定受影响最大的利益相关者,并与他们尽快取得联系。但通常情况下,危机沟通的团队更关注外部利益相关者,却没有为内部员工提供足够的信息。然而,在 80%—85% 的危机状况事件中,员工往往是第一或第二重要的利益相关者。[7]

危机沟通团队不仅应该关注提供什么信息,而且也应该关注如何关怀信息接受者。可以通过信息接受者的情绪反应来判断危机信息是否传达成功。在许多案例中,如果企业提供了及时和精确的信息并且用真诚的态度努力改善现状,顾客、雇员和其他利益相关者会愿意原谅企业,[8]因为利益相关者们会迅速判断这些回应是否善意或真诚。因此,危机沟通团队应该在他们可以迅速获得各种利益相关者信任和原谅的假设下,撰写危机处理计划并且开展危机沟通。

~~~~~~

案例 17.1 强生公司泰诺毒药片事件

1982 年 9 月,芝加哥地区有病人因服用强生公司的泰诺药片导致中毒身亡,其影响迅速扩散,公众的恐惧与愤怒感被点燃,负面新闻铺天盖地朝着强生公司涌来,强生陷入窘境。

事故发生后,强生公司立即调动大量人员对所有药片进行检验。经过联邦调查局调查,发现所有受污染的药片只源于一批药,并且全部在芝加哥地区,不会对其他地区有任何影响。而有毒药片是由于有人恶意在药片中注射氰化钾,帮助强生洗清了嫌疑。然而,强生公司仍然坚定地执行公司的最高危机方案原则,即"在遇到危机时,首先考虑公众和消费者利益",不惜花费巨资在最短时间内向各大药店收回了所有的数百万瓶药片,并花费 50 万美元向有关医生、医院和经销商发出警报,同时大力收集近期买过泰诺的消费者信息,由公司出钱对消费者进行体检。为了避免类似事件的发生,强生开发了更为安全的包装,并提示消费者"如若包装损坏请勿服用"。

评述：

强生在危机面前准确把握了受影响最大的利益相关者，主动向利益相关者提供危机信息，并努力改变现状，获得了公众的原谅。

危机沟通的观点形成

尽管企业应该尽可能多地提供危机信息，但必须得保证信息的精确性。危机沟通团队必须快速收集与事实相关的各项证据材料，并提供最佳方案以保护利益相关者的各项利益。在这种紧张甚至混乱的危机阶段，危机沟通的团队需要依据不完整的信息开展工作。因此，团队成员必须对信息的相关性、准确性和合法性进行判断。[9]

理念形成阶段的首要任务是确定危机的性质，这将帮助团队规划恰当的信息。危机大体上可以被分成 3 种类型：受害者危机、事故危机和可预防的危机（见表 17.1）。[10] 在**受害者危机**（victim crisis）中，利益相关者一般认为企业不应负有责任。例如，地震可能会影响企业的运营状况和员工的人身安全，但是利益相关者不会认为企业应该对此负责。在**事故危机**（accident crisis）中，虽然利益相关者认为企业应负有责任，但是他们认为企业不是故意制造事故，同时该事故的发生具有不可预见性。比如，人们认为因设备故障发生的工作场所事故是非故意的，但利益相关者还是认为企业负有一定责任。在**可预防危机**（preventable crisis）中，利益相关者认为公司该受到谴责，并且应对利益相关者的损失负完全责任。比如，如果是因为企业雇员的过错而导致了危机的发生，利益相关者会认为企业负有全部责任。

表 17.1　危机的类型和企业责任的级别

受害者危机（最小责任）	事故危机（低责任）	可预防危机（全部责任）
● 自然灾害 ● 关于组织的谣言 ● 前任或现任员工的工作场所暴力 ● 产品被企业外的个体篡改	● 利益相关者声称该组织运行不恰当 ● 由于技术和设备故障引起的工业事故 ● 由于技术和设备故障导致的产品故障	● 由于员工过失导致的工业事故 ● 由于员工过失生产的不合格品对消费者造成伤害 ● 管理行为是非法的并且/或使益相关者陷入风险中

危机管理团队也应该识别是否存在使危机不断加剧的因素，以决定如何开展恰当的危机沟通。例如某公司先前发生过类似的危机事件，那么该公司此次发生的危机将会更加严重。

危机沟通的信息结构

危机沟通的主要目标是帮助受害者和其他利益相关者，次要目标是避免或减少声誉损失。你可以通过使用表 17.2 介绍的各种用于声明的形式来编写恰当的危机信息。根据危机类型以及是否存在使其加剧的因素，为每种危机选择恰当的应对方案（见表 17.3）。[11]

表 17.2　危机沟通的应对类型

声明的形式	解　释
关　注	关注受危机影响的所有人。
修正措施	描述组织为纠正问题和减少损失所采取的具体措施。
说　明	告知利益相关者进行自我保护的具体做法，保持随时了解和更新信息的状态。
抨击原告	如果有相关证据，可以抨击指责的个人或团体的信誉。

（续表）

声明的形式	解　　释
否　认	否认存在危机或该组织有任何责任。
辩　解	通过否认有意伤害或指出该事件具有不可控性以尽量减少组织的责任。
理　由	最大程度地减少察觉到的危机的损害。
提　醒	列举该组织曾经获得的工作成果。
逢　迎	对利益相关者为应对危机采取相应措施的行为进行表扬。
补　偿	向受害者提供财物作为赔偿。
道　歉	对危机承担全部责任并寻求原谅。

表 17.3　危机的类型和恰当的应对措施

危机的类型	关注	纠正的措施	说明	辩解和/或理由	补偿和/或致歉
受害者危机	✕	✕	✕		
受害者危机*	✕	✕	✕	✕	
事故危机	✕	✕	✕	✕	
事故危机*	✕	✕	✕	✕	✕
可预防危机	✕	✕	✕	✕	✕

注：* 有加剧的因素。

危机沟通者总是可以考虑使用"提醒"和"逢迎"的。他们也应该为了不公正的谣言和对公司的诋毁考虑否定和抨击指控者。

- **表示关注。**利益相关者会在 30 秒内对公司表现出的同情心和关怀做出迅速判断。[12] 通过立刻对利益相关者受到的危机表示关心，及时为他们提供帮助，可以帮助企业树立良好的形象。[13] 因此必须选择合适的发言人，并且发言人需要能立刻代表企业对危机受害者表达关心之情，能够根据形势恰当地对受害者表示同情，并且有信心能尽最大的努力解决危机。

- **解释修正措施。**一些利益相关者在危机中受到了身体上、心理上或者经济上的伤害并因此感到焦虑，此时他们就会比较关注企业会采取什么措施以避免、减少和补偿他们所遭受的损失。企业关注危机事件后，需要立刻对外宣布正在采取什么措施以解决这个危机。通常在初期阶段，危机沟通团队所获得的信息较少或者信息之间互相矛盾。在这样的情况下，企业应避免对危机的原因进行阐述或者对外宣布将具体采取哪些措施。相反，企业应该公布调查进展并做出会尽快形成应对措施的承诺。[14]

- **提供说明。**利益相关者不仅想要知道公司在危机中采取的具体措施，也想知道自己应该做什么以避免进一步的人身或财产损害。所以，应该告知利益相关者如何保护自己和获得帮助的具体做法。同时在提供说明的过程中应利用广泛的沟通渠道，因为信息在危机中瞬息万变，可以考虑在公司网站的显眼位置更新信息。博客在危机的处理中发挥着重要的作用，使用博客的公司能够减少抱怨并且提高声誉（见图 17.5，它展示了 Better Horizons 在危机后定期更新的微博）。[15]

- **提供辩解或理由。**当利益相关者认为公司应该对危机(事故危机和可预防危机)负责时,危机沟通团队应该提供辩解或者给出正当的理由。如果该企业能提供充足的理由证明企业没有过失,或该危机具有不可预见性或无法控制性,那么利益相关者就会觉得该企业应负有较少的责任。但是这些策略存在一定的风险,如果一些利益相关者不相信这些借口、理由或者认为这些理由不合法,他们会觉得企业更应该承担责任。

- **发出道歉并说明赔偿。**在可避免的危机中,企业应承担责任。危机沟通团队应该清楚解释公司将如何赔偿受害者,并且做出道歉。近几年当危机发生的时候,利益相关者会期待得到企业领导的道歉。当领导道歉了,公众会认为企业在努力弥补由它们所造成的损失。就如沟通专家芭芭拉·凯勒曼(Barbara Kellerman)说的那样:"一个成功的道歉可以把公众敌意转化为组织胜利——而道歉太少、太迟或明显是一种策略会带来破坏性影响。"[16]

案例 17.2 顺丰"延误救命药"事故危机处理

2017 年 10 月,一篇《救命药快递延迟,致使患者死亡》的报道将顺丰置于风口浪尖,引发消费者对顺丰速运的信任危机。王先生在杭州购买药品用于亲戚的抢救治疗,10 月 9 日通过顺丰寄往四川,但快件中转时出现失误,导致药品 14 日到达。王先生认为,"选择顺丰是基于对其品质和效率的信任。虽然病人的脑死亡不是由顺丰直接造成的,但承诺最晚四天送到,直到第六天下午才送到也是事实。"一时间,顺丰的声誉遭到重挫。

事情发生后,顺丰集团立即成立专项小组,赶赴受害者家中探望;同时成立 24 小时陪护小组,为家属提供服务;并联系知名医院、咨询专家意见,尽可能为患者的治疗争取机会。在了解事件经过后,顺丰公司官方微博发布声明向公众致歉,称病人仍在医院接受治疗中,不存在因为药品延误导致死亡,但对于寄递过程中的中转失误绝不推诿,将会持续关注此事,并将严格审查延误原因,进一步规范内部机制。

评述:

在此次事故危机中,顺丰公司采取了补偿、致歉、关注、说明、修正等处理方式,其真诚的态度和行动减少了公众的批判,维护了公司声誉,化解了危机。

创建危机信息

一旦危机沟通团队对信息进行规划,他们必须在特定时间压力下开展行动以完成信息的传递。同时他们也必须迅速地借助各种媒体及时更新相关信息:信件、电子邮件、网页、博客、短信、电台和电视广播等。为了保证信息的一致性,危机沟通团队成员之间应保持紧密合作和沟通。

从图 17.3—17.7,展示的是 Better Horizons 撰写的高效和低效的危机信息。案例中的每条危机信息,都是由首席执行官克里斯蒂娜带头起草的,同时她也让其他高级经理和雇员加入到这个过程中。在第一次沟通的过程中,克里斯蒂娜解决了飓风给信用合作社的运营带来的影响(见图 17.3 和图 17.4)。这是一个受害者危机,因为信用合作社的成员认为信用合作社不应该为此承担责任,尽管如此,被破坏的建筑物和设备严重影响了信用合作社的运营,并且信用合作社的成员也遭受了损害。克里斯蒂娜撰写了一份邮件,在邮件中她表达了信用社对危机的关注,并公布了 Better Horizons 为帮助员工和受影响的信用合作社成员所采取的措施,同时,她在网站上也及时更新了相关信息(见图 17.5)并用邮件和短信发送。

Better Horizons 信用合作社
创办于 1937 年

2014 年 9 月 8 日

亲爱的信用合作社会员：　　　　| 主要关注信用合作社的行动，而对受害者的关注很少。|

　　我想向你们介绍一下为应对最近飓风危机 Better Horizons 所采取的措施。在飓风过后，我指导了团队迅速采取行动以恢复金融服务，提供和协调紧急援助，并为红十字会提供募捐以开展其他紧急救援工作。我希望您知道 Better Horizons 将迅速地恢复所有的服务，如往常一样正常工作。

　　因为我们所处的地区是国家自然灾害区，因此将会有机会获得联邦援助。联邦援助是由美国国家信用联盟委员会（NCUA）管理的，因此您可以直接联系 NCUA。我已授权 Better Horizons 尽量帮助受到飓风严重影响的成员，例如尽可能减少贷款支付和条件，保证信贷额度。如果您能证明您是因为要撤离被迫作出这些交易，我们也将免收 ATM 附加费和手续费。为了表达我们对您的支持，我们也将免去受灾区居民和预先批准的组织名单里的慈善机构的本地转账手续费。我也很高兴地告诉大家我们将帮助您兑现 FEMA 灾难协助支票和政府福利支票。

| 解释的修正行动没有包含充分的细节。|

　　为了履行我们对社会的承诺，我也授权各 Better Horizons 员工协调基本的救济供应，提供计算机的使用以及开展其他工作。不论处于顺境还是逆境，您可以看到，Better Horizons 一直陪伴在您的身边。

　　请拨打我们的免费 Better Horizons 飓风热线（1-888-700-BHCU）以获取更多信息。

真诚的祝福

克里斯蒂娜·拉索（签名）

克里斯蒂娜·拉索
总裁和首席执行官
Better Horizons 信用合作社

| 为获得最新的信息提供指导且只能通过电话和信用合作社的代表取得联系。|

2737 Better Horizons Loop, Pescaloosa, FL 91214 · 电话：803-784-7300 · 电子邮箱：info@bhcu.org · 网站：www.bhcu.org

图 17.3　对受害者危机低效的沟通

Better Horizons 信用合作社
创办于 1937 年

2014 年 9 月 8 日

亲爱的信用合作社会员：

| 表示关注。|

一个星期之前,历史上最具破坏性的飓风严重地影响了我们信用合作社会员的利益。经过我们的估计,将近 150 名会员失去了他们的家,大约 900 名会员遭受了巨大的损失,并且几乎一半的会员在三天内没有得到电力供应。幸运的是,我们没有一个会员失去生命或者生命受到威胁。

在飓风过后,Better Horizons 员工迅速恢复银行服务,提供和协调紧急救援,并向红十字会和其他紧急救援工作机构进行物资捐赠。如果您受到了飓风影响,我们保证会帮助您走出低谷。

因为国家已经宣布我们所在的地区是国家灾难区,因此您将有机会获得联邦援助。联邦援助由国家信用社管理局(NCUA)管理。您可以直接与 NCUA 联系:拨打电话 1-888-584-6847 或者登录网站 www.ncua.gov。

对于帮助遭受影响的 Better Horizons 会员,Better Horizons 将采取以下措施:

- 调整贷款付款条件,延长到期日至 90 天。
- 通过国家信用合作社分享保险基金,保证信贷额度。
- 由于疏散免除任何 ATM 附加费。
- 允许受影响的地区和慈善组织免费进行国内转账。
- 兑现 FEMA 灾难援助支票和政府福利支票。

| 解释纠正行动。|

Better Horizons 也开展了其他救灾工作并且提供了以下详细信息:

- 基本救灾物资。红十字会救援中心位于福里斯特格罗夫(Forest Grove)分公司的停车场,您可以获得水、食物和其他生活必需品。
- 提供计算机。Better Horizons 在福里斯特格罗夫分部已经建立了一个计算机中心(50 个电脑终端),在早上 7 点和晚上 9 点之间你可以免费使用电脑。
- 工会将为您提供帮助。如果您是合作社会员,美国劳工联合会一产业工会联合会(AFL-CIO)将直接为您提供帮助,如持续的薪酬、健康和福利计划以及养老基金。我们有一个工会代表在福里斯特格罗夫分部回答各位的任何问题。

如果您想了解 Better Horizons 可以如何帮助减轻您的财务困难,请尽快与 Better Horizons 代表取得联系。您可以在工作时间致电 Better Horizons 飓风免费热线(1-888-700-bhcu)或登录 Better Horizons 网站(www.bhcu.org)在线预约时间。该网站还公布了关于 Better Horizons 努力帮助您克服经济困难的最新信息。

| 提供指示。|

真诚的祝福

克里斯蒂娜 • 拉索
总裁和首席执行官
Better Horizons 信用合作社

2737 Better Horizons Loop, Pescaloosa, FL 91214 • 电话:803-784-7300 • 电子邮箱:info@bhcu.org • 网站:www.bhcu.org

图 17.4 对一个受害者危机高效的沟通

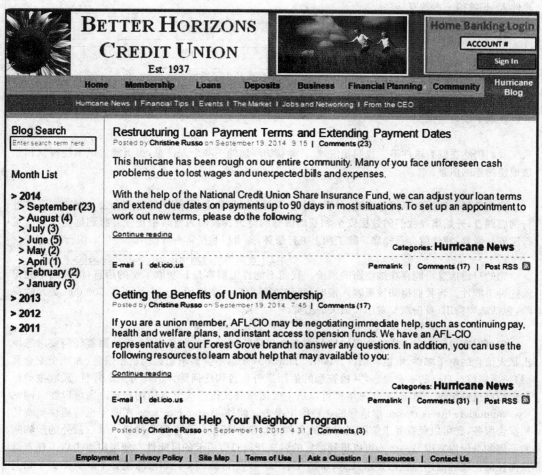

图 17.5　在公司博客上更新危机进程

　　第二次沟通,解决了信用合作社会员数据库的安全漏洞问题(见图 17.6 和图 17.7)。这是一个事故危机。虽然攻击来自黑客,但是许多信用合作社会员会觉得信用合作社没能充分保护他们的私人信息。克里斯蒂娜傍晚的时候发现了此危机,然后立刻和一些值得信任的员工工作了一晚上制定出了应对措施。第二天早晨,她给每位信用合作社成员发送了一封邮件,警示他们存在信息被窃取的潜在危险。她表达了对此危机的关注,不仅制定了系列应对措施,而且还指导会员如何有效地保护自身利益。

　　克里斯蒂娜也给出了一个简短的辩解和理由。她解释了一些大型银行最近也经历了黑客事件,但是银行客户并没有受到不利影响。所以,克里斯蒂娜隐晦地指出数据保护失败的危机往往发生在有着更加安全资源的主要金融机构(这为无法阻止黑客攻击提供了辩解),但是银行客户并没有受到伤害(证明用户不用太担心)。此辩解和理由将减少 Better Horizons 的声誉损失。

收件人： 彼得·古特克

主　题： 个人信息的泄露

亲爱的古特克先生： ┌─────────────────────┐ 没有在开头句表示关注。

　　昨天晚上(7月16日)大约7点，我们发现了一个未经授权的个人(或团体)攻击我们的数据系统并且获取了账户信息。

　　我们仍然在调查这件事。我们相信，黑客能够访问您的一些个人信息，也可能尝试未经授权和非法地使用您的信息。

　　我们已经立即采取了保护措施，并暂时中止了网上银行服务，聘请了外部安全公司对这一事件进行彻底调查，开始增加我们的数据安全和基础设施的建设。我们为暂时中止业务感到抱歉。网上银行服务一恢复，我们就会通知您。除了网上银行服务，您可以和平常一样使用其他所有银行服务。

过于密集地解释纠正措施，文章难以阅读。

　　您的身份信息可能存在被盗窃的风险。我们不能肯定黑客是否获取了您的信息，但我们不能排除这种可能性。当我们得知被黑客入侵时，我们立刻为每一个信用社用户购买了500 000美元的保险，包括法律费用、身份恢复费用和损失的工资。

　　您可以通过采取以下措施来保护您的声誉并避免任何潜在的财务损失：拒绝回复任何要求您说出私人信息的电子邮件、电话和信件。Better Horizons永远不会要求您提供机密信息(如社交安全号码)。请您核对自己的账户报表，并检查您的信用报告是否和任何欺诈活动有关。并且，采取主动行动来控制这种情况。请记住，您每年都可以从主要信用局获得一次免费信用报告。您可以登录网站www.annualcreditreport.com申请您的免费信用报告。此外，Better Horizons在明年也将提供免费信用报告服务，您可以免费要求信用局对您的文件进行欺诈警报。这将要求债权人采取额外的步骤来验证您的身份以减少另一个人可以得到以您的名义开具的信用卡的可能性。您可以点击以下任意链接向任何主要的信用局提出要求：Experian、Equifax和TransUnion。如果您想要了解更多关于如何避免身份盗窃的信息，可以登录美国联邦贸易委员会的网站：www.consumer.gov/idtheft。这个网站提供了更多有关保护身份信息的信息和资源。

　　我们正在尽一切可能，以避免这种情况再次发生。但是，许多黑客的技术也在不断增强。最近几个月不断有人遭遇了类似的黑客事件，甚至是一些有数百万美元投资于安全系统的大型银行也没能幸免，在这些事件中，约4 500万的银行顾客的信息被黑客窃取。

　　如果有任何具体问题或顾虑，请与我们联系。您可以拨打我们的专用电话(803-784-7399)，也可以给我们发电子邮件(identitysecurity@bhcu.org)，或浏览网页，我们已经将更新的关于BHCU补救这一现状的措施公布在网站上(www.bhcu.org/security.)。

提供的详细指示被埋在了长段落里。没有超链接和电话号码，采取这些步骤对信用社用户来说更令人沮丧和充满困难。

　　真诚的

　　克里斯蒂娜·拉索，总裁和首席执行官

辩解和理由的语气缺乏自信。

图17.6　处理意外危机事件的低效沟通

收件人： 彼得·古特克

主　题： 个人信息的泄露

亲爱的古特克先生：

　　昨天晚上（7 月 16 日）大约 7 点，我们发现了一个未经授权的个人（或团体）攻击进入我们数据系统并且获取了账户信息。我们正在争分夺秒地工作以确保您不会受到这种情况的不利影响。　　`表示关注。`

　　我们仍然在调查这件事。我们认为，黑客能够从您的账户简介中获得以下信息：信用卡账户号码（但不是密码）、信用卡号码（但不是安全码）、信用卡到期日期、电子邮件地址、电话号码、地址和出生日期。

　　针对黑客攻击，我们采取了以下行动：　　`解释修正行动。`

1. 暂时中止网上银行服务。
2. 聘请外部安全公司对这一事件进行彻底调查。
3. 采取增加我们的数据安全和基础设施的措施。

　　我们希望在未来的 24—72 个小时内能恢复网上银行服务，我们为临时暂停业务道歉。这是一个预防措施，且我们将继续我们的调查。网上银行服务一旦恢复后，我们就会通知您。除了网上银行服务，您可以和平常一样使用其他所有银行服务。

　　您可能存在身份信息被泄露的风险。我们不能肯定黑客是否获取了您的数据，但我们不排除这种可能性的存在。在收到被入侵的消息后，Better Horizons 第一时间立即为每一个信用社成员购买了 500 000 美元的保险，在身份盗窃案件中涵盖以下部分：法律费用、身份恢复费用和损失的工资。

　　我们敦促您采取以下措施来保护您的声誉并避免遭受任何潜在的财务损失：

● 避免潜在的电子邮件、电话、信件诈骗，当您被要求说出机密信息时一定要保持警惕。Better Horizons 永远不会要求您提供机密信息（如社交安全号码）。
● 核对您的账户报表，并检查您的信用报告是否和任何欺诈活动有关。

　　在保护自身利益时您可以参考以下信息随时保持警惕：　　`提供指示。`

● 您每年都可以从主要信用局获得一次免费信用报告的机会。您可以登录网站 www.annualcreditreport.com 预订您的免费信用报告。此外，Better Horizons 明年也将提供免费信用报告服务。
● 您可以免费要求信用局对您的文件进行欺诈警报。这将要求债权人采取额外的步骤来验证您的身份以减少另一个人可以得到以您的名义开具的信用卡的可能性。您可以点击以下任意链接向任何主要的信用局提出要求：Experian、Equifax 和 TransUnion。
● 如果您想要了解更多关于如何避免身份盗窃的信息，可以登录美国联邦贸易委员会的网站：www.consumer.gov/idtheft。

　　古特克先生，我们对您的个人信息可能被窃取深表歉意。我们将会做到力所能及的一切来帮助您保护身份信息，并会立即采取行动来加强我们的数据安全，以阻止未来这样的黑客入侵事件发生。最近几个月，几个主要银行也遭遇了类似的黑客事件，约 4 500 万银行客户的信息被黑客盗窃。到目前为止，这些信息都没有用于身份盗窃行为。

　　如果有任何具体问题或疑问，请与我们联系。您可以拨打我们的专用电话（803-784-7399），也可以给我们发电子邮件（identitysecurity@bhcu.org），或浏览网页，我们已经将更新的关于 BHCU 补救这一现状的措施公布在网站上（www.bhcu.org/security）。　　`给出了简洁的理由/辩解。`

真诚的

克里斯蒂娜·拉索，总裁和首席执行官

图 17.7　处理意外危机事件的高效沟通

在社交时代应处理外部抱怨和消极谣言

在新兴的社交时代,组织面临最重要的挑战之一是管理负面谣言。对组织有负面看法的博客作者、记者、反对组织的闹事者、心怀不满的员工、不满意的客户等其他人都可以通过社交媒体来表达他们的不满,这些意见可能很难反驳。此外,利益相关者可以通过各种社交媒体——社交网络、维基、博客等表达不满,这会对公司的声誉造成不利影响。[17]

例如,2011 年 7 月,Netflix 突然提出主流媒体和视频服务的服务器每月的订阅费从 9.99 美元升至 15.98 美元。成千上万的客户在 Netflix 的 Facebook 和网站上以及他们自己的 Facebook、微博和其他社交媒体上愤怒地抨击,许多主流媒体也开始报道此事。在 2 个月内,该公司的股票价格下跌超过 60%。[18](详见图 17.17、图 17.18 和图 17.19,本章最后练习中关于在这次危机中 Netflix 发送的信息。)

除了公司自己制造的危机,也存在像 Netflix 经历的这种由于无根据的谣言导致的危机,也会持续地损害企业的声誉。通常情况下,这些谣言都是从个人的社交网络平台中开始出现并在博客、推特、短信、Facebook 小组、YouTube 视频,以及在线请愿等渠道上传播。英国石油平台灾难之后,有一个人建立了虚假的 BP 公共关系微博账号,对英国石油情况发表消极甚至诋毁的评论。虚假的英国石油微博账号比真正的微博账号获得了更多的关注,这充分说明少有甚至没有金融资源的单个利益相关者在社交时代也能拥有权力。

对一个公司的声誉造成的直接攻击的危机,往往需要公司强有力地否认和/或攻击原告。然而,即使谣言都是虚假的,强烈的否认和反击还是要承担风险。当处于弱势的情况下,应始终坚信:观念比现实更重要。当你的公司受到攻击时,可以考虑采取以下应对措施:[19]

● **收集事实**。负面的谣言往往包含一些真实的元素,只有迅速收集整理好所有相关事实,才能进行有效和公平的回应。

案例 17.3 高露洁成功维护品牌形象

2005 年 4 月,研究者彼得·维克斯兰德(Peter Vikesland)的一篇论文提出:"自来水中的氯会和三氯生反应生成可能致癌的三氯甲烷。"而高露洁因含有三氯生致使牙膏遭受部分商场撤柜。高露洁公司迅速联系学者了解情况,并做了录音。彼得的录音指出,研究只是关于自来水和含有三氯生的清洁剂之间的化学反应,根本没有涉及牙膏。此证据一出,谣言不攻自破,高露洁成功维护了品牌形象。

评述:
只有运用事实才能进行有效回应。

● **避免霸道(表现强制力)**。面临顾客投诉时,应避免态度霸道,使得事态恶化升级。2012年 5 月,郑州刘先生在双汇连锁店购买的肋排中发现蛆虫,试图和店员沟通理赔。而店员"没事,还有人专门吃这东西"的回应使消费者情绪激动,将照片曝光于网络;事态扩大之后,双汇发布声明,称"不会出现蛆虫现象,正在整理材料准备报案"。双汇先后两次强硬的态度唤起了公众对受害者的同情,众多网民展开了对双汇的舆论攻击,品牌形象受到损伤。

● **快速反应**。在社交媒体界,公司不能花一周的时间来回应一条微博,对于毫无根据的谣言要迅速回应。

案例 17.4 王老吉快速应对危机

2015 年 5 月 30 日下午，微信朋友圈传播出了"王老吉公司某员工因对社会不满，生产饮料时注射鼠药"的谣言，大肆诽谤王老吉盒装饮料。当晚，王老吉药业发出特别声明，表示投毒事件为东莞商店发生的个案，且投毒者与王老吉公司无任何关系；同时，《今日一线》等媒体纷纷为王老吉正名。王老吉公司和媒体的快速回应避免了谣言的进一步传播与发酵。

评述：
快速回应才能避免危机进一步扩大。

- **使用适当的渠道。** 公司应该选择合适的渠道来进行回应。如果公司要回应 YouTube 上的视频，它应该使用 YouTube 来回应。例如近期，达美乐披萨（Domino's Pizza）的美国地区总裁在 YouTube 上创建了一个道歉视频，以回应一名员工发布的一个视频，其展现了公司员工做披萨不符合卫生标准的事情。这个回应很快就将大家关注的重点从达美乐的员工做了错事转到达美乐的首席执行官别致地做了对的事。

- **依靠外部的提倡。** 由于利益相关者在负面谣言期间往往不信任公司，企业应该寻求信任的外部组织和个人的帮助。例如，在 2010 年 1 月，皇家加勒比国际邮轮有限公司（Royal Caribbean）在新闻报道和社交媒体上受到了严重的攻击，因为它在距离被地震夷为平地的海地太子港只有 60 英里的地方停靠奢侈的邮轮。几个小时后，首席执行官在微博公布皇家加勒比其实是利用船只为海地提供人道主义援助。然而，直到获得联合国、世界贸易组织、可持续发展国际旅行社和凯南伦理学研究院的支持，皇家加勒比才再次获得利益相关者的信任。

- **用凭证应对。** 当一家公司受到社交媒体的不公平攻击时，它应该用凭据反驳指控。例如，当有人抨击塔吉特公司不维护平等权利时，它用已取得的确实的成就记录进行回应，包括被公认的"多样化企业 50 强"（由 DiversityInc 杂志授予），"高女性董事比例企业 10 强"（由国际企业女性董事协会授予），以及"世界上最具道德的公司"（由道德协会授予）。

Timberland 是一家具有悠久历史的公司，它主要采用生态友好型方式生产、销售户外服装、靴子和鞋子，此公司最近在应对负面谣言时采取了上面介绍的系列措施。然而，在 2009 年，Timberland 意外发现自己成为了绿色和平组织的攻击目标，此组织主要致力于保护环境。绿色和平组织的报告和新闻发布的系列报道攻击 Timberland 在亚马逊雨林砍伐森林。

最初，Timberland 首席执行官杰夫·斯沃茨（Jeff Swartz）和他的管理团队对此非常愤怒。他们认为这些攻击是不公平的和未经证实的，同时他们也觉得非常委屈，因为 Timberland 多年来把森林砍伐问题作为其首要的保护环境优先考虑事项之一，例如，Timberland 在中国种了一百万棵树。斯沃茨的第一反应是质疑绿色和平组织报告的准确性。然而，他和他的公关团队迅速地意识到他们并不是想对抗这些活动家。现实是，Timberland 的皮革有 7％ 来自于巴西的牛，在某些情况下，农民为了开辟空地放牧而砍伐树木。该公司不得不退一步承认，虽然它一直致力于环境保护，但并不知道，从巴西购买的皮革是否来自非法砍伐森林用来放牧的供应商。

在绿色和平组织报道新闻后的几周内，超过 65 000 名环保人士发邮件威胁以抵制 Timberland，引起了媒体的广泛关注。在大多数情况下，他们都是从绿色和平组织发布的新闻复制或转述谈话要点。[20] 正如斯沃茨解释说，"我推测，如果有那么多人愿意花时间去发送一份电子邮件来表明抵制，那么至少有 50 万个平时不会发电子邮件的人真的生气了。这是一个很大的数字，我们的品牌声誉岌岌可危。"[21]

请阅读表 17.4，它展示的是 Timberland、绿色和平组织和环保人士之间一场超过五个月的沟通信息。你会发现，Timberland 逐步制定了正确的战略和采用正确的语调，致力于解决激进分子的需求，并将反对公司的声音逐渐转为欣赏公司为打击砍伐森林做出的努力。[22]

表 17.4　Timberland 公司对来自 65 000 名环保人士指控的回应[23]

时　间	信　息	注　解
2009 年 6 月 1 日	绿色和平组织发布了"屠宰亚马逊"的报告并且鼓励环保人士指控企业的过错："虽然美国的公司背后都有着信誉良好的全球品牌，例如：Adidas、Nike 和 Reebok，Timberland 成立初期就宣称他们的产品和亚马逊资源没有关系，我们的研究第一次揭示他们盲目地消耗原材料以致加剧了森林砍伐和气候变化……现在采取行动：让 Nike、Adidas、Timberland、Reebok、Clark's 和 Geox 拒绝使用摧毁亚马逊的皮革。"	没有提前通知 Timberland，绿色和平组织开始了以它为目标的全面运动。
2009 年 6 月 1 日	环保人士们立刻发送了大量表达自己愤怒之情的电子邮件给 Timberland。如以下内容："亲爱的斯沃茨先生，我非常担心由于贵公司为了制造销往全球各地的鞋子已经对皮革产生了依赖，因此您可能会支持在亚马逊热带雨林破坏森林、奴役劳工、驱逐土著群体等行为，并导致全球气候变化……作为一个消费者，我希望在我购买您公司生产的鞋子的时候，可以很自信地认为我没有造成亚马逊雨林破坏和气候改变……我期待着您会采取什么样的行动来帮助解决这个问题。"	自 6 月 1 日起，近 65 000 名环保人士写了类似于这样的抱怨邮件给 Timberland。
2009 年 6 月 3 日	绿色和平组织继续让环保人士给 Timberland 发送邮件。一篇名叫《Timberland 需要听到来自你的声音》的博客文章出现在绿色和平组织网站上："现在到了拯救亚马逊和全球气候的时候了。我们已经要求 Timberland 加快行动了……我们对 Timberland 很失望，但我们相信他们仍然可以做正确的事，尤其是当他们听到你们的声音的时候。如果你收到 Timberland 的邮件，请回复一个问题：你能证明我购买的 Timberland 产品不会破坏亚马逊吗？并请抄送至：Kking@Timberland.com，让您知道他们已收到反馈意见。"	绿色和平组织继续它反对 Timberland 的激进运动。
2009 年 6 月 1 日—4 日	在事件发生的前四天，Timberland 用冗长、带有防备的电子邮件回复了每一份抱怨邮件："感谢您的提问……我们非常重视环境保护和社会影响，并努力尽自己的力量通过植树造林以减少对全球气候变暖的影响、开发具有环保性质的产品、鼓励公民一起行动来保护地球……我们的皮革确实有些来自巴西，但我们一直以来很确信原料并不是来源于毁林地区……我们理解您对砍伐森林的担忧……自 2001 年以来，Timberland 便开展了植树行动，目前已在全球范围内种植了超过 100 万棵树……我们计划到 2011 年底再种植 100 万棵树。"	Timberland 对环保人士的意见表现尊重与认同。Timberland 没有采用高压手段，并通过恰当的渠道、用正确的语言发邮件来回应（由 IP 地址的位置决定）。

（续表）

时　间	信　息	注　解
2009 年 6 月 5 日	从第五天开始，Timberland 决定采用少即是多的方法："谢谢您的提问……Timberland 致力于最大限度地降低我们的业务运营对环境的影响。我们有兴趣携手绿色和平组织和我们这个行业的其他人一起应对这个情况。"	Timberland 在几个小时之内对所有电子邮件投诉继续进行回应。经理们承认他们需要了解更多关于采购的信息并承诺收集所有事实。
2009 年 7 月 24 日	在和绿色和平组织签订协议后，Timberland 在 7 月 24 日发布了一个新的消息："超过 20 年，Timberland 一直和供应商保持着积极的合作关系……我们的原则是保护亚马逊，所以我们正与巴西的供应商紧密协商，他们承诺在亚马逊生物群稳定后会立刻暂停砍伐森林，当然也包括克制从土著、受保护地域、从事体力劳动的实体那里获取产品原料。"	Timberland 宣布了注意力主要放在用来停止亚马逊地域的森林砍伐。
2009 年 7 月 29 日	绿色和平组织在其网站上公布了 Timberland 在避免亚马逊森林砍伐方面所做的工作，网站报道题为《Timberland 一步步弥补一个个缺口，承诺保护亚马逊》："和绿色和平组织合作，Timberland 发布了要求皮革供应商承诺暂停购买任何养殖在亚马逊热带雨林新砍伐区域的牛的政策……'Timberland 已经提出了保护亚马逊环境和对社会负责的皮革采购政策。他们已经迈出了重要的一步，不仅承诺避免皮革从新砍伐区域获得，同时与现有的像 Bertin 这样的供应商合作，以推动巴西养牛业不再向亚马逊热带雨林扩张'绿色和平组织森林活动家林赛·艾伦（Lindsey Allen）介绍到。"	最终，Timberland 与绿色和平组织达成了一致共识：确保供应商没有从事森林砍伐。这份合作使得 Timberland 依靠外部倡议修复它的声誉。
2009 年 10 月 30 日	10 月 30 日 Timberland 发送了一篇更新的由首席执行官杰夫·斯沃茨签署的长邮件给所有就这个问题发邮件给 Timberland 的人："三个月后，将报告真正的进程……上个月［我们的供应商］公开宣布他们官方的亚马逊黄牛禁令……并正在积极地满足可追溯性目标，以确保所有牛的来源是可以接受的，而不是助长亚马逊森林砍伐……就其本身而言，绿色和平组织已经做了出色的工作：收集数据，针对此问题建立了一个完整的、具有说服力的事例，动员数千名支持者……他们的努力改变了格局，我们赞赏他们的积极性。"	Timberland 在阻止亚马逊的森林砍伐方面扮演了一个更加积极的角色，65 000 名曾经采取投诉措施的环保人士跟随其后，解释行动，表达共同的愿景。

回顾危机信息

不论你是否在计划和创建危机沟通，你都正在进行一项重要的工作。对于许多利益相关者来说，你直接代表你的公司。在很多情况下，你的沟通可能会帮助他们避免遭受进一步的损失，因此为了使你的行为能够维护公司声誉，你可以参考以下建议。

校对并获取危机信息的反馈

在危机应对阶段，你的时间会非常有限。在这危机时刻，重读你写的危机沟通信息显得尤为重要，但要特别注意准确性。此外，如果可能的话，邮件应该在律师确认没有任何问题后，再发送给其他人。

将 FAIR 测试应用于危机沟通

和其他沟通相同,先自己进行思考并与他人讨论你提供的危机信息是否公平合理。问一些类似于在图 17.8 列出的问题以确保你在沟通的过程中始终考虑着他人的利益。

事实(Facts,你的沟通有多真实?)
- 你是否正确地提出所有的事实?
- 你呈现的信息是否能让利益相关者做出符合他们最佳利益的决策?
- 你有没有仔细考虑你的数据是否有不同的解读? 你是否评估了你信息的质量?

透明(Access,你的动机、推理和资料有多易于获得或透明?)
- 你是否充分披露利益相关者需要的信息?
- 你是否隐藏了信息以隐藏你自己或隐藏你做出一些声明或倡议的真实原因? 你是否把你的利益置于受害者的利益之前?
- 你是否已经给受害者在决策过程中提出意见的机会?
- 你是否使用所有可用的沟通渠道联系受害者?

影响(Impacts,请问你的沟通如何影响利益相关者?)
- 你有没有想过你的沟通会如何帮助甚至伤害别人? 你怎么能进一步了解这些影响?
- 你是否提出符合利益相关者最佳利益的提议?

尊重(Respect,你的沟通有多尊重?)
- 请问你是否在考虑过你的沟通是在尊重人的情况下进行的?
- 请问一个中立的观察者是否认为你的沟通是尊重别人的?

图 17.8 你的危机沟通是否符合 FAIR 原则?

公关信息

在本节,我们首先讨论公共关系在当今组织中的作用,然后,由于公关信息与大部分其他商业信息相比,面临更多怀疑和不信任,我们会提出一些能够实现信誉的策略。最后,我们专注于开发有效的公关信息。

公共关系在当今组织中扮演的角色

公共关系(PR)功能在公司和其他组织中占据着越来越重要的作用。消费者越来越依赖于社交媒体获取信息。[24]在商务领域中,公共关系领域最先采用社交时代做法。尽管如此,与十年前相比,如今想在公关领域取得成功难度更大。

传统意义上,公关被视为与媒体的关系,公关信息的主要载体是新闻稿。在过去的几十年中,随着信息时代的到来,公共关系的范围逐渐扩大,并成为营销的重要组成部分。[25]公关已经被定义为"在组织和各种决定组织成功的公众之间建立和保持互利关系的管理功能。"[26]换言之,公共关系基本上是建立与员工、顾客、社区、媒体和其他利益相关者之间的关系。

建立这些关系的一个主要目标是提高企业声誉或信誉。埃利奥利·施赖伯(Elliot Schreiber)说,**企业声誉**(corporate reputation)在公共关系领域是最重要的权威之一,最近公共关系研究所(Institute for Public Relations)网站对企业声誉定义如下:

从组织的角度看,信誉是一种无形资产,它使得公司能够更好地管理自己的各种利益相关者的期望和需求,从竞争对手中脱颖而出,并对其产生威胁。从利益相关者的角度来看,信誉是智力、情感和行为的反应,表明一个企业的沟通和行动是否与他们的需求和利益协同。[27]

这个定义揭示了声誉的几个关键方面。首先,它是一个资产,具有价值。研究表明,声誉的提高直接有助于收入每年提高3%—7.5%。对于一些公司来说,声誉的提高在增加收入方面发挥着更重要的作用。其次,光有一个好的口碑是不够的。公司的声誉必须与它的竞争者区分开来。第三,公共关系的主要目的是满足利益相关者的期望。但最重要的是,通过公关,企业创建的声誉能够为利益相关者提供价值。[28]

案例 17.5 江小白:"故事公关"独树一帜

江小白作为白酒行业的后起之秀,曾利用"故事公关"建立了"青春""时尚"的品牌声誉。

它聚焦于"80后""90后"这类新生代人群,抓住年轻群体乐于表达、个性张扬的特点,推出一系列表达瓶,将文案印于瓶面,如"愿十年后,我还能给你倒酒;愿十年后,我们还是老友",借酒表达浓浓兄弟情;"与其奢求偶遇,不如勇敢邀约",借酒鼓励大胆追寻爱情。另一方面,进行与《匆匆那年》《同桌的你》等青春故事剧的地推合作,在宣传过程中植入江小白语录,提高公司的知名度。

通过"故事公关",江小白与消费者建立了亲密如友的关系,同时与传统中国酒业区分开来,引领和践行中国酒业的年轻化、时尚化。

评述:

公共关系的建立在当今组织中扮演着重要角色,巧用公关可以帮助公司获得独特的品牌声誉。

通过公关在后信任时代和社交时代赢得信誉

讽刺的是,虽然公关的目标涉及声誉管理,但公共关系行业却处于最差声誉中。在图17.9中,你会看到最近一次关于各种专业领域信誉认知度的调查结果。[29]公关经理被认为最不可靠,只有14%的成年人认为来自于公关经理的信息是可信的。

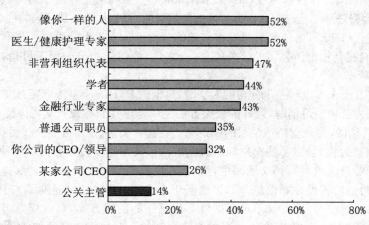

资料来源:Edelman Trust Barometer 2007 as presented in Andy Beal and Judy Strauss, *Radically Transparent*: *Monitoring and Managing Reputations Online*, John Wiley & Sons, Inc., 2008. Reprinted with permission of John Wiley & Sons, Inc.

图 17.9 如果你从这些来源渠道获得信息,你觉得这些信息会有多可信?

对公关专业人士和信息持有怀疑的观点并不新鲜。几十年来,许多顾客、员工以及其他利益相关者都认为公关信息是编造的。[30]然而,创建可靠的公关信息这一问题在后信任时代和社交时代更具挑战性。与过去相比,如今人们更不信任传统媒体。更进一步说,由于碎片化媒体环境以及例如网站、微博等社交时代的社交工具发布出的信息的不确定性,大多数人认为辨别真相比以往任何时候都更加困难。[31]

案例 17.6　家乐福"价格欺诈"公关惹争议

2011 年 1 月,媒体曝出家乐福欺骗消费者,价签上标写低价而结账时收取高价;促销打折的商品,促销价却和原价相同;价签字体大小不一,误导消费者将高价商品视为低价售出。不久之后,更有多名消费者向国家发改委举报家乐福类似的价格欺诈行为,家乐福的公信力受到巨大挑战。

针对"价格欺诈"事件,家乐福发表声明,称"相关问题是由于我公司价签系统不完善而造成的,我们正着手进行升级改造。针对目前出现的问题,公司特别加强了内部督查检查工作及提高了检查频率,我公司将积极与各地的物价监管等部门进行沟通,以邀请各地物价检查部门的专业人员对我公司相关负责人及员工加强培训。"然而,消费者对此公关说法持怀疑态度,认为家乐福欺诈行为属实却面对质问百般狡辩,家乐福客流量与营收下降,公司信誉受到冲击。

评述:

在后信任时代,利用公关赢得信任变得愈发困难。

由于人们对公关信息通常持有怀疑态度,树立信誉并显示出真诚的善意应该是你在公关工作中的首要目标,具体可以参考以下建议。

发展信任关系

公共关系可以被看作是一个与利益相关者建立和培养关系的永无止境的过程。公关活动的范围很广,它包括游说、赞助社区活动,举办新闻发布会,进行公开演讲,为公众和媒体组织公司参观、提供公共服务通告和撰写专栏文章等。

一家公司在关系网中建立信任取决于实现三种责任类型的程度:经济责任(类似能力),道德责任(类似品格),社会责任(类似关怀)。[32]**经济责任**(economic responsibility)意味着生产满足顾客的服务需要的产品和客户;**道德责任**(ethical responsibility)意味着企业活动遵守具有较高的道德和法律标准;**社会责任**(social responsibility)是指企业回馈、服务并满足其社区的社会利益。

在后信任时代(PTE),信任关系对发布有效的公关信息来说十分关键。当利益相关方认为该公司可信,他们就会相信该公司的公关信息;反之,当他们认为该公司不可信,他们将会对信息持怀疑态度。

当利益相关方还未形成对一个公司的看法时,典型的 PTE 响应是持怀疑态度对待公关信息。在利益相关者认为公司不可信时,最好的公关方法之一是寻找能够积极支持该公司的外界组织。通过与有名的、可信的、愿意支持该公司的舆论制造者建立关系,公司可能会获得积极的评价。

在新兴的社交时代,与重要的舆论制造者发展信任关系是至关重要的。一种方法是认识以你所在的行业或业务为素材写博文的博主,然后,考虑与他们建立良好的关系,邀请他们亲临现场,行事透明并为他们提供原始信息。如果他们开始了解企业并且你提供了关于公司的第一手信息,他们就不太可能撰写那些被不可信的外部信息扭曲的博客文章,这样就可以有效避免对公司造成损害。[33]图 17.10 和图 17.11 展示的是哈尼写给一个博主的邀请邮件,该博主最近发表了对信用社行业不利的博文。在低效的例子里(图 17.10),哈尼的邀请邮件充满了对抗的语气,她在邮件中强调她是对的,对方是错的,从而阻碍了交流,也不利于关系建设。与此相反,在高效的例子(图 17.11)中,哈尼进行了真诚的邀请并表现出以聆听为导向。

收件人： 米奇·安德鲁斯

主　题： 关于会见 Better Horizons 信用社首席执行官和总裁的邀请

安德鲁斯先生，您好！

　　我相信您最近撰写的关于我们团体丧失抵押品赎回权的博文是善意的，并经过调查研究的。然而，您在几个要点上出现了错误。特别是，您歪曲了 Better Horizons 在几个丧失抵押品赎回权案件中所采取的行动。我们不回避合法的批评，但我们确实期待以事实为依据的文章来保护消费者。

　　每隔几个月，我们会邀请社区的一些成员直接与我们信用社的首席执行官兼总裁克里斯蒂娜·拉索会面来讨论金融服务对社会的影响。在接下来的几周，我们想召集几个著名的记者和博主讨论家庭贷款实践问题，我们也想邀请您参加。我相信这对我们双方来说都是有利的。克里斯蒂娜也会借此机会解释 Better Horizons 在你报道的事件里究竟采取了哪些行动，并澄清一些错误信息。这也将会给您提供一个机会让您以内部人员的视角重新审视我们的家庭贷款实践。

　　如果您想要参加此次活动，请在两天之内回复我们，我们可以协商确定双方都方便的时间。

　　感谢您并祝好！

　　　哈尼·佐格比
　　　助理经理
　　　Better Horizons 信用社
　　　803-784-7391

> 这种信息没有必要采用一个我与你对抗的语调。在许多情况下，这类信息将会起到反作用。

图 17.10　对一个博主低效的邀请

收件人： 米奇·安德鲁斯

主　题： 关于会见 Better Horizons 信用社首席执行官兼总裁的邀请

安德鲁斯先生，您好！

　　每隔几个月，我们会邀请社区的一些成员直接与我们信用社的首席执行官兼总裁克里斯蒂娜·拉索会面来讨论金融服务对社会的影响。在接下来的几周，我们想邀请几个著名的记者和博主讨论家庭贷款实践问题。

　　我们希望您能加入我们。您创建的关于消费者保护的博客受到广泛关注，并且我们非常赞许您为社区所做的努力。特别是您最近发布的关于丧失抵押品赎回权对许多当地屋主产生不利影响的博客，给我们敲响了警钟，我们的社区必须采取行动防止更多的人失去家园。

　　我们希望邀请您加入记者和博主的小组与克里斯蒂娜会面。您在最近的博文中提到了一些合理的建议，如果您可以参加此次会面，我们希望您可以提出这些建议。这个会见是一个没有议程的开放式对话。如果您想要加入我们，请在接下来的两天内给我回复电话，我们可以确定双方都方便的时间。

　　感谢您并祝好！

　　　哈尼·佐格比
　　　助理经理
　　　Better Horizons 信用社
　　　803-784-7391

> 这个信件采用了一个邀请的、以关系为导向的语调，它强调了共同的利益和开放式的对话。

图 17.11　对一个博主高效的邀请

进行品牌或者战略创新

当你与利益相关者建立关系时,你的主要目标是区别你的公司同其他竞争者在品牌、产品和服务上的不同。换句话说,我们的目标不仅是获得积极的公开评价言论,更要建立一个独特的企业声誉,以传递优于竞争对手的价值。

然而,在大多数的公关活动中不包括强硬推销。公关活动的目的是在一个没有压力的方式下建立并强化一个品牌,以避免给别人大众广告的感觉,避免让潜在的客户认为公关活动仅仅是用来谋私利的。

公司最引人注目的公关活动是慈善活动,为利益相关者或者团体做出贡献的公司将会获得品牌价值。例如,思科公司,一个著名的计算机网络公司,建立了思科网络技术学院,该项目为高中的网络设施装备做出了贡献,并为老师学生开发了培训课程。该公司的做法直接影响了成千上万的学生,并为他们完成职业生涯创造了机会。

据预估,思科还缺乏近100万名合格的网络语言管理员。这种慈善事业是战略性的,因为它增加了网络设备的需求,稳固了思科作为网络领导者的品牌地位。因此,企业应设定一个为自己和利益相关者提供价值的良性循环。[34]

Better Horizons 信用社还提供各种社区宣传活动,包括免费的财务规划课程、金融知识研讨会和为公立学校的青年成就计划开展志愿活动。这些活动成功做到了让利益相关者认可 Better Horizons 是一个能够将个性化的方法应用到财务计划的金融机构,这也是 Better Horizons 寻求的品牌形象。

案例 17.7　宝洁公司:做良好的企业公民

"做良好的企业公民"是宝洁的重要价值观之一。多年来,宝洁开展一系列公益活动,通过多种方式回报社会。2005 年,宝洁将其全球公益的关注点确定为帮助 0 至 13 岁的孩子生活、学习、成长。为此,宝洁公司建立希望小学项目,为农村贫困地区基础教育事业添砖加瓦;与中国教育发展基金会合作开展全国性学校健康教育活动,推广健康意识及良好的卫生习惯;并开发了 PUR 净水科技,通过儿童安全饮水项目向全世界缺水儿童与家庭提供安全饮用水;同时,宝洁公司鼓励员工参与到公益项目中来,让员工切实体会公司的核心价值观。各种公益活动与宝洁"亲近生活、美化生活"的使命形成良好呼应。

评述:

宝洁公司通过为社会做出贡献建立了独特的品牌美誉度,向公众传递出了优于竞争对手的价值。

完成活动周期

公关的战略方法涉及在一定时间段内有条理的活动以符合明确的公关目标(见图 17.12)。公关活动的核心是采用倾听和研究的方法。聆听利益相关者的心声,并在活动循环的每一阶段应用一种研究方法确保公关活动为公司和其他的利益相关者创造最大价值。通过一些社交媒体开展对话——尤其是 Facebook、推特、YouTube 和博客,让公司能够持续地倾听和调查利益相关者对公司的评价。聆听和调查的方法包括充分了解当前影响企业声誉的事件和市场。[35]

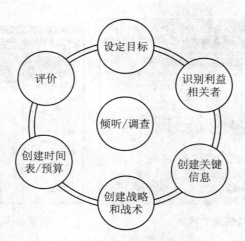

图 17.12　公关活动周期

在大多数的公关活动中,第一步是建立目标。这些目标可能包括提高口碑,加大媒体对产品和服务的关注度,或增加对公司的品牌、产品和服务的积极看法。传统上,衡量公关成功的最常见的两大标准是媒体宣传和口碑。[36]现在,公司正在采取更复杂的公司成功的衡量标准,并且评估积极的报道对竞争优势的影响。一旦目标建立后,下一步涉及识别关键的利益相关者、制定关键信息、识别战略和相关策略,并设置预算和时间表。最后,就是开展所有有效的公关活动都包括的评估活动。[37]

用企业给予利益相关者的好处来沟通

公司应该定期并如实宣传最近做的好事,以增加企业的声誉。公司也应该让所有利益相关者了解企业提供的经济和社会价值以提高其声誉。[38]公司同样应该让所有利益相关者了解企业的高道德标准。相似地,公司应该传达企业的核心价值观,否则,一些利益相关者就会认为公司的主要目标就是进行自我服务。[39]

从信息时代公关转变为社交时代公关

在社交时代开展公关活动,商务专业人士可以绕过传统媒体,更快速地与利益相关者取得联系。在这个社交媒体环境中,公关专业人员将越来越多地给利益相关者提供进行反馈的机会。[40]然而,利用社交媒体开展公关存在一些缺点:大多数人认为社交媒体的信息不如传统媒体的信息可靠。同时,因为碎片化、社交媒体环境双向性的缘故,控制信息的难度加大。一些消费分析者甚至提出,相比论坛,社交媒体给顾客和其他利益相关者提供了更多可以发泄愤怒的平台。[41]

大多数媒体和大型组织组建了社交媒体团队来处理公共关系。这些小组:(1)制定正式的社交媒体政策;(2)监察内部和外部的团体;(3)利用粉丝页、企业博客、网络创新论坛以及与知名博主的会议来参与网上团体;(4)作为第一反应者,当出现负面和威胁品牌声誉的言论时,立刻采取行动。[42]

除了社交时代的公关策略,公司将在可预见的未来继续采用信息时代的许多公关策略。在图 17.13 中,你可以看到一些 Better Horizons 的公关信息。你会注意到 Better Horizons 在网页这种信息时代沟通渠道上公布了很多公关信息。除此之外还可以通过其他社交媒体,如视频分享、博客、微博(通常指推特)、社会网络网站和短信等公布公关信息。

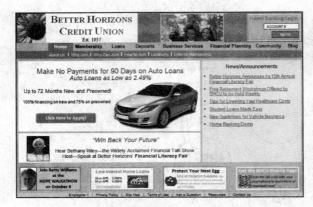

有着常规公关信息的网站

有着引人入胜内容的社交网站

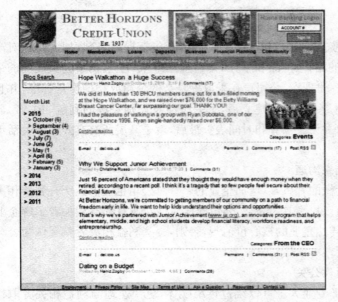

有规律的、个性化的企业博客

发短信便于促进即时的双向沟通

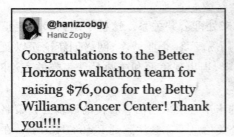

微博（推特）

YouTube 频道上的在线视频

图 17.13　新兴社交时代的公关信息

当你制定公关信息时,选择最能使你接触到利益相关者的沟通渠道;一些人更多地通过 Web 1.0 工具来回应信息,而其他人则更倾向于通过 Web 2.0 工具进行公关传播。请记住,使用特定的沟通渠道(印刷品、网页、社交媒体)不是战略,相反,准确发现公关信息的受众者才是战略。

虽然你的公关战略可以保持不变,但你可以通过修改公关信息来反映信息时代与社交时代的一般规范和价值观。

如表 17.5 所示,信息时代传播工具如电子通讯和在线新闻编辑室的语调一般是较正式的、专业的、权威的以及精心准备的。相比之下,社交时代沟通工具的语调通常是不太正式的(但很少非正式),但是更真实自然。[43]

表 17.5　公关信息的工具:信息时代的受众和社交时代的受众

信　息　时　代	社　交　时　代
语调	语调
● 正式和专业	● 缺乏正式性和社交性
● 权威的和有专家基础的	● 真实和透明
● 有计划的和专业的	● 自发的、对话的、个性化的
工具	工具
在线媒体工具和编辑部(新闻发布和新闻调查的回应)	公司的博客和微博
电子通讯和电子脉冲	企业社交网页
在线媒体数据库	拥有关键利益相关者的在线论坛(在线和个人的)
网络布线服务(美通社、美国商业资讯网)	与有影响力的博主和在线活动家会面
视频新闻稿/视频点播	

公共关系信息中的 AIM 规划过程

通常,企业将新闻稿以故事的形式来发布,以形容产品的发布、主办的活动、财务结果、慈善捐赠、奖励和其他有新闻价值的故事。因为这些公关信息被发给了报纸、杂志和其他媒体的编辑和记者,因此被贴上了新闻稿的标签。编辑和记者随后从发布新闻的材料中制作出自己的新闻稿。同样,公司也经常通过给编辑写专栏或邮件等来借助媒体对事件进行曝光。

虽然公司现在使用许多新的沟通渠道而非传统媒体发布公关信息,但新闻稿和专栏这类传统渠道还在继续使用。大多数公司将公司主页的一部分贴上记者室或编辑部的标签,用于模仿新闻稿或专栏式的风格。

公共关系信息的受众分析

几乎所有公共关系信息都是针对和适用于特定的利益相关者群体(见图 17.2)。如果向不同的群体发布不同的消息,将增加你的品牌独特性。过去,利益相关者的九个类别很清晰。然而,在当今社会,利益相关者群体通常会跨越地理和制度的界限,因此,你可能需要更仔细地思考如何对受众进行分析。[44]

编写公关信息时,需要考虑以下问题:

● 他们有多了解你的公司? 他们有多积极地/消极地看待它?

● 他们如何看待你的品牌价值? 他们对你们在经济责任、社会责任和道德责任方面的努力

是否满意:

● 他们通过何种渠道获得你和竞争者的信息? 你可以通过何种沟通渠道更好地联系到他们?

为了让你在公关方面的努力看起来更有效,积极寻找能够对利益相关者产生影响的方式,这样,他们会认为你的公司很独特,并且他们也更有可能通过积极的口头语言和购买来支持你的公司。罗伯特·西奥迪尼的影响策略(见第 10 章)是非常有用的,它利用公关信息让利益相关者形成自己的观点。[45] 见表 17.6 里 Better Horizons 在公关努力方面和影响利益相关者的信息方面使用的各种策略。

表 17.6 将影响策略和公关努力相匹配

影响策略	举 例 说 明
报 答	Better Horizons 提供免费的财务规划研讨会。虽然没有义务提供这些讲习班,但许多参与者对 Better Horizons 的这种行为表示赞许,并选择成为会员来作为回报。
承 诺	在财务规划研讨会中,参与者承诺采取各种各样的财务规划策略和目标,他们经常使用 Better Horizons 和其他金融机构的服务和规划工具来保持承诺。
社会证明	Better Horizons 网站提供社区成员参与"希望"步行马拉松活动的故事和图片,这些故事和图像结合起来可以表现出 Better Horizons 团体的价值观和是非观。
兴 趣	Better Horizons 邀请各种记者和博主亲自会见首席执行官一起就餐,这些互动让关键媒体人物与 Better Horizons 高管建立更好的人际关系。理想情况下,当记者和博主开始从个人角度出发去了解这些高管时,他们就会对这些高管产生好感,最终可以避免对他们负面的报道。
权 威	Better Horizons 主办一个年度金融知识研讨会,由著名的电台主持人主持个人金融秀,使得 Better Horizons 建立了能够吸引权威人物的形象。
稀 有	通过举办一年一度的金融知识研讨会,Better Horizons 提供了稀有的机会供人们来参加,这极大地增加了人们的兴趣。此外,这个研讨会将邀请以前没来过城里的全国著名主持人。

理想的公关信息的撰写

既然公关信息的主要目标是为公司创建独特的品牌价值,任何个人信息都应该被纳入其中。所以,首先需要阐明公司的品牌,并通过讨论让员工树立品牌信息的共享意识。如果没有同事之间的认同感,公司可能产生不统一甚至混乱的消息。

很多公关信息都是用于吸引他人对产品和服务产生积极关注,尤其是那些新发布的、最近获奖或者被认可的产品服务。形成你对于公关信息的想法,包括全面准确地了解这些产品和服务。与此同时,也包括识别公司打算强调哪些方面的产品和服务,因此,需要讨论公司促进各种产品和服务的战略。完成上述工作,你就要随时准备召开新闻发布会,此时,你需要收集准确并可靠的信息以讲述公司令人信服的故事。

公关信息的新闻格式

新闻稿格式适用于大多数书面公关信息。主要内容包括标题、日期栏、公关故事、样板文本和联系人信息。

开头应立即引起利益相关者的关注。其次,日期栏能让读者识别这个故事的发生时间。然后,这个公关故事——不管它是不是预示一个产品的发行、一项慈善的行为、一个事件或者其他许多著名的企业活动——都应该以第三人称的方式进行阐述,这通常被称为倒金字塔式格式。

故事的第一段应该回答关于谁、什么事、什么时候、什么地点和为什么的问题——这也是倒金字塔式里最宽的部分。接下来是细节部分——倒金字塔里面的第二部分。最后部分是在样板文本或发言稿中简要介绍有关公司的背景:业务性质、公司的产品服务、顾客和它独特的销售定位,表明它和其他公司的区别。[46]一般情况下,较短的公关信息只有 100—300 个字,重要声明一般 500—800 个字。[47]

另一种常见的公关信息的发布方式是专栏式。通常,企业领导会以第一人称的形式写一篇关于公司和公众共同承受的挑战或问题的文章。正如新闻稿那样,专栏式公关信息的发布方式应用范围也在日益扩大。十年前,专栏式通常只用于报纸或其他不常见的期刊杂志上,而现在,专栏式常见于企业博客,企业领导者可以经常在企业博客中分享他们的意见和经验。

撰写公关信息

一旦你规划好信息内容,就要用最极致的语调、风格和设计来完成它。因为大多数利益相关者会对你的动机和持有的利益迅速做出判断,并持有怀疑态度。因此,你需要用友善的语调打消他人的怀疑。公关信息中需要使用具有透明性和客观性的字、词和句子,因为当利益相关者认为你对事实的陈述是偏向自己利益时,就会遭受很多的抵触,而当你能够说服他们自己是在客观地进行描述时,便会得到他们的支持。

案例 17.8 海底捞身陷"勾兑门",张勇真诚发文

2011 年,媒体曝出海底捞骨汤勾兑、产品不称重、员工偷吃等一系列问题,引得社会哗然。海底捞掌门人张勇在微博上发文:"菜品不称重偷吃等根源在流程落实不到位,我还要难过地告诉大家我从未真正杜绝这些现象。责任在管理不在青岛店,我不会因此次危机发生后追查责任,我已派心理辅导师到青岛以防该店员工压力太大。对饮料和白味汤底的合法性我给予充分保证,虽不敢承诺每一个单元的农产品都先检验再上桌但责任一定该我承担"。张勇对事情的客观陈述与诚恳的态度获得了众多网民的肯定,不少人表示力挺张勇,甚至为如何处理员工偷吃问题出谋划策。很快,公众的关注点从海底捞勾兑门转为张勇的人格魅力,恰当的公关信息帮助海底捞化解了此次危机。

评述:

公关信息中使用具有客观性和透明性的语句,可以帮助企业减少公众抵触,保证公关活动的有效性。

使用相关风格的主要目的是让你的信息易于处理。正如报纸上的文章,你用简短的段落和句子来写,这样阅读的人可以快速收集相关信息。

现在,大多数公关信息都是通过网站甚至是电子邮件等多媒体平台以电子形式进行发布。而印刷版的公关信息经常被放置在漂亮的年度报告、社会责任报告等报告里,这些信息频繁而广泛地使用照片、视频和图形设计功能。而对于重要的公关信息来说,可以考虑请专业人士融入美学进行设计。

从图 17.14 和图 17.15 中,你可以看到两条 Better Horizons 的公关信息。第一条是关于宣布 Better Horizons 一年一度的财务报告研讨会,是以新闻稿的形式撰写的。该信息的主要目的是吸引社会成员来参加活动并提升 Better Horizons 的品牌和价值。该信息的撰写风格是邀请式的、前重后轻的。第二条信息是专栏式风格的。克里斯蒂娜,Better Horizons 的总裁,使用"以我们为主的第一人称"的语气(we-voice)(见第 5 章)描述了公司对青年成就计划的承诺,这加强了 Better Horizons 对于社会金融素养的承诺,声明了对合作伙伴的承诺(青年成就),并提升了它的品牌和价值。由于该专栏式的文章是发布在博客上的,这就使得利益相关者之间可以进行互动,且可以自由地发表自己的意见和看法。想要了解更多有关使用企业博客的信息,请阅读后文的"技术小贴士"。

社区>金融知识研讨会>
Better Horizons 信用合作社将举行第 15 届年度金融知识研讨会
2015 年 8 月 3 日

> 开头一段讲述故事:人物、事件、时间、地点和原因。

Better Horizons 信用合作社第 15 届年度金融知识研讨会将于 9 月 18 日在 John West 会议中心举行,将由全国著名的电台主持人贝萨妮·赖利发表主题演讲。这个研讨会也将为当地社区成员提供讲习班、演讲、一对一财务规划和税务帮助、投资模拟以及其他活动。所有活动都是免费的。关于午餐,研讨会的参与者可以享受免费的汉堡和薯条或到很多当地的小商贩处购买。

赖利的演讲主题是"赢回你的未来",着重于提出退休计划的实用解决方案、学院储蓄计划和其他追踪性的长距离财务目标。赖利诙谐、幽默的演讲风格使得数以百万计的美国人参与到她有关管理个人财务的日常谈话节目中来。前 100 个到会者将免费获得一本她的书:《不要希望用自己的方式实现财务自由:五个行之有效的步骤掌握你的未来》,并且书上有她的亲笔签名。

财务规划研讨会将进行一整天。这些 45 分钟的研讨会包括如个人投资、卫生保健规划、大学储蓄计划、抵押贷款、再融资等内容。孩子们将可以进行各种游戏和运动,其中包括垄断比赛。

在过去的 15 年中,超过 20 000 名当地社区成员参加了一年一度的金融知识研讨会。去年的研讨会参与者人数高达 2 500 人,创造了历史高峰。Better Horizons 网站上有今年完整的活动日程安排:www.bhcu.org/2015financialfair。

除了举办一年一度的金融知识研讨会,Better Horizons 还举办各种免费的财务规划研讨会和向社区开放的各种课程,包括两周一次的退休研讨会,所得税援助讲习班,在当地的社区学院举办财务规划课程以及在附近学校开设个人经济学课程。去年,Better Horizons 员工自愿在本地初中和高中任青年成就客座教师超过 300 小时。

> 正文提供细节。

Better Horizons 信用合作社有近 9 000 个成员,并拥有约 1.2 亿美元的资产,成立于 1937 年的 Better Horizons 持有为其成员普及金融知识和理财规划的优良传统。有关 Better Horizons 的更多信息,请联系营销总监阿米蒂·D.索扎(电话:803-784-7393;电子邮箱:dsouza@bhcu.org)。

> 一个样板文本提供了有关该组织的基本信息,强调品牌和价值。

图 17.14 在网页上的新闻发布风格的公共关系消息

检查公关信息

公关信息往往是极其必要的,并且公司的声誉与之密不可分。因此,一定要仔细检查你撰写的内容,这可能花费几周甚至几个月的时间。然而,从其他人的角度出发,你可能会因为时间紧迫而受到限制。不过,不论处于何种情况下,都要仔细校对,并进行 FAIR 测试。

校对公关信息并得到反馈

如果你正在为一个中型或大型组织撰写公关信息,那么可能需要与团队合作。至少,你将与营销总监或博客编辑合作。与编辑和公关团队合作,你可以得到大量的反馈意见。对于在线公关信息来说,你也可以得到读者的反馈。

他们可能留下有关网络信息实用性和价值性的评论,你可以针对这些评论进行反馈。而且,通过网络分析,你可以对博客关注者的数量及类型有一定的了解。因此,公关信息包含了校

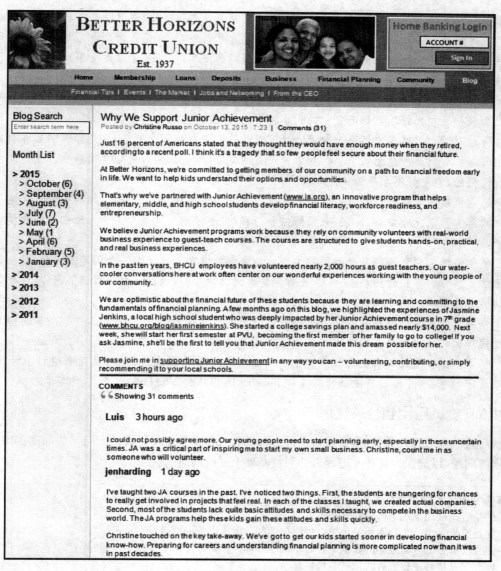

图 17.15 博客上一个专栏式公关信息

对和获取反馈的手段。

如果你很好地对团队和利益相关者的评论进行了回应,那么你的团队可以更好地开发公关信息并避免防卫性地回应负面信息,这些建议将对你的公关工作有很好的指导作用。

技术小贴士

企业博客

现在,几乎所有的企业都将企业博客作为他们网上公关工作的一部分。在危机处理中,这些

博客也非常有用,它允许公司在一个固定位置不断更新信息。对此,你可以考虑采用以下方法:

花时间学习博客。如果你和负责撰写博客的人是新手,那么投入时间学习是提高博客写作水平的最佳做法。仔细分析竞争对手和同行业公司的博客,将在很大程度上帮助你形成自己的战略和风格。

使你的博客人性化。你可以使自己的博客更加人性化和个性化。在进行行业业务谈判时,使氛围更加轻松且能更好地显露出自己的人格特性,这将提高你的品牌价值。

促进对话。用博客进行网上交流。尽可能地让读者在博客上留言,这是倾听顾客和其他利益相关者内心所思所想的好机会。对留言进行回复,可以让读者有被重视的感觉。但是即使评论是消极的,也最好不要删除。

定期更新博客内容。只有当你经常更新博客并提供原创内容的时候,你的读者才会定期刷新你的博客。以发布好玩、真实、有用的帖子为目的,思考如何发布专注于生活中兴趣和爱好的帖子。

使你的博客文章围绕一个共同的主题。如果你的博客文章没有一个固定的主题,那么读者将无法了解你的真正意图,也不知道查看你博客文章的目的。因此,理想情况下,你应该创建自己的博客主题。

介绍你的博主们并建立他们的信誉。贵公司的博客可能由好几个员工共同运营。你可以通过简短描述来加强博主们的可信度,如:照片、个人背景和专业领域。

将博客链接放置到其他社交媒体上。为了增强影响并获得追随者,让读者通过 RSS 订阅来订阅你的博客,并通过其他社交媒体如 Facebook,推特和 YouTube 访问你的博客。

将 FAIR 测试应用到公关信息中

与其他沟通方式类似,需要跟他人讨论自己公关信息的 FAIR 属性。问一些如图 17.16 上列出的问题,以确保你是在考虑别人的利益基础上进行沟通的。

事实(Facts,你的沟通有多真实?)
- 你是否正确地呈现了所有的事实?
- 你是否呈现出能让利益相关者根据他们最佳利益做出决策的信息?
- 你有没有仔细考虑过你的数据是否有不同的解释? 你是否评估过信息的质量?
- 你有没有从利益相关者的角度解释信息?

透明(Access,动机、推理和信息有多易于获得和透明)
- 你的动机明确吗? 会有人认为你存在潜在动机吗?
- 你是否充分披露了利益相关者所需要的信息?
- 你是否隐瞒了某些信息以使自己得到更好的条件或隐藏了做出某些声明或推荐的真实理由?
- 利益相关者是否有机会在决策过程中发表自己的见解?

影响(Impacts,沟通将会如何影响利益相关者?)
- 你是否考虑过沟通将如何影响所有的利益相关者?
- 你有没有想过沟通可能会帮助甚至伤害别人? 你如何进一步了解这些影响?
- 你有没有根据利益相关者的最佳利益为他们提供建议?

尊重(Respect,沟通过程中有多尊重他人?)
- 那些与你沟通的人认为在与你的沟通过程中你是尊重他人的吗?
- 中立观察者会认为沟通过程中你是尊重他人的吗?

图 17.16　你的公关信息 FAIR 吗?

始终避免扭曲真相。几乎所有的公关处理人士都可以讲述几十个因为未能提供完整或精确的信息(事实)、隐藏信息(透明)、忽视对利益相关者可能造成的后果(影响)和没有考虑到利益相关者(尊重)而损害企业声誉的事件。[48]

当你考虑如何讲述公关事件时,一定要有诚信。虽然公关活动的目标是通过给出比其他竞争者独特的方案来提高公司的声誉,但经验丰富的公关处理人士认为要实事求是,切忌过于提高利益相关者对你的期望。从短期来看,你可能提升了企业形象。然而,从长远来看,如果你的言论是被夸大的,利益相关者可能会因为他们的高期望得不到满足而认为你在欺骗他们。

例如,AT&T的前公关负责人迪克·马丁(Dick Martin)也坦言,因为他和团队的过于乐观导致了AT&T和时代华纳合并事件的过分推动。后来,马丁说:"所以,如果我们当初在开展计划时更谨慎一些,当事情开始出现差错时,我们在控制损害方面也会更加容易。"[49]他认为,这个公关事件的教训很简单:"不要沉浸在自己的幻想中。"[50]

许多法律和道德方面的内容会影响公共关系领域。你要了解与公司相关的各种规定,具体而言,要注意版权、商标以及与上市公司交流活动相关的规则。当考虑如何有道德地编写和发布公关信息时,可以寻求例如美国公共关系协会和国际商业沟通者协会(LABC)等组织的帮助与指导,他们已经制定了详细的说明。[51]此外,认真考虑公关处理专家史蒂文·克雷格(Steven Craig)在沟通问答中提到的观点。

沟通知识问答

与商务专业人士的对话

史蒂文·克雷格(Steven Craig):在他从事广告业的20年时间里,策划了几十个有关公共关系的活动。最开始他是为Penna Powers和DSW等公关广告公司工作的,目前已经成立了自己的广告公司。

彼得·卡登:如何使用公关信息来与利益相关者建立关系?

史蒂文·克雷格:关键是与当地社区和媒体建立强大的关系。在过去的几年中,我已经为一个铜矿公司做了很多活动。该矿是当地社区最大的经济贡献体,也是最大的污染源。所以,矿区是一个令人喜忧参半的区域。从一个非常现实的意义上来说,煤矿的存在与否取决于当地社区成员对其的支持度。

负责该矿区公关的人员正在不断努力地传播公关信息,强调它作为经济引擎的重要性,以及在环境责任方面取得的进步。他们通过小组讨论来随时了解社区成员的观点,以便能够及时调整公关信息以配合人们现在的所思所想。如果他们发现人们正在担心污染问题,就会及时制定有关最近变化的公关信息,例如更多地使用天然气或其他可替代能源,而不是煤炭,来减少废气的排放。

公关信息不止内容重要,时间也很重要。该矿区能否取得进一步发展取决于是否可以获得法规的许可。如果没有当地人的支持,几乎无法获得许可证。因此,许多公关活动应该在申请各种许可证之前进行。

彼得：公关信息如何增加组织的品牌价值？

史蒂文：消费者往往仅根据品牌价值来进行决策，品牌价值可以通过公关信息等多种方式建立。通常情况下，人们只会注意到品牌价值较高的产品广告。如果品牌价值低，你的广告便会淹没在成百上千的广告信息中。

前面提到的煤矿公司通过几代人的努力建立了商誉，当地人的亲友中至少有一个人在该公司工作。负责该矿区的公关人员就试图将社区人员的这种感觉作为它品牌价值的一部分。

彼得：迄今为止，你认为公关信息中最常见的错误是什么？

史蒂文：公司应该始终保留那些相同的信息。我见过很多情况，广告公司、公关公司或客户对于改变外观或信息会感到很焦虑，且公众也很难适应不断变化的品牌形象。这就像你的朋友突然改变自己的个性一样，这会使你怀疑自己是否真的了解他。公关和广告活动一样，都需要你制定一个好的信息，树立自己的品牌，并坚持到底，尤其是那些没有巨额广告预算的公司。

本章小结

学习目标 17.1：解释危机沟通和公共关系的信息会怎样影响组织的声誉。
传递有效的危机沟通和公关信息来提高你公司的信誉。

对于危机沟通来说，当你实施一个危机沟通计划以迅速地帮助受害者和利益相关者时，你表现出了能力。对于公关信息来说，当你提供了极好的产品和服务的时候，你表现出了经济责任。	对于危机沟通来说，当你证明你真正关心帮助灾民和利益相关者时你表现出了关怀。对于公关信息来说，当你回馈你的利益相关者团体时，你表现出社会责任。	对于危机沟通来说，当你确保公司实现了它法律和道德责任的时候，你表现出品格。对于公关信息来说，当你遵守崇高的道德价值观念和法律标准的时候，你表现出了道德责任。

学习目标 17.2：描述现今组织中危机管理的性质。

危机前的准备：
- 制定危机管理的计划。
- 组建并训练危机管理团队。
- 有规律地进行训练以检测危机管理计划是否合理。
- 撰写应对各种危机类型的样本信息。

危机中的应对：
- 用行动帮助受害者，保证公众安全；提供压力和心理创伤辅导。
- 掌控局势并且根据事实对信息进行及时更新。
- 通过所有可能的沟通渠道进行迅速、精确、持续的沟通；将信息传递给各个利益相关者。

危机后的行动：
- 努力和利益相关者们就恢复和修正方面的内容进行沟通。
- 基于已有的经验教训更新危机管理计划。
- 致力于公众关系以修复企业的声誉。

学习目标 17.3：将 AIM 规划过程应用于危机沟通。

AIM 规划过程

受众分析：首先专注于受害者和最受影响的利益相关者。采用所有通信渠道得出所有信息。

发展观点：收集各种版本的事件，辨识出影响和解决方案，并分析危机的性质。

构建信息：表示关注，解释修正措施，并提供指示。

危机的类型	关注	修正的措施	说明	辩解和/或理由	补偿和/或致歉
受害者危机	✕	✕	✕		
受害者危机*	✕	✕	✕	✕	
事故危机	✕	✕	✕	✕	
事故危机*	✕	✕	✕	✕	✕
可预防危机	✕	✕	✕	✕	✕
* 强化因子					

学习目标 17.4：构建有效负责的危机信息。

危机沟通的组成部分
● 表示关注。　　　　　　　● 给出辩解/理由（为危机的几种特定类型）。 ● 解释修正措施。　　　　　● 提供补偿措施/道歉（为危机的几种特定类型）。 ● 提供说明。

危机沟通的案例见图 17.3—图 17.7。

学习目标 17.5：解释如何处理外部投诉和负面信息。

应对外部抱怨和谣言的原则
● 收集事实。　　　　　　● 迅速地应对。　　　　　● 依靠外部的提倡。 ● 避免使用高压手段（显示强制力）。　● 使用恰当的渠道。　● 用凭证应对。

见表 17.4 解决负面传闻的例子。

学习目标 17.6　检查危机沟通的公平性和有效性。

检查程序

FAIR 测试：永远对你的事实忠诚，提供你的决策路径，考虑对利益相关者的影响。

校对：对于危机信息，确保准确无误。

反馈：获得所有渠道反馈：同事、法律顾问、利益相关者。

学习目标 17.7：描述公共关系信息在当今组织中的角色。

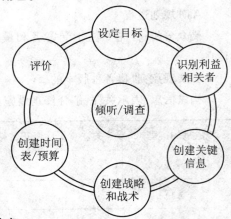

公关沟通的原则
● 和利益相关者建立并维护信任的关系。 ● 围绕一个品牌或战略开展建立公关活动。 ● 完成公关活动的完整周期。 ● 传达你的公司做的好事。 ● 使你的公关邮件适应信息时代和社交时代通信渠道。

学习目标 17.8：将 AIM 规划过程应用于公共关系信息。

AIM 规划过程

受众分析：确定利益相关者群体的独特需求和价值并采用影响原则。

发展观点：分析公关信息如何与一个统一的、提高独特品牌价值的公关努力相适应。

构建信息：以新闻稿格式组织公关消息：标题、日期栏、故事、样板文本和联系信息。

学习目标 17.9：构建有效负责的公关信息。

公关信息的组成部分
新闻稿形式： ● 标题　　　　　　　　　　　● 样板文本 ● 日期栏　　　　　　　　　　● 联系信息 ● 公关故事　　　　　　　　　● 呼吁采取行动

见图 17.10、图 17.11、图 17.13、图 17.14 和图 17.15 的公关信息的例子。

学习目标 17.10：检查公关信息的公平性和有效性

检查进程

FAIR 测试：诚实地告知事实，提供你的决策路径，并考虑对利益相关者的影响。

校对：检查对品牌价值是否有贡献。

反馈：接触各种反馈途径，如同事、法律顾问、利益相关者。

关键术语

事故危机	道德责任	受害者危机
企业声誉	可预防危机	
经济责任	社会责任	

讨论练习

如果想要和危机沟通、公共关系信息相关的补充案例及练习，请查询网络资源。

17.1　关键术语（学习目标 17.1、17.2、17.7）

解释每一个关键术语并提供具体的例子解释它是如何影响危机沟通和/或公关信息的。

17.2　危机沟通讨论问题（学习目标 17.2、17.3、17.4、17.5、17.6）

描述危机沟通在当今组织中的角色，并在认真思考后回答以下问题：

A. 一个公司应该如何为危机做好防范计划？哪些由自然引起的危机是不可预料的？

B. 公司应该使用什么策略应对毫无根据的网络谣言？

C. 公司应该如何应对受害者危机、事故危机和可预防的危机？

D. 公司应该如何确定哪些利益相关者应该在危机中处于优先地位？

17.3　公共关系讨论问题（学习目标 17.7、17.8、17.9、17.10）

解释公共关系在现今的组织中扮演的角色。仔细考虑后用一两段话回答以下每个问题：

A. 公关工作的目的是什么？

B. 什么是企业声誉的定义特征？

C. 公共关系在前信任时代和新兴的社交时代是如何演变的？它是如何保持一致的？

D. 为什么利益相关者这么频繁地苛刻看待公共关系信息？

E. 什么是可信的公关工作的三个方面？解释一下。

F. 解释什么是公关活动周期。描述每个步骤的重要性：(a)聆听/调查；(b)制定目标；(c)识别利益相关者；(d)制定关键信息；(e)建立策略和战术；(f)创建时间表和预算；(g)评价。

17.4　危机沟通的最佳实践（学习目标 17.2、17.3、17.4、17.5、17.6）

在危机沟通中找一个你感兴趣的领域，并考虑危机的类型（受害者危机、事故危机、可预防危机）和/或沟通媒介（例如：博客、新闻发布会）。请用四到五段话描述你选题的最佳实践。你可能需要使用来自各种公关团队中的资源，他们会在其网站上免费提供丰富的信息。同时，在这些网站中，你可能会发现你感兴趣的特定主题。你可以考虑使用以下网页作为资源：

- Institute for Crisis Management（http://crisisexperts.blogspot.com/）
- Public Relations Society of America（www.prsa.org）

17.5　公共关系的最佳实践（学习目标 17.7、17.8、17.9、17.10）

在公共关系中找一个你的兴趣领域，例如，你可以从以下主题中选择：活动和旅行、与利益相关者开会、公关活动、公司社会责任工作、公司博客，或者许多其他主题。请用四到五段话描述你选题的最佳实践。你可能需要使用来自各种公关团队中的资源，他们会在其网站上免费提供丰富的信息。同时，在这些网站中，你可能会发现你感兴趣的特定主题。你可以考虑使用以下网页作为资源：

- Arthur W. Page Society（www.awpagesociety.com）

- Public Relations Society of America(www.prsa.org)
- Center for Corporate Citizenship(www.bcccc.net)
- Institute for Public Relations(www.instituteforpr.org)
- Ragan(www.ragan.com)

17.6 沟通问答(学习目标 17.1、17.7、17.8、17.9)

阅读史蒂文·克雷格在沟通问答部分的意见并回答以下问题：

A. 对于公关信息，克雷格认为什么是其关键要点？

B. 他提到他的一个委托人和许多讨论小组广泛地合作。在你看来，如果有的话，通过调整公关信息以迎合利益相关者所想会引起什么道德问题？

C. 他说随着时间的推移和公关保持一致的信息是非常重要的。解释他的观点并针对这个概念提出自己的观点。

D. 他也提出了关于时间的问题。根据他和你自己的想法，解释有效控制公关时间的原则。

17.7 危机沟通和公共关系中的道德规范(学习目标 17.3、17.6、17.8、17.10)

查看美国公共关系协会(Public Relations Society of America)的道德准则(你可以在 www.prsa.org/AboutPRSA/Ethics/CodeEnglish/中找到)。美国公共关系协会倡导了六大专业价值：促进、诚实、专业、独立、忠诚、公平。选择其中两种并完成以下任务：

A. 详细阐述你选择的两种价值。提供关于它们含义的细节，以及你如何确保你的危机沟通和公关信息符合这两种价值。

B. 解释为了达到你选定的两种专业价值所面临的主要挑战。

C. 选择一个你感兴趣的企业。这个公司可以采取什么具体措施以实现你选定的两种专业价值？

测评练习

17.8 评价危机沟通(学习目标 17.3、17.5、17.6)

从你选择的公司中找一个危机信息。如果你选择有困难，考虑以下近期的企业危机并找到一个相关的危机信息：

- 当 Go Daddy 的 CEO 在津巴布韦杀死了一头大象导致许多客户撤销账户时，Go Daddy 的回应(2011 年)。
- 在 Netflix 将其月费提高了 60％后，它对社交媒体强烈抗议的反应(2011 年)。
- 日本汽车制造商(丰田、本田、尼桑)对地震和海啸的反应(2011 年)。
- BP 应对"深水地平线"石油泄漏事件(2010 年)。
- 美泰公司对由于安全考虑召回超过 1 100 万玩具事件的回应 (2007 年)。

根据你所选定的危机信息，回答以下问题：

A. 回顾危机信息的内容——关注、修正措施、说明、反击控告者、否认、辩解、理由、提醒、逢迎、补偿、道歉(对每个词条的描述见表17.2)。

B. 这个信息包括了哪些组成部分？哪些应该包括的却没有？请解释。

C. 这个危机沟通满足受害者和其他利益相关者的需求的程度。

D. 你认为这项沟通是完全公平的吗？请解释。

E. 危机信息的哪三个方面是可以提高的？请解释。

17.9 分析来自丰田总裁 CEO 丰田章男(Akio Toyoda)的企业道歉(学习目标 17.3、17.6)

2010年初，丰田由于油门踏板故障的报告被迫召回数以百万计的汽车。几十名司机报告说，他们的汽车突然、不可制止地加速，甚至一些事故导致了死亡。丰田总裁丰田章男出现在美国国会表达了他的歉意并讨论了公司如何承担责任。请在网页(www.nytimes.com/2010/02/25/business/global/25toyota.html 和 www.cbsnews.com/ 8301-503544 _ 162-6235105-503544. html)上阅读丰田章男道歉的摘要和全文。

请从以下几个方面分析道歉内容：

A. 他是采用哪些方式直接道歉或间接道歉的？

B. 这份道歉是如何表达善意的？

C. 这份道歉包括了积极的回应吗？请举例，并说明这些是否恰如其分？

D. 这份道歉包括足够的细节吗？

E. 关于丰田会如何担起责任，这份道歉包括了足够信息吗？

F. 你认为这份道歉中有日本独有的方面吗？解释一下。

G. 你会把这份道歉中的哪三样内容改动或调整？

17.10 评估你选定的公司的新闻稿(学习目标 17.8、17.10)

从你感兴趣的公司中选择一份新闻稿。通常，你可以通过访问公司的网上记者室获得最近的新闻稿(通常标有记者室、新闻室，或者媒体)。

根据你选择的新闻稿回答以下问题：

A. 这份信息是写给哪个利益相关者群体的？它符合利益相关者需求的程度怎么样？

B. 什么是关键信息？它与公司品牌价值或特定产品服务战略推销的维系程度是怎样的？

C. 这份公关信息是否讲述了一个令人信服的公关故事？

D. 它包含了一个样板文件吗？这份样板文件强调了公司的什么？

E. 总体来说，你认为这份公关信息有效吗？为了改进这份公关信息请提出两个建议。

17.11 评价一个企业博客的公关内容(学习目标 17.8、17.10)

找一个你感兴趣的公司博客。阅读五大条目并且回复以下问题：

A. 什么是博客条目中的五个主题？这些条目与博客主题中心的联系紧密程度怎么样？

B. 主题是否支持公司的品牌价值或者特定产品服务的战略推销？请解释。

C. 这个博客是为哪些利益相关者写的？它和一些利益相关者的需求符合程度如何？

D. 哪些类型的利益相关者会经常性地关注这个博客？为什么？

E. 对于这个企业博客请提出三个建议来提高公关价值。

17.12 评价一个社会责任报告(学习目标 17.8、17.10)

阅读一份企业社会责任报告。你通常可以在企业网站的记者室部分、投资者部分找到这类报告。请回答以下问题：

A. 你所选定的公司参与了什么重大举措、活动和慈善捐赠以满足它对利益相关者的社会责任？

B. 你会怎样定义公司的品牌？这些社会责任活动和公司品牌联系紧密吗？

C. 社会责任活动是否提高或加强了企业声誉？

D. 给进一步将社会责任活动和公司品牌价值联系起来提出两个建议？

E. 给提高社会责任报告提出三个建议。

练习 17.13—17.15 和 17.22—17.24 的案例：Netflix 和相关沟通

在 2011 年 7 月，Netflix 突然分离其 DVD 邮寄和流媒体服务，如果订阅者想要继续享受这两种服务的话，就要接受从 9.99 美元增长到 15.98 美元的订阅月费。成千上万的顾客在 Netflix 的 Facebook 以及他们自己的 Facebook、推特和其他社交媒体上愤怒地发表言论。激烈的抗议导致了众多主流媒体的报道，顾客被价格大幅上涨以及突然的、令人困惑的消息激怒了。

在顾客通过社交媒体和传统报纸传递抱怨的两个月后，公关失策已经变成了一场全面危机。Netflix 的首席执行官里德·黑斯廷（Reed Hastings）在 Netflix 网站进行了道歉试图控制危机（见图 17.19）。在信息中，他补充说，Netflix 将创建一个新的业务叫做 Qwikster 以延续它的 DVD 邮寄业务。在一个月内，Netflix 放弃了这个想法，保留了 DVD 邮寄和流媒体服务的 Netflix 名字。

Netflix 在短期内遭受了严重的损失。在 2011 年的第三个季度，Netflix 失去大约 100 万用户。Netflix 股票从 2011 年 7 月的约 299 美元跌到 2011 年 9 月的 130 美元。然而，Netflix 在同一季度收益增长 63%。一些分析人士认为，Netflix 做出了一个好的，甚至是必要的业务决策。[52] 但是几乎所有公共关系和危机沟通专家认为 Netflix 沟通处理不佳，无谓地疏远了许多顾客，公司声誉受损（见图 17.17 和图 17.18 关于价格上涨的原始声明）。[53]

亲爱的瑞安，

　　我们正在将无限的 DVD 邮寄和流媒体业务分开进行计划，以更好地反映各自的费用。现在我们的顾客成员可以进行选择：只有流媒体计划，只有 DVD 计划，或两者兼而有之。

　　您现在享受无限流媒体和无限 DVDS 服务的每月 9.99 美元的会员账户将会被分裂成 2 个单独的计划：

　　计划 1：无限的流媒体服务（不含 DVD）7.99 美元一个月。

　　计划 2：无限的 DVD 服务，一次一个（没有流媒体服务）7.99 美元一个月。

　　您同时享有两种计划的价格是 15.98 美元一个月（7.99 美元＋7.99 美元）。您不需要做任何事以延续您同时享有两种服务服务的会员账号。

　　这些价格的变动将从 2011 年 9 月 1 日开始。

　　您可以轻松地通过前往账户计划改变页面或者取消您的无限流媒体计划、无限 DVD 计划，或者两者都取消。

　　我们意识到您有许多家庭娱乐的选择，我们非常感谢您的合作。和往常一样，如果您有任何问题，请随时拨打我们的电话：1-888-357-1516。

　　——Netflix 团队

资料来源：经 Netflix 允许转载。

图 17.17　发送给 Netflix 顾客的原始邮件信息[54]

杰西•贝克尔，在这里与大家分享在 Netflix 的两个显著的变化。

首先，我们推出新的 DVD 单独计划。这些计划有史以来的最低价格提供无限 DVD 服务——一次邮寄一份 DVD 计划为 7.99 美元一个月以及一次邮寄 2 份 DVD 计划为 11.99 美元一个月。通过提供有史以来最低的价格，我们希望通过邮寄给会员的方式为我们的当前和未来的 DVD 提供极大的价值。新成员可以在 DVD.netflix.com 上报名参加这些计划。

第二，我们将无限的 DVD 邮寄和无限流媒体分开成单独的计划以更好地反映各自的费用，并给我们的会员提供选择：一个无限流媒体计划，一个无限 DVD 计划或选择同时订阅两者。随着这一变化，我们将不再提供既包括无限流媒体又有 DVD 邮寄的计划了。

因此，举例来说，我们标价 9.99 美元/月的包含无限流媒体和 DVD 业务的会员资格将被分为两个不同的计划：

计划 1：无限流媒体（无 DVD 光盘）只要 7.99 美元每个月。

计划 2：无限 DVD，一次邮寄一份（无流媒体），7.99 美元每个月。

同时获得这两个计划的价格将是 15.98 美元每月（7.99 美元＋7.99 美元）。对于新成员，这些变化立即生效；对于现有成员，新的定价将于 2011 年 9 月 1 日或以后开始生效。

为什么要有这些变化呢？

计划中的邮寄 DVD 既没有产生巨大的经济效益也没有满足那些需要 DVD 的人的需求。以有史以来最低的价格 7.99 美元创造一个无限 DVD 邮寄计划（无流媒体）的确有重要意义，并且通过邮寄提供的方式确保我们 DVD 较长的使用寿命。这反映了 DVD 邮寄对我们来说是一种长期的业务。除此之外，我们还创建了一个专门负责邮寄 DVD 计划的独特的管理团队。这个团队由我们的首席服务和运营官安迪•伦迪奇和一名在 Netflix 工作了 11 年的老将带领。

现在我们提供一种选择：7.99 美元每个月的无限流媒体服务，7.99 美元每个月的无限 DVD 服务，或者 15.98 美元每个月（7.99 美元＋7.99 美元）同时获得两者。我们希望这些计划中的一个或是两个给我们的会员带来意义满足他们的娱乐需求。

与往常一样，我们的会员可以通过访问他们的账户轻松地选择更改或取消他们的无限流媒体计划，无限 DVD 计划，或两者兼而有之。

资料来源：经 Netflix 允许转载。

图 17.18　Netflix 的企业博客公告完整版[55]

我把事情搞砸了。我欠所有人一个解释。

过去两个月的反馈明确表明，许多会员认为在我们宣布分离流媒体和 DVD 以及价格变化的方式上缺少尊重和谦卑。这当然不是我们的意图，我在此向大家致以真挚的道歉。下面我解释一下，一切是怎么发生的。

过去的五年中，我对于 Netflix 最大的忧虑就是我们不能从 DVD 的成功中取得流媒体的成功飞跃。大多数精通于某方面的公司——像 AOL 拨号或博德斯书店——在人们需要的新事物方面做得并不是很好，因为他们害怕损害原有的业务。最终这些公司意识到它们对于新事物没有给予足够关注，然后这才拼命挽救但是也没有希望恢复。公司很少因为行动太快而灭亡，但是它们经常因为行动太慢而灭亡。

然而，当 Netflix 迅速发展之际，我需要额外善于交际。这就是我做错的关键。现在看来，我由于过去的成功变得自大。过去，我们没有通过 CEO 与大众沟通，而是通过不断稳定地提高服务取得了一些成就。在 Netflix 我说过，"行动比言语更响亮"，我们需要不断改进我们的服务。

但是现在我明白了，鉴于我们最近已作出了巨大的变化，我应该就我们为什么分离 DVD 和流媒体以及两者都收费这个问题给我们的会员一个完整的解释。这不会改变价格提高的事实，却是我们该做的事。

所以下面就是我们正在做的以及这样做的原因：

许多会员就像我一样喜欢我们的 DVD 服务，因为几乎有史以来每部电影和电视剧都会以 DVD 的方式出版。我们要宣传 DVD 产品的惊人广度，使尽可能多的人能够知道它仍然存在，而且这对于那些对 DVD 具有全面需求的人来说是一个很好的选择。DVD 邮寄可能不会永远持续下去，但我们希望它持续尽可能长的时间。

我也喜欢我们的流媒体服务因为它能连接到我的电视上,这样我就可以随时看我想要的内容。我们流媒体服务的好处与邮寄 DVD 服务的好处有很大的不同。我们认为由于流媒体技术和市场的发展,我们应该将重点放在快速改善上,而无需保持与 DVD 邮寄服务的兼容性。

因此,我们意识到,由于具有不同的成本结构,需要进行不同营销带来不同的利益,流媒体和 DVD 邮寄正在成为两个完全不同的业务。我们需要让它们各自发展运营。在自豪地运营邮寄 DVD 业务十年之后,写这些对我而言是困难的,但是我们认为这样做是必要的也是最好的。在几周之内,我们将我们的邮寄 DVD 服务改名为"Qwikster"。

我们选择 Qwikster 这个名字是因为它代表快速递送。我们将继续使用"Netflix"作为流媒体服务的名字。

Qwikster 将代表每个人都习惯的与之前一样的网站以及 DVD 服务。它仅仅是一个新的名称而已,DVD 成员可以去 qwikster.com 访问他们的 DVD 队列,然后选择电影。我们正在筹划的一个改进就是对于那些想要租 Wii、PS3 和 Xbox 360 的游戏用户添加一个视频游戏的升级选项,类似于我们的蓝光升级选项。多年来会员们一直在寻求视频游戏服务,而现在的 DVD 邮寄有自己的团队,我们终于这样做了。其余的改进也会跟进。独立网站的另一个优点是成为我们的会员变得简单。每个网站将专注于一件事(DVD 或流媒体),并且使用起来更加容易。重命名和分离的缺点就是 Qwikster.com 和 Netflix.com 两个网站将不会被整合。所以,如果你订阅了两个服务,而且你需要改变你的信用卡或电子邮件地址,你需要在两个地方完成这些事情。同样,如果您在 Qwikster 上评价电影,它不会在 Netflix 上出现,反之亦然。

在价格方面没有变化。(我们也不会那样做!)订购了两项服务的会员将有两份信用卡账单,一个是 Qwikster 的,一个是 Netflix 的。总费用将与当前收费一样。

安迪·伦迪奇在 DVD 服务行业干了 12 年,连续 4 年带领这个部门。他将成为 Qwikster 的 CEO。安迪和我制作了一个简短的欢迎视频。(你可能会说我们应该避免在看完电影之后进行电影创作。)当 Qwikster.com 网站准备好之后,在几个星期内我们会让大家知道,它仅仅是 Netflix 的 DVD 网站的一个重命名的版本,但是加入了视频游戏。如果你通过邮件服务订阅我们的 DVD,就不用做什么特别的事情。

对我来说,Netflix 的红色信封一直是我欢乐的源泉。新的信封仍然是鲜明的红色,但现在它具有 Qwikster 标志。我知道标志将随着时间推移不断发展,不过这也是很难的。我们还将通过邮件服务重新营销我们的 DVD,现在使用 Qwikster 这个品牌是一个惊人的选择。

一些会员可能认为我们不应该分离这些业务,也不应该对我们的邮寄 DVD 进行重命名。我们的观点是,因为业务分离,我们将在流媒体以及邮寄 DVD 方面都能做得更好。我们的动作有可能太快了,但是这很难说。展望未来,Qwikster 将在美国继续提供最好的 DVD 邮寄服务。Netflix 希望在全球化基础上为电视节目和电影提供最佳流媒体服务。接下来几个月我们将会提供更多的流媒体内容,而且我们一直在努力进一步改善我们的服务。

我要感谢那些一直信任我们的会员,向现在以及之前那些觉得被我们轻率对待的会员致歉。

Qwikster 和 Netflix 团队将努力重获您的信任。我们知道这不会一蹴而就。行动胜于雄辩。但是雄辩能够帮助人们理解行为的意义。

深切的敬意,Netflix 联合创始人兼首席执行官里德·黑斯廷。

资料来源:经 Netflix 允许转载。

图 17.19　来自 Netflix 网站的 CEO 的道歉[56]

17.13　从公关原则的角度评价一个负面信息的邮件信息(学习目标 17.3、17.5、17.6)

基于图 17.17 包含的 Netflix 的公告,回答以下问题:

A. 这份邮件是否有效地遵循了发布负面信息的原则?(你可能需要回顾一下第 11 章的内容来刷新你的记忆。)

B. 如何将邮件改写以强调以下公关原则:和利益相关者建立和加强信用关系;围绕品牌活动或战略启动创建公关活动;使你的信息适应社交时代的沟通渠道。

C. 为改进这个信息提出三个主要建议并对你的想法进行具体阐述。

17.14 从公关原则的角度评价一个负面信息博客(学习目标 17.3、17.5、17.6)

基于图 17.17 包含的 Netflix 的公告,回答以下问题:

A. 这个博客是否有效遵循了发布负面信息的原则?(你可能需要回顾一下第 11 章的内容来刷新你的记忆。)

B. 如何将信息改写以强调以下公关原则:和利益相关者建立和加强信用关系;围绕品牌活动或战略启动创建公关活动;使你的信息适应社交时代的沟通渠道。

C. 为改进这个信息提出三个主要建议并对你的想法进行具体阐述。

17.15 评价一个危机道歉(学习目标 17.3、17.5、17.6)

基于 Netflix CEO 里德·黑斯廷的道歉(见图 17.19),回答以下问题:

A. 你会把这个危机归为哪类:受害者危机,事故危机,或者是可预防危机?你会用其他哪些方式描述这个危机?

B. 这个信息包含了危机沟通的哪些内容——关注、修正措施、说明、辩解、理由、补偿、道歉、提醒、逢迎、否认、反击控告者?

C. 评价你已经识别的内容。每个内容是否有效?具体阐述一下。

D. 针对总体内容,请提出三个主要建议。

17.16 评价 Timberland 阻止负面传闻的方法(学习目标 17.3、17.5、17.6)

根据表 17.4,针对 Timberland 对负面传闻的管理,回答以下问题。

A. Timberland 是如何避免霸道的?给出至少两个具体的例子。

B. 你认为 Timberland 是否应对得十分迅速?解释你的观点。

C. 表格展示了一些来自 Timberland 的邮件回复。Timberland 还可以采用哪些沟通渠道?使用这些渠道的价值是什么?

D. Timberland 通过哪种方式利用了外部倡导?公司还可以采用哪三种方法使用外部倡导?

E. Timberland 可以通过其他哪两个选择用于回应的凭据?

F. 从 Timberland 的邮件信息中选择一个并且给出改进它的三个建议。

应用练习

17.17 规划一个危机信息(学习目标 17.3)

找一个你感兴趣的公司,假定 CEO 或其他高管因家庭暴力指控被逮捕,高管承认发生口角,但否认控告的严重性。回答以下问题:

A. 你会给什么样的利益相关者发送相关的信息?你会使用什么样的沟通渠道?谁将负责起草沟通信息?

B. 对于每个利益相关者团体你会提供哪些类型的信息?你会做什么来保持利益相关者了解更新的信息?

C. 你会如何构建你的信息?在你的危机信息中你将提供哪些关键内容?详细说明你所

说的内容和你描述的组成部分。

17.18 规划公共关系信息（学习目标 17.8）

选择一个你感兴趣的公司并做以下事情：

A. 解释这个公司的品牌价值以及公关信息将如何帮助它构建品牌。

B. 利用图 17.2 作为一个向导。分类并描述这个公司的主要利益相关者。你可能需要重新分类或者分割一些类别。例如，你可以进一步细分顾客群。

C. 描述和这六种形式的心理影响（如表 17.6 所示）相匹配的企业公关工作。

D. 提炼出企业能够创建的三个公关信息。对于每一个解释关键信息、主要内容、沟通渠道以及目标利益相关者。

17.19 重写一个危机信息（学习目标 17.4）

2008 年，鲍勃·纳德里（Bob Nardelli）发布消息称，克莱勒斯将裁员四分之一的白领经理。在 网 站 www. autoblog. com/2008/10/24/bob-nardelli-to-employees-we-want-a-25-cut-of-white-collar-job/上阅读他的电子邮件，然后重写它使其更有效。

17.20 重写一个新闻稿（学习目标 17.9）

从你选择的公司中找到一个感兴趣的新闻稿。假设你将采用不同的沟通渠道或针对不同的利益相关者修改它。例如，如果你找到了一个为媒体而写的新闻稿，你可以把它改写成为顾客而写的博客文章。以相应的方法重写新闻稿。

17.21 重写一个博客文章（学习目标 17.9）

找到一个你感兴趣的企业博客文章，将它改写成为新闻稿。假设你是为了媒体或潜在投资者而写。

17.22 计划并重写 Netflix 的负面信息邮件公告（学习目标 17.8、17.9）

基于图 17.7 中包含的 Netflix 的公告，回答以下内容：

A. 写一个详细的 AIM 规划文件，并且至少利用 5 段内容去分析你的受众，形成你的想法，以及构建你的信息。

B. 重写负面信息的邮件。

17.23 计划和重写 Netflix 负面信息博客公告（学习目标 17.8、17.9）

基于图 17.18 中包含的 Netflix 的公告，回答以下内容：

A. 写一个详细的 AIM 规划文件并且至少利用 5 段内容去分析你的受众，形成你的想法，以及构建你的信息。

B. 重写负面信息的公示。

17.24 计划和重写 Netflix 致歉信息（学习目标 17.3、17.4）

基于图 17.19 中包含的 Netflix CEO 里德·黑斯廷的道歉，回答以下内容：

A. 写一个详细的 AIM 规划文件并且至少利用 5 段内容去分析你的受众，形成你的想法，以及构建你的信息。

B. 重写危机致歉。

注释

第 1 章注释

1. Dennis S. Reina and Michelle L. Reina, *Trust and Betrayal in the Workplace* (San Francisco: Berrett-Koehler Publishers, 2006): 5.

2. Stephen R. Covey, "Foreword," Stephen M. R. Covey, *The Speed of Trust* (New York: Free Press, 2006).

3. Ibid., 2.

4. Ibid., 55.

5. These categories capture the dimensions of trust/credibility established by various scholars and experts. Various terms used in the scholarly literature include competence, benevolence, integrity, and intent. For sample works, see the following: Lisa C. Abrams, Rob Cross, Eric Lesser, and Daniel Z. Levin, "Nurturing Interpersonal Trust in Knowledge-Sharing Networks," *Academy of Management Executive* 17, no. 4 (2003): 64—77; Penelope Sue Greenberg, Ralph H. Greenberg, and Yvonne Lederer Antonucci, "Creating and Sustaining Trust in Virtual Teams," *Business Horizons* 50 (2007): 325—333; Stephen M. R. Covey, *The Speed of Trust*; Reina and Reina, *Trust and Betrayal in the Workplace*.

6. Reina and Reina, *Trust and Betrayal in the Workplace*.

7. Art Swift, "Honesty and Ethics Rating of Clergy Slides to New Low: Nurses Again Top List; Lobbyists Are Worst," retrieved April 1, 2014, from www.gallup.com/poll/166298/honesty-ethics-rating-clergyslides-new-low.aspx.

8. Sheila Bonini, David Court, and Alberto Marchi, "Rebuilding Corporate Reputations," *McKinsey Quarterly*, no. 3 (2009).

9. Stephen M. R. Covey, *The Speed of Trust*.

10. Victoria L. Crittenden, Richard C. Hanna, and Robert A. Peterson, "The Cheating Culture: A Global Societal Phenomenon," *Business Horizons* 52 (2009): 337—346; D. McCabe, "Classroom Cheating among Natural Science and Engineering Majors," *Science and Engineering Ethics* 3, no. 4 (1996): 433—445; D. McCabe, *Levels of Cheating and Plagiarism Remain High* (Clemson, SC: Center for Academic Integrity, 2005); D. Callahan, *The Cheating Culture: Why More Americans Are Doing Wrong to Get Ahead* (New York: Harcourt, 2004).

11. Michael Maslansky, *The Language of Trust* (New York: Prentice Hall, 2010): 6.

12. Patrick de Cambourg, *Corporate Accountability and Trust: Thoughts from 12 Top Managers* (Paris: Economica, 2006): 37.

13. Meg Whitman, *The Power of Many: Values for Success in Business and in Life* (New York: Crown Publishers, 2010): 81, 85.

14. Ibid., 45—46.

15. Ibid., 132.

16. Stephen M. R. Covey, *The Speed of Trust*.

17. Meredith D. Ashby and Stephen A. Miles, *Leaders Talk Leadership: Top Executives Speak Their Minds* (New York: Oxford University Press, 2002): 5.

18. UCLA Anderson School of Management, "Robert Eckert of Mattel Shares Insight with Class of 2004 Commencement Address," June 18, 2004, retrieved June 5, 2010, from www.anderson.ucla.edu/x3704.xml.

19. Ashby and Miles, *Leaders Talk Leadership: Top Executives Speak Their Minds*: 55.

20. Economist Intelligence Unit, *The Role of Trust in Business Collaboration* (London: The Economist and Cisco Systems, 2008).

21. Ethics Resource Center, "Definitions of Values," retrieved June 24, 2010, from www.ethics.org/resource/definitions-values.

22. Peter J. Eide, "Introduction to the Human Resources Discipline of Ethics and Sustainability," retrieved June 25, 2010, from www.shrm.org/hrdisciplines/ethics/Pages/EthicsIntro.aspx.

23. Transparency International, "What Is 'Transparency'?" retrieved June 24, 2010, from www.transparency.org/news_room/faq/corruption_faq.

24. Patricia J. Harned and Michael G. Oxley, *2009 National Business Ethics Survey: Ethics in the Recession* (Arlington, VA: Ethics Resource Center, 2009).

25. Eide, "Introduction to the Human Resources Discipline of Ethics and Sustainability."

26. Adam Bird, "McKinsey Conversations with Global Leaders: Paul Polman of Unilever," retrieved July 15, 2012, from www.mckinseyquarterly.com/McKinsey_conversations_with_global_leaders_Paul_Polman_of_Unilever_2456.

27. Tamar Frankel, *Trust and Honesty: America's Business Culture at a Crossroad* (Oxford: Oxford University Press, 2006): 206.

28. Ken Blanchard Companies, *Building Trust*.

29. Reina and Reina, *Trust and Betrayal in the Workplace*: 7.

30. Lyle Sussman, "Disclosure, Leaks, and Slips: Issues and Strategies for Prohibiting Employee Communication," *Business Horizons* 51: 331—339.

31. Whitman, *The Power of Many*: *Values for Success in Business and in Life*: 99.

32. Stephen M.R.Covey, *The Speed of Trust*.

33. Reina and Reina, *Trust and Betrayal in the Workplace*: 36.

34. Stephen M.R.Covey, *The Speed of Trust*.

35. Stephen R.Covey, *The 7 Habits of Highly Effective People*: *Restoring the Character Ethic* (New York: Simon and Schuster, 1989): 22—23.

36. Towers Watson, *2012 Global Workforce Study*: *Engagement at Risk*: *Driving Performance in a Volatile Global Environment* (New York: Towers Watson, 2012).

37. Stewart D. Friedman, "Be a Better Leader, Have a Richer Life," *Harvard Business Review*, April 2008:1—13; Peter F.Drucker, "Managing Oneself," *Harvard Business Review*, January 2005:16—28.

38. Reina and Reina, *Trust and Betrayal in the Workplace*: 37.

39. Ashby and Miles, *Leaders Talk Leadership*: *Top Executives Speak Their Minds*: 53.

40. Adam Bryant, "He's Not Bill Gates, or Fred Astaire," *Corner Office* (blog), *The New York Times*, February 13, 2010, www. nytimes. com/2010/02/14/business/14cornerweb.html.

第 2 章注释

1. Linda Lyons, "Which Skills Hold the Secret to Success at Work?" Gallup online, August 19, 2003, retrieved from www. gallup. com/poll/9064/Which-Skills-Hold-Secret-Success-Work.aspx.

2. Adam Bryant, "Fitting In, and Rising to the Top," *Corner Office* (blog), *The New York Times*, September 19, 2009, www. nytimes. com/2009/09/20/business/20corner.html.

3. This model is based on the transactional model of communication: Paul Watzlawick, Janet H. Beavin, and Don D. Jackson, *Pragmatics of Human Communication*: *A Study of International Patterns, Pathologies, and Paradoxes* (New York: Norton, 1967); D. C. Barnland, "A Transactional Model of Communication," in K. K. Sereno and C. D. Mortensen, eds., *Foundations of Communication Theory* (New York: Harper & Row, 1970): 83—102; Uma Narula, *Handbook of Communication*: *Models, Perspectives, Strategies* (New Delhi, India: Atlantic Publishers, 2006); Richard West and Lynn H. Turner, *Understanding Interpersonal Communication*: *Making Choices in Changing Times*, 2nd ed. (Boston: Wadsworth Cengage Learning, 2009).

4. West and Turner, *Understanding Interpersonal Communication*: *Making Choices in Changing Times*.

5. Most discussion in this section, including this definition, comes from the following sources: Daniel Goleman, *Working with Emotional Intelligence* (New York: Bantam Dell, 2006); Daniel Goleman, *Emotional Intelligence*: *Why It Can Matter More Than IQ* (New York: Bantam Books, 1995); Adele B. Lynn, *The EQ Difference*: *A Powerful Plan for Putting Emotional Intelligence to Work* (New York: AMACOM, 2005); Travis Bradberry and Jean Greaves, *Emotional Intelligence 2.0* (San Diego: TalentSmart, 2009).

6. Sue Campbell Clark, Ronda Callister, and Ray Wallace, "Undergraduate Management Skills Courses and Students' Emotional Intelligence," *Journal of Management Education* 27, no.1(2003):3—23.

7. Roderick Gilkey, Ricardo Caceda, and Clinton Kilts, "When Emotional Reasoning Trumps IQ," *Harvard Business Review*, September 2010:27; Robert Kelley and Janet Caplan, "How Bell Labs Creates Star Performers," *Harvard Business Review*, July/August 1993:128—139.

8. Bradberry and Greaves, *Emotional Intelligence 2.0*.

9. "America's Most Stressful Jobs 2010," retrieved April 14, 2011, from www. cnbc. com/id/36715336/America_s_Most_Stressful_Jobs_2010.

10. Adam Bryant, "He Wants Subjects, Verbs and Objects," *Corner Office* (blog), *The New York Times*, April 25, 2009, www. nytimes. com/2009/04/26/business/26corner.html.

11. Clark et al., "Undergraduate Management Skills Courses and Students' Emotional Intelligence."

12. Bradberry and Greaves, *Emotional Intelligence 2.0*.

13. Goleman, *Emotional Intelligence*: *Why It Can Matter More Than IQ*; Lynn, *The EQ Difference*: *A Powerful Plan for Putting Emotional Intelligence to Work*; Dan Ariely, "The Long-Term Effects of Short-Term Emotions," *Harvard Business Review*, January/February 2010:38.

14. Bradberry and Greaves, *Emotional Intelligence 2.0*.

15. Goleman, *Emotional Intelligence*: *Why It Can Matter More Than IQ*:46.

16. Lynn, *The EQ Difference*: *A Powerful Plan for Putting Emotional Intelligence to Work*; Bradberry and Greaves, *Emotional Intelligence 2.0*.

17. Goleman, *Emotional Intelligence*: *Why It Can Matter More Than IQ*.

18. Bradberry and Greaves, *Emotional Intelligence 2.0*.

19. Lynn, *The EQ Difference*: *A Powerful Plan for Putting Emotional Intelligence to Work*: 46.

20. Bradberry and Greaves, *Emotional Intelligence 2.0*: 32.

21. Lynn, *The EQ Difference: A Powerful Plan for Putting Emotional Intelligence to Work*.

22. Goleman, *Emotional Intelligence: Why It Can Matter More Than IQ*.

23. Ibid.

24. Ibid.

25. Lynn, *The EQ Difference: A Powerful Plan for Putting Emotional Intelligence to Work*.

26. Goleman, *Emotional Intelligence: Why It Can Matter More Than IQ*.

27. Bradberry and Greaves, *Emotional Intelligence 2.0*: 38.

28. Goleman, *Emotional Intelligence: Why It Can Matter More Than IQ*.

29. Michael Purdy and Deborah Borisoff, *Listening in Everyday Life: A Personal and Professional Approach* (Lanham, MD: University Press of America, 1997).

30. Sabeen Sheikh, *2010 Graduate Management Admission Council Alumni Perspectives Survey* (McLean, VA: GMAC, 2010).

31. Uri Hasson, "I Can Make Your Brain Look Like Mine," *Harvard Business Review*, December 2010: 32—33.

32. Michael H. Hoppe, *Active Listening: Improve Your Ability to Listen and Lead* (Greensboro, NC: Center for Creative Leadership, 2006): 6, 12.

33. Adam Bryant, "Want the Job? Tell Him the Meaning of Life," *Corner Office* (blog), *The New York Times*, June 19, 2010, www.nytimes.com/2010/06/20/business/20corner.html.

34. Hoppe, *Active Listening: Improve Your Ability to Listen and Lead*.

35. Michael Marquardt, *Leading with Questions: How Leaders Find the Right Solutions by Knowing What to Ask* (San Francisco: Jossey-Bass, 2005): 77—78.

36. Marilee Adams, *Change Your Questions, Change Your Life: 7 Powerful Tools for Life and Work* (San Francisco: Berrett-Koehler, 2004); Marquardt, *Leading with Questions: How Leaders Find the Right Solutions by Knowing What to Ask*: 78.

37. Adam Bryant, "O.K., Newbies, Bring Out the Hula Hoops," *Corner Office* (blog), *The New York Times*, June 12, 2010, www.nytimes.com/2010/06/13/business/13corner.html.

38. Hoppe, *Active Listening: Improve Your Ability to Listen and Lead*.

39. Ibid.

40. Ibid.

41. Ibid.

42. Ibid., 18.

43. Paul J. Donoghue and Mary E. Siegel, *Are You Really Listening? Keys to Successful Communication* (Notre Dame, IN: Ave Maria Press, 2005); Hoppe, *Active Listening: Improve Your Ability to Listen and Lead*.

44. Donoghue and Siegel, *Are You Really Listening? Keys to Successful Communication*.

45. Hoppe, *Active Listening: Improve Your Ability to Listen and Lead*.

46. David S. Christensen and David Rees, "An Analysis of the Business Communication Skills Needed by Entry-Level Accountants," *Proceedings of the 2002 Mountain Plains Management Conference*. Available at www.mountainplains.org/articles/2002/general/Communication%20Skills4_MPJ_.pdf.

47. John Baldoni, "Are You Asking the Right Questions?" *Harvard Management Communication Letter*, March 2003: 3—4.

48. Baldoni, "Are You Asking the Right Questions?": 3—4; Douglas Stone, Bruce Patton, and Sheila Heen, *Difficult Conversations: How to Discuss What Matters Most* (New York: Penguin, 2000); Dale Carnegie Training, *The 5 Essential People Skills: How to Assert Yourself, Listen to Others, and Resolve Conflicts* (New York: Simon & Schuster, 2009); Adams, *Change Your Questions, Change Your Life: 7 Powerful Tools for Life and Work*; Marquardt, *Leading with Questions: How Leaders Find the Right Solutions by Knowing What to Ask*.

49. Michael Maslansky, *The Language of Trust* (New York: Prentice Hall, 2010).

50. Allan Pease and Barbara Pease, *The Definitive Book of Body Language* (New York: Bantam Dell, 2006); Pearn Kandola, *The Psychology of Effective Business Communications in Geographically Dispersed Teams* (San Jose, CA: Cisco, 2006).

51. David Givens, *Your Body at Work: A Guide to Sight-Reading the Body Language of Business, Bosses, and Boardrooms* (New York: St. Martin's Griffin, 2010): xvi.

52. Ibid., 2.

53. Nick Morgan, "The Truth Behind the Smile and Other Myths: Reading Body Language Is Important, But the Clues May Be Misleading," *Harvard Management Communication Letter*, August 2002: 4.

54. Malcom Gladwell, *Blink: The Power of Thinking without Thinking* (New York: Barclay Books, 2007).

55. Pease and Pease, *The Definitive Book of Body Language*.

56. Givens, *Your Body at Work: A Guide to Sight-Reading the Body Language of Business, Bosses, and Boardrooms*; Beverly Langford, *The Etiquette Edge: The Unspoken Rules for Business Success* (New York: American Management Association, 2005).

57. Goleman, *Emotional Intelligence: Why It Can Matter More Than IQ*: 117.

58. Nick Morgan, "Are You Standing in the Way of Your Own Success?" *Harvard Management Communication Letter*, 2003: 3.

59. Givens, *Your Body at Work: A Guide to Sight-Reading the Body Language of Business, Bosses, and Boardrooms*.

60. Ibid.

61. Ibid.

62. Ibid.

63. Morgan, "The Truth Behind the Smile and Other Myths: Reading Body Language Is Important, But the Clues May Be Misleading": 3—4.

64. Morgan, "Are You Standing in the Way of Your Own Success?": 3.

65. S. Douglas Pugh, "Service with a Smile: Emotional Contagion in the Service Encounter," *Academy of Management Journal* 44, no.5(2001): 1018—1027.

66. Morgan, "The Truth Behind the Smile and Other Myths: Reading Body Language Is Important, But the Clues May Be Misleading": 3—4.

67. Pease and Pease, *The Definitive Book of Body Language*.

68. Givens, *Your Body at Work: A Guide to Sight-Reading the Body Language of Business, Bosses, and Boardrooms*: 52.

69. Ibid.

70. Ibid.

71. Ibid.

72. Pease and Pease, *The Definitive Book of Body Language*.

73. Morgan, "Are You Standing in the Way of Your Own Success?": 3.

74. Bradberry and Greaves, *Emotional Intelligence 2.0*: 44.

75. Relationship Awareness Theory was developed by the psychologist Elias H. Porter. There are many other psychological assessments and tools for assessing differences in communication styles. Each assessment has various advantages. Nearly all of these assessments can help professionals and students develop emotional intelligence to work more effectively with others. I chose this tool because it contains the following advantages: (1) the assessment has 96 percent face va-lidity; in other words, people who use the instrument believe it explains their relating styles extremely well; (2) it is a comparatively simple and practical tool; and (3) it distinguishes between situations where things are going well and situations involving conflict and discomfort.

76. These figures are based on my administration of the SDI to fulltime working professionals enrolled in part-time MBA programs at the University of Southern California. Among roughly 750 SDI tests of these managers, the breakdown is as follows: hubs, 43 percent; blue-reds, 22 percent; red, 17 percent; red-greens, 7 percent; blue-greens, 6 percent; greens, 3 percent; and blues, 2 percent. These figures are similar to those provided by Personal Strengths for all professionals: hubs, 39 percent; blues, 17 percent; blue-reds, 13 percent; blue-greens, 13 percent; reds, 10 percent; red-greens, 4 percent; and greens, 6 percent.

77. Susan Cain, *Quiet: The Power of Introverts in a World That Can't Stop Talking* (New York: Crown Publishers, 2012); Nancy Ancowitz, *Self-Promotion for Introverts: The Quiet Guide to Getting Ahead* (New York: McGraw-Hill, 2009); Douglas R. Conant, "Are You an Introverted Boss?" Harvard Blog Network, April 4, 2011, retrieved from http://blogs. hbr. org/2011/04/are-you-an-introverted-boss/; Adam M. Grant, Francesca Gino, and David A. Hofmann, "The Hidden Advan-tages of Quiet Bosses," *Harvard Business Review*, July 2010: 28.

78. Christine M. Pearson and Christine L. Porath, "On the Nature, Consequences and Remedies of Workplace Incivility: No Time for 'Nice'? Think Again," *Academy of Management Executive* 19, no.1 (2005): 8.

79. Steve Farkas, Jean Johnson, Ann Duffett, and Kathleen Collins, *Aggravating Circumstances: A Status Report on Rudeness in America* (New York: Public Agenda), retrieved November 25, 2009, from www. publicagenda.org/files/pdf/aggravating_circumstances.pdf.

80. Ibid.

81. Ibid., 24.

82. Pearson and Porath, "On the Nature, Consequences and Remedies of Workplace Incivility: No Time for 'Nice'? Think Again": 7—18.

83. Christine M. Pearson and Christine L. Porath, *The Cost of Bad Behavior: How Incivility Is Damaging Your Business and What to Do about It* (New York: Penguin Group, 2009).

84. Ibid.

85. These types of workplace incivility are adopted and

modified froma variety of sources, including the following: Pearson and Porath, *The Cost of Bad Behavior: How Incivility Is Damaging Your Business and What to Do about It*; P.M.Forni, *The Civility Solution: What to Do When People Are Rude* (New York: St.Martin's Press, 2008); Lorraine A.Krajewski, "Workplace Incivility: A Research Study," Presentation at the 2010 Annual Convention of the Association for Business Communication, October 27, 2010, Chicago.

86. Forni, *The Civility Solution: What to Do When People Are Rude*: 29.

87. Adam Bryant, "On Passion and Playing in Traffic," *Corner Office* (blog), *The New York Times*, December 5, 2009, www. nytimes. com/2009/12/06/business/06corner.html.

88. Adam Bryant, "No Need to Hit the 'Send' Key. Just Talk to Me," *Corner Office* (blog), *The New York Times*, August 28, 2010, www.nytimes. com/2010/08/29/business/29corner.html.

89. Adam Bryant, "Talk to Me. I'll Turn Off My Phone," *Corner Office* (blog), *The New York Times*, February 27, 2010, www. nytimes. com/2010/02/28/business/28corner.html.

第3章注释

1. Ken Blanchard Companies, *The Critical Role of Teams* (Escondido, CA: Author:2006).

2. Ibid.

3. Ibid.

4. Jon R. Katzenbach and Douglas K. Smith, *The Wisdom of Teams: Creating the High-Performance Organization* (New York: HarperCollins, 2003); Jon R.Katzenbach and Douglas K.Smith, "The Discipline of Teams," *Harvard Business Review*, July/August 2005:162—171.

5. Susan A. Wheelan, *Creating Effective Teams: A Guide for Members and Leaders* (Thousand Oaks, CA: Sage, 1999).

6. Wheelan, *Creating Effective Teams: A Guide for Members and Leaders*; Bruce Tuckman, "Developmental Sequence in Small Groups," *Psychological Bulletin* 63, no. 6 (1965): 384—399. The terms *forming*, *storming*, *norming*, and *performing* are among the most commonly used terms for stages in team development. They are used in close approximation to Susan Wheelan's stages of dependency and inclusion, counterdependency and fight, trust and structure, and work.

7. Wheelan, *Creating Effective Teams: A Guide for Members and Leaders*.

8. Ibid.

9. John T. Byrd and Michael R. Luthy, "Improving Group Dynamics: Creating a Team Charter," *Academy of Educational Leadership Journal* 14, no. 1 (2010): 13—26; Janet Hillier and Linda M. Dunn-Jensen, "Groups Meet ... Teams Improve: Building Teams That Learn," *Journal of Management Education* 37, no.5(2012):704—733.

10. Silvia Ann Hewlett, Melinda Marshall, and Laura Sherbin, "How Diversity Can Drive Innovation," *Harvard Business Review*, December 2013:30.

11. Susan Cain, *Quiet: The Power of Introverts in a World That Can't Stop Talking* (New York: Crown Publishers, 2012); Susan Cain, "The Rise of the New Groupthink," *The New York Times*, January 13, 2012.

12. Richard T.Watson and Cliff Saunders, "Managing Insight Velocity: The Design of Problem Solving Meetings," *Business Horizons* 48(2005):285—295.

13. Hillier and Dunn-Jensen, "Groups Meet ... Teams Improve: Building Teams That Learn."

14. Richard Benson-Armer and Tsun-Yan Hsieh, "Teamwork across Time and Space," *McKinsey Quarterly*, no.4(1997).

15. Tom Krattenmaker, "How to Make Every Meeting Matter," *Harvard Management Communication Letter*, May 2003:3—5.

16. Watson and Saunders, "Managing Insight Velocity: The Design of Problem Solving Meetings":285—295.

17. Accountemps, "Survey Finds Executives Waste More Than Two Months a Year in Unnecessary Business Discussion," June 8, 2000, retrieved January 10, 2010, from http://accountemps. rhi. mediaroom. com/index.php? s=189&item=336.

18. Barbara J.Streibel, *The Manager's Guide to Effective Meetings* (New York: McGraw-Hill, 2003).

19. Kim Ribbink, "Run a Meeting to Fast-Track Your Career," *Harvard Management Communication Letter*, October 2002:3—4.

20. Krattenmaker, "How to Make Every Meeting Matter."

21. Ribbink, "Run a Meeting to Fast-Track Your Career."

22. Accountemps, "Accountemps Survey: Employee Output Is Weakest Late in the Day," August 17, 2010, retrieved November 20, 2010, from http://accountemps.rhi.mediaroom.com/least_productive.

23. Accountemps, "Second Day of the Week Remains Most Productive, Survey Shows," February 7, 2008, retrieved January 10, 2010, from www. accountemps.com/PressRoom? id=2121.

24. Marty Linsky, "The Morning Meeting: Best-Practice Communication for Executive Teams," *Harvard*

Management Communication Letter，Spring 2006：3—5.

25. *New York Times Corner Office*（blog），"Meetings," retrieved June 15, 2010, from http://projects.nytimes.com/corner-office/Meetings.

26. Christina Bielaszka-DuVernay, "Is Your Company as Dull and Unproductive as Its Meetings?" *Harvard Management Communication Letter*, Summer 2004：3—5.

27. Streibel，*The Manager's Guide to Effective Meetings*.

28. Terrence L. Gargiulo, *Stories at Work：Using Stories to Improve Communication and Build Relationships* (Westport, CT：Praeger, 2006).

29. Susan Bixler and Lisa Scherrer Dugan, *How to Project Confidence, Competence, and Credibility at Work：5 Steps to Professional Presence* (Avon, MA：Adams Media, 2001).

30. Streibel，*The Manager's Guide to Effective Meetings*.

31. Bixler and Dugan，*How to Project Confidence, Competence, and Credibility at Work：5 Steps to Professional Presence*.

32. Ribbink, "Run a Meeting to Fast-Track Your Career"；Streibel，*The Manager's Guide to Effective Meetings*；Bielaszka-DuVernay, "Is Your Company as Dull and Unproductive as Its Meetings?"；Janice Obuchowski, "Your Meeting：Who's in Charge?" *Harvard Management Communication Letter*, Spring 2005：3—5.

33. Stephen R. Covey, *The 8th Habit：From Effectiveness to Greatness* (New York：Free Press, 2004).

34. S. Schulz-Hardt, F. C. Brodbeck, A. Mojzisch, R. Kerschreiter, and D. Frey, "Group Decision Making in Hidden Profile Situations：Dissent as a Facilitator for Decision Quality," *Journal of Personality and Social Psychology* 91, no.6(2006)：1080—1093.

35. Bielaszka-DuVernay, "Is Your Company as Dull and Unproductive as Its Meetings?"：3—5.

36. Ribbink, "Run a Meeting to Fast-Track Your Career"；Krattenmaker, "How to Make Every Meeting Matter"；3—5；Bielaszka-DuVernay, "Is Your Company as Dull and Unproductive as Its Meetings?"

37. Streibel，*The Manager's Guide to Effective Meetings*.

38. Lisa Gueldenzoph Snyder, "Teaching Teams about Teamwork：Preparation, Practice, and Performance Review," *Business Communication Quarterly*, March 2009：77—78.

39. Obuchowski, "Your Meeting：Who's in Charge?"

40. RW[3]，*The Challenge of Working in Virtual Teams：Virtual Teams Report—2010* (New York：RW[3], 2010).

41. Ann Majchrzak, Arvind Malhotra, Jeffrey Stamps, and Jessica Lipnack, "Can Absence Make a Team Grow Stronger?" *Harvard Business Review* 82, no.5 (2004)：131—137；Sue Greenberg, Ralph H. Greenberg, and Yvonne Lederer Antonucci, "Creating and Sustaining Trust in Virtual Teams," *Business Horizons* 50(2007)：325—333；RW[3]，*The Challenge of Working in Virtual Teams：Virtual Teams Report—2010*；Keith Ferrazzi, "Five Ways to Run Better Virtual Meetings," *HBR Blog Network*, May 3, 2012.

42. Majchrzak et al., "Can Absence Make a Team Grow Stronger?"；Ferrazzi, "Five Ways to Run Better Virtual Meetings"；Michael Watkins, "Making Virtual Teams Work：Ten Basic Principles," *HBR Blog Network*, June 27, 2013；Gregory R. Berry, "Enhancing Effectiveness on Virtual Teams：Understanding Why Traditional Skills Are Insufficient," *Journal of Business Communication* 48(2011)：186—206.

43. RW[3]，*The Challenge of Working in Virtual Teams：Virtual Teams Report—2010*.

44. Berry, "Enhancing Effectiveness on Virtual Teams：Understanding Why Traditional Skills Are Insufficient."

45. The table is inspired by the work of Greenberg et al., "Creating and Sustaining Trust in Virtual Teams."

46. Majchrzak et al., "Can Absence Make a Team Grow Stronger?"

47. RW[3]，*The Challenge of Working in Virtual Teams：Virtual Teams Report—2010*.

48. Majchrzak et al., "Can Absence Make a Team Grow Stronger?"；RW[3]，*The Challenge of Working in Virtual Teams：Virtual Teams Report—2010*；Ferrazzi, "Five Ways to Run Better Virtual Meetings"；Watkins, "Making Virtual Teams Work：Ten Basic Principles."

49. Majchrzak et al., "Can Absence Make a Team Grow Stronger?"

50. Ibid.

51. Keith Ferrazzi, "How Virtual Teams Can Create Human Connections Despite Distance," *HBR Blog Network*, January 31, 2014.

52. Douglas Stone, Bruce Patton, and Sheila Heen, *Difficult Conversations：How to Discuss What Matters Most* (New York：Penguin, 2000)：xv.

53. Kerry Patterson, Joseph Grenny, Ron McMillan, and Al Switzler, *Crucial Conversations：Tools for Talking When Stakes Are High* (New York：McGraw-Hill, 2002)；Laura L. Myers and R. Sam Larson, "Preparing Students for Early Work Con-

flicts," *Business Communication Quarterly* 68, no.3 (2005):306—317.

54. Patterson et al., *Crucial Conversations: Tools for Talking When Stakes Are High*.

55. Ibid., 9—10.

56. Ibid.

57. Renee Evenson, "Effective Solutions for Team Conflict," *Toastmasters* online, July 2009, www.toastmasters.org/ToastmastersMagazine/ToastmasterArchive/2009/July/EffectiveSolutions.aspx.

58. Adam Bryant, "The Divine, Too, Is in the Details," *Corner Office* (blog), *The New York Times*, June 20, 2009, www.nytimes.com/2009/06/21/business/21corner.html.

59. Stone et al., *Difficult Conversations: How to Discuss What Matters Most*.

60. Ann C.Baker, *Catalytic Conversations: Organizational Communication and Innovation* (Armonk, NY: M. E. Sharpe, 2010).

61. Patterson et al., *Crucial Conversations: Tools for Talking When Stakes Are High*.

62. Ibid.; Evenson, "Effective Solutions for Team Conflict"; Richard Bierck, "Managing Anger," *Harvard Management Communication Letter*, November 2001:4—5.

63. Stephen M. R. Covey, *The Speed of Trust* (New York: Free Press, 2006).

64. Evenson, "Effective Solutions for Team Conflict."

65. Adam Bryant, "It's Not a Career Ladder, It's an Obstacle Course," *Corner Office* (blog), *The New York Times*, May 22, 2010, www.nytimes.com/2010/05/13/business/23corner.html.

66. Ibid.

67. Adam, Bryant, "No Need to Hit the 'Send' Key. Just Talk to Me," *Corner Office* (blog), *The New York Times*, August 28, 2010, www.nytimes.com/2010/08/29/business/29corner.html.

第 4 章注释

1. K. Ohmae, *The Next Global Stage: Challenges and Opportunities in Our Borderless World* (Upper Saddle River, NJ: Wharton School, 2005); Thomas L. Friedman, *The World Is Flat: A Brief History of the Twenty-First Century* (New York: Farrar, Straus and Giroux, 2005); Peter W. Cardon, "The Importance of Teaching about Globalization in Business Education," *Journal for Global Business Education* 7(2007):1—20.

2. Richard M. Smith, "In the Driver's Seat," *Newsweek*, June 20, 2008.

3. John P. Millikin and Dean Fu, "The Global Leadership of Carlos Ghosn at Nissan," *Thunderbird International Business Review* 47, no.1(2005): 121—137; Carlos Ghosn, "Saving the Business without Losing the Company," *Harvard Business Review*, January 2002; Renault Nissan, "Alliance Facts & Figures 2009," retrieved April 26, 2011, from www.nissan-global. com/EN/DOCUMENT/PDF/ALLI-ANCE/HANDBOOK/2009/Alliance_FactsAndFigures_2009.pdf; Carlos Ghosn, "How I Work," *Fortune*, March 20, 2006; Alex Taylor III, "The Nissan Leaf Battery-Powered Car," *Fortune*, March 1, 2010: 90—98; Alex Taylor III, "The Man Who Vows to Change Japan Inc.," *Fortune*, December 20, 1999.

4. Alex Taylor III, "The Man Who Vows to Change Japan Inc."

5. P. Christopher Earley and Elaine Mosakowski, "Cultural Intelligence," *Harvard Business Review*, November 2004:139—146; David Livermore, "CQ: The Test of Your Potential for Cross-Cultural Success," Forbes Leadership Blog, retrieved April 9, 2011, from www.forbes.com/2010/01/06/cq-cultural-intelligence-leadership-managing-globalization.html(January 10, 2010).

6. M. Javidan, R.M. Steers, and M. A. Hitt, "Putting It All Together: So What Is a Global Mindset and Why Is It Important?" in *The Global Mindset*, ed. M. Javidan, R. M. Steers, and M. A. Hitts(Oxford: Elsevier, 2007); Lillian H. Chaney and Jeanette S. Martin, *Intercultural Business Communication* (Upper Saddle River, NJ: Prentice Hall, 2011); Livermore, "CQ: The Test of Your Potential for Cross-Cultural Success"; Earley and Mosakowski, "Cultural Intelligence."

7. Carlos Ghosn and Philippe Riés (translated from French by John Cullen), *Shift: Inside Nissan's Historic Revival* (New York: Currency Doubleday, 2005):90.

8. Susan A. Wheelan, *Creating Effective Teams: A Guide for Members and Leaders* (Thousand Oaks, CA: Sage, 1999); Kim Ribbink, "Seven Ways to Better Communicate in Today's Diverse Workplace," *Harvard Management Communication Letter*, November 2002:3—5.

9. "Diversity," Nissan Global website, retrieved April 25, 2011, from www.nissan-global.com/EN/COMPANY/DIVERSITY/.

10. Peter W. Cardon and Bryan Marshall, "International Opportunities for Business Students," *National Business Education Yearbook* 48(2010):223—235.

11. Adam Bryant, "Get a Diploma, but Then Get a Passport," *Corner Office*(blog), *The New York Times*,

July 31, 2010, www.nytimes.com/2010/08/01/business/01corner.html.

12. Peter W. Cardon, Bryan A. Marshall, Nipul Patel, Natalya Goreva, and Renée J. Fontenot, "A Comparison of Study Abroad and Globalization Attitudes among Information Systems, Computer Science, and Business Students: Recommendations for IS Curriculum Design," *Issues in Information Systems* 10, no.1 (2009):28—39.

13. Millikin and Fu, "The Global Leadership of Carlos Ghosn at Nissan":121.

14. Ghosn and Riés, *Shift: Inside Nissan's Historic Revival*:8.

15. Ibid.

16. Iris Varner and Linda Beamer, *Intercultural Communication in the Global Workplace*, 3rd ed. (Boston: McGraw-Hill, 2005).

17. Carol Briam, "Outsourced: Using a Comedy Film to Teach Intercultural Communication," *Business Communication Quarterly* 73, no.4 (2010): 383—398; Peter W. Cardon, "Using Films to Learn about the Nature of Cross-Cultural Stereotypes in Intercultural Business Communication Courses," *Business Communication Quarterly* 73, no.2(2010):150—165.

18. Ghosn and Riés, *Shift: Inside Nissan's Historic Revival*:88.

19. S.P. Verluyten, *Cultures: From Observation to Understanding*(Leuven, Belgium: ACCO, 2007); S.P. Verluyten, *The Use of Video Excerpts in Intercultural Training*, paper presented at the 73rd Annual Convention of the Association for Business Communication, April 15, 2008.

20. Varner and Beamer, *Intercultural Communication in the Global Workplace*; J.W. Neuliep, *Intercultural Communication: A Contextual Approach* (Thousand Oaks, CA: Sage, 2009):168—169; Cardon, "Using Films to Learn about the Nature of Cross-Cultural Stereotypes in Intercultural Business Communication Courses"; T. Dimnik and S. Felton, "Accountant Stereotypes in Movies Distributed in North America in the Twentieth Century," *Accounting, Organizations and Society* 31:130.

21. C.R. Berg, *Latino Images in Film: Stereotypes, Subversion, Resistance* (Austin: University of Texas, 2002); M. Wingfield and B. Karaman, "Arab Stereotypes and American Educators," *Social Studies and the Young Learner* 7, no.4 (March/April 1995):7—10; D.E. Mastro, "A Social Identity Approach to Understanding the Impact of Television Messages," *Communication Monographs* 70, no.2 (2003):98—113.

22. Andrew Kohut, Richard Wike, Juliana Menasce Horowitz, Erin Carriere-Kretschemer, Jacob Poushter, Mattie Ressler, and Bruce Stokes, *Obama More Popular Abroad Than at Home*, Global Image of U.S. Continues to Benefit (Washington, DC: Pew Research Center, 2010).

23. Juan Antonio Fernandez and Laurie Underwood, *China CEO: Voices of Experience from 20 International Business Leaders* (Singapore: John Wiley & Sons, 2006):265.

24. Robert V. Levine and Ara Norenzayan, "The Pace of Life in 31 Countries," *Journal of Cross-Cultural Psychology*, no.2(March 20, 1999):178—205.

25. Ghosn and Riés, *Shift: Inside Nissan's Historic Revival*:79.

26. Ribbink, "Seven Ways to Better Communicate in Today's Diverse Workplace."

27. Victoria Emerson, "An Interview with Carlos Ghosn, President of Nissan Motors, Ltd. and Industry Leader of the Year," *Journal of World Business* 36, no.1(Spring 2001).

28. R.J. House, P.J. Hanges, M. Javidan, P.W. Dorfman, and V. Gupta, eds., *Culture, Leadership, and Organizations: The GLOBE Study of 62 Societies*(Thousand Oaks, CA: Sage, 2004).

29. The scores in these rankings have been converted to a scale from 0 to 100 from the 7-point Likert scales provided in the GLOBE study. These conversions are similar in approach to how Geert Hofstede classified cultures to allow easier comprehension for readers.

30. M.J. Gelfand, D.P.S. Bhawuk, L.H. Nishii, and D.J. Bechtold, "Individualism and Collectivism," in R.J. House, P.J. Hanges, M. Javidan, P.W. Dorfman, and V. Gupta, eds., *Culture, Leadership, and Organizations: The GLOBE Study of 62 Societies* (Thousand Oaks, CA: Sage, 2004):437—512; Geert Hofstede, *Culture's Consequences: Comparing Values, Behaviors, Institutions, and Organizations across Nations*, 2nd ed.(Thousand Oaks, CA: Sage, 2001); Neuliep, *Intercultural Communication: A Contextual Approach*, 4th ed.

31. Ibid.

32. Keith Jackson and Miyuki Tomioka, *The Changing Face of Japanese Management* (New York: Routledge, 2004).

33. Ghosn and Riés, *Shift: Inside Nissan's Historic Revival*.

34. Fernandez and Underwood, *China CEO: Voices of Experience from 20 International Business Leaders*:268.

35. Joseph A. Vandello and Dov Cohen, "Patterns of Individualism and Collectivism across the United

States," *Journal of Personality and Social Psychology* 77, no.2:279—292.

36. Hofstede, *Culture's Consequences: Comparing Values, Behaviors, Institutions and Organizations across Nations.*

37. M. Javidan, "Performance Orientation," in R. J. House, P. J. Hanges, M. Javidan, P. W. Dorfman, and V. Gupta, eds., *Culture, Leadership, and Organizations: The GLOBE Study of 62 Societies* (Thousand Oaks, CA: Sage, 2004):239.

38. Ibid., 239—281.

39. Ghosn and Riés, *Shift: Inside Nissan's Historic Revival*:7.

40. N. Ashikanasy, V. Gupta, M. S. Mayfield, and E. Trevor-Roberts, "Future Orientation," in R. J. House, P. J. Hanges, M. Javidan, P. W. Dorfman, and V. Gupta, eds., *Culture, Leadership, and Organizations: The GLOBE Study of 62 Societies* (Thousand Oaks, CA: Sage, 2004):282—342.

41. Ibid.

42. D.N. den Hartog, "Assertiveness," in R.J. House, P. J. Hanges, M. Javidan, P. W. Dorfman, and V. Gupta, eds., *Culture, Leadership, and Organizations: The GLOBE Study of 62 Societies* (Thousand Oaks, CA: Sage, 2004):395.

43. Ibid., 395—436.

44. Fernandez and Underwood, *China CEO: Voices of Experience from 20 International Business Leaders*:275.

45. H. Kabasakal and M. Bodurm, "Humane Orientation in Societies, Organizations, and Leader Attributes," in R.J. House, P.J. Hanges, M. Javidan, P.W. Dorfman, and V. Gupta, eds., *Culture, Leadership, and Organizations: The GLOBE Study of 62 Societies* (Thousand Oaks, CA: Sage, 2004):569.

46. Ibid., 564—601.

47. Ghosn and Riés, *Shift: Inside Nissan's Historic Revival*:44.

48. Ibid., 83.

49. M.S. De Luque and M. Javidan, "Uncertainty Avoidance," in R. J. House, P. J. Hanges, M. Javidan, P.W. Dorfman, and V. Gupta, eds., *Culture, Leadership, and Organizations: The GLOBE Study of 62 Societies* (Thousand Oaks, CA: Sage, 2004): 602—653; Hofstede, *Culture's Consequences.*

50. Ibid.

51. C.G. Emrich, F. L. Denmark, and D. N. den Hartog, "Cross-Cultural Differences in Gender Egalitarianism," in R.J. House, P.J. Hanges, M. Javidan, P.W. Dorfman, and V. Gupta, eds., *Culture, Leadership, and Organizations: The GLOBE Study of 62 Societies* (Thousand Oaks, CA: Sage, 2004):343—394.

52. "The Transcultural Leader: Carlos Ghosn, CEO of Renault, Nissan," retrieved April 30, 2011, from INSEAD, http://knowledge. insead. edu/ILSTransculturalLeaderGhosn080501.cfm?vid=45.

53. Calculations from the *World Values Survey* data set. Data available for download at worldvaluessurvey.org.

54. "The Transcultural Leader: Carlos Ghosn, CEO of Renault, Nissan."

55. Ghosn and Riés, *Shift: Inside Nissan's Historic Revival*:82.

56. Ibid., 81.

57. Neuliep, *Intercultural Communication: A Contextual Approach*:29.

58. Emerson, "An Interview with Carlos Ghosn, President of Nissan Motors, Ltd. and Industry Leader of the Year."

59. Fernandez and Underwood, *China CEO: Voices of Experience from 20 International Business Leaders*:265.

60. Millikin and Fu, "The Global Leadership of Carlos Ghosn at Nissan":121—137.

61. Ghosn, "Saving the Business without Losing the Company."

62. Ghosn and Riés, *Shift: Inside Nissan's Historic Revival*:167—168.

63. Chryscia Cunha, Mariana Barros, and Kelly Franca, "Brazil," retrieved April 30, 2011, from Executive Planet (www. executiveplanet. com/index. php? title＝Brazil); Sergei Ivanchuk, "Russia," retrieved April 30, 2011, from Executive Planet (www. executiveplanet. com/index.php?title＝Russia); Madhukar Shukla, "India," retrieved April 30, 2011, from Executive Planet (www. executiveplanet. com/index. php? title＝India); "China," retrieved April 30, 2011, from Executive Planet (www. executiveplanet. com/index.php? title＝China); Terri Morrison and Wayne A. Conaway, *Kiss, Bow, or Shake Hands*, 2nd ed. (Avon, MA: Adams Media, 2006).

64. Adam Bryant, "The X Factor When Hiring? Call It 'Presence,'" *Corner Office* (blog), *The New York Times*, June 26, 2010, www. nytimes. com/2010/06/27/business/27corner.html.

第 5 章注释

1. These time estimates are based on observing thousands of business students and are consistent with decades of research about expertise as described in Michael Pressley and Christine B. McCormick, *Advanced Educational Psychology for Educators, Researchers, and Policymakers* (New York: HarperCollins, 1995).

2. Elizabeth Garone, "How to Escape a Reputation as a

Novice," *The Wall Street Journal*, October 8, 2008.

3. Ibid.

4. Roger Martin, "How Successful Leaders Think," *Harvard Business Review*, June 2007:72—83; Richard Paul and Linda Elder, *The Miniature Guide to Critical Thinking Concepts and Tools* (Dillon Park, CA: Foundation for Critical Thinking Press, 2008); David Carrithers and John C. Bean, "Using a Client Memo to Assess Critical Thinking of Finance Majors," *Business Communication Quarterly* 71, no.1(2008):10—26.

5. Statistics and other information came from a variety of sources, including the following: American Institute for Preventive Medicine, *The Health & Economic Implications of Worksite Wellness Programs* (Farmington Hills, MI: Author, 2008); Elizabeth Mendes, "Americans Exercise Less in 2009 Than in 2008; Having a Safe Place to Exercise Contributes to Exercise Frequency," *Gallup Poll Briefing*, January 15, 2010; Katherine Capps, *Employee Health & Productivity Management Programs: The Use of Incentives* (Lyndhurst, NJ: IncentOne, 2007); Pamela Kufahl, "America's Obesity Rate at a 10-Year Plateau, Study Finds," *Club Industry* 26, no.2(2010); Larry Chapman, "Meta-Evaluation of Worksite Health Promotion Economic Return Studies: 2005 Update," *The Art of Health Promotion*, July/August 2005:1—15; Michael George, *Corporate Fitness and the Bottom Line* (Petaluma, CA: Inspired Fitness, 2008); U.S. Department of Health and Human Services, *Prevention Makes Common "Cents"* (Washington, DC: U.S. Department of Health and Human Services, September 2003); American College of Sports Medicine, *ACSM's Worksite Health Promotion Manual* (Champaign, IL: American College of Sports Medicine, 2003); Buck Consultants, *Working Well: A Global Survey of Health Promotion and Workplace Wellness Strategies* (San Francisco: Buck Consultants, 2008); National Business Group on Health, "New Study Finds Most Employers Spend Nearly 2% of Health Care Claims Budget on Wellness Programs," January 25, 2010, retrieved April 21, 2010, from www.businessgrouphealth.org/pressrelease.cfm?ID=149.

6. Melissa Raffoni, "Framing for Leadership," *Harvard Management Communication Letter* 5, no.12(2002): 3—4.

7. Lyle Sussman, "How to Frame a Message: The Art of Persuasion and Negotiation," *Business Horizons* 42, no.4(1999):2—6; Raffoni, "Framing for Leadership."

8. Adam Bryant, "In a Word, He Wants Simplicity," *Corner Office* (blog), *The New York Times*, May 23, 2009, www.nytimes.com/2009/05/24/business/24corner.html.

9. Jane Thomas, *Guide to Managerial Persuasion and Influence* (Upper Saddle River, NJ: Pearson Education, 2004).

10. Timothy A. Judge and Remus Ilies, "Is Positiveness in Organizations Always Desirable?" *Academy of Management Executive* 18, no.4(2004):151—155.

11. Linnda Durre, "Worst Words to Say at Work," *Forbes*, April 26, 2010, retrieved August 5, 2010, from www.forbes.com/2010/04/26/words-work-communication-forbes-woman-leadership-career.html.

12. This case problem uses information from several additional resources, including the following: American Institute for Preventive Medicine, *A Worksite Wellness White Paper* (Farmington Hills, MI: American Institute for Preventive Medicine, 2009), retrieved August 5, 2010, from www.healthylife.com/template.asp?pageID=75; Catherine Calarco and Bruce Cryer, *Return on Investment Paper* (Boulder Creek, CA: HeartMath, 2009); HealthAdvocate, *Setting Up a Stress Management Program: A Checklist for Success* (Plymouth Meeting, PA: HealthAdvocate, 2010).

第6章注释

1. Granville N. Toogood, *The Articulate Executive: Learn to Look, Act, and Sound Like a Leader* (New York: McGraw-Hill, 1996).

2. The National Commission on Writing for America's Families, Schools, and Colleges, *Writing: A Ticket to Work…Or a Ticket Out: A Survey of Business Leaders* (New York: CollegeBoard, September 2004).

3. Figure adapted from Ann Wylie, "How to Make Your Copy More Readable: Make Sentences Shorter," *Comprehension*, January 14, 2009, retrieved March 3, 2012, from http://comprehension.prsa.org/?p=217.

4. Cereal nutrition facts are based on 2009 figures from the Rudd Center: www.cerealfacts.org/media/Marketing_Rankings/Brand_Nutrition.pdf.

第7章注释

1. Peter W. Cardon, Melvin Washington, Ephraim A. Okoro, Bryan Marshall, and Nipul Patel, "Cross-Generational Perspectives on How Mobile Phone Use for Texting and Calling Influences Work Outcomes and Work Relationships," presented at the Association for Business Communication Southeast Conference, Charleston, South Carolina, April 1, 2011.

2. "Corporate Intranets 'Useless' to Business," *Concentra website*, March 2, 2010, retrieved July 6, 2010, from http://live. lewispr. com/concentra/2010/03/02/corporate-intranets-%E2%80%98useless%E2%80%99-to-business-598.

3. Sara Radicati, ed., and Masha Khmartseva, *Email Statistics Report*, *2009—2013* (Palo Alto, CA: Radicati Group, April 2009).

4. "Email Has Made Slaves of Us," *The Daily Telegraph*, June 16, 2008.

5. Sara Radicati, ed., *Email Market*, *2013—2017* (Palo Alto, CA: Radicati Group).

6. Watson Wyatt Worldwide, *Capitalizing on Effective Communication: How Courage, Innovation and Discipline Drive Business Results in Challenging Times*, *2009/2010 Communication ROI Study Report* (New York: Author, 2010).

7. Pearn Kandola, *The Psychology of Effective Business Communications in Geographically Dispersed Teams* (San Jose, CA: Cisco, 2006); Likoebe M. Maruping and Ritu Agarwal, "Managing Team Interpersonal Processes Through Technology: A Task-Technology Fit Perspective," *Journal of Applied Psychology* 89, no.6 (2004): 975—990.

8. Arvind Malhotra, Ann Majchrzak, and Benson Rosen, "Leading Virtual Teams," *Academy of Management Perspectives* 21 (2007): 64.

9. Ibid., 60—70.

10. Roy A. Cook and Gwen O. Cook, *Guide to Business Etiquette*, 2nd ed. (Upper Saddle River, NJ: Prentice Hall, 2011); Susan Bixler and Lisa Scherrer Dugan, *How to Project Confidence, Competence, and Credibility at Work: 5 Steps to Professional Presence* (Avon, MA: Adams Media, 2001); Beverly Langford, *The Etiquette Edge: The Unspoken Rules for Business Success* (New York: American Management Association, 2005); Dale Carnegie Training, *The 5 Essential People Skills: How to Assert Yourself, Listen to Others, and Resolve Conflicts* (New York: Simon & Schuster, 2009).

11. Jeanne C. Meister and Karie Willyerd, *The 2020 Workplace: How Innovative Companies Attract, Develop, and Keep Tomorrow's Employees Today* (New York: HarperCollins, 2010).

12. Langford, *The Etiquette Advantage: The Unspoken Rules for Business Success*.

13. Alan Murray, "Should I Use Email?" *The Wall Street Journal* website, retrieved July 15, 2010, from http://guides. wsj. com/management/managing-your-people/should-i-use-email/.

14. Michael Hyatt, "Email Etiquette 101," retrieved July 15, 2010, from http://michaelhyatt.com/2007/07/email-etiquette-101.html.

15. Nick Morgan, "Don't Push That Send Button!" *Harvard Management Communication Letter*, August 2002: 4.

16. Bixler and Dugan, *How to Project Confidence, Competence, and Credibility at Work: 5 Steps to Professional Presence*: 116.

17. Greg Wright, "Twitter with Care: Web 2.0 Usage Offers Few Second Chances," *Society for Human Resource Management* website, July 30, 2009, retrieved June 28, 2010, from www.shrm.org/hrdisciplines/technology/Articles/Pages/TwitterCarefully. aspx.

18. Peter W. Cardon, Melvin Washington, Ephraim A. Okoro, Bryan Marshall, and Nipul Patel, "Emotional Intelligence and Norms of Civility for Mobile Phone Use in Meetings," presentation at the Association of Business Communication 75th Annual Convention, Chicago, October 28, 2010.

19. Beverly Langford, *The Etiquette Advantage: The Unspoken Rules for Business Success*.

20. Dale Carnegie, *How to Win Friends and Influence People* (New York: Simon & Schuster, 1981): 83.

21. Joan Waldvogel, "Greetings and Closings in Workplace Email," *Journal of Computer-Mediated Communication* online 12, no. 2 (2007), retrieved from http://jcmc. indiana. edu/vol12/issue2/waldvogel. html.

22. Kristin Byron, "Carry Too Heavy a Load? The Communication and Miscommunication of Emotion by Email," *Academy of Management Review* 33, no.2 (2008): 313.

23. Ibid.

24. Ibid.

25. Ibid.

26. Mei Alonzo and Milam Aiken, "Flaming in Electronic Communication," *Decision Support Systems* 36 (2004): 205.

27. Pearn Kandola, *The Psychology of Effective Business Communications in Geographically Dispersed Teams*: 5.

28. Norman A. Johnson, Randolph B. Cooper, and Wynne W. Chin, "Anger and Flaming in Computer-Mediated Negotiation among Strangers," *Decision Support Systems* 46 (2009): 663.

29. Vivien K. G. Lim and Thompson S. H. Teo, "Mind Your E-manners: Impact of Cyber Incivility on Employees' Work Attitude and Behavior," *Information & Management* 46 (2009): 419.

30. Ibid., 419—425.

31. Johnson et al., "Anger and Flaming in Computer-Mediated Negotiation among Strangers": 660—672.

32. Pew Research Internet Project, "Mobile Technology Fact Sheet," January 2014, *Pew Research Internet Project website*, retrieved from www.pewinternet. org/fact-sheets/mobile-technology-fact-sheet/.

33. Joe Robinson, "Email Is Making You Stupid," *Entrepreneur*, March 2010: 61—63.

34. Ibid.

35. Ibid.; Sally McGhee, "4 Ways to Take Control of Your Email Inbox," Microsoft At Work website, retrieved July 15, 2010, from www.microsoft.com/at-work/productivity/email.aspx.

36. Richard Ling, "The Socio-Linguistics of SMS: An Analysis of SMS Use by a Random Sample of Norwegians," in Richard Ling and Per Pedersen, eds., *Mobile Communications: Re-negotiation of the Social Sphere* (London: Springer, 2005).

37. Melvin Washington, Ephraim A. Okoro, and Peter W. Cardon, "Perceptions of Civility for Mobile Phone Use in Formal and Informal Meetings," *Business and Professional Communication Quarterly* 77: 52—64; Lindsay Gellman, "Taking Your Phone into a Meeting? Read This First," *The Wall Street Journal* online, October 24, 2013, retrieved from http://blogs. wsj. com/atwork/2013/10/24/taking-your-phone-into-a-meeting-read-this-first/.

38. Anthony K. Tjan, "Don't Send That Email. Pick up the Phone!" *HBR Blog Network*, November 1, 2011, retrieved from http://blogs.hbr.org/2011/11/dont-send-that-email-pick-up-t/.

39. Jeffrey Kluger, "We Never Talk Any More: The Problem with Text Messaging," *CNN*, retrieved from www.cnn. com/2012/08/31/tech/mobile/problem-text-messaging-oms/; Pamela Paul, "Don't Call Me, I Won't Call You," *The New York Times*, March 18, 2011, retrieved from www.nytimes.com/2011/03/20/fashion/20Cultural. html; O₂, "Making Calls Has Become Fifth Most Frequent Use for a Smartphone for Newly-Networked Generation of Users," *The Blue* blog, retrieved from http://news. o2. co. uk/? press-release = Making-calls-has-become-fifth-most-frequent-use-for-a-Smartphone-for-newly-networked-generation-of-users.

40. Kevin Young, "The High Cost of Multitasking," *The Fuze blog*, January 21, 2014, retrieved from http://blog.fuze. com/the-high-cost-of-multitasking-infographic/.

41. Simon Wright and Juraj Zdinak, *New Communication Behaviors in a Web 2.0 World—Changes, Challenges, and Opportunities in the Era of the Information Revolution* (Paris: Alcatel-Lucent, 2008): 6.

第 8 章注释

1. Michael Chui, James Manyika, Jacques Bughin, Richard Dobbs, Charles Roxburgh, Hugo Sarrazin, Geoffrey Sands, and Magdalena Westergren, *The Social Economy: Unlocking Value and Productivity Through Social Technologies* (McKinsey Global Institute, July 2012).

2. Maria Azua, *The Social Factor: Innovate, Ignite, and Win Through Mass Collaboration and Social Networking* (Upper Saddle River, NJ: IBM Press, 2010).

3. Michael Chui, Andy Miller, and Roger P. Roberts, "Six Ways to Make Web 2. 0 Work," *McKinsey Quarterly* [online version] no.1(2010).

4. Simon Wright and Juraj Zdinak, *New Communication Behaviors in a Web 2.0 World—Changes, Challenges and Opportunities in the Era of the Information Revolution* (Paris: Alcatel-Lucent, 2008): 10.

5. Todd Henneman, "At Lockheed Martin, Social Networking Fills Key Workforce Needs While Improving Efficiency and Lowering Costs," *Workforce Management*, March 2010, retrieved November 20, 2010, from www. workforce. com/section/software-technology/feature-lockheed-martin-social-networking-fills-key-workforce/index. html.

6. Wright and Zdinak, *New Communication Behaviors in a Web 2.0 World*; Andreas M.Kaplan and Michael Haenlein, "Users of the World, Unite! The Challenges and Opportunities of Social Media," *Business Horizons* 53, no.1(2010): 59—68; AON Consulting, *Web 2.0 and Employee Communications: Summary of Survey Findings* (Chicago: AON Consulting, March 2009); Jacques Bughin, Michael Chui, and Andy Miller, "How Companies Are Benefiting from Web 2. 0," *McKinsey Quarterly* 17, no. 9 (2009); Andrew McAfee, *Enterprise 2. 0: New Collaborative Tools for Your Organization's Toughest Challenges* (Boston: Harvard Business Press, 2009); Avanade, *CRM and Social Media: Maximizing Deeper Customer Relationships* (Seattle, WA: Avanade, 2008); Jennifer Taylor Arnold, "Twittering and Facebooking While They Work," *HR Magazine* 54, no.12(December 1, 2009); Soumitra Dutta, "What's Your Personal Social Media Strategy?" *Harvard Business Review*, November 2010: 127—130.

7. McAfee, *Enterprise 2. 0: New Collaborative Tools for Your Organization's Toughest Challenges*.

8. Maria Azua, *The Social Factor: Innovate, Ignite, and Win Through Mass Collaboration and Social*

Networking.

9. Wright and Zdinak, *New Communication Behaviors in a Web 2.0 World*.

10. Andy Beal and Judy Straus, *Radically Transparent: Monitoring and Managing Reputations Online* (Indianapolis, IN: Wiley Publishing, 2008).

11. Phil Hall, *The New PR: An Insider's Guide to the Changing Face of Public Relations* (North Potomac: Larstan Publishing, 2007).

12. Lucy Harr and Dick Radtke, *PR for CUs* (Credit Union Executives Society, 2004): 1; Elliot S. Schreiber, "Reputation," Institute for Public Relations website, December 2, 2008, [retrieved from www.instituteforpr.org/topics/reputation/].

13. Elliot S. Schreiber, "Reputation."

14. Andy Green, *Effective Personal Communication Skills for Public Relations* (Philadelphia: Kogan Page, 2006).

15. Patty Deutsche, *Elements of a PR Plan* (San Francisco: e-agency, 2011).

16. Richard McDermott and Douglas Archibald, "Harnessing Your Staff's Informal Networks," *Harvard Business Review*, March 2010:83—89.

17. Paquet, "Wikis in Business."

18. Goetz Boue, *Don't Say Web 2.0, Say Intranet 2.0* (London: Concentra, 2009); Dutta, "What's Your Personal Social Media Strategy?"; Beal and Straus, *Radically Transparent: Monitoring and Managing Reputations Online*.

19. Dutta, "What's Your Personal Social Media Strategy?"

20. Josh Hyatt, "Building Your Brand and Keeping Your Job," *Fortune*, August 16, 2010:74.

21. Adapted from Dutta, "What's Your Personal Social Media Strategy?":129.

22. Hyatt, "Building Your Brand and Keeping Your Job":71—76.

23. Greg Wright, "Twitter with Care: Web 2.0 Usage Offers Few Second Chances," *Society for Human Resource Management* online.

24. Hyatt, "Building Your Brand and Keeping Your Job."

25. Arnold, "Twittering and Facebooking While They Work."

26. Ibid.

27. Adam Bryant, "He's Not Bill Gates, or Fred Astaire," *Corner Office* (blog), *The New York Times*, February 13, 2010, retrieved from www.nytimes.com/2010/02/14/business/14cornerweb.html.

28. Roger P. Roberts, "An Interview with MIT's Andrew McAfee," *McKinsey Quarterly*, no.1(2010).

29. Zaslow, Jeffrey, "The Greatest Generation(of Networkers)," *The Wall Street Journal*, November 5,

2009, retrieved from http://online.wsj.com/news/articles/SB10001424052748704746304574505643153518708.

30. Wright and Zdinak, *New Communication Behaviors in a Web 2.0 World*:6.

31. "Online Etiquette & the Workplace," Liberty Mutual The Responsibility Project website, retrieved July 6, 2010, from www.responsibilityproject.com/infographics/rp-survey-online-etiquette-the-workplace#fbid=67LBedVyvn7.

第9章注释

1. Dennis S. Reina and Michelle L. Reina, *Trust and Betrayal in the Workplace* (San Francisco: Berrett-Koehler Publishers, 2006):19—20.

2. Joanna L. Krotz, "The Power of Saying Thank You," Microsoft Business, retrieved July 7, 2010, from www.microsoft.com/business/en-us/resources/marketing/customer-service-acquisition/the-power-of-saying-thank-you.aspx#Thepowerofsayingthankyou.

3. Ibid.

4. Holly Weeks, "The Art of the Apology," *Harvard Management Update*, May 19, 2003.

5. Barbara Kellerman, "When Should a Leader Apologize—and When Not?" *Harvard Business Review*, April 2006:72—81; Weeks, "The Art of the Apology."

6. Ibid.

第10章注释

1. Michael Maslansky, *The Language of Trust* (New York: Prentice Hall, 2010):6.

2. Liz Simpson, "Get Around Resistance and Win Over the Other Side," *Harvard Management Communication Letter*, 2003:3.

3. Robert B. Cialdini, *Influence: The Psychology of Persuasion* (New York: HarperCollins, 2007).

4. Ibid., 17.

5. Ibid.

6. Ibid.

7. Ibid.

8. Ibid.

9. Ibid.

10. Ibid.

11. Ibid.

12. Ralph Allora, *Winning Sales Letters—from Prospect to Close* (New York: McGraw-Hill, 2009).

13. Meredith D. Ashby and Stephen A. Miles, *Leaders Talk Leadership: Top Executives Speak Their Minds* (New York: Oxford University Press, 2002): 160—161.

14. Matthew J. Mazzei, Christopher L. Shook, and David

J.Ketchen Jr., "Selling Strategic Issues: Crafting the Content of the Sales Pitch," *Business Horizons* 52: 539—543.

15. Beverly Ballaro, "Six Ways to Grab Your Audience Right from the Start," *Harvard Management Communication Letter*, 2003:3—5.

16. Mazzei et al., "Selling Strategic Issues: Crafting the Content of the Sales Pitch."

17. Tom Sant, *Persuasive Business Proposals: Writing to Win More Customers, Clients, and Contracts*, 2nd ed. (New York: AMACOM, 2004); *Allora, Winning Sales Letters—from Prospect to Close*.

18. Simpson, "Get Around Resistance and Win Over the Other Side."

19. Maslansky, *The Language of Trust*:35.

20. Ibid., 37.

21. Allora, *Winning Sales Letters—from Prospect to Close*; Sant, *Persuasive Business Proposals: Writing to Win More Customers, Clients, and Contracts*.

22. Stephen M. R. Covey, *The Speed of Trust* (New York: Free Press, 2006).

23. Maslansky, *The Language of Trust*: 39.

24. Allora, *Winning Sales Letters—from Prospect to Close*.

25. Maslansky, *The Language of Trust*.

26. Allora, *Winning Sales Letters—from Prospect to Close*.

27. Ibid.

28. Mazzei et al., "Selling Strategic Issues: Crafting the Content of the Sales Pitch."

29. Maslansky, *The Language of Trust*.

30. Ibid.

31. Allora, *Winning Sales Letters—from Prospect to Close*.

32. Maslansky, *The Language of Trust*:232—242.

33. Ibid., 116.

34. Dale Carnegie Training, *The 5 Essential People Skills: How to Assert Yourself, Listen to Others, and Resolve Conflicts* (New York: Simon & Schuster, 2009):137.

第 11 章注释

1. Ed Frauenheim, "Over HR: Is It Time to Get Out?" *Workforce Management*, January 22, 2009:22.

2. "Comment on Breaking Bad News," *New Zealand Management* 55, no.9(2008):16.

3. McGraw Wentworth, "Tips on Delivering Bad News," *The ViewsLetter* 12, no.2(2009):1—4.

4. Dave Zielinski, "Crisis Presenting: How to Deliver Bad News," *Presentations*, February 1, 2001.

5. Siegel+Gale, *Turning Bad News into Good Vibes* (New York: Author, 2009):1.

6. Lauren Dixon, "Good Practices for Delivering Bad News," April 13, 2010, retrieved July 20, 2010 from http://webatsimon. com/good-practices-for-delivering-bad-news/; "Comment on Breaking Bad News."

7. McGraw Wentworth, "Tips on Delivering Bad News."

8. Kate Sweeny and James A.Shepperd, "Being the Best Bearer of Bad Tidings," *Review of General Psychology* 11, no.3(2007):235—257.

9. "Does It Matter How Your Boss Delivers Bad News to Employees?" retrieved July 25, 2010, from www. a2ethics.org/node/246.

10. Dixon, "Good Practices for Delivering Bad News."

11. Siegel+Gale, *Turning Bad News into Good Vibes*:4.

12. Dixon, "Good Practices for Delivering Bad News."

13. Michael Maslansky, *The Language of Trust* (New York: Prentice Hall, 2010).

14. McGraw Wentworth, "Tips on Delivering Bad News"; Sherry Law, "How to Soften Blow When You Have to Give Bad News," *Denver Business Journal*, August 18, 2006.

15. Daniel Goleman, Richard Boyatzis, and Annie McKee, "Realizing the Power of Emotional Intelligence: Primal Leadership," *Harvard Business Review*, December 2001:42—51.

16. ChongWoo Park, Ghiyoung Im, and Mark Keil, "Overcoming the Mum Effect in IT Project Reporting: Impacts of Fault Responsibility and Time Urgency," *Journal of the Association for Information Systems* 9, no.7(2008): Article 17; A. Tesser and S. Rosen, "The Reluctance to Transmit Bad News," *Advances in Experimental Social Psychology* 8 (1975):193—232.

17. PRWeb, "Only One-Third of Companies Give Employees Bad News Face-to-Face—IABC Study," January 20, 2006, retrieved July 20, 2010, from www. jobbankusa. com/news/business _ human _ resources/ companies_give_employees_bad_news.html.

18. McGraw Wentworth, "Tips on Delivering Bad News."

19. Rebecca Knight, "Delivering an Effective Performance Review," *Harvard Business Review blog*, November 3, 2011.

20. Ibid.; Kathleen Jordan, *Performance Appraisal: The Basics*(Boston: Harvard Business Press, 2009); Brian Cole Miller, *Keeping Employees Accountable for Results*(New York: American Management Association, 2006).

21. Adapted from table in Jay M. Jackman and Myra H. Strober, "Fear of Feedback," *Harvard Business Review*, April 2003:101—107.

第 12 章注释

1. David Kintler and Bob Adams, *Independent Consulting: A Comprehensive Guide to Building Your Own Consulting Business*(Avon, MA: Streetwise, 1998).

2. Roly Grimshaw, "Communication by Numbers," *Harvard Management Communication Letter* 8, no. 3(2005):3—4.

3. Ibid.; Dona M. Wong, *The Wall Street Journal Guide to Information Graphics: The Dos and Don'ts of Presenting Data, Facts, and Figures* (New York: W.W. Norton & Company, 2010).

4. Wong, *The Wall Street Journal Guide to Information Graphics*, 13; Stephen Few, *Show Me the Numbers: Designing Tables and Graphs to Enlighten* (Oakland, CA: Analytics Press, 2004).

5. Kirsten D. Sandberg, "Easy on the Eyes: A Design Legend Tells How to Turn Complex 'Real World' Information into Clear Visual Messages," *Harvard Management Communication Letter* 5, no.8(2002): 3—5.

6. Adam Bryant, "Lessons Learned at Goldman," *Corner Office* (blog), *The New York Times*, September 12, 2009, retrieved from www.nytimes.com/2009/09/13/business/13corner.html.

7. Based on data retrieved June 15, 2010, from www.trade.gov/mas/ian/Jobs/Reports/2008/jobs_by_state_totals.html.

8. Timothy D. Cook and Peter Oppenheimer, 2013 *Apple Annual Report and Filing for Apple* (Form 10-K/A filed to the United States Securities and Exchange Commission, October 29, 2013), retrieved September 12, 2014, from www.apple.com/investor/.

第 13 章注释

1. "Plagiarize," retrieved March 1, 2012, from *Merriam-Webster Online Dictionary* at www.merriam-webster.com/dictionary/plagiarize.

2. "What Is Citation?" retrieved March 1, 2012, from *Plagiarism.org* website at www.plagiarism.org/plag_article_what_is_citation.html; "Plagiarism FAQs," retrieved March 1, 2012, from *Plagiarism.org* website at www.plagiarism.org/plag_article_what_is_citation.html; "What Is Plagiarism?" retrieved March 1, 2012, from *Plagiarism.org* website at www.plagiarism.org/plag_article_what_is_citation.html.

3. David Kintler and Bob Adams, *Independent Consulting: A Comprehensive Guide to Building Your Own Consulting Business*(Avon, MA: Streetwise, 1998); Brian R. Ford, Jay M. Bornstein, and Patrick T. Pruitt, *The Ernst & Young Business Plan Guide* (Hoboken, NJ: John Wiley & Sons, 2007); Small Business Administration, "Write a Business Plan," retrieved September 15, 2010, from Small Business Administration website at www.sba.gov/smallbusinessplanner/plan/writeabusinessplan/index.html.

4. Roberta Moore, Patricia Seraydarian, and Rosemary Fruehling, *Pearson Business Reference and Writer's Handbook* (Upper Saddle River, NJ: Pearson Education, 2010).

5. Joy Roach, Daniel Tracy, and Kay Durden, "Integrating Business Core Knowledge through Upper Division Report Composition," *Business Communication Quarterly* 70, no.4(2007):431—449.

6. Joseph Covello and Brian Hazelgren, *Your First Business Plan*, 5th ed. (Naperville, IL: Sourcebooks, 2005):12.

7. Ibid.

第 14 章注释

1. Thomas Leech, *How to Prepare, Stage, and Deliver Winning Presentations*, 3rd ed. (New York: American Management Association, 2004):9—10.

2. Lin Grensing-Pophal, "Presentations That Sell without Offending," *Society for Human Resource Management* website(July 1, 2004).

3. Harry Mills, *Power Points! How to Design and Deliver Presentations That Sizzle and Sell*(New York: AMACOM, 2007).

4. Nick Morgan, "Reach Audience Members Where They Learn," *Harvard Management Communication Letter*, May 2002:9.

5. Mills, *Power Points! How to Design and Deliver Presentations That Sizzle and Sell*.

6. Leech, *How to Prepare, Stage, and Deliver Winning Presentations*.

7. Ibid.

8. Mills, *Power Points! How to Design and Deliver Presentations That Sizzle and Sell*.

9. This section is adapted from the work of Mills, *Power Points! How to Design and Deliver Presentations That Sizzle and Sell*.

10. Dana LaMon, "Making the Moment Meaningful," *Toastmaster* online(November 2007), available at www.toastmasters.org/ToastmastersMagazine/Toastmaster Archive/2007/November/MomentMeaningful.aspx.

11. Stephen Denning, *The Secret Language of Leadership: How Leaders Inspire Action through Narrative* (San Francisco: John Wiley & Sons, 2007).

12. Ibid.

13. Ibid.

14. Nick Morgan, "Opening Options: How to Grab Your Audience's Attention: Six Great Ways to Begin a Presentation," *Harvard Management Communication Letter*, June 2003:3—4.

15. Denning, *The Secret Language of Leadership: How Leaders Inspire Action through Narrative*.

16. Leech, *How to Prepare, Stage, and Deliver Winning Presentations*.

17. Mills, *Power Points! How to Design and Deliver Presentations That Sizzle and Sell*.

18. Roly Grimshaw, "Communication by Numbers," *Harvard Management Communication Letter* 8, no. 3(2005):3—4.

19. Nick Morgan, "How to Put Together a Great Speech When You're Under the Gun," *Harvard Management Communication Letter*, September 2003:3—4.

20. Leech, *How to Prepare, Stage, and Deliver Winning Presentations*; Mills, *Power Points! How to Design and Deliver Presentations That Sizzle and Sell*.

21. Mills, *Power Points! How to Design and Deliver Presentations That Sizzle and Sell*.

22. Leech, *How to Prepare, Stage, and Deliver Winning Presentations*.

23. Adam Bryant, "Structure? The Flatter, the Better," *Corner Office* (blog), *The New York Times*, January 16, 2010, retrieved from www. nytimes. com/2010/01/17/business/17corner. html; Adam Bryant, "The C.E.O., Now Appearing on YouTube," *Corner Office* (blog), *The New York Times*, May 9, 2009, retrieved from www. nytimes. com/2009/05/10/business/10corner. html; Stephen M. Kosslyn, *Clear and to the Point: 8 Psychological Principles for Compelling Power Point Presentations* (Oxford: Oxford University Press, 2007): 1; Ellen Finkelstein, "Sidestep the PowerPoint Trap," *Toastmaster* online (May 2009), available at www. toastmasters. org/ToastmastersMagazine/ToastmasterArchive/2009/May/SidestepPowerPoint. aspx.

24. Judith Humphrey, "You Are the Best Visual," *Harvard Management Communication Letter*, October 2011:10—11.

25. Grimshaw, "Communication by Numbers."

26. Ronald Alsop, "Poor Writing Skills Top M.B.A. Recruiter Gripes," *The Wall Street Journal*, January 17, 2006.

27. Kosslyn, *Clear and to the Point: 8 Psychological Principles for Compelling PowerPoint Presentations*; Leech, *How to Prepare, Stage, and Deliver Winning Presentations*; Sally Herigstad, "Giving Effective Financial Presentations with PowerPoint," *Toastmaster* online(July 2008), available at www. toastmasters. org/ToastmastersMagazine/ToastmasterArchive/2008/July/PresentationswithPowerPoint. aspx; Mills, *Power Points! How to Design and Deliver Presentations That Sizzle and Sell*.

28. John Seely Brown, Stephen Denning, Katalina Groh, and Laurence Prusak, *Storytelling in Organizations: Why Storytelling Is Transforming 21st Century Organizations and Management* (Burlington, MA: Elsevier Butterworth-Heinemann, 2005); Roger C. Schank, *Tell Me a Story: A New Look at Real and Artificial Memory* (New York: Charles Scribner's Sons, 1990); Walter Swap, Dorothy Leonard, Mimi Shields, and Lisa Abrams, "Using Mentoring and Storytelling to Transfer Knowledge in the Workplace," *Journal of Management Information Systems* 18, no.1(2001):95—114; Michael W.McLaughlin, "Getting Clout from Speaking Engagements," *Society for Human Resource Management* website (May 5, 2010); Judith Tingley, "Walking a Fine Line: How Much Personal Information Should Speakers Share?" *Toastmaster* online(March 2009), available at www. toastmasters. org/ToastmastersMagazine/ToastmasterArchive/2009/March/Walking-a-Fine-Line. aspx; Jathan Janove, "A Story Is Worth a Thousand Lectures," *HR Magazine* 54, no. 7 (July 1, 2009) [online version]; Mills, *Power Points! How to Design and Deliver Presentations That Sizzle and Sell*.

29. Adam Bryant, "The C.E.O. as General(and Scout)," *Corner Office* (blog), *The New York Times*, October 10, 2009, retrieved from www. nytimes. com/2009/10/11/business/11corner. html.

30. Janove, "A Story Is Worth a Thousand Lectures."

31. Herigstad, "Giving Effective Financial Presentations with PowerPoint."

32. David Armstrong, *Managing by Storying Around* (New York: Doubleday, 1992).

33. Adapted from Robert F.Dennehy, "The Executive as Storyteller," *Management Review* 88, no.3(1999): 40—43; Roger C.Schank, *Tell Me a Story: A New Look at Real and Artificial Memory* (New York: Charles Scribner's Sons, 1990).

34. Stephen Denning, "Stories in the Workplace," *Society for Human Resource Management* website (October 1, 2008).

35. Adam Bryant, "The C.E.O. as General(and Scout)."

第 15 章注释

1. Barbara De Angelis, "Communicating with Authen-

ticity," *Toastmaster* online（June 2007）, available at www.toastmasters.org/ToastmastersMagazine/ToastmasterArchive/2007/June/Authenticity.aspx.

2. Found in Nick Morgan, "How to Put Together a Great Speech When You're Under the Gun," *Harvard Management Communication Letter*, September 2003：3. He was citing Phillip Khan-Pami, *Blank Page to First Draft in 15 Minutes：The Most Effective Shortcut to Preparing a Speech or Presentation*（Miami, FL：How To Books, 2002）.

3. www.time.com/time/magazine/article/0,9171,994670-1,00.html.

4. Geoffrey Brewer, "Snakes Top List of Americans' Fears：Public Speaking, Heights and Being Closed in Small Spaces Also Create Fear in Many Americans"（March 19, 2001）, retrieved August 22, 2010, from *Gallup* online：www.gallup.com/poll/1891/Snakes-Top-List-Americans-Fears.aspx.

5. Karen L. Twichell, "Stage Fright—Why Now?" *Toastmaster* online（January 2010）, available at www.toastmasters.org/ToastmastersMagazine/ToastmasterArchive/2010/January/Stage-Fright.aspx.

6. Thomas Leech, *How to Prepare, Stage, and Deliver Winning Presentations*, 3rd ed.（New York：American Management Association, 2004）.

7. Twichell, "Stage Fright—Why Now?"; Judi Bailey, "Beauty and the Beast：Changing Your Fear from Fiend to Friend," *Toastmaster* online（December 2007）, available at www.toastmasters.org/ToastmastersMagazine/ToastmasterArchive/2007/December/BeautyandtheBeast.aspx; Gabrielle B. Dahms, "Good Posture = Good Breathing," *Toastmaster* online（June 2008）, available at www.toastmasters.org/ToastmastersMagazine/ToastmasterArchive/2008/June/Departments/HowToPDF.aspx; Harry Mills, *Power Points! How to Design and Deliver Presentations That Sizzle and Sell*（New York：AMACOM, 2007）.

8. Kevin Johnson and Tennille-Lynn Millo, "Put Your Audience in Your Speech," *Toastmaster* online（August 2007）, available at www.toastmasters.org/ToastmastersMagazine/ToastmasterArchive/2007/August/Audience.aspx.

9. Gary Genard, "Leveraging the Power of Nonverbal Communication," *Harvard Business Management Communication Letter*（2004）：3—4.

10. Mills, *Power Points! How to Design and Deliver Presentations That Sizzle and Sell*.

11. Dave Zielinski, "Body Language Myths," *Toastmaster* online（September 2007）, available at www.toastmasters.org/ToastmastersMagazine/ToastmasterArchive/2007/September/Myths.aspx.

12. Nancy Sebastion Meyer, "That's Not My Voice—Is It?" *Toastmaster* online（February 2009）, available at www.toastmasters.org/ToastmastersMagazine/ToastmasterArchive/2009/February/Departments/Manner-of-Speaking.aspx.

13. Mike Landrum, "Speaking Eye to Eye：A Meeting of the Eyes Denotes a Meeting of the Minds," *Toastmaster* online（December 2009）, available at www.toastmasters.org/ToastmastersMagazine/ToastmasterArchive/2009/December/Articles/Speaking-Eye-to-Eye.aspx.

14. Zielinski, "Body Language Myths."

15. Ibid.

16. R. Haefner, "How to Dress for Success for Work," retrieved January 27, 2009, from www.cnn.com/2008/LIVING/worklife/07/30/cb.dress.for.success/index.html（July 30, 2008）.

17. Joseph Carroll, "Business Casual Most Common Work Attire," *Gallup Poll*, October 4, 2007.

18. Thomas Kiddie, "Recent Trends in Business Casual Attire and Their Effects on Student Job Seekers," *Business Communication Quarterly*, September 2009：350—354; Beverly Langford, *The Etiquette Edge：The Unspoken Rules for Business Success*（New York：American Management Association, 2005）.

19. Accountemps, "Survey Shows Relaxed Attire May Be Too Relaxed at Many Firms," May 25, 2000, www.accountemps.com/PressRoom?id = 151（accessed January 10, 2010）.

20. Based on studies from the following sources：Peter W. Cardon and Ephraim A. Okoro, "Professional Characteristics Communicated by Formal versus Casual Workplace Attire," *Business Communication Quarterly* 72, no.3（2009）：355—360; J.V. Peluchette and K. Karl, "The Impact of Workplace Attire on Employee Self-Perceptions," *Human Resource Development Quarterly* 18, no. 3（2007）：345—360; J.V. Peluchette and K. Karl, "Dressing to Impress：Beliefs and Attitudes regarding Workplace Attire," *Journal of Business and Psychology* 21, no. 1（2006）：45—63.

21. Granville N. Toogood, *The New Articulate Executive：Look, Act, and Sound Like a Leader*（New York：McGraw-Hill, 2010）.

第 16 章注释

1. KSA（Knowledge, Skills, Abilities）approach for federal jobs.

2. Society for Human Resource Management, "SHRM

Poll: Interviewing Do's and Don'ts for Job Seekers," September 15, 2009, retrieved from *Society for Human Resource Management* website, www.shrm.org/Research/SurveyFindings/Articles/Pages/InterviewingDosandDonts.aspx.

3. Society for Human Resource Management, "Networking Professionally: Employee Perspective," January 12, 2009, retrieved from *Society of Human Resource Management* website, www.shrm.org/Research/SurveyFindings/Articles/Documents/OEnetworking.pdf.

4. Accountemps, "Survey Shows Longer Resumes Now More Acceptable," March 20, 2007, www.accountemps.com/PressRoom? id = 1840 (accessed January 10, 2010).

5. Accountemps, "The Devil Is in the 'Resume' Details: Typos or Grammatical Errors Most Common Resume Mistake, Survey Shows," March 31, 2005, accountemps. rhi. mediaroom. com/index. php? s= 189&item=250(accessed January 10, 2010).

6. Society for Human Resource Management, *SHRM Survey Findings: Résumés, Cover Letters and Interviews* (Alexandria, VA: SHRM, April 28, 2014).

7. Accountemps, "Most Wanted: 'People' People: Survey Shows Interpersonal Skills Can Trump Technical Knowledge in Job Search," October 29, 2009, http://accountemps. rhi. mediaroom. com/index. php? s=189&item=863(accessed January 10, 2010).

8. Accountemps, "More Than Half of Executives Surveyed Spend Five Minutes or Less Screening a Resume," January 17, 2001, http://accountemps. rhi. mediaroom. com/index. php? s = 189&item = 328 (accessed January 10, 2010).

9. Accountemps, "Have a Keen Eye for Derail," July 14, 2009, www. accountemps. com/PressRoom? id = 2491(accessed November 20, 2010).

10. Accountemps, "Form over Function: Three-Quarters of Executives Surveyed Prefer Chronological Resumes from Job Seekers," www. accountemps. com/PressRoom? id = 2527 (accessed January 10, 2010).

11. Nicole Amare and Alan Manning, "Writing for the Robot: How Employer Search Tools Have Influenced Résumé Rhetoric and Ethics," *Business Communication Quarterly* 72, no.1(2009):35—60.

12. Nancy Schullery, Linda M. Ickes, and Stephen E. Schullery, "Employer Preferences for Résumés and Cover Letters," *Business Communication Quarterly* 72, no.2(2009): 163—176.

13. Society for Human Resource Management, *SHRM Survey Findings*.

14. Society for Human Resource Management, *SHRM Survey Findings*.

15. Kim Isaacs, "Cover Letters to Recruiters," Monster.com Advice blog, retrieved January 20, 2011, from http://career-advice. monster. com/resumes-cover-letters/cover-letter-tips/cover-letters-to-recruiters/ article.aspx.

16. JoAnn S.Lublin, "The Keys to Unlocking Your Most Successful Career," *The Wall Street Journal Career Journal* [online], July 6, 2010.

17. Kim Isaacs, "Cold Cover Letters," Monster.com Advice blog, retrieved January 20, 2011, from http://career-advice. monster. com/resumes-cover-letters/Cover-Letter-Tips/Cold-Cover-Letters/article.aspx.

18. Society for Human Resource Management, "SHRM Poll: Interviewing Do's and Don'ts for Job Seekers."

19. Kathy Gurchiek, "Dress to Impress, Not Stress, the Hiring Manager," *Society for Human Resource Management HR News* [online], November 1, 2010.

20. Society for Human Resource Management, "SHRM Poll: Interviewing Do's and Don'ts for Job Seekers."

21. Eve Tahmincioglu, "Avoid 'the Seven Deadly Sins of Interviewing,'" August, 29, 2010, MSNBC Careers blog, retrieved January 10, 2011, from www.msnbc. msn. com/id/38882416/ns/business-careers.

22. Harrison Barnes, "Use Personal Stories to Connect with an Employer and Get a Job," Harrison Barnes blog, retrieved January 10, 2011, from www. aharrisonbarnes. com/use-stories-to-get-a-job-and-connect-with-an-employer/.

23. Tory Johnson, "Land That Job: What Interviewers Really Want You to Ask Them," April 19, 2010, retrieved October 7, 2011, from http://abcnews. go. com/GMA/JobClub/questions-job-interview/story? id=10409243.

24. Accountemps, "Most Executives OK with Applicants Asking about Compensation by Second Interview," March 18, 2009, http://accountemps. rhi. mediaroom. com/index.php? s = 189&item = 165 (accessed January 10, 2010).

25. Accountemps, "Thanks, But No Thanks: Survey Shows Thank-You Notes Influence Hiring Decisions, but Only Half of Candidates Send Them," August 9, 2007, http://accountemps.rhi.mediaroom.com/ index.php?s=189&item=203(accessed January 10, 2010).

26. Society for Human Resource Management, "SHRM Poll: Interviewing Do's and Don'ts for Job Seekers."

27. Beverly Langford, *The Etiquette Edge: The Unspoken Rules for Business Success* (New York: American Management Association, 2005).

28. Adam Bryant, "Knock-Knock: It's the C. E. O.," *Corner Office* (blog), *The New York Times*, April

11, 2009, retrieved from www. nytimes. com/2009/
04/12/business/12corner. html.

29. Adam Bryant, "Learn to Lead from the Back of the
Boat," *Corner Office* (blog), *The New York Times*,
September 4, 2010, retrieved from www. nytimes.
com/2010/09/05/business/05corner. html.

30. Adam Bryant, " A. C.E.O. Must Decide Who
Swims," *Corner Office* (blog), *The New York
Times*, August 22, 2009, retrieved from www.
nytimes. com/2009/08/23/business/23corner. ready.
html.

第 17 章注释

1. Gerald C. Kane, Robert G. Fichman, John Gallaugher,
and John Glaser, "Community Relations 2.0," *Harvard
Business Review*, November 2009:45—50.

2. W. Timothy Coombs and S. J. Holladay, " Helping
Crisis Managers Protect Reputational Assets: Initial
Tests of the Situational Crisis Communication Theory,"
Management Communication Quarterly 16:165—186;
W. Timothy Coombs, "Impact of Past Crises on Cur-
rent Crisis Communications: Insights from Situational
Crisis Communication Theory," *Journal of Business
Communication* 41:265—289; W. Timothy Coombs,
"Crisis Management and Communications," *Institute
for Public Relations*, October 30, 2007, retrieved
from www. instituteforpr. org/topics/crisis-manage-
ment-and-communications/.

3. Linda M. Hagan, "For Reputation's Sake: Managing
Crisis Communication," in Elizabeth L. Toth, *The
Future of Excellence in Public Relations and Com-
munication Management* (Mahwah, NJ: Lawrence
Erlbaum Associates, 2007):413—440; Dan Ackman,
"Tire Trouble: The Ford-Firestone Blowout," *Forbes*,
June 20, 2001, retrieved from www. forbes. com/
2001/06/20/tireindex. html.

4. Coombs and Holladay, " Helping Crisis Managers
Protect Reputational Assets"; Coombs, "Impact of
Past Crises on Current Crisis Communications";
Coombs, "Crisis Management and Communications."

5. Richard Bierck, "What Will You Say When Disaster
Strikes?" *Harvard Management Communication
Letter*, May 2002:1.

6. Coombs and Holladay, " Helping Crisis Managers
Protect Reputational Assets"; Coombs, "Impact of
Past Crises on Current Crisis Communications ";
Coombs, "Crisis Management and Communications."

7. Bierck, " What Will You Say When Disaster
Strikes?": 1—4.

8. Ibid.

9. Joanne E. Hale, Ronald E. Dulek, and David P. Hale,

"Crisis Response Communication Challenges: Building
Theory from Qualitative Data," *Journal of Business
Communication* 42, no.2(2005):112—134.

10. Coombs and Holladay, " Helping Crisis Managers
Protect Reputational Assets"; Coombs, "Impact of
Past Crises on Current Crisis Communications ";
Coombs, "Crisis Management and Communications."

11. Ibid.

12. Georgia Credit Union Affiliates, "How to Communi-
cate When a Crisis Occurs," retrieved August 29,
2011, from www. gacreditunions. org/advocacy/public_
influence/crisis/how_to_communicate. php.

13. Coombs and Holladay, " Helping Crisis Managers
Protect Reputational Assets"; Coombs, "Impact of
Past Crises on Current Crisis Communications ";
Coombs, "Crisis Management and Communications."

14. Alice M. Tybout, " Let the Response Fit the
Scandal," *Harvard Business Review*, December
2009:82—88.

15. Yan Jin and Brooke Fisher Liu, "The Blog-Mediated
Crisis Communication Model: Recommendations for
Responding to Influential External Blogs," *Journal
of Public Relations Research* 22 no.4 (2010):
429—455.

16. Barbara Kellerman, "When Should a Leader Apolo-
gize—and When Not?" *Harvard Business Review*,
April 2006: 74.

17. Kane et al., "Community Relations 2.0."

18. Hayley Tsukayama, " Netflix Faces Backlash over
Price Changes," *Washington Post*, July 13, 2011,
retrieved from www. washingtonpost. com/blogs/ faster-
forward/post/netflix-faces-backlash-over-price-changes/
2011/07/13/gIQAs8QHCI_blog. html.

19. Leslie Gaines-Ross, "Reputation Warfare," *Harvard
Business Review*, December 2010:70—76.

20. Jeff Swartz, "Timberland's CEO on Standing Up to
65,000 Angry Activists," *Harvard Business Review*,
September 2010:39—43.

21. Ibid., 40.

22. Ibid., 39—43.

23. Passages in the " Messages " column are verbatim
from the following sources: Swartz, "Timberland's
CEO on Standing Up to 65,000 Angry Activists";
43; " Top Name Brands Implicated in Amazon
Destruction," retrieved February 20, 2012, from
www. greenpeace. org/usa/en/news-and-blogs/news/
slaughtering-the-amazon/; "Timberland Needs to Hear
from You," June 3, 2009, retrieved February 20, 2012,
from www. greenpeace. org/usa/en/news-and-blogs/
campaign-blog/timberland-needs-to-hear-from-you/
blog/25613/; " Timberland Steps It Up a Notch,

Commits to Amazon Protections; New Policy Sets Deadline for Bertin to Support Moratorium on Cattle Expansion into the Amazon," July 29, 2009, retrieved February 20, 2012, from www.greenpeace. org/usa/en/news-and-blogs/news/timberland-steps-it-up-072909/.

24. David Robinson, "Public Relations Comes of Age," *Business Horizons* 49(2006):247—256.

25. Phil Hall, *The New PR: An Insider's Guide to the Changing Face of Public Relations* (North Potomac, MD: Larstan Publishing, 2007).

26. Lucy Harr and Dick Radtke, *PR for CUs* (Madison, WI: Credit Union Executives Society, 2004): 1.

27. Elliot S.Schreiber, "Reputation," *Institute for Public Relations* website(December 2, 2008), www. instituteforpr.org/topics/reputation/.

28. Ibid.

29. Edelman Trust Barometer 2007 as presented in Andy Beal and Judy Straus, *Radically Transparent: Monitoring and Managing Reputations Online* (Indianapolis, IN: Wiley Publishing, 2008).

30. Hall, *The New PR: An Insider's Guide to the Changing Face of Public Relations*; Kirk Hallahan, "Seven Models of Framing: Implications for Public Relations," *Journal of Public Relations Research* 11, no.3(1999):205—242.

31. Donald K. Wright and Michelle D. Hinson, "How Blogs and Social Media Are Changing Public Relations and the Way It Is Practiced," *Public Relations Journal 2*, no.2(2008):1—21; Hall, *The New PR: An Insider's Guide to the Changing Face of Public Relations*; Kane et al., "Community Relations 2.0"; Deirdre Breakenridge, *PR 2.0: New Media, New Tools, New Audiences* (Upper Saddle River, NJ: Pearson Education, 2008).

32. Schreiber, "Reputation."

33. Bill Margaritas and David B. Rockland, "Leading Brands and the Modern Social Media Landscape," *Ketchum Webinar*, November 18, 2010.

34. Michael E.Porter and Mark R.Kramer, "The Competitive Advantage of Corporate Philanthropy," *Harvard Business Review*, December 2002:56—68.

35. Breakenridge, *PR 2.0: New Media, New Tools, New Audiences*.

36. Robinson, "Public Relations Comes of Age."

37. Kane et al., "Community Relations 2.0."

38. Pekka Aula and Saku Mantere, *Strategic Reputation Management: Toward a Company of Good* (New York: Routledge, 2008).

39. Rosanna M. Fiske, "The Business of Communicating Values," *Harvard Business Review* blog, July 26, 2011, retrieved August 3, 2011, from http://blogs.hbr. org/cs/2011/07/the_business_of_communicating.html.

40. Breakenridge, *PR 2.0: New Media, New Tools, New Audiences*.

41. Chris Taylor, "How Social Media Are Amplifying Customer Outrage," retrieved July 29, 2011, from www.cnn.com/2011/TECH/social.media/07/22/social.media.outrage.taylor/.

42. Kane et al., "Community Relations 2.0."

43. Breakenridge, *PR 2.0: New Media, New Tools, New Audiences*; Hall, *The New PR: An Insider's Guide to the Changing Face of Public Relations*; Patty Deutsche, *Elements of a PR Plan* (San Francisco: e-agency, 2011).

44. Kane et al., "Community Relations 2.0":45.

45. Andy Green, *Effective Personal Communication Skills for Public Relations* (Philadelphia: Kogan Page, 2006).

46. Ibid.

47. Deutsche, *Elements of a PR Plan*.

48. Baruch Fischhoff, "Getting Straight Talk Right," *Harvard Business Review*, May 2006:24—25.

49. Dick Martin, "Gilded and Gelded: Hard-Won Lessons from the PR Wars," *Harvard Business Review*, October 2003:47.

50. Ibid., 44.

51. Larry F.Lamb and Kathy Brittain McKee, *Applied Public Relations: Cases in Stakeholder Management* (Mahwah, NJ: Lawrence Erlbaum Associates, 2005).

52. Darren Murph, "Reed Hastings' Netflix Spinoff Isn't about DVD Success, It's about Hedging the Stream," retrieved February 25, 2011, from www.engadget.com/2011/09/19/editorial-reed-hastings-netflix-spinoff-isnt-about-dvd-succes/.

53. Ryan M.Healy, "How Netflix Could Have Made Bad News Better," retrieved from www.ryanhealy.com/netflix-bad-news-better/.

54. Ibid.

55. Jessie Becker, "Netflix Introduces New Plans and Announces Price Changes," retrieved from http://blog.netflix.com/2011/07/netflix-introduces-new-plans-and.html.

56. Reed Hastings, "An Explanation and Some Reflections," retrieved from http://blog.netflix.com/2011/09/explanation-and-some-reflections.html.

第 2 版·改编版后记

戴尔·卡耐基曾说："一个人的成功有 15％靠的是专业知识与技能，85％取决于处世技巧与人际关系能力。"如果说沟通是一门艺术，那么商务沟通在兼具艺术学问的同时，更需要特定的规则技巧。掌握商务沟通的知识，是职场成功的关键因素之一。

本书作为商务沟通领域的经典教材，除涵盖常见的口头沟通与书面沟通方式，还包含了团队沟通、跨文化沟通、视频会议等多样化沟通方式，内容丰富全面、与时俱进，语言生动详尽、通俗易懂，集"引""经""据""典"四大特色于一体。"引"即每一章节以小故事或案例引入，创设特定情景下的人际沟通冲突，带领读者进入一个生动有趣、情节跌宕的商务世界，在沟通技巧的讲解过程中，深度剖析故事主角的沟通误区，发人深思；"经"即在翻译的基础上，对内容与案例进行本土化的改编，使其在保留原版经典的前提下，更适合中国读者学习；"据"即大量使用调研数据，为读者进行思考与判断提供客观依据；"典"即创新性地邀请各商务领域的典型代表人物，参与"沟通知识问答"模块，给出商务专业人士的权威性建议。

本书的编译与改编过程前后历时三年多，凝聚了笔者的心血与努力，同时也要感谢邢惠淳、丁苗苗、徐伶俐、宗凌羽、刘婷婷、王琰、杨丁璇、赵峥杰、何奇学、董晓琳、马思夏、徐婉露、吴亚男、王丹、陈静文、翟星、徐梦娇、张颖、章立会、张雪锋、王玥琪、康娜、钱丽平等研究生对本书的翻译、改编与校对所做的贡献。此外，也要感谢格致出版社的程倩和郑竹青两位编辑，她们对重点难点单词、术语、句子等进行精心琢磨与修改，旨在向读者提供准确、实用的商务沟通指导。我们将继续努力不断完善，敬请读者关注并提出宝贵建议。

张昊民

E-mail：zhanghm6998@126.com

图书在版编目(CIP)数据

商务沟通:培养互联世界中的领导者:第2版:改
编版/(美)彼得·W.卡登,张昊民著;马君,张恒阳
编译.—上海:格致出版社:上海人民出版社,
2018.8
(工商管理经典教材译丛)
ISBN 978 - 7 - 5432 - 2821 - 4

Ⅰ.①商…　Ⅱ.①彼…②张…③马…④张…　Ⅲ.
①商业管理-公共关系学-高等学校-教材　Ⅳ.①F715

中国版本图书馆 CIP 数据核字(2017)第 318851 号

责任编辑　郑竹青
装帧设计　人马艺术设计·储平

工商管理经典教材译丛
商务沟通
——培养互联世界中的领导者(第2版·改编版)
[美]彼得·W.卡登　张昊民　著
马　君　张恒阳　编译

出　　版　格致出版社
　　　　　上海人人大版社
　　　　　(200001　上海福建中路 193 号)
发　　行　上海人民出版社发行中心
印　　刷　浙江临安曙光印务有限公司
开　　本　787×1092　1/16
印　　张　36.5
插　　页　1
字　　数　922,000
版　　次　2018 年 8 月第 1 版
印　　次　2018 年 8 月第 1 次印刷
ISBN 978 - 7 - 5432 - 2821 - 4/C·185
定　　价　98.00 元